Wirtschaft verstehen

Herbert Sperber/Markus Mändle

Wirtschaft verstehen

114 Lernmodule zur VWL

6., überarbeitete Auflage

Schäffer-Poeschel Verlag Stuttgart

Dozenten finden die Abbildungen zu diesem Buch unter www.sp-dozenten.de (Registrierung erforderlich).

Bibliografische Information der Deutschen Nationalbibliothek

Die Deutsche Nationalbibliothek verzeichnet diese Publikation in der Deutschen Nationalbibliografie; detaillierte bibliografische Daten sind im Internet über http://dnb.dnb.de/ abrufbar.

Print:	ISBN 978-3-7910-5982-2	Bestell-Nr. 20532-0003
ePub:	ISBN 978-3-7910-5984-6	Bestell-Nr. 20532-0100
ePDF:	ISBN 978-3-7910-5983-9	Bestell-Nr. 20532-0152

Herbert Sperber/Markus Mändle
Wirtschaft verstehen
6., überarbeitete Auflage, Oktober 2024

Reinsburgstr. 27, 70178 Stuttgart
www.schaeffer-poeschel.de | service@schaeffer-poeschel.de

Bildnachweis (Cover): © Stoffers Grafik-Design, Leipzig

Produktmanagement: Nora Valussi
Lektorat: Bernd Marquard, Stuttgart

Schäffer-Poeschel Verlag Stuttgart
Ein Unternehmen der Haufe Group SE

Vorwort zur 6. Auflage

Dieses Buch ist ein grundlegendes und einführendes Lehrbuch der Volkswirtschaft. Was ist das Besondere daran?

Es verfolgt das Ziel, die Leserinnen und Leser in übersichtlicher und leicht verständlicher, ja unterhaltsamer Form mit den wesentlichen volkswirtschaftlichen Zusammenhängen vertraut zu machen. Die Ausführungen sind an der wirtschaftlichen Realität orientiert und versuchen, wenn immer möglich, auch aktuelle Sachverhalte aufzugreifen. In die Betrachtung einbezogen sind zudem die volkswirtschaftliche Dogmengeschichte sowie die Finanzmärkte. (Deren fehlende Behandlung ist oft Gegenstand der Kritik an Volkswirtschaftslehrbüchern).

Das Buch ist modular aufgebaut. Jedes Modul widmet sich einem Baustein des Gesamtthemas und ist grundsätzlich für sich allein genommen verständlich. Am Ende jedes (modulübergreifenden) Kapitels steht ein Interview. Hier beantworten namhafte Sachverständige Fragen, die im Rahmen des vorgehend behandelten Themengebiets von besonderem Interesse sind. Die Sprache des Buches und das analytische Vorgehen sind durchweg klar und einfach gehalten. Für die Leserinnen und Leser kann das Werk deshalb eine Brücke zum besseren Verständnis der üblichen, eher formalen Volkswirtschaftsbücher schlagen.

Auch in dieser 6. Auflage wollen wir den Seitenumfang so knapp wie möglich halten. Zu diesem Zweck haben wir die Ausführungen an verschiedenen Stellen deutlich gekürzt. Dadurch entstand Raum für die Erläuterung und Diskussion neuerer bzw. in jüngerer Zeit wieder aktuell gewordener volkswirtschaftlicher Fragestellungen. Zu diesen gehören unter anderem die Industriepolitik in der Sozialen Marktwirtschaft (Kapitel 1), die heutige Rolle des Monopols und der Plattformökonomie sowie das Wesen und ökonomische Potenzial der Künstlichen Intelligenz (Kapitel 3), die Folgen der digitalen Transformation für den Arbeitsmarkt (Kapitel 4), die Überlegungen zu einem bedingungslosen Grundeinkommen (Kapitel 5), die Public-Choice- und die Modern Monetary Theory (Kapitel 6), der digitale Euro und die Bedeutung von Kryptowährungen (Kapitel 7) oder der European Green Deal und weitere Veränderungen auf den globalen Güter- und Finanzmärkten (Kapitel 8 bis 11). Teilweise befragen wir dazu unsere Interviewpartner oder behandeln diese Themen in der Rubrik *Nachgehakt*. Hier werden eine Reihe volkswirtschaftlicher Fragen von uns kurz und bündig geklärt. Wie immer bringen wir jedes Kapitel am Ende *auf den Punkt*. Anhand ausgewählter Schlüsselbegriffe und gezielter Kontrollfragen lässt sich der Lernstoff effektiv rekapitulieren. Die Antworten zu den Kontrollfragen finden unsere Leserinnen und Leser auf der digitalen Lernplattform des Schäffer-Poeschel-Verlags unter dem Link https://mybookplus.de.

Mit dieser Konzeption richtet sich das Buch in erster Linie an Studierende der Wirtschaftswissenschaften und anderer Disziplinen, die sich volkswirtschaftliches Wissen aneignen möchten bzw. müssen. Daneben ist es unseres Erachtens in besonderem Maße auch für den Einsatz an Gymnasien und Berufskollegs bzw. Fachoberschulen sowie in der beruflichen Weiterbildung geeignet. Nicht zuletzt soll das Buch den Leserinnen und Lesern des Wirtschaftsteils von Zeitungen und all denen nützen, die Interesse an wirtschaftlichen Fragen haben.

Im Vergleich zu den bisherigen Auflagen dieses Lehrbuchs gibt es in der 6. Auflage noch eine weitere Besonderheit: Der bisherige Alleinautor Herbert Sperber wird ab jetzt durch Markus Mändle als Mitautor unterstützt, der sich freut, einen Beitrag zur Weiterentwicklung des von ihm schon immer geschätzten Lehrbuchs leisten zu können.

Wir danken unseren Interviewpartnern für die Zeit, die sie sich zur Beantwortung unserer Fragen genommen haben. Bernd Marquard hat wie schon in den Vorauflagen das gesamte Datenmaterial aktualisiert, alle Abbildungen und Tabellen überarbeitet sowie die Schlussredaktion vorgenommen. Wie beruhigend! Danke dafür. Nicht zuletzt danken wir Nora Valussi für die angenehme Professionalität, mit der sie unser Projekt verlagsseitig begleitete und jederzeit unterstützte.

Nürtingen, im Juni 2024
Herbert Sperber
Markus Mändle

In dieser Publikation wird eine geschlechtergerechte Sprache angestrebt. Dort, wo das nicht möglich ist oder die Lesbarkeit stark eingeschränkt würde, gelten die gewählten personenbezogenen Bezeichnungen für alle Geschlechter.

Inhaltsverzeichnis

Einleitung: Der Untersuchungsgegenstand dieses Buches

Das Ziel der folgenden Ausführungen ist es, den Leserinnen und Lesern zunächst einen Überblick über das »System Volkswirtschaft« zu geben. Darauf aufbauend werden die in diesem Buch behandelten Themengebiete kurz vorgestellt. Zur Veranschaulichung dient Abbildung 1. Es handelt sich dabei um eine zwar nicht vollständige, gleichwohl recht umfassende und detaillierte Darstellung des Wirtschaftskreislaufs. Die meisten der in der Volkswirtschaftslehre untersuchten Sachverhalte können jeweils als Ausschnitt bzw. Subsystem in diesem erweiterten Kreislaufdiagramm »verortet« werden. Erfahrungsgemäß ist die behandelte Thematik dadurch besser verständlich. Wir werden deshalb in diesem Buch immer wieder auf Abbildung 1 Bezug nehmen. Nun aber zum Lehrstoff.

Der erweiterte Wirtschaftskreislauf

In der Sichtweise der Volkswirte spielt sich der Wirtschaftsprozess zwischen vier Sektoren ab: Den privaten Haushalten, den Unternehmen, dem Staat und dem Ausland. Diese Sektoren der Volkswirtschaft sind durch Geldströme miteinander verbunden, und zwar so, dass ein in sich geschlossener Kreislauf entsteht – ähnlich dem Blutkreislauf eines Menschen. In Abbildung 1 fließt ein Geldstrom von den inländischen Unternehmen (dazu gehören übrigens auch die Niederlassungen ausländischer Firmen im Inland) zu den privaten Haushalten. Dieser Geldstrom entspricht dem Faktoreinkommen, das die Haushalte als Eigentümer von Produktionsfaktoren – also Arbeit, Boden, Sach- und Finanzkapital – beziehen. Sie verkaufen die Nutzung dieser Produktionsfaktoren auf den Faktormärkten (bzw. auf den Finanzmärkten) und erhalten dafür Lohn-, Gewinn-, Zins- und Mietzahlungen.

Außer ihrem Einkommen von inländischen Unternehmen fließen den Haushalten Faktoreinkommen vom Staat (Gehälter und Zinsen auf staatliche Wertpapiere) sowie aus dem Ausland (so genannte Primäreinkommen) zu. Letztere beinhalten die Löhne von Grenzgängern sowie empfangene Zinsen bzw. Dividenden auf Schuldverschreibungen und Aktien ausländischer Kapitalnehmer. Zusätzlich beziehen die Haushalte staatliche Transferzahlungen (also Geldgeschenke in Form von Renten, Arbeitslosengeld, Kindergeld etc.). Andererseits müssen sie Steuern (und Sozialabgaben) entrichten. Typischerweise leisten die deutschen privaten Haushalte per Saldo auch laufende Transferzahlungen an das Ausland (Beispiel: Überweisungen von Migrantinnen und Migranten an ihre Familien im Heimatland). Ihr letztlich verfügbares Einkommen verwenden sie für privates Sparen und für Konsumausgaben. Ein Teil der Konsumausgaben fließt zur Bezahlung von Importen (vor allem für Urlaube) ins Ausland ab. In wesentlich größerem Umfang strömen die Geldmittel der Haushalte über die Konsumgütermärkte zu den inländischen Unternehmen.

Die Unternehmen verzeichnen neben den Einnahmen aus inländischen Konsumgüterverkäufen einen Zustrom von Geld aus staatlichen Güterkäufen sowie aus Exporten. Des Weiteren erhalten sie Subventionen vom Staat. Im Gegenzug zahlen die Unternehmen Steuern (und Sozialabgaben). Außerdem führen Importe sowie Lohn-, Dividenden-, Zins- und Mietzahlungen an das Ausland (Primäreinkommen) zu einem Geldabfluss. (Aufgrund der hohen Geldanlagen und Direktinvestitionen im Ausland addieren sich die Primäreinkommen deutscher Unternehmen per Saldo zu einem Geldzufluss).

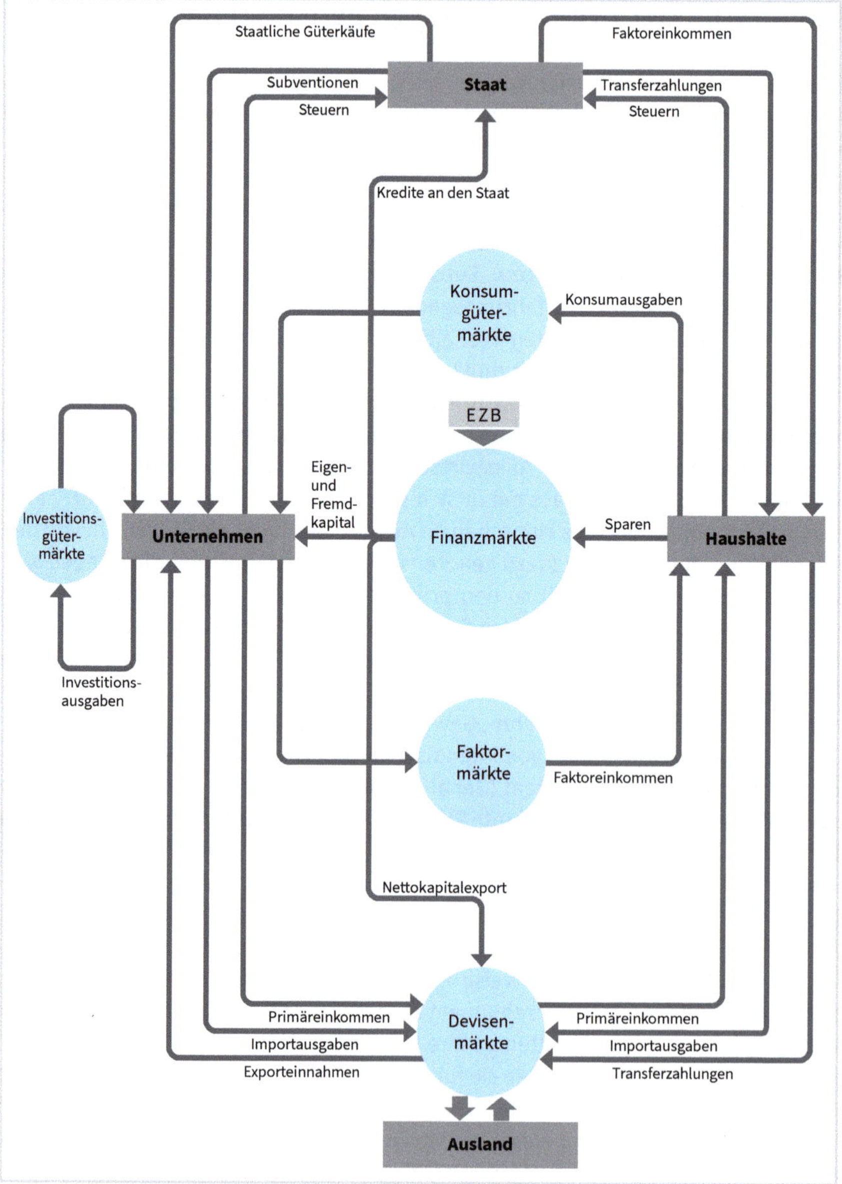

Abb. 1: Die Geldströme durch die Volkswirtschaft

Der von den Haushalten nicht für Konsumausgaben verwendete Teil ihres verfügbaren Einkommens, das private Sparen, wird über die Finanzmärkte auf dem Kreditwege (Fremdkapital) oder in Form des Anteilserwerbs (Eigenkapital) in Investitionsausgaben der Unternehmen gelenkt. Der durch das Sparen generierte Geldstrom dient darüber hinaus der Deckung der staatlichen Kreditaufnahme. Der Rest fließt – über die Devisenmärkte – als Nettokapitalexport ins Ausland. Die Bezeichnung

Nettokapitalexport bedeutet, dass dem Inland natürlich auch von ausländischen Kapitalanlegern Finanzierungsmittel zufließen. Beispielsweise ist das Ausland der größte Gläubiger des deutschen Staates. Per Saldo aber exportiert Deutschland traditionell weitaus mehr Kapital, als es importiert. Das korrespondiert mit der Stellung Deutschlands als einer der weltweit führenden Exporteure von Waren und Dienstleistungen.

Die Rolle der Finanzmärkte

Wenn wir nun zum Abschluss der hier versuchten überblicksartigen Darstellung einer Volkswirtschaft nochmals auf das Bild des Blutkreislaufs zurückkommen, dann entspricht die Rolle der Finanzmärkte offenkundig der des Herzens: Über die Märkte für Bankkredite, Aktien und verzinsliche Wertpapiere werden Finanzierungsmittel in die Adern der Volkswirtschaft gepumpt. Der reibungslose Geldtransport auf den Finanzmärkten ist notwendig, um die im Wirtschaftsprozess entstehenden Finanzierungslücken des Sektors Unternehmen, des Staates und des Auslandes zu schließen. Andernfalls müsste der Umfang der gesamtwirtschaftlichen Aktivität merklich schrumpfen.

Aufbau und Inhalt des Buches

Gegenstand des Kapitel 1 ist die Erläuterung grundlegender Begriffe und Fragestellungen der Volkswirtschaftslehre. Im Mittelpunkt steht die Analyse des marktwirtschaftlichen Wirtschaftssystems. Das Kapitel 2 widmet sich der Messung der Wirtschaftsleistung im Rahmen der Volkswirtschaftlichen Gesamtrechnung. Dort werden die in Abbildung 1 gezeigten Geldströme systematisch erfasst. Derartige Rechnungen geben Aufschluss über die materielle Situation bzw. Entwicklung einer Volkswirtschaft; sie bilden die unverzichtbare Grundlage der makroökonomischen Theorie und Politik.

Im Kapitel 3 kommen wir zur Mikroökonomik. Bezogen auf Abbildung 1 beleuchten wir hier insbesondere das Verhalten von Haushalten und Unternehmen auf den Güter- und Faktormärkten. Das Kapitel 4 und 5 befasst sich jeweils mit der Makroökonomik. Sie analysiert die Bestimmungsgründe des Einkommens und der Beschäftigung eines Landes und sucht nach den »richtigen« Wegen der Wirtschaftspolitik. Also: Warum ist in Abbildung 1 der Pegel der Geldströme manchmal zu hoch und manchmal zu niedrig? Wie lässt sich der Kreislauf der Wirtschaft stabilisieren?

Thema des Kapitel 6 ist die Finanzwissenschaft, deren Erkenntnisinteresse sich auf die Rolle des Staates richtet. Abbildung 1 zeigt, über welche Geldströme die öffentliche Hand mit der privaten Wirtschaft verbunden ist. An dieser Stelle sei noch erwähnt, dass der Staat selbstverständlich auch mit dem Ausland Wirtschaftsbeziehungen unterhält. Zum Beispiel könnte die Bundeswehr Kampfhubschrauber bei dem US-Unternehmen Boeing bestellen. Aus Gründen der Anschaulichkeit haben wir die mit derartigen Transaktionen verbundenen Geldströme zwischen dem (inländischen) Staat und dem Ausland in Abbildung 1 unberücksichtigt gelassen. Neben dem Staat – also der Regierung – ist die Zentralbank der zweite große Akteur der Wirtschaftspolitik. Wir haben die Europäische Zentralbank deshalb als weiteren Sektor in Abbildung 1 aufgenommen. Sie entfaltet ihren Einfluss über die Finanzmärkte. Die Analyse ihrer Geldpolitik ist Gegenstand des Kapitel 7. Im Kapitel 8 widmen wir uns den Vorgängen auf den Finanzmärkten im Einzelnen. Wie gesagt, bilden die Finanzmärkte das »Herz« des Wirtschaftskreislaufs. Wenn es nicht funktioniert, bricht eine moderne Volkswirtschaft zusammen.

Das Kapitel 9 befasst sich mit dem internationalen Wirtschaftszusammenhang. Anhand von Abbildung 1 sind die zwischen dem In- und Ausland fließenden Einnahme-, Ausgabe- und Finanzierungsströme ersichtlich. Eine enge weltwirtschaftliche Verflechtung, wie sie für Deutschland konstatiert werden kann, hat zweifellos große Vorteile, ist aber nicht unproblematisch. Man denke etwa an die Schwierigkeiten in der Europäischen Währungsunion. Wie Abbildung 1 zeigt, müssen alle zwischen unterschiedlichen Währungsräumen fließenden Geldmittel auf den Devisenmärkten in die jeweils gewünschte nationale Währung umgetauscht werden. Was auf den Märkten für den Tausch und den Handel von Devisen genau passiert, fragen wir im Kapitel 10.

Das Kapitel 11 behandelt die zentralen Aspekte der Umwelt- und der Entwicklungsökonomie. Es schließt mit einer kompakten Erläuterung der Preisbildung auf den Rohstoffmärkten.

Zuletzt möchten wir noch auf Folgendes hinweisen: Am Ende eines jeden Kapitels führen wir »Das Interview«. Dabei befragen wir namhafte Persönlichkeiten aus Wirtschaft, Wissenschaft und Politik zu aktuellen und grundsätzlichen ökonomischen Themen unserer Zeit. Diese Interviews bilden eine wertvolle und hochinteressante Vertiefung und Ergänzung des jeweils zuvor behandelten Lehrstoffes. Wir möchten deren Lektüre deshalb unseren Leserinnen und Lesern besonders ans Herz legen.

1 Was heißt hier ökonomisch?

»Denn der Sinn des Lebens besteht nicht darin, dass ein Mensch aufgrund seines großen Vermögens im Überfluss lebt.«
Lukas 12, 15

Lernziele

- Sie wissen, mit welchen zentralen Fragen sich die Volkswirtschaftslehre beschäftigt und mit welcher Methode sie arbeitet.
- Sie kennen die Wesensmerkmale der unterschiedlichen Wirtschaftssysteme.
- Sie verstehen den volkswirtschaftlichen Produktionsprozess.
- Sie können das marktwirtschaftliche System beurteilen und sind mit den Prinzipien der Sozialen Marktwirtschaft vertraut.
- Sie kennen die Ziele sowie die Zielkonflikte der Wirtschaftspolitik, wissen, über welche Instrumente diese verfügt und verstehen deren Funktionsweise.

In New York leben ganze Bevölkerungsteile zusammen mit Millionen von Ratten in den unterirdischen Schächten der Kanalisation. Wenn einer der menschlichen Bewohner herauskriecht, um in den Mülltonnen der Stadt nach weggeworfenen Fast-Food-Resten zu suchen und sich dabei ein wenig auffällig benimmt, so kann es schon vorkommen, dass er von der um die öffentliche Sicherheit besorgten Polizei festgenommen wird. Den gemächlich passierenden Fahrer des schwarzen Lamborghini, der gerade seine an der Wall Street notierten Aktienoptionen mit einhundert Millionen Gewinn verkauft hat, dürfte das vergleichsweise wenig beeindrucken. Warum auch? That's life. Oder?

In der Dritten Welt verhungern täglich mehrere Tausend Kinder, während in den Industriestaaten über 1 Milliarde Tonnen Nahrungsmittel verschwendet werden, weil sie in Größe und Aussehen nicht den Vorgaben der Supermärkte entsprechen. Ist das in Ordnung? Normal nicht, aber es ist eine Erscheinungsform der wirtschaftlichen Realität. Was ist das für eine Realität?

In den Ausführungen dieses ersten, grundlegenden Kapitels werden wir zunächst die Knappheit, das heißt, die Begrenztheit der zur Verfügung stehenden Möglichkeiten der Güterproduktion als zentrales Problem der Ökonomie herausstellen. Aus ihm ergeben sich zwangsläufig drei Grundfragen, nämlich was, wie und für wen in einer Volkswirtschaft produziert werden soll. Wir betrachten dabei das System Volkswirtschaft als ein riesiges Unternehmen, das sich aus einer Vielzahl jeweils nur am eigenen Vorteil orientierter Entscheidungsträger, sozusagen »Profit-Centern«, zusammensetzt. So mancher, der schon einmal die Zentrale einer großen Bank, eines Industrieunternehmens oder eine Behörde von innen gesehen hat, wird sich vermutlich gefragt haben, wie die unzähligen Einzelaktionen, Abläufe und Entscheidungen ineinandergreifen, sodass am Ende ein mehr oder weniger vernünftiges Ergebnis resultiert. Dasselbe gilt natürlich für ein ganzes Land oder für die Welt insgesamt. Warum mündet das alles nicht im Chaos? Wie, nach welchem Grundprinzip, funktioniert die kapitalistische Marktwirtschaft? Und wo liegen ihre dunklen

Seiten? Mit diesen und ähnlichen Fragen wollen wir uns auf den nächsten Seiten befassen. Besondere Beachtung schenken wir der in Deutschland realisierten Wirtschaftsordnung, der Sozialen Marktwirtschaft. Erläutert werden des Weiteren die Aufgaben und Methodik der Volkswirtschaftslehre sowie die Ziele und Zielkonflikte der Wirtschaftspolitik. Auch geben wir eine zusammenfassende Darstellung der wirtschaftspolitischen Instrumente und deren Funktionsweise. Am Ende des Kapitels sprechen wir mit Lars Feld, Direktor des Walter Eucken Instituts und ehemaliger Vorsitzender des Sachverständigenrates der »Wirtschaftsweisen«, über die Frage, wie der Staat in der Sozialen Marktwirtschaft in das wirtschaftliche Geschehen eingreifen sollte.

1.1 Leben heißt wirtschaften – das Problem der Knappheit

Die Lehre von dem wirtschaftlichen Geschehen in der Welt nennt man *Ökonomie.* Manchmal spricht man auch von Ökonomie und meint damit allgemein »die Wirtschaft« (sozusagen als Ort dieses Geschehens). Als Entdecker der Ökonomie gilt gemeinhin *Aristoteles* (384–322 v. Chr.). Der berühmte österreichische Ökonom *Josef Schumpeter* (1883–1950) vermochte zwar in dessen Beiträgen lediglich einen »ehrbaren, prosaischen, irgendwie mittelmäßigen und recht schwülstigen, gesunden Menschenverstand« zu erkennen. Genau darum geht es aber!

Wirtschaftliche Güter

Die Ökonomie beschäftigt sich nämlich mit dem ganz gewöhnlichen, menschlichen Problem des Mangels oder der *Knappheit.* Es ergibt sich daraus, dass jeder Einzelne von uns eine unendlich große Fülle von Wünschen bzw. Bedürfnissen hat, die vorhandenen Möglichkeiten zu deren Erfüllung aber begrenzt sind. Die Folge davon ist, dass viele Güter, eben weil sie heftig begehrt werden, knapp sind. Solche Güter bezeichnen wir als *wirtschaftliche Güter.* So genannte *freie Güter* sind dagegen, gemessen an den Wünschen der Individuen, in beliebiger Menge vorhanden. Derartige Güter haben typischerweise auch keinen Preis. Allerdings fällt es schwer, dafür viele Beispiele zu finden. Sonnenenergie, Salzwasser oder Sand in der Sahara wären etwa welche. Oder faule Eier. Sie mögen vielleicht selten sein, aber knapp im ökonomischen Sinne sind sie nicht. Einige Güter, die früher einmal frei waren, wie Süßwasser, saubere Luft oder Parkplätze, sind indes mittlerweile zu knappen und damit teuren Gütern geworden. Aus der Knappheit resultiert die Notwendigkeit, sich auf eine sinnvolle Auswahl bestimmter Bedürfnisse zu beschränken. Jeder Mensch mit einem begrenzten Einkommen – und das sind wir alle – kennt das. Er muss »*wirtschaften*«. Wirtschaften bedeutet stets den möglichst zweckmäßigen Einsatz knapper Mittel. Diese Notwendigkeit betrifft jede handelnde Wirtschaftsperson (in der Sprache des Ökonomen: jedes *Wirtschaftssubjekt*) – egal ob Privathaushalt, Aktiengesellschaft oder staatliche Einrichtung.

Ökonomisches Prinzip

Opportunitätskosten

Gemeinsamer Orientierungsmaßstab ist dabei das »ökonomische Prinzip«. Es verlangt, mit gegebenen Mitteln einen möglichst hohen Ertrag zu erzielen (*Maximalprinzip*) oder ein gegebenes Ziel mit möglichst geringem Aufwand zu erreichen (*Minimalprinzip*). Seine Bedeutung gewinnt das ökonomische Prinzip aus dem Prinzip der »*Opportunitätskosten*«, also den nicht realisierten Nutzen der verpassten

Gelegenheit (diese werden auch als »Kosten« bezeichnet). Wenn man knappe Mittel an einer Stelle einsetzt, stehen sie für eine andere (ebenfalls nützliche) Verwendung nicht mehr zur Verfügung, daher ist es geboten, die gegebenen Mittel möglichst wirksam einzusetzen. Bei näherer Betrachtung besteht unser ganzes Leben aus lauter solchen Optimierungsentscheidungen. Das ist auch der Grund, weshalb die Ökonomie längst nicht mehr nur bei der Erklärung ihrer traditionellen wirtschaftsbezogenen Fragestellungen Anwendung findet. So liefert heutzutage die ökonomische Theorie der Politik, der Bürokratie, der Ehe bzw. Familie, der Kriminalität, der Drogen oder der Religion interessante Einsichten in die Gesellschaft und ihre Verhaltensweisen. Abbildung 1-1 zeigt die traditionelle Gliederung der Wirtschaftswissenschaften.

Abb. 1-1: Einteilung der Wirtschaftswissenschaften

Die *Betriebswirtschaftslehre* analysiert die Entscheidungen der Unternehmen. Die *Volkswirtschaftslehre* widmet sich den Vorgängen des Wirtschaftslebens insgesamt. Sie wird in die Wirtschaftstheorie, die Wirtschaftspolitik und die Finanzwissenschaft untergliedert.

Gegenstand der *Wirtschaftstheorie* ist die Entwicklung von Modellen zum grundlegenden Verständnis wirtschaftlicher Regeln und Abläufe. Sie beinhaltet zum einen die *Mikroökonomik*. Dieser Teilbereich der Wirtschaftstheorie befasst sich mit dem Verhalten einzelner Haushalte und Unternehmen sowie mit der Funktionsweise von Märkten. Aufgabe der *Makroökonomik* ist es zu erklären, wie sich die Entscheidungen von Unternehmen, Haushalten und Staat in ihrer Gesamtheit auswirken. Wie kommt es zu Konjunkturschwankungen, Arbeitslosigkeit und Inflation? Welche Rolle spielt das Geld? Die Makroökonomik soll auf dieser Basis Handlungsvorschläge für die Wirtschaftspolitik bereitstellen. Die *Außenwirtschaftslehre* fragt nach den Konsequenzen, die aus der internationalen Verflechtung eines Landes entstehen. Im Rahmen der *Wirtschaftspolitik* geht es um Möglichkeiten des staatlichen Eingriffs in die Wirtschaftsordnung und den Wirtschaftsablauf. Was sollen Zentralbank und Regierung tun? Welche Rezepte gibt es zur Bewältigung der wirtschaftlichen und sozialen Probleme einer Nation? Eine rationale Wirtschaftspolitik wird sich dabei auf die Erkenntnisse der Wirtschaftstheorie stützen. Die *Finanzwissenschaft* untersucht die Aufgaben des Staates im Wirtschaftsgeschehen. Ihr Interesse richtet sich auf die Wirkungen von Steuern, Staatsausgaben und öffentlichen Schulden.

1.2 Was, wie, für wen? Die Grundfragen der Ökonomie

In jeder Volkswirtschaft sind infolge der nur begrenzt verfügbaren Produktionsmöglichkeiten drei Grundfragen zu beantworten:

- Was soll produziert werden?
  Welche Arten von Gütern sollen in welchen Mengen hergestellt werden?
- Wie soll produziert werden?
  Welche Produktionsmittel – Maschinen, Arbeitskräfte etc. – sollen in welchem Umfang eingesetzt werden? Wo, an welchen Standorten soll produziert werden?
- Für wen soll produziert werden?
  Wer erhält wie viel des Produktionsergebnisses? Welcher Teil der Produktion soll sofort konsumiert, welcher Teil soll investiert werden und so dazu dienen, die Produktionsmöglichkeiten in der Zukunft zu erhöhen?

Ein Wirtschaftssystem (eine Wirtschaftsordnung) ist die Gesamtheit der rechtlichen Vorschriften, Koordinationsmechanismen, Zielsetzungen, Verhaltensweisen und Institutionen, die den Aufbau und Ablauf einer Volkswirtschaft bestimmen

Die auf die Lösung dieser drei Kernprobleme gerichteten Entscheidungen können von einer zentralen Planungsbehörde (oder auch von mehreren Behörden) getroffen werden. Das ist eine Möglichkeit. Gewöhnlich setzt sie voraus, dass auch die Produktionsmittel – das »Kapital« – dieser Behörde unterstellt, also vergesellschaftet sind oder dem Staat gehören. Man spricht dann von *sozialistischer Zentralverwaltungswirtschaft* (siehe Abbildung 1-2). In der Regel werden in einem solchen Wirtschaftssystem auch die Preise für die produzierten Güter sowie die Löhne staatlich festgelegt. Die Erfahrungen mit dieser Organisationsform einer Volkswirtschaft sind aber wenig ermutigend. Man denke etwa an die Hinterlassenschaft der ehemaligen UdSSR: verseuchte Seen und Flüsse, veraltete oder funktionsunfähige Maschinen, heruntergekommene Fabrikgebäude, verbreiteter Alkoholismus und teilweise bittere Armut. Lehrer und Soldaten beispielsweise sollen monatelang überhaupt kein Gehalt bekommen haben. Viele Produkte waren und sind nur am »Schwarzmarkt« erhältlich und Korruption scheint eine große Rolle zu spielen. Auch die Beispiele Kuba oder Nordkorea zeigen, dass die Kernprobleme einer Volkswirtschaft mit zentraler Planung nicht zufriedenstellend zu bewältigen sind.

Auf der anderen Seite steht die *kapitalistische Marktwirtschaft*, in der Millionen von Privathaushalten und Unternehmen eigenverantwortlich (dezentral) darüber entscheiden, was, wie und für wen produziert wird. Die Produktionsmittel befinden sich hier in privater Hand und die Lenkung der Güterherstellung in die »richtigen«, das heißt von den Käufern gewünschten Verwendungsbereiche geschieht über die erzielbaren Preise und Gewinne. Als Exponenten dieses Systems gelten beispielsweise die USA oder Monaco. Der in diesen Ländern erreichte materielle Wohlstand lässt die marktwirtschaftliche Lösung als haushoch überlegen erscheinen. Aber auch sie hat ihre Schwächen (siehe Kapitel 1.4).

Die einzelnen Wirtschaftssysteme ergeben sich aus der Kombination der Bauelemente »Koordinationsprinzip« und »Eigentumsordnung«

Eigentumsordnung / Koordinationsprinzip	Privateigentum an Produktionsmitteln	Gemeineigentum an Produktionsmitteln
dezentrale Planung	kapitalistische Marktwirtschaft	sozialistische Marktwirtschaft
zentrale Planung	kapitalistische Zentralverwaltungswirtschaft	sozialistische Zentralverwaltungswirtschaft

Abb. 1-2: Wirtschaftssysteme

Die in der Realität zu beobachtenden Wirtschaftssysteme stellen Mischformen (Realtypen) dar

Die *kapitalistische Zentralverwaltungswirtschaft* dürfte – zumindest in Reinform – keine ernsthafte Realisierungschance haben. Im Modell der *sozialistischen Marktwirtschaft* gibt es grundsätzlich die Möglichkeit, dass die Produktionsmittel überwiegend Staatseigentum sind. Typischerweise hat auch hier die zentrale staatliche Planung nicht unerhebliches Gewicht. So etwa in Ungarn bis Ende der 1980er-Jahre. Alternativ können die Produktionsmittel den Beschäftigten der einzelnen Betriebe gehören. Über ihre Nutzung entscheiden die Mitarbeiter im Rahmen der »Arbeiterselbstverwaltung«. Dieses Modell war in Ansätzen in Jugoslawien bis Ende der 1980er-Jahre verwirklicht. Die meisten heutigen realtypischen Wirtschaftssysteme kombinieren Elemente der Marktwirtschaft und der Zentralverwaltungswirtschaft. Hierzu gehören etwa die französische »Planification«, in der bestimmte »Makrogrößen« (vor allem die Investitionen) zentral vorgeplant werden, oder das »schwedische Modell«, welches der Vollbeschäftigung und sozialen Sicherheit oberste Priorität einräumt. Auch die unter der Verantwortung von *Ludwig Erhard* (1897–1977) in Deutschland etablierte *Soziale Marktwirtschaft* bildet eine Mischform, in der dem Staat die Aufgabe zukommt, die Leistungsfähigkeit der Märkte zur Geltung zu bringen und gleichzeitig die als negativ empfundenen sozialen Wirkungen der Marktwirtschaft abzumildern.

Soziale Marktwirtschaft

1.3 Input und Output – das Unternehmen Volkswirtschaft

Für unsere weiteren Überlegungen benötigen wir noch einige begriffliche Klärungen. Hierzu ist es hilfreich, sich die Volkswirtschaft als ein riesiges Unternehmen vorzustellen, dessen Erzeugnisse zusammen genommen das so genannte *Inlandsprodukt* bilden (es ist eng verwandt mit dem Sozialprodukt bzw. Nationaleinkommen). Zu seiner Erstellung werden die *Produktionsfaktoren* Arbeit, Boden und Kapital eingesetzt bzw. genutzt (siehe Abbildung 1-3).

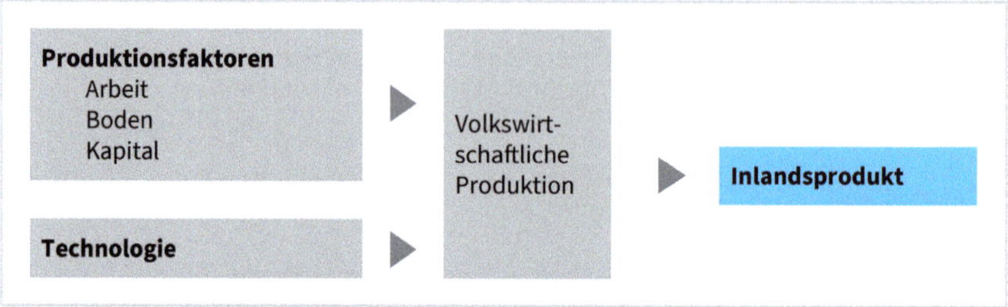

Abb. 1-3: Der Produktionsprozess einer Volkswirtschaft

Neben den dauerhaften Produktionsmitteln werden auch nicht dauerhafte Produktionsmittel eingesetzt, die im Produktionsprozess als Vorleistungen verbraucht bzw. verarbeitet werden

Da in der international geprägten Volkswirtschaftslehre nicht selten Anglizismen zur Anwendung kommen, werden die eingesetzten, sozusagen hineingesteckten Produktionsfaktoren als *Input* bezeichnet. Dabei verstehen wir unter *Arbeit* sämtliche Erwerbspersonen eines Landes, also die Zahl der insgesamt verfügbaren Arbeitskräfte bzw. deren Arbeitszeit. (Inwieweit dieses Potenzial tatsächlich ausgeschöpft wird, ist eine andere Frage.) Zum Faktor *Boden* gehören die ganze für wirtschaftliche Aktivitäten verwendbare Bodenfläche sowie die Bodenschätze – dazu zählen etwa auch die Wind- und Solarenergie oder der Fischbestand im Bodensee. *Kapital* umfasst die vorhandenen Maschinen, Werkzeuge, technischen Anlagen, Gebäude, Verkehrswege, Telefonleitungen etc. Genauer spricht man vom Kapitalstock oder Realkapital. So genanntes Finanzkapital ist hingegen kein eigener Produktionsfaktor, vielmehr kann es als Mittel zur Beschaffung von Realkapital verstanden werden. Vergrößerungen des Kapitalstocks werden als *Investitionen* bezeichnet. Sie erhöhen die zukünftigen Produktionsmöglichkeiten einer Volkswirtschaft. Der prinzipiell gleiche Effekt geht übrigens von einer Verbesserung der Produktionstechnologie aus. Aufgrund ihrer großen Bedeutung wird die *Technologie*, das technische und sonstige Wissen in einer Volkswirtschaft, heute oft auch als eigenständiger Produktionsfaktor aufgefasst.

Wenden wir uns nun dem gesamtwirtschaftlichen Produktionsergebnis zu, dem Inlandsprodukt oder *Output* (also dem, was hinten herauskommt). Grundsätzlich kann es sich hier um *Sachgüter* (auch: Waren) oder um *Dienstleistungen* wie etwa Transport, Fernsehunterhaltung, Krankenpflege oder Bildung handeln. Je nachdem, ob diese Güter von privater Hand oder vom Staat bereitgestellt werden, spricht man von *privaten Gütern* oder von *öffentlichen Gütern*. Das Thema, warum der Staat überhaupt bestimmte Leistungen selbst produziert bzw. anbietet, diskutieren wir später (siehe Kapitel 6.1). An dieser Stelle bleibt aber festzuhalten, dass das Inlandsprodukt in einem mehrstufigen Prozess geschaffen wird, wie dies für den in Abbildung 1-4 dargestellten Fall der Broterzeugung gut zu sehen ist. Wie in diesem Beispiel ergibt sich auch das am Ende stehende Inlandsprodukt einer ganzen Volkswirtschaft als Summe der auf den jeweiligen Produktionsstufen hinzugefügten *Wertschöpfungen*. Die damit verbundene Verflechtung führt zu einer starken Abhängigkeit zwischen den beteiligten Wirtschaftsbereichen. Dies kann beispielsweise die oft beobachtbaren Kettenreaktionen bei einem konjunkturellen Auf- oder Abschwung erklären.

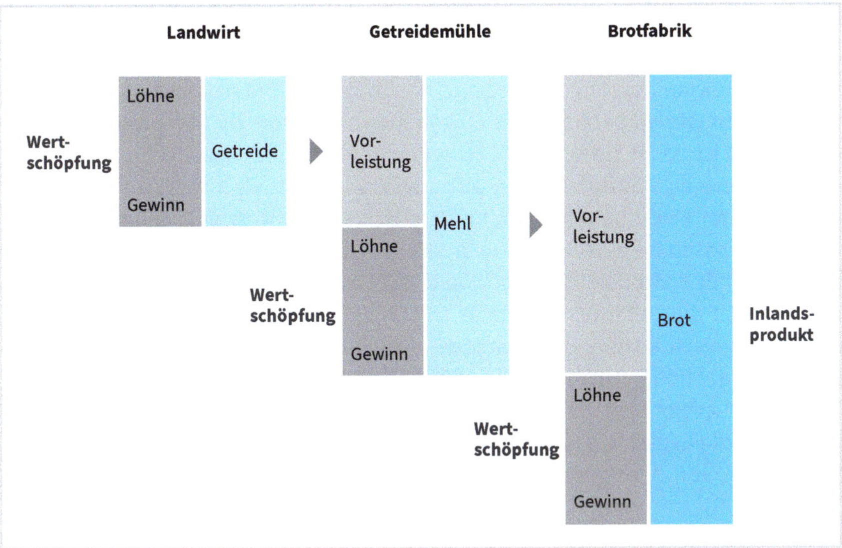

Abb. 1-4: Die volkswirtschaftliche Wertschöpfungskette am Beispiel der Broterzeugung

1.4 Die unsichtbare Hand – der Koordinationsmechanismus des Marktes

Wirtschafts-
kreislauf

In seiner 1714 veröffentlichten »Bienenfabel« erzählt der niederländische Arzt und Philosoph Bernard Mandeville von einem Bienenstock, in dem großer Wohlstand herrscht, aber auch großes Laster. Die Bienen sehnen sich nach mehr Tugendhaftigkeit und christlicher Nächstenliebe. Als ihr Wunsch erfüllt wird, verschwindet jedoch mit dem Laster alle Aktivität der Einzelnen. Der Wohlstand zerbricht. Müßiggang, Langeweile und Chaos breiten sich aus. Die Botschaft dieser Fabel, die damals einen Skandal auslöste, trifft ziemlich genau den Wesenskern der *kapitalistischen Marktwirtschaft*. Man kann ihre Funktionsweise anhand des einfachen *Wirtschaftskreislaufs* erklären (siehe Abbildung 1-5): In diesem Modell sind alle privaten Haushalte zum »Sektor« Haushalte und sämtliche Unternehmen zum »Sektor« Unternehmen zusammengefasst. Die Unternehmen nutzen die von den Haushalten angebotenen Produktionsfaktoren und diese verwenden das dafür erhaltene Einkommen für den Kauf von Konsumgütern. Es fließt also zwischen den beiden Sektoren ein ständiger Strom von Konsumgütern und Faktorleistungen (Arbeitseinsatz, Bodennutzung etc.), dem ein wertgleicher Geldstrom entgegengesetzt ist. Als Plattform für den Tausch Geld gegen Güter bzw. Geld gegen Faktorleistungen dienen die Konsumgüter- bzw. die Faktormärkte.

Steigt nun die Nachfrage der Haushalte nach einem Konsumgut, sagen wir Kartoffeln, so würden sich deren Preis sowie die Gewinne in der Kartoffelbranche erhöhen. Dies veranlasst die Landwirte, mehr Kartoffeln anzubauen, und lockt außerdem neue Anbieter auf den lukrativen Markt. Entsprechend werden mehr Feldarbeiter, Pflüge und Ackerflächen benötigt, woraufhin deren Nutzungspreise – also Löhne, Mieten oder Pachten – ansteigen.

Die Nachfrage nach Produktivleistungen ergibt sich letztlich aus der Konsumgüternachfrage

Hohe Leistungsfähigkeit durch Wettbewerb

Das Beispiel zeigt mithin, dass in der Marktwirtschaft die Konsumenten darüber entscheiden, *was* in der Volkswirtschaft produziert wird (nämlich das, was den höchsten Gewinn abwirft). Die gezielte Nachfrage der Unternehmen nach Faktorleistungen bestimmt daraufhin die Einkommen und damit, *für wen* produziert wird. Gleichzeitig ist das Preisverhältnis zwischen den Produktionsfaktoren maßgeblich für deren jeweilige Einsatzmenge, also dafür, *wie* produziert wird. Angenommen, die Löhne der Feldarbeiter wären im Vergleich zu den Nutzungskosten einer Kartoffelerntemaschine zu hoch, so würden die Landwirte versuchen, Feldarbeiter (Arbeit) durch Kartoffelerntemaschinen (Kapital) zu ersetzen. Der Wettbewerbsdruck zwingt die Unternehmen dabei zu ständigem Nachdenken darüber, wie die Produktion noch kostengünstiger bzw. effizienter zu gestalten wäre. Das ist das Geheimnis der hohen Leistungsfähigkeit dieses Wirtschaftssystems.

Als Fazit ergibt sich, dass in der kapitalistischen Marktwirtschaft der *Preismechanismus* die Lenkung des Wirtschaftsprozesses übernimmt. Er ist jene »unsichtbare Hand«, von der *Adam Smith*, der geistige Vater der Marktwirtschaft, 1776 in seinem wichtigsten Werk »Der Wohlstand der Nationen« gesprochen hat. Die Marktwirtschaft bringt den Einzelnen, der im Grunde nur seinen eigenen Vorteil im Auge hat, dazu, auch dem Gemeinwohl zu dienen (siehe Kapitel 5.1).

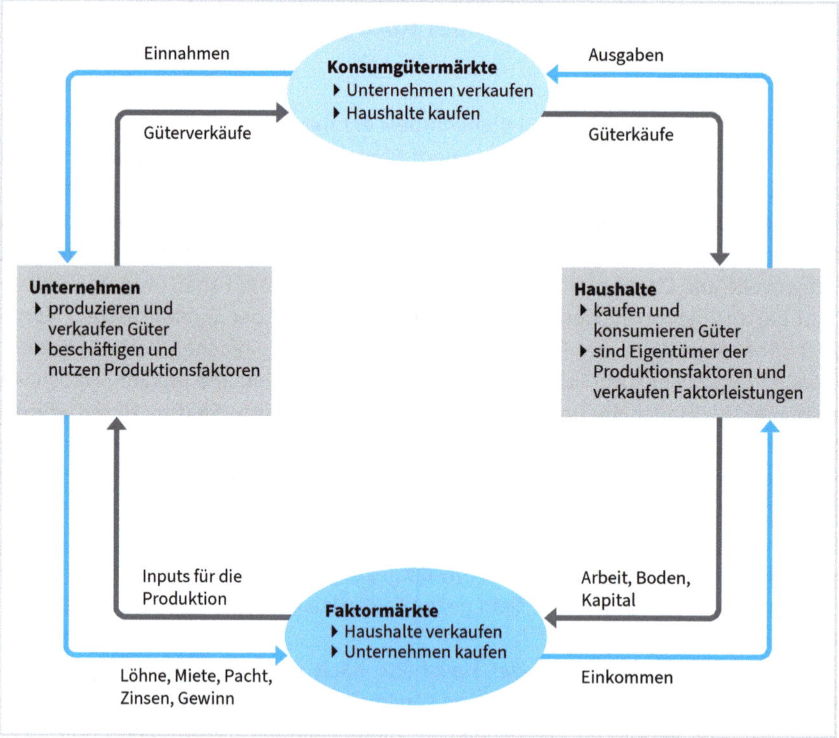

Abb. 1-5: Der einfache Wirtschaftskreislauf

Die wichtigsten Kritikpunkte am freien Preis- bzw. Marktmechanismus

- Private Unternehmer produzieren nur, wenn sie damit *Gewinn* machen können. Güter, die nicht ohne Weiteres am Markt verkauft werden können, wie Sicherheit, Bildung oder Theateraufführungen, werden nicht oder nur eingeschränkt angeboten.
- Es besteht eine Tendenz, den Wettbewerb durch den *Zusammenschluss* mit anderen Unternehmen einzuschränken.
- Die Gewinnorientierung kann (zumindest kurzfristig) in *Konflikt mit sozialpolitischen Zielen* stehen, etwa der Arbeitsplatzsicherheit oder der Produktsicherheit (z. B. wenn aus Kostengründen notwendige Wartungsarbeiten unterlassen werden).
- Ein weiteres Problem sind so genannte *externe Effekte*. Sie liegen beispielsweise vor, wenn ein Unternehmen Giftstoffe an die Umwelt abgibt, ohne für den Schaden zu bezahlen (siehe Kapitel 11). Der Markt versagt und es kommt zu Umweltproblemen (Klimawandel, Artensterben, Plastikmüll).
- Die wirtschaftliche Aktivität schwankt. In Krisenzeiten kommt es zu *Arbeitslosigkeit* und eventuell *Deflation*. Andererseits besteht die Gefahr der *Überhitzung* und der *Inflation*. Den Chancen auf materiellen Wohlstand stehen existenzielle Risiken gegenüber. Insbesondere sind die Finanzmärkte instabil.
- Typisch ist schließlich die *ungleiche Einkommens- und Vermögensverteilung*. Sie ist eine Folge des zugrunde liegenden Leistungsprinzips, wobei der Wert einer Leistung an dem Preis gemessen wird, den die Käufer dafür zu zahlen bereit sind. Die Realität zeigt, dass Gesellschaften, die sehr effizient arbeiten, die also das meiste aus ihren knappen Ressourcen herausholen, oft auch große soziale Unterschiede aufweisen.

1.5 Der deutsche Weg: Die Soziale Marktwirtschaft

Ludwig Erhard (1897–1977) war von 1949 bis 1963 Bundeswirtschaftsminister im Kabinett des ersten deutschen Bundeskanzlers Konrad Adenauer. In diesem Amt wurde Erhard zum »Vater des Wirtschaftswunders«. Von 1963 bis 1966 war er deutscher Bundeskanzler.

Die Aufhebung der Preiskontrollen bildete den Beginn des »deutschen Wirtschaftswunders«

Der 20. Juni 1948 gilt gemeinhin als Geburtstag der Sozialen Marktwirtschaft in Deutschland. *Ludwig Erhard* (1897–1977), zu dieser Zeit Direktor der Verwaltung für Wirtschaft in dem Teil Deutschlands, den Briten und Amerikaner – drei Jahre nach dem Ende des Zweiten Weltkriegs – besetzt hielten, ließ bekannt geben, die Preisbindung werde weitgehend aufgehoben. Erhard war davon überzeugt, dass die am gleichen Tag in Gang gesetzte Währungsreform, die Einführung der D-Mark, alleine nichts an der Mangelwirtschaft würde ändern können, in der Waren rationiert und gehortet wurden. Er wollte die Währungsreform daher mit einer Wirtschaftsreform verbinden. Sie sollte dafür sorgen, dass sich Arbeitsleistung und Unternehmergeist entfalten konnten. Die wichtigste Voraussetzung dafür war nach seiner Ansicht, den Preismechanismus wieder zuzulassen. Der Staat sollte nicht länger die Preise diktieren, diese sollten sich vielmehr am Markt als Ergebnis von Angebot und Nachfrage bilden. Man muss sich die damalige Situation vorstellen: Die Güterpreise und Verkaufsmengen wurden gesetzlich festgelegt. Was es auf Bezugsschein gab, war billig. Zehn Reichsmark kosteten die auf Karte erhältlichen Lebensmittel für einen Monat, sie reichten aber nicht zum Leben. Konsumgüter gab es zu den verordneten Preisen nicht im Laden zu kaufen, auf dem verbotenen Schwarzmarkt hingegen gab es alles, aber exorbitant teuer. Ohne Tauschhandel und Schwarzmarkt wären viele Menschen verhungert.

Mit der Freigabe der Preise gelang Erhard eine historische Weichenstellung in Richtung Marktwirtschaft. Die Öffentlichkeit war ebenso überrascht wie die Alliierten. »Alle meine Berater sind gegen Ihr Vorgehen«, kritisierte der amerikanische Oberbefehlshaber Clay. »Meine Berater auch«, entgegnete Erhard. Unterstützung erhielt Erhard nur von wenigen, denn in allen Parteien, auch in der CDU, überwogen damals planwirtschaftliche Ansätze.

Auch wenn die Grundidee der Sozialen Marktwirtschaft ihm zuerkannt wird: Ludwig Erhard plädierte keineswegs für staatliche Maßnahmen zum Zwecke des sozialen Ausgleichs. Er sprach sich vielmehr in erster Linie für eine marktwirtschaftliche Ordnung aus. Als zentrale Bauelemente der Sozialen Marktwirtschaft sah Erhard offene Märkte, eine stabile Währung und vor allem die Sicherstellung eines funktionsfähigen Wettbewerbs.

Allgemeiner Wohlstand entstehe nicht durch Umverteilung, sondern nur durch wirksamen Wettbewerb und »Wachstum für alle« – dies ist nach Erhard auch die beste Sozialpolitik. Einen Widerspruch zwischen Markt und sozialer Gerechtigkeit sah er somit nicht. Im Gegenteil: Erhard wandte sich entschieden gegen den Ausbau des Sozialstaats, beginnend mit der Rentenreform 1957. Er befürchtete eine Entwicklung zum Versorgungsstaat, der die Eigenverantwortung untergrabe. Sein Widerstand war freilich erfolglos, ebenso die berühmten Appelle zum »Maßhalten«, als er Kanzler wurde und die Ansprüche der Bevölkerung weiter steigen sah. Erhards Kanzlerschaft endete 1966 als Folge einer konjunkturellen Schwächephase.

Alfred Müller-Armack Der deutsche Ökonom und Soziologe (1901–1978) leitete von 1952 bis 1957 als enger Mitarbeiter Ludwig Erhards die Abteilung Wirtschaftspolitik und die Grundsatzabteilung im Bundeswirtschaftsministerium.

Den eigentlichen Begriff der Sozialen Marktwirtschaft prägte *Alfred Müller-Armack* (1901–1978). Der Ökonom und Soziologe lehrte an der Universität Köln, wechselte 1952 ins Wirtschaftsministerium (unter Erhard) und wurde Staatssekretär für Europa. Müller-Armack setzte sich dafür ein, die Kraft des Marktes als Wohlstandsmotor mit dem Prinzip der sozialen Gerechtigkeit zu verbinden.

Wie Ludwig Erhard und die Vertreter des so genannten Ordoliberalismus (siehe unten) sah er es als Aufgabe des Staates an, den wettbewerblichen Rahmen zu setzen und für stabiles Geld zu sorgen. Eine wichtige Säule der Sozialen Marktwirtschaft bildet insofern das 1957 verabschiedete – und seitdem mehrfach überarbeitete – Gesetz gegen Wettbewerbsbeschränkungen (GWB) – kurz »Kartellgesetz« genannt.

Kernpunkte der Sozialen Marktwirtschaft

Das GWB ist die »Magna Charta« des deutschen Wettbewerbsrechts. Es beinhaltet das Verbot von Kartellen (also von vertraglich fixierten Preisabsprachen zwischen Unternehmen), die Kontrolle von Unternehmenszusammenschlüssen und die Bekämpfung des Missbrauchs marktbeherrschender Stellungen.

Müller-Armack erkannte darüber hinaus der *Sozialpolitik* eine größere Bedeutung zu, als es die Ordoliberalen taten. Wesentliches Instrument des sozialen Ausgleichs ist heute die Verteilungspolitik, also etwa der progressive Einkommensteuertarif, und das System der sozialen Sicherung in Form der gesetzlichen Renten-, Arbeitslosen-, Unfall-, Kranken- und Pflegeversicherung sowie der Sozialhilfe. Hinzu treten die so genannte Globalsteuerung, wie sie 1967 im »Stabilitätsgesetz« verankert wurde, und weitere Maßnahmen der Arbeitsmarkt-, Bildungs-, Umwelt- und Strukturpolitik.

Konzeptionen der Ordnungspolitik im historischen Zusammenhang

Nachstehend werden die wichtigsten *ordnungspolitischen Konzeptionen* im historischen Zusammenhang dargestellt. Zum Verständnis: Eine ordnungspolitische Konzeption ist die theoretische Grundlage – sozusagen das Leitbild – eines entsprechenden Wirtschaftssystems bzw. ist – wie im Fall der Sozialen Marktwirtschaft – mit diesem gleichzusetzen. Im Zeitablauf haben sich folgende Modelle herauskristallisiert:

- Der *Merkantilismus* (ab Ende des 16. Jahrhunderts) hatte vor allem das Ziel, die Staatseinnahmen zu steigern und versuchte hierzu, eine positive Leistungsbilanz zu erreichen, indem einerseits möglichst viele Waren exportiert und andererseits möglichst wenig Waren ins Land gelassen wurden. Der Merkantilismus ist geprägt durch Staatseingriffe und Interventionismus. Haupteinnahmequelle des Staates waren neben den Steuern die Erlöse aus eigenen Betrieben. *(Merkantilismus)*
- Der *klassische Liberalismus* (ab Mitte des 18. Jahrhunderts) ging im Zuge der Industrialisierung von England aus. Hauptvertreter waren John Locke, David Hume und Adam Smith. Als Reaktion auf die staatliche Bevormundung im Merkantilismus sollte der Staat im klassischen Liberalismus möglichst wenig Einfluss ausüben. Er hatte Eigentums- und Vertragsschutz zu gewährleisten und nur bestimmte Kernaufgaben wahrzunehmen. Ansonsten genießt die freie Preisbildung und Koordination auf Märkten oberste Priorität. Ungleiche Einkommensverteilung, soziale Härten sowie Machtkonzentration von Unternehmen waren zugunsten der allgemeinen Wohlstandssteigerung zu akzeptieren. *(Klassischer Liberalismus)*
- Der *Sozialismus* entstand im 19. Jahrhundert im Zuge der aufkommenden sozialen Notlagen und Probleme. Eine wichtige Rolle spielten Karl Marx und Friedrich Engels, die im *Marxismus* das Ziel der klassenlosen Gesellschaft des Kommu- *(Sozialismus und Marxismus)*

nismus propagierten. Ihre Ideen beinhalten den Gedanken einer »Diktatur des Proletariats«, Kollektiveigentum an den Produktionsmitteln sowie zentrale Planung. Privateigentum führte nach Vorstellung der Sozialisten und Marxisten zur Ausbeutung der Arbeiterklasse, unternehmerischen Gewinn erachteten sie als vorenthaltenen Lohn, dezentrale Koordination mündete ihrer Meinung nach in wirtschaftliche Krisen infolge von Überproduktion, die letztlich den Untergang des Kapitalismus bewirken sollen.

Neo- oder Ordoliberalismus

- Der *Neo-* oder *Ordoliberalismus* (beginnend Anfang der 1930er-Jahre mit der Gründung der »Freiburger Schule« durch Walter Eucken und Franz Böhm) stellte die Verwirklichung einer Wettbewerbsordnung auf der Grundlage des Privateigentums in den Mittelpunkt. Sein Ideal war individuelle Freiheit mit vollständiger Konkurrenz auf allen Märkten. Ein starker Staat sollte die dafür notwendigen Rahmenbedingungen setzen, insbesondere durch konsequente Wettbewerbspolitik wirtschaftliche Machtkonzentration verhindern. Eine wichtige Rolle wurde von Eucken zudem der Eigenverantwortung der Unternehmen und – damit verbunden – der privaten Haftung zuerkannt. Weitere Vertreter dieser Denkrichtung waren Alexander Rüstow und Wilhelm Röpke. Nicht selten wird der Ordoliberalismus als deutsche Form des Neoliberalismus gedeutet, zu dem zuweilen auch andere Konzepte wie die Chicago School von Milton Friedman oder die Austrian School von Ludwig von Mises und Friedrich August von Hayek zählen.

Soziale Marktwirtschaft

- Die *Soziale Marktwirtschaft* ist das wirtschaftspolitische Leitbild Deutschlands. Wie oben ausgeführt, wird hier versucht, die Leistungsfähigkeit des marktwirtschaftlichen Systems mit dem Ziel des sozialen Ausgleichs zu verbinden. Privateigentum und Leistungswettbewerb werden als Garant von Freiheit und Wohlstand angesehen. Sie bilden damit auch die Voraussetzung für die Kompensation sozialer Härten, insbesondere ermöglichen sie die Finanzierung des sozialen Sicherungssystems. Die Soziale Marktwirtschaft ist eng verbunden mit dem in Deutschland realisierten freiheitlichen, sozialen und demokratischen Gesellschaftssystem.

Nachgehakt

Industriepolitik auf dem Vormarsch:
Wird die Soziale Marktwirtschaft zum Auslaufmodell?
Die *Soziale Marktwirtschaft* war in der Bundesrepublik Deutschland lange Zeit Garant für Wachstum, Sicherheit, Freiheit, soziale Absicherung und Wohlstand. Möglicherweise ist die Soziale Marktwirtschaft in ihrer traditionellen Form aber zukünftig nicht mehr ausreichend, um den Herausforderungen der heutigen globalisierten Wirtschaft zu begegnen. In einer Welt, in welcher der Wettbewerb zwischen Ländern, Wirtschaftsordnungen und Unternehmen immer intensiver wird und nicht wenige Staaten zu protektionistischen Maßnahmen greifen, sind Regierungen zunehmend versucht, stärker in die Wirtschaft einzugreifen, um ihre Industrien zu schützen, zu fördern und wettbewerbsfähig zu halten. Dies führt weg von den Prinzipien der Marktwirtschaft und hin zu einer stärker dirigistischen Wirtschaftspolitik, welche die Grundlagen der Sozialen Marktwirtschaft untergräbt und diese letztlich zu einem Auslaufmodell machen könnte.

Industriepolitik bezeichnet die gezielten Maßnahmen und Strategien einer Regierung, um die Entwicklung bestimmter Industrien oder Wirtschaftszweige zu fördern und zu lenken. Ziel der Industriepolitik ist es, die Wettbewerbsfähigkeit, Produktivität und Innovation zu verbessern und damit langfristiges wirtschaftliches Wachstum und Beschäftigung zu fördern. Weltweit gesehen ist die Industriepolitik derzeit auf dem Vormarsch. Dies gilt nicht nur für China, sondern auch für die USA (Inflation Reduction Act), die EU (European Green Deal, Taxonomie) und nicht zuletzt für Deutschland (Nationale Industriestrategie 2030, Moderne Industriepolitik des BMWK etc.).

Speziell in Deutschland werden industriepolitische Ansätze traditionell kritisch gesehen. Es besteht die Gefahr der Wettbewerbsverzerrung, wenn die Regierung bestimmte Unternehmen oder Branchen bevorzugt bzw. subventioniert. Dies kann dazu führen, dass ineffiziente Unternehmen gefördert oder künstlich am Leben gehalten werden und Innovation in eigentlichen Zukunftsfeldern unterbleibt. Zudem kann eine zu starke staatliche Einmischung zu bürokratischen Hürden führen und den Einfluss von Interessengruppen (Lobbyisten) wie auch Korruption begünstigen. Schließlich begeben sich Unternehmen gerne in die (vermeintlich sichere) Abhängigkeit von staatlicher Unterstützung und verlieren damit längerfristig an Widerstandsfähigkeit und Resilienz.

Es ist allerdings zu beachten, dass sich die genannte Kritik vor allem auf eine Form der Industriepolitik bezieht, nämlich die so genannte *vertikale Industriepolitik*, die sich vornimmt, bestimmte Branchen oder Technologien gezielt zu fördern. *Horizontale Industriepolitik*, bei der es nicht um die Förderung spezifischer Branchen oder Unternehmen geht, sondern die vielmehr versucht, die Rahmenbedingungen für wirtschaftliches Wachstum und Innovation generell zu verbessern (etwa durch die Senkung von Steuern, weniger Bürokratie, die Verbesserung der Infrastruktur, die Förderung von Bildung und Forschung oder die Schaffung eines günstigen Investitionsklimas) steht keineswegs im Widerspruch zu den Ordnungsprinzipien einer sozialen Marktwirtschaft – ganz im Gegenteil.

Um zukünftig im globalen Wettbewerb erfolgreich zu sein, stellt sich somit weniger die Frage ob, sondern eher wie Industriepolitik sinnvoll einzusetzen ist. Dabei kommt insbesondere der Verbesserung der allgemeinen wirtschaftlichen Rahmenbedingungen große Bedeutung zu. Bei gezielten Maßnahmen der Technologiepolitik sollten diese zur Begrenzung des Einflusses von Lobbyisten möglichst transparent gestaltet sein.

Die Soziale Marktwirtschaft bietet nach wie vor einen ausgewogenen Ansatz, der wirtschaftliche Effizienz mit sozialer Absicherung verbindet. Sie ermöglicht Innovation und Wettbewerb, während sie gleichzeitig soziale Sicherheitsnetze bereitstellt, um diejenigen zu unterstützen, die durch den wirtschaftlichen Wandel benachteiligt werden. Sofern sie sich flexibel an die neuen Herausforderungen anpasst, ist die Soziale Marktwirtschaft – auch und gerade bei marktwirtschaftskonformer Industriepolitik – kein Auslaufmodell.

1.6 Zweck und Mittel – Aufgaben und Methodik der Volkswirtschaftslehre

Es gilt als gesicherte Erkenntnis, dass das Begriffsvermögen des Menschen maximal bis an die Stufe der eigenen Existenz reicht. Das heißt, der Mensch kann lernen, die Funktionsweise eines Schraubenschlüssels, eines Autos, eines Kernkraftwerkes oder eben gerade noch eines Menschen zu verstehen. Niemals aber wird es ihm gelingen, mehrere Menschen in ihrem Zusammenwirken vollständig zu erfassen. Nun ist eine *Volkswirtschaft* immer eine (große) Gruppe von Menschen, die bei ihrer Lebensgestaltung zueinander in Beziehung treten. Die Realität, mit der es die *Volks-*

wirtschaftslehre zu tun hat, ist deshalb im Allgemeinen kompliziert und in ihren vielfältigen Abhängigkeiten nicht zu überschauen. Deshalb arbeiten Ökonomen – wie auch Physiker oder Theologen – mit teilweise stark vereinfachten *Modellen*. Anhand solcher Modelle widmet sich die Volkswirtschaftslehre zunächst der *Beschreibung* und *Erklärung* ökonomischer Vorgänge. Darauf aufbauend kann sie sich den Aufgaben der *Prognose* des zukünftigen Wirtschaftsablaufs sowie der *Beratung* bei dessen zielgerichteter Beeinflussung durch die Politik zuwenden.

Ein Modell ist die vereinfachte Darstellung der wirtschaftlichen Wirklichkeit, um diese besser zu verstehen

Nehmen wir als *Beispiel* die *Arbeitslosigkeit* (siehe Abbildung 1-6). Ihre Ursachen könnten darin liegen, dass die Löhne zu hoch sind, die Konjunktur schlecht läuft, der technische Fortschritt Arbeitsplätze kostet und vieles andere mehr. Eventuell sind diese Ursachen selbst Folge der Arbeitslosigkeit (so wird eine hohe Arbeitslosigkeit die Lohnforderungen dämpfen). Zudem bestehen auch zwischen den einzelnen Ursachen kausale Beziehungen (zum Beispiel können hohe Löhne die Rationalisierungstechnik fördern). Und schließlich werden die genannten Ursachen ihrerseits durch weitere Einflüsse bestimmt (der schlechten Konjunktur könnte ein Rückgang etwa der Konsum- oder der Investitionsnachfrage zugrunde liegen), die wiederum ihre eigenen Ursachen haben etc. In einem Modell wird dieses verästelte Beziehungsgeflecht auf eine Auswahl als wesentlich eingeschätzter Einflusskanäle reduziert. Dann versucht man, durch genaues Beobachten – man nennt das »empirische Forschung« – die Zusammenhänge möglichst exakt zu charakterisieren, und kommt so zu Aussagen wie: Wenn die Konjunktur um X Prozent steigt, dann nimmt die Arbeitslosigkeit um Y Prozent ab.

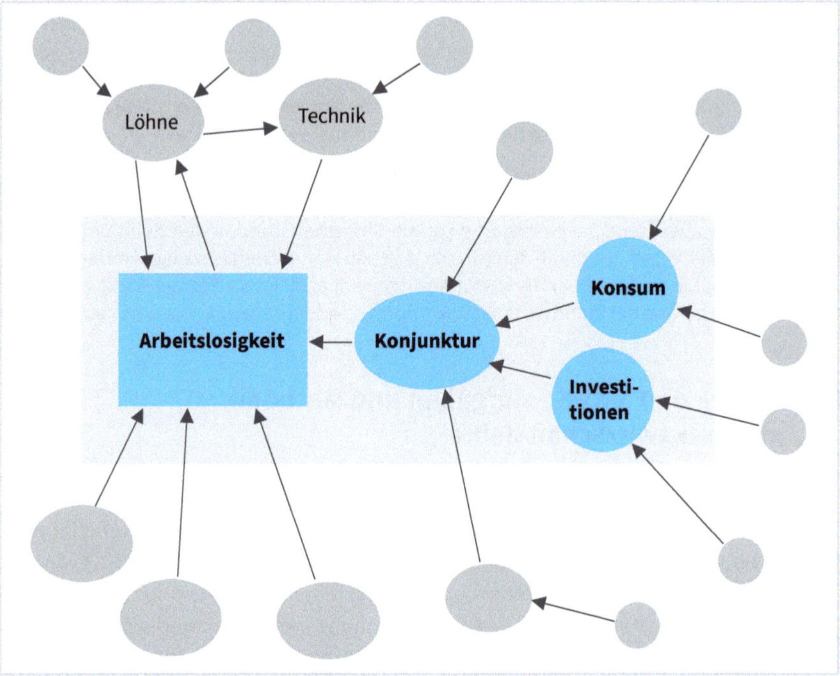

Abb. 1-6: Beispiel eines ökonomischen Modells

Genau diese Beziehung wurde übrigens in den USA von dem Wirtschaftswissenschaftler und früheren Regierungsberater Arthur Melvin Okun gemessen. Die Erfahrungsregel, die sich dabei ergab, hat in der Ökonomie als *Okunsches Gesetz* einige Beachtung gefunden.

Okunsches Gesetz

Die genaue empirische Korrelation ist im Zeitablauf veränderlich. Für Deutschland, so wird üblicherweise angenommen, ist für eine Verringerung der Arbeitslosenquote ein Wachstum mehr als 2 Prozent erforderlich.

In Deutschland, heißt es, muss die Wirtschaft um mehr als 2 Prozent wachsen, damit die Beschäftigung zunehmen kann

Erfahrungsgemäß gibt es kein Modell, mit dem man die wirtschaftliche Entwicklung immer völlig realitätsgetreu erklären kann. Das liegt zum einen daran, dass die tatsächlich wirksamen Einflussfaktoren eben nicht bekannt sind. Es kann also sein, dass nicht die wichtigsten ausgewählt wurden. Außerdem werden die bestehenden Beziehungen stark vom menschlichen Verhalten bestimmt. Das aber unterliegt bekanntlich Schwankungen und kann deshalb nicht ein für alle Mal exakt berechnet werden (wie beispielsweise die Umlaufbahn eines Planeten). Aus diesen Gründen finden sich in der Volkswirtschaftslehre für das gleiche Problem mitunter mehrere, miteinander *konkurrierende Erklärungsansätze* (auch: *Paradigmen*). Um die Wirkung einzelner Einflussgrößen klar zu erkennen, arbeitet die Volkswirtschaftslehre oft mit der Annahme, »dass alles Übrige gleich bleibt« (*Ceteris-Paribus-Klausel*).

1.7 Das magische Viereck – Probleme der Stabilisierungspolitik

Um ihrer Beratungsfunktion gerecht zu werden, muss die Volkswirtschaftslehre die *Ziele der Wirtschaftspolitik* analysieren. In Deutschland sind die gesamtwirtschaftlichen Ziele im »Gesetz zur Förderung der Stabilität und des Wachstums der Wirtschaft« vom 8. Juni 1967 (so genanntes »Stabilitätsgesetz«) festgelegt worden (siehe Abbildung 1-7). § 1 StabG lautet:

Stabilitätsgesetz

> Bund und Länder haben bei ihren wirtschafts- und finanzpolitischen Maßnahmen die Erfordernisse des gesamtwirtschaftlichen Gleichgewichts zu beachten. Die Maßnahmen sind so zu treffen, dass sie im Rahmen der marktwirtschaftlichen Ordnung gleichzeitig zur Stabilität des Preisniveaus, zu einem hohen Beschäftigungsstand und außenwirtschaftlichem Gleichgewicht bei stetigem und angemessenem Wirtschaftswachstum beitragen.

Weitere, häufig genannte Ziele sind eine gleichmäßigere Einkommens- und Vermögensverteilung sowie der Umweltschutz. Je nachdem, wie viele dieser Ziele wirtschaftspolitisch angestrebt werden, spricht man vom *magischen Viereck*, *magischen Fünfeck*, *magischen Sechseck* oder allgemein vom *magischen Vieleck*. Der Begriff »magisch« soll dabei ausdrücken, dass die Ziele miteinander im Konflikt stehen können und deshalb in der Realität meist nie gleichzeitig – wie im Stabilitätsgesetz gefordert – zu erreichen sind. Vielmehr ist die Gefahr gegeben, dass die Verbesserung des einen Ziels mit der Verschlechterung eines anderen Ziels verbunden ist. Dies erfordert dann ein Abwägen (*Trade-off*). Beispiele für solche *Zielkonflikte* sind zahlreich.

Beispiele für Zielkonflikte

So kann eine Verbesserung der Umweltqualität dadurch erreicht werden, dass Produktionsfaktoren aus der Güterproduktion abgezogen werden, was sich wiederum negativ auf das Wirtschaftswachstum auswirkt. Umgekehrt kann ein hohes Wachstum die Umwelt schädigen. Weiterhin geht ein starkes Wirtschaftswachstum zwar in der Regel mit einer höheren Beschäftigung einher, andererseits ist dies oft von Preissteigerungen begleitet. Das hat normalerweise zur Folge, dass die Importe zu- und die Exporte abnehmen und damit das außenwirtschaftliche Gleichgewicht gefährdet werden kann. Will man etwa die Einkommenssituation einzelner Bevölkerungsgruppen verbessern, indem man die Steuerbelastung der Reichen erhöht, so ist zu befürchten, dass die Leistungsträger den Anreiz zur Produktion verlieren und damit der gesamte »Kuchen« dessen, was verteilt werden kann, kleiner wird. Der wohl berühmteste Zielkonflikt schließlich wird anhand der so genannten *Phillipskurve* diskutiert. Demnach kann eine höhere Beschäftigung zumindest kurzfristig durch eine staatliche Konjunkturankurbelung unter Inkaufnahme einer höheren Inflationsrate erreicht werden. Allerdings ist die Gültigkeit dieser Beziehung umstritten. Wir kommen darauf noch zu sprechen.

Die Beziehung zwischen den wirtschaftspolitischen Zielen ist nicht unverrückbar gegeben, sondern abhängig von der jeweiligen Wirtschaftslage und von den gewählten Instrumenten der Stabilisierungspolitik. Beispielsweise ist es in Zeiten einer Massenarbeitslosigkeit durchaus denkbar, dass eine Erhöhung der Staatsausgaben zu einer Beschäftigungszunahme führt, ohne das Ziel der Preisstabilität fühlbar zu gefährden. Dabei spielt das Verhalten der Wirtschaftsteilnehmer eine große Rolle: Wenn die Gewerkschaften bei einer Verbesserung der Arbeitsmarktlage höhere Löhne fordern, werden die Unternehmer das in ihre Preise einkalkulieren, was die Inflation anheizt.

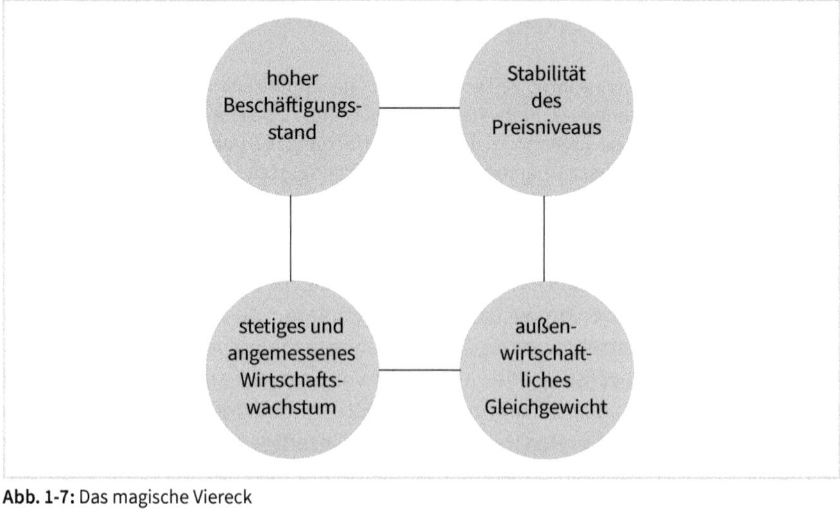

Abb. 1-7: Das magische Viereck

Ob ein Zielkonflikt vorliegt oder nicht, hängt darüber hinaus davon ab, welches wirtschaftspolitische Instrument zum Einsatz gelangt. Über die Eignung bzw. Wirkungsweise der Instrumente bestehen indes kontroverse Ansichten. Die Vertreter der so genannten *Angebotspolitik* versprechen sich etwa von einer Lohnsenkung bzw. Lohnzurückhaltung positive Effekte sowohl auf die Beschäftigung als auch auf die Preisstabilität. Die Verfechter der so genannten *Nachfragepolitik* bestreiten dies vehement. Wir werden diese Fragen später noch systematisch analysieren (siehe Kapitel 5). Es dürfte aber klar geworden sein, wie schwierig und komplex die Probleme sind, die sich der Stabilisierungspolitik stellen.

1.8 So funktioniert eine Volkswirtschaft

Festzustellen ist, dass die Ziele der Wirtschaftspolitik im Allgemeinen wenig umstritten sind, allenfalls ist man hinsichtlich ihrer Gewichtung unterschiedlicher Ansicht. Heftigen Disput gibt es indes zwischen den politischen Lagern immer schon über die richtigen Instrumente, mit denen diese Ziele zu erreichen sind.

Ein seriöses Urteil diesbezüglich setzt erstens das Wissen darüber voraus, welche Instrumente grundsätzlich zur Beeinflussung einer Volkswirtschaft zur Verfügung stehen. Zweitens sollte man verstehen, über welche Wirkungskanäle diese Instrumente ihren Einfluss auf das Wirtschaftsgeschehen entfalten. Anhand dieser Betrachtung lässt sich dann die grundsätzliche Funktionsweise einer Volkswirtschaft recht gut erklären.

Jede Nation verfügt über ein breit gefächertes Instrumentarium, das zur Erreichung der wirtschaftspolitischen Ziele (wachsende Produktion und Beschäftigung, stabiles Preisniveau, ausgeglichener Außenbeitrag) eingesetzt werden kann. Wie in Abbildung 1-8 dargestellt, werden durch diese Instrumente sowie weitere externe Faktoren bestimmte ökonomische Variablen einer Volkswirtschaft (Steuern, Zinsen, Wechselkurse etc.) beeinflusst, die ihrerseits für die Nachfrage- und Angebotsentscheidungen der Wirtschaftssubjekte eine große Rolle spielen.

Die gesamtwirtschaftliche Nachfrage bildet die Höhe der Ausgaben, die die Konsumenten, die Unternehmen, der Staat und das Ausland unter Berücksichtigung der gegebenen Preise, ihres Einkommens und anderer Kriterien tätigen wollen. Unter dem gesamtwirtschaftlichen Angebot versteht man die Ausbringungsmenge, die die inländischen Unternehmen zu den herrschenden Preisen und unter Berücksichtigung ihrer Kapazitäten und Kosten zu produzieren und zu verkaufen bereit bzw. in der Lage sind. Hinzu tritt das Angebot des Staates an Dienstleistungen, etwa im Bereich der Bildung, Gesundheit oder Sicherheit.

Wirtschaftspolitische Instrumente

Als wichtiges Instrument der Wirtschaftspolitik ist zunächst die *Fiskalpolitik* zu nennen. Sie umfasst vor allem die Ausgaben- und Steuerpolitik des Staates. Daneben kommt der *Geldpolitik*, die von der Zentralbank verantwortet wird, eine herausragende Bedeutung zu. Sie bestimmt die Entwicklung der Geldmenge und der Zinssätze in der Volkswirtschaft. Wir werden auf diese beiden zentralen Hebel der Wirtschaftspolitik später ausführlich eingehen (siehe Kapitel 6 und 7). Vorläufig genügt es zu wissen, dass die Fiskal- und die Geldpolitik einen mehr oder weniger starken Einfluss auf die gesamtwirtschaftliche Nachfrage ausüben.

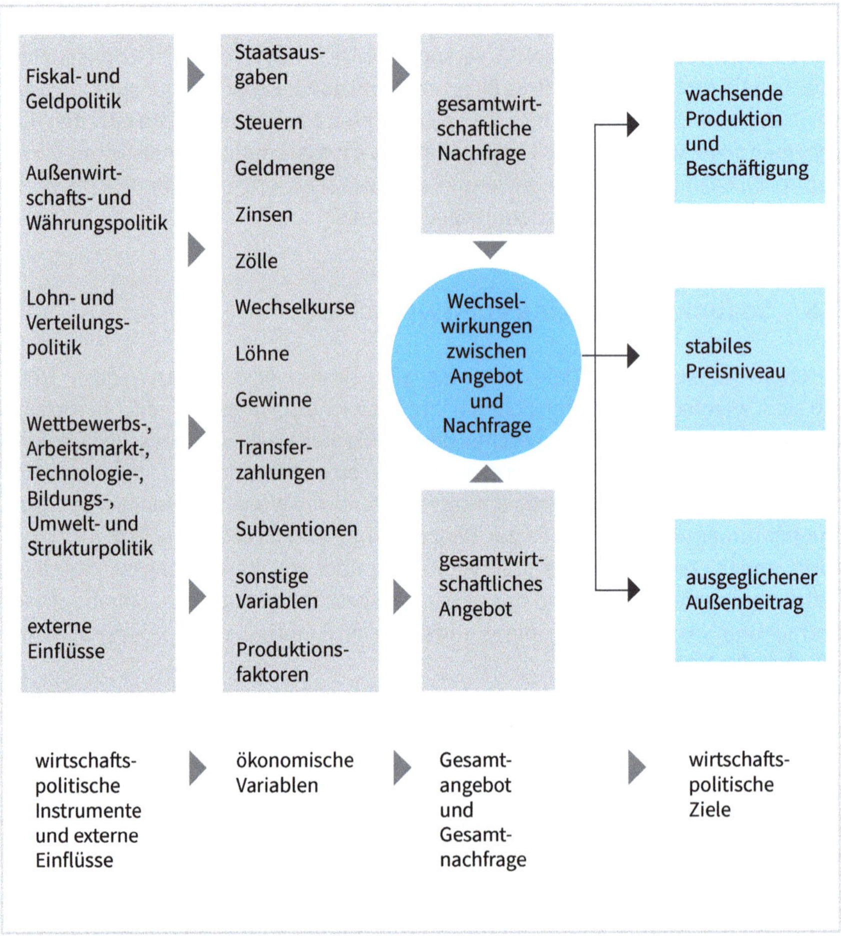

Abb. 1-8: Das gesamtwirtschaftliche Wirkungssystem

Unter der *Außenwirtschafts-* und *Währungspolitik* sind Handelsbeschränkungen, Zölle oder Wechselkursbeeinflussungen zu verstehen, mit denen der Staat und die Zentralbank versuchen, einen Ausgleich zwischen Exporten und Importen bzw. ein Gleichgewicht auf dem Devisenmarkt herbeizuführen. Derartige Eingriffe wirken ebenfalls vor allem auf die gesamtwirtschaftliche Nachfrage.

Träger der *Lohnpolitik* sind in Deutschland (unter dem Vorbehalt gesetzlich verankerter Mindestlöhne) die Tarifpartner, also Arbeitgeberverbände und Gewerkschaften. Bei den gezielten Maßnahmen der *Verteilungspolitik* unterscheidet man vermögenspolitische (z.B. Wohnungsbauprämie, Vermögensteuer) und einkommenspolitische Instrumente. Letztere wirken insbesondere über die Einkommensteuer (etwa durch steuerliche Vergünstigungen und den Progressionsverlauf im Steuertarif) oder durch Transferzahlungen, also Bürgergeld, Ausbildungshilfen (BAföG), Kinder- und Elterngeld sowie Wohngeld. Die Maßnahmen der Lohn- und Verteilungspolitik gehören zweifellos zu den umstrittensten makroökonomischen

Instrumenten. Sie wirken sich – über die Löhne, Gewinne und andere Einkommensarten – sowohl auf die gesamtwirtschaftliche Nachfrage als auch auf das gesamtwirtschaftliche Angebot aus. Eine Lohnerhöhung beispielsweise hat eine doppelte Wirkung: Einerseits verbessern steigende Löhne die Kaufkraft der Lohnempfänger. Andererseits steigen die Lohnkosten der Unternehmen. Wenn die Unternehmen daraufhin Entlassungen vornehmen, kann es sein, dass die Lohnsumme – die für die Höhe der gesamtwirtschaftlichen Nachfrage entscheidend ist – gar nicht steigt, sondern im Gegenteil sogar sinkt (siehe Kapitel 4).

Prozesspolitik

Die Geld- und Fiskalpolitik sowie weite Bereiche der Außenwirtschafts- und Währungspolitik (die Festlegung des Wechselkursregimes etwa ist eine ordnungspolitische Entscheidung) sind Teil der so genannten *Prozesspolitik* bzw. *Ablaufpolitik*. Sie umfasst alle Maßnahmen und Mittel, die den Wirtschaftsprozess in Richtung der gesamtwirtschaftlichen Ziele beeinflussen. Überwiegend werden diese Maßnahmen der *Konjunkturpolitik* zugerechnet.

Ordnungspolitik

Die Lohn- und Verteilungspolitik hingegen gehört grundsätzlich zum Bereich der *Ordnungspolitik*, die darauf gerichtet ist, eine gewünschte Wirtschaftsordnung zu verwirklichen bzw. zu sichern und auszubauen. Die Verteilungspolitik ist das Hauptinstrument der *Sozialpolitik*. Im Mittelpunkt der marktwirtschaftlichen Ordnung steht die *Wettbewerbspolitik*, die sich in Deutschland unter anderem im Gesetz gegen Wettbewerbsbeschränkungen (GWB) manifestiert. Ordnungspolitik kann zu einem Gutteil als *Wachstumspolitik* begriffen werden. Eine in dieser Hinsicht bedeutsame ordnungspolitische Maßnahme ist etwa die Deregulierung von Märkten, beispielsweise des Arbeitsmarktes. Wachstumspolitische Relevanz besitzen vor allem auch die *Technologie-*, *Bildungs-*, *Umwelt-* und *Strukturpolitik*. Letztere beinhaltet die sektorale Strukturpolitik, etwa in Form von Subventionen für bestimmte Wirtschaftsbereiche, wie Kohle, Solarenergie, Windenergie oder Agrarwirtschaft, weiterhin die Regionalpolitik (z.B. Förderprogramme in den neuen Bundesländern) sowie die Unterstützung kleinerer und mittlerer Unternehmen im Rahmen der Mittelstandspolitik.

Externe Einflüsse

Die zuletzt genannten Maßnahmen der Ordnungspolitik beeinflussen in erster Linie die auf die Angebotsseite einer Volkswirtschaft wirkenden ökonomischen Variablen. Unter diesen kommt den volkswirtschaftlichen Produktionsfaktoren, das heißt dem Kapitalstock, der Arbeit, den Ressourcen und der Technologie, eine besondere Bedeutung zu. Sie sind maßgeblich für die Fähigkeit zur Gütererstellung, also für die Höhe der potenziellen Produktion und somit für das Gesamtangebot an Gütern in der Ökonomie. Neben die wirtschaftspolitischen Instrumente treten weitere *externe Einflüsse*, wie etwa das Klima, die Bevölkerungsentwicklung, Katastrophen, Kriege oder Auslandseinflüsse. Auch diese können erhebliche angebots- und nachfrageseitige Auswirkungen auf die Wirtschaft haben.

Die Wirtschaftsentwicklung ergibt sich aus dem Zusammenspiel von Gesamtangebot und Gesamtnachfrage

Aus den Wechselwirkungen zwischen Angebot und Nachfrage resultieren nun bestimmte wirtschaftliche Ergebnisse, die sich in den gesamtwirtschaftlichen Zielgrößen (Produktion und Beschäftigung, Preisniveau und Außenbeitrag) niederschlagen. Wenn sich also z.B. die gesamtwirtschaftliche Nachfrage erhöht, steigt typischerweise das Preisniveau, die Produktion und die Beschäftigung nehmen zu. Der damit verbundene Einkommenszuwachs regt aber die Importnachfrage an, wodurch sich der Außenbeitrag (= Exporte minus Importe) verschlechtert. Wir besprechen derartige Vorgänge vor allem in den Kapiteln 4 und 5 sowie im Kapitel 9.

Auf den Punkt gebracht

Bei der Lösung des Knappheitsproblems hat sich das marktwirtschaftliche System als überlegen erwiesen. Um Konjunktur- und Beschäftigungsschwankungen, Machtmissbrauch, Übertreibungen und soziale Härten zu begrenzen, bedarf es aber einer staatlichen Wirtschaftspolitik. In einer groben Einteilung lässt sich diese in Ordnungs- und Prozesspolitik untergliedern. Je nachdem, ob die entsprechenden Maßnahmen das gesamtwirtschaftliche Güterangebot oder die gesamtwirtschaftliche Güternachfrage beeinflussen, sprechen wir von Angebots- oder Nachfragepolitik. Ihre gemeinsame Zielsetzung umfasst in Deutschland das im Stabilitätsgesetz beschriebene »magische Viereck«, ergänzt um die Ziele einer gerechten Einkommens- und Vermögensverteilung sowie des Umweltschutzes.

1.9 Das Interview: Lars P. Feld

Lars P. Feld* (geb. 1966) ist Professor für Wirtschaftspolitik und Ordnungsökonomik an der Albert-Ludwigs-Universität Freiburg und Direktor des Walter Eucken Instituts. Von 2011 bis 2021 war er Mitglied des Sachverständigenrates zur Begutachtung der gesamtwirtschaftlichen Entwicklung, im letzten Jahr dessen Vorsitzender.

Herr Professor Feld, nach Studien des Instituts für Demoskopie Allensbach sowie Ihres Walter Eucken Instituts stehen in Deutschland viele Menschen hinter der Sozialen Marktwirtschaft, erkennen aber nicht mehr, dass die Freiheit der Wirtschaft die Grundlage für den Sozialstaat bildet. Halten Sie dieses Ergebnis für besorgniserregend?

Besorgt bin ich deswegen nicht. In diesen Befragungen zeigt sich im Zeitablauf, dass die deutsche Bevölkerung Sozialstaatlichkeit und Freiheit immer wieder unterschiedlich beurteilt hat. Hier kommt die Besonderheit dieser irenischen Formel »Soziale Marktwirtschaft«, wie Müller-Armack es nannte, zum Tragen. Die einen betonen Sozialstaat, Verteilungsfragen, Gerechtigkeit, die anderen stellen auf Freiheit, Marktwirtschaft, Preise als Koordinationsmechanismus ab. Was jeweils im Vordergrund steht, ist von aktuellen Debatten beeinflusst. Am Ende kommt es aber auf konkrete Maßnahmen an: Welche Staatseingriffe sind schädlich und welche nicht? Wie sollten die wirtschaftspolitischen Rahmenbedingungen ausgestaltet sein? Sorge macht mit deshalb vielmehr, dass die politischen Entscheidungsträger in Parlament und Regierung heutzutage wieder mehrheitlich auf die Steuerbarkeit und Planbarkeit der Wirtschaft setzen. Dies wird nicht ohne Wohlstandsverluste bleiben.

* Foto: © Walter Eucken Institut.

Der Staat kann durch Ge- und Verbote, administrierte Preise, Subventionen und weitere Maßnahmen in das Marktgeschehen eingreifen. Wie weit darf er dabei gehen?
Diese Instrumente sollten möglichst wenig als Koordinationsmechanismen in einer Marktwirtschaft eingesetzt werden. Dabei ist mir bewusst, dass eine Marktwirtschaft erst auf Basis eines funktionierenden Rechtssystems florieren kann. Hier geht es aber um diese Instrumente als Koordinationsmechanismus. Auf administrierte Preise sollte dahingehend ganz verzichtet werden. Ge- und Verbote sollten nur in besonderen, politisch durch breite Mehrheiten gestützten Bereichen des Wirtschaftsgeschehens koordinierend greifen. Ge- und Verbote sind leider zu grob und führen zu Ineffizienzen. Subventionen sind nur in seltenen Fällen sinnvoll einsetzbar und sollten dann allmählich über die Zeit ausschleichen. Am schwierigsten lassen sich Ineffizienzen aufgrund von Steuersubventionen beseitigen.

Die Gehälter von Spitzenmanagern und Spitzenmanagerinnen der Privatwirtschaft betragen teilweise mehr als das 100-Fache, in Einzelfällen das 1000-Fache des Verdienstes eines(r) deutschen Facharbeiters/Facharbeiterin. Finden Sie das in Ordnung? Wie stehen Sie zu dem Vorschlag, als Pendant zu Mindestlöhnen auch Gehaltsobergrenzen einzuführen?
Löhne und Gehälter sind Preise für den Produktionsfaktor Arbeit und ergeben sich durch Angebot und Nachfrage auf den jeweiligen Teilarbeitsmärkten. Wenn die Bezahlung in der obersten Stufe der Gehaltsskala ein solches Vielfaches eines mittleren Verdienstes ausmacht, muss eine entsprechende Zahlungsbereitschaft vorliegen. Ich kann mir durchaus vorstellen, dass es hier Marktversagenstatbestände, etwa aufgrund von unvollständigem Wettbewerb, gibt. Dies ist eine gängige Begründung für Mindestlöhne. Liegt kein Marktversagen vor, liefert irgendein Vielfaches eines mittleren Verdienstes noch keinen hinreichenden Anlass für einen Markteingriff, etwa eine staatliche Regulierung.

Herr Professor Feld, wir danken Ihnen für dieses Gespräch.

Schlüsselbegriffe

- Güterknappheit
- ökonomisches Prinzip
- Wirtschaftssystem
- Produktionsfaktoren
- Wirtschaftskreislauf
- Soziale Marktwirtschaft
- ökonomisches Modell
- Wirtschaftspolitik
- magisches Viereck
- wirtschaftspolitische Instrumente

Kontrollfragen

1. *Sind seltene Güter immer auch knappe Güter?*
2. *Wie beantworten die Wirtschaftssysteme der Marktwirtschaft und der Zentralverwaltungswirtschaft die Grundfragen der Ökonomie?*
3. *Weshalb sind bei der Berechnung des Inlandsprodukts die Vorleistungen zu berücksichtigen?*
4. *Warum ist die Marktwirtschaft so produktiv? Wie beurteilen Sie die Kritikpunkte, die häufig am freien Preis- und Marktmechanismus geäußert werden?*
5. *Was unterscheidet die Soziale Marktwirtschaft von der kapitalistischen Marktwirtschaft? Brauchen wir heute auch Industriepolitik?*
6. *Sollte ein gutes ökonomisches Modell immer möglichst nahe an der Realität sein?*
7. *Diskutieren Sie mögliche Zielkonflikte des magischen Vierecks.*
8. *Die Bundesregierung verfügt über ein breites Instrumentarium von wirtschaftspolitischen Instrumenten. Welche werden aktuell besonders diskutiert? Nennen Sie Beispiele.*

Literaturhinweise

Beck, H.: Volkswirtschaftslehre, Mikro- und Makroökonomie, München 2012

Erhard, L.: Wohlstand für Alle, Düsseldorf 1957

Eucken, W.: Grundsätze der Wirtschaftspolitik, Tübingen 1952

Goldschmidt, N., Kolev, S.: 75 Jahre Soziale Marktwirtschaft in 7,5 Kapiteln, Freiburg 2023

Mankiw, N.G., Taylor, M.P.: Grundzüge der Volkswirtschaftslehre, 8. Aufl., Stuttgart 2021

Van Suntum, U.: Die unsichtbare Hand, Ökonomisches Denken gestern und heute, 2. Aufl., Berlin/Heidelberg/New York 2001

2 Im Großen und Ganzen – Volkswirtschaftliche Gesamtrechnung

»Jede Wirtschaft beruht auf dem Kreditsystem, das heißt auf der irrtümlichen Annahme, der andere werde gepumptes Geld zurückzahlen.«
Kurt Tucholsky

Lernziele

- Sie wissen, was man unter dem Bruttoinlandsprodukt, dem Bruttonationaleinkommen und dem Volkseinkommen eines Landes versteht und können die Aussagekraft dieser Aggregate beurteilen.
- Es ist Ihnen klar, wie das Bruttoinlandsprodukt entsteht und für welche Bereiche der Güternachfrage es verwendet wird. Ebenso kennen Sie die Verteilung und Verwendung des Bruttonational- bzw. Volkseinkommens.
- Sie verstehen den Prozess der Produktion, Einkommenserzielung und Vermögensbildung, der sich letztlich in der gesamtwirtschaftlichen Identität niederschlägt.
- Sie wissen, über welche Transaktionen eine Volkswirtschaft mit der übrigen Welt verbunden ist und kennen die Systematik der Zahlungsbilanz.
- Sie verstehen die gesamtwirtschaftliche Bedeutung des Geldes und wissen, welche negativen Wirkungen Inflation und Deflation haben.
- Sie wissen, wie das reale Wirtschaftswachstum und die Inflationsrate statistisch gemessen werden.

Das Gesicht des Kanzlers verfärbte sich dunkel, während er den Mann im Publikum fixierte, der diese Frage gestellt hatte. Die Erregung, in der sich der Kanzler befand, ließ die Zuschauer in dem Fernsehstudio, von dem aus die Sendung live übertragen wurde, erstarren. Es herrschte vollkommene Stille. Der Mann hatte sich als evangelischer Pfarrer vorgestellt und gefragt, ob die Verschuldung des Staates nicht eine unzumutbare Belastung für nachfolgende Generationen bilde.

»Verbindlichkeiten« sagte der Kanzler jetzt laut und deutlich, »das sind *Verbindlichkeiten.*« Er hob den Arm und zeigte auf den Fragenden, dessen selbstgefälliges Lächeln schwand. »Ihnen als Geistlicher sollte bewusst sein, dass Verbindlichkeiten etwas anderes darstellen als Schulden. Wo Verbindlichkeiten sind, da sind auch Forderungen, und zwar in gleicher Höhe. Diese Forderungen stammen von Millionen privater Haushalte, die sich das Geld vom Mund abgespart haben, um es dem Staat – und übrigens auch den Unternehmen – kreditweise zu überlassen, damit dieser investieren kann. Sparen ist gleich Investieren«, donnerte der Kanzler. »Und investieren heißt, neue Produktionskapazitäten und Arbeitsplätze schaffen für die Zukunft unserer Kinder.« Der Kanzler hielt inne, bevor er sich dem Publikum zuwandte. »Es handelt sich hier um ökonomische Zusammenhänge, deren Kenntnis zur geistigen Grundausstattung jedes mündigen Bürgers gehören sollte.« Der Kanzler seufzte, nahm eine Prise Schnupftabak und griff nach einer Mentholzigarette. Der Mann auf der Zuschauerbank senkte den Blick und setzte sich.

Die Szene begab sich Ende der 1970er-Jahre, als die Staatsschulden – pardon: Verbindlichkeiten – einen noch nie da gewesenen Höchststand erreicht hatten. Bundeskanzler Helmut Schmidt (1918–2015) galt damals (wie auch heute noch) als Weltökonom, dessen Kompetenz in Wirtschaftsfragen über jeden Zweifel erhaben war. Dieses Image dürfte unter anderem darauf zurückzuführen sein, dass »der Kanzler« die in jeder Volkswirtschaft gültigen Beziehungen zwischen den zentralen ökonomischen Größen erkannt hatte und mit diesem Wissen meisterhaft zu argumentieren verstand.

Die Ausführungen dieses Kapitels machen die Leserinnen und Leser mit eben jenen Gesetzmäßigkeiten von Volkswirtschaften vertraut. Sie bilden den Kern der Volkswirtschaftlichen Gesamtrechnung. Im Zuge dessen erläutern wir weitere wichtige volkswirtschaftliche Themen wie die Bedeutung des Geldes, die Problematik von Inflation und Deflation sowie die Messung des Wirtschaftswachstums und der Inflationsrate. Unser Interviewpartner am Ende des Kapitels ist Michael Hüther.

2.1 Die Gesamtrechnung bitte

Die volkswirtschaftliche Gesamtrechnung ist praktisch die Buchhaltung der Volkswirtschaft

Bevor ein Arzt mit seiner Therapie beginnt, wird er die aufgetretenen Symptome erfassen und eine Diagnose stellen. Ebenso verfährt die Ökonomie. Das hierzu notwendige Datenmaterial liefert die *Volkswirtschaftliche Gesamtrechnung (VGR)*. Sie stellt die in einer Volkswirtschaft abgelaufenen Wirtschaftsprozesse systematisch dar. In Deutschland ist für diese – wie man sich vorstellen kann mühselige – Arbeit das Statistische Bundesamt in Wiesbaden zuständig. Hunderte Volks- und Betriebswirte, Mathematiker, Informatiker etc. sind hier Tag für Tag damit beschäftigt, gesamtwirtschaftliche Größen wie die Höhe der nationalen Produktion, des Konsums, der Investitionen, die Verteilung des Einkommens oder die Vermögensverhältnisse zu messen. Dabei ist von der Europäischen Union genau vorgeschrieben, wie die Zahlen zu berechnen sind und welche Daten veröffentlicht werden müssen. Das geschieht, um internationale Vergleichbarkeit zu erreichen. So werden beispielsweise die Gesamtrechnungen der EU-Mitglieder herangezogen, um die Beiträge zum Haushalt der Union – die EU-Eigenmittel – festzulegen.

Ersparnis erhöht das Volksvermögen

Sämtliche wirtschaftliche Beziehungen im Einzelnen zu erfassen und überschaubar darzustellen, ist schlicht unmöglich. In der *Kreislaufanalyse* werden deshalb Sektoren gebildet und die zwischen diesen fließenden Geld- und Güterströme betrachtet (siehe Abbildung 2-1). Der Einfachheit halber kann man dabei annehmen, es gäbe nur private Haushalte auf der einen Seite und Unternehmungen auf der anderen (siehe Kapitel 1). Nun wollen wir zusätzlich berücksichtigen, dass die Haushalte ihr Einkommen (im Beispiel 100) nicht ausschließlich für den Konsum ausgeben, sondern dass sie auch *sparen*. Da durch Sparen Nachfrage entfällt, können die Unternehmer nicht ihre gesamte Produktion absetzen. Den nicht an die Haushalte verkauften Teil der Produktion bezeichnet man als *Investition*. Die nicht abgesetzten Güter können auf Lager genommen werden (Lagerinvestition) oder sie dienen der Vergrößerung oder Erhaltung des Kapitalstocks (Anlageinvestition).

Damit gilt in einer »geschlossenen« Volkswirtschaft (die also keine Beziehungen zum Ausland unterhält) für eine abgelaufene Periode immer, dass die gesamtwirtschaftliche Ersparnis der gesamtwirtschaftlichen Investition gleich ist. In Höhe der Ersparnis steigt das Reinvermögen der Volkswirtschaft.

Gesamtwirtschaftliche Identität für eine geschlossene Volkswirtschaft

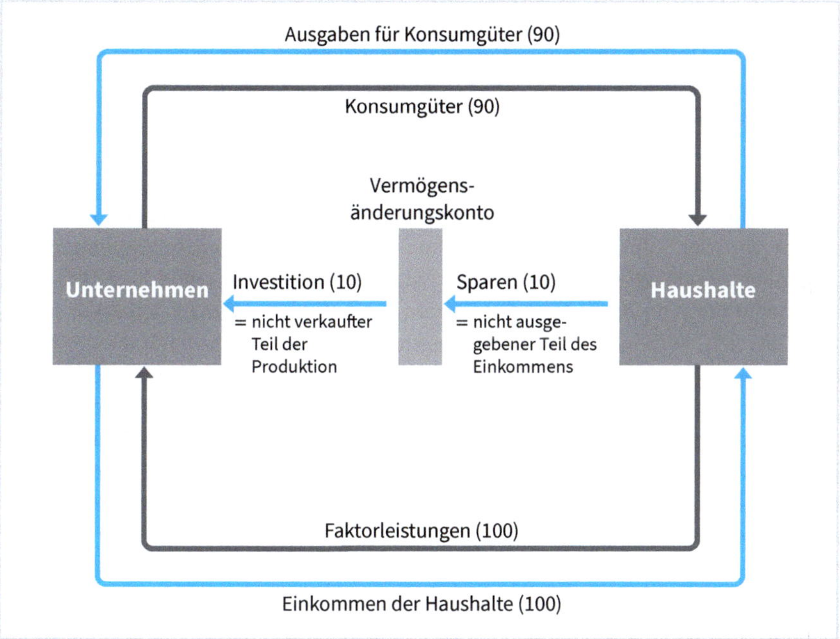

Abb. 2-1: Der Wirtschaftskreislauf mit Spartätigkeit

Man kann diese gesamtwirtschaftliche Identität für eine geschlossene Volkswirtschaft auch formal wie folgt ableiten. Zentral ist dabei die Erkenntnis, dass bei der Produktion von Konsum- und Investitionsgütern immer in gleicher Höhe Einkommen entsteht, das seinerseits für Konsumgüter verausgabt oder gespart wird. Bezeichnet man die Produktion und das Einkommen mit Y, den Konsum mit C, die Investitionen mit I und die Ersparnis mit S, so gilt:

Formale Herleitung

(1) $Y = C + I$ (Güterseite der Produktion)

und

(2) $Y = C + S$ (Einkommensseite der Produktion)

Gleichsetzen von (1) und (2) ergibt unmittelbar, dass gilt:

(3) $S = I$ (gesamtwirtschaftliche Identität für eine geschlossene Volkswirtschaft)

Die Kreislaufanalyse ist keine Theorie. Sie erklärt nicht, sondern dokumentiert rückblickend (ex post), wie groß die betrachteten Ströme im abgelaufenen Jahr, Quartal, Monat gewesen sind. Mehr nicht. Allerdings bildet die Kreislaufanalyse damit das Fundament für die Erklärung gesamtwirtschaftlicher Vorgänge. So können wir anhand des Wirtschaftskreislaufs bereits erkennen, wie es in einer Volkswirtschaft zu einem *Ungleichgewicht* kommen kann: Denkbar ist zum Beispiel, dass die Haushalte im Vorhinein (ex ante) weniger Konsum planen, als die Unternehmen an sie verkaufen wollen. Die *geplante* Ersparnis ist dann größer als die *geplante* Investition und die Unternehmen werden zu unfreiwilligen (*ungeplanten*) Investitionen gezwungen, das heißt, sie müssen Produkte auf Lager nehmen. In der nächsten Periode werden sie deshalb von vornherein weniger produzieren: Es kommt zu einer konjunkturellen Abwärtsbewegung.

Kontensystem der volkswirtschaftlichen Gesamtrechnung

In der Realität sind auch der Staat, das heißt die Gebietskörperschaften (Bund, Länder und Gemeinden sowie die Sozialversicherung), und das Ausland – die VGR spricht von der »Übrigen Welt« – Teilnehmer des Wirtschaftsgeschehens. Eine beachtliche Rolle spielen außerdem private Organisationen ohne Erwerbszweck – so genannte Non-Profit-Organisationen – wie Kirchen, Gewerkschaften, politische Parteien, Verbände, Stiftungen, Vereine etc. Bei den Unternehmen kann man zwischen Einzelunternehmen und Gesellschaftsunternehmen unterscheiden. Letztere umfassen Personengesellschaften (etwa OHG) und Kapitalgesellschaften (AG, GmbH etc.). In der VGR erfolgt eine Trennung in nichtfinanzielle und finanzielle Gesellschaftsunternehmen (Banken, Versicherungen u. Ä.). Einzelunternehmen werden, ebenso wie Freiberufler, dem Sektor Private Haushalte zugeordnet.

Die Volkswirtschaftliche Gesamtrechnung im engeren Sinne, die wir im Folgenden näher betrachten, erfasst nun die zwischen den genannten Sektoren getätigten ökonomischen Transaktionen. Dies geschieht anhand eines Kontensystems. Es beinhaltet im Wesentlichen

- das *gesamtwirtschaftliche Produktionskonto*, auf welchem die Entstehung und Verwendung der Inlandsproduktion verbucht wird,
- das *gesamtwirtschaftliche Einkommenskonto*, das die Verteilung und Verwendung des Nationaleinkommens dokumentiert, und
- das *gesamtwirtschaftliche Vermögensänderungskonto*, das – sozusagen als Ergebnis des ökonomischen Handelns der Beteiligten – die Bildung neuen Volksvermögens ausweist. Die dabei eingetretenen Bestandsänderungen von Forderungen und Verbindlichkeiten der inländischen Sektoren untereinander und gegenüber dem Ausland werden in der *gesamtwirtschaftlichen Finanzierungsrechnung* aufgezeichnet. Hinzu tritt
- die *Zahlungsbilanz*, in der sämtliche güter- und finanzwirtschaftlichen Transaktionen zwischen In- und Ausländern für eine abgelaufene Periode dargestellt werden.

2.2 Leistung zählt – das Bruttoinlandsprodukt als Gradmesser

Entstehung des Bruttoinlandsprodukts

Als Maß für die wirtschaftliche Leistung einer Nation gilt das *Bruttoinlandsprodukt (BIP)*. Darunter versteht man den Wert aller in einem Zeitraum (z. B. ein Jahr) innerhalb der Landesgrenzen erzeugten Endprodukte. Das Bruttoinlandsprodukt wird berechnet, indem man (wie in Abbildung 1-4 gezeigt) zunächst die *Produktionswerte* der einzelnen Wirtschaftsbereiche addiert und davon die *Vorleistungen* – das sind die im Produktionsprozess weiterverarbeiteten Güter – subtrahiert (siehe Abbildung 2-2). Da die so erhaltene Bruttowertschöpfung die Gütersteuern (wie die Mehrwert- oder die Energiesteuer) noch nicht enthält, müssen diese hinzugezählt werden. Andererseits sind die empfangenen Subventionen abzuziehen, um letztlich zum Bruttoinlandsprodukt zu kommen. In Deutschland hat der Dienstleistungsbereich mit 69 Prozent den weitaus größten Anteil an der Bruttowertschöpfung (Jahr 2023). Dabei entfällt allein auf den Finanzsektor und verwandte Felder wie die Unternehmensberatung etwa die Hälfte des Dienstleistungsangebots. Der zweite große Wirtschaftsbereich neben den Dienstleistungen ist mit 30 Prozent das produzierende Gewerbe einschließlich des Baugewerbes. Der dritte Sektor, die Land- und Forstwirtschaft sowie die Fischerei, spielt mit 1,0 Prozent fast gar keine Rolle mehr.

Verwendung des Bruttoinlandsprodukts

Das Bruttoinlandsprodukt wird für ganz bestimmte Zwecke verwendet. Dabei entspricht der Wert der tatsächlichen Produktion der *volkswirtschaftlichen Gesamtnachfrage* – also der Summe aus privatem Konsum, Staatskonsum, privaten und staatlichen Investitionen sowie dem Außenbeitrag. Der *Staatskonsum* umfasst sämtliche vom Staat bereitgestellten Dienstleistungen (wie Sicherheit oder Schulbildung). Eigentlich müsste man deren Wert bestimmen und als Vorleistung beim privaten Sektor, der diese Leistungen ja in Anspruch nimmt, absetzen. Da es für das Angebot des Staates aber keinen Markt und deshalb auch keine Marktpreise gibt, nimmt man einfach an, der Staat würde seine Dienstleistungen selbst verbrauchen. Die Bewertung des Staatskonsums erfolgt entsprechend zu Faktorkosten. Der *Außenbeitrag zum BIP* ist der Saldo aus Ex- und Importen von Waren und Dienstleistungen (wie etwa Fremdenverkehr).

Zugegebenermaßen ist die Materie ziemlich trocken – aber sie ist wichtig. Und wenn wir jetzt schon dabei sind, sollten wir die Geschichte auch halbwegs zu Ende bringen: Der Begriff *Brutto*inlandsprodukt kommt daher, dass darin die Bruttoinvestitionen enthalten sind. Sie umfassen auch die Ausgaben für den Ersatz alter Anlagen, die ja einem gewissen Verschleiß (*Abschreibungen*) unterliegen. Man muss sich außerdem darüber im Klaren sein, ob vom nominalen oder realen Bruttoinlandsprodukt die Rede ist. *Nominal* heißt, dass die mit den Verkaufspreisen bewerteten Endprodukte zusammengezählt werden. Wenn sich die Preise verdoppeln, dann verdoppelt sich das nominale Bruttoinlandsprodukt. Das *reale* Bruttoinlandsprodukt misst hingegen nur die Menge der Produktion, sozusagen den Güterberg. Man spricht auch vom *Realeinkommen*.

Gesamtwirtschaftliches Produktionskonto

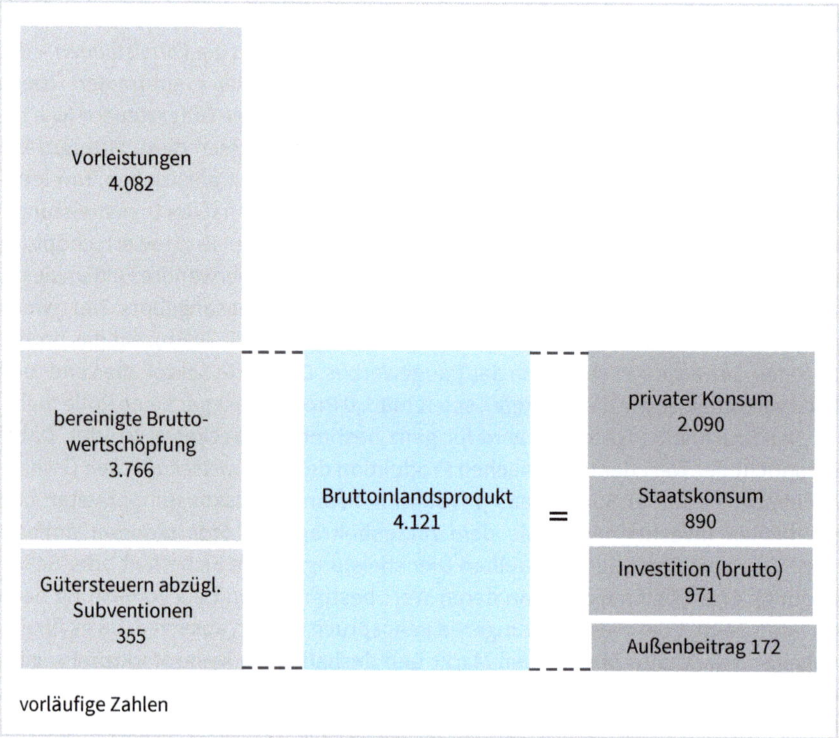

Abb. 2-2: Entstehung und Verwendung des Bruttoinlandsprodukts (Zahlenangaben für Deutschland im Jahr 2023, in Mrd. Euro)
Quelle: Statistisches Bundesamt, Genesis online

Das Bruttoinlandsprodukt ist *kein* geeigneter *Wohlstandsindikator*:

- Es werden nur die offiziell, das heißt die am Markt gehandelten Güter einbezogen (einschließlich der Konsumausgaben des Staates). Leistungen der so genannten Schattenwirtschaft, wie die Nachbarschaftshilfe beim Hausbau oder die Schwarzarbeit, werden nicht erfasst. Das Gleiche gilt für kostenlose digitale Dienstleistungen (siehe hierzu *Nachgehakt*).
- Dementsprechend findet auch die Arbeit in den privaten Haushalten (die »Haushaltsproduktion«) keine Berücksichtigung. Oder anders: Ein Mann, der seine Haushälterin heiratet, vermindert das Bruttoinlandsprodukt.
- Negative Effekte, die bei der Produktion entstehen, wie Umweltschäden oder arbeitsbedingte Krankheiten, werden nicht in die Berechnung des Bruttoinlandsprodukts einbezogen. Die Produktion von Vernichtungswaffen wird genauso behandelt wie die lebensrettender Arzneimittel.

Nachgehakt

Bruttoinlandsprodukt, Wohlstand und Glück
Seit das BIP-Konzept in den 1930er-Jahren entwickelt wurde, gibt es auch Kritik. Das Bruttoinlandsprodukt (BIP) misst den Wert der in einer Volkswirtschaft für die Endnachfrage produzierten und auf Märkten gehandelten Waren und Dienstleistungen. Unbeachtet bleibt die Produktion in der so genannten Schattenwirtschaft, die in manchen Industriestaaten bis zu einem Fünftel der offiziellen Wertschöpfung ausmacht (in Deutschland ca. 11 Prozent). Zahlreiche Dienstleistungen der digitalisierten Welt wie Online-Lexika, Suchmaschinen oder E-Mails sind für Nutzer kostenlos und berühren das BIP deshalb nicht. Auch sämtliche unbezahlten Leistungen in den Privathaushalten, etwa Kochen, Waschen und Putzen, die Erziehung von Kindern oder die Pflege von Angehörigen in der Familie sowie ehrenamtliche Tätigkeiten, werden durch das BIP nicht erfasst. Problematisch ist des Weiteren, dass auch unerwünschte Phänomene das BIP rechnerisch aufblähen. Beispiel: Wenn Autofahrer im Stau stehen, erhöht sich der Benzinverbrauch und der Umsatz der Tankstellen, mithin steigt das BIP. Doch der Stau schadet der Volkswirtschaft wie der Umwelt. In der BIP-Rechnung werden derartige »externe Effekte«, die u.a. auch darin bestehen, dass im Zuge der Produktion unersetzliche fossile Ressourcen verbraucht werden, völlig ignoriert.

Vor diesem Hintergrund sucht die Volkswirtschaftslehre schon lange nach einem Maßstab, der den Wohlstand der Menschen und ganzer Nationen besser abbildet, als das BIP dies tut. Entsprechende Vorschläge wurden beispielsweise von einer Forschergruppe um den US-amerikanischen Wirtschaftsnobelpreisträger Joseph Stiglitz im Auftrag von Frankreichs damaligem Präsidenten Nicolas Sarkozy entwickelt und im September 2009 vorgestellt. Die Stiglitz-Kommission regt an, sich nicht mehr (allein) am Wachstum des BIP zu orientieren, sondern

- an der Verteilung des verfügbaren Einkommens, des Konsums und Vermögens auf der Haushaltsebene,
- an der objektiven Lebensqualität (Gesundheitsstatus, Bildungsniveau, Umweltzustand) und dem subjektiven Wohlbefinden der gegenwärtigen Generation
- sowie an der Nachhaltigkeit für zukünftige Generationen.

Noch weitergehende Überlegungen richten sich auf die Frage, ob bzw. inwieweit materieller Wohlstand für das Glück des Menschen überhaupt wichtig ist. Einer der Pioniere der »Glücksforschung«, der US-amerikanische Volkswirt Richard Easterlin, vertritt etwa die These, dass die steigenden Einkommen unsere Gesellschaften nicht glücklicher gemacht haben, weil auch die Ansprüche gewachsen sind (so genanntes *Easterlin-Paradoxon*). Wichtiger erscheine vielen Menschen ihre relative Einkommensposition. Einfach gesprochen: Wer mehr verdient als der Kollege, der Nachbar oder der Durchschnitt, fühlt sich subjektiv gut, wer weniger bekommt, ist unzufrieden.

2.3 »Und jetzt wird wieder in die Hände gespuckt, wir steigern das Bruttosozialprodukt«

Als die Popgruppe »Geier Sturzflug« diesen Ohrwurm herausbrachte, konnte sie nicht wissen, dass das Bruttosozialprodukt (BSP) sechzehn Jahre später (1999) in *Bruttonationaleinkommen (BNE)* umbenannt werden würde. Worin besteht der Unterschied zwischen dem Bruttonationaleinkommen und dem als wesentlich wichtigeres Maß für die wirtschaftliche Leistung eines Landes erachteten Bruttoinlandsprodukt?

Die Primäreinkommen umfassen das grenzüberschreitend gezahlte Erwerbs- und Vermögenseinkommen

Das Bruttonationaleinkommen misst die Wertschöpfung, die von inländischen Produktionsfaktoren erbracht wurde, auch wenn die Herstellung der Güter im Ausland erfolgte. Man spricht deshalb bisweilen vom »Inländerprodukt«. Dagegen umfasst das Bruttoinlandsprodukt die innerhalb der Landesgrenzen erbrachte Wertschöpfung – einschließlich der von ausländischen Produktionsfaktoren erstellten Güter. Ein Beispiel ist der Saarländer, der in Frankreich arbeitet. Seine Produktionsleistung bzw. das Einkommen, das er dafür bezieht, gehört zum Bruttonationaleinkommen Deutschlands, nicht aber zum Bruttoinlandsprodukt Deutschlands. Man kann das Bruttonationaleinkommen also ermitteln, indem man das Bruttoinlandsprodukt Deutschlands um den Saldo der zwischen dem Inland und der »übrigen Welt« fließenden Faktor- bzw. Primäreinkommen korrigiert. Es gilt somit:

Bruttonationaleinkommen
= Bruttoinlandsprodukt
+ Primäreinkommen aus dem Ausland
– Primäreinkommen an das Ausland

Nettonationaleinkommen = Bruttonationaleinkommen minus Abschreibungen

Die Bezeichnung Bruttonationaleinkommen weist darauf hin, dass mit der gesamtwirtschaftlichen Produktion in gleicher Höhe Einkommen entsteht (siehe Abbildung 2-3). Die Unternehmen müssen aus den Verkaufserlösen den Verschleiß ihrer Maschinen in Höhe der Abschreibungen finanzieren und weiterhin Gütersteuern und Importabgaben abführen. Andererseits erhalten sie aber Unterstützungszahlungen in Form von Subventionen. Der letztlich verbleibende Betrag ist das so genannte *Volkseinkommen*. Es umfasst die Löhne und Gehälter der Arbeitnehmer. Ein weiterer Teil wird als Zinsen oder Dividende an Kapitalgeber ausbezahlt. Der Rest ist unternehmerischer Gewinn. Das Volkseinkommen wird also auf zwei Empfängergruppen verteilt – nämlich auf unselbstständig Beschäftigte einerseits und Unternehmer sowie Vermögensbesitzer andererseits. Das Nettonationaleinkommen kann entweder für Konsumzwecke (der Privaten und des Staates) verwendet oder gespart werden. Zuvor sind noch die unentgeltlichen *laufenden Übertragungen* (Transfers) an das bzw. aus dem Ausland zu berücksichtigen (Bespiel: Überweisungen von Migrantinnen und Migranten in ihr Heimatland).

Die ökonomische Gesamtleistung einer Nation kann also aus verschiedenen Perspektiven betrachtet werden. Nach Berücksichtigung der grenzüberschreitenden Primäreinkommen ergibt sich der gleiche Wert, egal ob man die erzeugten Produktionsmengen, die ausgegebenen Beträge, die erhaltenen Einkommen oder deren Verteilung bzw. Verwendung addiert.

Gesamtwirtschaftliches Einkommenskonto

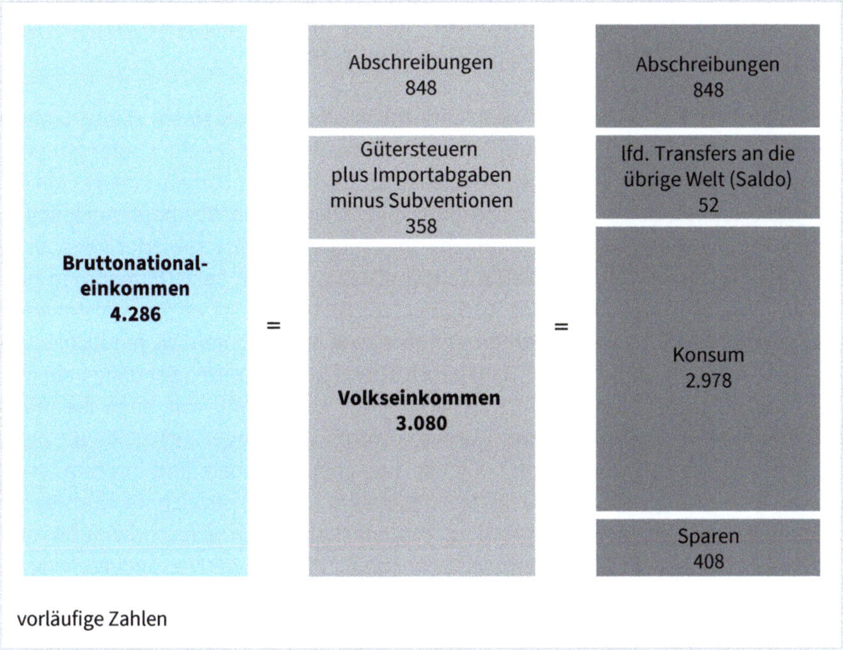

Abb. 2-3: Verteilung und Verwendung des Bruttonationaleinkommens (Zahlenangaben für Deutschland im Jahr 2023, in Mrd. Euro)
Quelle: Statistisches Bundesamt, Genesis online

Die nähere Betrachtung des Volkseinkommens ermöglicht einen guten Einblick in die so genannte *funktionale Einkommensverteilung*. Es gilt:

$$\text{Gesamtwirtschaftliche Lohnquote} = \frac{\text{Einkommen aus unselbstständiger Arbeit}}{\text{Volkseinkommen}}$$

$$\text{Gesamtwirtschaftliche Gewinnquote} = \frac{\text{Einkommen aus Unternehmertätigkeit und Vermögen}}{\text{Volkseinkommen}}$$

Die beiden Kennzahlen dienen als Maß für die Verteilungsgerechtigkeit in einem Land und sind von nicht geringem wirtschaftspolitischem Interesse. Zu berücksichtigen ist aber der Anteil der abhängig Beschäftigten an den Erwerbstätigen (*Arbeitnehmerquote*). Die Lohn- und die Gewinnquote müssen sich immer zu eins addieren.

2.4 Von Forderungen und Verbindlichkeiten – volkswirtschaftliche Saldenmechanik

Volkswirtschaftliches Kreditnetz

Für bestimmte Zwecke ist es erlaubt, eine Volkswirtschaft mit einem »Tante-Emma-Laden« zu vergleichen. Dem Kaufmann um die Ecke wird es gut gehen, solange er mit seinem Geschäft mehr einnimmt, als er ausgibt. Er verzeichnet dann einen *Finanzierungsüberschuss*, den er auf sein Sparbuch einzahlen oder in Wertpapieren anlegen kann. Dadurch erwirbt er Forderungen – gegenüber seiner Bank oder gegenüber dem Verkäufer der Wertpapiere (etwa dem Staat). Sollten seine Einnahmen hingegen nicht zur Deckung seiner Ausgaben reichen, so muss er das entstehende *Finanzierungsdefizit* über eine Kreditaufnahme schließen. Er geht Verbindlichkeiten ein, indem er zum Beispiel sein Bankkonto überzieht oder einen Schuldschein (ein Wertpapier) unterschreibt. Nun wird wohl jeder Kaufmann – wie auch die meisten Privatleute – im Laufe seines Lebens sowohl Forderungen erwerben als auch Verbindlichkeiten eingehen. Die Folge ist eine enge nationale und internationale Kreditverflechtung, die als *volkswirtschaftliches Kreditnetz* bezeichnet wird. Dabei bildet der Saldo aus Forderungen und Verbindlichkeiten für jedes Individuum und jeden Wirtschaftssektor das *Nettogeldvermögen*. Ein positives Nettogeldvermögen nennt man eine Nettogläubigerposition, ein negatives Nettogeldvermögen heißt Nettoschuldnerposition.

Die gleiche Logik gilt für eine ganze Volkswirtschaft. Wenn deren Bewohner ihr Nettonationaleinkommen (zuzüglich der laufenden Transfers aus dem Ausland) nicht völlig für den Konsum (und für laufende Transfers an das Ausland) verausgaben, so bleibt zunächst eine gewisse Ersparnis (siehe Abbildung 2-4). Übersteigt das Sparen zuzüglich der vom Ausland erhaltenen bzw. abzüglich der an das Ausland geleisteten Vermögensübertragungen die Ausgaben für Investitionen, dann steht am Ende ein Finanzierungsüberschuss. Andernfalls ergäbe sich ein Finanzierungsdefizit. Vermögensübertragungen haben einmaligen Charakter und sind etwa Zuschüsse der EU für Regionalprojekte. Da jeder Einnahme eines Wirtschaftssubjekts in gleicher Höhe die Ausgabe eines anderen Wirtschaftssubjekts entgegensteht, kann es sich bei dem *gesamtwirtschaftlichen Finanzierungssaldo* nur um den Überschuss oder das Defizit gegenüber dem Ausland handeln. Denn die Einnahmen und Ausgaben der Inländer untereinander addieren sich zu null. Der tatsächliche Saldo entspricht der Differenz aus Exporten und Importen von Waren und Dienstleistungen zuzüglich dem Saldo der Primäreinkommen, also dem *Außenbeitrag zum BNE*. Daneben umfasst er noch die oben erwähnten laufenden und vermögenswirksamen Übertragungen an das bzw. aus dem Ausland. Aus diesen Überlegungen resultiert folgende Erkenntnis:

Gesamtwirtschaftliche Identität für eine offene Volkswirtschaft

In einer »offenen« Volkswirtschaft entspricht das Sparen (bereinigt um die Vermögensübertragungen) der Summe aus Investition und Finanzierungssaldo. Man bezeichnet diese Beziehung als gesamtwirtschaftliche Identität. Sie gilt immer – für jeden Zeitraum und für jede Volkswirtschaft.

Gesamtwirtschaftliches Vermögensänderungskonto

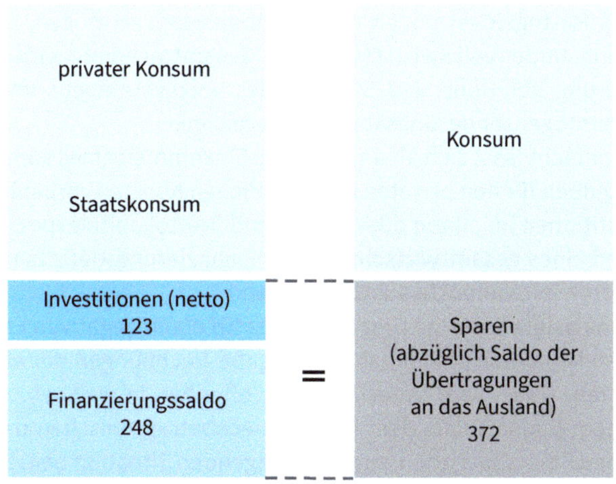

Abb. 2-4: Die gesamtwirtschaftliche Identität (Zahlenangaben für Deutschland im Jahr 2023, in Mrd. Euro)
Quelle: Statistisches Bundesamt, Genesis online

Formale Herleitung

Ähnlich wie im Fall einer geschlossenen Volkswirtschaft (siehe Kapitel 2.1) lässt sich auch die gesamtwirtschaftliche Identität für eine offene Volkswirtschaft formal ableiten. Abschreibungen seien dabei vernachlässigt. Nimmt man X für die Exporte und M für die Importe sowie PE für den Saldo der grenzüberschreitenden Primäreinkommen und LÜ bzw. VÜ für den Saldo der grenzüberschreitenden laufenden Übertragungen bzw. Vermögensübertragungen, weiterhin FS für den gesamtwirtschaftlichen Finanzierungssaldo, so gilt:

(1) $Y + PE + LÜ = C + I + X - M + PE + LÜ$ (Güterseite)
und
(2) $Y + PE + LÜ = C + S$ (Einkommensseite)

Gleichsetzen von (1) und (2) ergibt nach Berücksichtigung der Vermögensübertragungen, dass gilt:

(3) $S + VÜ = I + X - M + PE + LÜ + VÜ$
bzw.
(4) $S + VÜ = I + FS$ (gesamtwirtschaftliche Identität für eine offene Volkswirtschaft)

Die gesamtwirtschaftliche Identität eines Landes zeigt die Veränderung seines Vermögens. Es handelt sich dabei sozusagen um die Visitenkarte einer Volkswirtschaft. Das Sparen entspricht der *Änderung* des *volkswirtschaftlichen Reinvermögens*. Es schlägt sich nieder in zusätzlichem Sachvermögen (Investition) sowie im Finanzierungssaldo, also der Bildung von Nettogeldvermögen. In offenen Volkswirtschaften entspricht das Nettogeldvermögen dem Nettoauslandsvermögen, das heißt der *Auslandsposition*. In der volkswirtschaftlichen Gesamtrechnung wird die beschriebene Veränderung der Höhe und Struktur des Volksvermögens im gesamtwirtschaftlichen Vermögensänderungskonto aufgezeichnet.

Etwas vereinfacht lässt sich also sagen: Das Einkommen eines Landes, das nach Abzug der Ausgaben für den privaten und staatlichen Konsum verbleibt, kann alternativ für Investitionen im Inland oder im Ausland (Nettokapitalexporte) verwendet werden. Im Fall eines gesamtwirtschaftlichen Finanzierungsdefizits bedarf es entsprechend Nettokapitalimporte aus dem Ausland.

Staatlicher Budgetsaldo

Will man analysieren, wo die Ursachen etwa für einen negativen Finanzierungssaldo liegen, so kann man die Einnahme-Ausgabe-Rechnungen der einzelnen Sektoren betrachten. Dabei wird unter anderem offenbar, in welchem Umfange der Staat mit seinem *Budgetsaldo*, dem Unterschiedsbetrag zwischen den Steuereinnahmen und den Staatsausgaben, zu der vorliegenden Situation beiträgt, ob er also eine Verschlechterung der außenwirtschaftlichen Position durch Budgetdefizite mit zu verantworten hat. Solche Fragen sind wirtschaftspolitisch von großer Bedeutung. Beispielsweise gelten die hohen Staatsdefizite der USA, insbesondere in den 1970er- und 1980er-Jahren sowie Anfang des 21. Jahrhunderts, als entscheidende Ursache für die Stellung Amerikas als weltgrößte Schuldnernation.

Auf den Punkt gebracht

Die Quintessenz der volkswirtschaftlichen Kreislaufbetrachtung lässt sich folgendermaßen beschreiben:

In einer Volkswirtschaft wird produziert und in Höhe der damit verbundenen Wertschöpfung entsteht Einkommen. Dieses Einkommen – korrigiert um erhaltene bzw. gezahlte Primäreinkommen sowie laufende Übertragungen aus dem bzw. an das Ausland – wird zum Teil für Konsumzwecke verausgabt. Der Rest wird gespart. Die um Vermögensübertragungen an das bzw. aus dem Ausland bereinigte Ersparnis dient der Finanzierung von Investitionen, das heißt der Bildung von Realkapital im Inland. Ein eventuell verbleibender Einnahmeüberschuss fließt als Nettokapitalexport ins Ausland. Ein eventuell entstehender Ausgabeüberschuss muss durch Nettokapitalimporte gedeckt werden. In Höhe des gesamtwirtschaftlichen Finanzierungssaldos entsteht mithin zusätzliches Netto-Auslandsvermögen bzw. erhöht sich die Netto-Auslandsverschuldung der betrachteten Volkswirtschaft.

2.5 Grenzüberschreitender Verkehr – internationale Güter- und Kapitalströme

Deutschland ist – nach China – »Exportvizeweltmeister«. Fast die Hälfte der produzierten Waren und Dienstleistungen wird exportiert (siehe Kapitel 9.1). Politiker und Unternehmer verweisen nicht ohne Stolz darauf, wenn ihr Land Export- bzw. Leistungsbilanzüberschüsse ausweist. Aus betriebswirtschaftlicher Sicht ist das durchaus nachvollziehbar, da Exporte zu Einnahmen und Gewinnen führen. Der Volkswirt aber muss die Dinge von höherer Warte betrachten. Und dabei ergeben sich einige neue Gesichtspunkte.

Exportüberschuss

Was bedeutet eigentlich ein *Exportüberschuss*? Angenommen, es gäbe nur Deutschland und die USA. Deutschland exportiert Autos für 1 Milliarde Euro in die USA und importiert amerikanische Computer für 800 Millionen Dollar. Und weiter angenommen, ein Dollar entspreche genau einem Euro. Der deutsche Exportüberschuss beläuft sich dann auf 200 Millionen Euro. In gleicher Höhe müssen die Deutschen den Amerikanern offenbar einen Kredit geben oder die Amerikaner müssten früher erworbene Euro-Forderungsbestände auflösen. Denn wie sonst sollten die USA in Besitz der Euro gelangen, die sie zur Finanzierung des amerikanischen Importüberschusses brauchen? Wenn – was auch denkbar ist – die Bezahlung der Waren in Dollar erfolgt, so werden die Deutschen damit zunächst nichts anfangen können. Dollar sind hierzulande kein gültiges Zahlungsmittel, sondern sie stellen Ansprüche auf das Inlandsprodukt der USA dar. Deshalb werden die Deutschen die überschüssigen Dollar in amerikanischen Wertpapieren anlegen oder sich an einem US-Unternehmen beteiligen. Man spricht von Wertpapier- bzw. Portfolioinvestitionen oder von Direktinvestitionen.

Nettokapitalexport

In jedem Falle ist ein Exportüberschuss im Güterverkehr (wenn man einmal von grenzüberschreitenden Primäreinkommen und Übertragungen absieht) immer an einen *Nettokapitalexport* in gleicher Höhe gekoppelt, wodurch das Nettoauslandsvermögen steigt. Generell entspricht der Finanzierungssaldo eines Landes immer genau dem Saldo seines Kapitalverkehrs (siehe Abbildung 2-5). Andernfalls müsste sich der Wechselkurs so lange ändern, bis die beiden Salden übereinstimmen. Angenommen, die deutschen Geldanleger sind nicht bereit, netto Kapital zu exportieren. In unserem Beispiel oben müsste sich dann der Dollarkurs ermäßigen (z. B. auf 0,80 Euro pro Dollar). Das würde die deutschen Importe anregen und die Exporte dämpfen. Im betrachteten Fall müsste diese Entwicklung so lange anhalten, bis der Finanzierungsüberschuss auf null gesunken ist. Ausgehend von diesen Erkenntnissen kann man mit ein paar weitverbreiteten Irrtümern aufräumen.

So werden Kapitalexporte teilweise als negativ beurteilt, weil das abfließende Kapital im Inland »fehle«. Das Gegenteil ist aber zutreffend: Kapitalexporte schaffen erst die Voraussetzung dafür, dass das Ausland unsere Exportüberschüsse überhaupt bezahlen kann. Andererseits sind dauerhaft hohe Exportüberschüsse nicht uneingeschränkt positiv zu sehen. Denn offenbar verzichtet das Überschussland in diesem Umfang auf die eigene Verwendung der heimischen Produktion. Stattdessen erhält es Geldforderungen, die naturgemäß der Gefahr eines Wertverlustes – durch Inflation oder Abwertung – unterliegen. Schließlich sind Exportüberschüsse keineswegs stets ein Zeichen von Wettbewerbsstärke. Es kann nämlich sein, dass Anleger Kapital exportieren, weil die Renditechancen im Ausland viel höher sind. Dazu müssen sie erst am Devisenmarkt die Auslandswährung kaufen, was deren Kurs steigen lässt. Dies begünstigt die inländischen Exporte, während die Importe sinken. Der entstehende Exportüberschuss wäre also letztlich die Folge der mangelnden Attraktivität als Investitionsstandort.

Abb. 2-5: Die Zahlungsbilanz

Außenbeitrag zum BIP

Außenbeitrag zum BNE

Leistungsbilanz

Finanzierungssaldo

Sämtliche Transaktionen zwischen Inländern und Ausländern werden in der *Zahlungsbilanz* verbucht (siehe Abbildung 2-5). Den Saldo aus Ex- und Importen von Waren und Dienstleistungen nennt man den Außenbeitrag zum Bruttoinlandsprodukt (landläufig: Export- oder Importüberschuss). Ergänzt um den Saldo der Erwerbs- und Vermögenseinkommen (Primäreinkommen) ergibt sich der Außenbeitrag zum Bruttonationaleinkommen. Nach Hinzurechnung der per Saldo aus dem Ausland empfangenen bzw. an dieses geleisteten laufenden Übertragungen (Sekundäreinkommen) resultiert der Leistungsbilanzsaldo. Berücksichtigt man noch die Vermögensübertragungen aus dem bzw. an das Ausland, kommt man zum Finanzierungssaldo eines Landes.

Der Begriff »Zahlungsbilanz« ist irreführend. Denn es werden keine Bestände wie in einer normalen Bilanz (Beispiel: Lagerbestand, Grundstücke, Geld etc.) erfasst, sondern Ströme und Bestandsänderungen. Außerdem werden nicht nur Zahlungsströme, sondern auch Güterströme verbucht. Die Zahlungsbilanz ähnelt daher eher einer Gewinn-und-Verlust-Rechnung gegenüber dem Ausland.

Verbuchung von Leistungstransaktionen

Wie werden die Transaktionen in der Zahlungsbilanz verbucht? Um die nachstehenden Ausführungen auf Anhieb zu verstehen, empfehlen wir unseren Leserinnen und Lesern, sich zunächst anhand von Kapitel 9.6 mit der Abwicklung des internationalen Zahlungs- und Kreditverkehrs vertraut zu machen. Nehmen wir ein Exportgeschäft (siehe Abbildung 2-5): Der Güterstrom wird in der *Leistungsbilanz* auf der Haben-Seite (also rechts) verbucht, sozusagen als Einnahme. Der wertgleiche Zahlungsstrom wird bei Bezahlung in Auslandswährung als positiver Kapitalexport in der *Kapitalbilanz* auf der linken (Soll-)Seite gegengebucht (übriger Kapitalverkehr): Der Bestand an Forderungen – also Aktiva – gegenüber dem Ausland (in Form von

Devisen oder von Kreditforderungen) erhöht sich. Werden die Exporte in inländischer Währung bezahlt, so entspricht dies einem Rückgang der Verbindlichkeiten des Inlandes gegenüber dem Ausland. Die Verbuchung erfolgt in der Bilanz des übrigen Kapitalverkehrs rechts als negativer Kapitalimport (Abnahme der Auslandsverbindlichkeiten).

Verbuchung von Finanztransaktionen

Eine Geldanlage im Ausland wird dagegen zweimal in der Kapitalbilanz – und nur dort – erfasst. Der Erwerb eines ausländischen Wertpapiers bedeutet eine Zunahme der längerfristigen Forderungen an das Ausland, die als positiver Kapitalexport links (Wertpapiertransaktionen) verbucht wird. Die Bezahlung des Wertpapiers mit Devisen führt zu einer Abnahme der kurzfristigen Auslandsforderungen, was als negativer Kapitalexport ebenfalls links registriert wird (übriger Kapitalverkehr). Eine Kreditaufnahme im Ausland wird, weil dadurch die Auslandsverbindlichkeiten steigen, rechts als positiver Kapitalimport (Zunahme der Auslandsverbindlichkeiten) verzeichnet. Ist diese Kreditaufnahme durch ein Wertpapier verbrieft, erfolgt die Verbuchung in der Bilanz der Wertpapiertransaktionen, ansonsten in der Bilanz des übrigen Kapitalverkehrs. Durch die Kreditaufnahme im Ausland nimmt gleichzeitig der Bestand an Devisen – also an ausländischen Zahlungsmitteln – in Händen der deutschen Geschäftsbanken zu. Dies wird in der Bilanz des übrigen Kapitalverkehrs links als positiver Kapitalexport (Zunahme der Auslandsforderungen) registriert. Wir werden derartige Fragen in Kapitel 9 noch einmal aufgreifen.

Die beschriebene Buchungsmethode hat zur Folge, dass die Salden der (um grenzüberschreitende Vermögensübertragungen bereinigten) Leistungsbilanz und der Kapitalbilanz betragsmäßig gleich sind. Das heißt, die Zahlungsbilanz als Ganzes ist stets ausgeglichen.

Die Darstellung in Abbildung 2-5 dient der Veranschaulichung. In der Praxis wird die Zahlungsbilanz in Tabellen- bzw. Staffelform erstellt. Tabelle 2-1 zeigt die Zahlungsbilanz Deutschlands für 2023. Beim Übergang von der Kontendarstellung (Abbildung 2-5) auf die Staffelform (Tabelle 2-1) werden alle Eintragungen unter Wechsel des Vorzeichens auf die rechte Seite gebracht. Ein positiver Saldo der Handelsbilanz beispielsweise bedeutet dann, dass mehr Waren ex- als importiert wurden. Ein negativer Saldo der Kapitalbilanz heißt, dass mehr Kapital ex- als importiert wurde. Ebenso bedeutet ein negativer Saldo der Devisenbilanz, dass die Devisenreserven der Zentralbank zugenommen haben. Die Devisenbilanz, in der die Transaktionen der Zentralbank registriert werden, ist Teil der Kapitalbilanz im weiteren Sinne. Aus buchhalterischen Gründen fügt die Deutsche Bundesbank, welche die deutsche Zahlungsbilanz erstellt, den Saldo der nicht aufgliederbaren Transaktionen hinzu.

Teilbilanz bzw. Buchungsposten	**Mrd. €**
Saldo der Handelsbilanz (Warenverkehr)	+ 235,4
Saldo der Dienstleistungsbilanz	– 58,2
Saldo der **Erwerbs**- und Vermögenseinkommen	+ 165,7
Saldo der laufenden Übertragungen	– 62,6
Saldo der Leistungsbilanz	+ 280,3

Teilbilanz bzw. Buchungsposten	Mrd. €
Saldo der Vermögensübertragungen	–24,9
Saldo insgesamt (Finanzierungssaldo)	+255,4
Saldo der Direktinvestitionen	+94,0
Saldo der Wertpapiertransaktionen	+7,8
Saldo des übrigen Kapitalverkehrs	+143,8
Saldo der Devisenbilanz (Zunahme: –)	+0,9
Saldo der Finanzderivate und Mitarbeiteraktienoptionen	+43,8
Saldo der Kapitalbilanz (Kapitalexport: +)	+290,4
Saldo der statistisch nicht aufgliederbaren Transaktionen	+34,9

Tab. 2-1: Die deutsche Zahlungsbilanz für 2023
Quelle: Deutsche Bundesbank, Zahlungsbilanzstatistik Februar 2024

2.6 Gut und Geld – zur gesamtwirtschaftlichen Bedeutung des Geldes

Bei der bisherigen Darstellung ökonomischer Zusammenhänge haben wir das Geld und die möglicherweise von ihm ausgehenden Wirkungen weitgehend ausgeklammert. Allerdings wissen wir alle, dass Geld für das Funktionieren moderner Volkswirtschaften unverzichtbar ist. Wir werden dieses Thema noch präziser erörtern (siehe Kapitel 7). Es erscheint aber sinnvoll, sich bereits vorab über einige wirklich grundlegende Sachverhalte Klarheit zu verschaffen.

Ökonomen sprechen bei Geld von einer *Bestandsgröße*. Wie die Wassermenge in einem Becken, die mit soundso vielen Litern angegeben wird, beläuft sich die Geldmenge in einer Volkswirtschaft auf, sagen wir einmal, 500 Milliarden Euro, gemessen am 31. Dezember eines Jahres. Dagegen handelt es sich bei Einkommen um eine *Fluss-* bzw. *Stromgröße* – vergleichbar mit dem Wasser, das in einer bestimmten Zeitspanne aus dem Wasserahn läuft. Wenn man das deutsche Volkseinkommen heranzieht, waren das rund 3 Billionen Euro im Jahr 2023. Der oft ohnehin als überheblich geltende Volkswirt würde also schon einmal die Frage: »Wie viel Geld verdienen Sie?« leicht angewidert mit der Antwort bescheiden: »Gar keines, nur mein Einkommen. Geld *habe* ich.« Darüber hinaus sind Ökonomen davon überzeugt, dass zu viel Geld zu Inflation führt und insofern schädlich ist. Wohl kaum einer würde aber ernsthaft behaupten, dass es in einer Volkswirtschaft zu viel Einkommen geben kann. Geld und Einkommen sind also unterschiedliche Begriffe. Dennoch stehen sie in enger Beziehung.

Die Rolle des Geldes lässt sich am besten anhand des Wirtschaftskreislaufs erklären, den man in einen Geld- und einen Güterbereich zerlegen kann (siehe Abbildung 2-6). Ausgangspunkt ist die Überlegung, dass die zwischen den Sektoren fließenden Einkommen- bzw. Ausgabenströme mit der umlaufenden Geldmenge »bewältigt« werden müssen. Zu diesem Zweck wird das vorhandene Geld typischerweise mehrfach den Besitzer wechseln. Laufen zum Beispiel Geldscheine im Wert von 500 Milliarden um und beträgt der Wert des gesamtwirtschaftlichen Handelsvolumens in einem Jahr 2 Billionen, so wird offenbar jeder Geldschein viermal pro Jahr für Zahlungszwecke verwendet.

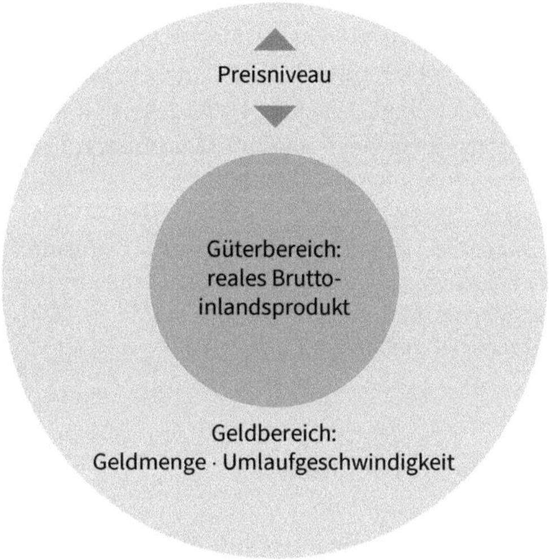

Abb. 2-6: Geld- und Güterkreislauf

Die Häufigkeit, mit der das Geld für Zahlungen eingesetzt wird, bezeichnet man als *Umlauf-* oder *Einkommenskreislaufgeschwindigkeit* des Geldes. Werden nun mengenmäßig 1 Billion Güter gehandelt, dann ist der durchschnittliche Preis jeder Gütereinheit 2 Geldeinheiten. Die Beziehung zwischen dem Geld- und dem Güterbereich ist in der Volkswirtschaftslehre als *Quantitätsgleichung* populär geworden. Nimmt man für das Handelsvolumen das reale Bruttoinlandsprodukt, so lautet sie:

Umlaufgeschwindigkeit des Geldes

Quantitätsgleichung

Geldmenge · Umlaufgeschwindigkeit = Preisniveau · reales Bruttoinlandsprodukt

Heute geht man grundsätzlich davon aus, dass sich eine Änderung der Geldmenge mehr oder weniger kurzfristig auf die reale Produktion auswirken kann; längerfristig schlagen sich Geldmengenänderungen hauptsächlich in der Entwicklung des Preisniveaus nieder (siehe Kapitel 7.11)

Die von dem neoklassischen Ökonomen *Irving Fisher* (1867–1947) aufgestellte Quantitätsgleichung – man spricht auch von der »Fisherschen Verkehrsgleichung« – ist zunächst einmal eine rein technische Beziehung, die immer gilt und keinerlei Erklärungscharakter hat. Dabei ruft eine Zunahme der Umlaufgeschwindigkeit dieselben Wirkungen hervor wie eine entsprechende Vermehrung der Geldmenge. Umgekehrt hat eine Geldmengenexpansion keinen realwirtschaftlichen Effekt, wenn gleichzeitig die Umlaufgeschwindigkeit entsprechend sinkt. Geht man aber zum Beispiel davon aus, dass sich die Umlaufgeschwindigkeit nicht ändert, dann muss ein Anstieg der Geldmenge zwangsläufig in eine Erhöhung des *nominalen* Bruttoinlandsprodukts münden. Wenn man nun noch die Annahme trifft, dass die Höhe des realen Inlandsprodukts unabhängig von der Geldmenge vorgegeben sei, dann müsste etwa eine Verdoppelung der Geldmenge zu einer Verdoppelung der Preise, eine Verdreifachung der Geldmenge zu einer Verdreifachung der Preise etc. führen. Genau das war übrigens die Ansicht der so genannten Klassiker, wie *Adam Smith* und *David Ricardo* (siehe Kapitel 5.1), die im Geld nur einen »Schleier« sahen, der über dem Güterbereich liegt. Mit der Zeit bildete sich aber die heute vorherrschende Meinung heraus, dass Geld zumindest vorübergehend auch die gesamtwirtschaftliche Güterproduktion beeinflusst.

Anhand der Ausführungen lässt sich die Grundproblematik der Geldpolitik gut erkennen. Wächst nämlich die Geldmenge zu stark, so kommt es zu Inflation. Ist umgekehrt die Ausweitung der Geldmenge zu gering, dann wird dies die reale Wirtschaftsentwicklung einengen mit der Gefahr einer Deflation.

2.7 Warum ist Inflation schlecht?

Immer wieder werden Ökonomen gefragt, ob denn das Geld sicher sei oder »ob es kaputtgeht«. Vor allem die Deutschen, hauptsächlich die älteren, scheinen eine geradezu panische Angst vor Inflation zu haben. Warum eigentlich? Was ist so schlimm an einer länger andauernden Erhöhung des Preisniveaus?

Unter Inflation versteht man im Allgemeinen einen über einen längeren Zeitraum zu beobachtenden Anstieg des gesamtwirtschaftlichen Preisniveaus bzw. der Lebenshaltungskosten

Im Zeitraum 1922/23 erlebte Deutschland die wohl stärkste Inflation aller Zeiten. Um die Staatsdefizite nach dem Ersten Weltkrieg zu finanzieren, druckte die Deutsche Reichsbank viel mehr Geld, als zur Finanzierung der realen Wirtschaftsleistung notwendig gewesen wäre. In der Folge stiegen die Preise für alle Güter praktisch stündlich und es entwickelte sich eine so genannte »Hyperinflation«. Auf ihrem Höhepunkt im Jahr 1923 erreichte die Inflationsrate unvorstellbare 100 Millionen Prozent. Schließlich wurde in der Währungsreform eine Billion Mark gegen nur eine Rentenmark umgetauscht. Millionen von Sparern verloren dadurch ihr gesamtes Vermögen. Nach dem Zweiten Weltkrieg kam es in Deutschland dann noch einmal zu einer »galoppierenden« Inflation (davon spricht man bei Teuerungsraten von mehr als 10 Prozent pro Monat, eine Hyperinflation beginnt bei 50 Prozent pro Monat). Am 20. Juni 1948 ersetzte in einer neuerlichen Währungsreform die D-Mark die wertlos gewordene Reichsmark. Jeder Bundesbürger erhielt damals 40 D-Mark, Bankguthaben wurden im Verhältnis 10 zu 1 umgestellt. Die neu geschaffene Bundesbank, der als erster Zentralbank volle Unabhängigkeit von der Regierung zugestanden wurde, machte die D-Mark dann bekanntlich zu einer der stabilsten Währungen der Welt. Die Europäische Zentralbank setzte diese Stabilitätspolitik ab 2002 auch für den Euro fort (siehe Abbildung 2-7). Es ist ersichtlich, dass die Inflationsrate in Deutschland ab 2000 über mehr als 20 Jahre hinweg zwischen 0 und 2 Prozent betrug. Erst Mitte 2022 begann sie kräftig zu steigen und erreichte im Oktober und November 2022 einen Höchststand von 8,8 Prozent Im Jahr 2023 verlangsamte sich der Preisauftrieb – man nennt das Disinflation – dann wieder rasch und deutlich. Dies war sicherlich maßgeblich auf den damals eingeschlagenen geldpolitischen Restriktionskurs der EZB zurückzuführen (siehe Kapitel 7.8)

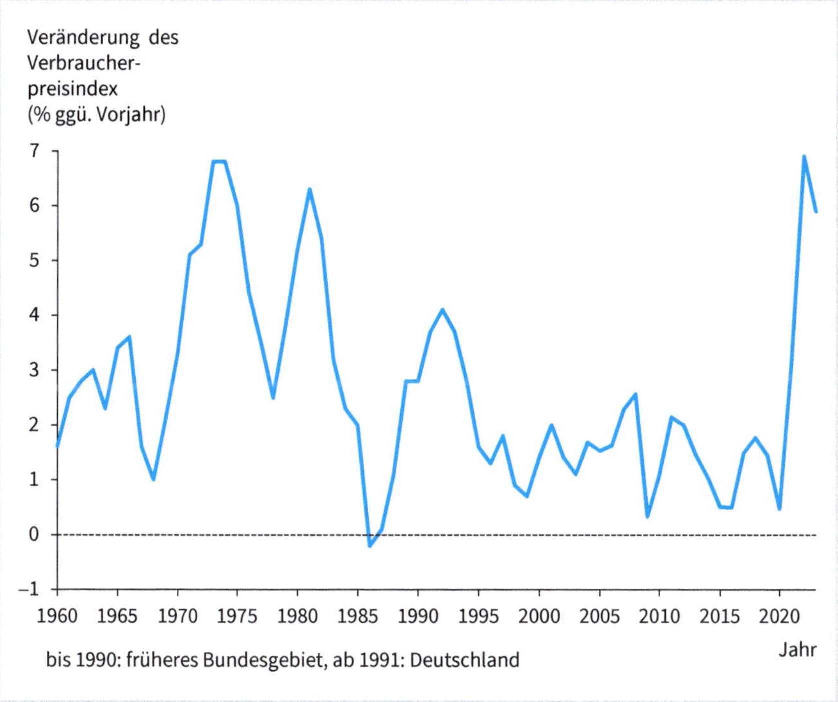

Abb. 2-7: Inflationsraten in Deutschland (Jahreswerte)
Quelle: Statistisches Bundesamt

Inflation zerstört die Funktionsfähigkeit des Geldes

Bei extremer Inflation wird das heimische Geld nicht mehr als Zahlungsmittel akzeptiert. Meist treten dann andere Güter an seine Stelle (Zigarettenwährung) oder es wird eine andere, eventuell eine ausländische Währung benutzt (früher etwa Dollar in Jugoslawien). Aber auch bei »normalen« Inflationsraten entstehen *schädliche Wirkungen*: International gesehen verliert das betroffene Land an Konkurrenzfähigkeit. Die Zahlungsbilanz verschlechtert sich und die Beschäftigung geht zurück. National kann Inflation eine Fehllenkung von Produktionsfaktoren verursachen. Denn allgemeine Preiserhöhungen überdecken unterschiedliche Entwicklungen in der Nachfrage nach einzelnen Gütern. Es kann sein, dass Unternehmen Überkapazitäten aufbauen, die erst sichtbar werden, wenn die Inflation wieder eingedämmt wurde. Erfahrungsgemäß kommt es dann oftmals zu einer so genannten »Stabilisierungskrise«, die mit einem Abbau von Arbeitsplätzen verbunden ist.

Inflation führt zu einer »Flucht in die Sachwerte«

Schließlich hat Inflation unerwünschte Verteilungswirkungen. Die Besitzer von Sachwerten – das sind meist die reichen Leute – sowie Schuldner werden begünstigt. Die Bezieher von festen Nominaleinkommen, vor allem Rentner, sowie die Besitzer von Geldvermögen werden benachteiligt. Denn Inflation führt zu einer realen Entwertung nomineller Forderungen. Ebenso sinkt der reale Wert von Verbindlichkeiten, es kommt zu einer »realen Schuldentilgung«. Entsprechend gewinnt die Fremd- gegenüber der Eigenfinanzierung an Attraktivität. Darüber hinaus geraten Steuerzahler durch Inflation schnell in eine höhere Progressionsstufe des Steuertarifs. Man nennt dies »kalte Progression«. Der ehemalige bayerische Finanzminister Faltlhauser hat das einmal mit dem Satz auf den Punkt gebracht: »Inflation ist das beste Mittel, dem kleinen Mann das Geld aus der Tasche zu ziehen.«

Ursachen der Inflation

Ökonomen sind sich weitgehend einig, dass Inflation letztlich immer auf eine gemessen an der Güterproduktion zu starke Expansion der Geldseite zurückzuführen ist. Entweder erhöht sich die Geldmenge zu rasch oder die Umlaufgeschwindigkeit des Geldes nimmt zu oder es steigen beide Größen. Diese Grundüberlegung kommt in der Quantitätsgleichung zum Ausdruck. In diesem Rahmen unterscheidet man mehrere *Inflationsarten*:

- Eine *Nachfragesoginflation* liegt vor, wenn im Zuge einer konjunkturellen Überhitzung die Güternachfrage stärker zunimmt als das Güterangebot. Dadurch kommt es zu einem Nachfrageüberhang bzw. einer »inflatorischen Lücke«, bei der die Preise in die Höhe gezogen werden.

Daneben gibt es verschiedene Formen der *angebotsseitigen Inflation*:

- Eine *Kostendruckinflation* kann ihre Ursachen etwa in steigenden Lohnkosten, zunehmenden Kapitalkosten (Zinsen), Steueranhebungen oder höheren Energiekosten haben. Dadurch werden die Preise nach oben gedrückt, denn die Unternehmen werden versuchen, ihre gestiegenen Einstandskosten auf die Verbraucher zu überwälzen. Wenn daraufhin die Gewerkschaften erneut höhere Löhne fordern, kommt es zu der berüchtigten »Lohn-Preis-Spirale«. Eine Kostendruckinflation, die auf eine Verteuerung importierter Vorprodukte zurückgeht, wird als *importierte Inflation* bezeichnet (siehe Kapitel 9.8).
- Von einer *Gewinndruckinflation* spricht man schließlich, wenn die Unternehmen unter Ausnutzung von Marktmacht ihre Gewinnaufschläge erhöhen und auf diese Weise einen Preisniveauanstieg in Gang setzen. Entsprechende Vorwürfe richten sich bisweilen an die Mineralölkonzerne oder die Energieversorger.

Nachgehakt

Die »kalte Progression«
Ausgangspunkt ist der progressive Steuertarif, das heißt, größere Einkommen werden mit einem höheren Steuersatz belastet als kleinere. Das ist für sich alleine genommen völlig in Ordnung. Ein Problem ergibt sich aber, wenn die Steuersätze nicht an die Inflation angepasst werden. Dies führt nämlich zu höheren steuerlichen Abzügen sogar dann, wenn eine Gehaltserhöhung nur die Inflationsrate ausgleicht. Unterm Strich haben die betroffenen Steuerzahler damit trotz Lohnsteigerung ein geringeres Realeinkommen, während der Staat zum Inflationsgewinner wird. Der Sachverhalt sei anhand eines Beispiels verdeutlicht, in dem das Einkommen eines Steuerzahlers von 20.000 Euro um 10 Prozent auf 22.000 Euro steigt und der Steuersatz von 10 Prozent auf 15 Prozent zunimmt. Unterstellt wird eine Inflationsrate von 10 Prozent.

Einkommen	20.000 €	22.000 €
Steuersatz	10%	15%
Einkommen nach Steuern (= verfügbares Einkommen)	18.000 €	18.700 €
Preis eines Güterbündels	1.000 €	1.100 €
Stückzahl, die mit dem verfügbaren Einkommen gekauft werden kann (= verfügbares Realeinkommen)	18 Stück	17 Stück

Fazit: Eine Einkommenserhöhung im Umfang der Inflationsrate ist aufgrund des steigenden Steuersatzes mit einem Rückgang der realen Kaufkraft des Steuerzahlers verbunden.

Dass es auch anders geht, sieht man etwa in Belgien, Schweden, der Schweiz, Kanada und den USA, wo der Einkommensteuertarif regelmäßig der Inflationsrate angepasst wird.

Laut dem Bundesfinanzministerium soll eine derartige Anpassung auch in Deutschland alle zwei Jahre erfolgen. Dies wird insbesondere notwendig, wenn die Preissteigerungen kräftiger ausfallen.

2.8 Die Wirkungen einer Währungsreform

Wie gesagt, gab es in Deutschland bisher zwei Währungsreformen, 1923 und 1948, als deren Ergebnis viele Sparer ihr Vermögen verloren. Warum haben Währungsreformen derart negative Konsequenzen? Die Zusammenhänge lassen sich gut anhand des folgenden *Beispiels* darstellen.

Angenommen, die jährliche Inflationsrate sei 900 Prozent. Wenn die laufenden Einkommen im Zuge dessen ebenfalls um 900 Prozent steigen, so bleibt die Kaufkraft der Einkommensbezieher unverändert. Wenn jemand früher 1.000 Geldeinheiten verdient hat, bekommt er ein Jahr später 900 Prozent mehr, also 10.000 Geldeinheiten. Er kann sich damit die gleiche Gütermenge kaufen wie vorher. Nehmen wir nun an, es werden im Rahmen einer Währungsreform 10 Einheiten der alten Währung durch 1 Einheit der neuen Währung ersetzt.

Einkommenseffekt

Statt zuletzt 10.000 Geldeinheiten in der alten Währung verdienen die Leute von nun an entsprechend 1.000 Geldeinheiten in der neuen Währung. In der Folge sinken die Preise so lange bzw. müssen umgestellt werden, bis sie nur noch ein Zehntel ihres vorherigen Niveaus betragen (sie gehen also um 90 Prozent zurück). Die Kaufkraft der neuen, niedrigeren Einkommen ist damit genauso groß wie die der vormalig nominell höheren Einkommen. Der *Einkommenseffekt* einer Währungsreform ist unter diesen Prämissen gleich null.

Vermögenseffekt

Anders ist die Situation beim Geldvermögen. Das Geldvermögen der Menschen nimmt im Zuge einer Inflation nicht zu. Wenn jemand vor einem Jahr über ein Geldvermögen von 10.000 Geldeinheiten verfügte, so ändert sich an diesem Betrag auch bei Vorliegen von Inflation nichts. Durch die Inflation sinkt aber der reale Wert des Geldvermögens. Konnte man beispielsweise für 10.000 Geldeinheiten vor einem Jahr 10 Güter zum Preis von je 1.000 Geldeinheiten kaufen, so bekommt man – angenommen die Inflationsrate sei wieder 900 Prozent – heute dafür nur noch ein Gut (zum Preis von 10.000 Geldeinheiten). Wenn jetzt im Rahmen einer Währungsreform 10 Einheiten der alten Währung durch 1 Einheit der neuen Währung ersetzt werden, so reduziert sich das Geldvermögen von 10.000 Einheiten in der alten auf 1.000 Einheiten in der neuen Währung. Dafür kann sich unser Geldvermögensbesitzer nach wie vor nur 1 Gut (zum neuen, gesunkenen Preis von 1.000 Geldeinheiten) kaufen. Der durch die vergangene Inflation verursachte *reale Vermögensverlust* von 90 Prozent wird also durch die Währungsreform zementiert. Das Gleiche gilt natürlich für eine Schuldnerposition. Deren realer Wert sinkt durch die Inflation, und an dieser realen Entschuldung ändert sich auch durch eine Währungsreform nichts. Mit anderen Worten: Gläubiger werden benachteiligt, Schuldner begünstigt.

Unterschied Währungsreform und Währungsumstellung

Dies ist im Übrigen auch der zentrale Unterschied zwischen einer Währungsreform und einer *Währungsumstellung*, wie wir sie bei der Einführung des Euro (der ja keine Inflation vorausging) erlebt haben. Durch eine Währungsumstellung wird keiner benachteiligt oder begünstigt.

2.9 Das Schreckgespenst der Deflation

Monetäre oder konjunkturelle Deflation

Als Deflation (von lat. deflare = wegblasen) bezeichnet man das dauerhafte Absinken des Preisniveaus in einer Volkswirtschaft. Es geht also nicht um Einzelpreise – Computer werden laufend billiger, seit es sie gibt – sondern um den Durchschnitt aller Preise in einer Ökonomie. In der Literatur wird zwischen monetärer und konjunktureller Deflation unterschieden. Zu einer *monetären Deflation* kommt es, wenn das Geldmengenwachstum hinter dem realen Wirtschaftswachstum zurückbleibt, sodass Liquiditätsengpässe entstehen. Eine solche Deflation kann vor allem auftreten, wenn ein Land eine strikte Golddeckung oder eine Koppelung seiner Währung an eine ausländische Währung praktiziert. Im Fall der *konjunkturellen Deflation* wird angenommen, dass das Preisniveau von der Konjunktur bestimmt wird. Deflationsgefahr besteht dann vor allem in Rezessionszeiten, in denen eine gesamtwirtschaftliche Nachfragelücke (bzw. ein Angebotsüberhang) besteht.

Destabilisierende Wirkungen

Eine – wie immer verursachte – Deflation steht im Verdacht, »bösartig« zu sein. Denn es ist zu befürchten, dass sich die Verbraucher zurückhalten, nach dem Motto: Warum heute kaufen, wenn es morgen billiger zu haben ist? Daneben schmälert ein sinkendes Preisniveau die Möglichkeiten der Unternehmen, ihre Kredite zu bedienen. Dazu müssten sie bei sinkenden Preisen mehr Waren absetzen als zuvor kalkuliert, was angesichts abwartender Nachfrager schwer fällt. Die Folge sind Gewinneinbußen, Firmenzusammenbrüche, steigende Arbeitslosigkeit. Der damit verbundene Einkommensrückgang schwächt die Nachfrage jetzt effektiv. Gleichzeitig sinken die Steuereinnahmen des Staates, während die Soziallasten (Arbeitslosengeld!) und das Haushaltsdefizit zunehmen. Dies erzwingt typischerweise eine Drosselung der investiven Staatsausgaben, was den gesamtwirtschaftlichen Nachfragerückgang weiter verschärft. Möglicherweise werden aufgrund von Kreditausfällen auch Banken negativ betroffen, sodass sich alles in allem eine im wahrsten

Sinne unheilvolle und nur schwer aufzuhaltende ökonomische Abwärtsentwicklung ergibt. Im kollektiven Gedächtnis wirkt heute noch die Weltwirtschaftskrise nach, in deren Verlauf Anfang der 1930er-Jahre das Preisniveau mit teilweise zweistelligen Raten fiel, während sich die Arbeitslosigkeit in Millionenschritten erhöhte. Auch Japan hatte in den 1990er-Jahren und darüber hinaus schwer mit deflationären Tendenzen zu kämpfen.

Pigou-Effekt

Neben den beschriebenen destabilisierenden lassen sich indes auch stabilisierende Wirkungen der Deflation ausmachen. Eine Erklärung für mögliche expansive Impulse der Deflation lieferte bereits in den 1930er-Jahren der Ökonom *Arthur Pigou* (1877–1959). Der nach ihm benannte »Pigou-Effekt« besagt, dass fallende Preise zu einem Anstieg des realen Geldvermögens der privaten Haushalte führen, sodass diese mehr Güter nachfragen. Derartig stabilisierende Einflüsse einer Deflation sind Ausdruck etwaiger »Selbstheilungskräfte« der Volkswirtschaft. Aber abgesehen davon, dass der Prozess der Selbstheilung aller Erfahrung nach lange auf sich warten lassen kann (man denke an Keynes' Ausspruch: »In the long run, we are all dead«, siehe Kapitel 5.2), ist dem Pigou-Effekt entgegenzuhalten, dass ein sinkendes Preisniveau natürlich auch den realen Wert der Schulden in einer Volkswirtschaft steigen lässt. Es kommt zu einer Umverteilung zugunsten der Gläubiger und zulasten der Schuldner. Nimmt man realistischerweise an, dass die Schuldner einen größeren Teil ihres Einkommens bzw. Vermögens ausgeben – vermutlich ist dies ja der Grund für die Verschuldung – so werden die Schuldner ihre Ausgaben stärker kürzen als die Gläubiger ihre Ausgaben erhöhen. Gesamtwirtschaftlich gesehen vermindert die Deflation die Güternachfrage dann also.

Welche Preisentwicklung strebt die Europäische Zentralbank an?

Vor dem Hintergrund dieser Überlegungen ist verständlich, dass die Europäische Zentralbank unter ihrem Hauptziel »Sicherung der Preisstabilität« nicht nur die Vermeidung von Inflation, sondern eben auch von Deflation versteht. Dabei berücksichtigt sie, dass die Inflationsrate im Euroraum tendenziell überschätzt wird. Denn der als Maßstab verwendete *Harmonisierte Verbraucherpreisindex (HVPI)* unterstellt zwischen zwei Messpunkten eine unveränderte Zusammensetzung des zugrunde gelegten Warenkorbs. Es wird also angenommen, dass die Konsumenten keine Möglichkeit hätten, relativ teurer gewordene Produkte durch relativ billiger gewordene zu ersetzen. Außerdem besteht das Problem, Qualitätsverbesserungen adäquat zu berücksichtigen. Steigt nämlich sowohl die Qualität als auch der Preis eines Produkts, so ist es notwendig, einen »qualitätsbereinigten« Preis zu ermitteln (so genannte *hedonische* Inflationsmessung). Das qualitätsbereinigte Preisniveau wird nicht so stark steigen wie das unbereinigte Preisniveau. Da viele Qualitätsverbesserungen schwierig zu erkennen und noch schwieriger zu messen sind, führt auch dies eventuell zu tendenziell überschätzten Inflationsraten. Das heißt letztlich, dass eine Deflation faktisch auch bei steigendem Preisniveau vorliegen kann. Die geldpolitische Strategie trägt dem allerdings dadurch Rechnung, dass sie das Ziel der Preisniveaustabilität bei einer Preissteigungsrate von *im Durchschnitt* 2 Prozent (also nicht bei 0 Prozent) als erfüllt ansieht (siehe Kapitel 7.11). Die Zentralbank versucht damit, einen gewissen Sicherheitsabstand zur Deflation zu wahren.

Nachgehakt

Deflation – doch eher harmlos?
Die in der Europäischen Währungsunion ebenso wie in anderen großen Industrie- und Schwellenländern von etwa 2008 bis 2022 betriebene extrem lockere Geldpolitik wurde meist damit gerechtfertigt, dass ein »Abrutschen in die Deflation« unter allen Umständen verhindert werden müsse. In jüngerer Zeit sind indes Stimmen laut geworden, die dieser Einstellung kritisch gegenüberstehen. Sie argumentieren, dass zwangsläufig eine Tendenz zu fallenden Preisen besteht, wenn immer mehr Güter produziert werden. Das sei die natürliche Entwicklung in einer gesunden Volkswirtschaft. Ergebnisse einer Untersuchung der Bank für Internationalen Zahlungsausgleich (BIZ) von 2015 lassen zudem die behaupteten negativen Folgen einer Deflation fraglich erscheinen. Die BIZ-Ökonomen haben Erfahrungen mit fallenden Preisniveaus aus 38 Ländern über einen Zeitraum von 140 Jahren analysiert. Dabei fanden sie heraus, dass zwischen einem rückläufigen Preisniveau für Güter und einer Wirtschaftsschwäche kein systematischer Zusammenhang besteht. Vielmehr kann eine Deflation auch mit einer wachsenden Wirtschaft Hand in Hand gehen. Zu einem ähnlichen Schluss gelangen Ökonomen des Kieler Instituts für Weltwirtschaft (IfW) anhand einer empirischen Studie von 2014. Im Untersuchungszeitraum 1991 bis 2013 sind zahlreiche Güter billiger geworden, am stärksten war dies bei Produkten der Unterhaltungselektronik, Computern, Digitalkameras oder großen Haushaltsgeräten wie Waschmaschinen der Fall. Sie verbilligten sich im Durchschnitt um 18 Prozent, während die Nachfrage weiter gestiegen ist. Insgesamt erkannten die IfW-Forscher kaum Evidenz für eine Konsumzurückhaltung in Erwartung fallender Preise. Mit anderen Worten: Bei sinkenden Preisen kaufen die Verbraucher mehr. Alles andere ist Propaganda. Viel wichtiger als die Konsumentenpreise waren für die wirtschaftliche Entwicklung in der Vergangenheit laut BIZ starke Preisrückgänge für Kapitalanlagen. Auch die Weltwirtschaftskrise der 1930er-Jahre war durch markante Vermögenspreiseinbrüche geprägt. Die Fixierung der Geldpolitik auf die Güterpreise, insbesondere die Konsumentenpreise, erscheint den Forschern der BIZ daher viel zu einseitig. Allerdings ist die Abneigung von Schuldnern gegen fallende Güterpreise natürlich mit den Verlusten erklärbar, die sie durch Deflation erleiden. Die Finanzindustrie, hochverschuldete Großunternehmen und allen voran der Staat haben deshalb ein großes Interesse daran, eine Güterpreisdeflation als furchtbare Katastrophe darzustellen. Es ist bezeichnend, dass die genannten Akteure die großen Nutznießer des von ihnen propagierten Heilmittels – einer Inflation – wären.

2.10 Merkwürdige Verkettungen – die Messung des Wirtschaftswachstums und der Inflationsrate

Nominales BIP = Produktion von Waren und Dienstleistungen, bewertet zu laufenden Preisen

Ökonomen unterscheiden zwischen dem nominalen und dem realen Bruttoinlandsprodukt. Deren Messung sei an einem *Beispiel* erklärt. In Tabelle 2-2 sehen wir eine Volkswirtschaft, die nur zwei Güter produziert: Cola und Döner. Um die Gesamtproduktion in dieser Volkswirtschaft zu errechnen, multiplizieren wir die in den betreffenden Jahren hergestellten Mengen an Cola und Döner mit ihren jeweiligen Preisen und bilden die Summe. Im Ergebnis steht das in den einzelnen Jahren erwirtschaftete *nominale BIP*. Es steigt von 300 Euro im Jahr 2020 auf 600 Euro in 2021 und auf 1.150 Euro in 2022.

Nun können wir die in einem Jahr produzierten Mengen mit den Preisen des jeweiligen Vorjahres bewerten. Im Beispiel multiplizieren wir die im Jahr 2021 hergestellten Mengen mit den im Jahr 2020 herrschenden Preisen und die in 2022 produzierten Mengen mit den in 2021 gültigen Preisen. Auf diese Weise erhalten wir das *reale BIP* für die einzelnen Jahre. Man sieht, dass es von 550 Euro in 2021 auf 870 Euro in 2022 steigt.

Reales BIP = Produktion von Waren und Dienstleistungen, bewertet zu den Preisen des jeweiligen Vorjahres

Zur Berechnung des realen BIP wurde im Beispiel die *Vorjahresmethode* verwendet, wie sie das Statistische Bundesamt seit 2005 rückwirkend praktiziert (entsprechend den europäischen Rechtsvorschriften). Bis dahin erfolgte die »Deflationierung« der nominalen Werte anhand der Preise eines festen Basisjahres (zuletzt 2020).

Jahr	**Preis einer Cola**	**Menge an Cola**	**Preis eines Döners**	**Menge an Döner**
2020	1,00 €	100	4,00 €	50
2021	1,20 €	150	4,20 €	100
2022	2,00 €	200	5,00 €	150
Jahr	**Berechnung des nominalen BIP**			
2020	(1 € pro Cola · 100 Cola) + (4 € pro Döner · 50 Döner)			= 300 €
2021	(1,20 € pro Cola · 150Cola) + (4,20 € pro Döner · 100 Döner)			= 600 €
2022	(2 € pro Cola · 200 Cola) + (5 € pro Döner · 150 Döner)			= 1.150 €
Jahr	**Berechnung des realen BIP (auf Vorjahrespreisbasis)**			
2021	(1 € pro Cola · 150 Cola) + (4 € pro Döner · 100 Döner)			= 550 €
2022	(1,20 € pro Cola · 200 Cola) + (4,20 € pro Döner · 150 Döner)			= 870 €
Jahr	**Berechnung des realen BIP (auf Festpreisbasis, Basisjahr 2020)**			
2020	(1 € pro Cola · 100 Cola) + (4 € pro Döner · 50 Döner)			= 300 €
2021	(1 € pro Cola · 150 Cola) + (4 € pro Döner · 100 Döner)			= 550 €
2022	(1 € pro Cola · 200 Cola) + (4 € pro Döner · 150 Döner)			= 800 €

Tab. 2-2: Nominales und reales BIP

Festpreisbasis

Diese Methode geht folgendermaßen: Zunächst wird ein Basisjahr gewählt, in unserem Beispiel das Jahr 2020. Dann werden die Preise für Cola und Döner in diesem Jahr für die Berechnung der Produktion in den Jahren 2020 bis 2022 benutzt. So erhalten wir das reale BIP für die einzelnen Jahre auf Festpreisbasis in Höhe von 300 Euro, 550 Euro und 800 Euro.

Problematik der Vorjahresmethode

Das reale BIP ist der Maßstab für die tatsächliche Produktionsleistung in einer Nation. Problematisch an der vom Statistischen Bundesamt heute praktizierten Vorjahresmethode ist nun, dass die Realwerte der einzelnen Jahre nicht miteinander vergleichbar sind, weil ihnen jeweils eine unterschiedliche Preisbasis zugrunde liegt. Deshalb berechnen die Statistiker für diese Realwerte so genannte *Volumenindizes*. Das geschieht beispielsweise für das Jahr 2021 dadurch, dass der auf Vorjahrespreisbasis ermittelte Realwert in 2021 durch die mit den Preisen von 2020 multiplizierten Gütermengen in 2020 (also dem Nominalwert in 2020) dividiert wird:

Volumenindex 2021	=	550 €/300 €	=	1,833
Volumenindex 2022	=	870 €/600 €	=	1,450

Interpretation: Die im Jahr 2021 produzierte Menge beträgt das 1,833-fache der in 2020 produzierten Menge, und die in 2022 produzierte Menge beträgt das 1,45-fache der in 2021 produzierten Menge.

In einem weiteren Schritt werden so genannte *Kettenindizes* für die einzelnen Jahre bestimmt. Hierzu werden, ausgehend vom Indexwert 1 für ein ausgewähltes Referenzjahr, zum Beispiel 2020, die obigen Volumenindizes der einzelnen Jahre miteinander multipliziert und das Ergebnis mit 100 multipliziert. Dadurch werden alle Realwerte auf die gleiche Preisbasis (des Referenzjahres) gestellt:

$$\text{Kettenindex 2021} = 1 \cdot 1{,}833 = 1{,}833 \cdot 100 = 183{,}3$$
$$\text{Kettenindex 2022} = 1 \cdot 1{,}833 \cdot 1{,}450 = 2{,}658 \cdot 100 = 265{,}8$$

Messung des Wirtschaftswachstums

Anhand dieser Kettenindizes ermittelt das Statistische Bundesamt jetzt die *Wachstumsrate* des realen Bruttoinlandsprodukts, zum Beispiel in 2022, wie folgt:

$$\text{Reale Wachstumsrate 2022} = [(265{,}8 : 183{,}3) - 1] \cdot 100 = 45{,}008 \text{ Prozent}$$

Messung der Inflationsrate

Um zu beurteilen, wie schnell die Preise steigen, beobachten Volkswirte in erster Linie den *Verbraucherpreisindex*. Hierzu werden die Konsumgewohnheiten von 60.000 Haushalten (vom Single bis zur kinderreichen Familie) gemessen, die ein Jahr lang den Kauf jeder Tüte Milch und jeder LED-Lampe aufgeschrieben haben. Die Basis bildet ein so genannter Warenkorb, der in Deutschland rund 700 Produkte und Dienstleistungen enthält und alle fünf Jahre überprüft und angepasst wird. Mit dieser Liste durchforsten mehr als 600 Mitarbeiterinnen und Mitarbeiter der Statistischen Landesämter jeden Monat die Geschäfte in 190 Dörfern und Städten quer durch Deutschland und verzeichnen penibel, wie sich die Preise geändert haben. So wird laufend der Gesamtpreis des Warenkorbs berechnet, wobei die Verbrauchsmengen konstant gehalten werden. Schließlich wird ein Basisjahr bestimmt (2020) – in diesem Jahr ist der Index 100. Die prozentuale Veränderung dieses Indexes – man spricht auch vom Konsumenten- bzw. Verbraucherpreisindex – jeweils gegenüber dem Vorjahr bezeichnet die *Inflationsrate*.

$$\text{Verbraucherpreisindex} = \frac{\text{Preis des Warenkorbs in einem Jahr}}{\text{Preis des Warenkorbs im Basisjahr}} \cdot 100$$

Wenn der Index also in einem Jahr 109 und im Vorjahr 106 beträgt, dann ist die Inflationsrate [(109 : 106) – 1] · 100 = 2,8 Prozent.

»Gefühlte« Inflation

Die Inflationsrate im Euroraum wird anhand des *Harmonisierten Verbraucherpreisindex (HVPI)* gemessen. Ebenso wie bei den nationalen Verbraucherpreisindizes der Euroländer handelt es sich um einen »Laspeyres-Index«. Typisch für diesen ist, dass in den betrachteten Warenkorb im Zähler und im Nenner die jeweiligen Gütermengen der Basisperiode eingehen (zu den damit verbundenen statistischen Problemen siehe Kapitel 2.9). Zu erwähnen ist hier noch, dass sich die »gefühlte Inflation« des einzelnen realen Haushaltes durchaus von der statistisch gemessenen Inflation unterscheiden kann, da natürlich kein Individuum durchschnittliche Konsumgewohnheiten hat. Beispielsweise fliegt nicht jeder einmal im Jahr in die Dominikanische Republik – was sich extrem verbilligt hat – sondern muss vielleicht häufiger – viel teurer gewordenes – Benzin tanken.

Wie hoch ist der Wert eines Geldbetrages zu unterschiedlichen Zeitpunkten?

Ein wichtiger Zweck der Messung des Preisniveaus in einer Volkswirtschaft liegt darin, den *Wert von Geldbeträgen zu unterschiedlichen Zeitpunkten* vergleichen zu können. Als Rudi Assauer (1944–2019), der frühere Manager von Schalke 04, in einem Interview nach seinem schönsten D-Mark-Erlebnis gefragt wurde, sprach er von seinem ersten Gehalt als Stahlbauschlosserlehrling in Höhe von 50 D-Mark. Für uns stellt sich nun die Frage, ob ein Monatslohn von 50 D-Mark bzw. 25 Euro damals nach heutigen Maßstäben eher viel oder eher wenig war. Die Lehrzeit von Assauer dürfte – angenommen, er habe einen Realschulabschluss absolviert – um 1960 herum gewesen sein. Um unsere Frage zu beantworten, müssen wir das Preisniveau, also den Verbraucherpreisindex des Jahres 1960 kennen sowie das Preisniveau heute. Laut Statistischem Bundesamt lag der jahresdurchschnittliche Preisindex 1960 bei 26,3 und Anfang 2024 bei 117,4 (2020 = 100). Das bedeutet: Das allgemeine Preisniveau hat sich in diesem halben Jahrhundert um den Faktor 4,5 erhöht. Die Rechnung, die wir jetzt anstellen müssen, geht so:

$$\text{Gehalt } 2024 = \text{Gehalt } 1960 \cdot \text{Preisindex } 2024/\text{ Preisindex } 1960 = 25\,€ \cdot 4{,}5 = 112{,}50\,€$$

Damit entspräche Rudi Assauers damaliges Einkommen einem heutigen Gehalt von knapp 113 Euro. Das könnte man schon als »Hungerlohn« bezeichnen. Noch früher mussten die »Auszubildenden« übrigens sogar Lehrgeld bezahlen. Vor diesem Hintergrund wird inzwischen häufiger darüber nachgedacht, ob es einen Zusammenhang zwischen dem Anstieg der Lehrlingsgehälter und der Jugendarbeitslosigkeit gibt.

Nachgehakt

Der Basiseffekt

Im Zusammenhang mit der Inflationsmessung ist häufiger von statistischen Sondereffekten die Rede, den so genannten Basiseffekten, die die tatsächliche Inflationsrate über- oder unterzeichnen. Damit ist gemeint: Bisweilen ändern sich die Raten der, beispielsweise monatlich gemessenen, Preissteigerung nicht nur, weil sich aktuell die Preise ändern, sondern auch, weil es im Vorjahresmonat (mit dem die heutigen Preise verglichen werden) Änderungen gab. Dieses einfache Beispiel verdeutlicht diesen Effekt. Angenommen, für die vierteljährlichen Preisindizes seien im Vorjahr diese Werte gemessen worden:

1. Quartal	2. Quartal	3. Quartal	4. Quartal
100	150	160	170.

Offensichtlich ist das Preisniveau zwischen dem ersten und zweiten Quartal drastisch gestiegen. Vorstellbar wäre etwa, dass sich die Energiepreise sprunghaft erhöht haben. Im weiteren Verlauf und im aktuellen Jahr setze sich nun der Preisauftrieb in vermindertem Tempo fort auf:

180	190	200	210.

Die in den vier Quartalen des aktuellen Jahres gemessenen Inflationsraten betragen mithin:

80%	27%	25%	24%.

Im ersten Quartal des laufenden Jahres ist die Inflationsrate exorbitant hoch.

Durch den Preisschub zwischen dem ersten und dem zweiten Quartal des Vorjahres wurden aber die Vorjahres-Preisindizes auf ein viel höheres Niveau angehoben. Dieses dient nun als Vergleichsbasis für die Inflationsberechnung des zweiten, dritten und vierten Quartals des aktuellen Jahres, die entsprechend schlagartig deutlich geringer ausfällt. Mit anderen Worten: Die Inflationsraten der letzten drei Quartale des laufenden Jahres werden durch den Preisschub zwischen dem ersten und zweiten Quartal des Vorjahres statistisch unterzeichnet.

Natürlich wirkt der Basiseffekt auch in die andere Richtung: Eine temporäre Reduktion der Mehrwertsteuer etwa zwischen dem zweiten und dritten Vorjahresquartal (mit der Folge eines sinkenden Preisniveaus) würde die aktuelle Inflationsrate größer ausfallen lassen, also überzeichnen.

2.11 Das Interview: Michael Hüther

Michael Hüther (geb. 1962) ist Direktor des Instituts der deutschen Wirtschaft, IW Köln, und Honorarprofessor an der EBS Business School in Oestrich-Winkel.

Herr Professor Hüther, die deutsche Volkswirtschaft hat offenbar zahlreiche Probleme: Überalterung, Fachkräftemangel, marode Infrastruktur, geringe Produktivität, sinkendes Bildungsniveau etc. Ist es überhaupt noch denkbar, dass Deutschland unter diesen Umständen sein heutiges Wohlstandsniveau aufrechterhalten kann?
Deutschland verfügt über alle Voraussetzungen, um sein derzeitiges Wohlstandsniveau zu erhalten. Dabei ist es entscheidend, dass wir uns auf die einzigartigen Stärken unseres Standorts besinnen und bislang ungenutzte Potenziale erschließen. insbesondere im Bereich des Produktivitätswachstums. Unser Land profitiert maßgeblich von einem engen, regional breit verteilten Industrie-Dienstleistungs-Verbund, der durch eine Vernetzung von Wirtschaft und Hochschulen ergänzt wird und technologischen Fortschritt ermöglicht. Es ist jetzt an der Zeit, klug in die Erneuerung unseres volkswirtschaftlichen Kapitalstocks zu investieren, sowohl durch öffentliche als auch private Kapitalströme. Auf diese Weise können wir auch in Zukunft über die Clusterstruktur von Wissen und Wertschöpfung an der Spitze bei Technologie, Infrastruktur und Humankapital stehen.

Als Folge der o. g. Probleme erwartet der Sachverständigenrat für die nächsten zehn Jahre eine Trendwachstumsrate von durchschnittlich gerade einmal 0,4 Prozent (gegenüber 1,1 Prozent in den zurückliegenden eineinhalb Jahrzehnten). Was folgt daraus für die deutsche Bevölkerung, die Unternehmen und den Staat?
Es ist von entscheidender Bedeutung, die totale Faktorproduktivität zu steigern. Dies kann einerseits durch technologischen Fortschritt erreicht werden, insbesondere durch verstärkte Digitalisierung und den vermehrten Einsatz von Künstlicher Intelligenz. Andererseits ist es notwendig, das Arbeitsvolumen zu erhöhen, zum Beispiel durch eine effektivere Nutzung der Arbeitszeit, indem mehr Teilzeitstellen in Vollzeitstellen umgewandelt werden und durch eine gezielte Einwanderungspolitik, um einen Rückgang der erwerbstätigen Bevölkerung zu vermeiden. Des Weiteren bietet die Ausweitung der Jahresarbeitszeit eine Möglichkeit zur Steigerung des Trendwachstums. Im Vergleich zur Schweiz arbeiten wir in Deutschland hochgerechnet über das Jahr hinweg 240 Stunden weniger. Hier bieten sich ungenutzte Wachstumspotenziale.

Die Industrie fordert ja eigentlich ständig irgendwelche staatliche Hilfen bzw. Subventionen, jetzt gerade für Energie, neue Halbleiter- oder Batteriefabriken etc. Nicht wenige Ökonomen halten diese Form der Industriepolitik für nicht zielführend oder sogar für kontraproduktiv. Wie ist Ihre Meinung dazu grundsätzlich?
Die Umstellung auf eine klimaneutrale Wirtschaft bis zur Mitte dieses Jahrhunderts bedeutet einen Strukturwandel per Termin. Einzig über einen CO_2-Preis, vor allem basierend auf Verschmutzungszertifikaten, kann dieser Wandel jedoch nicht erfolgreich bewältigt werden. Ein zu drastischer Anstieg des CO_2-Preises würde zu einem Kostenanstieg führen, der die Industrie einem Schock aussetzen und ihre Wettbewerbsfähigkeit beeinträchtigen würde, mit dem Risiko einer beispiellosen Deindustrialisierungswelle. Um den Übergang von der fossilen Ära in das regenerative Zeitalter zu überbrücken, ist eine besondere Industriepolitik nötig, die es ermöglicht, die Transformation erfolgreich zu bewältigen. Damit Investitionen in neue Geschäftsmodelle attraktiv werden, bedarf es staatlicher Unterstützung für Forschung und Entwicklung sowie Finanzierungen, die den Markthochlauf von Produkten fördern, wie beispielsweise über Leitmärkte. Darüber hinaus ist die Betrachtung der außenwirtschaftlichen Abhängigkeit und Resilienz ein wichtiger Aspekt, der die Politik dazu veranlasst, verstärkt die Ansiedlung von Schlüsselindustrien durch Subventionen zu fördern. Wirtschaftspolitisch ist dies alles so herausfordernd, weil dem Handeln eine ordnungspolitische Eindeutigkeit fehlt und deshalb Orientierung immer wieder neu justiert werden muss.

Herr Professor Hüther, wir danken Ihnen für dieses Gespräch.

Schlüsselbegriffe

- Wirtschaftskreislauf
- gesamtwirtschaftliche Identität
- Bruttoinlandsprodukt
- Bruttonationaleinkommen
- Volkseinkommen
- Zahlungsbilanz
- Leistungs- und Finanztransaktionen
- gesamtwirtschaftlicher Finanzierungssaldo
- Nettokapitalverkehr
- Quantitätsgleichung
- Inflationsrate
- kalte Progression
- Währungsreform
- Deflation
- Wirtschaftswachstum
- Verbraucherpreisindex
- Basiseffekt

Kontrollfragen

1. *Auf welchen vier Konten der VGR werden die ökonomischen Transaktionen einer Volkswirtschaft verbucht?*
2. *Was versteht man genau unter dem Bruttoinlandsprodukt und wie unterscheidet es sich vom Bruttonationaleinkommen?*
3. *Welche Verwendungsbereiche beinhaltet die volkswirtschaftliche Gesamtnachfrage?*
4. *Warum ist das Bruttoinlandsprodukt kein geeigneter Wohlstandsindikator? Nennen Sie drei Gründe.*
5. *Wie lautet die gesamtwirtschaftliche Identität für eine offene Volkswirtschaft?*
6. *Welche zwei wesentlichen Teilbilanzen umfasst die Zahlungsbilanz? Warum ist die Zahlungsbilanz als Ganzes stets ausgeglichen?*
7. *Erläutern Sie die Aussage der so genannten Quantitätsgleichung.*
8. *Nennen Sie drei schädliche Wirkungen von (extremer) Inflation. Welche verschiedenen Inflationsursachen kennen Sie?*
9. *Warum führt Inflation zu einer realen Schuldentilgung, und wer profitiert davon am meisten?*
10. *Definieren Sie den Begriff der »kalten Progression«.*
11. *Worin besteht der Unterschied zwischen einer Währungsreform und einer Währungsumstellung?*
12. *Worin liegen die Gefahren einer Deflation?*
13. *Beschreiben Sie die Vorgehensweise bei der Berechnung der Wachstumsrate des realen Bruttoinlandsprodukts nach der Vorjahresmethode.*
14. *Wie wird die Inflationsrate gemessen und welche Messprobleme treten dabei auf?*
15. *Was versteht man unter dem »Basiseffekt«? Erläutern Sie diesen an einem Beispiel.*
16. *Wie ist die Vorgehensweise, wenn man den Wert von Geldbeträgen zu unterschiedlichen Zeitpunkten vergleichen will?*

Literaturhinweise

Brümmerhoff, D., Grömling, M.: Volkswirtschaftliche Gesamtrechnungen, 10. Aufl., München 2015

Hölder, E. (Hrsg.): Wege zu einer Umweltökonomischen Gesamtrechnung, Ein Diskussionsbeitrag des Statistischen Bundesamtes, Stuttgart 1991

Leipert, C.: Unzulänglichkeiten des Sozialprodukts in seiner Eigenschaft als Wohlstandsmaß, Tübingen 1975

Levi, M.: Volkswirtschaftlich denken. Vom alltäglichen Nutzen der Wirtschaftswissenschaft, Teil III: Im Großen denken, Basel 1987, Nachdruck 2014

Nissen, H. P.: Das Europäische System der Volkswirtschaftlichen Gesamtrechnungen, 5. Aufl., Heidelberg 2004

Statistisches Bundesamt: Volkswirtschaftliche Gesamtrechnungen. Wichtige Zusammenhänge im Überblick, Wiesbaden 2023

3 Produktion, Märkte und Preisbildung

Es heißt, man könne selbst einen Papageien zu einem guten Ökonomen machen, wenn man ihm nur die Worte Angebot und Nachfrage beibringe.
Thomas Carlyle

Lernziele

- Sie wissen, was eine Produktionsfunktion ist, kennen deren verschiedene Ausprägungen und verstehen die Beziehung zwischen der neoklassischen Produktionsfunktion und der Grenzkostenkurve von Unternehmen.
- Sie kennen den Begriff der Produktivität in all seinen Varianten und die sich daraus ergebenden Kennzahlen zur Beurteilung der Angebotsseite einer Volkswirtschaft.
- Sie können den Verlauf der Nachfragekurve der privaten Haushalte sowie der Angebotskurve der Unternehmen in der Marktform der vollständigen Konkurrenz erklären.
- Sie wissen, wie Nachfrage und Angebot auf Änderungen der Eingangsdaten (z. B. Preise, Einkommen) reagieren.
- Sie wissen, wie ein Marktgleichgewicht entsteht und kennen sowohl dessen Eigenschaften als auch die Funktionen des Preismechanismus in der Marktform der vollständigen Konkurrenz.
- Sie wissen, nach welchen Kriterien Märkte eingeteilt werden und sind mit den typischen Verhaltensweisen der Anbieter in den Marktformen der vollständigen Konkurrenz, des Monopols, des Oligopols und des heterogenen Polypols vertraut.
- Sie verstehen, welche Wirkungen staatliche Eingriffe in die Marktpreisbildung oder Subventionen auslösen.
- Sie kennen den Unterschied zwischen Arbitrage und Spekulation und können deren volkswirtschaftliche Bedeutung einschätzen.

Ihre besten Zeiten erlebten die deutschen Landwirte nach dem Zweiten Weltkrieg. Die Stadtbewohner schleppten kofferweise Schmuck und andere Wertsachen auf ihre Höfe, um sie gegen einen Sack Kartoffeln oder ein paar Eier einzutauschen. Noch günstiger war die Lage für einige windige Gestalten, die etwa amerikanische Zigaretten oder Nylonstrümpfe anzubieten hatten, denn dafür bekam man praktisch alles. Offiziell wurden die Dinge des täglichen Bedarfs wie Nahrungsmittel oder Kleidung zu niedrigen, staatlich festgesetzten Preisen verkauft. Allerdings war das Güterangebot so knapp, dass man sie nur gegen Lebensmittelmarken oder andere Bezugsscheine erwerben konnte. Aufgrund der niedrigen Preise lohnte sich nämlich die Produktion nicht.

Einer der wenigen, die die zentrale Ursache der Misere erkannten, war der spätere Wirtschaftsminister und Bundeskanzler Ludwig Erhard (1897–1977). Gegen größte politische Widerstände verfügte er am Tag der Währungsreform, dem 20. Juni 1948, die Aufhebung der Preiskontrollen. Sofort danach waren die Läden voll mit Waren, die zuvor bestenfalls den Schwarzmarkthändlern bekannt gewesen sein dürften. In der Folge erhöhte sich die gesamtwirtschaftliche Produktion geradezu sprunghaft. Gleichzeitig stieg das Einkommen der Bevölkerung und damit die Nachfrage nach den hergestellten Gütern. Bis heute spricht man von dieser Phase als dem »deutschen Wirtschaftswunder«. Es war freilich kein Wunder, sondern das logische Ergebnis des Marktmechanismus.

Die Ausführungen dieses Kapitels machen deutlich, wie Märkte funktionieren. Wie verhalten sich die Anbieter und Nachfrager bei unterschiedlichen Marktbedingungen? Welche Auswirkungen haben staatliche Eingriffe in die freie Preisbildung? Wie ist der ständige Drang der Unternehmen nach Größe zu erklären? Dies sind typische Fragen der Mikroökonomik. Sie analysiert die Verhaltensweise der einzelnen Entscheidungsträger und betrachtet die Preisbildung jeweils für ein einzelnes Gut. In dem am Ende des Kapitels geführten Interview beantwortet Andreas Mundt, der Präsident des Bundeskartellamtes, einige aktuelle Fragen zur deutschen Wettbewerbspolitik.

3.1 Produzieren ist der Anfang von allem – die Produktionsfunktion

Bevor Güter auf Märkten gehandelt werden können, müssen sie erst produziert werden. Die Produktionsmöglichkeiten einer Unternehmung – ebenso wie die einer gesamten Volkswirtschaft – werden maßgeblich vom Einsatz bzw. der Verfügbarkeit der Produktionsfaktoren sowie der Produktivität bestimmt.

In diesem Sinne gibt die Produktionsfunktion an, welche Produktionsmenge (Output) man mit bestimmten Faktoreinsatzmengen (Inputs) maximal erzeugen kann.

Produktionsfunktion

Unter einer Funktion versteht man die kausale Abhängigkeit einer Größe von einer oder mehreren (unabhängigen) Größen. Im Fall der Produktionsfunktion ist die abhängige Größe die Produktionsmenge Y, die unabhängigen Größen sind insbesondere die Zahl der eingesetzten Arbeiter bzw. Arbeitsstunden A, das eingesetzte Kapital K und der Faktor Boden B. Man kann eine *Produktionsfunktion* somit allgemein beschreiben als:

$$Y = f(A, K, B)$$

Konstantes Faktoreinsatzverhältnis

Ökonomen sprechen von einer (linear-)*limitationalen Produktionsfunktion*, wenn die Produktionsfaktoren in einem festen Verhältnis zueinander eingesetzt werden müssen. Nehmen wir das Ausheben einer Baugrube mittels eines Baggers und eines Baggerführers. Der Mehreinsatz eines zweiten Baggers ohne zusätzlichen Führer erhöht die Produktion genauso wenig wie die alleinige Einstellung eines weiteren Baggerführers. Soll die Produktionsleistung verdoppelt werden, so muss man die Zahl der eingesetzten Bagger *und* Baggerführer verdoppeln. In ähnlicher Weise muss etwa ein Fließband in der Automobilindustrie mit einer ganz bestimmten Zahl von Arbeitern besetzt werden. Es bringt nichts, einen oder mehrere zusätzliche Arbeiter an das Band zu stellen.

Variables Faktoreinsatzverhältnis

Anders ist dies bei der variablen bzw. *substitutionalen Produktionsfunktion*. Hier kann der Output auch durch den Mehreinsatz eines einzigen Faktors gesteigert werden bzw. kann der verminderte Einsatz eines Faktors durch vermehrten Einsatz eines anderen Faktors ausgeglichen werden. Beispielsweise kann ein Fliesenleger oder ein Anstreicher durch die Einstellung von mehr Fachkräften die Produktionsleistung seines Geschäftes steigern. Die Arbeit eines Lageristen kann von einem Roboter übernommen werden, was zunehmend geschieht (Stichwort »Industrie 4.0«).

Ertragsgesetz und Gesetz vom abnehmenden Ertragszuwachs

Ein bekanntes Beispiel der substitutionalen Produktionsfunktion ist das *Ertragsgesetz (klassische Produktionsfunktion)*. Es wurde bereits 1767 von dem französischen Staatsmann und Ökonomen *Anne Robert Jacques Turgot* beschrieben. Er hatte beobachtet, dass der zusätzliche Ertrag – der »Grenzertrag« – einer gegebenen landwirtschaftlichen Fläche bei zunehmendem Arbeitseinsatz zunächst anstieg, dann aber von einem bestimmten Punkt an immer geringer wurde. Ein anderer wichtiger Typ von Produktionsfunktionen unterstellt, dass nur abnehmende Grenzerträge vorliegen (*neoklassische Produktionsfunktion*). Dabei wird häufig angenommen, dass nur ein Faktor (z. B. Arbeit) variiert wird, während alle anderen Faktoren (Kapital, Boden) konstant gehalten werden. Man nennt dies eine *partielle Faktorvariation*.

In Tabelle 3-1 und Abbildung 3-1 sind die Beziehungen zwischen dem Einsatz des variablen Faktors (Arbeit) und dem Ertrag, also der Produktionsmenge, dargestellt. Beachten Sie den Unterschied zwischen dem Durchschnitts- und dem Grenzertrag. Der *Durchschnittsertrag* (das Durchschnittsprodukt) errechnet sich als Gesamtertrag dividiert durch die Menge des insgesamt eingesetzten variablen Faktors, während der *Grenzertrag* (das Grenzprodukt) die Zunahme des Gesamtertrags misst, die sich bei einem Mehreinsatz des variablen Faktors um eine Einheit ergibt. Für die Beschreibung einer Volkswirtschaft als Ganzes wird regelmäßig von einer neoklassischen Produktionsfunktion ausgegangen (z. B. Cobb-Douglas-Funktion). Bei einzelnen Unternehmen oder Betrieben sind indes durchaus auch andere Beziehungen zwischen Faktoreinsatz und Output denkbar.

Abnehmende, konstante oder zunehmende Skalenerträge

Neben der beschriebenen partiellen ist auch eine *proportionale (totale) Faktorvariation* möglich bzw. unter Umständen sogar notwendig. Nimmt man an, es werden alle Faktoren, also neben den Arbeitern auch Kapital und Boden, gleichermaßen um beispielsweise 1 Prozent verstärkt eingesetzt, so wird sich die Produktion entweder um weniger als 1 Prozent (unterproportional) oder um genau 1 Prozent (proportional) oder um mehr als 1 Prozent (überproportional) erhöhen. Man spricht von abnehmenden, konstanten oder zunehmenden *Skalenerträgen (Returns to Scale)*. Ein Beispiel für den letzteren Fall ist der Flugzeugbau. Eine Verdoppelung, Verdreifachung oder Vervierfachung des Outputs ist hier regelmäßig möglich, ohne dass die Faktoreinsatzmengen entsprechend vervielfacht werden müssen, da bei der Produktion weiterer Maschinen Effizienzgewinne der zunehmenden Arbeitsteilung sowie Lerneffekte entstehen (so genannte *Economies of Scale*). Ähnliche »Verstärker-Effekte« können von Forschungsaufwendungen und Aufwendungen für die Organisation und die Werbung ausgehen (siehe auch Kapitel 3.10).

Zahl der eingesetzten Arbeiter pro Jahr (A)	Gesamtertrag in kg pro Jahr (Y)	Grenzertrag in kg pro Jahr (ΔY)	Durchschnittsertrag in kg pro Jahr (Y/A)
0	0	0	0
1	24	24	24
2	40	16	20
3	51	11	17
4	59	8	14,8
5	64	5	12,8
6	66	2	11
7	66	0	9,4

Tab. 3-1: Beispiel für abnehmende Grenzerträge

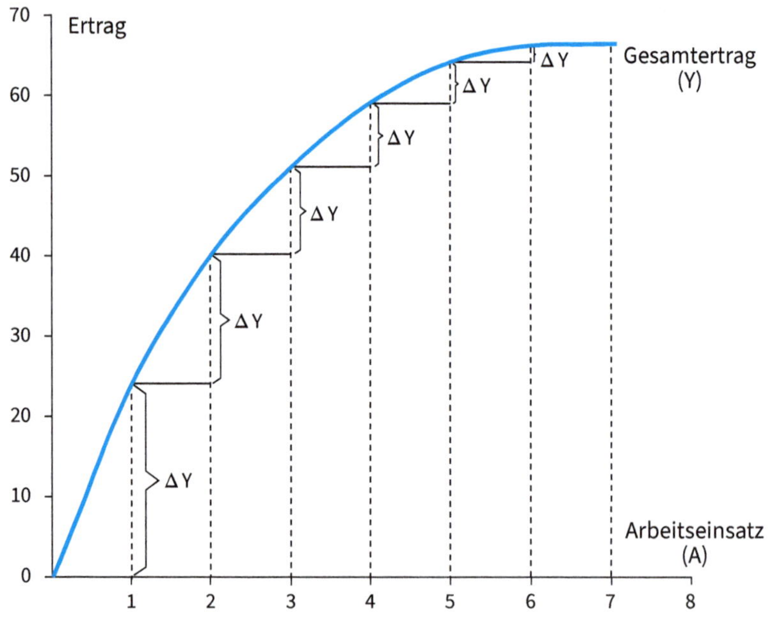

Abb. 3-1: Neoklassische Produktionsfunktion

3.2 Die Produktivität und weitere volkswirtschaftliche Kennzahlen

Einfluss der Technologie

Die Produktionsfunktion einer Unternehmung oder einer Volkswirtschaft ist für einen gegebenen Bestand an technischem Wissen, organisatorischen Fähigkeiten etc. definiert, den wir unter den Begriff der »Technologie« fassen können. Eine Verbesserung der Technologie verschiebt die Produktionsfunktion nach oben und ermöglicht bei gegebenem Faktoreinsatz einen höheren Output. Das bedeutet, dass die Produktivität gestiegen ist. Der Begriff der *Produktivität* spielt in volkswirtschaftlichen Analysen eine große Rolle. Es gilt:

$$\text{Durchschnittsproduktivität} = \frac{\text{Output}}{\text{Input}}$$

$$\text{Arbeitsproduktivität} = \frac{\text{Output}}{\text{Arbeitseinsatz}} \left(\text{Beispiel: } \frac{\text{2.000 kg Weizen}}{\text{1 Arbeitsstunde}}\right)$$

$$\text{Kapitalproduktivität} = \frac{\text{Output}}{\text{Kapitaleinsatz}} \left(\text{Beispiel: } \frac{\text{2.000 kg Weizen}}{\text{1 Mähdrescherstd.}}\right)$$

$$\text{Grenzproduktivität} = \frac{\text{Veränderung des Outputs}}{\text{Veränderung des Inputs}}$$

$$\text{Grenzproduktivität der Arbeit} = \frac{\text{Zunahme des Outputs}}{\text{Mehreinsatz von Arbeit}}$$

$$\text{Grenzproduktivität des Kapitals} = \frac{\text{Zunahme des Outputs}}{\text{Mehreinsatz von Kapital}}$$

Die Produktivität bezieht die Menge des von allen Produktionsfaktoren erstellten Outputs auf den Einsatz eines einzigen Produktionsfaktors

Die *Arbeitsproduktivität* gibt Auskunft über die Produktionsleistung pro Beschäftigten bzw. Beschäftigtenstunde. Die durchschnittliche Arbeitsproduktivität in einer Volkswirtschaft insgesamt wird meist errechnet, indem man die reale Bruttowertschöpfung durch die Zahl der Erwerbstätigen dividiert. Für Deutschland ergab sich im Jahr 2022 ein Betrag von knapp 85.000 Euro. Das besagt, dass ein deutscher Erwerbstätiger im Durchschnitt Waren bzw. Dienstleistungen in Höhe dieses Wertes erzeugt hat. Analoge Betrachtungen lassen sich bezüglich der *Kapitalproduktivität* anstellen, wobei der Kapitaleinsatz als »Kapitalstock« oder als eingesetzte Maschinenstunden gemessen werden kann.

Die Entwicklung der Arbeitsproduktivität gilt allgemein als Richtschnur für Lohnerhöhungen (siehe auch Kapitel 4.14). Dabei kommt es auf die so genannten *Lohnstückkosten* sowie auf die *Kapitalstückkosten* an. Es gilt

$$\text{Lohnstückkosten} = \frac{\text{Lohnsatz pro Stunde}}{\text{Arbeitsproduktivität}}$$

$$\text{Beispiel: } \frac{\text{40 € Lohnkosten pro Stunde}}{\text{2.000 kg Weizen pro Stunde}} = \frac{\text{20 € Lohnkosten}}{\text{1.000 kg Weizen}}$$

$$\text{Kapitalstückkosten} = \frac{\text{Kapitalkosten pro Stunde}}{\text{Kapitalproduktivität}}$$

$$\text{Beispiel: } \frac{\text{100 € Kapitalkosten pro Stunde}}{\text{2.000 kg Weizen pro Stunde}} = \frac{\text{50 € Kapitalkosten}}{\text{1.000 kg Weizen}}$$

Steigt der Lohn pro Erwerbstätigen bzw. Erwerbstätigenstunde um denselben Prozentsatz wie die Arbeitsproduktivität, so bleiben die Lohnstückkosten konstant. Bleiben auch die Kapitalstückkosten (etwa beim Einsatz eines Mähdreschers) konstant, dann verändern sich die gesamten Produktionskosten pro Stück nicht (etwaige weitere Kosten für den Faktor »Boden« seien hier vernachlässigt). Geht man nun davon aus, dass für die Preisbildung immer ein konstanter Aufschlag auf die Produktionskosten pro Stück erhoben wird, dann bleiben in dem betrachteten Fall der *produktivitätsorientierten Lohnpolitik* auch die Preise konstant.

Weitere wichtige Informationen über eine Volkswirtschaft vermitteln die nachstehenden Kennzahlen:

$$\text{Koeffizient} = \frac{\text{Input}}{\text{Output}}$$

$$\text{Arbeitskoeffizient} = \frac{\text{Arbeitseinsatz}}{\text{Output}} \left(\text{Beispiel: } \frac{\text{1 Arbeitsstunde}}{\text{2.000 kg Weizen}}\right)$$

$$\text{Kapitalkoeffizient} = \frac{\text{Kapitaleinsatz}}{\text{Output}} \left(\text{Beispiel: } \frac{\text{1 Mähdrescherstd.}}{\text{2.000 kg Weizen}}\right)$$

$$\text{Intensität} = \frac{\text{Input}}{\text{Input}}$$

$$\text{Arbeitsintensität} = \frac{\text{Arbeitseinsatz}}{\text{Kapitaleinsatz}}$$

$$\text{Kapitalintensität} = \frac{\text{Kapitaleinsatz}}{\text{Arbeitseinsatz}}$$

Die Kapitalintensität misst die Kosten eines Arbeitsplatzes

Bei einem *Koeffizienten* handelt es sich um den Kehrwert der entsprechenden Produktivität. Koeffizienten zeigen, wie viel Arbeit bzw. Kapital für eine bestimmte Produktionsleistung aufgewendet werden musste. Von großer volkswirtschaftlicher Bedeutung ist daneben insbesondere die *Kapitalintensität*. Man kann hier sowohl das Verhältnis aus eingesetzten Maschinen- und Arbeitsstunden als auch das Verhältnis aus wertmäßigem Kapitaleinsatz und Erwerbstätigenzahl betrachten. In der Relation aus Sachkapitalwerten und Anzahl der Erwerbstätigen kommen die Kosten eines Arbeitsplatzes zum Ausdruck. Die Kennzahl ist dabei von Branche zu Branche erwartungsgemäß sehr unterschiedlich. So steckte im Jahr 2020 in jedem deutschen Industriearbeitsplatz eine Kapitalausstattung von durchschnittlich etwa 327.300 Euro. Im Handel und Gastgewerbe lag die Kapitalintensität bei durchschnittlich 145.200 Euro, im Baugewerbe lediglich bei 45.600 Euro. In den letzten Jahrzehnten hat sich die Kapitalintensität in allen Branchen indes kontinuierlich erhöht. Dies dürfte sich auch in der Zukunft im Zuge der Automatisierung und Digitalisierung weiter fortsetzen.

Nachgehakt

Künstliche Intelligenz, Produktivität und Nachhaltigkeit
Künstliche Intelligenz (KI) gilt als Hoffnungsträger für die Weltwirtschaft und Treiber der vielleicht dynamischsten technisch-wirtschaftlichen Revolution der Geschichte. Gleichzeitig verbinden sich mit ihr Schreckensvisionen bis hin zu einer Versklavung und Ausrottung der Menschheit. Was ist KI?

Der Begriff der Künstlichen Intelligenz steht für den Versuch, menschliches Lernen und Denken auf den Computer zu übertragen und ihm damit Intelligenz zu verleihen. Statt für jeden einzelnen Zweck programmiert zu werden, kann eine KI eigenständig Antworten finden und selbstständig Probleme lösen. Mit ChatGPT wurde Anfang 2023 erstmals eine

KI populär, die eingesetzt wird, um damit alltägliche, schulische oder berufliche Sachverhalte autonom bearbeiten zu lassen.

Im Allgemeinen wird zwischen starker KI und schwacher KI unterschieden. *Starke KI* meint: eine Maschine, die Probleme genereller Art lösen kann. Sie ist bisher noch reine Phantasie und wird es wohl über Jahrzehnte noch bleiben. *Schwache KI* hingegen existiert bereits, in Form von Algorithmen (das sind sozusagen komplexe Gebrauchsanweisungen), mit denen spezielle Aufgaben bearbeitet werden können.

Was unterscheidet nun eine schwache KI von einem gewöhnlichen Programm? Ein normales Programm besteht aus einer Abfolge von Anweisungen: wenn dies, dann das. Zum Beispiel: Wenn der User Spalte 3 anklickt, dann berechne die Zeilensumme der Zahlen von Spalte 1 und 2. Ein solches System nennt man auch regelbasiert. Bei einer Künstlichen Intelligenz wird nun nicht jeder einzelne Programmschritt vorgegeben, sondern die KI ist selbstständig in der Lage, ihre eigenen, vorher erlernten Parameter auf ein bestimmtes Problem hin anzuwenden. Das macht insofern den Unterschied, weil nicht wenige Probleme so komplex sind, dass es unmöglich ist, dafür einen Code von Hand zu schreiben.

Ein Beispiel dafür ist etwa die Gesichtserkennung durch das Handy. Niemand kann einen Satz an Anweisungen schreiben, durch den das Handy immer erkennt, wie ich aussehe, ganz gleich in welcher Situation ich mich befinde. In einem regelbasierten System wäre das vollkommen unmöglich, denn dazu müsste der Programmierer oder die Programmiererin alle möglichen Bilder im Vorhinein kennen und beschreiben können. Eine KI kann das leisten, mit Milliarden Gesichtern in Bruchteilen von Sekunden. Denn eine KI ist in der Lage, Informationen aus Daten zu ziehen, die ein Mensch niemals erfassen könnte, weil sie so zahlreich oder die unterliegenden Muster zu komplex sind. Die KI lernt eigenständig aus den ihr vorliegenden Daten – was sie lernt wird dabei aber vom Menschen vorherbestimmt, indem dieser die KI designed: Der Mensch programmiert die KI, die KI lernt jedoch eigenständig, wie sie die ihr einprogrammierte Aufgabe ausführt. KIs sind damit weitaus mächtiger als regelbasierte Systeme, da sie auf unbekannte Situationen reagieren können und aus Erfahrungen lernen. Die Voraussetzung für den sinnvollen Einsatz von KI ist mithin das Vorliegen sehr großer Mengen valider Daten.

Beispiele für KI-Projekte sind neben der Gesichtserkennung unter anderem Sprachassistenten auf dem Handy (Siri, Alexa und Co.), des Weiteren Übersetzer wie DeepL oder eben ChatGPT. Beim Surfen im Internet wird die uns angezeigte Werbung von künstlichen Intelligenzen ausgewählt, die versuchen, das für uns attraktivste Produkt anzuzeigen, basierend auf unseren Interessen und Aktivitäten. Auch abseits der Online-Welt ziehen KIs in unseren Alltag ein, zum Beispiel als Staubsaugerroboter, Navigationssysteme oder autonome Fahrzeuge.

Die Einsatzmöglichkeiten von solchen KI-Systemen sind gigantisch und mit potenziell riesigen Effizienzgewinnen verbunden. Schätzungen der dadurch ermöglichten (zusätzlichen) Wertschöpfung bewegen sich in der Größenordnung von Billionen Euro. In ihrer Rolle als Assistent des Menschen, etwa bei der Erfassung und Auswertung betrieblicher Daten, kann KI die heutige *Faktorproduktivität erheblich steigern*. Das setzt allerdings voraus, dass der Zugang zu KI für alle, auch kleinere, Unternehmen offenbleibt.

Inwieweit und ob überhaupt KI den Ressourcenverbrauch vermindert, ist indes unklar. *Jevon's Paradoxon* (nach William Stanley Jevons, 1835–1882) erklärt, warum der Ressourcenverbrauch gar nicht oder weniger stark als erwartet sinkt, wenn sich die Ressourceneffizienz erhöht. Jevons hatte festgestellt, dass die Einführung von James Watt's neuer Dampfmaschine trotz ihrer weitaus höheren Effizienz zu einer Erhöhung des britischen Kohleverbrauchs führte, da die Dampfmaschine nun in wesentlich vielfältigeren Anwendungsgebieten eingesetzt werden konnte.

Bereits in den 1970er-Jahren fand dieses Phänomen als *Rebound-Effekt* Eingang in die Debatten der Umweltbewegung und stellt ein Kernproblem erfolgreicher Nachhaltigkeitspolitik dar. Die wünschenswerte Senkung des Kraftstoffverbrauchs führt zum Beispiel tendenziell dazu, das Auto häufiger zu nutzen. Eingesparter Kraftstoff wird dann teilweise oder vollständig durch mehr gefahrene Kilometer verbraucht und die positive Wirkung der ursprünglichen Effizienzsteigerung verschwindet. Ebenso wirkt der Rebound-Effekt, wenn eine Erhöhung der Materialeffizienz zu einer Vergrößerung der Produktmenge führt, sodass letztlich keine oder nur wenige Ressourcen eingespart werden. Anschauliche Beispiele liefern die Entwicklungen etwa bei Fernsehgeräten und Pkws in den letzten Jahrzehnten. Jevon's Paradoxon prognostiziert im Übrigen auch, dass in Zukunft vermutlich nicht weniger IT-Ingenieure benötigt werden. Denn: Wenn Kapital oder Menschen effizienter werden, so wird nicht dieselbe Menge mit weniger Ressourcen produziert, sondern es wird *mehr* produziert. So könnte es auch mit KI sein.

3.3 Angebot und Nachfrage – die mikroökonomische Perspektive

Angebot und Nachfrage regeln den Preis. Dieser Satz bildet die wohl kürzeste Beschreibung einer freien Marktwirtschaft (und er lässt sich gut merken!). Bevor wir darauf näher eingehen, sind jedoch zwei entscheidende Fragen zu klären: Was ist überhaupt ein Markt? Und was genau beeinflusst Angebot und Nachfrage?

Märkte als Tauschplattform

Auf *Märkten* treffen Anbieter und Nachfrager zusammen. Dabei sind Märkte in den seltensten Fällen konkrete Orte wie etwa der Hamburger Fischmarkt, die Frankfurter Wertpapierbörse oder eine Viehversteigerung in Oberbayern. Der Markt beispielsweise für Autos, Wohnungen oder der Arbeitsmarkt existiert vielmehr in Form von Annoncen bzw. Stellenangeboten und -gesuchen in Zeitungen oder im Internet. Allgemein lässt sich ein Markt deshalb als eine Art »Plattform« begreifen, auf der die für einen geplanten Tausch notwendigen Informationen (Preise, Kauf- und Verkaufswünsche) und Kontaktmöglichkeiten bereitgestellt werden. In der Realität gibt es Millionen unterschiedlicher Märkte, die indes eng miteinander verbunden sind. Die Interdependenz der Märkte ist volkswirtschaftlich von großer Bedeutung. Man denke etwa an den Einfluss des Benzinpreises auf die Pkw-Nachfrage oder die Auswirkungen der BSE-Krise (Rinderwahnsinn Ende der 1990er-Jahre) auf die Nachfrage nach Straußenfleisch. Eine Vielzahl weiterer Beispiele lässt sich finden, denn letztlich sind alle Märkte auf unterschiedliche Weise miteinander verbunden.

Begründung für den Verlauf der Nachfragekurve eines privaten Haushalts

Betrachten wir nun die *Nachfrage* eines privaten Haushaltes nach einem Konsumgut. Beobachten Sie dafür einmal ihr eigenes Verhalten. Im Ergebnis ist feststellbar, dass die Nachfrage, beispielsweise nach Kleidung, vor allem vom Preis und vom verfügbaren Einkommen des Haushalts abhängt: Je niedriger der Preis, desto mehr wird nachgefragt, weil die Kaufkraft (das Realeinkommen) zunimmt – man spricht vom *Einkommenseffekt* – und gleichzeitig das im Preis gesunkene Gut sozusagen attraktiver wird (*Substitutionseffekt*). Das Umgekehrte gilt für steigende Preise. Die Beziehung zwischen Preis und Menge, die so genannte *Nachfragefunktion* bzw. die *Nachfragekurve* als deren grafischer Abbildung, verläuft also von links oben nach rechts unten (siehe Abbildung 3-2). Wenn das Nominaleinkommen zunimmt, wird sich die Nachfragekurve insgesamt nach rechts verschieben. Es wird also bei gegebenem Preis mehr nachgefragt bzw. man ist bereit, für eine gegebene Menge mehr zu bezahlen. Dasselbe ergibt sich, wenn jemand eine starke Vorliebe (»Präferenz«) für ein bestimmtes Kleidungsstück entwickelt. Denn oberstes Ziel jedes Haushalts ist nach Ansicht der Wirtschaftstheorie die *Nutzenmaximierung*. Bei sinkendem Einkommen oder abnehmender Begierde verschiebt sich die Nachfragekurve entsprechend nach links.

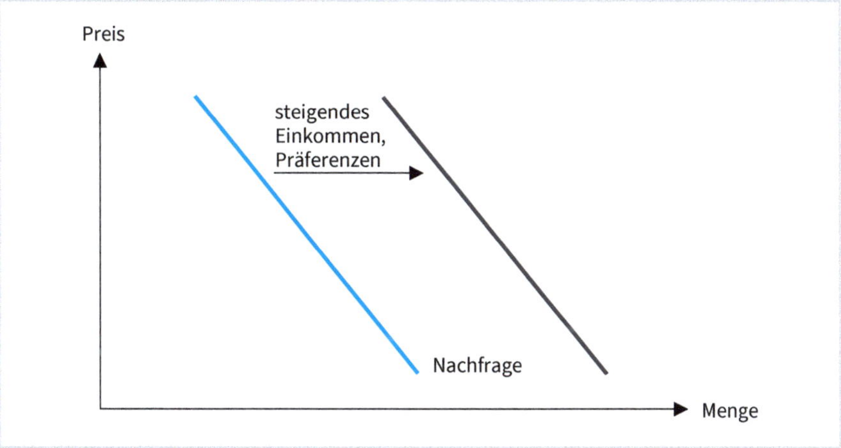

Abb. 3-2: Nachfrage eines Haushalts

Gemäß der ökonomischen Theorie ist die Triebfeder allen unternehmerischen Handelns vor allem die *Gewinnmaximierung*. Jeder Unternehmer wird bzw. muss sich so verhalten. Denn wenn er es nicht tut, wird er von seinen Konkurrenten (die aufgrund höherer Gewinne mehr investieren können) aus dem Markt gedrängt. Der Gewinn ist maximal, wenn die letzte produzierte Gütereinheit genauso viel kostet, wie sie erbringt, wenn also der so genannte *Grenzerlös* den *Grenzkosten* genau entspricht. Diese Bedingung gilt grundsätzlich für jede Unternehmung, und zwar unabhängig von der Marktform, in der sich die Unternehmung bewegt. Im Folgenden gehen wir zunächst von der Marktform der *vollständigen Konkurrenz* aus. Darunter versteht man eine Marktform, bei der erstens viele kleine Anbieter vielen kleinen Nachfragern gegenüberstehen. Die Fachbezeichnung dafür ist *Polypol*. Zweitens ist unser Markt annahmegemäß *vollkommen*. Das heißt, dass die auf diesem Markt gehandelten Güter völlig gleichartig (homogen) sind und die Nachfrager bzw. die Anbieter auch sonst keinen Grund haben, einen Marktteilnehmer zu bevorzugen. Außerdem sind beide Seiten vollständig über alle Marktgegebenheiten informiert, es besteht also völlige Transparenz. Auf einem solchen Markt gilt das »Gesetz der Unterschiedslosigkeit der Preise«, nach dem es letztlich nur einen einheitlichen Preis für diese Güter geben kann, an den sich jedes Unternehmen anpassen muss. Das einzelne Unternehmen muss hier den Marktpreis als gegeben hinnehmen und kann nur versuchen, genau die Menge zu produzieren, bei der sein Gewinn maximal ist. Würde das Unternehmen einen nur geringfügig höheren Preis verlangen als vom Markt vorgegeben, dann würde es alle seine Kunden an die zahlreiche Konkurrenz verlieren. Sobald es umgekehrt zu einem niedrigeren Preis anbieten würde, sähe

Begründung für den Verlauf der Angebotskurve eines Unternehmens

Polypol auf dem vollkommenen Markt (vollständige Konkurrenz)

es sich einer riesigen Gesamtnachfrage gegenüber, die es aufgrund seiner geringen Größe niemals befriedigen könnte.

Grafisch gesehen ist also in dieser Marktform die Nachfragekurve, der sich der einzelne Anbieter gegenübersieht – man bezeichnet diese auch als seine *Preis-Absatz-Kurve* – eine Parallele zur Mengenachse. Der Grenzerlös ist konstant gleich dem Absatzpreis (pro Stück). Damit lautet die Bedingung für die gewinnmaximierende Produktionsmenge:

Bedingung für das Gewinnmaximum bei vollständiger Konkurrenz

Grenzkosten = Absatzpreis

In der Grafik ergibt sich das Gewinnmaximum im Schnittpunkt der Grenzkostenkurve und der Preisgeraden (siehe Abbildung 3-3). Bei gegebenen Faktorkosten – etwa Löhnen – werden die Grenzkosten bei steigender Produktion normalerweise immer höher. Das liegt daran, dass die produzierte Menge mit zunehmendem Einsatz der Produktionsfaktoren (insbesondere Arbeitskräfte) ab einem bestimmten Auslastungsgrad typischerweise langsamer zunimmt, der Grenzertrag der Arbeit also zurückgeht. Solange die Grenzkosten niedriger sind als der Preis (links vom Schnittpunkt), lässt sich der Gewinn durch Mehrproduktion noch erhöhen. Jede zusätzlich produzierte Mengeneinheit liefert dann noch einen Gewinnbeitrag. Irgendwann sind die Grenzkosten aber genauso groß wie der Preis. Jede weitere produzierte Einheit würde jetzt (rechts vom Schnittpunkt) mehr kosten, als sie bringt, und damit den Gesamtgewinn wieder schmälern.

Anhand dieser Vorüberlegungen lässt sich nun der Verlauf der Angebotskurve eines Unternehmens in der Marktform der vollständigen Konkurrenz begründen: Mit steigendem Absatzpreis – in Abbildung 3-3 verschiebt sich die Preisgerade nach oben – werden sich entsprechend die Gewinnchancen erhöhen, sodass ein Anreiz besteht, mehr von dem betreffenden Gut zu produzieren bzw. anzubieten (und umgekehrt). Die *Angebotskurve* eines Unternehmens verläuft also von links unten nach rechts oben (siehe Abbildung 3-4). Sie entspricht damit der Grenzkostenkurve in Abbildung 3-3. Vereinfachend zeichnen wir die Angebotskurve aber als eine Gerade. Entlang der Angebotskurve befindet sich die Unternehmung demnach definitionsgemäß in ihrem Gewinnmaximum. Dabei ist zu berücksichtigen, dass Unternehmen – wie oben ausgeführt – selbst auch als Nachfrager auftreten, nämlich wenn sie die notwendigen Produktionsfaktoren einkaufen. Bei einer Zunahme der Produktionskosten – beispielsweise einer tariflichen Lohnerhöhung – verschiebt sich die Angebotskurve nach oben (in Abbildung 3-3 entspricht dem eine Verschiebung der Grenzkostenkurve nach oben). Eine gegebene Menge wird nun zu einem höheren Preis angeboten bzw. bei gegebenen Preisen wird das Angebot reduziert. Andernfalls wäre der Gewinn nicht in seinem Maximum. Das Umgekehrte gilt für Kostensenkungen.

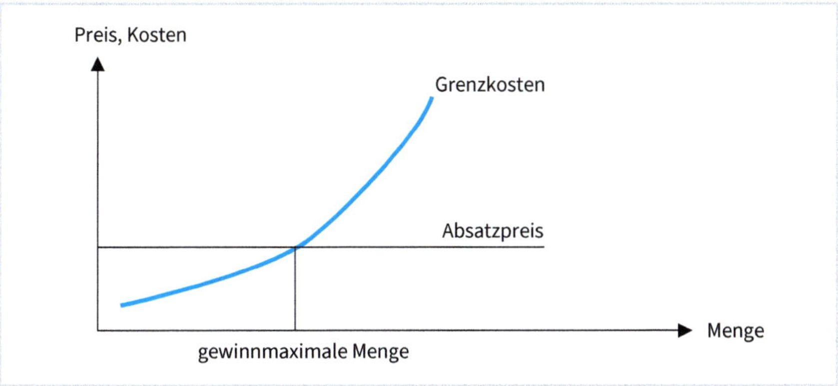

Abb. 3-3: Gewinnmaximierung eines Unternehmens bei vollständiger Konkurrenz

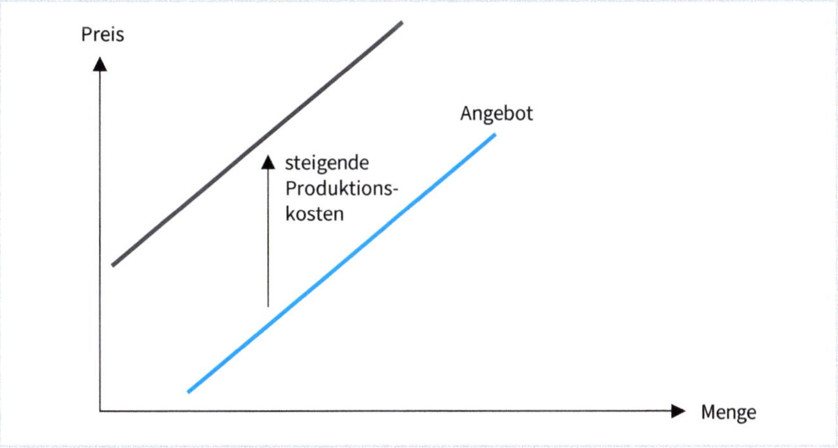

Abb. 3-4: Angebot eines Unternehmens bei vollständiger Konkurrenz

3.4 Kosten und Erlös: Ein Beispiel zur Ableitung der Angebotskurve einer Unternehmung

Das folgende Beispiel soll das unternehmerische Gewinnmaximierungskalkül nochmals verdeutlichen (siehe Tabelle 3-2). Wir gehen wieder von einem vollständigen Konkurrenzmarkt aus: Ein Unternehmen in einem bestimmten Land stellt einen Holzhacker ein. Die Miete für den Schuppen, in dem der Mann arbeitet, beträgt 10 Euro am Tag. Das sind die *Fixkosten*. Sie sind unabhängig von der Produktionsmenge. Der Holzhacker produziert in den ersten zehn Minuten 1 Kubikmeter Holzscheite. Für jeden weiteren Kubikmeter benötigt er dann zunehmend mehr Zeit. Sein Lohn beträgt 9 Euro die Stunde (leider gelten im Land unseres Holzhackers keine Mindestlohnvorschriften, diese werden wir später in Kapitel 3.14 behandeln). Entsprechend verursacht der Mann *variable Kosten*, die mit der produzierten Menge steigen. Die bei der Produktion jedes weiteren Kubikmeters entstehenden zusätzlichen (variablen) Kosten bezeichnet man als *Grenzkosten*. Angenommen, der Absatzpreis für einen Kubikmeter Holzscheite sei in diesem Land 9 Euro (dies wäre im Vergleich zu Deutschland ausgesprochen günstig, hier liegen die Preise für einen Raummeter Holz aktuell sehr viel höher). Wie viele Kubikmeter würde unser Unternehmen produzieren? Wir unterstellen dabei, das Unternehmen möchte seinen Gewinn maximieren und gleichzeitig möglichst viel absetzen. Die Antwort lautet: Das Unternehmen würde den Holzhacker pro Tag zwei Stunden beschäftigen, und er würde in dieser Zeit 4 Kubikmeter Holzscheite anfertigen. Bei dieser Menge sind die Grenzkosten genau durch den *Grenzerlös*, also den Absatzpreis, gedeckt. Der Gewinn des Unternehmens hat sein Maximum erreicht und beträgt 8 Euro. Bei Mehrproduktion würde sich der Gewinn vermindern. Weniger produzieren hieße, den möglichen Gewinn nicht auszuschöpfen bzw. bei gleichem Gewinn weniger abzusetzen.

Arbeitszeit		10 Min.	30 Min.	60 Min.	120 Min.	240 Min.	480 Min.
Produktionsmenge		1 m^3	2 m^3	3 m^3	4 m^3	5 m^3	6 m^3
Fixkosten pro Tag	10,00 €	–	–	–	–	–	–
variable Kosten (= Lohnkosten)		1,50 €	4,50 €	9,00 €	18,00 €	36,00 €	72,00 €
Gesamtkosten		11,50 €	14,50 €	19,00 €	28,00 €	46,00 €	82,00 €
durchschnittliche variable Kosten (= variable Stückkosten)		1,50 €	2,25 €	3,00 €	4,50 €	7,20 €	12,00 €
durchschnittliche Gesamtkosten (= gesamte Stückkosten)		11,50 €	7,25 €	6,33 €	7,00 €	9,20 €	13,67 €
Grenzkosten		1,50 €	3,00 €	4,50 €	9,00 €	18,00 €	36,00 €
Grenzerlös (= Absatzpreis)		9,00 €	9,00 €	9,00 €	9,00 €	9,00 €	9,00 €
gesamter Erlös		9,00 €	18,00 €	27,00 €	36,00 €	45,00 €	54,00 €
gesamter Gewinn		–2,50 €	3,50 €	8,00 €	8,00 €	–1,00 €	–28,00 €

Tab. 3-2: Beispiel zur Ermittlung des gewinnmaximalen Angebots eines Unternehmens bei vollständiger Konkurrenz

In Abbildung 3-5 ist die Angebotskurve unseres Unternehmens dargestellt. Sie entspricht der Grenzkostenkurve ab dem so genannten *Betriebsoptimum*.

Betriebsoptimum

Das Betriebsoptimum ist die langfristige Preisuntergrenze, auf die der Marktpreis höchstens sinken darf, damit gerade noch verlustfrei produziert werden kann. Grafisch liegt das Betriebsoptimum im Minimum der Kurve der durchschnittlichen Gesamtkosten (= Stückkosten).

Neben dem Betriebsoptimum spielt im unternehmerischen Angebotskalkül das so genannte *Betriebsminimum* eine wichtige Rolle.

Betriebsminimum

Das Betriebsminimum ist die kurzfristige Preisuntergrenze, auf die der Marktpreis vorübergehend sinken darf. Bei diesem Preis sind nur die durchschnittlichen variablen Kosten gedeckt, nicht jedoch die durchschnittlichen Fixkosten. Es entsteht also ein Verlust. Das Betriebsminimum bildet insofern die »Produktionsschwelle«, weil kurzfristig auf die Deckung der Fixkosten verzichtet werden kann, wenn man davon ausgeht, dass die Preise wieder steigen. Grafisch liegt es im Minimum der Kurve der variablen Stückkosten.

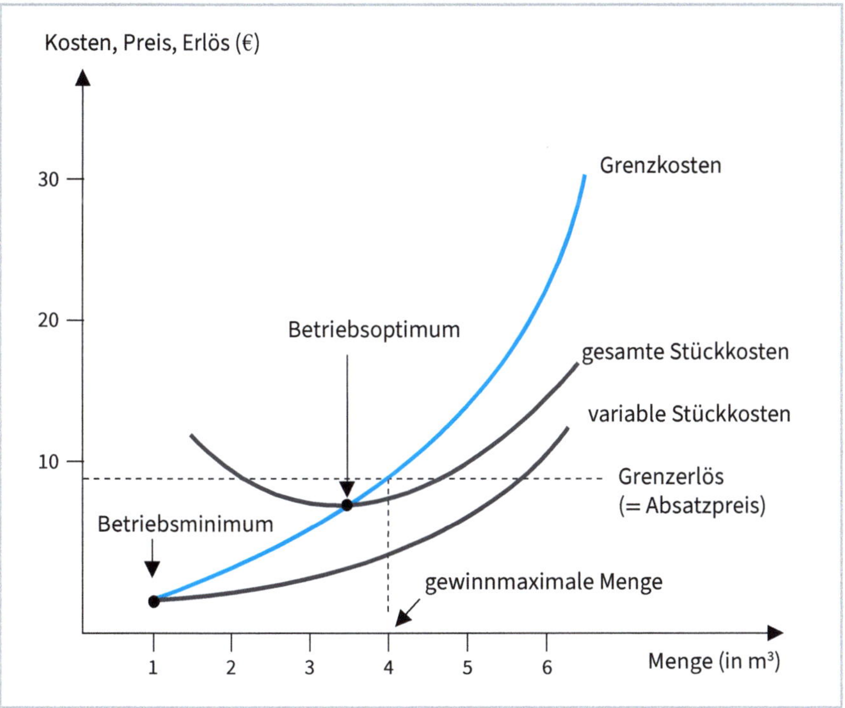

Abb. 3-5: Gewinnmaximum, Betriebsoptimum und Betriebsminimum

3.5 Auf die Elastizität kommt es an – die Reaktion der Haushalte …

Wir haben gesehen: Die nachgefragte Menge eines Gutes ändert sich, wenn sich der Preis dieses Gutes oder das Einkommen oder die Präferenzen der Nachfrager ändern. Die nachgefragte Menge eines Gutes wird sich oft auch ändern, wenn der Preis eines anderen Gutes variiert. Das hängt von der Beziehung zwischen den beiden Gütern ab (wir kommen darauf noch zurück). Für Unternehmen ist die Stärke derartiger Nachfragereaktionen von großem Interesse. Um sie messen zu können, verwenden die Wirtschaftswissenschaftler den Begriff der *Elastizität*. Allgemein wird die Elastizität der Nachfrage definiert als:

$$E = \frac{\text{prozentuale Änderung der nachgefragten Menge}}{\text{prozentuale Änderung der betrachteten Einflussgröße}}$$

Je nachdem welche Einflussgröße untersucht wird, unterscheidet man zwischen der direkten und der indirekten Preiselastizität sowie der Einkommenselastizität der Nachfrage. Die Präferenzelastizität der Nachfrage lässt sich nicht konstruieren, weil sich Änderungen der Präferenzen, also der Bedürfnisse der Nachfrager, nicht zahlenmäßig (kardinal) messen lassen. Die *direkte Preiselastizität der Nachfrage* gibt an, wie sich die nachgefragte Menge x des Gutes i ändert, wenn sich der Preis p dieses Gutes i ändert.

Direkte Preiselastizität der Nachfrage

$$E = \frac{\text{prozentuale Änderung der nachgefragten Menge des Gutes i}}{\text{prozentuale Preisänderung des Gutes i}} = \frac{\frac{\Delta xi}{xi}}{\frac{\Delta pi}{pi}} = \frac{\Delta xi}{\Delta pi} \cdot \frac{pi}{xi}$$

mit: $\frac{\Delta xi}{\Delta pi}$ = Steigung der Nachfragekurve

$\frac{pi}{xi}$ = Preis-Mengen-Verhältnis

Beispiel: $$E = \frac{\frac{-50}{1.000}}{\frac{1}{10}} = \frac{-50}{1} \cdot \frac{10}{1.000} = \frac{-1}{2} = -0{,}5$$

Im Beispiel beträgt die Elastizität – 0,5. Bei einer angenommenen Preiserhöhung um 10 Prozent sinkt also die Nachfrage um 5 Prozent. Typischerweise ist die direkte Preiselastizität der Nachfrage negativ, sie wird aber immer als Absolutgröße verwendet. Entsprechend ihrer Definition als Produkt aus der Steigung der Nachfragekurve und dem Preis-Mengen-Verhältnis nimmt sie in jedem Punkt der Nachfragekurve einen anderen Wert an. Denn auch wenn die Steigung gleich bleibt, so ändert sich doch entlang der Kurve das Preis-Mengen-Verhältnis. Diese Eigenschaft macht die Elastizität zu einer sehr sensiblen Messgröße.

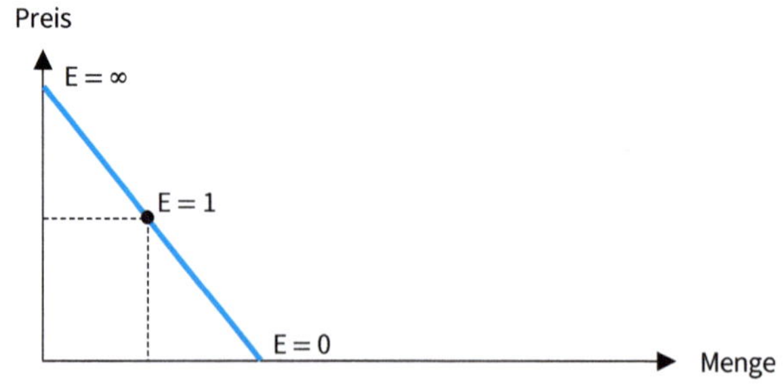

Abb. 3-6: Elastizitätswerte entlang der Nachfragekurve

Betrachten wir hierzu Abbildung 3-6: Im Schnittpunkt mit der Mengenachse ist die Elastizität gleich null, da das Preis-Mengen-Verhältnis null ist. Im Schnittpunkt mit der Preisachse ist die Elastizität unendlich, da bei einer Menge von null das Preis-Mengen-Verhältnis (theoretisch) unendlich ist. Entlang einer normal verlaufenden Nachfragekurve bewegt sich die Elastizität also zwischen unendlich und null. In der Mitte ist sie genau gleich eins.

Allerdings gibt es auch Spezialfälle, zumindest in der Theorie, in denen die direkte Preiselastizität der Nachfrage in jedem Punkt gleich groß ist (siehe Abbildung 3-7 und 3-8). Diese Kurven nennt man *Isoelastizitätskurven*.

Die Elastizität einer völlig waagrechten Nachfragekurve beispielsweise ist unendlich. Man spricht von einer »vollkommen elastischen« Nachfrage. Eine kleine Preisänderung führt in diesem Falle zu einer theoretisch unendlich starken Mengenreaktion. Diese Situation gilt als typisch für einen wettbewerbsintensiven Markt mit sehr vielen kleinen Anbietern, wie wir ihn bereits betrachtet haben (siehe Kapitel 3.3). Wenn einer von ihnen den Preis ein bisschen anhebt, so werden sich die Nachfrager sofort seinen Konkurrenten zuwenden, sodass sein Absatz auf null sinkt. Umgekehrt wird er sich bei der kleinsten Preissenkung einer unendlich großen Nachfrage gegenübersehen. Der zweite Grenzfall liegt vor, wenn die direkte Preiselastizität null ist. Das bedeutet, dass die nachgefragte Menge auf eine Preisänderung überhaupt nicht reagiert. Man spricht von einer »vollkommen unelastischen« bzw. »starren« Nachfrage. Die Nachfragekurve verläuft hier senkrecht. Vorstellbar ist ein derartiges Nachfrageverhalten etwa bei einem lebensnotwendigen Medikament oder bei einem (temporär) unverzichtbaren Rohstoff. In der Regel wird die Elastizität zwischen diesen beiden Grenzfällen liegen. Wir sprechen von einer »elastischen« Nachfrage, wenn die Preiselastizität der Nachfrage (absolut) größer als eins ist. Eine »unelastische« Nachfrage liegt vor, wenn die Preiselastizität der Nachfrage entsprechend kleiner ist als eins. Geht man von einem bestimmten Preis aus, so ist die Preiselastizität der Nachfrage umso größer, je flacher die Nachfragekurve verläuft.

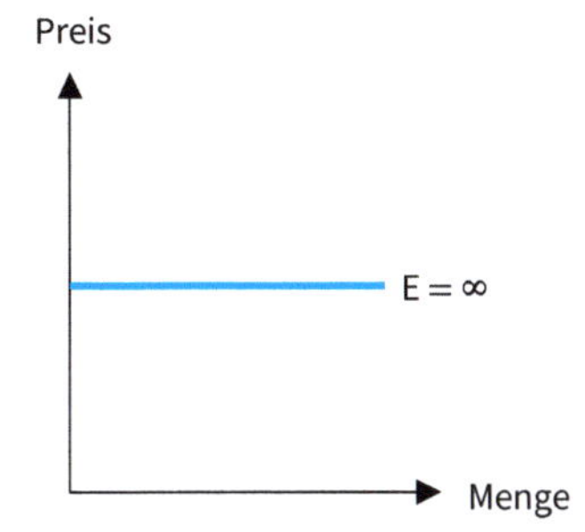

Abb. 3-7: Vollkommen elastische Nachfrage

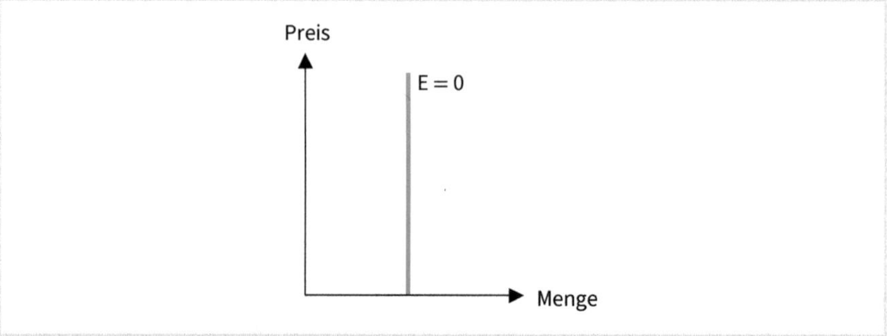

Abb. 3-8: Vollkommen unelastische Nachfrage

Die *indirekte Preiselastizität der Nachfrage*, man nennt sie auch »Kreuzpreiselastizität«, gibt an, wie sich die Nachfrage nach dem Gut i ändert, wenn der Preis eines anderen Gutes j steigt oder fällt:

Indirekte Preiselastizität der Nachfrage

$$E = \frac{\text{prozentuale Änderung der nachgefragten Menge des Gutes i}}{\text{prozentuale Preisänderung des Gutes j}} = \frac{\frac{\Delta xi}{xi}}{\frac{\Delta pj}{pj}}$$

An der Kreuzpreiselastizität lässt sich ablesen, in welcher Beziehung die Güter i und j stehen. Die Kreuzpreiselastizität ist positiv, wenn die Güter i und j *Substitutionsgüter* sind. Beispiel: Eine Preiserhöhung bei Kohle (z. B. +10 Prozent) führt zu einem Nachfrageanstieg bei Heizöl (z. B. +20 Prozent). Die Kreuzpreiselastizität ist negativ, wenn die Güter i und j *Komplementärgüter* sind. Beispiel: Eine Preiserhöhung bei Autos (z. B. +10 Prozent) führt zu einem Rückgang der Nachfrage nach Benzin (z. B. –15 Prozent).

Die *Einkommenselastizität der Nachfrage* gibt an, wie sich die Nachfragemenge verändert, wenn das Einkommen y variiert.

Einkommenselastizität der Nachfrage

$$E = \frac{\text{prozentuale Änderung der nachgefragten Menge des Gutes i}}{\text{prozentuale Änderung des Einkommens}} = \frac{\frac{\Delta xi}{xi}}{\frac{\Delta y}{y}}$$

Die Einkommenselastizität ist normalerweise positiv und kleiner als eins. Wenn das Einkommen eines Konsumenten zunimmt, so nimmt auch dessen Nachfrage nach dem betreffenden Gut zu (wenn auch um weniger als das Einkommen) und umgekehrt. Es gibt aber auch *inferiore* Güter: Bei steigendem Einkommen (z. B. +10 Prozent) nimmt die Nachfrage nach solchen Gütern ab (z. B. –5 Prozent). Ein Beispiel hierfür wären etwa Lebensmittel vom Discounter. Bei *superioren* Gütern ist die Einkommenselastizität hingegen größer als eins. Eine Zunahme des Einkommens (z. B. +10 Prozent) führt zu einer relativ stärkeren Zunahme der Nachfrage (z. B. +20 Prozent). Beispiele für superiore Güter sind vor allem Luxusgüter wie Markenkleidung, Sportwagen oder exotische Urlaubsreisen.

3.6 ... und die Reaktion der Unternehmen

Während die beschriebenen Nachfrageelastizitäten quantitativ Aufschluss über die Reaktion der Haushalte geben, lassen sich die Reaktionen der Unternehmen mithilfe der Elastizität des Angebots messen. Ähnlich wie bei der Nachfrage können auch hier mehrere Elastizitätsbegriffe konstruiert werden. Wir wollen uns aber auf die *direkte Preiselastizität des Angebots* beschränken. Sie gibt an, wie sich das mengenmäßige Angebot eines Gutes i ändert, wenn sich der Preis dieses Gutes i ändert.

Direkte Preiselastizität des Angebots

$$E = \frac{\text{prozentuale Änderung der angebotenen Menge des Gutes i}}{\text{prozentuale Preisänderung des Gutes i}} = \frac{\frac{\Delta xi}{xi}}{\frac{\Delta pi}{pi}} = \frac{\Delta xi}{\Delta pi} \cdot \frac{pi}{xi}$$

mit: $\frac{\Delta xi}{\Delta pi}$ = Steigung der Angebotskurve

$\frac{pi}{xi}$ = Preis-Mengen-Verhältnis

Beispiel: $E = \frac{\frac{20}{100}}{\frac{1}{10}} = \frac{20}{1} \cdot \frac{10}{100} = 2$

Die Angebotselastizität ist typischerweise positiv. Man spricht von einem »elastischen« Angebot, wenn E größer als eins ist. Bei einem Preisanstieg um 10 Prozent steigt die angebotene Menge beispielsweise um 20 Prozent. Dies könnte ein Indiz für die Situation einer Unterbeschäftigung mit leer stehender Kapazität sein. Das Angebot gilt als »unelastisch« wenn E kleiner als eins ist bzw. als »starr« wenn E gleich null ist. Ein unelastisches Angebot wäre z. B. gegeben, wenn der Preis um 10 Prozent steigt, die angebotene Menge aber nur um 1 Prozent zunimmt. Dies könnte auf eine Situation der Vollbeschäftigung hindeuten. Alles in allem lässt die Elastizität des Angebots erkennen, inwieweit eine Unternehmung (und diese Fragestellung kann man auch auf eine gesamte Volkswirtschaft übertragen) auf bestimmte Impulse von außen (Änderung des Preises eines Gutes, des Preises anderer Güter, der Faktorpreise, des technischen Wissens etc.) seine Produktion mengenmäßig anpassen kann bzw. will.

3.7 Gut geplant – das Marktgleichgewicht

Nimmt man die Nachfrage *aller* Haushalte nach einem bestimmten Gut und das Angebot *aller* Unternehmen an diesem Gut, so ergibt sich die Gesamtnachfrage- bzw. die Gesamtangebotskurve. Der Schnittpunkt beider Kurven markiert den Preis, der sich auf dem Markt bildet. Dieser Preis heißt *Gleichgewichtspreis* (siehe Abbildung 3-9). Die zu diesem Preis gehandelte Menge stellt die *Gleichgewichtsmenge* dar. Im *Marktgleichgewicht* stimmen Angebot und Nachfrage überein. Das bedeutet, dass die von den Marktteilnehmern gehegten Pläne hinsichtlich ihres Absatzes bzw. ihres Konsums in Erfüllung gehen. Man sagt: »Der Markt wird geräumt.« Weder

Unternehmen noch Haushalte sehen sich deshalb veranlasst, ihre Produktions- bzw. Nachfragepläne zu ändern.

In der Realität finden Käufe bzw. Verkäufe auch zu Preisen ober- oder unterhalb des Gleichgewichtspreises statt

Bei jedem Preis unterhalb des Gleichgewichtspreises kommt es dagegen zu einem *Nachfrageüberhang*, infolge dessen der Preis anzieht. Die Konsumenten werden sich aufgrund des knappen Angebots gegenseitig überbieten und so den Preis nach oben treiben. Während dies die Nachfrage dämpft, wird das Angebot angeregt (Bewegung *entlang* der Kurven). Sobald der Marktpreis für ein Gut die durchschnittlichen Produktionskosten pro Stück (Durchschnittskosten) übersteigt, entstehen Gewinne, die zudem neue Anbieter anlocken (Angebotskurve *verschiebt* sich nach rechts). Dadurch erhöht sich der Wettbewerb zwischen den Unternehmen. Eine Konsequenz daraus ist, dass sich der Marktpreis langfristig auf einem Niveau einpendeln wird, das in etwa dem Minimum der gesamten Stückkosten des letzten zum Zuge kommenden Anbieters entspricht. Dieser Anbieter heißt auch »Grenzanbieter«. Bei einem sich verschärfenden Wettbewerb wird er als Erster aus dem Markt ausscheiden. Bei jedem Preis oberhalb des Gleichgewichtspreises entsteht ein *Angebotsüberhang*. Der damit verbundene Konkurrenzdruck führt zu Preisabschlägen. Dies regt die Nachfrage an, wohingegen das Angebot zurückgeht (Bewegung *entlang* der Kurven). In beiden geschilderten Fällen hält die Anpassung des Preises so lange an, bis sich Angebots- und Nachfragemenge entsprechen. Man bezeichnet das sich ergebende Gleichgewicht in diesem Falle als »stabil«.

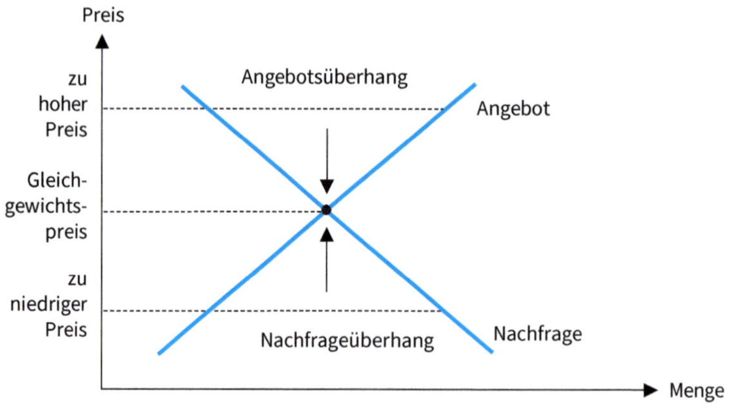

Abb. 3-9: Das einfache Marktschema

Konsumentenrente

In unserem Modell kann der einzelne Anbieter seinen Gewinn aus eigenem Antrieb nur steigern, wenn er noch kostengünstiger und effizienter produziert. Dies kommt letztlich durch sinkende Preise (Angebotskurve verschiebt sich nach unten) oder Qualitätsverbesserungen den Nachfragern zugute. Nun wird es aber dennoch immer Menschen geben, die sich den entstehenden Marktpreis nicht leisten können, während andere sogar bereit gewesen wären, mehr als den Marktpreis zu zahlen. Die Differenz aus der individuell höheren Zahlungsbereitschaft und dem für alle Kunden gültigen einheitlichen Marktpreis nennen Ökonomen auch *Konsumenten-*

rente. Die Wohlhabenden behalten diesen Betrag übrig, während die Ärmeren teilweise gänzlich vom Konsum des betreffenden Gutes ausgeschlossen werden (siehe Abbildung 3-10).

Produzentenrente

Andererseits gibt es aber auch Anbieter, die bereit gewesen wären, ihr Erzeugnis zu einem niedrigeren als dem Marktpreis zu verkaufen. Den Betrag, den sie über ihren eigentlichen Angebotspreis hinaus erhalten, bezeichnet man als *Produzentenrente*.

Gesamtwohlfahrt

Die Summe aus Konsumenten- und Produzentenrente entspricht der gesamten Nutzenstiftung des Marktes für alle seine Akteure, also der *Gesamtwohlfahrt* des betreffenden Marktes. Durch den Vergleich des Marktgleichgewichts mit anderen Situationen, die sich etwa bei Einführung eines staatlichen Höchst- oder Mindestpreises ergeben, lässt sich zeigen, dass eine *freie Preisbildung* zu einer *Maximierung der Gesamtwohlfahrt* führt (siehe auch Kapitel 3.14). Im übertragenen Sinne ist dies das Ergebnis der »unsichtbaren Hand« des Marktes von *Adam Smith:* Das eigennützige Streben der wirtschaftenden Menschen (Konsumenten und Produzenten) trägt bei freier Preisbildung zum Allgemeinwohl bei (siehe Kapitel 1.4).

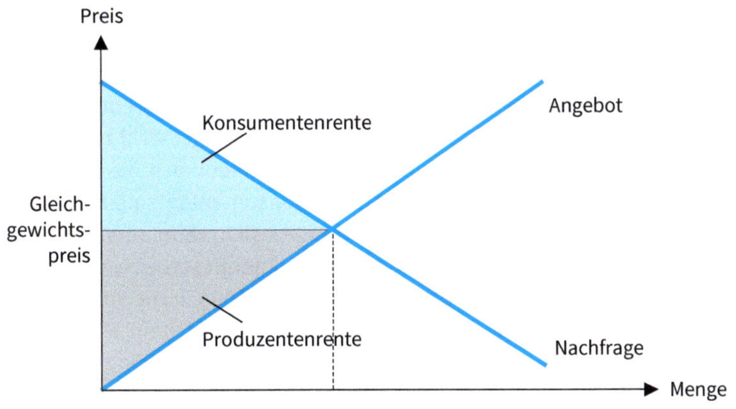

Abb. 3-10: Konsumenten- und Produzentenrente

3.8 Die Konkurrenz schläft nicht – Funktionen des Preismechanismus

Ausgleichsfunktion

Informationsfunktion

Wir sind bei den bisherigen Überlegungen davon ausgegangen, dass auf dem betrachteten Markt *vollständige Konkurrenz* herrscht. Die zentrale Funktion des Preises in dieser Marktform liegt darin, dass er Angebot und Nachfrage zum Ausgleich bringt (*Ausgleichsfunktion*). Der Preis erfüllt zudem eine wichtige *Informationsfunktion* für Produzenten und Konsumenten. Steigt beispielsweise die Nachfrage nach einem Gut, weil es gerade besonders begehrt wird (in Abbildung 3-11 verschiebt sich die Nachfragekurve nach rechts), so entsteht beim alten Preis ein Nachfrageüberhang, der den Preis in die Höhe treibt. Die dadurch erhöhten Gewinnmöglichkeiten bilden nun für die Unternehmen einen Anreiz, mehr zu produzieren, und sie locken weitere Anbieter auf den Markt.

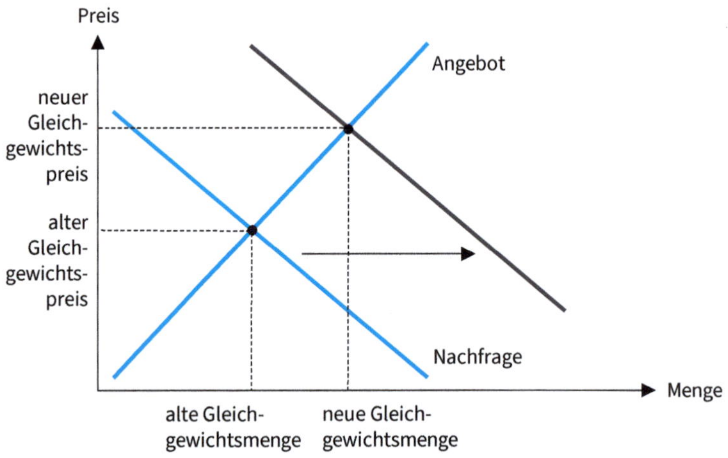

Abb. 3-11: Wirkung einer Nachfragesteigerung

Lenkungsfunktion

Gleichzeitig nimmt die Nachfrage der Unternehmen nach den Produktionsfaktoren zu, die für die Herstellung der von den Verbrauchern gewünschten Güter benötigt werden. Somit lenkt der Preis auch den bedarfsgerechten Faktoreinsatz *(Lenkungsfunktion)*. Andererseits steuert der Preis auch die Nachfrage: Wird zum Beispiel ein Rohstoff – etwa Öl – teurer (in Abbildung 3-12 verschiebt sich die Angebotskurve nach oben), so wird der steigende Ölpreis die Konsumenten zu einem sparsameren Verbrauch bewegen. Ein ähnlicher Effekt ergibt sich, wenn etwa der Staat Verbrauchsteuern wie die Umsatz-, Bier-, Tabak- oder Energiesteuer erhöht.

Aufgrund der geschilderten optimalen Eigenschaften gilt die vollständige Konkurrenz vielfach als Leitbild einer freien Marktwirtschaft. Kein Marktteilnehmer kann hier eine spürbare wirtschaftliche Macht ausüben. Allerdings sind die hierfür notwendigen Bedingungen (viele Anbieter und Nachfrager, Homogenität und Transparenz) in der Realität selten gegeben. Zu den wenigen Beispielen für einen vollkommenen Markt mit einer Vielzahl von Anbietern und Nachfragern gehören zweifellos der Devisenhandel, der Wertpapierhandel oder der Handel mit standardisierten Rohstoffen und landwirtschaftlichen Erzeugnissen (Commodities) an der Börse. Die meisten anderen Märkte sind indes *unvollkommen* bzw. dadurch geprägt, dass einige Anbieter oder Nachfrager eine dominante Rolle spielen.

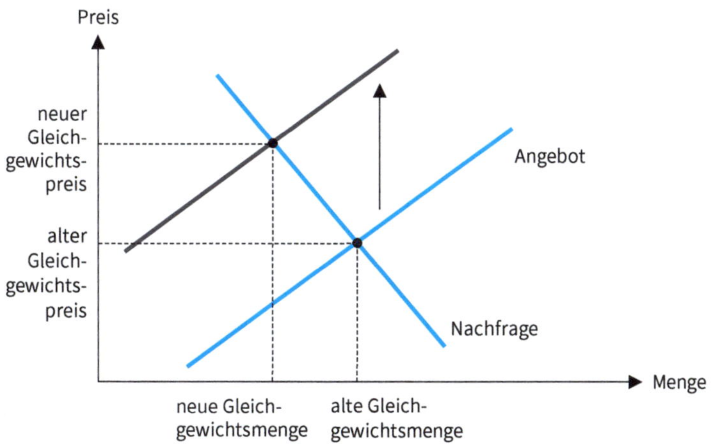

Abb. 3-12: Wirkung einer Rohstoffverteuerung

3.9 Nichts ist vollkommen – welche Marktformen gibt es?

In Abbildung 3-13 sind die Märkte nach der quantitativen Besetzung der Angebots- und Nachfrageseite eingeteilt. Zum Beispiel gibt es in der *Marktform* des zweiseitigen (bilateralen) *Polypols* sehr viele kleine Anbieter und sehr viele kleine Nachfrager. Diesen Fall haben wir bereits kennengelernt (siehe Kapitel 3.3), wobei wir noch unterstellt haben, dass der Markt »vollkommen« ist. Es handelt sich hierbei aber um einen modelltheoretischen Idealfall. Zur Veranschaulichung stelle man sich vor, es gäbe an jeder Ecke ein Schnellrestaurant, und jedes davon wäre ein selbstständiges Unternehmen, das völlig gleichartige Cheeseburger anbietet.

Nachfrager / Anbieter	einer	wenige	viele
einer	bilaterales Monopol	beschränktes Monopol	Monopol
wenige	beschränktes Oligopol	bilaterales Oligopol	Oligopol
viele	Monopson	Oligopson	(bilaterales) Polypol

Abb. 3-13: Marktformen

Polypol auf dem unvollkommenen Markt

In der Realität haben die Unternehmen auch in der Marktform des Polypols oft einen gewissen *Preissetzungsspielraum*. Das liegt daran, dass die angebotenen Produkte oder Dienstleistungen fast nie völlig identisch sind bzw. es andere Argumente gibt, die für oder gegen bestimmte Anbieter sprechen. So wird ein Haushalt vermutlich auch einem etwas teureren Handwerker den Auftrag erteilen, wenn er mit ihm schon gute Erfahrungen gemacht hat, oder er wird bereit sein, in einem nahegelegenen Geschäft etwas mehr zu bezahlen, als er im Supermarkt außerhalb der Stadt zahlen müsste. Man nennt diese in der Praxis häufig anzutreffende Situation des Polypols auf dem unvollkommenen Markt »unvollständige« bzw. *monopolistische Konkurrenz* (auch *heterogenes Polypol*).

Oligopol

Eine auf Konsumgütermärkten weitverbreitete Marktform ist die des *Oligopols*, bei der nur wenige große Anbieter am Markt agieren. Ein gutes Beispiel für ein (mehr oder weniger) *vollkommenes* bzw. *homogenes Oligopol* ist der Benzinmarkt, auf dem sich die Hersteller mit Argusaugen beobachten. Kaum senkt eine Tankstelle die Preise, folgen die anderen. Allerdings wird immer wieder unterstellt, die Ölkonzerne würden sich untereinander abstimmen, was in Deutschland laut Kartellgesetz verboten ist. Demgegenüber herrscht im Automobilgeschäft eher ein harter (Verdrängungs-)Wettbewerb. Und dies, obwohl es sich hier um die Marktform eines *unvollkommenen* bzw. *heterogenen Oligopols* handelt. Ein Audi A4 ist zwar in der gleichen Fahrzeugkategorie angesiedelt wie beispielsweise ein 3er-BMW, aber die beiden Autos sind nicht identisch. Außerdem haben die Kunden bestimmte Vorlieben (Markentreue), es existieren unterschiedliche Lieferfristen etc.

Monopol

Preisdifferenzierung

Während also in der Marktform des Oligopols durchaus unterschiedliche Verhaltensweisen der Anbieter zu beobachten sind, tritt beim *Monopol* überhaupt nur ein marktbeherrschendes Unternehmen auf. Man denke etwa an den Besitzer der einzigen Wasserquelle weit und breit. Typischerweise kann der Monopolist seine Preise selbst bestimmen. Im Ergebnis werden die Nachfrager, verglichen mit anderen Marktformen, mehr bezahlen müssen. Zudem ermöglicht die Monopolstellung am ehesten die Chance, das gleiche Produkt an verschiedene Konsumenten zu unterschiedlichen Preisen zu verkaufen. Eine solche *Preisdifferenzierung* dient dem Zweck, von jedem Kunden genau den Preis zu erhalten, den dieser maximal zu zahlen bereit ist. Dadurch kann der Monopolist die Konsumentenrente abschöpfen (siehe Abbildung 3-10). Welche Konsequenzen es haben kann, wenn der Druck des Wettbewerbs fehlt bzw. wenn umgekehrt eine vormalige Marktbeherrschung verloren geht, lässt sich etwa bei Post und Telefon, am Strommarkt, bei Flugreisen oder an Beispielen wie Microsoft, Apple, Google oder Amazon erkennen.

Wettbewerbspolitik

Andererseits ist klar, dass die Vorteile der Massenproduktion und ein im internationalen Wettbewerb notwendiger technischer Fortschritt in kleinen Firmen nur schwer zu realisieren sind. Eine wichtige Aufgabe der staatlichen *Wettbewerbspolitik* ist es deshalb, die Vorzüge der Größe mit den positiven Effekten des Wettbewerbs in Einklang zu bringen. Als wettbewerbspolitisches Leitbild wird vor diesem Hintergrund in der Bundesrepublik Deutschland seit langem das Konzept des »funktionsfähigen Wettbewerbs« zugrunde gelegt, das nicht nur auf die Marktstruktur, sondern auch auf die Innovationsdynamik abstellt. Hier wird nach Erhard Kantzenbach zumeist das weite Oligopol als Marktform mit optimaler Wettbewerbsintensität angesehen.

3.10 Monopoly – Größenvorteile und New Economy

Fusionen und Übernahmen werden von den Vorständen der beteiligten Unternehmen meist mit so genannten *Synergien* begründet, die hieraus erwachsen sollen. Synergie kommt aus dem Griechischen und heißt »Zusammenwirken«. Worin liegen die Vorteile einer zunehmenden Firmengröße?

Economies of Scale

Economies of Scope

Economies of Integration

Als Henry Ford das Fließband einführte, stand dahinter der Gedanke, eine größere Zahl von Fahrzeugen kostengünstig zu produzieren (und so den Gewinn zu steigern). Ökonomen sprechen von *Massenproduktionsvorteilen* oder *Skalenerträgen* bzw. *Skaleneffekten*. Sie existieren, wenn die Fertigungskosten langsamer wachsen als die Produktionsmenge, wenn also die Kosten pro Stück mit steigender Betriebsgröße sinken (siehe Kapitel 3.1). Ursächlich dafür ist einmal, dass sich die fixen Kosten der Produktionsanlagen (Abschreibungen, Zinsen, Mieten etc.) auf größere Stückzahlen verteilen. Außerdem können Maschinen eingesetzt werden, die sich erst ab einer bestimmten Leistungsmenge rentieren. Und schließlich nimmt, wenn ein Betrieb in Serie produziert, die Geschicklichkeit der Mitarbeiter zu, sodass in derselben Zeit immer mehr erzeugt wird. Bedeutsam erscheinen weiterhin *Verbund- bzw. Diversifizierungsvorteile (Economies of Scope)*. Davon spricht man, wenn die Herstellung bzw. das Angebot verschiedener Güter durch ein Unternehmen weniger kostet, als wenn diese von mehreren einzelnen Firmen produziert würden. Früher fuhr man zu einer Tankstelle, um zu tanken oder Öl nachzufüllen. Heute trifft man sich dort auf eine Pizza und nebenbei wird noch getankt. Aus Sicht des Betriebes kann so die Kapazität noch besser genutzt werden. Außerdem verkauft er mehr, da so mancher, der eigentlich nur tanken wollte, vielleicht noch einen Sechserpack Bier und die Sportzeitung mitnimmt. Diversifikation ermöglicht auch eine Risikominderung, wenn Umsatzeinbußen bei einem Produkt durch Umsatzsteigerungen bei einem anderen ausgeglichen werden. Ein wichtiges Motiv für die Bildung größerer Unternehmenseinheiten sind weiterhin *Integrationsvorteile (Economies of Integration)*. Während bei Singles etwa jeder eine Waschmaschine betreibt und dreimal die Woche einkauft, kann ein Ehepaar wesentlich effizienter wirtschaften. Dabei kann sich jeder auf die Tätigkeit konzentrieren, die er (sie) am besten beherrscht. Davon werden beide profitieren – vorausgesetzt natürlich, sie passen zusammen und ergänzen sich. Ein weiteres Beispiel für Integrationsvorteile bildet die Gemeinschaftspraxis von Ärzten. Das lässt sich mühelos auf andere Unternehmen übertragen.

Mindestoptimale Betriebsgröße

Es gibt noch eine Reihe weiterer Aspekte, zum Beispiel Finanzierungs- oder Steuervorteile, die große Unternehmen begünstigen. Allerdings kommt es ab einer bestimmten Betriebsgröße zu Engpässen, etwa was die Verfügbarkeit qualifizierter Arbeitskräfte oder die Raumkapazität angeht. Hinzu treten Verwaltungs- und Bürokratiekosten sowie Managementprobleme. Abbildung 3-14 zeigt, dass die Stückkosten mit zunehmender Produktionsmenge aufgrund der Skaleneffekte zunächst einmal sinken. Ab der *mindestoptimalen Betriebsgröße* – bei kurzfristigen Kostenverläufen spricht man auch vom *Betriebsoptimum* (siehe Kapitel 3.4) – steigen die Stückkosten dann wieder an. Nimmt man langfristig einen derartigen Kostenverlauf als plausibel an, erklärt dies, warum Unternehmen groß werden, aber trotz der Größenvorteile nicht grenzenlos wachsen.

Technischer Fortschritt verschiebt die Stückkostenkurve nach unten und ermöglicht so Preissenkungen. Besonders deutlich ist dies bei Personal Computern zu beobachten. Bei ihrer Markteinführung Anfang der 1980er-Jahre kostete ein PC weit über 10.000 DM (5.000 Euro). Heute erhält man ein viel leistungsfähigeres Gerät für ein Drittel dieses Betrages. Aufgrund neuer Technologien ist es möglich, mehr Güter mit dem gleichen Einsatz an Produktionsfaktoren herzustellen.

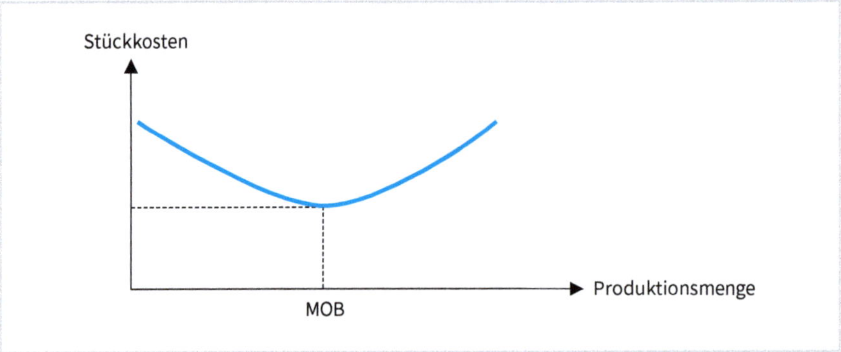

Abb. 3-14: Die mindestoptimale Betriebsgröße (MOB)

New Economy

Ausgehend von der Mikroelektronik und dem Internet hat sich die so genannte *New Economy* entwickelt. Sie umfasst die Produktion und den Handel von »Informationsgütern«. Dazu gehören Internetseiten, Datenbanken, Software, aber auch Filme, Bücher und Musik. Auf diesen Informationsgütermärkten gelten andere ökonomische Gesetzmäßigkeiten als auf den traditionellen Gütermärkten der »Old Economy«. Vergleichen wir doch einmal ein Auto mit einem elektronischen Lexikon: Die Produktion des ersten Fahrzeugs verursacht hohe Kosten. Mit zunehmender Stückzahl sinken die Durchschnittskosten pro Auto, um dann – wenn etwa Überstundenzuschläge zu zahlen sind oder gar ein neues Werk gebaut werden muss – wieder anzusteigen. Auch ein elektronisches Lexikon ist in seiner erstmaligen Erstellung extrem teuer. Aber bereits die erste elektronische Kopie ist praktisch kostenlos, und auch jede weitere Kopie verursacht in Zeiten des Internetvertriebs keine merklichen Kosten mehr. Der Hersteller möchte am liebsten unendlich viele Kopien seines Informationsgutes verkaufen, da er dadurch seine Durchschnittskosten immer weiter senkt. Im Gegensatz zum Kostenverlauf in der Old Economy ergeben sich hier aufgrund hoher Fixkosten und Grenzkosten von null durchgängig steigende Skalenerträge. Dieser Mechanismus führt zu einem *natürlichen Monopol* und lässt auch die Flut kostenloser Informationen im Internet durchaus verständlich erscheinen.

3.11 Missbrauchsgefahr – Angebot und Preisbildung im Monopol

Wie bereits dargestellt, ist ein vollständiger Konkurrenzmarkt dadurch gekennzeichnet, dass der einzelne Anbieter den Preis des Gutes nicht beeinflussen kann. Das jeweilige Unternehmen muss den vorgegebenen Marktpreis hinnehmen und kann lediglich die produzierte Menge gewinnmaximierend anpassen. Es ist »Preisnehmer« und »Mengenanpasser«, seine Preis-Absatz-Funktion ist eine Parallele zur Mengenachse. Der Grenzerlös für unseren Polypolisten ist damit konstant gleich dem Preis, sodass seine Bedingung für das Gewinnmaximum lautet: Grenzkosten = Grenzerlös = Absatzpreis (siehe Kapitel 3.3).

Dagegen sieht sich der *Monopolist* als Alleinverkäufer der *gesamten* Marktnachfrage gegenüber, die bei sinkendem Preis mit *endlicher Nachfrageelastizität* zunimmt. Die in Abbildung 3-15 gezeigte *Preis-Absatz-Funktion* hat aus der Sicht des Monopolisten daher eine negative Steigung. Folglich ist der Grenzerlös des Monopolisten nicht mehr konstant gleich dem Preis (wie im Polypol), sondern *kleiner* als der Preis (Grenzerlös < Absatzpreis). Wir können im Monopol also den Grenzerlös nicht mehr mit dem Absatzpreis gleichsetzen. Für die Gewinnmaximierung des Monopolisten gilt deshalb die allgemeinere Regel:

Grenzerlös = Grenzkosten

Bedingung für das Gewinnmaximum im Monopolfall

Die *Grenzerlöskurve* des Monopolisten verläuft wie auch die Preis-Absatz-Funktion mit negativer Steigung. Im oberen Bereich der Nachfragekurve, das heißt bei einem relativ hohen Preis, ist die Preiselastizität der Nachfrage größer als eins, und der Grenzerlös ist entsprechend positiv (siehe Kapitel 3.5). Im unteren Bereich ist die Preiselastizität der Nachfrage kleiner als eins, und der Grenzerlös ist negativ. In der Mitte der Nachfragekurve – also bei einem Preis in Höhe der Hälfte des so genannten »Prohibitivpreises« –, ist die Preiselastizität der Nachfrage genau eins. Das heißt, der Grenzerlös ist null, und die Grenzerlöskurve schneidet die Mengenachse bei der halben Sättigungsmenge. Hier erzielt der Monopolist seinen maximalen Umsatz. Wie wir sehen, ist die Grenzerlöskurve ebenfalls eine Gerade und hat die doppelte negative Steigung der Preis-Absatz-Funktion.

Beim Prohibitivpreis ist die nachgefragte Menge gleich null

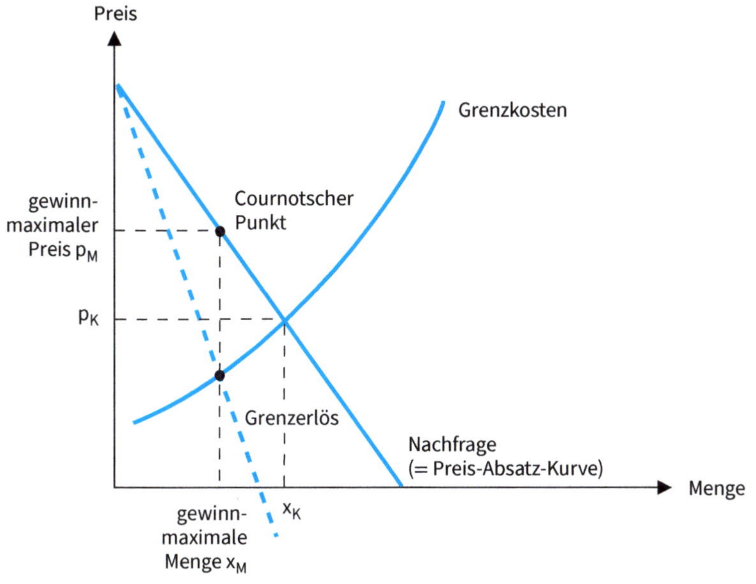

Abb. 3-15: Gewinnmaximierung des Monopolisten

Die *Grenzkostenkurve* hat auch im Fall des Monopols den normalen, steigenden Verlauf, den wir bereits für die Situation des Polypols kennengelernt haben. Der Schnittpunkt von Grenzerlös- und Grenzkostenkurve (Grenzerlös = Grenzkosten) bestimmt die gewinnmaximierende Angebotsmenge des Monopolisten (X_M). Er sucht sich nun den zugehörigen Punkt (Preis P_M) auf der Nachfragekurve. Dieser Punkt wird nach dem französischen Mathematiker *Antoine-Augustin Cournot* auch *Cournotscher Punkt* genannt. Er liegt links vom Umsatzmaximum (halbe Sättigungsmenge) im elastischen Teil der Nachfrage.

Vergleich Monopol und Polypol

Monopolisten sind häufig Zielscheibe von Kritik. Warum ist das so? Man kann ihnen wohl schwerlich vorwerfen, dass sie ihren Gewinn maximieren, denn das tun die Anbieter in anderen Marktformen ja auch. Vergleicht man indes das Marktergebnis im Monopolfall mit dem bei vollständiger Konkurrenz, so wird die Problematik deutlich: Auf einem Konkurrenzmarkt wäre nämlich die Angebotskurve durch die aggregierte Grenzkostenkurve der einzelnen Anbieter bestimmt, und die gehandelte Preis-Mengen-Kombination ergäbe sich im Schnittpunkt von Angebots- und Nachfragekurve (X_K, P_K). Dieser Punkt liegt aber rechts unterhalb des Cournotschen Punktes (X_M, P_M), das heißt, der Monopolist produziert weniger und verlangt einen höheren Preis als Anbieter unter Konkurrenzbedingungen. Kern der monopolistischen Preisstrategie ist es also, das Angebot bewusst zu verknappen, um einen höheren Preis am Markt durchsetzen zu können.

Natürliches Monopol

Vor diesem Hintergrund stehen Monopolisten verstärkt unter Druck, sich dem Wettbewerb zu öffnen. Man sieht das etwa im Bereich der Energieversorgungsunternehmen, ebenso bei der Post oder der Deutschen Bahn. Da derartige Monopolmärkte häufig mit einem umfangreichen Leitungs- oder Streckennetz verbunden sind, handelt es sich hier – wie bei den Unternehmen der New Economy – nicht selten um *natürliche Monopole* (siehe Kapitel 3.10). In diesen Fällen sind für den Betrieb hohe Investitionen erforderlich, das heißt hohe Fixkosten. Der Monopolist produziert dann – aufgrund seiner Größe – immer zu niedrigeren Durchschnittskosten, als wenn dieselbe Produktmenge von mehreren kleineren Unternehmen hergestellt würde. Auch wenn der Fall eines natürlichen Monopols vorliegt, ist es möglich, Wettbewerb in diesen Märkten zu erzeugen, etwa durch die Versteigerung des Monopols auf Zeit (Auktionsverfahren) oder die Verpflichtung des Monopolisten, seine Infrastruktur gegen ein Nutzungsentgelt anderen Anbietern zur Verfügung zu stellen. Dieser Vorschlag der Trennung von Netz und Betrieb wird beispielsweise immer wieder für die Deutsche Bahn AG diskutiert. Die Überwachung der Netzmonopolisten und Festlegung der Nutzungstarife ist Aufgabe einer unabhängigen Regulierungsbehörde.

Nachgehakt

Schöne neue Welt – der Monopole?
Die traditionelle Wirtschaftstheorie betrachtet Monopole in der Regel als negative Erscheinungen, die den Wettbewerb einschränken und Konsumenten schaden können. Gemäß dieser Sichtweise führen Monopole oft zu höheren Preisen, Angebotsrationierung, geringerer Produktvielfalt und weniger Innovation, da das monopolistische Unternehmen für gewöhnlich wenig Anreiz hat, sich zu verbessern oder effizient zu arbeiten.

Im Gegensatz dazu stehen die neuen globalen Monopolstrukturen, die sich in der digitalen Ära entwickelt haben. Alphabet (Google), Amazon, Apple, Meta Platforms (ehemals Facebook) und Microsoft – diese Unternehmen, oft als »Tech-Giganten« oder als »Big Five« bezeichnet, haben aufgrund ihrer technologischen Überlegenheit und ihrer globalen Reichweite eine beispiellose Marktmacht erlangt. Im Vergleich zu traditionellen Monopolen sind sie weniger offensichtlich in ihrer Schädlichkeit für den Wettbewerb, da sie ihre Dominanz auf Innovation und erstklassige Dienstleistungen stützen.

Doch wie konnten sich diese Monopolstrukturen in der digitalen Welt überhaupt entwickeln? Entscheidend sind hier zunächst die altbekannten *Skaleneffekte*: In der digitalen Ökonomie können Unternehmen von enormen Skaleneffekten profitieren, da digitale Güter und Dienstleistungen neben hohen Fixkosten (set-up cost) oft mit sehr geringen Grenzkosten (zero marginal cost) produziert werden können. Dies ermöglicht es Unternehmen, wenn sie einmal etabliert sind, schnell zu wachsen und Marktanteile zu gewinnen.

Weiterhin spielen die *Netzwerkeffekte* eine entscheidende Rolle bei der Bildung und Stärkung von digitalen Monopolen. Je mehr Nutzer eine Plattform hat, desto wertvoller wird sie für jeden einzelnen Nutzer, was wiederum mehr Nutzer anzieht. Dies führt zu einem sich selbst verstärkenden Prozess, der das Monopol laufend stärkt. Ein interessanter Aspekt ergibt sich bei *Plattformunternehmen*, die neben eigenen Produkten vor allem auch als Vermittler zwischen Angebot und Nachfrage auftreten. Damit kontrollieren sie den Zugang zu wichtigen Märkten und können die Bedingungen für Anbieter und Nutzer bestimmen, was ihre Marktmacht erkennbar vergrößert. Dies wird unterstützt durch die Möglichkeit des *Dynamic Pricing*: Dynamische Preisgestaltung ermöglicht es digitalen Monopolisten, ihre Preise an die Nachfrage anzupassen und dadurch ihren Gewinn durch Preisdifferenzierung zu maximieren. Durch die Nutzung großer Datenmengen und fortschrittlicher Algorithmen können sie Preise in Echtzeit optimieren und ihre Marktstellung weiter stärken. Am Ende des Tages kommt es somit oft zur Situation eines *natürlichen Monopols*, bei dem es effizienter ist, wenn ein einziges Unternehmen den Markt beherrscht, anstatt dass mehrere Unternehmen konkurrieren.

Tatsächlich können die globalen Monopole des 21. Jahrhunderts klare Vorteile bieten: Hierzu zählen Effizienzgewinne durch Skaleneffekte und optimierte Ressourcennutzung. Somit können Verbraucher auf eine breite Palette von Produkten und Dienstleistungen bequem zugreifen. Durch Skaleneffekte und dynamische Preisgestaltung können Monopolisten niedrigere Preise anbieten, was den Verbrauchern Geld spart. Auch wäre eine höhere Innovationsdynamik denkbar, da die Monopolisten über große Ressourcen der Forschung und Entwicklung sowie eine stabile Marktstellung verfügen (ein ähnliches Argument verwendete bereits Joseph A. Schumpeter, einer der großen ökonomischen Denker des 20. Jahrhunderts, in seinen – empirisch allerdings umstrittenen – Neo-Schumpeter-Hypothesen). Schließlich können Plattformen mit monopolistischer Stellung für Verbraucher auch eine konsistente Nutzererfahrung bieten und eine breite Palette von Dienstleistungen integrieren.

Freilich bergen die neuen globalen Monopolstrukturen auch Nachteile und Risiken: Aufgrund der extrem hohen Marktmacht besteht die Gefahr, diese zu missbrauchen, um Preise zu erhöhen, den Wettbewerb zu unterdrücken oder unfaire Geschäftspraktiken anzuwenden. Auch könnten die globalen Monopole in einigen Fällen dazu führen, dass Innovationen verringert werden, da etablierte Unternehmen doch möglicherweise weniger Anreize haben, in neue Technologien oder Produkte zu investieren, wenn sie bereits den Markt dominieren. Nicht zuletzt besitzen die digitalen Monopolunternehmen auch einen umfangreichen Zugriff auf persönliche Daten, was Datenschutzbedenken und Fragen zur Privatsphäre aufwerfen kann.

Insgesamt ist die Rolle von Monopolen in der globalen digitalen Ökonomie sowohl eine Quelle für Effizienzgewinne und innovative Produktangebote als auch eine Herausforderung für bestehende Wirtschaftsstrukturen, den Wettbewerb und die Regulierung. Eine angemessene Regulierung und Überwachung sind daher entscheidend, um sicherzustellen, dass die neuen Monopolisten ihre Marktmacht nicht missbrauchen. Die Wettbewerbspolitik der Sozialen Marktwirtschaft war selten so bedeutsam und wertvoll wie heute.

3.12 Weniger kann auch mehr sein – das Oligopol

Die vorherrschende Marktform in modernen Volkswirtschaften ist die des Oligopols. Hier befinden sich auf einem Markt *wenige große Anbieter*, die vielen Nachfragern gegenüberstehen. Sind die angebotenen Produkte im Urteil der Käufer praktisch identisch, spricht man von einem *homogenen*, sonst von einem *heterogenen Oligopol*. Beispiele für die Marktform des heterogenen Oligopols sind der Automobilmarkt oder der Markt für Spielekonsolen (deren Spiele nicht miteinander kompatibel sind). Mehr oder weniger homogene Oligopole sind etwa der Mineralölmarkt oder der Markt für Zucker.

Oligopolistische Interdependenz

Charakteristisch für einen Oligopolmarkt ist, dass der Absatz eines Anbieters nicht nur von seinem eigenen Preis abhängt (wie beim Monopol), sondern auch vom Preis der Konkurrenten, und umgekehrt. Man bezeichnet dies als »oligopolistische Interdependenz«.

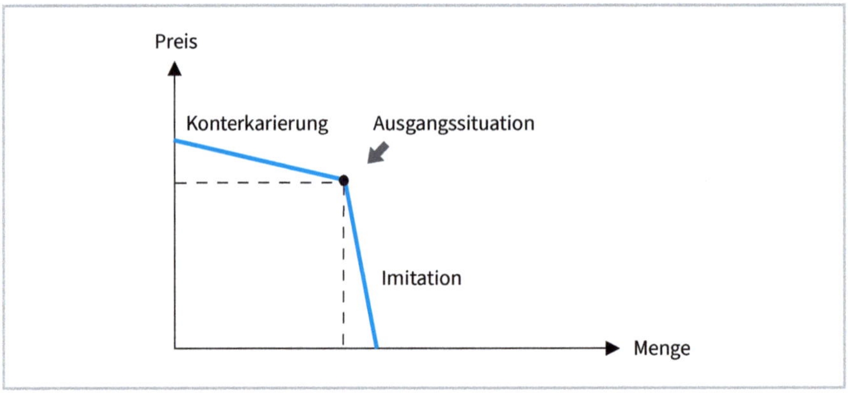

Abb. 3-16: Die »einfach geknickte« Preis-Absatz-Funktion eines Oligopolisten

Die wechselseitige Abhängigkeit ist natürlich umso größer, je homogener die Produkte in den Augen der Käufer sind. Nehmen wir zur Veranschaulichung an, ein oligopolistischer Anbieter senkt seinen Preis. Dann würden seine Mitanbieter vermutlich, wenn sie nicht reagierten, einen großen Teil ihres Absatzes verlieren. Deshalb ist damit zu rechnen, dass sie ihren Preis ebenfalls senken, möglicherweise noch stärker. Das heißt, sie *imitieren* die Preissenkung, und unser Oligopolist könnte infolge seiner Preisreduktion wohl kaum eine steigende Nachfrage erwarten. Im günstigsten Fall gelingt es ihm, einen kurzen Überraschungseffekt zu erzielen. Erhöht ein oligopolistischer Anbieter hingegen seinen Preis, so werden die Mitanbieter ihren Preis beibehalten und damit die Preiserhöhung des einzelnen Oligopolisten *konterkarieren*. Dessen abgesetzte Menge würde daraufhin drastisch zurückgehen, da die Nachfrager zur Konkurrenz abwandern. Diese für Oligopolisten typische Marktsituation schlägt sich in der Preis-Absatz-Funktion des einzelnen Oligopolisten nieder, die bei dem Preis in der Ausgangssituation einen Knick aufweist (siehe Abbildung 3-16).

Die beschriebene strategische Interdependenz auf Oligopolmärkten hat einige wichtige *ökonomische Konsequenzen*:

- *Erstens* sind die Preise, die ein oligopolistischer Anbieter fordern kann, maßgeblich durch die Preise der Konkurrenz bestimmt. Beispielsweise können die Benzinpreise von Shell, BP oder Esso im Prinzip nicht wesentlich differieren. Ein VW Golf kann nicht merklich teurer sein als ein Opel Astra. Der Konkurrenzkampf verlagert sich vom Preiswettbewerb auf andere Gebiete, etwa auf den Bereich von Qualität, Service oder Werbung. Die Gewinnspanne der Hersteller hängt – bei gegebener Nachfrage – vor allem von ihrer Kostenkurve ab. Je rationeller die Fertigungsmethoden, desto größer der Gewinn.
- *Zweitens* lassen sich bestimmte Verhaltensweisen der Anbieter beobachten. So besteht auf Oligopolmärkten die Tendenz zu einer gewissen *Preisstarrheit*, da weder eine isolierte Preissenkung noch eine isolierte Preiserhöhung verlockend erscheint. Möglich ist aber auch die Anerkennung eines *Preisführers*: Ein Anbieter erhöht seine Preise und gibt damit seinen Konkurrenten das Signal, ihrerseits die Preise zu anzuheben. So haben alle einen Vorteil, sofern die Nachfrage insgesamt nicht elastisch reagiert. Eine weitere Variante, die Rivalität unter den Anbietern zu verringern, sind *Absprachen* über gemeinsame Preiserhöhungen oder die Bildung von *Kartellen* (wenn die Absprachen vertraglich fixiert werden). Beides ist im europäischen Wettbewerbsrecht verboten. Schließlich kommt es bisweilen zu *ruinösem Wettbewerb*, bei dem ein Anbieter durch fortgesetzte Preissenkungen versucht, seine Konkurrenten aus dem Markt zu drängen, um am Ende eine Monopolstellung zu erreichen.

Auf den Punkt gebracht

Bei Betrachtung des *Gesamtmarktes* kommt in der Marktform des Oligopols eine Preis-Mengen-Kombination zustande, die typischerweise zwischen der Situation bei vollständiger Konkurrenz und der eines Monopols liegt. Im Fall der Kartellbildung (die umso wahrscheinlicher sein dürfte, je »enger« das Oligopol ist – also bei sehr wenigen Anbietern, etwa einem *Dyopol* mit nur zwei Anbietern) realisiert sich die Monopollösung. Umgekehrt wird die Preis-Mengen-Kombination umso näher an das bei vollständiger Konkurrenz entstehende Ergebnis heranrücken, je »weiter« das Oligopol ist (also bei vergleichsweise vielen Anbietern) und je schärfer die Oligopolisten um Marktanteile kämpfen.

3.13 Marc O'Polo, Diesel, Boss – das heterogene Polypol

Im Alltag haben wir es häufig mit Märkten zu tun, auf denen es relativ viele Unternehmen gibt, die ähnliche, aber nicht exakt dieselben Produkte anbieten. Vor allem auf den Konsumgütermärkten ist das oft der Fall. So erfüllt eine Jeans einer bestimmten Marke zwar den gleichen Zweck wie die Jeans anderer Hersteller; die Hosen unterscheiden sich indes hinsichtlich Design, Material, Markenimage unter Umständen erheblich. Eine derartige Marktform, die durch *viele Anbieter* und viele Nachfrager sowie durch die *Heterogenität der Produkte* charakterisiert ist, wird als *Polypol auf dem unvollkommenen Markt* bezeichnet. Man spricht auch von einem *heterogenen Polypol* bzw. von *monopolistischer Konkurrenz*.

Monopolistischer Preisspielraum

Der Schlüssel zum Verständnis dieser Marktform liegt in zwei Erkenntnissen: *Erstens* ist der einzelne Anbieter hier durchaus eine Art Monopolist – ein so genannter »Quasi-Monopolist« – für sein eigenes Produkt. Er ist der Einzige, der die Jeanshose seiner Marke anbietet, und er ist natürlich bestrebt, die Einzigartigkeit seiner Marke herauszustellen. Der *zweite* wichtige Punkt besteht darin, dass es unser Unternehmen andererseits mit vielen Konkurrenten zu tun hat, die ebenfalls Jeanshosen anbieten. Alles in allem führt diese Konstellation dazu, dass für den einzelnen Anbieter ein *monopolistischer Preisspielraum* existiert, der aber nur einen bestimmten Bereich um den Durchschnittspreis der Konkurrenten herum umfasst. Die Käufer akzeptieren also oder wollen sogar, dass etwa eine Diesel-Jeans teurer ist als eine von Boss bzw. sie honorieren eine normale Preissenkung nicht mit deutlich mehr Nachfrage. Verlangt der Anbieter jedoch einen Preis, der außerhalb dieses Preisspielraums liegt, so muss er mit spürbaren Anpassungen der Nachfrage nach seinem Gut rechnen.

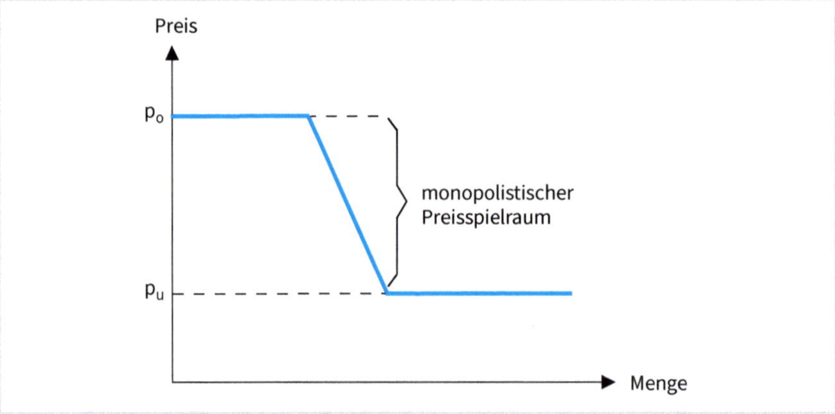

Abb. 3-17: Die doppelt geknickte Preis-Absatz-Funktion im heterogenen Polypol

Grafisch schlägt sich diese Situation in einer *doppelt geknickten Preis-Absatz-Funktion* nieder. Abbildung 3-17 zeigt die Reaktion der Nachfrage aus Sicht eines einzelnen Anbieters. Innerhalb des monopolistischen Spielraums – sozusagen der

»Preislage« für das betreffende Produkt – führen Preisänderungen nur zu geringen Absatzänderungen. Der Versuch, den Preis über eine bestimmte obere Grenze p_o hinaus anzuheben, würde indes mit einem raschen Wegbrechen der Nachfrage bestraft werden, da die Kunden zur Konkurrenz abwandern. Bei einer Senkung des Preises unter eine bestimmte untere Grenze p_u würde dem Anbieter theoretisch die gesamte Marktnachfrage zuströmen (was für ihn aber nur von sehr begrenztem Wert wäre, da er als einer von vielen Anbietern gar nicht die Kapazität hätte, diese Nachfrage zu decken).

Letztlich wird ein Anbieter in der Marktform des heterogenen Polypols vernünftigerweise einen Preis innerhalb des monopolistischen Preisspielraums fordern. Genauer gesagt, wird er den Preis verlangen, bei dem sein Gewinn maximal ist. Dieses »Marktgleichgewicht« lässt sich, wie gehabt, gemäß der »Grenzerlös = Grenzkosten«-Regel bestimmen, wie wir sie für den Monopolfall angewendet haben und wie sie auch für den Oligopolfall gilt.

Gesamtmarkt

Wenn wir nun die Marktform des heterogenen Polypols nicht aus einzelwirtschaftlicher Perspektive betrachten, sondern uns den Gesamtmarkt ansehen, dann ergibt sich Folgendes: Die oben angestellten Überlegungen äußern sich darin, dass im Preis-Mengen-Diagramm die gesamte Nachfrage nicht durch *eine* – von links oben nach rechts unten verlaufende – Kurve, sondern durch ein *Band* repräsentiert wird. Die Nachfrager sind bereit, jede gegebene Menge eines ähnlichen, aber nicht gleichen, Gutes zu Preisen zu kaufen, die zwischen einer unteren und einer oberen Grenze liegen. Entsprechend ergibt sich für das gesamte Angebot (aller Unternehmen) keine einzelne Kurve, sondern ebenfalls ein Band. Jede gegebene Menge des Gutes wird von den verschiedenen Anbietern zu Preisen angeboten, die sich innerhalb der betreffenden Preislage bewegen. In der Konsequenz bedeutet dies, dass es bei unvollkommener Konkurrenz *keinen einheitlichen Marktpreis* gibt. Vielmehr ist der Preisspielraum, innerhalb dessen Käufe bzw. Verkäufe stattfinden, umso größer, je heterogener ein Markt ist. Es lassen sich lediglich Durchschnittspreise für bestimmte Güter (zum Beispiel »eine Jeans«) berechnen.

3.14 Wenn der Staat eingreift – die Wirkungen von Höchst- und Mindestpreisen

Wahrscheinlich nicht vollkommen zu Unrecht hat der schottische Nationalökonom *Adam Smith* (1723–1790), der als Erster die Gesetze einer freien Marktwirtschaft systematisch beschrieben hat, die Politiker einmal als »hinterlistige und schlaue Geschöpfe« bezeichnet. Seiner Ansicht nach geht von ihnen die größte Gefahr für den Wettbewerb aus. In der Tat hält die staatliche Wirtschaftspolitik es oft für erforderlich, in die freie Preisbildung einzugreifen, sei es aus sozialen Gründen oder zur Förderung bestimmter Wirtschaftszweige. Wenn die Preisbildung nicht allein Angebot und Nachfrage überlassen bleibt, spricht man allgemein von *administrativen* oder *politischen Preisen.*

Höchstpreis

Wir gehen bei den folgenden Überlegungen wieder von der Marktform der vollständigen Konkurrenz aus. Erscheint dem Staat der Marktpreis eines Gutes zu hoch, setzt er einen *Höchstpreis* unterhalb des Marktpreises fest (siehe Abbildung 3-18). In Deutschland ist eine Art Höchstpreispolitik beispielsweise im Rahmen des »Mieterschutzes« zu beobachten. In sozialistisch orientierten Staaten und auch in Deutschland kurz nach dem Krieg wurden Höchstpreise für lebenswichtige Güter gesetzt. Die Folge davon war und ist immer, dass die Nachfrage das Angebot übersteigt. Denn der niedrige Preis demotiviert die Anbieter, während die Nachfrage zunimmt. Am Beispiel der Mietwohnungen kann man also sagen, dass dadurch eine künstliche Wohnungsknappheit erzeugt wird. Die knappen Güter müssen dann, da der Preis seine Ausgleichsfunktion verliert, irgendwie anders zugeteilt werden. Typische Erscheinungsformen sind Warteschlangen, Bezugsscheine sowie so genannte Schwarzmärkte, an denen (illegal) viel höhere Preise gezahlt werden. Auf den offiziellen Märkten kommt es zu einem »zurückgestauten Preisanstieg«. Bei einer späteren Freigabe der Preise schießen diese entsprechend in die Höhe.

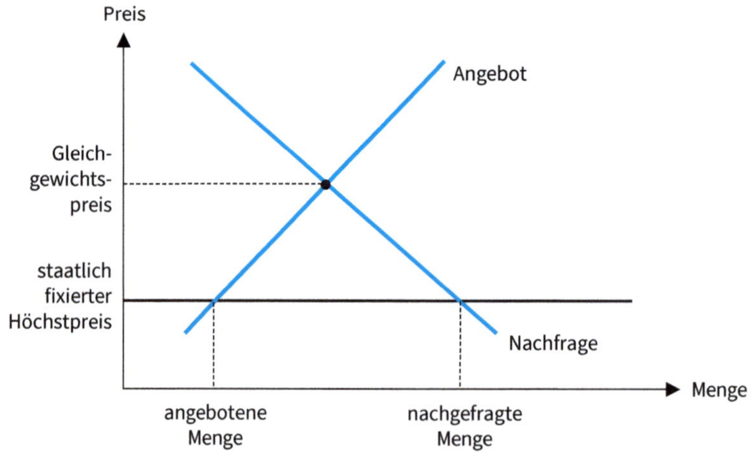

Abb. 3-18: Auswirkungen eines Höchstpreises

Rationierung

Die Verteilung einer zu geringen Angebotsmenge – verursacht durch den politisch gesetzten Höchstpreis oder etwa auch durch eine Missernte – nennt man *Rationierung*. Eine solche bewirkt immer ein Ausweichverhalten. Die Leute werden versuchen, die Rationierung zu unterlaufen. In der Konsequenz muss die Rationierung auch auf andere Produkte ausgedehnt werden. Wenn also Heizöl rationiert wird, müssen über kurz oder lang auch Kohle, Holz und Gas rationiert werden.

Preisstopp

Werden bei einer Vielzahl von Preisen in einer Volkswirtschaft Höchstpreise gesetzt, dann handelt es sich um einen (generellen) *Preisstopp*. Dessen Zweck ist es, eine Inflation abzubremsen, was für die Dauer des Preisstopps auch gelingen mag. Es gibt aber erhebliche negative Folgen: Erstens existiert natürlich das bereits erwähnte Verteilungs- bzw. Schwarzmarktproblem. Zweitens muss ein Preisstopp typischerweise von einem Lohnstopp begleitet sein, die Tarifautonomie muss also aufgehoben werden. Und drittens – dies erscheint als das größere Übel – verlieren die Preise ihre Lenkungsfunktion (Allokationsfunktion). Geht der Preisstopp zu Ende, werden abrupte Preissteigerungen eintreten. Die Angebotsseite der betroffenen Volkswirtschaft muss sich an die effektive Nachfrage anpassen, was nur mit erheblichen Kosten bzw. kurzfristig eventuell gar nicht möglich ist. Gut zu sehen war das etwa nach der Aufhebung der Preiskontrollen in Russland in den 1990er-Jahren, als sich zeitweilig Inflationsraten von mehr als 1.000 Prozent einstellten.

Mindestpreis

Mindestpreise galten beispielsweise lange Zeit auf dem europäischen Agrarmarkt, um den Landwirten ein gewisses Einkommen zu sichern (siehe Abbildung 3-19). Da die staatlich garantierten Preise über dem Marktpreis lagen, führten sie zu Angebotsüberschüssen bei den betreffenden Produkten, die von der EU aufgekauft werden mussten. Die Kosten dafür sowie für die Lagerung oder Vernichtung der entstehenden Butterberge, Weinseen und Obsthalden im Ausmaß von Millionen von Tonnen trägt der Steuerzahler. Ein Teil der produzierten Waren wird zu Weltmarktpreisen oder darunter ins Ausland verkauft, wobei den Landwirten die Differenz zum Mindestpreis über Exportsubventionen erstattet wird. Und damit ausländische Anbieter – beispielsweise aus Entwicklungsländern – nicht mit billigen Produkten auf den heimischen Markt drängen, werden Importe mit Zöllen belegt. Die negativen ökonomischen und sozialen Folgen des staatlichen Markteingriffs sind offensichtlich. Eine Form von Mindestpreisen bilden übrigens auch der gesetzliche Mindestlohn sowie die zwischen Gewerkschaften und Arbeitgebern vereinbarten Tariflöhne, sofern sie – und dies ist bei Geringqualifizierten wohl häufig der Fall – über den Löhnen liegen, die marktmäßig zustande kommen würden. Wir werden diese Problematik im Kapitel 4 nochmals aufgreifen.

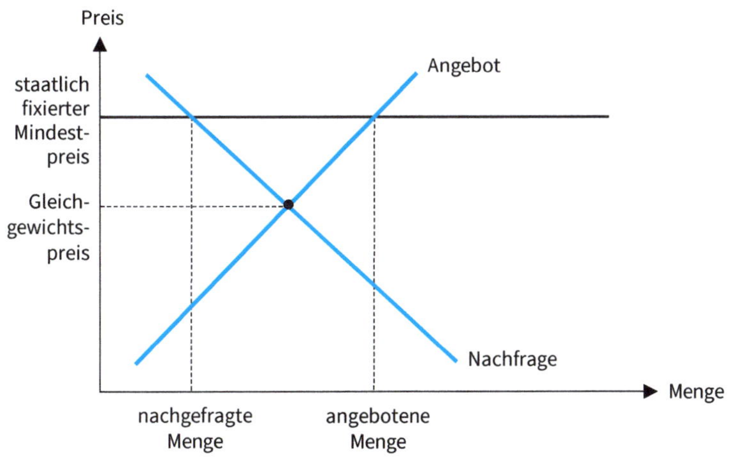

Abb. 3-19: Auswirkungen eines Mindestpreises

3.15 Subventionen für alle!

Individualsubvention

Objektsubvention

Vielfach beeinflusst der Staat die Preise durch Subventionen. Diese fließen entweder als *Individualsubventionen* an die Konsumenten (Beispiel: Mietkostenzuschuss) oder als *Objektsubventionen* an die Produzenten (Beispiel: Zuschuss zum Wohnungsbau). In beiden Fällen bewirken Subventionen, dass der von den Konsumenten zu tragende Preis geringer ist als der Preis, den die Produzenten erhalten. In dem in Abbildung 3-20 gezeigten Fall der Objektsubvention verschiebt sich die Angebotskurve nach unten. Der Konsumentenpreis sinkt (allerdings nicht um den vollen Betrag der Subvention), während der Produzentenpreis (also der vom Produzenten vereinnahmte Preis) steigt.

Sowohl die nachgefragte als auch die angebotene Menge nehmen zu, das heißt, die Versorgung mit dem subventionierten Gut verbessert sich. Die Kehrseite besteht darin, dass der Staat zusätzliche Ausgaben hat, und zwar in Höhe der Differenz zwischen dem Produzenten- und dem Konsumentenpreis multipliziert mit der Menge nach Subvention. Vom Staat müssen Subventionen entweder an anderer Stelle eingespart werden oder sie sind durch zusätzliche Steuern oder Schulden zu finanzieren. Entsprechend dem Kieler Subventionsbericht ergibt sich in Deutschland für das Jahr 2022 ein gesamtes Subventionsvolumen von über 252 Milliarden Euro, das deutlich höher ist als das Lohnsteueraufkommen dieses Jahres. Angesichts dieser Größenordnung werden die gesamtwirtschaftlichen und letztlich auch sozialpolitischen Konsequenzen von Subventionen zunehmend kritisch gesehen.

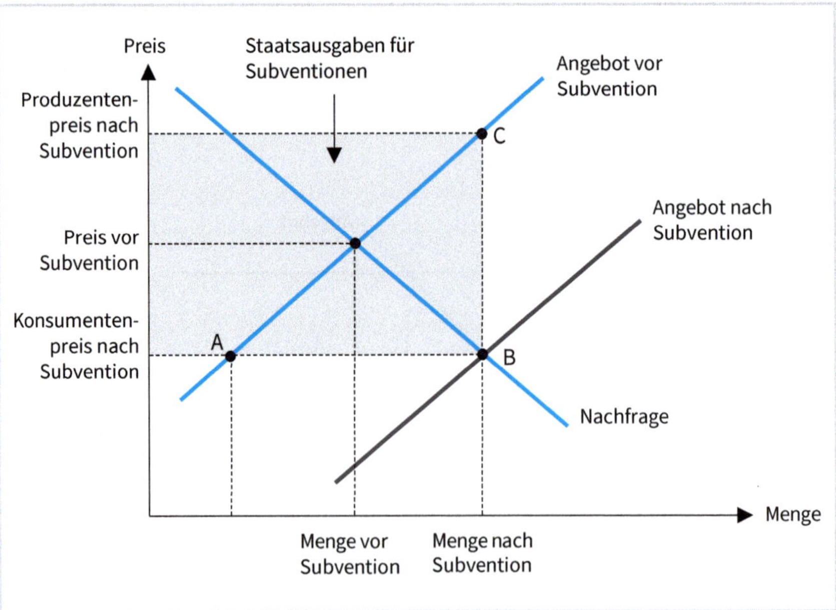

Abb. 3-20: Wirkungen einer Subvention

Subventionen werden teilweise auch eingesetzt, um inländischen Anbietern einen Vorteil gegenüber ausländischen Konkurrenten zu verschaffen. Um diesen Fall näher zu analysieren, könnte man in Abbildung 3-20 etwa annehmen, es handele sich bei dem Konsumentenpreis nach Subvention um den *Weltmarktpreis*. Dann wäre es doch so gewesen, dass vor der Subventionierung die inländischen Produzenten zu diesem Preis nur die entsprechend geringere Menge angeboten hätten (Punkt A). Die restliche Nachfrage (AB) wäre durch Importe gedeckt worden. Wenn daraufhin *nach* der Subvention inländische Anbieter günstiger anbieten können, so werden dadurch ausländische Anbieter verdrängt. Das Importvolumen geht zurück (im Beispiel auf null). Im Extremfall kann durch Subventionen sogar aus einem Importland ein Exportland werden. Die europäische Agrarpolitik liefert hierzu einiges an Anschauungsunterricht. Eine so bewirkte »Verdrehung« des Welthandels ist unter Wohlfahrts- und entwicklungspolitischen Aspekten zweifellos als problematisch anzusehen (siehe hierzu auch Kapitel 9 und 10).

Import-substitution

3.16 Arbitrageure und andere Halunken – Funktionsweise und Bedeutung von Arbitrage und Spekulation

Auf einem vollkommenen Markt kann es bei annahmegemäß vielen Anbietern für ein Gut nur einen einheitlichen Preis geben. Dieses »Gesetz der Unterschiedslosigkeit der Preise«, William Stanley Jevons *Law of Indifference*, über das wir bereits gesprochen haben (siehe Kapitel 3.3), ist leicht nachvollziehbar. Denn wer würde etwa einen Kasten Bier an der Tankstelle kaufen, wenn er weiß, dass er ihn im Getränkemarkt nebenan drei Euro billiger bekommt? Ist der Markt aber unvollkommen, beispielsweise weil der normale Verbraucher nicht über die Preisdifferenzen informiert ist, so sind Preisunterschiede durchaus wahrscheinlich.

In Abbildung 3-21 ist der Gleichgewichtspreis für ein bestimmtes Gut auf Markt A (das könnte zum Beispiel das Inland sein) niedriger als auf Markt B (Ausland). Angenommen, es gäbe keine Transport- oder sonstigen Kosten, dann würde es sich für diejenigen, die von der Preisdifferenz wissen, lohnen, das Gut auf Markt A billig zu kaufen und auf Markt B teuer zu verkaufen. Man spricht hierbei von *Arbitrage* und nennt die Leute, die sie durchführen, »Arbitrageure«. Früher, als viele Grenzen noch geschlossen waren, machten das die Schmuggler. Entgegen weitverbreiteter Ansicht erfüllen Arbitrageure eine wichtige volkswirtschaftliche Funktion. Denn indem sie dort Nachfrage entfalten, wo das Gut billig ist (Nachfragekurve verschiebt sich nach rechts), und das Gut dort anbieten, wo es teuer ist (Angebotskurve verschiebt sich nach rechts), kommt es zu einer Preisangleichung irgendwo zwischen dem niedrigen und dem hohen Preis. Dieser *Weltmarktpreis* gilt dann auf beiden Märkten (in beiden Ländern). Arbitrage gibt es in professionellem Stil hauptsächlich am internationalen Kapitalmarkt, an dem kleinste Zinsunterschiede (durch Einsatz großer Geldbeträge) gewinnbringend ausgenutzt werden, sowie am Devisenmarkt. Wir werden auf solche Geschäfte später eingehen (siehe Kapitel 9 und 10).

Unter Arbitrage versteht man die risikolose Ausnutzung von Preisdifferenzen zwischen verschiedenen Märkten

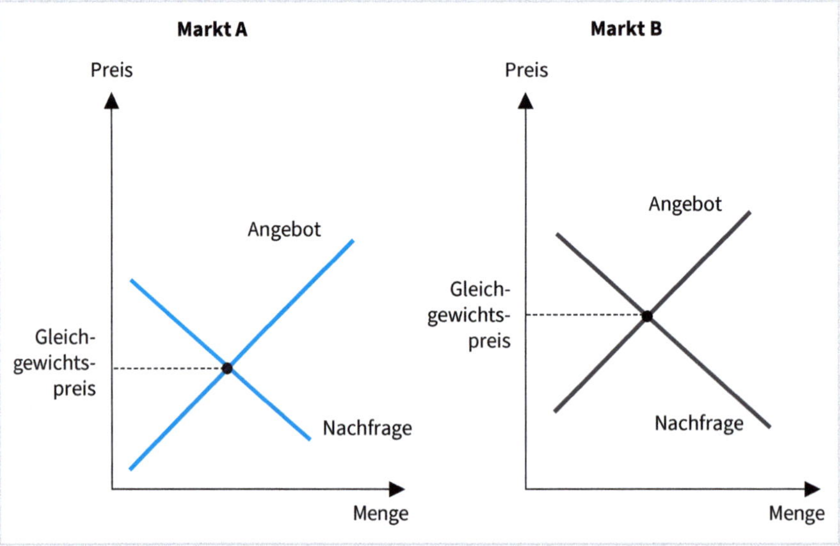

Abb. 3-21: Arbitrage

Spekulation ist immer mit Risiken verbunden

Noch viel schärfer als die Arbitrage sieht sich die *Spekulation* der öffentlichen Kritik, ja moralischen Verurteilung ausgesetzt (siehe Abbildung 3-22). Unter Spekulation versteht man ein Marktverhalten (Nachfrage oder Angebot), das auf bestimmten Erwartungen über die zukünftige Preisentwicklung eines Gutes basiert. Das lateinische Wort »speculari« bedeutet »in die Zukunft spähen«. Wird beispielsweise erwartet, dass der Preis, sagen wir von Schweinehälften, in der Zukunft steigt, so werden Spekulanten heute Schweinehälften billig kaufen, im Kühlhaus lagern und dann, wenn der Preis gestiegen ist (morgen), teuer verkaufen. Erfüllt sich die Erwartung der Spekulanten tatsächlich, so werden sie ein gutes Geschäft machen. Die Spekulation trägt in diesem Fall zudem zur Stabilisierung der Preise bei. Aufgrund der erhöhten Nachfrage heute (Preis steigt) und des erhöhten Angebots morgen (Preis sinkt), fällt der Preisanstieg nämlich kleiner aus als ohne Spekulation. Allerdings birgt die Spekulation auch die Gefahr der Übertreibung bzw. Destabilisierung und für die Akteure das Risiko, dass sich der Markt anders entwickelt als erwartet. Auch darüber sprechen wir später nochmals (siehe Kapitel 10).

Auf den Punkt gebracht

Die im realen Wirtschaftsleben am häufigsten beobachtbaren Marktformen sind die des Oligopols und des heterogenen Polypols. Vor allem im Oligopolfall besteht eine Tendenz zu Machtmissbrauch durch Absprachen oder Kartellbildung. Dies kann – ähnlich wie bei einem Monopol – zu gesamtwirtschaftlichen Wohlfahrtsverlusten führen. Hier sind die Wettbewerbsbehörden in besonderem Maße gefordert. Direkte staatliche Eingriffe in die Preisbildung wirken in der Regel gesamtwirtschaftlich negativ. Ebenso sind Subventionen nicht selten als problematisch einzustufen, da sie mit hohen Kosten verbunden sind und den Wettbewerb verzerren. Hingegen ist Arbitrage aufgrund ihrer Preisausgleichsfunktion eindeutig positiv zu beurteilen. Bei der Spekulation kommt es darauf an, sie kann Märkte destabilisieren oder stabilisieren.

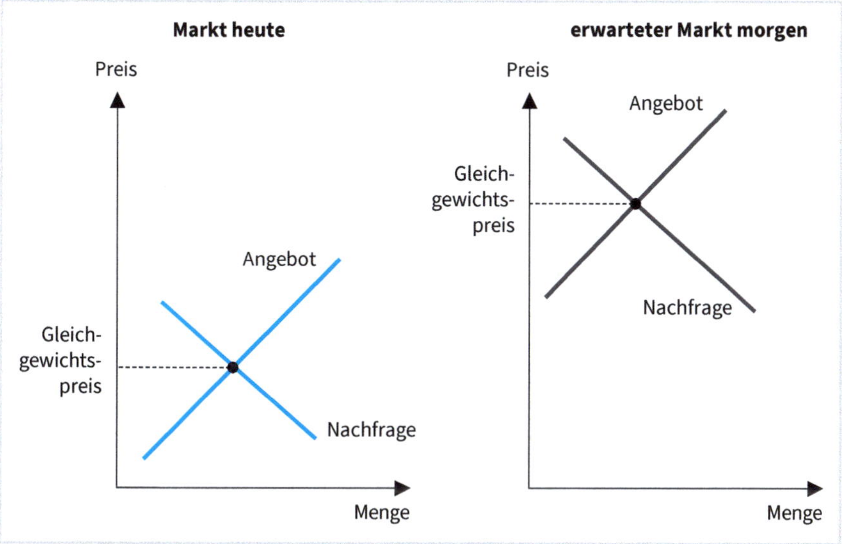

Abb. 3-22: Spekulation

3.17 Das Interview: Andreas Mundt

Andreas Mundt* (geb. 1960) ist seit 2009 Präsident des Bundeskartellamtes, der obersten deutschen Wettbewerbsbehörde. Er ist Mitglied im Bureau des OECD Competition Committee und Vorsitzender der Lenkungsgruppe des International Competition Network.

Herr Mundt, im Jahr 2023 wurde die 11. Novelle des Gesetzes gegen Wettbewerbsbeschränkungen (GWB) beschlossen. Worin bestehen die wichtigsten Neuerungen?
Ein zentraler Bestandteil der Novelle ist die Erweiterung der Befugnisse des Bundeskartellamtes um Abhilfemaßnahmen im Anschluss an eine Sektoruntersuchung. Neu ist, dass wir erhebliche und dauerhafte Störungen des Wettbewerbs angehen können, auch ohne zuvor einen Rechtsverstoß nachweisen zu müssen. Darüber hinaus hat das Amt neue Ermittlungsbefugnisse zur Untersuchung möglicher Verstöße gegen den EU-Digital Markets Act erhalten. Zudem senkt die Novelle die Voraussetzungen für die Abschöpfung eines wirtschaftlichen Vorteils, der durch einen Kartellrechtsverstoß entstanden ist (die so genannte Vorteilsabschöpfung).

* Foto: © Bundeskartellamt/Bernd Lammel.

Das reformierte Kartellgesetz umfasst als Ultima Ratio die Möglichkeit der Entflechtung bzw. Zerschlagung von Unternehmen. In welcher Situation wäre so etwas denkbar? Und wie könnte man sich eine solche Zerschlagung vorstellen?
Die Hürden für die Entflechtung sind sehr hoch. Immerhin geht es um einen sehr starken Eingriff in das Eigentum. Die Voraussetzung wäre zunächst immer eine Sektoruntersuchung. In einem nachgelagerten Verfahren müssten wir dann eine erhebliche Wettbewerbsstörung feststellen, zu der ein oder mehrere Unternehmen durch ihr Verhalten und ihre Bedeutung wesentlich beitragen. Auf dieser Grundlage können wir bestimmte Anordnungen treffen, etwa Vorgaben zu Geschäftsbeziehungen oder Verträgen, um eine Öffnung des Marktes zu bewirken. Eine Entflechtung kommt überhaupt nur infrage, wenn zuvor alle anderen milderen Maßnahmen ausgeschöpft worden sind bzw. keinen Erfolg versprechen. Unsere Anordnungen könnten wir gegebenenfalls erst nach abschließender gerichtlicher Klärung vollziehen. Im Fall der Entflechtung sieht das Gesetz außerdem eine Entschädigungsregelung vor.

In einem Interview mit der F.A.Z. sagen Sie, dass die Marktposition der großen Digitalkonzerne wie Amazon, Apple, Google, Meta und Microsoft weiter zementiert werden wird, weil sie ihren Zugriff auf riesige Datenmengen für KI-Anwendungen nutzen können. Reichen die Möglichkeiten Ihres Kartellamtes aus, um in der zukünftigen KI-Welt mitzuhalten?
Der Bereich KI ist momentan sehr dynamisch. Vieles ist noch offen. Auch ob wir gänzlich neue Verhaltensweisen der Unternehmen sehen werden, die den Wettbewerb bedrohen. Die großen Digitalkonzerne verfügen u.a. aufgrund ihrer technischen und finanziellen Ressourcen oder beim Zugang zu Daten über gewisse Vorsprünge bei der Entwicklung von KI-Modellen. Es gibt natürlich vielversprechende Startups auch in Europa, aber wir haben zum Beispiel keine großen Cloud-Dienstleister. Vor allem bei der Infrastruktur für KI wird es darum gehen, die Märkte offen zu halten. Ich sehe uns gut gerüstet, weil wir seit vielen Jahren die Wettbewerbsregeln in der Digitalwirtschaft durchsetzen und wirksame, technologieneutrale Instrumente haben. Zu diesen und anderen Fragen pflegen wir im Übrigen einen intensiven Austausch mit unseren Schwesterbehörden in Europa und weltweit. Das wird immer wichtiger.

Herr Mundt, wir danken Ihnen für dieses Gespräch.

Schlüsselbegriffe

- Produktionsfunktion
- Produktivität
- Lohnstückkosten
- Kapitalintensität
- Markt
- Angebots- und Nachfragekurve
- Gewinnmaximierung
- Betriebsoptimum und -minimum
- direkte Preiselastizität
- Kreuzpreiselastizität
- Einkommenselastizität
- Marktgleichgewicht
- Konsumenten- und Produzentenrente
- vollständige Konkurrenz
- Preisfunktionen
- Marktformen
- heterogenes Polypol
- Oligopol
- Monopol
- Preisdifferenzierung
- Economies of Scale/Scope/Integration
- mindestoptimale Betriebsgröße
- Cournotscher Punkt
- natürliches Monopol
- monopolistischer Preisspielraum
- Höchst- und Mindestpreis
- Subvention
- Arbitrage
- Spekulation

Kontrollfragen

1. *Definieren Sie den Begriff der Produktionsfunktion. Wann spricht man von einer limitationalen, wann von einer substitutionalen Produktionsfunktion?*
2. *Erläutern Sie mithilfe der Lohnstückkosten die Bedeutung der Arbeitsproduktivität für mögliche Lohnerhöhungen. Weshalb dürfte zukünftig mit einer weiteren Erhöhung der Kapitalintensität zu rechnen sein?*
3. *Was versteht man unter dem Einkommenseffekt und dem Substitutionseffekt? Wie lässt sich damit der Verlauf der Nachfragekurve erklären?*
4. *Erläutern Sie, ausgehend von der neoklassischen Produktionsfunktion, die Herleitung der Grenzkostenkurve einer Unternehmung. Welche Bedeutung haben das Betriebsoptimum und das Betriebsminimum?*
5. *Was versteht man unter der Elastizität der Nachfrage bzw. des Angebots? Welche Formen der Elastizität kennen Sie und worin liegt deren ökonomische Bedeutung?*
6. *Können Sie sich vorstellen, warum manche Unternehmen bewusst inferiore Güter produzieren? Nennen Sie Beispiele.*
7. *Erklären Sie die Preisbildung bei vollständiger Konkurrenz. Warum maximiert diese die Gesamtwohlfahrt und wie würde sich eine Verringerung der Haushaltseinkommen oder ein Rückgang des Ölpreises im Modell ausdrücken?*
8. *Nennen und erklären Sie kurz drei Funktionen des Preismechanismus bei vollständiger Konkurrenz.*
9. *Welche Marktformen lassen sich prinzipiell unterscheiden? Nennen Sie zu jeder Marktform ein Beispiel.*
10. *Erläutern Sie die Bedeutung der mindestoptimalen Betriebsgröße für das Unternehmenswachstum. Was unterscheidet diesbezüglich ein Unternehmen der New Economy von einem traditionellen Industriebetrieb?*

11. *Stellen Sie das Angebotsverhalten eines Monopolisten dar und begründen Sie, warum es gegenüber der vollständigen Konkurrenz zu einem Wohlfahrtsverlust kommt. Weshalb liegt der Cournotsche Punkt links vom Umsatzmaximum des Monopolisten?*
12. *Was versteht man unter der oligopolistischen Interdependenz? Welche ökonomischen Konsequenzen können daraus entstehen?*
13. *Erläutern Sie das Konzept der doppelt geknickten Preis-Absatz-Funktion im heterogenen Polypol. Wie groß schätzen Sie den monopolistischen Preisspielraum bei Ihnen bekannten Konsumgütern?*
14. *Erklären Sie die ökonomischen Wirkungen der Festsetzung von Höchst- und Mindestpreisen mithilfe des Preis-Mengen-Diagramms.*
15. *Welche Auswirkungen hat eine Individualsubvention auf die Verkaufsmenge und den Marktpreis?*
16. *Worin besteht der Unterschied zwischen Arbitrage und Spekulation?*

Literaturhinweise

Herdzina, K., Seiter, S: Einführung in die Mikroökonomik, 12. Aufl., München 2015

Jakobs, H.-J.: Das Monopol im 21. Jahrhundert, München 2022

Lorenz, W.: Mikroökonomie für Dummies, 2. Aufl., Weinheim 2020

Schmidt, I., Haucap, J.: Wettbewerbspolitik und Kartellrecht, Eine interdisziplinäre Einführung, 10. Aufl., München 2013

Varian, H.R.: Grundzüge der Mikroökonomik, 9. Aufl., München/Wien 2016

Woll, A.: Volkswirtschaftslehre, 16. Aufl., München 2011

4 Konjunktur und Beschäftigung

»Eine Rezession ist, wenn mein Nachbar seinen Job verliert.
Eine Depression ist, wenn ich meinen Job verliere.
Eine Panik ist, wenn meine Frau ihren Job verliert.«
Edgar Russell Fiedler

Lernziele

- Sie kennen die Phasen und Begleiterscheinungen eines typischen Konjunkturzyklus und wissen, wodurch Konjunkturschwankungen ausgelöst werden.
- Sie können die Entstehung und den Verlauf der bisher beobachtbaren Weltwirtschaftskrisen nachvollziehen.
- Sie verstehen das Multiplikator- und Akzeleratorprinzip.
- Sie kennen die wichtigsten Konjunkturindikatoren.
- Sie wissen, wie sich die Arbeitslosigkeit in Deutschland entwickelt hat, wie sie gemessen wird und in welchen verschiedenen Formen sie in Erscheinung tritt.
- Sie sind mit den gängigen Vorschlägen zur Bekämpfung der Arbeitslosigkeit vertraut und können deren Wirksamkeit beurteilen.
- Sie wissen, was man unter der »produktivitätsorientierten Lohnpolitik« versteht und kennen deren ökonomische Begründung.

Seit vielen Jahren geschieht in Deutschland an einem Tag in der zweiten oder dritten Novemberwoche etwas Aufsehenerregendes. An diesem Tag nämlich präsentiert der 1963 ins Leben gerufene Sachverständigenrat (die so genannten »Fünf Weisen«) sein Gutachten zur gesamtwirtschaftlichen Entwicklung. Die Nachrichtensendungen zeigen publikumswirksam, wie die bzw. der Vorsitzende des Rates das viele Hundert Seiten umfassende Werk dem Bundeskanzler (der Bundeskanzlerin) überreicht. Gleichzeitig werden die wichtigsten ökonomischen Eckdaten der Öffentlichkeit vorgestellt. Erfahrungsgemäß konzentriert sich die Aufmerksamkeit aber auf die Prognose für das Wirtschaftswachstum im kommenden Jahr. Dabei stört es offenbar niemanden, dass diese Prognose bisher nur selten genau und häufig auch nicht ungefähr eingetreten ist. (Alle interessierten Leserinnen und Leser mögen sich einmal die Mühe machen, die tatsächlichen Wachstumsraten mit den ein Jahr zuvor prognostizierten zu vergleichen.)

Die Höhe des wirtschaftlichen Wachstums scheint eine magische Zahl zu sein, an der sich die Hoffnungen – oder Besorgnisse – von Unternehmern, Politikern, Gewerkschaftern, Börsianern und Privathaushalten entzünden. Und tatsächlich hängt davon eine ganze Menge ab: Die Konjunkturentwicklung bestimmt über die Ertragsaussichten der Unternehmen und damit unter anderem auch über den Spielraum für Lohnerhöhungen. Die Steuereinnahmen des Staates und das Beitragsaufkommen der gesetzlichen Sozialversicherungen hängen vom Verlauf der Konjunktur ab. Die Zinsen und Wertpapierkurse schwanken mit der Wirtschaftsaktivität. Bei günstigen Wirtschaftsprognosen schnellen die Aktienkurse teilweise bereits am Tag der Veröffentlichung nach oben oder (im ungünstigen Fall) sie gehen in den Keller.

Nicht zuletzt beeinflusst die Konjunktur die Beschäftigungslage. Es kann deshalb nicht verwundern, wenn Konjunkturprognosen auf so breites Interesse stoßen.

Wir werden uns in diesem Kapitel mit den in Marktwirtschaften beobachtbaren Schwankungen der ökonomischen Aktivität befassen. Derartige Analysen gehören zur Makroökonomik, die daraus wirtschaftspolitische Empfehlungen ableitet. Am Anfang steht der Befund. Die Konjunktur ist ein Phänomen. Wir fragen uns, wie man es erfassen und erklären kann, welche ökonomischen Einflüsse eine besondere Rolle spielen und ob man die Konjunktur vielleicht doch vorhersagen kann. Am Ende geht es dann um einen Feind, der so gut wie jeden von uns bedroht: die Arbeitslosigkeit. Unser Interviewpartner ist Achim Wambach, der Präsident des Zentrums für Europäische Wirtschaftsforschung (ZEW) in Mannheim.

4.1 Das Phänomen der Konjunktur – Beobachtungen

Eine Volkswirtschaft steht niemals still. Vielmehr ändern sich sämtliche ökonomischen Größen im Zeitablauf. Dies betrifft insbesondere das Inlandsprodukt und seine Komponenten – den Konsum, die Investitionen, die Staatsausgaben und die Exporte sowie die Importe. Typischerweise steigt die gesamtwirtschaftliche Produktion von Waren und Dienstleistungen der Tendenz nach an. Dadurch erhöht sich der durchschnittliche Lebensstandard der Bevölkerung. Allerdings verläuft diese Zunahme nicht gleichmäßig.

Konjunkturzyklen sind Schwankungen im Auslastungsgrad des Produktionspotenzials

Um den Trend sind Veränderungen des Wirtschaftswachstums und Schwankungen im Auslastungsgrad des gesamtwirtschaftlichen Produktionspotenzials zu beobachten, die mit einer gewissen Regelmäßigkeit eintreten. Solche Wachstumsschwankungen bezeichnen wir als Konjunkturschwankungen bzw. *Konjunkturzyklen*. Der Begriff Konjunkturzyklus ist allerdings ein wenig irreführend. Es kommt zwar »regelmäßig« zu einem Auf und Ab der Konjunktur. Der Zeitabstand zwischen dem Beginn eines Aufschwungs über die Boom-, Abschwung- bzw. Rezessionsphase bis hin zu einem neuen Aufschwung ist jedoch unterschiedlich und kaum präzise vorhersehbar.

Der österreichische Ökonom *Josef Schumpeter* (1883–1950) unterschied drei Arten von Konjunkturzyklen (benannt nach ihren Entdeckern): Der *Mitchell-* oder *Kitchin-Zyklus* ist ein relativ kurzer Konjunkturzyklus von etwa drei bis vier Jahren Dauer. Der *Juglar-Zyklus* umspannt ungefähr sieben bis elf Jahre; er ist teilweise in der Bauwirtschaft zu beobachten. Der *Kondratieff-Zyklus* geht schließlich von langfristigen Konjunkturwellen von etwa 50 Jahren Dauer aus, die auf technische Innovationen zurückgehen. In Deutschland scheint eine Zyklusdauer von vier bis sechs Jahren vorzuherrschen.

Um konjunkturelle Schwankungen einer Volkswirtschaft zu erfassen, betrachtet man das *reale Bruttoinlandsprodukt (BIP)*, das den Wert aller in einer bestimmten Periode produzierten Waren und Dienstleistung für Endnachfrager ausweist. Es wird in konstanten Preisen eines Basisjahres oder in Preisen des jeweiligen Vorjahres gemessen. Das heißt, man multipliziert beispielsweise die in 2022 erstellten

Gütermengen mit den Preisen, die im Jahr 2020 (Basisjahr) oder 2021 (Vorjahr) gültig waren (siehe Kapitel 2.10). Das reale BIP entspricht grob dem inflationsbereinigten Einkommen der Menschen in einem Land. Abbildung 4-1 zeigt, dass sich das reale Bruttoinlandsprodukt Deutschlands in den letzten fünfzig Jahren ungefähr vervierfacht hat. Auch sieht man die Auf- und Abwärtsbewegung der BIP-Wachstumsrate mit den neun Rezessionen der Nachkriegszeit.

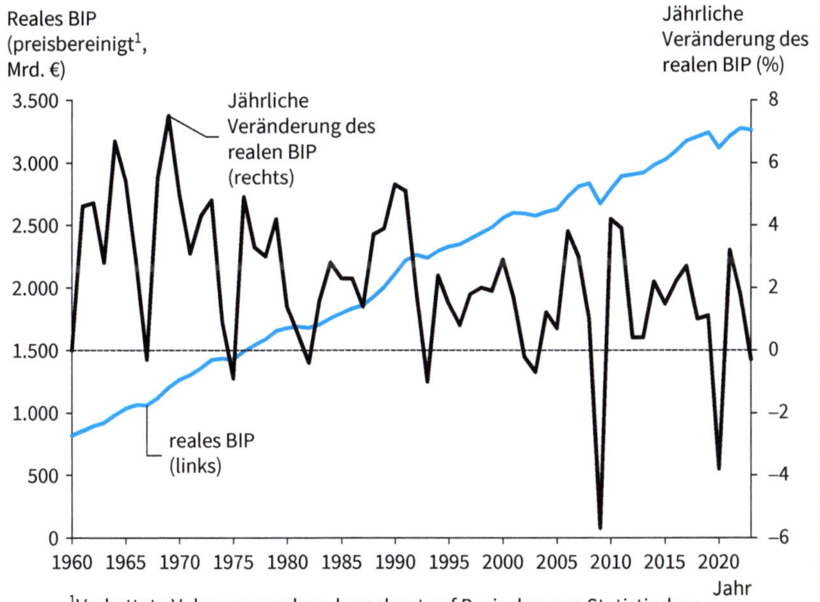

¹Verkettete Volumenangaben, berechnet auf Basis der vom Statistischen Bundesamt veröffentlichten Indexwerte (2015 = 100)

Abb. 4-1: Konjunkturentwicklung in Deutschland
Quelle: Bundesfinanzministerium, Monatsberichte April 2023 und Februar 2024

Wenn sich das reale BIP bzw. sein Wachstum ändert, so ändern sich ebenfalls die Löhne und Gewinne sowie in der Folge die Konsumausgaben und Investitionen, die Groß- und Einzelhandelsumsätze, die Industrieproduktion und alle möglichen weiteren makroökonomischen Größen. Auch wenn diese Entwicklungen in der Regel gleichgerichtet verlaufen, so schwanken die einzelnen Größen doch in unterschiedlichem Ausmaß. Interessanterweise unterliegen etwa die Investitionen sehr intensiven Schwankungen im Konjunkturzyklus (siehe Abbildung 4-2). Dies deutet auf ihre zentrale Rolle bei der Entstehung von Konjunkturschwankungen hin. Offenbar reagiert die Investitionstätigkeit der Unternehmen besonders sensibel auf wirtschaftliche Veränderungen.

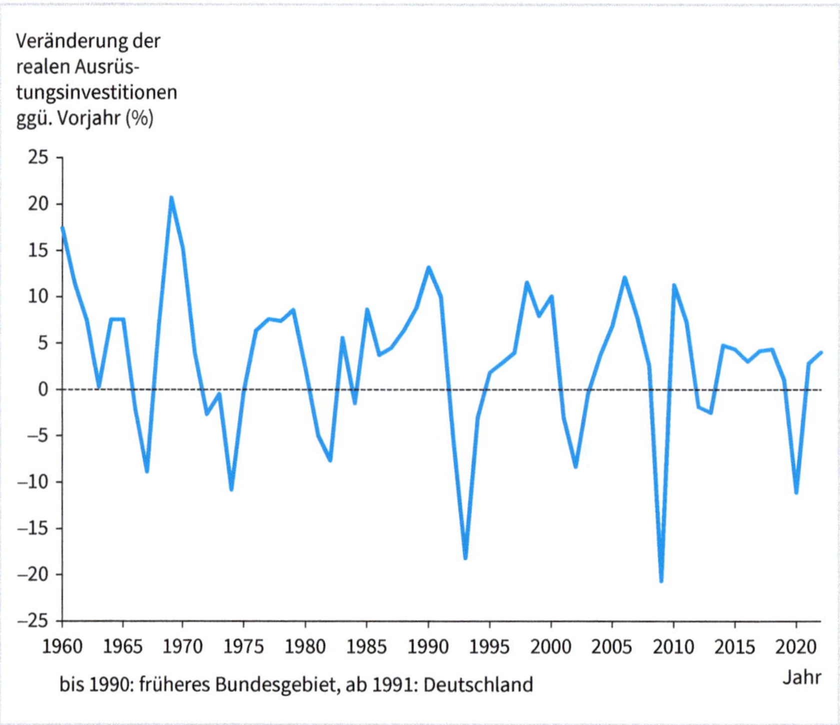

Abb. 4-2: Entwicklung der Ausrüstungsinvestitionen
Quelle: Deutsche Bundesbank; Statistisches Bundesamt: Inlandsproduktberechnung, Lange Reihen

4.2 Boom, Boom, Boom, Boom – die Phasen eines Konjunkturzyklus

Obwohl kein Konjunkturzyklus dem anderen gleicht, lässt sich doch ein Grundmuster des Konjunkturverlaufs feststellen. Demnach umfasst ein Konjunkturzyklus vier Phasen (siehe Abbildung 4-3).

Aufschwung

Im *Aufschwung* steigt die Güternachfrage und es kommt zu einer erst langsamen, dann aber schneller werdenden Zunahme des Bruttoinlandsprodukts, der Umsätze, Gewinne und Arbeitseinkommen (also der Löhne und Gehälter). Das Vertrauen in die wirtschaftliche Entwicklung wächst, was sich unter anderem in einem Anstieg der Aktienkurse bemerkbar macht. Neue Investitionen werden in Angriff genommen. Die Produktionskapazität wird mehr und mehr ausgeschöpft. Die Beschäftigung nimmt zu, die Arbeitslosigkeit geht zurück. Da die Gesamtnachfrage aber kleiner ist als das Angebotspotenzial, tritt in dieser Phase in der Regel noch keine die gesamte Volkswirtschaft erfassende Inflation auf. Es können sich jedoch in einzelnen Wirtschaftsbereichen Engpässe bilden, sodass es zu »sektoralen« Preiserhöhungen kommt.

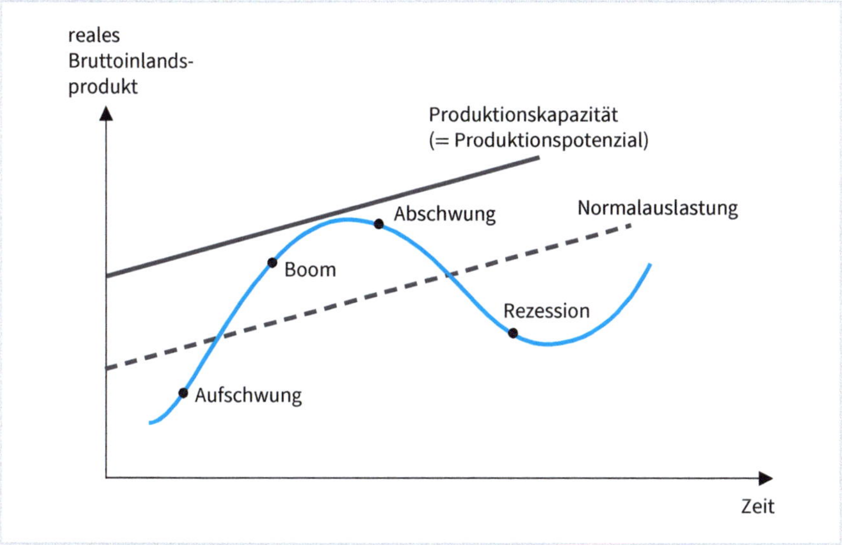

Abb. 4-3: Der Konjunkturzyklus

Die *Hochkonjunktur (Boom)* ist dadurch gekennzeichnet, dass die Produktionskapazität der Volkswirtschaft ausgelastet ist. Nachfrageerhöhungen führen zu keiner Ausdehnung der Produktionsmenge mehr, sondern lediglich zu Preissteigerungen. Die erhöhten Gewinne regen Neuinvestitionen an. Aufgrund der inflatorischen Tendenzen und weil die Kreditnachfrage für Investitionszwecke steigt, werden sich die Zinsen nach oben bewegen. Solange die Erwartungen optimistisch sind, tendiert der Aktienmarkt fest. Hochkonjunktur

Im *Abschwung* setzt ein sich allmählich verstärkender Rückgang der wirtschaftlichen Aktivität ein, dem oft ein Nachgeben der Börsenkurse vorausgeht. Das Bruttoinlandsprodukt wächst langsamer und die Beschäftigung geht zurück. Die Kapazitätsauslastung sinkt und die Gewinne fallen. Der Inflationsdruck lässt nach. Im Boom begonnene Investitionen werden nicht mehr zu Ende geführt. Abschwung

Der Abschwung mündet eventuell in die *Rezession*. Typisch für diese Phase ist eine erhebliche Unterauslastung der Kapazität. Damit verbunden ist ein Anstieg der Arbeitslosigkeit. Aufgrund der sinkenden Einkommen geht die Konsumnachfrage zurück. Die Preise für Konsumgüter ermäßigen sich. Dies führt zu rückläufigen Gewinnen der Unternehmer, die daraufhin ihre Investitionen einschränken. Aufgrund der geringen Nachfrage nach Krediten bildet sich im Bankensektor eine hohe Überschusskasse, was die Zinsen nach unten drückt. Wenn der Hochkonjunktur und dem Abschwung eine Rezession folgt, spricht man von einer »harten Landung«. Im Extremfall einer *Depression* ist ein markanter Produktionsrückgang zu verzeichnen, die Preise verfallen regelrecht (man nennt das »Deflation«) und die Arbeitslosigkeit nimmt katastrophale Ausmaße an. Rezession

Wie meistens, wenn man versucht, den Dingen auf den Grund zu gehen, ist auch die genaue Abgrenzung der einzelnen Konjunkturphasen nicht so einfach. Was ist etwa eine Rezession? Hierzu gibt es verschiedene Ansätze. Für das Münchner ifo Was ist eine Rezession?

Institut liegt eine Rezession i. e. S. vor, wenn die Kapazitätsauslastung der Industrie mindestens zwei Quartale lang sinkt und dabei deutlich niedriger ist als im mehrjährigen Durchschnitt. Die in der Industrie und in Finanzunternehmen tätigen Volkswirte sprechen recht pragmatisch von einer Rezession, wenn in zwei aufeinander folgenden Quartalen die Veränderungsrate des realen Bruttoinlandsprodukts (gegenüber dem Vorquartal) negativ ist.

Weltwirtschaftskrise von 1929

In der großen Weltwirtschaftskrise, die im Oktober 1929 einsetzte und ca. 4 Jahre andauerte, schrumpfte die Produktion im Deutschen Reich bis 1932 real um 20 Prozent, die Preise gingen um bis zu 30 Prozent zurück. Auf dem Höhepunkt der Krise waren 7 Millionen Menschen ohne Beschäftigung, das entsprach einer Arbeitslosenquote von etwa 25 Prozent. Der Index der Aktienkurse fiel in dieser Zeitspanne um fast 60 Prozent. Da die Aktienkäufe überwiegend mit Krediten finanziert worden waren – die nun nicht mehr zurückgezahlt werden konnten – führte der Kursrückgang zu Liquiditätsproblemen bei den Banken und im Sommer 1931 zur Bankenkrise. Diese gipfelte in dem Sturm auf die Bankschalter, die dann am 13. Juli 1931 durch die »Brüningsche Notverordnung« geschlossen wurden.

4.3 Live dabei – die zweite Weltwirtschaftskrise

Beginnend in 2007 erlebte die Welt eine Finanz- und Wirtschaftskrise, wie sie sich die meisten Menschen – auch die Ökonomen – kaum mehr hatten vorstellen können. Im Sommer 2007 sah es noch wie ein fernes Wetterleuchten aus: In den USA geriet der Immobilienmarkt in heftige Turbulenzen, weil allzu viele Hauskäufer allzu wenig Eigenkapital hatten, als sie ihre Kreditverträge schlossen. Um die Entstehung dieser so genannten »Subprime-Krise« nachzuvollziehen, muss man ein paar Jahre zurückschauen.

Worin lagen die Ursachen der amerikanischen Subprime-Krise?

Nach dem Platzen der »Dotcom«-Blase (auch Internet- bzw. »New Economy«-Blase) im Jahr 2000 (siehe Kapitel 4.4) sahen sich die meisten Länder – so auch die USA – mit einem wirtschaftlichen Abschwung konfrontiert. Die Terroranschläge vom 11. September 2001 verschlechterten die Konjunkturaussichten weiter. Um einer Rezession entgegenzuwirken, senkte die amerikanische Notenbank, die Federal Reserve Bank – kurz: Fed –, die Leitzinsen deutlich. Diese monetäre Lockerung ist als »Greenspan put« in die jüngere Geldgeschichte eingegangen. Alan Greenspan war der Gouverneur der Fed in dieser Zeit. Die für die Weltwirtschaft entscheidenden Zentralbanken folgten seinem Expansionskurs mehr oder weniger, woraufhin sich das globale Zinsniveau spürbar ermäßigte.

Vor diesem Hintergrund entwickelte sich in den USA von 2004 bis 2006 eine neue Blase im Immobilienbereich. Die Preise für Immobilien explodierten regelrecht. Hauskäufe wurden durch billige und leicht zu bekommende Kredite finanziert. Kreditvermittlungsagenturen nutzten innovative Produkte, um massenhaft Kunden anzuziehen. Viele Amerikaner erfüllten sich so den Traum vom Eigenheim, und die Politik sah dies mit großem Wohlwollen.

Unter der steigenden Zahl der Hauseigentümer waren viele »Subprime«-Kreditnehmer, das bedeutet zweitklassige Schuldner mit schlechter Bonität (also wenig

Eigenkapital). Als 2006 und 2007 die Zinsen rapide anstiegen, konnten viele Kreditnehmer die Raten für ihre Immobiliendarlehen nicht mehr aufbringen. Gleichzeitig machten fallende Immobilienpreise es schwierig, die Häuser ohne Verluste zu verkaufen. Die wachsenden Kreditausfälle brachten die US-Hypothekenbanken in Liquiditätsnöte, erfassten aber auch andere Investoren, insbesondere die Investmentbanken. Es ging Schlag auf Schlag.

Chronik der Bankinsolvenzen bzw. -schieflagen

Im März 2008 geriet die fünftgrößte amerikanische Investmentbank *Bear Stearns* in Bedrängnis, im Juli brach die Hypothekenbank *Indy Mac* zusammen. Am 7. September verstaatlichte die US-Regierung die Immobilienfinanzierer *Fanny Mae* und *Freddy Mac*. Nur eine Woche später – am 15. September – musste die berühmte Investmentbank *Lehman Brothers* Insolvenz anmelden, am gleichen Tag wurde die traditionsreiche Investmentbank *Merrill Lynch* von der Bank of America übernommen. (Später sollte sich herausstellen, dass die BoA dadurch riesige Verluste »eingekauft« hat. Der Vorstandsvorsitzende von Merrill Lynch, Stan O'Neil, bekam damals übrigens für seinen Rücktritt eine Abfindung in dreistelliger Millionen-Dollar-Höhe.) Kurz vorher hatten die beiden letzten verbliebenen unabhängigen Investmentbanken *Goldman Sachs* und *Morgan Stanley* auf ihren Sonderstatus verzichtet und sich zu gewöhnlichen Geschäftsbanken gewandelt. Am 25. September brach die größte amerikanische Sparkasse *Washington Mutual* unter den Lasten der Kreditkrise zusammen. Dies war die größte Bankpleite in der Geschichte Amerikas. Angesichts von Milliardenverlusten übernahm der US-Staat die Mehrheitsbeteiligung an dem weltgrößten Versicherungskonzern *AIG*, 2009 wurde die weltgrößte Bank *Citygroup* teilverstaatlicht. Die Krise blieb indes nicht auf die USA begrenzt.

Zu den ersten Opfern in Deutschland zählte die Mittelstandsbank *IKB* (Deutsche Industriebank AG). Sie wurde im August 2008 von ihrem Eigner – der KfW Bankengruppe – an den amerikanischen Finanzinvestor Lone Star für ein paar 100 Millionen Euro praktisch verschenkt. Weitere spektakuläre Schieflagen betrafen zunächst die *Sachsen LB* und die *Hypo Real Estate*, später weitere deutsche *Landesbanken* und Privatbanken, wie die *Dresdner Bank* (mittlerweile im Besitz der Commerzbank) und die *Commerzbank* (auch wegen der mit der Dresdner Bank übernommenen Verluste). Auch viele Banken in anderen Ländern, allen voran die *United Bank of Switzerland* (UBS) oder die niederländische *Ing Diba* sowie britische (etwa die *Royal Bank of Scotland* – RBS), spanische und japanische Bankhäuser schrieben hohe und steigende Verluste. Wie aber konnte sich die Subprime-Krise so schnell und mit solcher Wucht weltweit ausbreiten?

Wie konnte sich die Subprime-Krise ausbreiten?

Die Ausbreitung der Subprime-Krise geschah vor allem auf zwei Übertragungswegen: *Erstens* war dafür das von den Banken häufig genutzte Verfahren des Transfers von Kreditrisiken (von der kreditgebenden Bank auf andere Investoren) verantwortlich. Investmentbanken kauften Kredite von regionalen Banken und Hypothekenbanken und bündelten sie zu neuen Finanzprodukten. Häufig übernahmen das auch von den kreditgebenden Banken selbst gegründete Zweckgemeinschaften – so genannte *Special Purpose Vehicles*. Diesen Vorgang nennt man »Verbriefung« von Krediten. Die so entstandenen Wertpapiere bzw. verbrieften Hypothekenkredite heißen *Mortgage Backed Securities (MBS)* bzw. allgemein *Asset Backed Securities (ABS)* – das sind Wertpapiere, die mit Hypotheken oder anderen

Forderungen unterlegt bzw. »besichert« sind. In einem weiteren Schritt wurden aus den MBS Fonds gebildet, deren Anteile – die so genannten *Collateralized Mortgage Obligations (CMO)* – an unterschiedlichste Kunden (hauptsächlich Banken, Versicherungen, Pensionsfonds) überall auf der Welt verkauft wurden. Auch kauften die Investmentbanken selbst solche Wertpapiere. Die amerikanische Hypothekenkrise führte dadurch zu einem direkten Abschreibungsbedarf bei allen Anlegern, die in derartige »derivative« Produkte investiert haben. Insofern hat der legendäre amerikanische Investor Warren Buffet Recht behalten, als er diese oft sehr undurchsichtigen Finanzkonstruktionen schon 2003 als »Massenvernichtungswaffen« und »Zeitbomben« bezeichnete.

Der *zweite* Übertragungsweg der Finanzkrise bestand darin, dass die Banken typischerweise weltweit gegenseitig umfangreiche Beteiligungen und Kreditbeziehungen unterhalten. In den USA fielen infolge der Krise die Aktienkurse der betroffenen Banken, ebenso die Kurse der von ihnen zur Refinanzierung begebenen Schuldverschreibungen. Dies führte im gleichen Maße zu Kursverlusten für die in- und ausländischen Anteilseigner und Gläubiger dieser US-Institute. Insofern gilt mittlerweile der Zusammenbruch von Lehman Brothers als der letztlich entscheidende Grund für die Ausbreitung der Finanzkrise. Hinzu kam – in den USA sowie in Deutschland und anderen Ländern – ein wachsendes Misstrauen zwischen den Banken, wodurch die Interbankengeschäfte zum Erliegen kamen. Die Geldflüsse an den internationalen Finanzmärkten versiegten, sodass es für die Kreditinstitute zunehmend schwieriger wurde Geld aufzunehmen, um ihr tägliches operatives Geschäft aufrechtzuerhalten. In der Folge stürzten die Aktien- und Anleihekurse der Banken weltweit ab. Auch die Börsenkurse von Industrie- und Handelsunternehmen gerieten in einen Abwärtssog. So sanken zwischen Mitte 2007 und Anfang 2009 der Dow Jones um 42, der DAX um 45 (siehe Abbildung 8-8) und der europäische Leitindex Stoxx um 50 Prozent . Aus der US-Hypothekenkrise entstand auf diese Weise eine internationale Finanzkrise.

Welche Auswirkungen hatte die Finanzkrise auf die Realwirtschaft?

Die Zuspitzung der Finanzkrise löste im zweiten Halbjahr 2008 einen dramatischen konjunkturellen Abschwung aus, der die drei größten Wirtschaftsräume der Welt – die Vereinigten Staaten, Europa und Japan – gleichzeitig und mit Verzögerung auch die Schwellenländer Asiens, Osteuropas und Südamerikas erfasste. Weltweit schränkten die Banken, deren Eigenkapital infolge der erlittenen Verluste geschmolzen war, ihre Kreditvergabe ein. Hinzu kamen der negative Effekt durch Vermögensverluste der Geldanleger und pessimistische Erwartungen der Unternehmen. Alles in allem führte das zu einem Rückgang der gesamtwirtschaftlichen Nachfrage und damit der Produktion in den betroffenen Ländern. Über den internationalen Konjunkturzusammenhang (siehe Kapitel 9.7) verstärkte sich diese Abwärtsspirale. 2009 rutschten die Industrieländer in die tiefste Rezession der Nachkriegszeit.

Der Mechanismus des wirtschaftlichen Schrumpfens

Der Mechanismus des wirtschaftlichen Schrumpfens funktioniert dabei so, als würde aus einer anfänglich prall gefüllten Luftmatratze mit verschiedenen, untereinander verbundenen Kammern die Luft entweichen. Einige Bereiche trifft es früher, andere später. Am Ende ist überall weniger drin. Dieser Ablauf ist in jeder Wirtschaftskrise immer der gleiche. Schrumpfen heißt für die Unternehmen, dass sie weniger Aufträge bekommen. Aus der ersten Kammer beginnt die Luft zu entweichen. Das zieht auch Luft aus benachbarten Kammern ab etc.

In Deutschland begann die Geschichte des massiven Schrumpfens der Wirtschaft im Herbst 2008. Vor allem der Absatz im Fahrzeugbau ging drastisch zurück, was insbesondere *Opel* in Liquiditätsnöte brachte. In den USA trieb die Krise *Chrysler* und *General Motors* in die Insolvenz, die japanischen Autobauer *Toyota* und *Honda* machten Verluste in Milliardenhöhe – Honda gab deshalb sein Engagement in der Formel 1 auf (2015 kehrte die Firma wieder zurück) – und auch die französischen und italienischen Autofirmen bekamen mehr oder weniger große Probleme. Damit verbunden litt die gesamte Zulieferindustrie unter Absatzeinbrüchen, insbesondere der Maschinen- und Werkzeugbau, die Metall- und Elektroindustrie, die Stahlindustrie, das Transportgewerbe etc. Anfang 2009 erreichte der Abschwung den deutschen Arbeitsmarkt, die Zahl der Arbeitslosen begann zu steigen. In der Folge sank der Umsatz im Handel. Für das Gesamtjahr 2009 ergab sich ein Rückgang der Wirtschaftsleistung, also des realen BIP, um 5,6 Prozent. Die Zahl der Erwerbslosen erhöhte sich indes – entgegen den Erwartungen – nur leicht (siehe Kapitel 4.10).

Was haben die Regierungen und Notenbanken gegen die Krise unternommen?

Anders als in der »großen« Weltwirtschaftskrise ab 1929 stemmten sich die nationalen Regierungen und Notenbanken in großer Übereinstimmung mit Macht gegen diese unheilvolle Entwicklung: Ab Ende 2008 stellten die USA zunächst 700 Milliarden, später weitere 2.000 Milliarden Dollar für Kapitalbeteiligungen an Banken, den Kauf »fauler« Kredite und Wertpapiere, Kreditbürgschaften und die Einlagensicherung zur Verfügung. Deutschland beschloss ein Rettungsprogramm für die Banken im Umfang von 500 Milliarden Euro. Ähnlich verfuhren die anderen großen Länder. Auch insolvenzgefährdete Unternehmen (außerhalb des Bankensektors) erhielten neues Kapital von den Regierungen. Die Notenbanken weltweit senkten die Leitzinsen – in Amerika, Japan und Großbritannien sogar auf nahe 0 Prozent – und fluteten die Märkte mit Zentralbankgeld (siehe Kapitel 7). Die Regierungen halfen mit Konjunkturstützungsprogrammen im Umfang von Hunderten von Milliarden (USA: 800 Milliarden Dollar, EU-Länder: 400 Milliarden Euro, ähnlich China und Japan u. a.). Insgesamt belief sich das Volumen der staatlichen Rettungsprogramme in den wichtigsten Industrieländern auf ca. 5 Billionen Euro, wodurch sich die Staatsverschuldung in diesen Ländern dramatisch erhöhte. Die Kapitalausstattung des Internationalen Währungsfonds (IWF) wurde auf 500 Milliarden Dollar verdoppelt. Um IWF-Mitgliedern aus finanziellen Schwierigkeiten zu helfen, beschlossen die G20-Länder (das ist die Gruppe der 20 wichtigsten Industrie- und Schwellenländer) darüber hinaus die Zuteilung von zusätzlichen Sonderziehungsrechten im Wert von 250 Milliarden Dollar. Die Weltbank und andere multilaterale Entwicklungsbanken erhielten weitere 100 Milliarden Dollar, um die Folgen der globalen Wirtschaftskrise für die Entwicklungsländer zu lindern. Zu diesem Zweck wurden zudem die Garantien im grenzüberschreitenden Handel um 250 Milliarden Dollar ausgeweitet. Mitte 2009 zeichnete sich ab, dass es mit diesen Maßnahmen gelingen sollte, die Weltwirtschaft vor einer Depression zu bewahren. In 2010 verzeichnete Deutschland ein Wirtschaftswachstum von 4,2 Prozent, und die Arbeitslosigkeit verringerte sich auf knapp über 3 Millionen (2011 sank sie sogar unter diese Marke).

Die hohen Staatsausgaben zur Überwindung der wirtschaftlichen Probleme (und der konjunkturell bedingte Rückgang der Steuereinnahmen) waren indes mit verantwortlich dafür, dass einige europäische Länder, aber etwa auch die USA, in den Folgejahren in eine *Staatsschuldenkrise* stürzten (siehe Kapitel 6.6 und 9.17).

4.4 Eine kurze Geschichte der internationalen Finanz- und Wirtschaftskrisen

Die Geschichte des Kapitalismus ist durch eine Reihe von Finanzkrisen geprägt. Deren Auswirkungen auf die reale Wirtschaft blieben meist begrenzt – mit Ausnahme von 1929, als ein Aktiencrash eine tiefe und mehrere Jahre andauernde Weltwirtschaftskrise auslöste. Im Folgenden werden wir die wichtigsten bisher beobachtbaren Finanzkrisen kurz beschreiben:

Die Tulpenmanie

- Der erste Börsencrash fand im Jahre 1637 in den Niederlanden statt. Gehandelt wurden damals aber nicht Aktien oder Anleihen, sondern Tulpenzwiebeln. In den Jahren zuvor hatte halb Holland begonnen, mit den damals in Europa als exotisch geltenden Tulpen zu spekulieren. Dabei wurden auch Termingeschäfte abgeschlossen. Auf dem Höhepunkt der Tulpenmanie wurde eine Zwiebel zum Preis von umgerechnet 68.000 Euro gehandelt. Als schließlich die Käufer fehlten, brach der Markt zusammen wie ein Kartenhaus. Realwirtschaftlich hatte die Finanzkrise keine gravierenden Folgen, auch blieb die Krise auf die Niederlande begrenzt.

Der Börsencrash von 1929

- Im Vertrauen auf einen lang anhaltenden wirtschaftlichen Aufschwung investierten in den 1920er-Jahren viele amerikanische Privatanleger in Aktien. Ähnlich den Zweckgesellschaften im Vorfeld der Subprime-Krise (siehe Kapitel 4.3) entstanden seinerzeit zahlreiche Investmentgesellschaften, die den Anlegern Wertpapiere mit fragwürdiger Bonität verkauften. Als sich unter den Investoren Unsicherheit breit machte, setzte am 24. Oktober 1929 (»schwarzer Donnerstag«) ein beispielloser Kursverfall ein, der Millionen Anleger ruinierte. In der Folge kam es zu einer Weltwirtschaftskrise, die erst 1933 endete. Zwischen 1929 und 1932 sank der Index der deutschen Aktienkurse um fast 60 Prozent, die Produktion im deutschen Reich schrumpfte um 20 Prozent und das Preisniveau ging um bis zu 30 Prozent zurück. Auf dem Höhepunkt der Krise waren in Deutschland 7 Millionen Menschen arbeitslos, das waren 25 Prozent. Die betroffenen Länder bekämpften die größte Deflation aller Zeiten damals nicht (nach keynesianischem Muster) mit Zinssenkungen und einer expansiven Fiskalpolitik. Im Gegenteil verfügten sie Zins- und Steuererhöhungen, Haushaltskürzungen und weitere Restriktionsmaßnahmen, mit denen sie die Rezession noch verschärften.

Der Schwarze Montag

- Der erste große Börsencrash nach dem Zweiten Weltkrieg ereignete sich am 19. Oktober 1987 an der Wall Street, als der Dow Jones Index um 22,6 Prozent einbrach. In Frankfurt stürzten die Kurse, gemessen am zurückberechneten DAX, um 9,4 Prozent ab (der DAX, in dem die 30 größten börsennotierten deutschen Unternehmen abgebildet sind, wurde erst am 1. Juli 1988 eingeführt). Vorausgegangen war ein Aktienboom, an dessen Fortdauer angesichts steigender Inflationsraten, höherer Notenbankzinsen und eines internationalen Vertrauensverlustes in den Dollar ernsthafte Zweifel entstanden waren. Anders als 1929 schloss sich dem Kurssturz allerdings keine Weltwirtschaftskrise an, und schon nach einem Jahr hatten der Dow Jones und der DAX ihren Verlust wieder aufgeholt. Dazu hat sicherlich auch beigetragen, dass die Notenbanken auf die Krise rasch mit einer Lockerung der Geldpolitik reagierten, das heißt die Banken mit reichlich Liquidität versorgten.

- In den 1980er-Jahren entstand die Bezeichnung »Tigerstaaten« für südostasiatische Länder wie Thailand, Indonesien, die Philippinen und Südkorea, die seinerzeit ein überaus starkes Wirtschaftswachstum erlebten. Der Boom endete 1997 mit einer schweren Finanzkrise, als deren wichtigste Ursachen ein außer Kontrolle geratener Investitionsboom, Leistungsbilanzdefizite, eine hohe Verschuldung in Fremdwährungen sowie eine zu schnelle Liberalisierung der nationalen Finanzmärkte gelten. An die Krise der Tigerstaaten schlossen sich schwere Krisen in Russland (1998), Brasilien (1998/99 und 2002), der Türkei (2000) und Argentinien (2001) an, für die etwa die gleichen Ursachen angeführt werden können. Weltwirtschaftlich gesehen waren die Effekte letztlich indes nicht gravierend. Dies gilt auch für die Finanz- und Wirtschaftskrise, in die Japan nach dem Platzen einer Immobilien- und Aktienpreisblase in den 1990er-Jahren hineinrutschte und aus der sich das Land erst 2002 befreien konnte. Die Asienkrise von 1997
- Ende der 1990er-Jahre erfasste die Industrieländer ein Technologietaumel, der auch der Börse bis dahin fern stehende Privatanleger an den Aktienmarkt lockte. Damals stiegen nicht nur die Kurse der Deutschen Telekom. Auch vielen neu gegründeten Internetfirmen wurde von den Anlegern das Geld geradezu nachgeworfen. Die Technologieblase war auch die Zeit großer Fusionen und Übernahmen, die überwiegend mit Aktien (und nicht mit Geld) finanziert wurden. Den spektakulärsten Fall bildete die Übernahme der deutschen Mannesmann durch die britische Vodafone. Die Euphorie endete im Frühjahr 2000, als allmählich deutlich wurde, dass viele der »New Economy«-Unternehmen die Gewinnerwartungen niemals würden erfüllen können (siehe Abbildung 8-10 und 8-11). Der DAX stürzte ab 2000 von seinem Rekordhoch von 8.136,2 Punkten auf 4.000 Punkte Mitte 2001. Zusätzlich lösten die Anschläge vom 11. September 2001 Panik aus und der DAX fiel bis Mitte 2002 auf unter 3.000 Punkte. Später (bei Beginn des Irakkriegs der USA Anfang 2003) erreichte er seinen Tiefstand bei 2.188,3 Punkten. Die Konjunktur in Deutschland und den USA hat sich daraufhin zwar abgeschwächt, aber bereits in 2003 wieder erholt. Die »New Economy«-Blase
- Die ab 2007 von den USA ausgehende weltweite Finanz- und Wirtschaftskrise war zweifellos die gravierendste seit 1929. Wir haben ihren Verlauf vorne ausführlich dargestellt. Die Subprime-Krise

Anfang 2020 kam es, ausgehend von China, zu einer globalen Ausbreitung des SARS-CoV-2-Virus – bekannt als Corona-Pandemie. Bis zu deren erklärtem Ende im Mai 2023 sollten sich weltweit 800 Millionen Menschen infizieren, mit mehr als 20 Millionen Todesopfern. Die durch die Pandemie verursachten Produktionsausfälle – auch infolge von Lockdowns und internationalen Lieferengpässen – führten 2020 zu einem globalen Wirtschaftseinbruch historischen Ausmaßes. In Deutschland sank das reale BIP in 2020 um 4,2 Prozent. Die Angebotsverknappung trieb gleichzeitig die Verbraucherpreise, insbesondere bei Nahrungsmitteln, in die Höhe. Auch die zur Eindämmung des Wirtschaftsabschwungs ergriffene expansive Geld- und Fiskalpolitik wirkte inflationär. Verstärkt wurde die Entwicklung durch den drastischen Anstieg der Energiepreise infolge des russischen Angriffskriegs gegen die Ukraine 2022. Die Staatsdefizite und damit die öffentliche Verschuldung vor allem in den Industrieländern erhöhten sich dramatisch. Die Corona-Pandemie

4.5 Gesamtwirtschaftliches Güterangebot und gesamtwirtschaftliche Güternachfrage

Dieses Modul ist sehr wichtig. Es schafft die theoretische Basis für das Verständnis der in den Kapiteln 5 bis 7 behandelten Einkommens- und Beschäftigungs- sowie Fiskal- und Geldpolitik.

Um Konjunkturschwankungen zu erklären, betrachten wir im Folgenden den *volkswirtschaftlichen Gütermarkt*. Hier treffen das geplante Angebot an und die geplante Nachfrage nach dem gesamten Produktionsergebnis einer Volkswirtschaft – dem realen Bruttoinlandsprodukt – aufeinander.

Begründung für den Verlauf der gesamtwirtschaftlichen Nachfragekurve

Schauen wir zunächst auf die Nachfrageseite (siehe Abbildung 4-4). Sie umfasst die Konsum- und Investitionsausgaben sowie den Außenbeitrag eines Landes (siehe Kapitel 2.2). Welche Beziehung zwischen der gesamtwirtschaftlichen Güternachfrage und dem Preisniveau für das Inlandsprodukt besteht, lässt sich jetzt nicht mehr so einfach sagen wie im Fall der Nachfrage eines Haushalts. Denn wenn das Preisniveau sinkt – was für sich genommen den Haushalten zugute kommt – so kann es sein, dass gleichzeitig das reale Volkseinkommen insgesamt unverändert bleibt oder sogar abnimmt, weil die Unternehmen entsprechend weniger Gewinne machen. Vor diesem Hintergrund gibt es in der Makroökonomik mehrere Erklärungsansätze dafür, warum die gesamtwirtschaftliche Nachfrage bei sinkendem Preisniveau normalerweise zunehmen wird, und umgekehrt. Plausibel erscheint insbesondere der so genannte Zinssatzeffekt, der – nach *John Maynard Keynes* (1883–1946) – auch als »Keynes-Effekt« bezeichnet wird. Demnach werden die Haushalte, wenn sie aufgrund sinkender Preise (ausgelöst etwa durch rückläufige Produktionskosten) weniger Geld für Konsumzwecke benötigen, den übrig bleibenden Betrag zinsbringend anlegen wollen. Das vergrößerte Angebot von Geldmitteln am Finanzmarkt lässt nun den Zinssatz sinken, was wiederum die Unternehmen zur Kreditaufnahme für Investitionszwecke anregt. Dadurch erhöht sich die Güternachfrage – die Nachfragekurve hat also die bekannt negative Steigung.

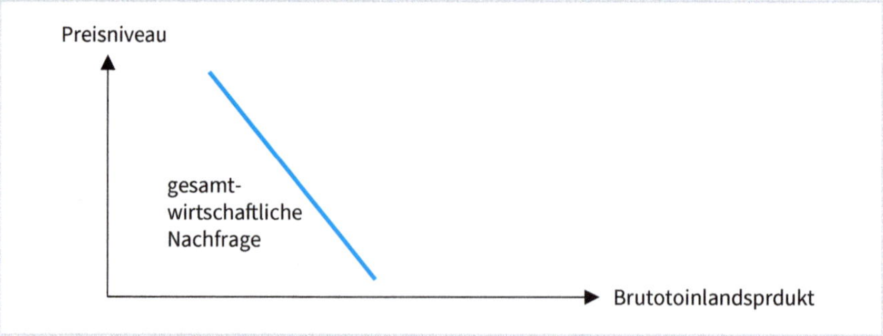

Abb. 4-4: Die gesamtwirtschaftliche Güternachfrage

Der so beschriebene Keynes-Effekt kann formal wie folgt dargestellt werden:

Formale Darstellung des Keynes-Effektes

$$P\downarrow \rightarrow \frac{M}{P}\uparrow \rightarrow z\downarrow \rightarrow I\uparrow \rightarrow Y_r{}^N\uparrow$$

Sinkt das Preisniveau, so steigt das Güteräquivalent der Geldmenge, die so genannte reale Geldmenge M/P. Das heißt, man kann sich mit einem gegebenen Geldbetrag M mehr Güter kaufen bzw. behält man beim Kauf einer gegebenen Gütermenge noch Geld übrig. Dessen Anlage am Finanzmarkt führt zu einer Ermäßigung der Zinsen z. Dies regt die Investitionstätigkeit I an und vergrößert so die Nachfrage nach dem realen Bruttoinlandsprodukt $Y_r{}^N$.

Verschiebungen der Nachfragekurve durch die Fiskal- oder die Geldpolitik

Eine nicht durch Preissenkungen bewirkte (man sagt: exogene) Zunahme der Konsum- oder Investitionsausgaben (z.B. im Wege einer expansiven Fiskalpolitik) oder des Außenbeitrags führt zu einer *Verschiebung* der Nachfragekurve nach rechts – bei jedem gegebenen Preisniveau wird mehr nachgefragt. Das Umgekehrte gilt bei einem Ausgabenrückgang. Eine Erhöhung der Geldmenge führt dazu, dass sich die Nachfrage nach *oben* verschiebt – eine gegebene Gütermenge kann zu höheren Preisen gekauft werden. Das Umgekehrte gilt bei einer Reduktion der Geldmenge.

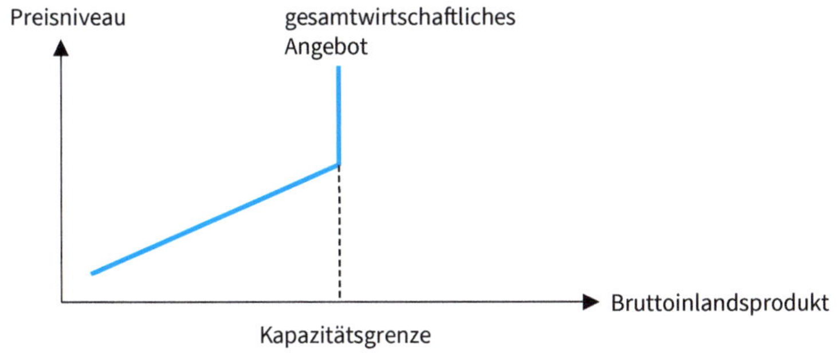

Abb. 4-5: Das gesamtwirtschaftliche Güterangebot

Begründung für den Verlauf der gesamtwirtschaftlichen Angebotskurve

Für die gesamtwirtschaftliche Angebotskurve (siehe Abbildung 4-5) geht man davon aus, dass sie – zumindest auf kurze Sicht – einen positiven Verlauf hat. Auch hier existieren verschiedene Theorien, die erklären, warum die Unternehmen ihre Angebotsmenge mit steigendem Preisniveau ausdehnen werden und umgekehrt. Keynes und seine Anhänger sahen die wesentliche Ursache dafür in starren Nominallöhnen. Hauptsächlich aufgrund längerfristiger Tarifverträge passen sich die Nominallöhne nur verzögert an Preisveränderungen an. Bei steigenden Preisen sinkt also der Reallohn. Auf diese Weise erhöht sich der Gewinn pro hergestellter Gütereinheit, was die Unternehmer zu einer Ausweitung ihres Güterangebots veranlasst, verbunden mit Neueinstellungen von Arbeitskräften. Der gleiche Effekt ergibt sich, wenn etwa die Unternehmen eine Lohnsteigerung nicht sofort wahrnehmen. Ist die Kapazitätsgrenze erreicht, kann die Angebotsmenge nicht mehr ausgedehnt werden. Es herrscht dann »Vollbeschäftigung« und die Angebotskurve verläuft senkrecht.

Eine Senkung der Produktionskosten äußert sich in einer Verschiebung der Angebotskurve nach unten (die gleiche Menge kann billiger produziert werden). Eine Kapazitätserweiterung führt zu einer Verschiebung der Angebotskurve nach rechts (zum gleichen Preis kann mehr produziert werden).

Formale Herleitung der gesamtwirtschaftlichen Angebotskurve

Aus dem Blickwinkel des bekanntlich etwas formal denkenden Ökonomen können wir die gesamtwirtschaftliche Angebotskurve nach folgendem Schema ableiten:

Es gilt:	Gewinn	=	Erlös – Kosten
bzw.:	G(A)	=	$P \cdot Y_r(A) - l \cdot A$
wobei:	G	=	Gewinn (als Funktion der eingesetzten Arbeitsstunden A; der Kapitaleinsatz werde als gegeben angenommen)
	P	=	Absatzpreis (zunächst annahmegemäß konstant)
	Y_r	=	das angebotene reale Bruttoinlandsprodukt bzw. allgemein die Produktion (als Funktion der eingesetzten Arbeitsstunden A)
	A	=	eingesetzte Arbeitsstunden
	l	=	Lohnsatz pro Arbeitsstunde (= Lohnsumme L dividiert durch Arbeitseinsatz A, d. h.: l = L/A, wobei l annahmegemäß konstant sei).

Das Gewinnmaximum (= die gewinnmaximale Produktion) ist erreicht, wenn der Gewinn der mit der letzten eingesetzten Arbeitsstunde produzierten Gütereinheiten (= Grenzgewinn) gleich null ist. Im Gewinnmaximum gilt also:

Grenzgewinn		=	Grenzerlös – Grenzkosten = 0
bzw.:	$\frac{\Delta G}{\Delta A}$	=	$P \cdot \frac{\Delta Y_r}{\Delta A} - l = 0$
wobei:	$\frac{\Delta Y_r}{\Delta A}$	=	mit der letzten eingesetzten Arbeitsstunde produzierte Gütereinheiten (= Grenzproduktivität der Arbeit).

Die einen maximalen Gewinn anstrebenden Unternehmen produzieren deshalb genau die Gütermenge, bei der gilt:

	(1)	$P \cdot \frac{\Delta Y_r}{\Delta A}$	=	l
		Grenzerlös der Arbeit	=	Grenzkosten der Arbeit
bzw.:	(2)	P	=	$\frac{l}{\frac{\Delta Y_r}{\Delta A}}$
		Grenzerlös der Produktion	=	Grenzkosten der Produktion
bzw.:	(3)	$\frac{\Delta Y_r}{\Delta A}$	=	$\frac{l}{P}$
		Grenzproduktivität der Arbeit	=	Reallohn

Das bedeutet: Steigt – ausgehend vom Zustand eines Gewinnmaximums – das Preisniveau, so bringt die zuletzt eingesetzte Arbeitsstunde mehr an Erlös als sie kostet (1) bzw. bringt das letzte produzierte und verkaufte Stück mehr als es kostet (2) bzw. sind die realen Kosten der Arbeit niedriger als die mit deren Einsatz geschaffene Mehrproduktion (3). Aus diesem Grunde werden unsere gewinnmaximierenden Unternehmen bei steigendem Preisniveau ihre Produktion (bis maximal zur Kapazitätsgrenze) ausdehnen und hierzu den Arbeitseinsatz vergrößern. Im Zuge dessen geht die Grenzproduktivität der Arbeit zurück, bis im neuen Gewinnmaximum wieder die mit Gleichung (1) bis (3) beschriebene Gleichgewichtsbedingung erfüllt ist.

4.6 Warum schwankt die Wirtschaft?

Schwankungen der Wirtschaftsaktivität sind schon in vorindustriellen Zeiten beobachtet worden. Damals, als die volkswirtschaftliche Produktion noch zum größten Teil aus landwirtschaftlichen Gütern bestand, machte man Ernteschwankungen dafür verantwortlich.

Gesamtwirtschaftliches Produktionspotenzial

Als Ausgangsbasis für die Erklärung konjunktureller Schwankungen wird heute das Modell der gesamtwirtschaftlichen Nachfrage und des gesamtwirtschaftlichen Angebots verwendet, das wir in Kapitel 4.5 kennengelernt haben. Makroökonomen nennen es die *keynesianisch-neoklassische Synthese* (da es von beiden zentralen Lehrmeinungen – den Keynesianern und den (Neo-)Klassikern – akzeptiert wird). Seine Aussage ist, dass das Angebot mit steigendem Preis zunimmt. Je stärker sich das Angebot der Kapazitätsgrenze nähert, umso geringer ist allerdings die mögliche Mengenausdehnung, sodass die Angebotskurve schließlich senkrecht verläuft. Das technisch erreichbare Produktionsniveau entspricht dem *gesamtwirtschaftlichen Produktionspotenzial*. Es handelt sich hier um das mit den vorhandenen Produktionsfaktoren maximal mögliche Produktionsvolumen. Man spricht auch vom *potenziellen BIP*. In der Realität wird dieses Vollbeschäftigungsniveau bestenfalls in einzelnen Branchen, selten aber gesamtwirtschaftlich erreicht. Vielmehr ist in der gesamten Volkswirtschaft fast immer eine gewisse Unterauslastung (»Normalauslastung«) der Kapazitäten, verbunden mit einer gewissen normalen bzw. »natürlichen« Arbeitslosigkeit, zu beobachten. Nach dem Verständnis der Wirtschaftsforscher liegt diese Normalauslastung bei 90 bis 95 Prozent des Potenzials. Anders gesprochen existiert also i. d. R. eine *negative BIP-Lücke* (tatsächliches BIP ist kleiner als das potenzielle). Im Abschwung vergrößert sich die negative BIP-Lücke, in Boomphasen kann es aber auch zu einer *positiven BIP-Lücke* kommen (tatsächliches BIP ist größer als potenzielles).

Das langfristige Wachstum der Wirtschaft schlägt sich nun darin nieder, dass sich die Kurve für das Produktionspotenzial mit der Zeit nach rechts verschiebt. Die Bedingungen hierfür zu untersuchen, ist in der Ökonomie Gegenstand der Wachstumstheorie.

Konjunkturschwankungen können von der Nachfrageseite oder von der Angebotsseite ausgelöst werden

Anhand des Verlaufs der gesamtwirtschaftlichen Angebotskurve lassen sich Konjunkturschwankungen leicht darstellen (siehe Abbildungen 4-6 und 4-7). Angenommen, in der Ausgangslage herrsche ein Gleichgewicht, bei dem das gesamtwirtschaftliche Angebot zum Preis P gerade durch die gesamtwirtschaftliche Nachfrage ausgeschöpft ist. Steigt nun die Nachfrage, so kommt es zu einem *nachfragebedingten* Aufschwung. Die Nachfragekurve verschiebt sich nach rechts. Sinkt dagegen die Nachfrage, so kommt es zu einem nachfragebedingten Abschwung. Die Nachfragekurve verschiebt sich nach links. Auslöser von Konjunkturschwankungen sind hier also Schwankungen der gesamtwirtschaftlichen Nachfrage. Dabei kann der erste Impuls grundsätzlich von jeder Komponente der Nachfrage ausgehen: vom Konsum oder den Investitionen ebenso wie von den Staatsausgaben oder vom Außenbeitrag. Ein Konjunkturauf- oder -abschwung kann sich aber auch von der *Angebotsseite* her einstellen. Eine Verschiebung der Angebotskurve nach unten (oben) – ausgelöst etwa durch eine Senkung (Erhöhung) der Rohstoffpreise – führt zu einem Aufschwung (Abschwung). Näheres hierzu auf den folgenden Seiten.

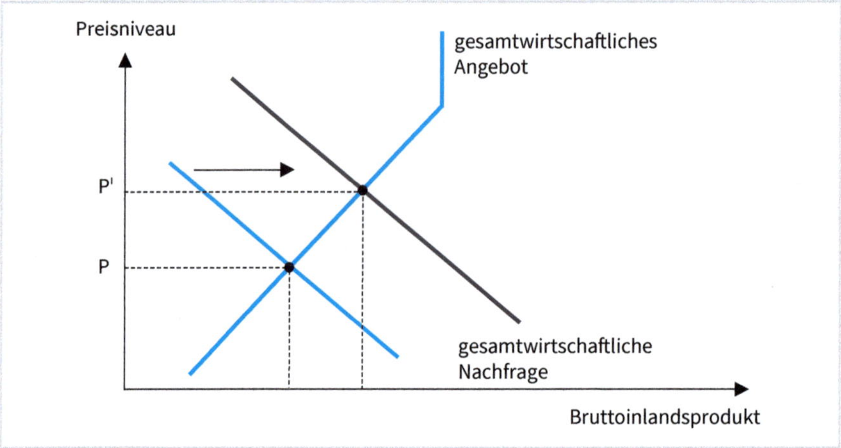

Abb. 4-6: Nachfragebedingter Aufschwung

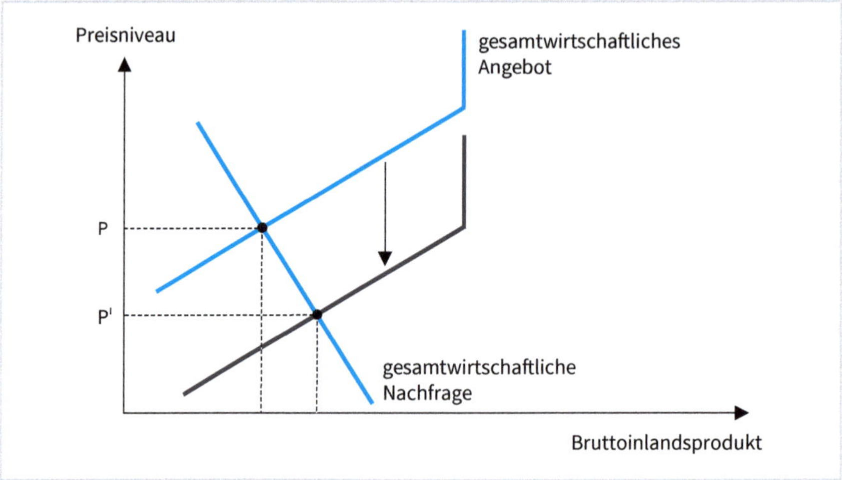

Abb. 4-7: Angebotsbedingter Aufschwung

Im Aufschwung steigt typischerweise das reale Bruttoinlandsprodukt. Wenn der Aufschwung nachfragebedingt ist, so erhöhen sich die Preise. Das Umgekehrte gilt für einen Abschwung.

Auch im Fall eines angebotsbedingten Aufschwungs steigt das reale Bruttoinlandsprodukt. Allerdings geht das Preisniveau zurück. Das Umgekehrte gilt für einen Abschwung.

4.7 Von Antreibern und Bremsern – Einflussfaktoren der Konjunkturentwicklung

Man kann einen Konjunkturzyklus mit dem Pendeln eines Schaukelstuhls vergleichen. Wodurch wird eine Volkswirtschaft (der Schaukelstuhl) zum Schwingen gebracht? Welche Impulse beeinflussen die gesamtwirtschaftliche Nachfrage und das gesamtwirtschaftliche Angebot? In Abbildung 4-8 sind die wesentlichen Einflüsse dargestellt, wobei unterschieden wird zwischen solchen Impulsen, die eine Ausdehnung (expansive) und solchen, die eine Schrumpfung (kontraktive) der Produktionsentwicklung bewirken.

Nachfrageseitige Einflussfaktoren

Eine Änderung der gesamtwirtschaftlichen Nachfrage kann durch den Staat sowie durch die Zentralbank herbeigeführt werden. Wir werden die konjunkturellen Wirkungen, die von einer Änderung der *Staatsausgaben* bzw. Steuern oder der *Geldmenge* und Zinsen ausgehen, in Kapitel 6 und 7 näher erläutern. Eine *Abwertung* der heimischen Währung beeinflusst die gesamtwirtschaftliche Nachfrage, indem sie zu einer Erhöhung der Exporte und einer Verringerung der Importe führen kann (siehe Kapitel 9.10). Weitere Gründe für Nachfrageschwankungen können in einer Veränderung der *Bevölkerungszahl* oder der gesamtwirtschaftlichen *Konsumquote* liegen.

Die Erwartungen der Wirtschaftssubjekte spielen eine entscheidende Rolle

Vom finanziellen Bereich einer Volkswirtschaft gehen erhebliche Einflüsse auf die gesamtwirtschaftliche Nachfrage aus. So werden sich *Kursverluste* an der Börse negativ auf den Konsum auswirken, weil das Vermögen der Aktienbesitzer sinkt. Aber auch die Investitionen bleiben von fallenden Aktienkursen nicht unberührt. Falls nämlich die Unternehmen einen Kursrutsch als Vorbote einer Rezession interpretieren, werden sie ihre Investitionstätigkeit einschränken. Allgemein kann man sagen, dass die konjunkturelle Abhängigkeit einer Volkswirtschaft vom finanziellen Sektor mit der Größe und Bedeutung des Finanzmarktes zunimmt. Die USA bilden hierfür ein besonders anschauliches Beispiel. Diese Überlegungen weisen bereits auf die konjunkturbestimmende Rolle der *Erwartungen* hin. Beispielsweise werden die Wirtschaftssubjekte, wenn sie einen Preisanstieg erwarten, schon heute verstärkt Güter kaufen, um dem vermeintlichen Preisanstieg zuvorzukommen. Dadurch nimmt die Nachfrage zu, und die Preise steigen tatsächlich. Das geschieht auch, wenn diese Erwartung objektiv vollkommen unbegründet ist. Man spricht von einer »Self-fulfilling Prophecy«. Erwarten Haushalte und Unternehmen andererseits ein Sinken der Preise, so werden sie ihre Nachfrage in der Erwartung, die Güter zu einem späteren Zeitpunkt billiger erwerben zu können, einschränken. Dadurch fällt die Nachfrage und die Preise sinken tatsächlich. Ein solches Verhalten war in Japan zu beobachten, das in den 1990er-Jahren eine schwere Wirtschaftskrise durchlaufen musste. Selbst die Ausgabe von Konsumgutscheinen konnte damals den sich selbst verstärkenden Abwärtsprozess nicht stoppen. Besonders Investitionsentscheidungen sind praktisch ausschließlich durch Erwartungen gesteuert.

Einflussfaktoren	expansiv	kontraktiv
nachfrageseitig	Staatsausgabenerhöhung oder Steuersenkung Geldmengenausweitung bzw. Zinssenkung Abwertung der heimischen Währung Bevölkerungszunahme Anstieg der Konsumquote Anstieg der Aktienkurse	Staatausgabensenkung oder Steuererhöhung Geldmengenverknappung bzw. Zinsanhebung Aufwertung der heimischen Währung Bevölkerungsabnahme Rückgang der Konsumquote Rückgang der Aktienkurse
angebotsseitig	Lohnsenkung bzw. -zurückhaltung Rückgang der Rohstoffpreise technischer Fortschritt Unternehmensneugründungen	Lohnerhöhung bzw. aggressive Lohnpolitik Erhöhung der Rohstoffpreise technologischer Stillstand Konkurse und Abwanderung von Unternehmen

Abb. 4-8: Einflussfaktoren der Konjunkturentwicklung

Angebotsseitige Einflussfaktoren

Die hier vorgenommene Zuordnung von Lohnänderungen entspricht dem Credo der Angebotspolitik (siehe auch Kapitel 4.14).

Ein angebotsbedingter Abschwung könnte etwa durch einen *Ölpreisanstieg* verursacht werden. Einige der kräftigsten Wirtschaftsschwankungen hatten hier ihren Ursprung (erinnert sei etwa an die »Ölkrisen« 1973 und 1979/80). Ein Anstieg der Ölpreise bedeutet erhöhte Produktionskosten für die Unternehmen und damit eine Verschiebung der Angebotskurve nach oben. Dadurch fällt das Produktionsniveau und das Preisniveau steigt. Da die Volkswirtschaft also sowohl eine Stagnation (fallendes oder gleich bleibendes Produktionsniveau) als auch eine Inflation (Preisniveauanstieg) aufweist, spricht man hier bisweilen von einer »Stagflation«. Umgekehrt könnte eine Senkung des Rohölpreises zu einer Verschiebung der Angebotskurve nach unten führen. Dies würde das Gegenteil einer Stagflation bewirken: das Produktionsniveau würde wachsen und das Preisniveau bzw. dessen Anstieg ginge zurück. Ähnliche Wirkungen gehen etwa vom *technischen Fortschritt* aus. Im Zuge von Unternehmensneugründungen verschiebt sich die Angebotskurve ceteris paribus nach rechts.

4.8 Der große Multiplikator – wie sich eine Änderung des Volkseinkommens vervielfachen kann

Die Entwicklung einer Volkswirtschaft wird kurzfristig hauptsächlich durch Veränderungen der Nachfrageseite bestimmt. Nehmen wir als Beispiel an, die Firma Opel wollte in die Formel 1 einsteigen und würde dafür 1 Milliarde Euro investieren. Was passiert aus Sicht des Ökonomen?

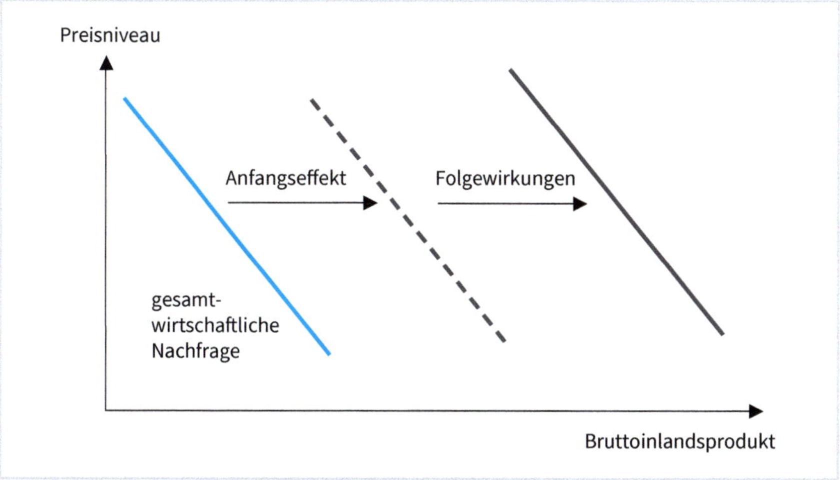

Abb. 4-9: Die multiplikative Erhöhung der Nachfrage

Schematisch kommt es zu einer Verschiebung der gesamtwirtschaftlichen Nachfragekurve nach rechts, und zwar zunächst um genau 1 Milliarde Euro (siehe Abbildung 4-9). Das ist aber nur der *Anfangseffekt*. Wenn für die 1 Milliarde Euro etwa ein neues Rennauto gebaut wird, dann ist dieses Geld ja nicht einfach verschwunden. Vielmehr befindet es sich in Händen der in der Produktion beschäftigten Ingenieure, Facharbeiter, Zulieferfirmen etc. Diese werden vielleicht einen Teil des verdienten Einkommens sparen, den überwiegenden Teil aber für Konsumzwecke verwenden. Dadurch verschiebt sich die Nachfragekurve erneut nach rechts. In den betroffenen Bereichen der Konsumgüterbranche kommt es zu einem Anstieg der Produktion. Das dabei entstehende Einkommen wird wiederum für Konsumzwecke verwendet, was die Nachfragekurve weiter nach rechts verschiebt etc. Das heißt, es gibt positive *Folgewirkungen* des ersten Impulses. Die Veränderung einer Größe der gesamtwirtschaftlichen Nachfrage (im Beispiel der Investitionen) führt auf diese Weise zu einer Änderung des Bruttoinlandsprodukts und des Volkseinkommens um ein Mehrfaches der ursprünglichen Nachfrageänderung.

In Abbildung 4-10 ist der Prozess dieser multiplikativen Nachfrage- und Einkommenssteigerung nochmals dargestellt. In jeder Runde »versickert« ein Teil des zusätzlich entstandenen Einkommens durch die Ersparnisbildung. Die Höhe des *Multiplikators*, also der Nachfrageeffekt insgesamt, hängt von der gesamtwirtschaftlichen Konsumquote ab. Je höher diese ist, desto größer ist die Einkommenswirkung, und umgekehrt. Unterstellt man etwa eine Konsumquote von $c = 0{,}8$, so ergibt sich für unser Beispiel:

Veränderung der Investition (ΔI)	=	1 Mrd. Euro
erste Konsumänderung	=	$0{,}8 \cdot 1$ Mrd. Euro
zweite Konsumänderung	=	$0{,}8^2 \cdot 1$ Mrd. Euro
dritte Konsumänderung	=	$0{,}8^3 \cdot 1$ Mrd. Euro
Gesamtänderung der Nachfrage	=	$(1 + c + c^2 + c^3 + \ldots)\,\Delta I$

Der Multiplikator 1 : (1 – c) ist die Summe der Reihe $1 + c + c^2 + c^3 + \ldots$ Im Beispiel beträgt der Multiplikator 1 : (1 – 0,8) = 5. Die Steigerung der Investitionen um 1 Milliarde Euro bewirkt damit eine Erhöhung der Nachfrage, der Produktion und des Volkseinkommens um insgesamt 5 Milliarden Euro. Eine Verringerung der Investitionen führt zu einem entsprechenden Rückgang des Einkommens. Der Multiplikatoreffekt wirkt in die positive, aber ebenso in die negative Richtung.

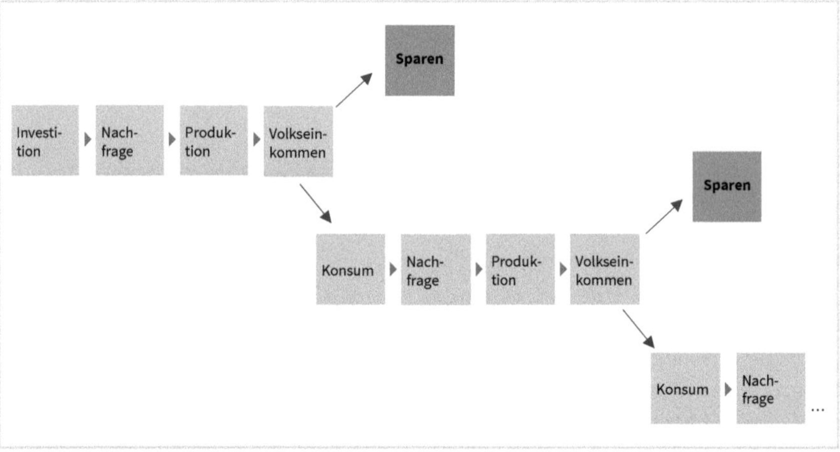

Abb. 4-10: Das Multiplikatorprinzip

Der beschriebene, von J.M. Keynes erstmals erwähnte Multiplikatoreffekt gilt für Investitionen genauso wie für Konsum- und Staatsausgaben, Exporte und (mit negativem Vorzeichen) Importe. In *offenen Volkswirtschaften* treten neben der Ersparnis weitere Sickerverluste in Form von Importen auf, sodass sich der Multiplikator verkleinert. Anzumerken ist schließlich noch, dass eine Nachfrageänderung nur dann die beschriebene Wirkung hat, wenn sie dauerhaft ist. In unserem Beispiel müsste also Opel jedes Jahr erneut 1 Milliarde Euro investieren. Andernfalls würde sich ja das Investitionsvolumen wieder reduzieren und das Volkseinkommen würde auf das ursprüngliche Niveau zurückgehen.

Insofern die Investitionen einkommensabhängig sind, ist auch der von *J.R. Hicks* (1904–1989) so bezeichnete *Supermultiplikator* vorstellbar. Er ist größer als der normale, da die während des Multiplikatorprozesses eintretenden Einkommensänderungen dann nicht nur die Konsumnachfrage, sondern auch die Investitionsnachfrage (gemäß der marginalen Investitionsquote) beeinflussen.

Was die tatsächliche Höhe des Multiplikatoreffektes in der Realität angeht, so sprechen die meisten bisher durchgeführten empirischen Studien gegen eine allzu optimistische Einschätzung. So wurde etwa für das knapp 800 Milliarden schwere Konjunkturpaket, das die US-Regierung zur Überwindung der Wirtschaftskrise 2009 aufgelegt hat, ein Multiplikator von 1,6 errechnet.

Akzelerator

Neben dem Multiplikator existiert des Weiteren ein *Akzelerator*- bzw. *Beschleunigereffekt*: Wenn die Nachfrage und entsprechend die Produktion steigt, so macht dies Neuinvestitionen (aus Kapazitätsgründen) erforderlich. Dadurch erhöht sich die Nachfrage zunächst zusätzlich. Wie gezeigt, wird die multiplikative Nachfrageerhöhung aber immer kleiner, sodass auch die notwendige Investitionstätigkeit sinkt. Dies löst nun seinerseits eine multiplikative Abwärtsbewegung aus etc. Zyklische Schwankungen der Konjunktur lassen sich also aus dem Zusammenwirken von Multiplikator und Akzelerator erklären.

Nachgehakt

Brauchen wir Wirtschaftswachstum?
Diese Frage wird häufig gestellt, insbesondere von Kirchen, Gewerkschaften, Umweltschützern und Nichtregierungsorganisationen. Nur wenn wir »einen Gang zurückschalten«, könnte die »Plünderung unseres Planeten« gestoppt werden. Nach Ansicht der Wachstumskritiker käme dies insgesamt der Lebensqualität der Menschen zugute. Wie ist der Sachverhalt ökonomisch zu beurteilen?

Wirtschaftswachstum bedeutet, dass die Produktivität, also die Produktionsleistung je Erwerbstätigen, im Trend zunimmt. Die Ursache dafür ist der ständige technische Fortschritt durch innovative Produktionsverfahren. Genau diese Innovationen wirken indes einem übermäßigen Ressourcenverbrauch entgegen. Wenn etwa Rohstoffe knapper werden, wird ihr Preis steigen. Das ist ein starker Anreiz für Forschung und Entwicklung, nach neuen produktiven und ressourcenschonenden Lösungen zu suchen. Dies zeigt etwa das Beispiel Strom, der zuerst mit Kohle, später durch Kernkraft und mittlerweile immer mehr durch erneuerbare Energiequellen erzeugt wird.

Ein weiteres Argument gegen Wirtschaftswachstum liegt darin, dass die Menschen nicht immer mehr Güter konsumieren könnten. Irgendwann würde das Wachstum durch »Sättigung« beendet. Diese Sicht basiert auf einer naiven Vorstellung von Wachstum. Wachstum besteht nicht darin, dass von vorhandenen Gütern immer mehr produziert wird. Vielmehr werden immer neue Güter mit neuer Qualität auf den Markt gebracht. Wir konsumieren heute Güter, die es vor 20 oder 30 Jahren noch gar nicht gab. Man denke etwa an das Internet oder die Medizintechnik. Das Sättigungsargument greift hier nicht.

Neoklassische Ökonomen beantworten die in der Überschrift gestellte Frage eindeutig mit ja. Damit eine Volkswirtschaft stabil bleibt, sagen sie, muss sie wachsen. Im Geldsystem wird der eingebaute Wachstumsmechanismus sichtbar: Wer Geld verleiht, verlangt dafür einen Zins. Aus 1.000 verliehenen Euro werden so 1.005 oder 1.010 Euro. Der Differenzbetrag muss erwirtschaftet werden. Und das funktioniert – auf die gesamte Volkswirtschaft gesehen – nur bei Wachstum.

Nullwachstum hätte zudem negative Effekte für den Arbeitsmarkt. Steigt die Produktivität Jahr für Jahr, jedoch nicht die verkaufte Gütermenge, so werden immer weniger Arbeitskräfte notwendig. Es käme also zu Entlassungen.

Schließlich wird den Wachstumskritikern oft entgegengehalten, dass die Armut in der Welt und die Überalterung der Gesellschaft (speziell in Deutschland) Herausforderungen sind, die mit wirtschaftlichem Wachstum besser bewältigt werden können.

Alles in allem lässt die obige Argumentation pro Wachstum auch die in jüngerer Zeit diskutierten *Degrowth-Ansätze* als wenig fundiert erscheinen. Ihnen liegt die Idee zugrunde, den Planeten zu retten, indem die Menschen in einem Maße Verzicht üben, dass darüber die Wirtschaft schrumpft.

4.9 Kann man die Konjunktur vorhersagen?

»Wenn du eine Prognose machst, dann prognostiziere eine Zahl oder einen Zeitpunkt, aber niemals beides.« Unter Ökonomen gilt dieser mit einem Augenzwinkern gegebene Ratschlag als Grundregel des Prognostikers. Denn bei allen Erkenntnissen, welche die Wirtschaftswissenschaft und die Konjunkturtheorie bis heute besitzen, ist doch festzuhalten, dass sich diese nur auf die in der Vergangenheit gemachten Erfahrungen beziehen können. Auch wenn das Verhalten der Wirtschaftssubjekte gewissen Gesetzmäßigkeiten folgt, so wird doch niemand behaupten wollen, dass er weiß, wie sich die Menschen in künftigen unbekannten Situationen verhalten werden. Dies indes wäre die Voraussetzung für eine zuverlässige Konjunkturprognose.

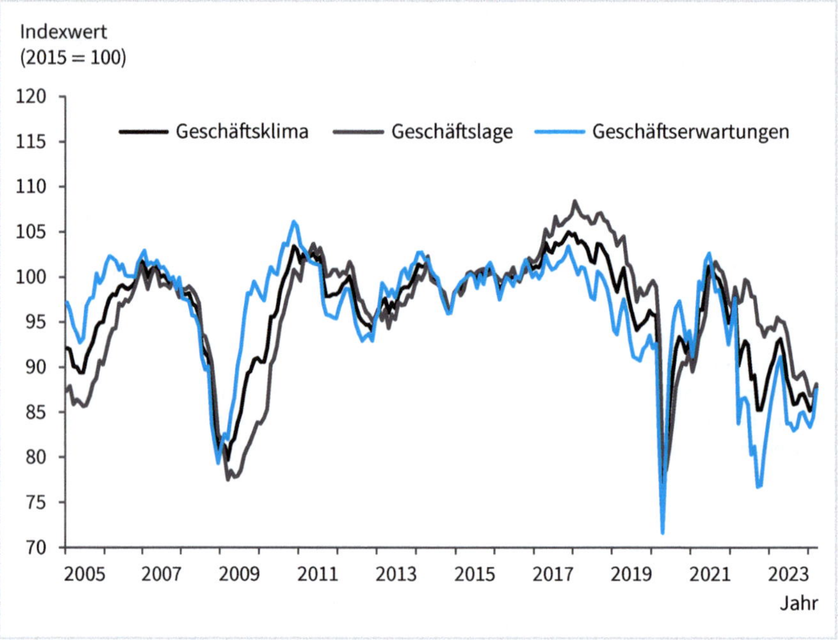

Abb. 4-11: Entwicklung des ifo-Geschäftsklimas für die gewerbliche Wirtschaft in Deutschland
Quelle: ifo Institut für Wirtschaftsforschung

ifo-Geschäftsklimaindex

Zweifellos sind Aussagen über die Zukunft umso besser möglich, je näher der Prognosezeitraum an der Gegenwart liegt. Die Wirtschaftswissenschaft hat für diesen Bereich versucht, geeignete Indikatoren zu finden, die – ähnlich wie ein Barometer durch Anzeige von Luftdruckänderungen künftige Wetterveränderungen anzeigt – zur Vorhersage kurzfristiger Konjunkturschwankungen dienen können. Ein solcher typischer Frühindikator ist die *Reichweite der Auftragsbestände*. Hierunter versteht man die Zahl der Monate, für die Aufträge vorhanden sind. Als weiterer Frühindikator hat das vom ifo Institut für Wirtschaftsforschung, München, ermittelte *Geschäftsklima* Bedeutung erlangt (siehe Abbildung 4-11). Das Konzept gründet sich auf die

Erkenntnis, dass Produktionsentscheidungen letztlich die Absatzerwartungen der betreffenden Unternehmer widerspiegeln. Entsprechend hat das ifo Institut Fragen entwickelt, die monatlich von etwa 9.000 Unternehmen beantwortet werden. Gefragt wird, wie die Unternehmer die gegenwärtige Geschäftslage und die Veränderung gegenüber dem Vormonat beurteilen und welche Erwartungen sie für die nächsten sechs Monate haben. Aus den Antworten berechnet das ifo Institut einen Index für das Geschäftsklima in den verschiedenen Wirtschaftsbereichen.

Weitere Konjunkturindikatoren

Es gibt noch eine Reihe anderer Messgrößen zur Früherkennung der zukünftigen Wirtschaftsentwicklung. Hierzu gehört insbesondere der *Konjunkturerwartungsindex* des Zentrums für Europäische Wirtschaftsforschung (ZEW) in Mannheim, der auf einer monatlichen Umfrage unter bis zu 350 deutschen Finanzmarktexperten beruht. Recht bekannt sind des Weiteren der *F.A.Z.-Konjunkturindikator* und der *DZ-Bank-Euro-Indikator* sowie der *Einkaufsmanagerindex* für die Industrie im Euroraum. Für letzteren befragt die Nachrichtenagentur Reuters rd. 350 für Einkauf und Logistik in führenden europäischen Unternehmen verantwortliche Mitarbeiter. Der amerikanische *Einkaufsmanagerindex* ist ein beliebter Indikator an den Finanzmärkten in den USA. Er gewinnt auch in Europa immer mehr an Bedeutung. Ähnliches gilt für die regelmäßig veröffentlichten Daten des *US-Arbeitsmarktberichts* und die *US-Einzelhandelsumsätze*.

VGR-Prognose

Bei Konjunkturprognosen über einen Zeitraum von einem Jahr und mehr kommen häufig so genannte VGR-Prognosen (Volkswirtschaftliche Gesamtrechnung) zum Einsatz. Diese sind recht einfach zu erstellen, sie sind jedoch unter Ökonomen nicht besonders gut angesehen. Basis ist die Verwendungsseite des Bruttoinlandsprodukts (siehe Kapitel 2.2). Die für den Prognosezeitraum erwarteten Veränderungsraten der einzelnen Verwendungskomponenten, also des privaten und öffentlichen Konsums, der Investitionen sowie der Ex- und Importe, werden anhand der vorliegenden Informationen (nicht selten aber auch »aus dem Bauch heraus«) geschätzt. Daraus ergibt sich eine erwartete Wachstumsrate des Bruttoinlandsprodukts. Ein solches »Lean Forecasting« geht zweifellos schnell, ist aber aufgrund der einfließenden Plausibilitätsüberlegungen höchst angreifbar.

Ökonometrische Modelle

Für längerfristige Perspektiven (ein Jahr und mehr) lassen sich mithilfe »ökonometrischer Makromodelle« differenzierte und fundierte Aussagen treffen. Dabei werden zunächst bestimmte Annahmen über das weltwirtschaftliche Umfeld getroffen, etwa über die Entwicklung des Welthandels, der Wechselkurse und der Rohölpreise. Ebenso geht man von bestimmten Entwicklungen im Bereich der Finanzpolitik oder der Lohnpolitik aus. Daraufhin werden sukzessive die einzelnen Komponenten des Bruttoinlandsprodukts geschätzt, wobei empirisch getestete Funktionen wie Konsum- oder Investitionsfunktionen verwendet werden. Derartige Modelle, die von Wirtschaftsforschungsinstituten, aber auch in großen Banken verwendet werden, beinhalten nicht selten tausend oder mehr Gleichungen. Nach dem amerikanischen Nobelpreisträger Paul Samuelson sind diese Vorhersagen der Volkswirte zwar nicht unfehlbar, aber meist zutreffender als die von Kartenlegern.

4.10 Lohn und Brot – das Problem der Arbeitslosigkeit

Arbeitslosigkeit ist für die Betroffenen, aber auch für das Gemeinwesen, ein schweres Problem, ihre Bekämpfung stellt deshalb ein vorrangiges Ziel der Wirtschaftspolitik dar. In Deutschland hat sich die Arbeitslosenquote etappenweise auf über 12 Prozent im Jahr 2005 erhöht und ist dann deutlich zurückgegangen. Im Jahresdurchschnitt 2023 betrug sie nur noch 6,2 Prozent (siehe Abbildung 4-12). Dabei ist die Zahl der Arbeitslosen in jeder Rezessions- bzw. Stagnationsphase der letzten sechzig Jahre um bis zu eine Million gestiegen, andererseits im Boom teilweise kaum gesunken.

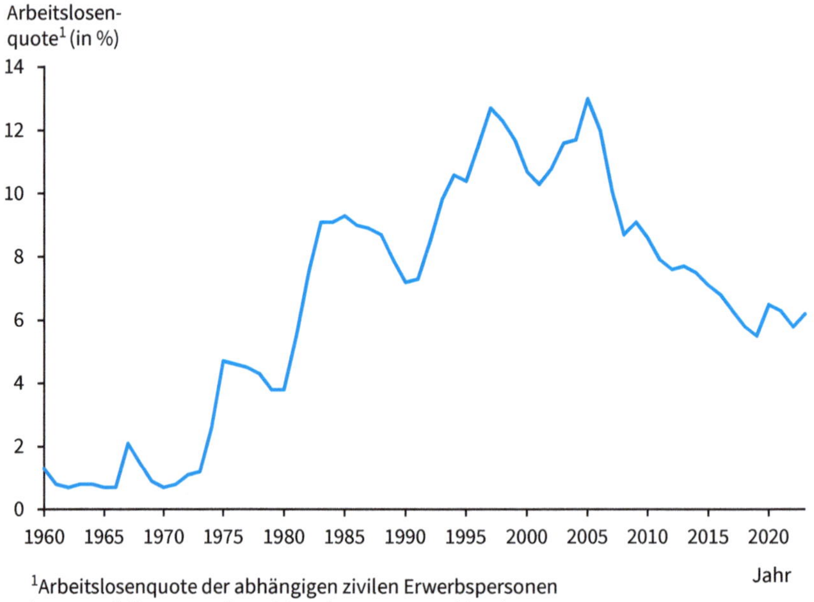

[1]Arbeitslosenquote der abhängigen zivilen Erwerbspersonen bis 1990: früheres Bundesgebiet, ab 1991: Deutschland

Abb. 4-12: Arbeitslosigkeit in Deutschland
Quelle: Bundesagentur für Arbeit, Arbeitslosigkeit im Zeitverlauf, Februar 2024

Registrierte Arbeitslose

Offizielle Messgröße der Arbeitslosigkeit ist in Deutschland die *registrierte Arbeitslosenquote*, gemessen als registrierte Arbeitslose in Prozent aller Erwerbspersonen (siehe Abbildung 4-13). Hierbei gilt als »registrierter Arbeitsloser« eine Person, die bei der Agentur für Arbeit arbeitslos gemeldet ist, also nicht in einem Beschäftigungsverhältnis steht oder nur eine Teilzeit-Beschäftigung ausübt (maximal 15 Stunden wöchentlich).

Stille Reserve

Ende 2023 gab es in Deutschland nur noch etwa 2,6 Millionen registrierte Arbeitslose; die entsprechende Arbeitslosenquote betrug 5,7 Prozent. Hinzu treten die »verdeckt« Arbeitslosen – man spricht auch von der »Stillen Reserve«. Darunter fallen insbesondere Teilnehmer an staatlich subventionierten Arbeitsbeschaffungs- oder Umschulungsprogrammen sowie Personen im vorzeitigen Ruhestand, aber auch Menschen, die resigniert haben oder sich aus anderen Gründen nicht arbeitslos melden. Ihr Umfang (einschließlich Migranten) wird auf bis zu 2 Millionen geschätzt, sodass die Gesamtzahl der Beschäftigungslosen in Deutschland bei ca. 4,5 bis 5 Millionen liegen dürfte. Das entspricht einer tatsächlichen Arbeitslosenquote von ungefähr 10 Prozent.

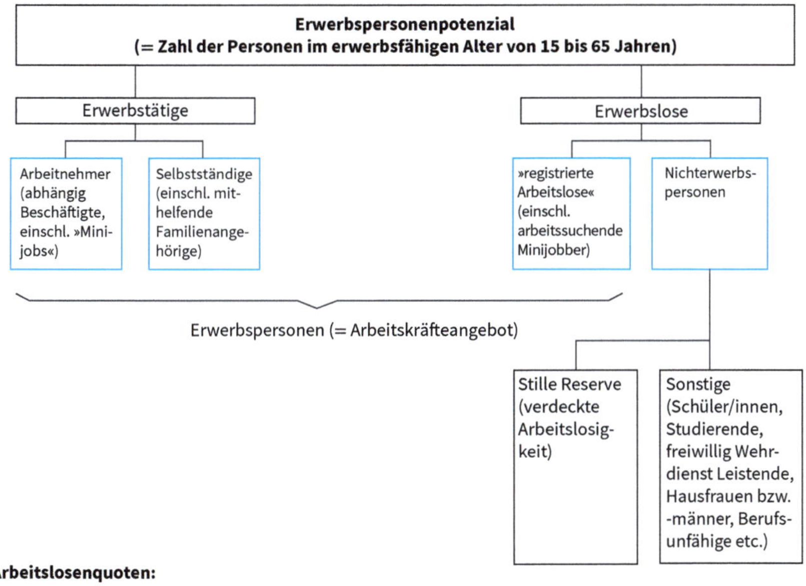

Arbeitslosenquoten:

(1) Arbeitslosenquote (weite Definition) $= \dfrac{\text{Erwerbslose}}{\text{Erwerbspersonenpotenzial}} \cdot 100$

(2) »registrierte« Arbeitslosenquote (in % aller Erwerbspersonen; Europäische Standardmethode) $= \dfrac{\text{»registrierte« Arbeitslose}}{\text{Erwerbspersonen}} \cdot 100$

(3) »registrierte« Arbeitslosenquote (in % der abhängigen Erwerbspersonen) $= \dfrac{\text{»registrierte« Arbeitslose}}{\text{abhängige Erwerbspersonen}} \cdot 100$

Abb. 4-13: Kenngrößen des Arbeitsmarktes

Während einerseits Arbeitslosigkeit herrscht, geht die Zahl fehlender Handwerker, Erzieher, Computerexperten und anderer Fachkräfte, etwa in der Pflege-, Metall- oder Elektrobranche bzw. allgemein im Ingenieurbereich, ebenfalls in die Millionen. Auch gibt es innerhalb Deutschlands große regionale Unterschiede. Zu beobachten ist des Weiteren, dass manch andere Länder (z. B. Norwegen) hinsichtlich des Beschäftigungsziels noch erfolgreicher waren bzw. sind. Diese und andere Ergebnisse lassen den Schluss zu, dass das Arbeitslosenproblem zwar einiges mit der Konjunktur zu tun hat, dass aber weitere Ursachen eine Rolle spielen. Für eine gezielte Beschäftigungspolitik ist es daher unabdingbar, die verschiedenen Gründe der Arbeitslosigkeit so genau wie möglich zu diagnostizieren.

4.11 Und was sind die Ursachen?

Nach Ansicht der so genannten Klassiker bzw. Neoklassiker (siehe Kapitel 5) liegt die Ursache für Arbeitslosigkeit letztlich darin, dass unter den gegebenen strukturellen und institutionellen Bedingungen der Reallohn zu hoch ist. Gemessen an den erzielbaren Absatzpreisen und der gegebenen Arbeitsproduktivität verlangen die Arbeitnehmer zu hohe Nominallöhne, sodass sich die Güterproduktion und damit die Beschäftigung von Arbeitskräften für die Unternehmer nicht rentiert. Das entsprechende Kalkül der Unternehmen lässt sich gut anhand der vom Sachverständigenrat verfolgten *Regel für Lohnerhöhungen* nachvollziehen (siehe Kapitel 4.14, produktivitätsorientierte Lohnpolitik). Man spricht von *klassischer* bzw. *struktureller Arbeitslosigkeit* im weitesten Sinne.

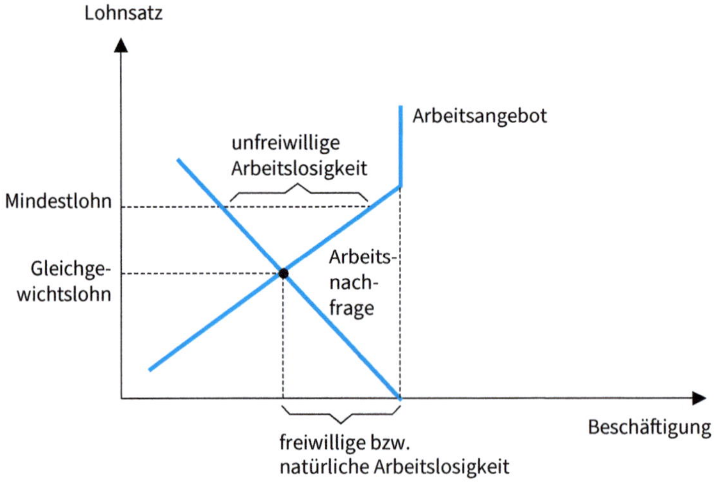

Abb. 4-14: Klassische Arbeitslosigkeit

Strukturelle Arbeitslosigkeit

In Abbildung 4-14 ist die Situation dargestellt: Das *Arbeitsangebot* entspricht der Zahl der Erwerbspersonen, die eine Arbeit aufnehmen wollen. Es nimmt mit steigendem erzielbarem Lohnsatz zu, und zwar maximal bis zu dem Punkt, an dem alle arbeitsfähigen Personen beschäftigt sind. Unter der *Arbeitsnachfrage* sind die von den Unternehmen (und dem Staat) bereitgestellten Arbeitsplätze zu verstehen. Sie nimmt mit steigendem Lohnsatz ab. Beim Gleichgewichtslohnsatz herrscht nach klassischer Auffassung stets Vollbeschäftigung, das heißt, alle zu diesem Lohnsatz Arbeitswilligen finden einen Arbeitsplatz. Das bedeutet jedoch nicht, dass es hier gar keine Arbeitslosigkeit gäbe. Die beim Gleichgewichtslohn nicht Beschäftigten gelten aber als »natürliche« bzw. »freiwillige« Arbeitslose. Wir werden weiter unten auf diese Form der Arbeitslosigkeit näher eingehen.

Gilt indes ein Lohnsatz, der über dem Gleichgewichtslohn liegt, so besteht »unfreiwillige« Arbeitslosigkeit. Bei einem funktionierenden Arbeitsmarkt würde daraufhin der Lohnsatz sinken und die Arbeitsnachfrage nähme zu, bis wieder Vollbeschäftigung erreicht wäre (Bewegung *entlang* der Kurven). Die gleiche Wirkung wie bei einem Rückgang des Nominallohns ergäbe sich auch durch einen Preisanstieg. Es käme ebenfalls zu einer Abnahme des Reallohns mit der Folge einer verbesserten Gewinnsituation und dadurch steigenden Arbeitsnachfrage der Unternehmen. In der Abbildung entspräche dem eine *Verschiebung* der Arbeitsnachfragekurve nach rechts bzw. oben. Denselben Effekt hätte ein Anstieg der Arbeitsproduktivität. Aus diesen Überlegungen folgt, dass unfreiwillige Arbeitslosigkeit auf Dauer nur existieren kann, wenn der Reallohnsatz auf einem zu hohen Niveau verharrt, wenn also der Preismechanismus auf dem Arbeitsmarkt versagt. Verantwortlich dafür können etwa tariflohnbedingte *Mindestlöhne* sein.

Mindestlohn-Arbeitslosigkeit

Insbesondere seit den 1970er-Jahren wurde in Deutschland – zweifellos mit guter Absicht – eine Reihe institutioneller Regelungen zum Schutz der Arbeitnehmer sowie im Bereich der sozialen Absicherung eingeführt. Dies führte zu hohen »Lohnnebenkosten« und verringerte wohl allgemein den Anreiz der Unternehmen, Arbeitskräfte nachzufragen (Arbeitsnachfragekurve verlagert sich nach links). Die auf diese Weise erklärbare Arbeitslosigkeit wird als *institutionelle Arbeitslosigkeit* bezeichnet. Offenbar ist genau diese Form der Unterbeschäftigung in Europa erheblich gestiegen. Mit einer expansiven Fiskal- oder Geldpolitik lässt sich dagegen wenig ausrichten.

Institutionelle Arbeitslosigkeit

Konjunkturelle Arbeitslosigkeit

Die beschriebene strukturelle Arbeitslosigkeit ist typischerweise anhaltend (zählebig). Demgegenüber wird die *konjunkturelle* bzw. *keynesianische Arbeitslosigkeit* als im Grunde vorübergehend (temporär) eingeschätzt. Sie bildet die Reaktion auf einen zeitlich befristeten Rückgang der gesamtwirtschaftlichen Güternachfrage, der im idealtypischen Fall alle Branchen, Regionen, Berufe etc. in etwa gleichem Maße betrifft. In Abbildung 4-15 weist die Arbeitsnachfrage zunächst den aus der Klassik bekannten Verlauf auf. Dann knickt die Kurve aber senkrecht nach unten ab. (Der gestrichelte Ast der Arbeitsnachfrage ist nach keynesianischer Auffassung makroökonomisch irrelevant, man spricht auch von der »notionalen«, das heißt hypothetischen Arbeitsnachfrage). Ursache für den Knick in der Arbeitsnachfragekurve ist die zu geringe Höhe der effektiven Gesamtnachfrage nach Gütern, zu deren Befriedigung lediglich ein bestimmter Arbeitseinsatz erforderlich ist. Auch bei sinkenden Löhnen stellen die Unternehmen keine Leute ein, da diese infolge fehlender Aufträge keine Arbeit hätten. Zu erwähnen ist noch, dass die keynesianische Theorie von einer gewissen Starrheit der Nominallöhne ausgeht. In der Realität ist zu beobachten, dass die Löhne, zumindest nach unten, weitgehend durch Tarifvereinbarungen fixiert sind. Die Arbeitnehmer und deren Interessenvertreter sind nicht bereit, ihre Arbeitsleistung unterhalb eines bestimmten Lohnes anzubieten. Die Kurve des Arbeitsangebots verläuft deshalb im unteren Lohnbereich waagerecht. Das ist indes aus keynesianischer Sicht nicht entscheidend für das Entstehen von Arbeitslosigkeit. Maßgeblich ist vielmehr die fehlende Güternachfrage. Darum kommt es in Punkt ❶ zu (unfreiwilliger) konjunktureller Arbeitslosigkeit. Dieser Zustand kann nur beseitigt werden, indem die Konjunktur – etwa über eine Erhöhung der Staatsnachfrage – angekurbelt wird. Dadurch ergibt sich evtl. ein Anstieg der Beschäftigung (in Abbildung 4-15 verschiebt sich die Arbeitsnachfragekurve nach rechts). Verschiedentlich werden auch Nominallohnerhöhungen propagiert, um – über die dadurch eventuell bewirkte Konjunkturbelebung – eine Rechtsverlagerung der Arbeitsnachfrage zu bewirken. Diese so genannte *Kaufkrafttheorie* ist jedoch sehr kritisch zu beurteilen (siehe Kapitel 4.13).

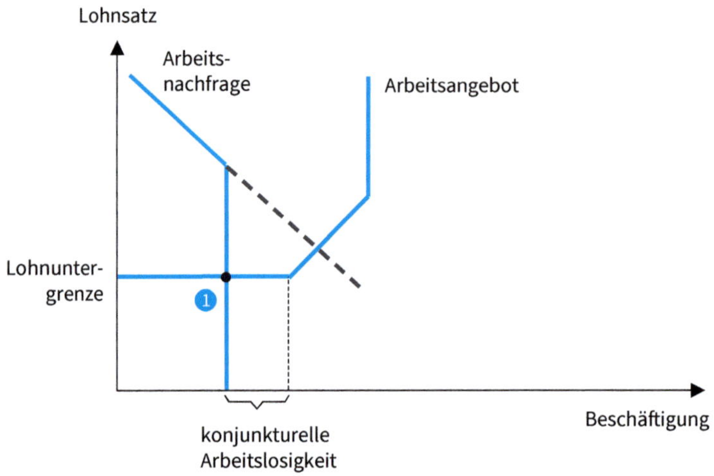

Abb. 4-15: Keynesianische Arbeitslosigkeit

Friktionelle Arbeitslosigkeit

Abbildung 4-16 gibt einen Überblick über die verschiedenen Arten der Arbeitslosigkeit. Bisher noch nicht erwähnt haben wir die saisonale sowie die friktionelle Arbeitslosigkeit. Diese bilden aber zweifellos nicht das zentrale Problem der Beschäftigungspolitik. Es handelt sich hier um eine Art »Sockelarbeitslosigkeit«, die auch in Zeiten hohen Wirtschaftswachstums nicht wesentlich reduziert werden kann. Schätzungen gehen von derzeit etwa 250.000 solcherart Beschäftigungslosen in Deutschland aus. *Friktionelle Arbeitslosigkeit* wird auch als »Sucharbeitslosigkeit« bezeichnet. Sie tritt kurzfristig auf, wenn Arbeitskräfte entlassen werden und bis zum Antritt einer neuen Stelle nicht beschäftigt sind. Durch eine verbesserte Vermittlungseffizienz, erhöhte räumliche Mobilität der Arbeitnehmer und verschärfte Zumutbarkeitsregelungen kann diese Form der Arbeitslosigkeit verringert werden.

Saisonale Arbeitslosigkeit

Saisonale Arbeitslosigkeit ergibt sich aus jahreszeitlichen Schwankungen sowohl auf der Angebotsseite, das heißt bei der Produktion (insbesondere Bau-, Land- und Forstwirtschaft), als auch auf der Nachfrageseite (vor allem Touristikgewerbe, Weihnachtsgeschäft). Eine ursachengerechte Bekämpfung ist hier schlecht möglich.

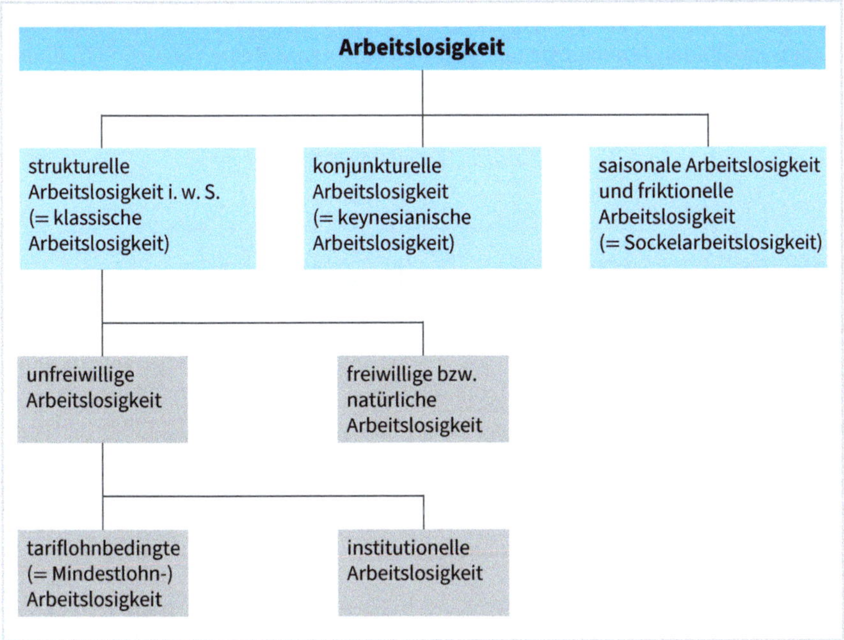

Abb. 4-16: Formen der Arbeitslosigkeit

4.12 Im Brennpunkt: Die strukturelle Arbeitslosigkeit

Kommen wir jetzt nochmals zurück auf die strukturelle Arbeitslosigkeit, die in Deutschland – dies dürfte heute Common Sense unter den Ökonomen sein – den hauptsächlichen Ansatzpunkt bei der Bekämpfung der Unterbeschäftigung darstellt. In ihrer sehr weiten Abgrenzung ist darunter der Teil der Arbeitslosigkeit zu verstehen, der nicht auf friktionelle, saisonale oder konjunkturelle Ursachen zurückzuführen ist. Bei 2,8 Millionen registrierten Arbeitslosen (Anfang 2024) und einer geschätzten konjunkturellen Arbeitslosigkeit von 0,5 bis 1 Million sowie einer (friktionellen und saisonalen) Sockelarbeitslosigkeit von ungefähr 0,25 Millionen ergibt sich für Deutschland eine strukturelle Arbeitslosigkeit in der Größenordnung von 1,5 bis 2 Millionen.

Die strukturelle Arbeitslosigkeit i. w. S. umfasst zunächst einmal die unfreiwillige Arbeitslosigkeit. Deren mögliche Ursachen haben wir oben bereits dargelegt. Im Folgenden sei die so genannte freiwillige bzw. *natürliche Arbeitslosigkeit* näher betrachtet, die im Konzept der Klassik bzw. Neoklassik eine große Rolle spielt (siehe Kapitel 5). Der Begriff der natürlichen Arbeitslosigkeit ist sehr schwammig und wird in der Literatur entsprechend unterschiedlich interpretiert. Paul Krugman und Robin Wells differenzieren in ihrem Buch »Volkswirtschaftslehre« beispielsweise nur zwischen der konjunkturellen (»zyklischen«) Arbeitslosigkeit – offenbar einschließlich der saisonalen – und der natürlichen Arbeitslosigkeit. Unter letzterer subsumieren sie augenscheinlich die strukturelle Arbeitslosigkeit i. w. S. und die friktionelle Arbeitslosigkeit. Wir wollen indes bei unserer in Abbildung 4-16 gezeigten Einteilung bleiben. Für die Existenz einer in diesem Sinne als »natürlich« zu bezeichnenden Arbeitslosigkeit lässt sich eine ganze Reihe von Gründen finden (siehe Abbildung 4-17).

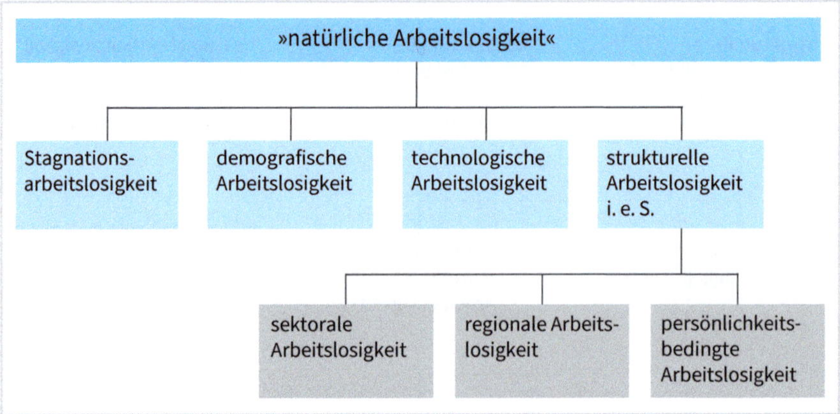

Abb. 4-17: Formen der »natürlichen« Arbeitslosigkeit

Stagnations-arbeitslosigkeit

So genannte *Stagnationsarbeitslosigkeit* kann auftreten, wenn das Wachstum der gesamtwirtschaftlichen Produktion im Trend abnimmt. Worin die Ursache einer anhaltenden »Wachstumsschwäche« liegt und ob diese zwangsläufig ist, wird kontrovers diskutiert. Vertreter der »Sättigungsthese« betonen die natürlichen Grenzen des Wachstums (Club of Rome) und verweisen darauf, dass es mit zunehmendem Wohlstand auf immer mehr Märkten zu Nachfragesättigungen kommt. Angebotsorientierte Ökonomen, wie die meisten Mitglieder des Sachverständigenrates, halten den beobachtbaren Rückgang des Produktionszuwachses indes teilweise für eine Folge falscher Rahmenbedingungen, während die Bedürfnisse der Konsumenten noch keineswegs gesättigt seien.

Demografische Arbeitslosigkeit

Ursache struktureller Arbeitslosigkeit kann auch eine zu starke Ausdehnung des Arbeitskräfteangebots sein, ausgelöst beispielsweise durch den Eintritt geburtenstarker Jahrgänge in den Arbeitsmarkt, Zuwanderung aus dem Ausland oder die Zunahme der Erwerbstätigkeit von Frauen (noch bis etwa Ende der 1960er-Jahre galt es für viele Frauen als beschämend, außerhalb ihres Haushaltes arbeiten zu müssen). Man spricht von *demografischer Arbeitslosigkeit*. Der in den kommenden Jahrzehnten zu erwartende Rückgang der Bevölkerung dürfte insoweit das Beschäftigungsproblem in Deutschland entschärfen. Dafür gibt es aber andere Probleme (siehe Kapitel 6.3).

Technologische Arbeitslosigkeit

In den USA sind seit 1990 fünfzig Millionen neue Arbeitsplätze entstanden

Häufig hört man die These, der technische Fortschritt vernichte Arbeitsplätze und führe zu *technologischer Arbeitslosigkeit*. Untersuchungen zeigen, dass der technische Fortschritt – in Gestalt des Einsatzes von mehr oder leistungsfähigeren Maschinen bzw. von Prozessinnovationen – tatsächlich die Produktivität des Faktors Arbeit stark erhöht hat, und es ist auch zu vermuten, dass diese Entwicklung weiter anhalten wird (Stichworte: Digitalisierung, Künstliche Intelligenz). Die entscheidende Frage hierbei ist, ob diese Produktivitätssteigerung zu einer höheren

Produktion bei gleichem oder zunehmendem Arbeitseinsatz führt (*Wohlstandssteigerungseffekt* des technischen Fortschritts) oder dazu, dass die gleiche Produktion mit einem geringeren Arbeitseinsatz erzeugt wird (*Arbeitskräfteeinsparungseffekt*). Nur in letzterem Fall wirken Produktivitätssteigerungen als »Jobkiller«. Ökonomen sprechen von der »Entlassungsproduktivität«. Seit Beginn des 20. Jahrhunderts hat sich die Arbeitsproduktivität in den Industrieländern im Durchschnitt um rund das Zehnfache erhöht. Die Zahl der Arbeitsplätze aber ist gestiegen. Andererseits ist nach Angaben der Deutschen Bundesbank in Deutschland durchaus eine teilweise spürbare Entlassungsproduktivität zu konstatieren, die offenbar maßgeblich von der Verteuerung des Faktors Arbeit »getrieben« wurde.

Gibt es Ungleichgewichte auf Teilarbeitsmärkten, so besteht *strukturelle Arbeitslosigkeit im engeren Sinne*. Beispielsweise existiert ein Überangebot an ungelernten Arbeitskräften, während bestimmte Facharbeiter fehlen. Bei unendlicher Anpassungsfähigkeit bzw. Mobilität der Erwerbspersonen gäbe es diese Form der Arbeitslosigkeit nicht. Dann könnte jeder arbeitslose Bleisetzer oder Bergmann sofort Softwareingenieur werden. Das erscheint aber unrealistisch.

Mismatch-Arbeitslosigkeit

Die strukturelle Arbeitslosigkeit i. e. S. wird deshalb auch als »Mobilitätsdefizit-Arbeitslosigkeit« oder »Mismatch-Arbeitslosigkeit« bezeichnet. Eine wichtige Ursache für sie bildet der in jeder Volkswirtschaft beobachtbare Strukturwandel. Die meisten Leserinnen und Leser kennen wahrscheinlich die »Drei-Sektoren-Hypothese« (*Clark, Fourastié*), nach der sich aus einer Agrargesellschaft (so genannte primäre Gesellschaft) heraus die Industriegesellschaft (sekundäre Gesellschaft) und schließlich die Dienstleistungsgesellschaft (tertiäre Gesellschaft) entwickelt. In Deutschland waren im Jahr 2022 bereits 75,2 Prozent der Erwerbstätigen im Dienstleistungssektor (1990: 59,9 Prozent), 23,6 Prozent im produzierenden Gewerbe einschl. Baugewerbe (1990: 36,6 Prozent) und nur noch 1,2 Prozent in der Land- und Forstwirtschaft (1990: 3,5 Prozent) beschäftigt. Im Zuge dieses intersektoralen Wandels ändert sich der Arbeitskräftebedarf der Wirtschaft und es entsteht branchenspezifische oder *sektorale Arbeitslosigkeit*. Gleichzeitig finden innerhalb der einzelnen Sektoren Umschichtungen statt (intrasektoraler Strukturwandel). In Deutschland waren etwa der Kohlebergbau, die Textilindustrie oder die Kameraproduktion vom Niedergang betroffen. Aber es gibt heute auch keine Kutschenbauer und Lampenanzünder mehr. Dafür gibt es viele Jobs, die vor hundert Jahren noch undenkbar waren – vor allem in der Produktion so genannter Informationsgüter (man spricht bisweilen vom »quartären Sektor«). Der Strukturwandel zerstört nicht die Menge der Arbeitsplätze insgesamt, sondern verlagert sie nur – möglicherweise aber ins Ausland. Sektorale Krisen treffen oftmals bestimmte Regionen und es entsteht *regionale Arbeitslosigkeit*. Allerdings können Arbeitsmarktprobleme auch rein regionaler Natur sein, wenn ein Gebiet aufgrund seiner Lage benachteiligt ist (z. B. das Grenzgebiet zur ehemaligen DDR).

Wenn Personen aufgrund bestimmter Eigenschaften Probleme haben, eine Beschäftigung zu finden, liegt *persönlichkeitsbedingte Arbeitslosigkeit* vor. Nachweislich spielt die berufliche Qualifikation eine große Rolle. In Deutschland betrug im Jahre 2020 die Arbeitslosenquote unter den Personen ohne abgeschlossene Berufsausbildung 20,9 Prozent (mit abgeschlossener Ausbildung: 3,4 Prozent), dagegen waren nur 2,6 Prozent der Hochschulabsolventen arbeitslos. Bildung schützt also zweifelsohne vor Arbeitslosigkeit. Das Risiko, arbeitslos zu sein, hängt daneben mit weiteren Faktoren zusammen. Dazu gehören vor allem das Alter (Ältere haben in Deutschland ein höheres Beschäftigungsrisiko), das Geschlecht (Frauen sind stärker von Arbeitslosigkeit betroffen), die Nationalität (die Quote der registrierten Arbeitslosen mit ausländischem Pass ist bei uns dreimal so hoch wie bei deutschen Staatsangehörigen) oder der Gesundheitszustand (Schwerbehinderte sind benachteiligt).

Nachgehakt

Digitalisierung und ihre Folgen für den Arbeitsmarkt
Digitalisierung bedeutet im engeren Wortsinn die Umwandlung von analogen Informationen, Prozessen und Objekten in eine digitale Form (beispielsweise Papierdokument in Textdatei, Kassette in MP3-Datei, Dokumentenablage in computerisiertes Dokumentenmanagement, Nutzung von Digitalkameras oder elektronischen Tonaufzeichnungssystemen, Smart Homes). Verursacht und begleitet wird diese Entwicklung von neuen Technologien. Hier sind neben Computern, Software und dem Internet unter anderem zu nennen: Cloud Computing, Robotik, Internet of Things (IoT), Big Data und entsprechende Analysen, Augmented bzw. Virtual Reality, Künstliche Intelligenz (KI). Die dadurch in Wirtschaft und Verwaltung bewirkte digitale Transformation besteht in der Veränderung von Produkten und Dienstleistungen, Kundeninteraktionen und Arbeitsformen sowie dem Entstehen neuer Geschäftsmodelle. Dies führt zwangsläufig zu veränderten Anforderungen an die Beschäftigten und deren Qualifikationen. Damit verbunden ist der fortschreitende Wegfall bisheriger analoger Tätigkeiten bzw. Arbeitsplätze sowie das Entstehen neuer Arbeitsplätze und Berufe (beispielsweise Elektroniker für Gebäudesystemintegration für smarte Gebäude, die durch KI intelligenter gemacht, sprich »augmented« werden).

Bereits heute ist ein massiver Bedeutungszuwachs von Unternehmen der virtuellen zulasten von Unternehmen der analogen Welt erkennbar. Zu Ersteren zählen global marktbeherrschende Konzerne wie Apple, Microsoft, Amazon, Alphabet (Google), Meta (vormals Facebook) oder Alibaba. Zu Letzteren gehören die klassischen deutschen Unternehmen etwa der Automobil-, Elektro- und Chemieindustrie (die sich indes zunehmend digitalisieren, siehe unten). Im Zuge der Digitalisierung entstehen neue Unternehmensmodelle (Schlagwort Plattformökonomie), über die Produkte (z. B. Portale wie ebay oder Amazon) und Dienstleistungen (z. B. Mobilität: Portal Uber, z. B. Wohnen: Portal Airbnb, z. B. Arbeiten: Portal Wework) in praktisch unbegrenzter Menge angeboten werden. Gleichzeitig werden mit der Einführung (US-amerikanisch und chinesisch dominierter) IT-Infrastrukturen in den traditionellen Firmen zunehmend Routinearbeiten und Prozesse in Verwaltung, Produktion und Logistik automatisiert. Dafür steht das Schlagwort Industrie 4.0. Hierzu zählt das Industrial Metaverse. Es besteht aus vielen Technologien, die es ermöglichen, dreidimensionale Räume zu betreten. Die 3-D-Repräsentationen ganzer Fabrikhallen nennt man digitale Zwillinge, die der Menschen Avatare. Auf diesem Weg können Interaktionen von Mensch und Maschine simuliert und komplexe technische Vorgänge virtuell vorgeplant bzw. erlernt werden (etwa das Führen eines ICE oder die Montageabläufe in einer Fabrik). Vor allem, aber nicht nur, große deutsche Unternehmen wie BMW, Bosch oder Siemens setzen das Metaverse zunehmend ein.

Robotik und Künstliche Intelligenz (KI) sind Megatrends, die in verschiedenen Branchen Anwendung finden. Laut der Unternehmensberatung McKinsey könnten mehr als 30 Prozent der Tätigkeiten automatisiert werden. Davon betroffen sind nicht nur Arbeitsplätze in den Werkhallen oder etwa Lkw-Fahrer, sondern auch die Verwaltungen in den

Unternehmen und dem Staat. Allerdings bewegt sich der Einsatz von KI bislang noch auf niedrigem Niveau. Generell ist aber davon auszugehen, dass längerfristig Millionen von Beschäftigten neue Qualifikationen benötigen. In welcher Höhe es in diesem Umstrukturierungsprozesses zu einem Verlust bzw. der Neuschaffung von Arbeitsplätzen kommt, ist sehr schwer zu beantworten. Forschende der OECD befürchten, dass in den nächsten 15 bis 20 Jahren fast jeder fünfte Job in Deutschland der Digitalisierung zum Opfer fallen könnte. Im Vergleich mit anderen Ländern sei Deutschland aufgrund seiner Industrielastigkeit sogar überproportional betroffen. Das Institut für Arbeitsmarkt- und Berufsforschung rechnet indes damit, dass bereits bis etwa 2025 bundesweit rund 1,5 Millionen wegfallende Arbeitsplätze durch eine ebenso hohe Zahl neuer Arbeitsplätze ausgeglichen werden.

Ob und in welchem Umfang die digitale Transformation tatsächlich per Saldo – also nach Gegenrechnung neu entstehender Arbeitsplätze und Berufe – zu Beschäftigungseinbußen führt, lässt sich heute noch nicht zuverlässig abschätzen. Einigkeit besteht darin, dass vor allem die niedrig bis mittel qualifizierten Segmente eine hohe Automatisierungswahrscheinlichkeit aufweisen. Die verbleibenden und neu entstehenden Tätigkeitsfelder und Berufe verlangen nach höheren Qualifikationen. Diese zu vermitteln ist eine prioritäre Aufgabe unseres Bildungs- und Sozialsystems. (Siehe hierzu auch das Interview von Achim Wambach am Ende dieses Kapitels).

4.13 Münchhausen lässt grüßen – die Kaufkrafttheorie

Keynesianische Ökonomen – man findet sie typischerweise bei den Gewerkschaften oder den Linksparteien (aber nicht nur dort) – sehen teilweise in einer Erhöhung der Nominallöhne eine Möglichkeit, die Konjunktur anzukurbeln und so die Arbeitslosigkeit zu bekämpfen. Höhere Löhne stärken die Kaufkraft, schaffen Nachfrage und Beschäftigung, so lautet die Argumentation der *Kaufkrafttheorie*.

Angebotsseitige Kritik

Das klingt zunächst plausibel. Bei näherer Betrachtung zeigen sich aber Denkfehler. Die *angebotsseitige Kritik* ist seit Langem bekannt und lässt sich jedes Jahr im Sachverständigenratsgutachten nachlesen: Lohnsteigerungen sind für die Unternehmen Kostensteigerungen. Liegen sie über der Produktivitätsentwicklung, so erhöhen sich die Lohnstückkosten (siehe unten). Dies verschärft den Rationalisierungsdruck und beschleunigt den Arbeitsplatzabbau. Die Globalisierung hat die Reaktionsgeschwindigkeit auf Arbeitskostensteigerungen noch erhöht, da Unternehmen zu teuer gewordene Arbeitsplätze in Niedriglohnländer verlagern.

Nachfrageseitige Kritik

Aber auch unter *Nachfrageaspekten* ist die Kaufkrafttheorie nicht ohne Weiteres haltbar. So wird erstens verschwiegen, dass auf funktionierenden Märkten Gewinne ebenso wie Löhne nachfragewirksam werden. Gewinne werden zum Teil für Investitionen verwendet. Auch Gewinne, die nicht im Unternehmen investiert werden, wirken tendenziell nachfragesteigernd. Denn sie werden am Kapitalmarkt angelegt und haben dort eine realzinssenkende Wirkung. Das belebt die Investitionstätigkeit. Das Argument, Lohnerhöhungen steigerten die Kaufkraft, ruht also auf der unbewiesenen Annahme, dass Geld im Portemonnaie des Arbeitnehmers mehr gesamtwirtschaftliche Nachfrage erzeuge als Geld im Portemonnaie des Unternehmers oder Aktionärs. Aber selbst wenn das so wäre, ist zweitens immer noch die Frage, ob sich durch Lohnsteigerungen tatsächlich die Kaufkraft der Arbeitnehmer erhöht. Dies sei an folgendem *Beispiel* erläutert: Für den einzelnen Unternehmer – sagen wir einen Hersteller von Fernsehgeräten – bedeutet eine Lohnerhöhung immer steigende Kosten. Er weiß nicht, inwieweit er von einem damit evtl. verbundenen Nachfrageanstieg profitiert. Vielleicht kaufen sich die Bezieher höherer Löhne damit ja Kühlschränke oder fahren in Urlaub. Unser Fernsehgeräteproduzent wird deshalb – ebenso wie alle anderen Unternehmen – versuchen, den Kostendruck (das heißt: die Lohnstückkosten) durch Rationalisierung, also Entlassungen bzw. Stellenabbau zu mindern. Tut er das nicht, muss er seine Preise erhöhen und verliert seine Konkurrenzfähigkeit. Im Ergebnis haben zwar die Arbeitsplatzbesitzer höhere Löhne; da ihre Zahl aber abgenommen hat, ist die Lohnsumme und damit die Kaufkraft der Beschäftigten möglicherweise gesunken. Die Kaufkrafttheorie steht also wirklich auf sehr wackligen Beinen. Ein Bankvolkswirt hat sie einmal mit der Geschichte des Barons von Münchhausen verglichen, der sich angeblich »am eigenen Schopf« aus dem Sumpf gezogen hat. Dass derartige »Theorien« dennoch eine so lange Lebensdauer haben, bestätigt eine leidvolle Erfahrung der wirtschaftspolitischen Beratung. Politiker und Funktionäre wählen ökonomische Theorien nämlich nicht (nur) nach deren empirischen Fundierung aus, sondern danach, ob sie in den Augen der Wähler opportun sind.

Lohnstückkosten

Abbildung 4-18 zeigt uns, dass die Löhne und Lohnnebenkosten in Deutschland vergleichsweise hoch sind. Das ist aber nicht allein entscheidend. Wesentlich ist vielmehr noch die Arbeitsproduktivität. Sie bezeichnet die hergestellte Gütermenge, bezogen auf die Zahl der eingesetzten Arbeitsstunden, und gibt an, wie viel ein Arbeiter im Durchschnitt produziert. Die Relation aus Arbeitskosten (Lohnsatz) pro Stunde und Arbeitsproduktivität ergibt die *Lohnstückkosten*; das sind die Lohnkosten, die für die Produktion einer Mengeneinheit Güter aufgewendet werden müssen.

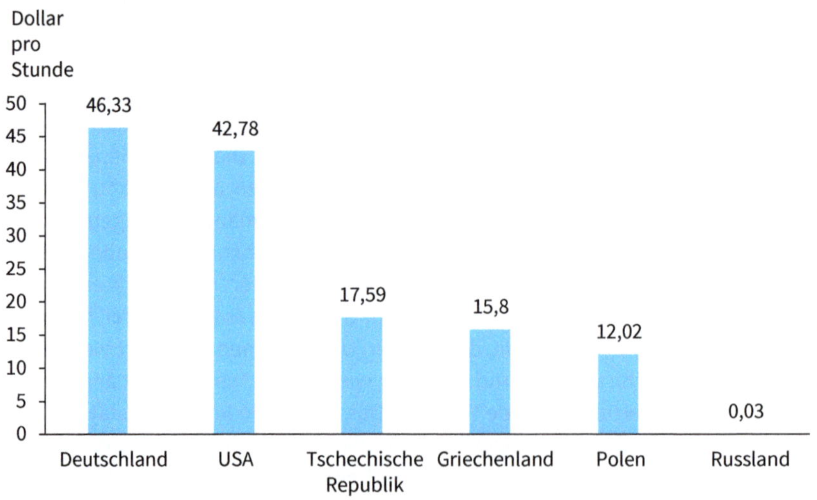

Arbeitskosten pro Stunde für einen Beschäftigten im produzierenden Gewerbe, 2022

Abb. 4-18: Arbeitskosten im internationalen Vergleich (Jahr 2022, in Dollar)
Quelle: ILO, ilostat.ilo.org

Lohnstückkosten = Lohnkosten pro Stunde : Produktion pro Stunde

Die gesamtwirtschaftlichen Lohnstückkosten bilden einen wichtigen Bestimmungsfaktor des Preisniveaus und damit der internationalen Wettbewerbsfähigkeit eines Landes. Hohe und steigende Arbeitskosten sind nur so lange verkraftbar, wie sie durch eine hohe und steigende Arbeitsproduktivität kompensiert werden.

4.14 Ist Arbeiten Pflicht? Wege aus der Unterbeschäftigung

Arbeitsmarktprobleme

Laut Martin Luther »ist der Mensch zur Arbeit geboren wie der Vogel zum Fliegen«. Dennoch suchen die deutschen Arbeitsämter alle Jahre wieder unter Millionen von Arbeitslosen vergeblich einheimische Erntehelfer. Nach Angaben des Bauernverbandes kommen von den rund 300.000 Kräften, die bei der Gemüse- und Obsternte helfen, 220.000 aus Osteuropa. Dabei hat man in manchen Regionen sogar einen Chauffeurdienst organisiert, der die Arbeitslosen zu ihrem Einsatzort bringt. Und weil die Feldarbeit so hart ist, gibt es zusätzlich zum Lohn noch einen Erschwerniszuschlag. Doch das ist offenbar nicht genug. Solche Geschichten nähren schnell den Vorwurf der »Drückebergerei«. Der Ökonom aber sieht, dass die Situation zu einem Gutteil die Folge politischer Fehlsteuerung darstellt. Augenscheinlich wird der vorhandene Regel- und Anreizmechanismus mit der Arbeitslosigkeit nicht fertig. Das kann man den Menschen jedoch nicht vorwerfen.

Vorgeschlagene Maßnahmen

Die *Vorschläge zur Verbesserung der Arbeitsmarktlage* klingen teilweise hart, sind indes seit Jahren bekannt und teilweise schon realisiert (Stichwort »Hartz IV« bzw. *Bürgergeld*). Gefordert werden unter anderem:

- Kürzung des Arbeitslosen- bzw. Bürgergeldes bei gleichzeitiger Erhöhung der Hinzuverdienstmöglichkeiten. Dies senkt den »Anspruchslohn« der Bevölkerung und lässt Erwerbstätigkeit früher lohnenswert erscheinen. Auch darf die Zumutbarkeit einer neuen Tätigkeit nicht nur im Lichte der früheren Beschäftigung bewertet werden, sondern auch als Pflicht gegenüber der Solidargemeinschaft. Damit zu verbinden sind gezielte Maßnahmen zur beruflichen Qualifizierung.
- Lohnzurückhaltung, Lohndifferenzierung (nach Qualifikationen, Sektoren und Regionen) und Förderung gering bezahlter Arbeitsplätze. Das bedingt die rechtliche Erlaubnis zur Abweichung vom Flächentarif (»Öffnungsklauseln«), wenn dadurch ein Einstieg ins Arbeitsleben möglich wird oder ein Job gerettet werden kann. Auch könnte man den Lohn durch Einbau einer Gewinnbeteiligung flexibler gestalten (»Investivlohn«).
- Vor allem in Zeiten hoher Arbeitslosigkeit sehen sich die Gewerkschaften mit der Forderung konfrontiert, sich bei den Lohnabschlüssen an der konjunkturellen Situation zu orientieren. Dahinter steht die Überlegung, dass Unternehmen so lange Arbeitskräfte einstellen, wie deren Lohn pro Stunde (= Grenzkosten der Arbeit) kleiner ist als ihr Grenzerlös, das heißt, ihre mit den erzielbaren Absatzpreisen bewertete Grenzproduktivität (= Güterproduktion pro zusätzlich gearbeiteter Stunde). Wir haben dies im Zusammenhang mit der Ableitung der gesamtwirt-

schaftlichen Angebotskurve in Kapitel 4.5 erläutert. Wenn Gleichheit gegeben ist, befindet sich das Unternehmen in seinem Gewinnmaximum und es gilt:

Bedingung für das Gewinnmaximum

Lohnkosten pro Stunde = Grenzproduktivität · Absatzpreis

Bis dahin, also bei niedrigeren Löhnen, lässt sich der Gewinn durch Neueinstellungen (und Mehrproduktion) noch erhöhen. Unterstellt man nun, dass im Ausgangsstadium Gewinnmaximum besteht, so folgt daraus die vom Sachverständigenrat aufgestellte *Regel für Lohnerhöhungen.* Sie verlangt, dass das Wachstum der Nominallöhne die Summe aus Produktivitätsfortschritt und erwarteter Inflationsrate nicht übersteigen darf:

Produktivitätsorientierte Lohnpolitik

Erhöhung der Nominallöhne ≤ Produktivitätsfortschritt + Anstieg der Absatzpreise

Gehen die Lohnsteigerungen über den Produktivitätsanstieg hinaus, so ist dies nur durch Preisanhebungen oder den Abbau von Arbeitsplätzen (zur Steigerung der Produktivität) abzufangen. Anders ausgedrückt: Der Produktivitätsfortschritt und der Preisüberwälzungsspielraum der Unternehmen bilden die Schranke für die Erhöhung der Nominallöhne. Wird diese Schranke überschritten, so stellt sich Arbeitslosigkeit ein. Wenn also beispielsweise die Produktivität um 2 Prozent zunimmt und eine Inflationsrate von 2 Prozent erwartet wird, dann beträgt der maximal erlaubte Lohnanstieg 4 Prozent.

- Um Geringqualifizierte oder Ältere (50plus) in Beschäftigung zu bringen, wird teilweise die Einführung von »Kombilöhnen« erwogen, bei denen der Staat den niedrigen Verdienst eines Arbeitnehmers aufstockt. Das ist indes extrem teuer (erfordert also kräftige Einschnitte bei anderen Ausgaben) und es sind »Mitnahmeeffekte« durch Unternehmen zu befürchten, die eventuell reguläre Arbeitsplätze in subventionierte Stellen umwandeln. Kombilöhne sind im Grunde als nicht marktkonform einzustufen, da sie eine staatliche Subventionierung beinhalten. Im Übrigen gibt es sie in Deutschland bereits in Form der Aufstockung von Lohneinkommen auf das Niveau des Bürgergeldes (früher: Hartz-IV-Satzes).
- Abbau des Kündigungsschutzes, der als Einstellungsbremse wirkt, und verstärkte Einführung von befristeten sowie Teilzeit-Arbeitsverträgen. Duldung von Zeitarbeit und Werkverträgen. Einschränkung der Mitbestimmung. Förderung der Selbstständigkeit.

Angebotspolitik

Die dargestellten Maßnahmen werden allgemein (mit Ausnahme der Kombilöhne) unter dem Stichwort der *Deregulierung* des Arbeitsmarktes diskutiert. Sie kommen hauptsächlich vonseiten der Arbeitgeber bzw. der »Angebotspolitik« (siehe Kapitel 6.10).

- Ein gravierendes Beschäftigungshemmnis bildet aus angebotspolitischer Sicht die hohe Steuer- und Abgabenlast, die wesentlich zur Ausbreitung der Schwarz-

arbeit beigetragen hat. Der in der »hidden economy« (Schattenwirtschaft) erzeugte Umsatz wird in Deutschland auf rund 430 Milliarden Euro geschätzt (Jahr 2023), das sind ungefähr 11 Prozent des offiziellen Bruttoinlandsprodukts. Gelänge es, die Schwarzarbeit in legale Arbeit umzuwandeln, dürfte es in Deutschland praktisch keine – auch keine verdeckte – Arbeitslosigkeit mehr geben. Das lässt sich anhand einer (zugegebenermaßen stark vereinfachten) Rechnung leicht zeigen: Die Zahl der Erwerbstätigen beträgt in Deutschland ca. 46 Millionen; diese erzeugen 100 Prozent des offiziellen Bruttoinlandsprodukts. Unter der Annahme einer gleichen Arbeitsproduktivität sind also für das auf dem Schwarzmarkt erzeugte Produktionsvolumen in Höhe von 11 Prozent des BIP 0,11 · 46 Millionen = 5 Millionen Personen tätig.
- Hohe Sozialbeiträge treiben überdies die von den Unternehmen zu zahlenden Lohnnebenkosten nach oben (und bewirken damit Arbeitseinspar- bzw. -verlagerungseffekte). Hier Entlastung zu schaffen, bedingt eine Reform des Systems der sozialen Sicherung mit der Stoßrichtung, die Kosten u. a. der Kranken- und Rentenversicherung vom Arbeitsverhältnis bzw. von den Löhnen abzukoppeln (siehe hierzu Kapitel 6.3).

Die Gewerkschaften bzw. die Vertreter der »Nachfragepolitik« lehnen die angebotspolitischen Konzepte überwiegend ab. Sie plädieren grundsätzlich für eine »Ankurbelung der Güternachfrage« (siehe Kapitel 6.9). Ihre Arbeitsmarktpolitik verlangt darüber hinaus unter anderem Nachfragepolitik

- die Zurückdrängung von befristeten Arbeitsverhältnissen, Minijobs, Werkverträgen und Zeitarbeit ebenso wie die Beseitigung von Lohnunterschieden zwischen Männern und Frauen und zwischen unterschiedlichen Branchen.
- Zur nachfrageorientierten Beschäftigungspolitik gehört auch die verlängerte Zahlung von Kurzarbeitergeld. Diese Maßnahme, bei der der Staat bis zu 67 Prozent der Differenz zwischen den Lohnzahlungen der Unternehmen für die effektiv geleisteten Arbeitsstunden und dem vollen Gehalt übernimmt, ist gegenwärtig auf maximal 24 Monate befristet. Die Erfahrung zeigt indes, dass es vielen Unternehmen schwer fällt, Kurzarbeit über einen längeren Zeitraum zu finanzieren, denn die Höhe der Fixkosten bleibt ja ceteris paribus unverändert. In der Wirtschaftskrise 2009 hat sich dieses Instrument aber bewährt!
- Gefordert wird des Weiteren die Einführung bzw. Ausweitung von »Mindestlöhnen«. Die meisten Ökonomen sind sich aber einig, dass Mindestlöhne tendenziell beschäftigungsfeindlich sind. Gerade die Beschäftigungschancen Geringqualifizierter (mit niedriger Produktivität) dürften sich dadurch weiter verschlechtern. In Frankreich, zum Beispiel, hat der Mindestlohn dazu geführt, dass die Arbeitslosigkeit unter den Jugendlichen mit geringer Qualifikation überproportional gestiegen ist. Gleichwohl ist der Mindestlohn ethisch durchaus begründbar. In Deutschland gibt es ihn seit dem 1. Januar 2015. Mindestlohn
- Gewerkschaften und Linksparteien setzen bisweilen darauf, die Arbeit durch *Arbeitszeitverkürzung* gerechter zu verteilen. Dieser Vorschlag beruht einerseits auf der falschen Annahme, dass es eine begrenzte Menge von Arbeit gebe. Zum anderen kann das Konzept nicht funktionieren, wenn die Reduzierung Arbeitszeitverkürzung

der Arbeitszeit nicht von einer entsprechenden Absenkung der Arbeitskosten begleitet wird. Denn nur dann würden sich die Lohnkosten pro Stunde und damit – bei gegebener Arbeitsproduktivität – die Lohnstückkosten nicht erhöhen. Nach dem amerikanischen Ökonomen und Nobelpreisträger Paul Krugman wäre die 32-Stunden-Woche deshalb »wahrscheinlich ein Anti-Beschäftigungsprogramm«. In Deutschland befasst sich der normale Arbeitnehmer mit durchschnittlicher Lebenserwartung gerade etwa ein Zehntel seines Lebens mit aktiver Arbeit (Gartenarbeit oder Ähnliches nicht mitgerechnet). Früher war es einmal ein Fünftel, vor Jahrzehnten gar ein Drittel. Deshalb wird immer häufiger eine Verlängerung der Arbeitszeit propagiert.

Lebensarbeitszeit

Dass sich die *Lebensarbeitszeit* verlängern muss, ist angesichts der demografischen Entwicklung ohnehin klar (siehe Kapitel 6.3). Und übrigens: In Spitzenpositionen oder in der Wissenschaft gibt es – und gab es noch nie – sowieso keinen Acht-Stunden-Tag und im Grunde auch keine Altersgrenze. Dabei sei daran erinnert, dass Arbeit dem Lebensglück des Menschen in hohem Maße zuträglich sein kann.

Einig sind sich Angebots- und Nachfragepolitiker regelmäßig in der Überzeugung, dass verstärkte Investitionen in Bildung und Forschung notwendig sind. Dies gilt umso mehr angesichts der fortschreitenden digitalen Transformation. Hierzu bedarf es aber finanzieller Mittel.

Auf den Punkt gebracht

Die Höhe des realen Bruttoinlandsprodukts ergibt sich aus dem Zusammenspiel von gesamtwirtschaftlichem Angebot und gesamtwirtschaftlicher Nachfrage. Veränderungen der Nachfrage oder des Angebots führen zu Konjunkturschwankungen, die mit Beschäftigungsschwankungen verbunden sind. Die Entstehung von Arbeitslosigkeit hat aber darüber hinaus noch andere, insbesondere strukturelle Ursachen. Entsprechend lassen sich die Vorschläge zur Bekämpfung von Unterbeschäftigung in Maßnahmen der Angebots- und Maßnahmen der Nachfragepolitik einteilen.

4.15 Das Interview: Achim Wambach

Achim Wambach* (geb. 1968) ist seit 2016 Präsident des ZEW – Leibniz-Zentrums für Europäische Wirtschaftsforschung und Professor für Volkswirtschaft an der Universität Mannheim. Seit 2006 ist er Mitglied im Wissenschaftlichen Beirat des Bundesministeriums für Wirtschaft und Klimaschutz.

* Foto: © Anna Logue Fotografie.

Herr Professor Wambach, Deutschland hat die kürzesten Arbeitszeiten unter den großen Industrieländern. Nun fordert die IG-Metall, ähnlich die Bahngewerkschaft und die Gewerkschaft für den öffentlichen Dienst Verdi, eine (im aus ihrer Sicht idealen Fall) Vier-Tage- bzw. 35- oder sogar 32-Stunden-Woche bei vollem Lohnausgleich. Was sagen Sie dazu?
Deutschland hat zwar die kürzesten durchschnittlichen Arbeitszeiten unter den OECD-Ländern. Der Grund dafür ist die hohe Teilzeitquote in Deutschland. Aufgabe der Wirtschaftspolitik ist es, dafür zu sorgen, dass es attraktiver wird, in Vollzeit zu gehen. Vorschläge etwa aus dem Sachverständigenrat zur Begutachtung der gesamtwirtschaftlichen Entwicklung zum Ausbau der Kinderbetreuung und für bessere steuerliche Anreize liegen vor.

Entsprechend einer Studie des Instituts der deutschen Wirtschaft in Köln könnten durch den Einsatz Künstlicher Intelligenz (KI) in Deutschland 4 Milliarden Arbeitsstunden jährlich eingespart werden. Das könnte helfen, den Mangel an Fachkräften zu bewältigen. Halten Sie das für realistisch?
Es ist noch zu früh, um robuste Abschätzungen zu den Arbeitsplatzwirkungen von Künstlicher Intelligenz zu geben. Einige Fachleute gehen davon aus, dass zunächst mehr Menschen benötigt werden, um die neue Technologie einzuführen, zu überwachen und weiterzuentwickeln.

Studien auch aus dem ZEW zur Digitalisierung und Automatisierung zeigen, dass häufig durch neue Aufgaben mehr Arbeitsplätze entstanden sind, als durch die jeweilige Technologie weggefallen sind. Die Aufgabenbeschreibungen vieler Arbeitsplätze ändern sich allerdings.

Künstliche Intelligenz betrifft vor allem bestimmte Berufssparten wie Finanzdienstleistungen, Informationstechnologie, Beratung, Rechtsdienstleistungen und Erziehungsberufe. Ein erheblicher Teil des Fachkräftemangels besteht in den Pflegeberufen und im Handwerk, die zunächst nicht wesentlich von diesen Technologien betroffen sind.

Vertreter der Degrowth-Bewegung plädieren für einen Verzicht auf Wirtschaftswachstum, unter anderem um dadurch den Klimawandel zu stoppen. Ist das ein sinnvoller Vorschlag?
Degrowth für das Klima ist wenig überzeugend. Zum einen ist es nicht notwendig. Seit 1990 ist in Europa die Wirtschaftsleistung um 60 Prozent gestiegen. Gleichzeitig sind die Emissionen um über 20 Prozent zurückgegangen. Wir sehen also bereits eine Entkopplung von Wirtschaftswachstum und Klimaverschmutzung. Der Weltklimarat IPCC geht davon aus, dass wir die Weltklimaziele auch mit einem massiven Weltwirtschaftswachstum erreichen können: Auch in dem Pfad, indem wir die Klimaziele erreichen, wird sich bis 2050 das globale Bruttoinlandsprodukt etwa verdoppeln.

Zum anderen ist Degrowth nicht hilfreich, gar zynisch: Die großen Emittenten befinden sich nicht in Europa, sondern im asiatischen Raum. Das Pro-Kopf Einkommen in China liegt aber nur bei etwa 1/4 von dem in Deutschland, für Indien liegt der Wert gar bei 1/20. Diese Länder müssen wachsen, um der Armut zu entkommen.

Herr Professor Wambach, wir danken Ihnen für dieses Gespräch.

Schlüsselbegriffe

- Konjunkturzyklen
- Rezession
- Finanz- und Wirtschaftskrise
- Weltwirtschaftskrise
- gesamtwirtschaftliches Produktionspotenzial
- BIP-Lücke
- Konjunkturentwicklung
- Multiplikator
- Akzelerator
- Konjunkturindikatoren
- Arbeitslosenquote
- strukturelle Arbeitslosigkeit
- konjunkturelle Arbeitslosigkeit
- saisonale und friktionelle Arbeitslosigkeit
- natürliche Arbeitslosigkeit
- Industrie 4.0
- Kaufkrafttheorie
- produktivitätsorientierte Lohnpolitik
- Digitale Transformation

Kontrollfragen

1. *Definieren Sie den Begriff »Konjunktur« und beschreiben Sie den Verlauf eines typischen Konjunkturzyklus.*
2. *Was ist eine Rezession? Wann spricht man von einer »harten Landung«?*
3. *Worin lagen die Ursachen der amerikanischen Subprime-Krise 2007 und wie konnte sie sich global ausbreiten?*
4. *Erläutern Sie den so genannten »Keynes-Effekt«.*
5. *Wie lautet die Bedingung für die gewinnmaximierende Produktion der Unternehmen in einer Volkswirtschaft?*
6. *Welche Preis- und Mengeneffekte entstehen bei einem nachfrage- bzw. einem angebotsseitigen Abschwung? Nennen Sie jeweils zwei mögliche Auslöser solcher Konjunkturschwankungen.*
7. *Erläutern Sie das Multiplikatorprinzip. Wie wirken der Multiplikator- und der Akzeleratoreffekt zusammen?*
8. *Welche Argumente sprechen für Wirtschaftswachstum? Beschreiben Sie drei.*
9. *Beschreiben Sie die Konzeption und Aussage des ifo-Geschäftsklimaindex und des ZEW-Konjunkturerwartungsindex.*
10. *Wie ermittelt die Bundesagentur für Arbeit in Deutschland die »registrierte« Arbeitslosenquote? Wer fällt in die Kategorie der »Nichterwerbspersonen«?*
11. *Was versteht man unter klassischer, was unter keynesianischer Arbeitslosigkeit?*
12. *Nennen Sie vier mögliche Gründe für die Existenz der so genannten »natürlichen« Arbeitslosigkeit.*
13. *Welche Herausforderungen und Chancen beinhaltet die digitale Transformation?*
14. *Wie lautet die Argumentation der Kaufkrafttheorie? Nehmen Sie hierzu kritisch Stellung.*
15. *Nennen Sie jeweils zwei Vorschläge zur Bekämpfung der Arbeitslosigkeit aus dem Lager der Angebots- und der Nachfragepolitik.*
16. *Wie lautet die vom Sachverständigenrat aufgestellte Regel für Lohnerhöhungen?*

Literaturhinweise

Bloss, M.; Ernst, D.; Häcker, J.; Eil, N.: Von der Subprime-Krise zur Finanzkrise, München 2009

Braunberger, G; Fehr, B.: Crash, Finanzkrisen gestern und heute, Frankfurt a. M. 2008

Franz, W.: Arbeitsmarktökonomik, 8. Aufl., Berlin 2013

Helmstädter, E.: Perspektiven der Sozialen Marktwirtschaft. Ordnung und Dynamik des Wettbewerbs, Münster 1996

Kromphardt, J.: Arbeitslosigkeit und Inflation, 2. Aufl., Stuttgart 1998

Krugman, P.: Die neue Weltwirtschaftskrise, Frankfurt a. M. 2009

Mussel, G.: Einführung in die Makroökonomik, 11. Aufl., München 2013

Mussel, G.; Pätzold, J.: Grundfragen der Wirtschaftspolitik, 8. Aufl., München 2012

Sachverständigenrat zur Begutachtung der gesamtwirtschaftlichen Entwicklung: Jahresgutachten, Wiesbaden (jährlich seit 1964)

Siebert, H.: Geht den Deutschen die Arbeit aus? Wege zu mehr Beschäftigung, München 1995

Siebert, H.: Arbeitslos ohne Ende? Strategie für mehr Beschäftigung, Wiesbaden 1998, Nachdruck 2014

Sinn, H.-W.: Mut zu Reformen, München 2004

Teichmann, U.: Grundriss der Konjunkturpolitik, 5. Aufl., München 1997

Willke, G.: Die Zukunft unserer Arbeit, Frankfurt a. M. 1999

5 Welche Möglichkeiten hat die Wirtschaftspolitik?

»Psychologie ist die Hälfte der Wirtschaftspolitik.«
Ludwig Erhard

Lernziele

- Sie verstehen die Grundüberlegungen und -aussagen
  - der klassischen Theorie,
  - des Keynesianismus,
  - des Monetarismus (Neoklassik)
- sowie deren Weiterentwicklungen in Form
  - der Neuen Klassischen und
  - der Neuen Keynesianischen Makroökonomik.
- Sie wissen, wie die genannten Lehrmeinungen die Wirksamkeit bestimmter wirtschaftspolitischer Maßnahmen (der Geld-, Fiskal- und Lohnpolitik) beurteilen.
- Sie kennen den modernen Konsens, der sich bis heute bezüglich der infrage stehenden Politikmaßnahmen herausgebildet hat.
- Sie können die Idee eines bedingungslosen Grundeinkommens beurteilen.

Am Anfang schuf Gott Adam Smith,
Und Adam Smith schuf eine unsichtbare Hand,
Und jedermann verfolgte seine Eigeninteressen,
Und die Arbeit ward geteilt,
Und Wohlstand herrschte unter den Nationen,
Und die unsichtbare Hand wirkte zum Besten aller,
Also schuf Adam die Nationalökonomie, Und
Gott sah, dass es gut war, aber naiv.

So schuf Gott ... Keynes,
Und es herrschte eine große Depression im Lande,
Und die Reservearmee der Arbeitslosen seufzte
ob der rigiden Lohnsätze,
Und Keynes sah,
dass die aggregierte Nachfrage nicht hinreichte,
Und dass die unsichtbare Hand zu schwach war.
So sandte Keynes die Regierung aus,
die unsichtbare Hand zu ersetzen,
Und die Regierung trachtete danach,
Gottes Güte auf Erden zu vertreten,
Aber Gott sah, dass es deprimierend war.

So schuf Gott ... Friedman,
Und Friedman suchte die unsichtbare Hand neu zu entdecken,
Und er fand sie im konstanten Zuwachs der Geldmenge,
Und er gebot, dass die Geldnachfrage stabil sei,

Und siehe, die Geldumlaufsgeschwindigkeit stand still,
Und das Geld bestimmte den Gang aller Dinge.
Also entdeckte Friedman die Macht des Geldes,
Aber Gott sah, dass Geld die Wurzel allen Übels war.

(Lawrence H. Hadley, Eine Geschichte der ökonomischen Lehrmeinungen, auszugsweise entnommen aus: Nationalökonomologie, hrsg. von Orestes V. Trebeis, 7. Aufl., Tübingen 1994)

Dieses Kapitel widmet sich den ökonomischen Lehrmeinungen, die die Wirtschaftspolitik seit mehr als 200 Jahren maßgeblich beeinflussen. Bei aller Unterschiedlichkeit der Argumente bildet für jedes dieser Konzepte das Ringen um Vollbeschäftigung und materiellen Wohlstand die gemeinsame Zielsetzung.

Am Ende des Kapitels sprechen wir mit Marcel Fratzscher, dem Präsidenten des Deutschen Instituts für Wirtschaftsforschung (DIW Berlin).

5.1 Der Nachtwächterstaat oder das System der Klassik

Adam Smith (1723–1790), Professor für Logik an der Universität Glasgow, verfasste das Werk »An Inquiry into the Nature and Causes of the Wealth of Nations« (1776). Er sah in Arbeitsteilung, Freihandel und in der Verfolgung des eigenen Interesses die Quellen des Wohlstands.

Er war, so wird erzählt, oft geistesabwesend. Häufig reagierte er nicht, wenn er angesprochen wurde, da er offenbar über ein Problem nachdachte. Einmal soll er im Schlafrock durch Edinburgh gelaufen sein, ohne es zu bemerken. Der Schotte *Adam Smith* (1723–1790), von dem hier die Rede ist, gilt als Begründer der klassischen Nationalökonomie. Sein Buch »Der Wohlstand der Nationen« ist wohl das erfolgreichste wissenschaftliche Werk, das jemals veröffentlicht wurde.

Laisser-faire

Smith pries den Eigennutz als Motor allen wirtschaftlichen Handelns und setzte auf die »unsichtbare Hand« des Marktes, die jeden Einzelnen dazu zwingt, sich – im eigenen Interesse – für das Gemeinwohl einzusetzen: »Nicht vom Wohlwollen des Metzgers, Brauers und Bäckers erwarten wir das, was wir zum Essen brauchen, sondern davon, dass sie ihre eigenen Interessen wahrnehmen. Wir wenden uns nicht an ihre Menschen-, sondern an ihre Eigenliebe«, schrieb Smith. Dementsprechend hielt Smith die freie kapitalistische Marktwirtschaft für das effizienteste Wirtschaftssystem (siehe Kapitel 1.4) und vertrat den so genannten *Laisser-faire*-Standpunkt (»Lasst gewähren«). Danach soll sich der Staat aus dem Wirtschaftsgeschehen heraushalten und lediglich drei Aufgaben erfüllen: Erstens das Land gegen Angriffe von außen schützen. Zweitens im Inneren für Recht und Ordnung sorgen. Und drittens bestimmte Leistungen anbieten, die von den Privaten nicht angeboten werden, weil dafür keine kostendeckenden Preise zu erzielen sind. Die Skeptiker dieses liberalen Ansatzes sprechen deshalb gerne (und wohl zu Unrecht) vom »Nachtwächterstaat«.

Das System der Klassik wurde neben Adam Smith von weiteren Personen geprägt. Dazu gehörten vor allem die Engländer *David Ricardo* (1772–1823) und *John Stuart Mill* (1806–1873) sowie der Franzose *Jean Baptiste Say* (1767–1832). Die von ihnen entwickelte klassische Ökonomie beruht letztlich auf zwei Säulen: Die erste Säule hat als Lehrsatz vom allgemeinen Gleichgewicht bzw. als *Saysches Theorem* Bekanntheit erlangt. Es besagt, dass sich jedes Angebot von Waren und Dienstleistungen seine eigene Nachfrage schafft. Die Überlegung basiert auf dem einfachen Wirtschaftskreislauf. Demnach entspricht jeder Produktion ein in gleicher Höhe geschaffenes Einkommen in Form von Löhnen, Gewinnen etc. Das heißt, mit den Gütern wird stets auch das Einkommen produziert, das für ihren Kauf erforderlich ist. Auch wenn ein Teil des Einkommens gespart wird, führt dies nach klassischer Ansicht zu keinem Nachfrageausfall. Denn die Ersparnis werde ja nicht weggeworfen, sondern auf den Kreditmärkten angeboten und von den Unternehmen für die Finanzierung von Investitionen verwendet. Ergänzt man diese Argumentation durch die zweite Säule der klassischen Ökonomie – die völlige *Flexibilität* von Preisen und Löhnen sowie Zinsen –, so kann es keine dauerhafte Arbeitslosigkeit geben. Die Volkswirtschaft tendiert dann immer zu einem *Gleichgewicht* (von Angebot und Nachfrage) bei *Vollbeschäftigung*. In Abbildung 5-1 gehen wir der Einfachheit halber davon aus, dass im Zustand der Vollbeschäftigung tatsächlich alle Erwerbspersonen beschäftigt sind, es also überhaupt keine (auch keine »natürliche«) Arbeitslosigkeit gibt. Das entspricht einer naiven Interpretation der klassischen Theorie.

Saysches Theorem

Die Vorstellung der Klassiker sei anhand eines *Beispiels* erläutert (siehe Abbildung 5-1): Angenommen, in einem Land werden jährlich Güter im Wert von 1 Milliarde produziert und zum Preis P angeboten und nachgefragt (Ausgangssituation ❶). Wenn die Bevölkerung jetzt 100 Millionen ihres Einkommens spart, so bedeutet dies, dass Waren im gleichen Umfang nicht konsumiert werden. Nach Meinung der Klassiker wird diese Ersparnis auf den Kreditmärkten angeboten. Dadurch kommt es zu einer Zinssenkung mit der Folge steigender Investitionen. Die Klassiker gehen also davon aus, dass Geld letztlich immer vollständig für Güterkäufe *(Transaktionszwecke)* ausgeben wird. Der Nachfrageausfall im Konsum wird dann durch eine Nachfrageerhöhung bei den Investitionen genau ausgeglichen. Das gesamtwirtschaftliche Preisniveau ändert sich nicht und beträgt nach wie vor P.

Geldhaltung für Transaktionszwecke

Was passiert, wenn der beschriebene Zinsmechanismus nicht sofort funktioniert und die Güternachfrage unter das Vollbeschäftigungsniveau fällt? In Abbildung 5-1 äußert sich dies in einer Linksverschiebung der Nachfragekurve (Situation ❷). Entsprechend der klassischen Theorie lässt in diesem Fall das Überangebot an Arbeitskräften die Löhne sinken. Dadurch verbilligt sich die Produktion. Die Angebotskurve verschiebt sich nach unten, und die Güternachfrage nimmt entlang der Nachfragekurve zu, bis bei dem geringeren Preisniveau P' wieder Vollbeschäftigung herrscht (Situation ❸).

Anhand von Abbildung 5-1 kann man eine weitere Annahme des klassischen Systems erkennen, nämlich die der *Neutralität des Geldes*. Eine Ausweitung oder Drosselung der Geldmenge verschiebt die Nachfragekurve nach oben bzw. unten (die gleiche Gütermenge kann auch zu höheren bzw. nur zu niedrigeren Preisen erworben werden). Dies führt aber lediglich zu einem Steigen bzw. Sinken des Preis-

Neutralität des Geldes

Klassische Quantitätstheorie

niveaus: Geld liegt wie ein Schleier über den realen Transaktionen; es hat keinerlei Einfluss auf den Güterbereich, sondern nur auf das Preisniveau. Das ist die Aussage der *klassischen Quantitätstheorie*. Man spricht auch von der klassischen »Dichotomie« (= Zweiteilung von Geld- und Gütersphäre).

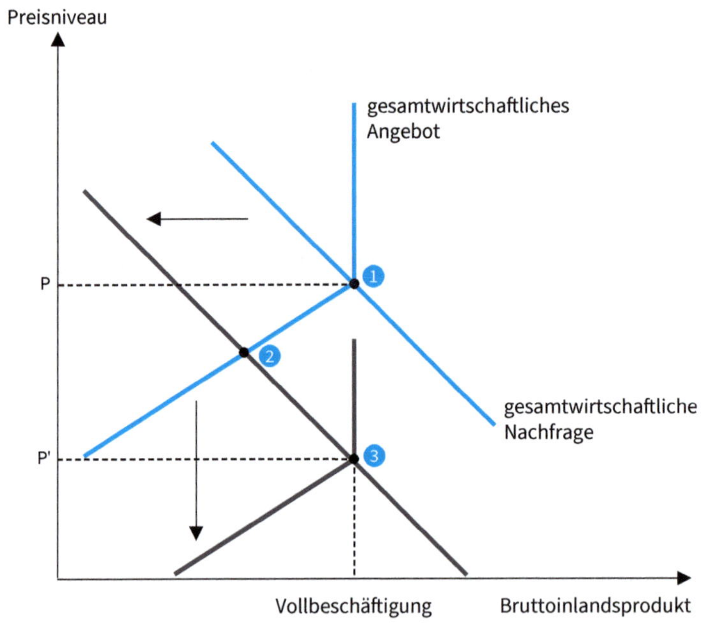

Abb. 5-1: Das Vollbeschäftigungsgleichgewicht im System der Klassik

5.2 Kennen Sie Keynes? Vom Glauben an die Globalsteuerung

John Maynard Keynes (1883–1946) verfasste zunächst Arbeiten zu Fragen der Geld- und Währungspolitik, bevor er mit der »General Theory of Employment, Interest, and Money« (1936) zum Begründer des Keynesianismus wurde. Seine Ideen finden seit der Finanz- und Wirtschaftskrise 2007 wieder mehr Beachtung.

Am 25. Oktober 1929, dem »Schwarzen Freitag«, brachen in New York die Börsenkurse zusammen und rissen die Notierungen in allen westlichen Staaten mit nach unten. Über Nacht verloren Millionäre ihr Vermögen, Rentner ihre Ersparnisse. Hotelportiers fragten eintreffende Gäste, ob sie übernachten oder aus dem Fenster springen wollten. In der Folge kam es zur großen *Weltwirtschaftskrise*, der tiefsten Depression seit Beginn des Industriezeitalters mit einer noch nie erlebten Massenarbeitslosigkeit. Die führenden Ökonomen rieten den Regierungen, abzuwarten und bei den öffentlichen Ausgaben zu sparen.

Der britische Nationalökonom *John Maynard Keynes* (1883–1946) hingegen forderte genau das Gegenteil. Er empfahl der britischen Regierung, sich bei den Banken Geld zu leihen und damit Aufträge an die Industrie zu finanzieren. Die aufgenommenen Kredite könne man in der dann folgenden Boomphase, wenn bei hoher Beschäftigung die Steuern reichlicher fließen, wieder zurückzahlen.

Deficit-Spending

Das Keynessche Rezept des so genannten *Deficit-Spending* bildet heute einen normalen Bestandteil der Fiskalpolitik (siehe Kapitel 6.9). Damals jedoch war es ein Frontalangriff gegen die herrschende Lehre der Klassiker, die staatliche Interventionen in den Wirtschaftsablauf ablehnten und darauf vertrauten, dass sich »auf lange Sicht« automatisch ein Gleichgewicht bei Vollbeschäftigung einstellen werde. Die von Keynes darauf gegebene Antwort ist Legende: »In the long run«, bemerkte er, »we are all dead.« Keynes, der – wenn es um sein Fachgebiet ging – keinerlei Zweifel am eigenen Urteil kannte, stellte die Grundpfeiler des klassischen Systems infrage: Das Saysche Theorem könne unter anderem deshalb nicht funktionieren, da die Leute Geld nicht nur für Transaktionszwecke halten, also um damit Güter zu kaufen oder Wertpapiere zu erwerben (deren Gegenwert dann als Kredit den Investoren zufließt), sondern auch als Wertaufbewahrungsmittel in Form einer so genannten *Spekulationskasse*. Durch dieses »Horten« von Geld kommt es zu einem effektiven Nachfrageausfall. Erschwerend tritt hinzu, dass die Löhne nach unten nicht flexibel sind, sondern starr. Dadurch ist der zweite von den Klassikern behauptete Mechanismus der Anpassung in Richtung eines Gleichgewichts bei Vollbeschäftigung blockiert. Vielmehr besteht die Gefahr, dass es zu einem *Unterbeschäftigungsgleichgewicht* kommt, aus dem sich die privaten Wirtschaftssubjekte alleine nicht befreien können (siehe Abbildung 5-2).

Geldhaltung für Spekulationszwecke

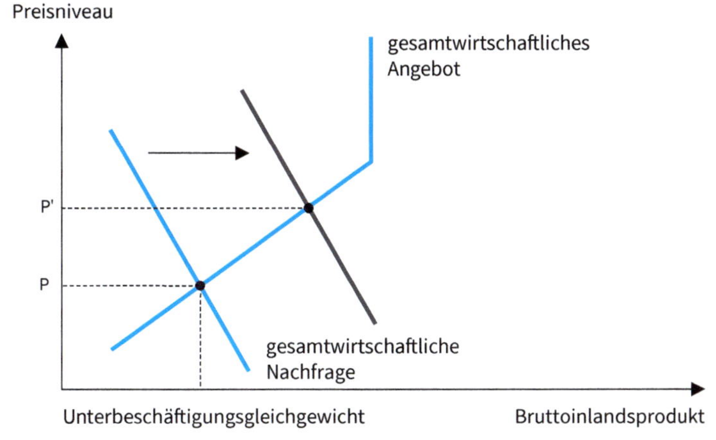

Abb. 5-2: Das keynesianische Unterbeschäftigungsgleichgewicht

Es kann deshalb nach Keynes nur der Staat sein, der durch eine expansive Politik die fehlende gesamtwirtschaftliche Nachfrage erzeugt und damit einen *multiplikativen Aufschwung* in Gang setzt (siehe Kapitel 4.8). In Abbildung 5-2 würde sich die

Die Arbeitnehmer orientieren sich am Nominallohn

Nachfragekurve nach rechts verschieben. Bei steigendem Preisniveau (und – damit verbunden – sinkenden Reallöhnen) nehmen die Produktion und die Beschäftigung zu. Dabei unterstellt Keynes (zumindest entsprechend der populären Interpretation der Keynesschen Werke), dass die Arbeiter der *Geldillusion* unterliegen: Sie erkennen den vollen Umfang der Preisniveauerhöhung nicht und »akzeptieren« deshalb die entstehende Reallohnsenkung. (Zur Herleitung des Verlaufs der gesamtwirtschaftlichen Angebotskurve siehe Kapitel 4.5).

Die Hortung von Geld nimmt bei sinkendem Effektivzins zu

Um die Vorstellungen des Keynesianismus zu erläutern, können wir wieder auf das *Beispiel* zurückgreifen, in dem ein Volk Güter im Wert von 1 Milliarde produziert und 100 Millionen des dabei entstehenden Einkommens spart. Anders als im System der Klassik ist nach Keynes jedoch keineswegs sichergestellt, dass das gesparte Geld bei der Bank angelegt (oder direkt investiert) wird. Vielmehr können die Sparer es für sinnvoll erachten, ihr Geld erst einmal liquide zu halten. Hierbei spielt der so genannte *Effektivzins* – also der auf den Wertpapierkurs bezogene Zins – eine entscheidende Rolle. Wenn der (nominale) Zinssatz eines Wertpapiers 8 Prozent beträgt und der Wertpapierkurs steigt von 100 auf 200 Euro, so sinkt der Effektivzins (die *Rendite*) von 8 auf 4 Prozent. Je höher nun die Kurse sind (je niedriger also die Renditen), desto mehr Menschen rechnen damit, dass die Kurse bald wieder sinken (bzw. die Renditen steigen). Deshalb warten sie ab, um im richtigen Augenblick in die Wertpapieranlage »einzusteigen«. Bis dahin bleibt das Geld in der »Spekulationskasse«, wird also gehortet. Diese Mittel sind nicht für die kreditweise Finanzierung von Investitionen verfügbar, sodass es zu einem Nachfrageausfall kommt. Wenn also, um im Beispiel zu bleiben, von den 100 Millionen Ersparnis 10 Millionen gehortet und nur 90 Millionen investiert werden, dann findet eine Produktion von 10 Millionen keinen Käufer. Daraufhin werden Unternehmer künftig weniger produzieren, es entsteht Arbeitslosigkeit.

Liquiditätsfalle

Investitionsfalle

Die Existenz der Spekulationskasse ist ein Grund dafür, dass Keynesianer die Wirksamkeit der Geldpolitik skeptisch beurteilen. Wenn nämlich ein (seitens der Zentralbank) erhöhtes Geldangebot gehortet wird, kommt es zu keiner Zinssenkung und damit auch zu keiner Investitionszunahme. Diese Situation wird als *Liquiditätsfalle* bezeichnet (siehe Kapitel 7.10). Daneben werden die Unternehmen selbst bei sinkenden Zinsen nicht zu Neuinvestitionen bereit sein, wenn sie *pessimistische Erwartungen* hinsichtlich der zu erzielenden Gewinne hegen (so genannte *Investitionsfalle*, siehe Kapitel 7.10). Grafisch äußert sich die Situation der Liquiditäts- ebenso wie die der Investitionsfalle in einer im Extremfall senkrechten, also völlig starren Nachfragekurve. Man bezeichnet dies auch als »ausbleibenden Keynes-Effekt« (siehe Kapitel 4.5). Eine expansive Geldpolitik, das heißt eine Verschiebung der Nachfragekurve nach *oben* (man kann die gleiche Gütermenge zu höheren Preise kaufen), führt dann zu keiner Steigerung des realen Bruttoinlandsprodukts. Das heißt, die Möglichkeiten, mittels Geldpolitik die Wirtschaft anzukurbeln, sind am Ende. Jetzt hilft (seitens der Nachfragepolitik) tatsächlich nur noch eine expansive Fiskalpolitik.

Die Gedanken des von Keynes und seinen Anhängern entwickelten Keynesianismus haben die Theorie und die Wirtschaftspolitik nach dem Zweiten Weltkrieg so nachhaltig beeinflusst, dass man von der »keynesianischen Revolution« sprach. Das

Konzept der keynesianischen Globalsteuerung fand beispielsweise im deutschen »Stabilitätsgesetz« von 1967 seinen Niederschlag. Es bildet die Grundlage dafür, dass der Staat von Fall zu Fall (diskretionär) in den Wirtschaftsablauf eingreift. Als Mittel der Stabilisierungspolitik kommen insbesondere fiskalpolitische Maßnahmen infrage – also die Variation von Steuern bzw. Staatseinnahmen und Staatsausgaben (siehe Kapitel 6.9). Bei einer Erhöhung der Staatsausgaben oder Senkung der Einkommensteuer verschiebt sich die Nachfragekurve nach *rechts*. Auch die Geldpolitik kann bzw. soll nach keynesianischer Vorstellung zum Zwecke der Konjunktursteuerung eingesetzt werden. Wie gesagt, wird ihre Durchschlagskraft aber bezweifelt.

5.3 Friedman und die eiserne Lady – Monetaristen sind auch Menschen

Milton Friedman (1912–2006) war Professor an der Universität Chicago und fiel durch radikalliberale Ideen auf. Sein zusammen mit Anna Schwartz verfasstes Buch »A Monetary History of the United States 1867–1960« (1962) gilt als Beginn des Monetarismus.

Stagflation

In den 1960er-Jahren feierte der Keynesianismus glanzvolle Erfolge. Es war die Zeit, in der viele glaubten, man könne die Wirtschaft nach Belieben »ankurbeln« oder »bremsen«. In den 1970er-Jahren verstärkten sich allerdings die Zweifel an einer derartigen Machbarkeit der Konjunktur. Ausschlaggebend waren die einsetzende wirtschaftliche Stagnation und hohe Arbeitslosigkeit bei gleichzeitiger Inflation. Dieses Phänomen der *Stagflation* stand im krassen Widerspruch zur keynesianischen Theorie.

Crowding-out am Kreditmarkt

Der schärfste Kritiker des Keynesianismus war *Milton Friedman* (1912–2006). Die britische Zeitschrift »Economist« bezeichnete den 1,55 Meter großen Gelehrten, der 1976 den Nobelpreis für Ökonomie erhielt, als »verrückten Gnom«. Wahrscheinlich rührt das daher, dass Friedman eine kompromisslos kapitalistische Linie vertrat. Seiner Meinung nach gehört beispielsweise der ganze »Sozialklimbim« wie Kinder- oder Wohngeld abgeschafft. Eine der Ersten, die Friedmans Ideen umzusetzen begannen, war 1979 die englische Premierministerin Margaret Thatcher. Friedman gilt als Begründer des *Monetarismus*. Dessen Anhänger, die in der Tradition der Klassik stehenden Monetaristen, sind davon überzeugt, dass das marktwirtschaftliche System stabil ist, das heißt zur Vollbeschäftigung tendiert. In der Wirtschaftstheorie subsumiert man den Monetarismus häufig unter dem Begriff der *Neoklassik*, deren Vertreter (v.a. *Walras*, *Fisher* und *Pigou*) in der zweiten Hälfte des 19. bzw. Anfang des 20. Jahrhunderts die Theorie der Klassik weiterentwickelten. Die Möglichkeit der Arbeitslosigkeit wird von den Monetaristen bzw. Neoklassikern zwar nicht geleugnet; eine Ankurbelung der Wirtschaft, etwa durch höhere Staatsausgaben, hat aber ihrer Meinung nach nur eine sehr begrenzte, wenn nicht sogar negative Wirkung auf die Beschäftigung. Denn der Staat muss sich das zur Ausgabenfinanzierung nötige Geld auf dem Kapitalmarkt leihen. Dadurch steigen die Zinsen und kreditfinanzierte private Investitionen werden zurückgedrängt (*Crowding-out-Effekt*). Im Fall von Crowding-out verschiebt eine Staatsausgabenerhöhung die Nachfragekurve nicht oder nur in geringerem Maße nach rechts. Ein ähnlicher Effekt stellt sich ein, wenn die erhöhten Staatsausgaben durch Steuern finanziert werden. Und wenn sich der Staat das Geld direkt bei der Zentralbank besorgt, so bewirkt die damit verbundene Geldschöpfung früher oder später Inflation.

Natürliche Arbeitslosigkeit

Die Monetaristen vertreten außerdem die Ansicht, dass es in jeder Volkswirtschaft eine gewisse *natürliche Arbeitslosigkeit* gibt, weil sich nicht alle Arbeitnehmer an veränderte Strukturen anpassen können oder wollen bzw. bei den geforderten Reallöhnen die Arbeitsnachfrage der Unternehmen zu gering ist. Diese Art der Arbeitslosigkeit lasse sich mittels einer expansiven Wirtschaftspolitik, also einer staatlichen Ausgabenerhöhung oder Geldmengenausdehnung, grundsätzlich nicht überwinden (siehe Abbildung 5-3): Ausgehend von Situation ❶ kommt es (wenn kein spürbarer Crowding-out-Effekt eintritt) durch die Verschiebung der Nachfragekurve nach rechts zwar kurzfristig zu einer Mehrproduktion und zu Neueinstellungen (Situation ❷; »kurzfristig«, sagte Friedman gerne, »sind wir alle Keynesianer«).

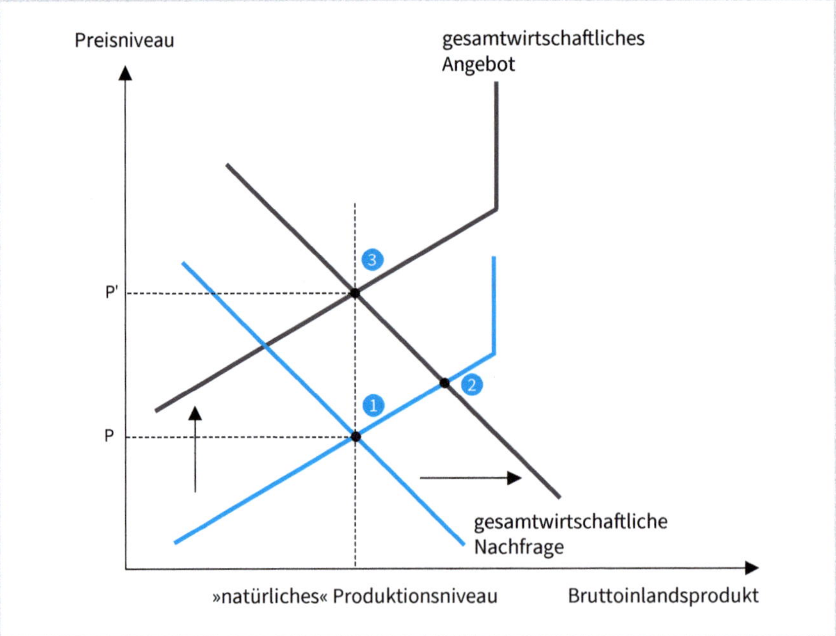

Abb. 5-3: Die Sichtweise der Monetaristen

Die Arbeitnehmer orientieren sich am Reallohn

Sobald die Gewerkschaften aber bemerken, dass auch die Preise gestiegen sind, werden sie als Ausgleich höhere Löhne fordern (Angebotskurve verschiebt sich nach oben). In der Folge sinken Produktion und Beschäftigung wieder auf ihr altes »natürliches« Niveau zurück, während sich das Preisniveau insgesamt von P auf P' erhöht hat (Situation ❸).

Eine zentrale Hypothese des Monetarismus bildet die *Neoquantitätstheorie*. Es handelt sich hierbei um eine von Milton Friedman aufgestellte »Neuformulierung« der *klassischen Quantitätstheorie*. Auf der Basis der von Irving Fisher populär gemachten Quantitätsgleichung – der so genannten »Fisherschen Verkehrsgleichung« – lautete die Grundaussage dieser naiven Form der Quantitätstheorie: Wird die Geldmenge erhöht (reduziert), dann bewirkt dies einen allgemeinen Anstieg (Rückgang) des Preisniveaus. Dabei gingen die Klassiker davon aus, dass das Handelsvolumen (bzw. das reale Bruttoinlandsprodukt) weitgehend durch die Produktionsbedingungen einer Volkswirtschaft bei Vollbeschäftigung – also unabhängig von der Geldmenge – bestimmt ist. Außerdem unterstellten sie, dass sich die Umlaufgeschwindigkeit des Geldes höchstens graduell ändert.

Neoquantitätstheorie

Aufgrund umfangreicher empirischer Studien kam Friedman nun zu dem Schluss, dass die Geldmenge das *nominale* Volkseinkommen bzw. Inlandsprodukt beeinflusst. Und zwar wirkt sich eine Geldmengenerhöhung kurzfristig auf das reale Inlandsprodukt aus, langfristig schlägt sie aber praktisch immer auf das Preisniveau durch, wirkt also inflationstreibend, während der realwirtschaftliche Effekt verpufft. Diese These ist heute überwiegend – zumindest vom Grundsatz her – akzeptiert. Auf ihrer Basis plädieren die Monetaristen für eine so genannte *potenzialorientierte Geldmengenpolitik* (siehe Kapitel 7.11). Eine aktive, von Fall zu Fall praktizierte Stabilisierungspolitik à la Keynes lehnen sie ab.

5.4 Keine einfache Beziehung – die Phillipskurve

Die Kontroverse zwischen Keynesianern und Monetaristen beherrscht die wirtschaftspolitische Diskussion bis heute. Wir stellen die beiden Positionen nochmals in ihrer Kernaussage dar und betrachten hierzu die berühmte *Phillipskurve*.

Im Jahre 1958 veröffentlichte der Engländer *Alban Phillips* (1914–1975) eine Untersuchung über die Arbeitslosigkeit und die Lohnentwicklung in Großbritannien von 1862 bis 1957. In einem Diagramm hatte er auf der x-Achse die Arbeitslosenquote und auf der y-Achse die Lohnsteigerungsrate abgetragen. Dabei ergab sich eine Kurve mit negativer Steigung. Diese ursprüngliche Version der Phillipskurve ließ sich verhältnismäßig leicht erklären: In den Jahren mit niedriger Arbeitslosigkeit sind die Löhne stark gestiegen, während bei hoher Arbeitslosigkeit nur geringe Lohnsteigerungen oder gar Lohnsenkungen zu verzeichnen waren. Grund: Je niedriger die Arbeitslosigkeit bzw. je besser die Beschäftigungslage ist, desto leichter sind höhere Löhne durchsetzbar.

Spektakulär wurde die Phillipskurve erst durch eine Modifikation, die die späteren Nobelpreisträger *Paul Samuelson* und *Robert Solow* 1960 vornahmen. Sie setzten statt der Lohn- die Preissteigerungsrate und erhielten einen ähnlichen Kurvenverlauf (siehe Abbildung 5-4): Eine zunehmende Preissteigerungsrate ging mit abnehmender Arbeitslosenquote einher (Bewegung von Situation ❶ zu ❷). Die meisten Ökonomen dieser Zeit – in der Mehrzahl überzeugte Keynesianer – interpretierten diese Beziehung als eine Wahlmöglichkeit *(Trade-off)* zwischen den beiden Übeln Inflation und Arbeitslosigkeit. Demnach konnte man mittels expansiver

Trade-off

Nachfragepolitik die Arbeitslosigkeit senken, man musste halt eine gewisse Inflation in Kauf nehmen. Diese Auffassung kam etwa in dem Satz von Bundeskanzler Helmut Schmidt in den 1970er-Jahren zum Ausdruck, 5 Prozent Inflation seien ihm lieber als 5 Prozent Arbeitslosigkeit. Es dauerte nicht lange, da hatte er beides.

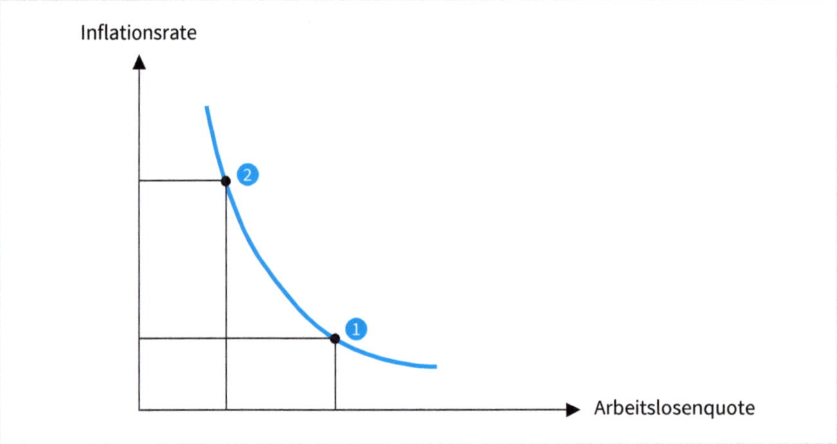

Abb. 5-4: Die Phillipskurve aus keynesianischer Sicht

Geldillusion
Inflationsstabile Arbeitslosenquote
NAIRU

Die Monetaristen *Milton Friedman* und *Edmund Phelps* wiesen bereits Ende der 1960er-Jahre auf einen Denkfehler der keynesianischen Sichtweise hin. Diese unterstellte nämlich, dass die Arbeiter eine höhere Inflation nicht zum Anlass für höhere Lohnforderungen nehmen, weil sie den vollen Umfang der Preissteigerung nicht erkennen (so genannte *Geldillusion*). Aufgrund sinkender Reallöhne stellen die Unternehmer mehr Arbeiter ein (Bewegung von ❶ nach ❷) und produzieren mehr. Zentrale Annahme der Monetaristen ist dagegen, dass sich die Gewerkschaften nur kurzfristig täuschen lassen. Sobald sie merken, dass die Kaufkraft der Löhne sinkt, werden sie entsprechende Nachforderungen stellen. In Abbildung 5-5 äußert sich dies in einer Verschiebung der Phillipskurve nach rechts: Der anfängliche Beschäftigungszuwachs geht verloren und es bleibt nur eine höhere Inflationsrate ❸. Angenommen, die Politik würde jetzt fortfahren, die Nachfrage auszudehnen, so käme es kurzfristig zwar erneut zu einem Rückgang der Arbeitslosenquote bei steigender Inflation entlang der neuen Kurve zu ❹). Die daraufhin geforderten Lohnzuwächse verschieben jedoch die Phillipskurve wieder nach rechts ❺. Nach Ansicht der Monetaristen kann die Arbeitslosigkeit mit expansiven geld- oder fiskalpolitischen Mitteln langfristig nicht unter das Niveau der *natürlichen Arbeitslosenquote* gedrückt werden. Das bedeutet, dass die Phillipskurve nur kurzfristig eine negative Steigung aufweist, langfristig verläuft sie senkrecht. Deshalb wird die natürliche Arbeitslosenquote heute auch als NAIRU (Non-Accelerating Inflation Rate of Unemployment) bezeichnet. Das ist die geringstmögliche Arbeitslosenquote, die sich ohne Inkaufnahme einer höheren Inflation erreichen lässt.

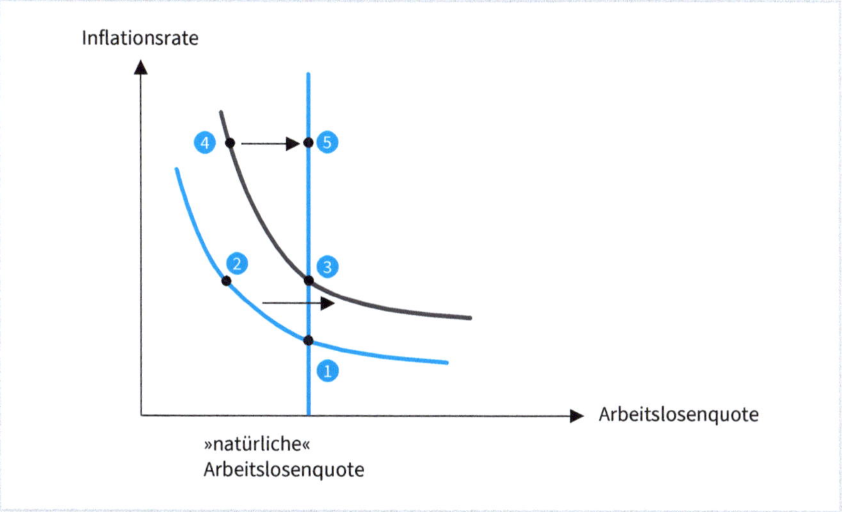

Abb. 5-5: Die Phillipskurve aus monetaristischer Sicht

Neue Klassische Makroökonomik

Die Vertreter der *Neuen Klassischen Makroökonomik* gehen sogar noch einen Schritt weiter. Sie vermuten, dass sich die Akteure nicht einmal kurzfristig täuschen lassen. Vielmehr kennen sie die Regeln der staatlichen Wirtschaftspolitik und können die daraus folgenden Preiswirkungen korrekt einschätzen (antizipieren). In diesem Fall *rationaler Erwartungen* ist die Phillipskurve von Beginn an senkrecht und staatliche Nachfragepolitik völlig wirkungslos (These der *Politikineffizienz*). Mitte der 1970er-Jahre war dieses vor allem von dem Nobelpreisträger *Robert E. Lucas* (weitere Vertreter: *Sargent*, *Barro*) entwickelte Konzept eine kleine Revolution.

5.5 »Sticky Prices« – neuere Ansätze der Makroökonomik

Walrasianisches Gleichgewicht

Die Argumentation der Klassik bzw. Neoklassik (sowie deren Weiterentwicklung zur Neuen Klassischen Makroökonomik, siehe Kapitel 5.4) beruht typischerweise immer auf der Vorstellung eines gesamtwirtschaftlichen Gleichgewichts, in dem sich »markträumende Preise« einstellen. Das bedeutet, die Preise in der Volkswirtschaft (Güterpreise, Lohnsätze und Zinsen) sind voll flexibel. Wenn sich auf einem Markt ein Ungleichgewicht ergibt – zum Beispiel ein Angebotsüberhang auf dem Gütermarkt, dann passen sich die Preise rasch an (in unserem Fall sinken sie also), bis es auf dem Gütermarkt, ebenso wie auf dem Arbeitsmarkt (Lohnsatz sinkt) und auf dem Geldmarkt (Zinssatz sinkt), wieder zu einer Übereinstimmung der Wirtschaftspläne der Anbieter und Nachfrager kommt. Das ist die Welt des so genannten *Walrasianischen Gleichgewichts*. Alle interessierten Leserinnen und Leser können sich diese Anpassungsprozesse anhand von drei – selbst zu erstellenden – Abbildungen veranschaulichen:

1. dem bekannten Preis-Mengen-Schema des Gütermarktes (Annahme eines Überangebots bei einem Preis oberhalb des Gleichgewichtspreises),
2. der Darstellung des Arbeitsmarktes, wobei auf der x-Achse Arbeitsangebot und Arbeitsnachfrage sowie auf der y-Achse der Nominallohn abgetragen werden (im Ausgangsstadium herrsche hier Gleichgewicht, infolge der sinkenden Preise am Gütermarkt verschiebt sich die Arbeitsnachfrage nach links) und
3. der Abbildung des Geldmarktes, bei der auf der x-Achse Geldangebot und Geldnachfrage und auf der y-Achse der nominale Zinssatz stehen (ausgehend von einem Gleichgewicht verschiebt sich die Geldnachfragekurve nach links).

In der Realität gibt es Preisrigiditäten

Neue Keynesianische Makroökonomik

In der Realität sind Preise aber erfahrungsgemäß nicht so flexibel. Forschungen der europäischen Notenbanken haben ergeben, dass die Preisstrukturen im Euroraum, verglichen mit Amerika, »rigide«, also starr sind. »Sticky Prices« (klebrige Preise) heißt dies in der Fachsprache. Trotzdem läuft der Wirtschaftsprozess weiter, auch auf im Ungleichgewicht befindlichen Märkten finden Käufe und Verkäufe statt. Vor diesem Hintergrund ist in den 1960er- und 1970er-Jahren die so genannte *Rationierungstheorie* – auch bekannt unter den Namen »Ungleichgewichtstheorie«, »Makroökonomik bei nicht geräumten Märkten« oder »Neue Keynesianische Makroökonomik« – entstanden (Hauptvertreter: *Patinkin*, *Clower* und *Leijonhufvud*). Sie lässt sich gut anhand von Abbildung 5-6 erläutern. Gezeigt ist eine Ungleichgewichtssituation auf dem Gütermarkt: Bei dem herrschenden Preis P_1 planen die Anbieter eine Angebotsmenge von Y_2, während die Nachfrager die Menge Y_1 zu kaufen planen. Diese rein auf der Grundlage der herrschenden Preise geplanten Angebots- und Nachfragemengen werden als »notionale« bzw. »hypothetische« Angebots- und Nachfragemengen bezeichnet. Denn in Wirklichkeit wird auf unserem Gütermarkt ja nur die Menge Y_1 getauscht. Geplante Verkäufe in Höhe von Y_2 – Y_1 können nicht durchgeführt werden, weil die (zu geringe) Nachfrage das Angebot begrenzt *(rationiert)*.

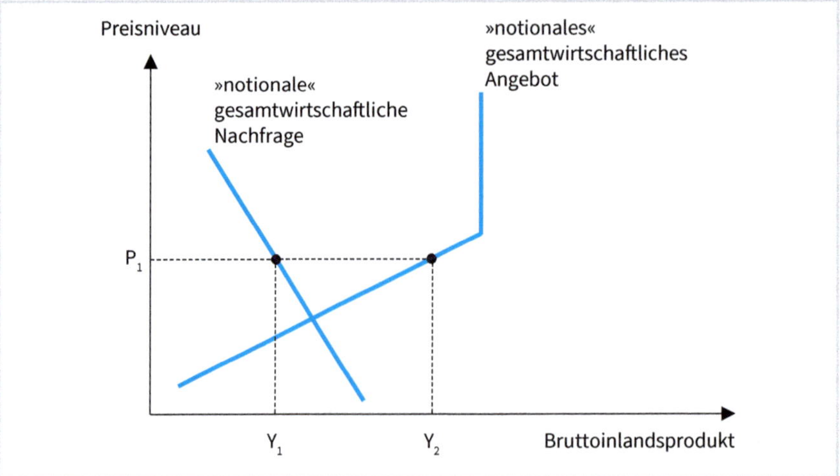

Abb. 5-6: Ungleichgewicht auf dem Gütermarkt

Wenn die Anbieter diese Situation als dauerhaft ansehen, werden sie darauf reagieren. Und zwar werden sie entsprechend der Rationierungstheorie nur noch die absetzbare Menge Y_1 anbieten, sich auf dem Markt also mit der Menge anpassen (und nicht mit dem Preis). Eine Preissenkung erscheint den Anbietern nicht rational. Als Begründung einer solchen *Preisrigidität* werden insbesondere »Menükosten« angeführt. Damit sind die (den Kosten des »Druckens einer neuen Speisekarte« vergleichbaren) Kosten einer Preisumstellung gemeint. Ursachen für rigide Güterpreise können aber auch oligopolistische Strukturen und Marktunvollkommenheiten sein (siehe Kapitel 3). Menükosten

Die Reduktion des effektiven Güterangebots hat nun Rückwirkungen auf andere Märkte der Volkswirtschaft. Die Produzenten werden ihre Nachfragemengen auf den Faktormärkten einschränken, also unter anderem weniger Arbeitskräfte beschäftigen (die Arbeitsnachfragekurve verschiebt sich nach links). In der Folge sinken die Einkommen und es entwickelt sich ein kontraktiver *Multiplikatorprozess.* Auf dem Arbeitsmarkt resultiert daraus die so genannte keynesianische Arbeitslosigkeit, wie sie in Abbildung 4-15 dargestellt ist: Selbst Lohnsenkungen (Angebotskurve am Gütermarkt verschiebt sich nach unten) würden in dieser Situation nichts nützen. Weil die Preise starr sind, nimmt nämlich die Güternachfrage nicht zu. Deshalb erhöhen sich bei Lohnsenkungen zwar die Gewinne der Unternehmen, aber es macht keinen Sinn, mehr Leute einzustellen. Eine Beschäftigungszunahme kann nach neu-keynesianischer Manier in diesem Falle tatsächlich nur über eine Anhebung des gesamtwirtschaftlichen Nachfrageniveaus (Rechtsverschiebung der Nachfragekurve in Abbildung 5-6) bewirkt werden. Die Neu-Keynesianer gelangen letztlich also zum gleichen Ergebnis wie der traditionelle Keynesianismus. Die *Neo-* bzw. *Neuklassiker* ziehen indes eine andere Schlussfolgerung. Sie plädieren dafür, die ordnungspolitischen Rahmenbedingungen so zu verändern, dass der Preismechanismus auf den Märkten wieder funktioniert.

Auf den Punkt gebracht

- *Klassische Makroökonomen* untersuchten vor allem die langfristigen Wirkungen geldpolitischer Maßnahmen (aktive Fiskalpolitik war im System der Klassik überhaupt nicht vorgesehen) auf das Preisniveau. Die Klassiker ignorierten dabei jegliche kurzfristigen Auswirkungen auf das gesamtwirtschaftliche Produktionsniveau.
- Der *Keynesianismus* und die *Neue Keynesianische Makroökonomik* maßen bzw. messen der kurzen Frist große Bedeutung bei und betonen, dass neben dem Geldangebot weitere Faktoren (vor allem fiskalpolitische Maßnahmen) auf die gesamtwirtschaftliche Nachfrage einwirken.
- Die *Monetaristen/Neoklassiker* wiesen der (regelgebundenen) Geldpolitik eine Schlüsselrolle für die Volkswirtschaft zu. Nach ihrer Ansicht kann aber die Arbeitslosigkeit mittels expansiver Geldpolitik (oder Fiskalpolitik) langfristig nicht unter das Niveau der natürlichen Arbeitslosenquote gedrückt werden.
- Die Theorie *rationaler Erwartungen* geht davon aus, dass sich expansive makropolitische Maßnahmen sofort in steigenden Inflationserwartungen der Wirtschaftssubjekte niederschlagen. Entsprechend führt die darauf aufbauende *Neue Klassische Makroökonomik* Konjunkturzyklen hauptsächlich auf Produktivitätsschwankungen zurück. Die konjunkturelle Wirksamkeit der makroökonomischen Nachfragepolitik erachtet sie als gering.

5.6 Wie jetzt? Sechs Schlüsselfragen der makroökonomischen Politik

Paul Robin Krugman (geb. 1953 im Bundesstaat New York), Professor an der City University of New York, beriet die US-Präsidenten Reagan und Clinton. 2008 erhielt Krugman den Ökonomie-Nobelpreis.

Nimmt man die bisherigen Ausführungen dieses Kapitels, so stehen sich augenscheinlich zwei Grundtypen von Wirtschaftspolitikern gegenüber: die (neu-)keynesianischen Gedanken zugeneigten Anhänger der *Nachfragepolitik* und die (neu-)klassisch bzw. monetaristisch (neoklassisch) orientierten Verfechter der *Angebotspolitik* (siehe hierzu auch Kapitel 6.9 und 6.10).

Bis hinein in die 1980er-Jahre, aber auch später noch lieferten sich diese beiden Lager erbitterte Meinungsgefechte. Im Zuge der gemachten Erfahrungen und der Forschung hat sich mittlerweile indes über einzelne kritische Fragen ein gewisses Einvernehmen herauskristallisiert. Wir werden im Folgenden die vorne beschriebenen Lehrmeinungen nochmals aufzeigen und den »modernen Konsens« betrachten. In Anlehnung an das Lehrbuch von Paul Krugman und Robin Wells (»Volkswirtschaftslehre«) untersuchen wir hierzu sechs Schlüsselfragen der makroökonomischen Politik (siehe Tabelle 5-1). Dabei verstehen wir unter Geldpolitik die Veränderung der Zinsen sowie der Geldmenge und unter Fiskalpolitik die Veränderung der Staatseinnahmen (Steuern) und Staatsausgaben.

1. Frage: Ist expansive Geldpolitik hilfreich bei der Bekämpfung konjunktureller Abschwünge?

Wie vorne ausgeführt, hielten klassisch bzw. neuklassisch geprägte Makroökonomen eine expansive Geldpolitik für wirkungslos bzw. – da inflationstreibend – sogar für schädlich bei der Bekämpfung konjunktureller Abschwünge. Keynesianer bzw. Vertreter der Neuen Keynesianischen Makroökonomik hatten keine Einwände gegen eine »Politik des billigen Geldes« in Rezessionszeiten, doch sie erwarteten davon keinen durchschlagenden Erfolg. Milton Friedman und seine monetaristischen (neoklassischen) Gefolgsleute waren jedoch überzeugt, dass eine an der Entwicklung des Produktionspotenzials ausgerichtete, stetige Ausweitung der Geldmenge eine Stabilisierung der Konjunktur bewirkt. Mittlerweile stimmen fast alle Makroökonomen darin überein, dass Geldpolitik helfen kann, Konjunkturschwankungen zu dämpfen. Allerdings herrscht auch Konsens darüber, dass eine expansive Geldpolitik vor allem in der Situation der Liquiditätsfalle unwirksam ist.

2. Frage: Ist Fiskalpolitik bei der Bekämpfung konjunktureller Abschwünge wirksam?

Die (neu-)klassischen Makroökonomen lehnten fiskalpolitische Maßnahmen zur Konjunkturbeeinflussung noch stärker ab als den Einsatz der Geldpolitik. Demgegenüber wiesen die Anhänger der (neu-)keynesianischen Makroökonomik der Fiskalpolitik eine zentrale Rolle bei der Bekämpfung konjunktureller Abschwünge zu. Die Monetaristen bzw. Neoklassiker hielten Fiskalpolitik generell für unwirksam bzw. ungeeignet. Heute hat sich die Ansicht durchgesetzt, dass die Fiskalpolitik wie die Geldpolitik die gesamtwirtschaftliche Nachfrage verändern kann. Einhellig ist man auch der Meinung, dass die Regierung zwar einen ausgeglichenen Staatshaushalt anstreben soll (also möglichst keine Netto-Neuverschuldung!), dabei aber die jeweilige wirtschaftliche Lage berücksichtigen muss.

3. Frage: Können Geldpolitik oder Fiskalpolitik auf lange Sicht die Arbeitslosenquote verringern?

Klassische und neuklassische Makroökonomen bezweifelten stark, dass die Regierung oder die Zentralbank mittels Nachfragepolitik überhaupt irgendetwas zur Verbesserung der Beschäftigungslage unternehmen könnte bzw. sollte. Dagegen lautete die Grundaussage des (traditionellen) Keynesianismus ebenso wie der Neuen Keynesianischen Makroökonomik, dass man mithilfe einer expansiven Geld- und vor allem der Fiskalpolitik die Arbeitslosigkeit – vielleicht um den Preis von ein wenig mehr Inflation – nachhaltig verringern könne. Die Monetaristen/Neoklassiker wiederum waren überzeugt, dass sich die Arbeitslosigkeit mit geld- oder fiskalpolitischen Maßnahmen höchstens vorübergehend unter das Niveau der natürlichen Arbeitslosenquote drücken lässt. Dieser Hypothese stimmen inzwischen die meisten Makroökonomen zu.

4. Frage: Sollte man Fiskalpolitik diskretionär einsetzen?

Wie gesagt, lehnten die Makroökonomen der Klassik bzw. Neuen Klassik ebenso wie die Monetaristen (Neoklassiker) fiskalpolitische Maßnahmen ab, während Keynesianer und Neu-Keynesianer der Fiskalpolitik die Hauptrolle bei der Konjunktursteuerung zuwiesen. Mittlerweile ist man sich weitgehend einig, dass Steuersenkungen oder Staatsausgabenerhöhungen die gesamtwirtschaftliche Nachfrage steigern. Das heißt unter anderem, dass der Crowding-out-Effekt – die Verdrängung privater durch staatliche Nachfrage – als eher gering eingeschätzt wird. Gleichwohl halten viele Makroökonomen eine fallweise, je nach wirtschaftlicher Lage eingesetzte (diskretionäre) Fiskalpolitik für kontraproduktiv, und zwar unter anderem aufgrund der mit ihr verbundenen Zeitverzögerungen (siehe Kapitel 6.9). Deshalb sollten diskretionäre fiskalpolitische Maßnahmen ihrer Ansicht nach nur unter besonderen Umständen ergriffen werden, wie beispielsweise in der Corona-Pandemie (2020–2022) oder dann, wenn die Geldpolitik versagt (wie beispielsweise in Japan in den 1990er-Jahren).

Frage	Klassik/ Neue Klassische Makroökonomik	Monetarismus/ Neoklassik	Keynesianismus/ Neue Keynesianische Makroökonomik	Moderner Konsens
Ist expansive Geldpolitik hilfreich bei der Bekämpfung konjunktureller Abschwünge?	Nein	Ja	Nicht sehr	Ja, ausgenommen besondere Umstände
Ist Fiskalpolitik bei der Bekämpfung konjunktureller Abschwünge wirksam?	Nein	Nein	Ja	Ja, zumindest kurzfristig
Können Geld- oder Fiskalpolitik auf lange Sicht die Arbeitslosenquote verringern?	Nein	Nein	Ja	Nein
Sollte man Fiskalpolitik diskretionär einsetzen?	Nein	Nein	Ja	Nein, ausgenommen besondere Umstände
Sollte man Geldpolitik diskretionär einsetzen?	Nein	Nein	Ja	Nein, ausgenommen besondere Umstände
Können Lohnsenkungen konjunkturellen Abschwüngen und Arbeitslosigkeit entgegenwirken?	Ja	Ja	Nein	Nein, ausgenommen besondere Umstände

Tab. 5-1: Sechs Schlüsselfragen der makroökonomischen Politik

5. Frage: Sollte man Geldpolitik diskretionär einsetzen?
Klassische und neuklassische Makroökonomen erkannten der Geldpolitik überhaupt keine realwirtschaftlichen Wirkungen zu. Keynesianer und Neu-Keynesianer waren zwar nicht gegen den diskretionären Einsatz geldpolitischer Maßnahmen, bezweifelten aber deren Durchschlagskraft. Nach Überzeugung der Monetaristen (Neoklassiker) kommt der Geldpolitik große Bedeutung für die Konjunkturentwicklung zu, allerdings plädierten sie für eine Verstetigung des Geldmengenwachstums. Diskretionäre Geldpolitik hielten sie für eher schädlich. Heutzutage besteht breites Einvernehmen darüber, dass der Geldpolitik grundsätzlich im Bemühen um konjunkturelle Stabilisierung die Hauptrolle zukommt. Und in besonderen Situationen, wie etwa Finanzkrisen, ist auch ihr diskretionärer (expansiver) Einsatz erlaubt. Noch umstritten ist jedoch die Art und Weise der »richtigen« Zentralbankpolitik. Dies betrifft vor allem die Frage nach der richtigen geldpolitischen Strategie (siehe Kapitel 7.10).

6. Frage: Können Lohnsenkungen konjunkturellen Abschwüngen und Arbeitslosigkeit entgegenwirken?

Die Vertreter der klassischen bzw. neuklassischen Makroökonomik fordern, ebenso wie die Monetaristen (Neoklassiker), grundsätzlich den »Rückzug des Staates« aus dem Wirtschaftsleben. Wir werden auf das Konzept der Angebotspolitik im Kapitel 6 nochmals genauer eingehen. Ein zentrales Element dieses Ansatzes besteht in der »Reaktivierung des Lohnmechanismus«: Wären die Nominallöhne nach unten flexibel, so würden sie bei bestehender Arbeitslosigkeit sinken. Auf dem in Abbildung 5-7 gezeigten Gütermarkt verschiebt sich die gesamtwirtschaftliche Angebotskurve so lange nach unten, bis Vollbeschäftigung bzw. ein »natürliches« Produktionsniveau (mit einer gewissen »natürlichen« Arbeitslosigkeit) erreicht ist, im Idealfall also von Situation ❶ über ❷ nach ❸. Es kommt zu einer Preissenkung, diese ist aber geringer als die Lohnsenkung. Deshalb vermindert sich der Reallohn, wodurch eine Ausdehnung der Produktion und der Beschäftigung für die Unternehmen lohnend wird. Falls die Lohnsumme aufgrund der steigenden Beschäftigtenzahl zunimmt, könnte es außerdem zu einer Rechtsverschiebung der Nachfragekurve kommen.

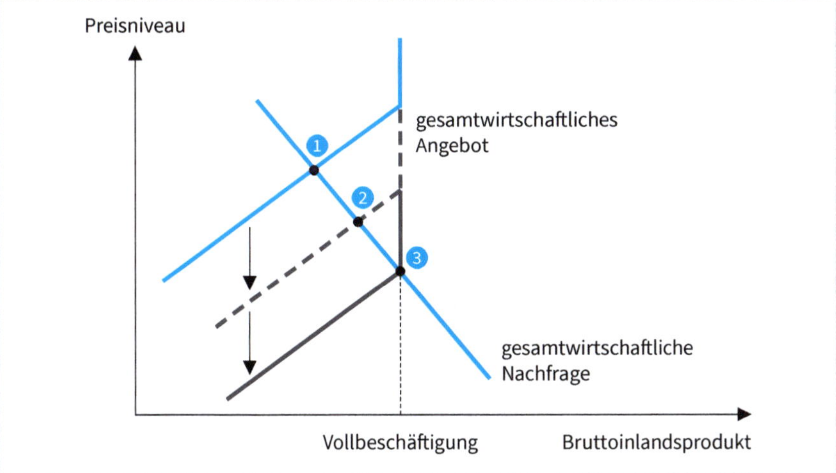

Abb. 5-7: Lohnsenkungen als Mittel der Beschäftigungspolitik

Verteilungs- bzw. Kaufkraftargument

Keynesianisch und neu-keynesianisch geprägte Ökonomen befürworten eine staatliche Konjunktursteuerung insbesondere über diskretionäre Fiskalpolitik. Lohnsenkungen als Mittel der Beschäftigungspolitik lehnen sie ab. Sie verweisen zum einen darauf, dass Unternehmen möglicherweise trotz niedrigerer Löhne keine neuen Arbeitskräfte einstellen, wenn die Nachfrage das Angebot rationiert. Das heißt, die Preise bleiben konstant (siehe Kapitel 5.5). Zum anderen befürchten sie, dass die gesamtwirtschaftliche Nachfrage unter Umständen auch dann nicht steigt, wenn als Folge der Lohnsenkung die Preise zurückgehen. Ein Grund dafür könnte sein, dass das bei sinkendem Preisniveau von den Wirtschaftssubjekten (in diesem Fall betrifft dies hauptsächlich die Bezieher von Gewinneinkommen) »gesparte« Geld nicht für Güterkäufe ausgegeben wird. Wie vorne dargestellt, kann dies eintreten, wenn die

Liquiditätsfalle wirksam wird oder wenn die Investitionen auf Zinssenkungen nicht reagieren *(pessimistische Erwartungen* bzw. *Investitionsfalle)*. Die Nachfragekurve verläuft dann (im Extremfall) senkrecht, sodass eine Lohnsenkung keine beschäftigungsfördernde Wirkung hat (siehe Abbildung 5-8). Da unter diesen Umständen die Preissenkung genauso groß ist wie die Lohnsenkung, bleibt der Reallohn nämlich konstant. Teilweise wird zudem ein *Verteilungs-* bzw. *Kaufkraftargument* angeführt: Lohnbezieher konsumieren typischerweise einen höheren Teil ihres Einkommens als Gewinnbezieher. Wenn nun die Löhne zugunsten der Gewinne sinken, könnte es zu einer Linksverschiebung der Nachfragekurve kommen – also zu einem »Kollaps« der Binnennachfrage.

Eine Linksverlagerung der Nachfragekurve könnte auch aus der Entstehung von Preissenkungserwartungen resultieren. Es ist möglich, dass die Nachfrager geplante Güterkäufe aufschieben und so eine *Deflationsspirale* in Gang setzen, das heißt einen (weiteren) Rückgang der Preise und der Produktion.

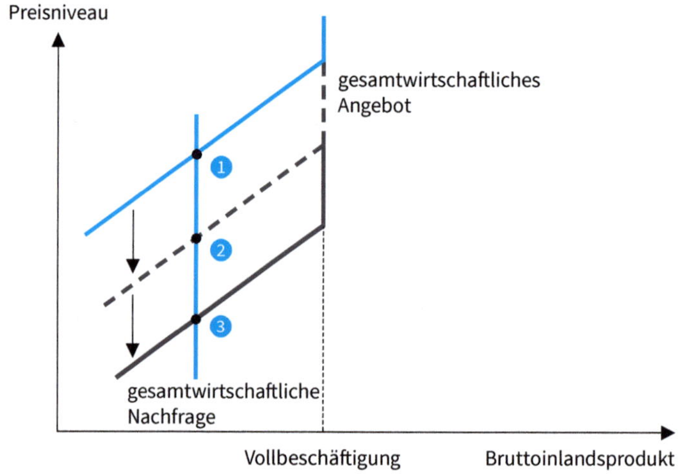

Abb. 5-8: Wirkungslosigkeit von Lohnsenkungen

Vor diesem Hintergrund beurteilt die moderne Makroökonomik Lohnsenkungen nicht als generell zielführend. Allgemein akzeptiert wird die vom deutschen Sachverständigenrat aufgestellte Regel, nach der die Zunahme der Nominallöhne die Summe aus Produktivitätsfortschritt und erwarteter Inflationsrate nicht überschreiten soll (siehe Kapitel 4.14). Dies beinhaltet indes durchaus auch die Notwendigkeit von Lohnkürzungen in einzelnen Branchen oder Unternehmen, deren Produktivität oder Absatzlage rückläufig ist. Die Mehrheit der Ökonomen stimmt des Weiteren darin überein, die Lohnzusatzkosten möglichst nicht über das heute erreichte Maß ansteigen zu lassen.

Worin besteht das Fazit?

Wir haben den Eindruck, dass die moderne Makroökonomik im Vergleich zu ihren Vorläufern durch ein hohes Maß an Pragmatismus geprägt ist. Makroökonomen sind heute eher bereit anzuerkennen, dass Entscheidungen der Wirtschaftspolitik im Lichte der konkreten Situation getroffen werden. Dabei sehen sie sowohl die kurze wie die lange Frist. Nehmen wir als Beispiel einen Drogenabhängigen. In Zeiten der akuten Krise kann es durchaus sinnvoll und notwendig sein, ihm eine gezielte Dosis Stoff zu verabreichen (Nachfragepolitik). Um aber auf Dauer zu gesunden, führt an einem Entzugsprogramm (Angebotspolitik) kein Weg vorbei.

5.7 Ein bedingungsloses Grundeinkommen – sinnvoll oder kontraproduktiv?

Tausend oder mehr Euro für gar nichts? Die Idee eines bedingungslosen Grundeinkommens (BGE) ist schon alt, aber heute so populär wie nie zuvor.

Das Konzept des BGE besteht darin, jedem Bürger monatlich einen festen Geldbetrag auszubezahlen, ohne dass dieser dafür irgendeine Gegenleistung erbringen muss (wie es bei den bisher gewährten Sozialleistungen der Fall ist: für Rente und Arbeitslosengeld sind Einzahlungen in eine Versicherung notwendig, selbst Bürgergeld und Grundsicherung erfordern die Bereitschaft zur Aufnahme einer Arbeit bzw. können nur bei nachgewiesener Bedürftigkeit beansprucht werden).

Es gibt verschiedene Varianten des BGE. Allen gemeinsam sind drei Wesensmerkmale:

1. Jede Bürgerin bzw. jeder Bürger bekommt den gleichen Betrag individuell ausbezahlt.
2. Dieser muss unabhängig von anderen Einkünften gezahlt werden (Milliardäre erhalten genauso viel wie Obdachlose).
3. Die Geldzuwendung darf keinesfalls an die Bereitschaft zur Aufnahme einer Erwerbsarbeit geknüpft sein.

Aus Sicht seiner Befürworter kann das BGE einen Weg darstellen, wenn der technologische Fortschritt, vor allem die Digitalisierung, womöglich viele Menschen arbeitslos machen, die materielle Ungleichheit verschärfen und die bisher am Erwerbseinkommen anknüpfenden sozialen Sicherungssysteme überfordern sollte. Ein bedingungslos existenzsicherndes Einkommen könnte den Bürgern die Freiheit bieten, um sich Tätigkeiten zu widmen, in der sie ihre Berufung finden, sich weiter zu bilden oder vermehrt gesellschaftspolitisch zu engagieren. Sie würden somit glücklicher und produktiver werden, was sie persönlich und das ganze Land voranbrächte.

Das BGE soll einen großen Teil der bisher gewährten Sozialleistungen ersetzen, u.a. das Arbeitslosengeld, das Bürgergeld, das Kindergeld sowie die Grundsicherung im Alter und bei Erwerbsminderung. Dies würde eine radikale Vereinfachung und Entbürokratisierung der sozialen Absicherung ermöglichen (Frage am Rande: Was passiert mit den Tausenden von Bediensteten der entbehrlich gewordenen Sozialbürokratie?). Da es sich um eine allen Bürgern und Bürgerinnen zustehende Leistung handelt, würde dies eventuell die Stigmatisierung der Sozialhilfeempfänger abmildern und ggf. das Problem der *verdeckten Armut* (wenn Grundsicherungsleistungen trotz Bedürftigkeit nicht in Anspruch genommen werden) beseitigen.

Die Idee eines wie oben beschrieben charakterisierten BGE ist theoretisch zweifellos hochinteressant und findet entsprechend großen Zuspruch. Allerdings birgt sie eine Reihe grundsätzlicher und praktischer Probleme.

So stünde die Einführung des BGE im völligen Widerspruch zum Prinzip der Subsidiarität (nach dem die/der Einzelne zunächst selbst für sich zu sorgen hat, bevor sie/er die Hilfe der Gemeinschaft beanspruchen kann). Daneben stellt sich die Frage, ob dadurch nicht das Leistungsprinzip zerstört würde, mit der Gefahr einer Entwicklung hin zu einer sozialistischen Mangelwirtschaft.

Ein wesentlicher Faktor für die ökonomischen Konsequenzen eines BGE ist ganz sicher dessen Anreizwirkung: Wer wird in welchem Umfang bzw. überhaupt noch arbeiten, wenn das Geld auch so einigermaßen reicht? Die bisher in verschiedenen Ländern (Kanada, USA, Namibia, Indien, Niederlande, Finnland) mit dem BGE gemachten Erfahrungen sind, vor allem aufgrund der jeweils nur kurzzeitigen Verwirklichung des BGE-Konzeptes, nicht aussagekräftig. Wie sich Menschen in einer Welt mit einem dauerhaft gesicherten BGE verhalten würden, ist dadurch nicht klar geworden. Wer bisher weniger oder nur etwas mehr als das Grundeinkommen verdient, wird möglicherweise nicht mehr arbeiten und Steuern zahlen wollen. Vielmehr könnte die Schwarzarbeit zunehmen. Außerdem: Wer erledigt die unattraktiven Arbeiten, etwa im Straßenbau oder in der Müllabfuhr? Vermutlich müssten die Löhne in diesen Bereichen deutlich steigen.

Naheliegend ist, dass die Aussicht auf ein Einkommen ohne Gegenleistung das Problem einer eventuell massenhaften Zuwanderung ausländischer Bürger und Bürgerinnen auslösen bzw. verschärfen könnte. (Dem ließe sich vielleicht dadurch entgegenwirken, dass die Auszahlung des BGE an eine gewisse, lange Aufenthaltsdauer geknüpft wird bzw. nur an im Inland Geborene geht).

Die für eine Umsetzung des BGE-Konzepts letztlich entscheidende Frage ist die nach der Finanzierung. Trotz eingesparter bisheriger Sozialleistungen verbliebe nach den meisten Berechnungen eine gewaltige Finanzierungslücke. Die vorliegenden Modelle kalkulieren deshalb überwiegend mit erheblichen Steuererhöhungen.

Der wissenschaftliche Beirat beim Bundesministerium der Finanzen hat hierzu ein Gutachten erstellt (02/2021). Demnach wäre bereits ein BGE von 1.000 Euro pro Erwachsenem und 500 Euro pro Kind (diese Beträge wären in Deutschland noch nicht existenzsichernd!) nur finanzierbar, wenn der steuerliche Grundfreibetrag abgeschafft und der bestehende Steuertarif um 55 Prozentpunkte angehoben würde. Damit würde sich der Eingangssteuersatz auf knapp 60 Prozent erhöhen, der Spitzensteuersatz würde auf 97 Prozent und die »Reichensteuer« auf 100 Prozent steigen. Alternativ müsste die bestehende Einkommensteuer durch eine proportionale Einkommensteuer in Höhe von 90 Prozent ersetzt werden. Dabei hat der Beirat unterstellt, dass die Beschäftigung (trotz der hohen Abgaben) nicht sinkt und es keine Ausweichreaktionen, wie die Steuervermeidung z. B. durch Abwanderung, gibt. Dies erscheint indes unrealistisch. Zu befürchten wäre vielmehr, dass der Staat die Leistungsträger, die mit ihrer Arbeit das Grundeinkommen erwirtschaften, massiv kontrollieren müsste. Außerdem ist fraglich, ob eine so hohe Steuerbelastung mit dem deutschen Grundgesetz vereinbar wäre. Alles in allem schlussfolgert der Beirat, dass »in einer offenen Gesellschaft ein … in seiner Höhe existenzsicherndes bedingungsloses Grundeinkommen nicht umsetzbar« ist.

5.8 Das Interview: Marcel Fratzscher

Prof. Marcel Fratzscher, Ph.D. ist Wissenschaftler, Autor und Kolumnist zu wirtschafts- und gesellschaftspolitischen Themen, Präsident des Deutschen Instituts für Wirtschaftsforschung (DIW Berlin) und Professor für Makroökonomie an der Humboldt-Universität zu Berlin. Er ist u.a. Mitglied des High-level Advisory Board der Vereinten Nationen zu den Nachhaltigen Entwicklungszielen (SDGs) und Mitglied des Beirats des Bundeswirtschaftsministeriums.

Herr Professor Fratzscher, seit einiger Zeit geht in Deutschland die Angst vor einer Deindustrialisierung um. Halten Sie diese Gefahr tatsächlich für – eventuell sogar akut – gegeben?
Ähnlich wie der Anteil der Landwirtschaft an der Wertschöpfung, so wird auch der Anteil der Industrie in der Volkswirtschaft langfristig sinken. Dies ist per se keine schlechte Entwicklung, sondern das Resultat von technologischem Fortschritt: Wir leben zunehmend in einer digitalen Welt, in der die materiellen Grundbedürfnisse für immer mehr Menschen immer besser abgedeckt sind. Dienstleistungen werden weiter an Bedeutung gewinnen, eine Deindustrialisierung zu einem gewissen Maße unvermeidbar sein. Es geht darum, das Schrumpfen der Industrie konstruktiv und graduell zu gestalten. Denn die Industrie in Deutschland war seit jeher ein Motor für Innovation, auch für viele Dienstleistungssektoren. Wenn jetzt gewisse Industrien in Deutschland schrumpfen, muss dies keine schlechte Entwicklung für die Gesellschaft oder die Wirtschaft sein. Die zentrale Frage ist, was diese schrumpfenden Industrien ersetzt und welche neuen Arbeitsplätze entstehen.

Immer wieder ist die Rede von einer zunehmenden Ungleichheit der Einkommen und Vermögen. Stimmt das wirklich, auch für Deutschland? Werden die Reichen tatsächlich immer reicher und die Armen immer ärmer?
Die Ungleichheit von Einkommen und Vermögen ist in fast allen Gesellschaften der Welt, vor allem in den Industrieländern, in den vergangenen fünf Jahrzehnten deutlich gestiegen. Dies liegt an der Dominanz der Marktwirtschaft als führendes Wirtschaftssystem und an den Regeln dieser Marktwirtschaften. Denn der perfekt funktionierende Markt, in dem alle die gleichen Chancen und die gleiche Marktmacht haben, ist eine Illusion. Gerade in Zeiten der Digitalisierung und des technologischen Wandels konzentriert sich die Marktmacht immer stärker auf einige wenige Akteure, die ihren eigenen Anteil des Kuchens vergrößern können. Es gibt jedoch einen wichtigen Unterschied zwischen der Ungleichheit von Einkommen und Vermögen. Die Ungleichheit von Einkommen ist zumindest in Deutschland in den vergangenen zwei Jahrzehnten recht stabil geblieben, nach einem starken Anstieg in den zwei Jahrzehnten davor. Die Ungleichheit von Vermögen ist nicht nur absolut gesehen deutlich größer als die Ungleichheit von Einkommen, sondern auch absolut gesehen sehr groß – fast 40 Prozent der Menschen in Deutschland haben kaum oder kein privates Vermögen.

Ihr Institut hat berechnet, ob bzw. wie sich ein bedingungsloses Grundeinkommen finanzieren ließe. Wie lautet Ihr Fazit – machbar oder nicht?
Ein bedingungsloses Grundeinkommen würde in den meisten Ausgestaltungen zu einer Umverteilung von den oberen 20 Prozent zu den unteren 40 Prozent in der Einkommensverteilung führen. Es würde somit nicht nur eine grundlegende Umgestaltung der Steuersysteme erfordern, sondern die 20 Prozent der Spitzenverdiener würden zum Teil deutlich stärker belastet. Alles in allem würde dies dazu führen, dass der Staat mehr als bisher zwischen den gesellschaftlichen Gruppen umverteilen muss. Die große, entscheidende Frage für das bedingungslose Grundeinkommen und dessen Finanzierung ist, ob ein solches System den Kuchen, also den gesamten materiellen Wohlstand einer Gesellschaft kleiner machen würde oder nicht. Die ersten Experimente zeigen, dass Menschen in reichen Industrieländern nicht unbedingt weniger arbeiten oder sich weniger anstrengen würden, wenn sie ein bedingungsloses Grundeinkommen erhielten.

Herr Professor Fratzscher, wir danken Ihnen für dieses Gespräch.

Schlüsselbegriffe

- Klassik
- Vollbeschäftigungsgleichgewicht
- klassische Quantitätstheorie
- Keynesianismus
- Deficit-Spending
- Unterbeschäftigungsgleichgewicht
- Transaktions- und Spekulationskasse
- Geldillusion
- Liquiditätsfalle
- Investitionsfalle
- Stagflation
- Monetarismus
- Neoklassik
- Crowding-out-Effekt
- natürliche Arbeitslosigkeit
- Neoquantitätstheorie
- potenzialorientierte Geldpolitik
- modifizierte Phillipskurve
- NAIRU
- Neue Klassische Makroökonomik
- Neue Keynesianische Makroökonomik
- Bedingungsloses Grundeinkommen

Kontrollfragen

1. *Auf welchen zwei Säulen steht das System der Klassik? Wie lautet seine Botschaft?*
2. *Worin liegt die Aussage der klassischen Quantitätstheorie?*
3. *Welche Motive der Geldhaltung unterscheidet Keynes?*
4. *Wie äußert sich ein »ausbleibender« Keynes-Effekt und worin liegen seine möglichen Ursachen?*
5. *Wie lautet das Credo des Keynesianismus?*
6. *Erläutern Sie den Begriff der Stagflation. Wo sehen Sie deren mögliche Ursachen?*
7. *Was versteht man unter dem Crowding-out-Effekt?*
8. *Wie erklärt Friedman die Existenz der natürlichen Arbeitslosigkeit?*
9. *Welche Aussage macht die Neoquantitätstheorie?*
10. *Warum verläuft die modifizierte Phillipskurve aus keynesianischer Sicht negativ und aus monetaristischer Sicht senkrecht?*

11. *Definieren Sie den Begriff NAIRU.*
12. *Worin bestehen die Annahmen und die darauf aufbauende Aussage der Neuen Klassischen Makroökonomik?*
13. *Wie argumentiert die Neue Keynesianische Makroökonomik?*
14. *Kann Arbeitslosigkeit mit geld- oder fiskalpolitischen Maßnahmen auf lange Sicht nachhaltig bekämpft werden?*
15. *Können Lohnsenkungen nach dem heutigen Kenntnisstand konjunkturellen Abschwüngen und Arbeitslosigkeit entgegenwirken?*
16. *Was spricht für, was gegen ein bedingungsloses Grundeinkommen?*

Literaturhinweise

Branson, W.: Makroökonomik, 4. Aufl., München 1997

Felderer, B.; Homburg, S.: Makroökonomik und Neue Makroökonomik, 9. Aufl., Berlin 2010

Issing, O.: Geschichte der Nationalökonomie, 4. Aufl., München 2014

Kolb, G.: Geschichte der Volkswirtschaftslehre. Dogmenhistorische Positionen des ökonomischen Denkens, 2. Aufl., München 2004

Krugman, P.; Wells, R.: Volkswirtschaftslehre, 3. überarbeitete Aufl., Stuttgart 2023

Mankiw, N.G.: Makroökonomik, 8. Aufl., Stuttgart 2024

Mussel, G.: Einführung in die Makroökonomik, 11. Aufl., München 2013

Mussel, G.; Pätzold, J.: Grundfragen der Wirtschaftspolitik, 8. Aufl., München 2012

Willke, G.: John Maynard Keynes, Frankfurt a. M. 2002

6 Vom Staat und seinem Haushalt

»Der Staat ist das kälteste aller kalten Ungeheuer;
und dort, wo der Staat endet, beginnt der Mensch.«
Friedrich Nietzsche

Lernziele

- Sie kennen die Rolle des Staates allgemein und im Wirtschaftsleben Deutschlands.
- Sie verstehen die Grundproblematik der gesetzlichen Renten- und Krankenversicherung in Deutschland und können die relevanten Lösungsansätze beurteilen.
- Sie sind mit zentralen Aspekten des deutschen Steuersystems und dessen möglichen Wirkungen vertraut.
- Sie kennen die Argumente, die für oder gegen staatliche Verschuldung sprechen, und können die Gefahren einer zu hohen Staatsverschuldung einschätzen.
- Sie wissen um die Möglichkeiten und Grenzen der Fiskalpolitik und kennen das Konzept der angebotsorientierten Wirtschaftspolitik.

Milton Friedman (seine Freunde nannten ihn »Milt«) hat einmal definiert, auf welche vier Arten die Menschen Geld ausgeben können:

1. Sie können ihr eigenes Geld für sich selbst ausgeben, beispielsweise indem sie ein Buch kaufen.
2. Sie können ihr eigenes Geld für andere ausgeben, etwa an Weihnachten oder zum Geburtstag.
3. Sie können anderer Leute Geld für sich ausgeben, zum Beispiel bei einer Dienstreise auf Kosten der Firma.
4. Sie können anderer Leute Geld für andere ausgeben.

Die Möglichkeiten drei und vier sind bekanntlich die einzigen dem Staat verfügbaren Methoden. Und da man mit anderer Leute Geld erfahrungsgemäß leichtfertiger umgeht als mit eigenem, kommt es nach Friedman fast logischerweise zu »öffentlicher Verschwendung«. Entsprechend hielt »Milt« das System des so genannten Sozialstaats für »einen Betrug an den Leuten, die noch arbeiten und Steuern zahlen«. Diese Ansicht mag überzogen und undifferenziert sein. Aber der Grundgedanke ist wohl nicht völlig abwegig. Denn spiegelbildlich mit dem Ausbau der sozialen Sicherungssysteme bzw. des Staatssektors allgemein steigt notwendig die Steuer- und Abgabenbelastung oder die staatliche Verschuldung. Setzt man die Summe aus Steuern und Sozialabgaben in Bezug zum Volkseinkommen (und nicht, wie es üblicherweise geschieht, zu dem unter anderem aufgrund von Abschreibungen höheren Bruttoinlandsprodukt), so ergibt sich die volkswirtschaftliche Einkommensbelastungsquote. Nach Angaben des Bundes der Steuerzahler liegt diese heute in Deutschland bei ca. 52 Prozent. Anfang der 1960er-Jahre betrug die Belastungsquote gerade mal um die 40 Prozent.

In diesem Kapitel wird zunächst dargestellt, wie, das heißt über welche Geldströme, der Staat mit den Unternehmen und Haushalten verbunden ist. Darauf aufbauend diskutieren wir zentrale Fragen der staatlichen Tätigkeit, der Besteuerung und der Staatsverschuldung. Abschließend wenden wir uns der Fiskalpolitik zu. Es gibt eine Reihe von Ansatzpunkten, um durch Veränderung staatlicher Einnahmen und Ausgaben den Wirtschaftsablauf zu beeinflussen. Allerdings sind auch mögliche negative Folgen zu beachten. Die so genannte Angebotspolitik plädiert vor diesem Hintergrund für den Rückzug des Staates aus dem Wirtschaftsleben. Am Ende des Kapitels befragen wir den bekannten Finanzwissenschaftler Bernd Raffelhüschen zu zentralen Problemen des deutschen Sozialsystems.

6.1 Alles im Griff – der Staat im Wirtschaftskreislauf

Die Rolle des Staates in marktwirtschaftlich organisierten Wirtschaftssystemen gehört zu den am meisten diskutierten Themen der Volkswirtschaftslehre.

Aufgaben des Staates

In der Finanzwissenschaft, die sich auf die Analyse der Staatstätigkeit spezialisiert hat, werden traditionell drei Argumente für die Notwendigkeit staatlicher Aktivitäten angeführt: Erstens ist der Markt in vielen Fällen zwar sehr leistungsfähig, was Höhe und Qualität der Güterproduktion angeht, die Einkommensverteilung ist aber typischerweise sehr ungleich. Sofern dies als ungerecht empfunden wird, kommt dem Staat die Aufgabe zu, Umverteilung zu betreiben (*Distributionsaufgabe*). Zweitens sind Marktwirtschaften geprägt durch das Auftreten konjunktureller Schwankungen, teilweise verbunden mit hoher Arbeitslosigkeit oder beträchtlicher Inflation. Es liegt in der Verantwortung des Staates, die wirtschaftliche Entwicklung durch Einsatz der Fiskalpolitik oder der Geldpolitik zu verstetigen (*Stabilisierungsaufgabe*). Schließlich gibt es gewisse Aufgaben, die vom Markt einfach nicht optimal erfüllt werden können, weil sich dafür keine kostendeckenden Preise erzielen lassen. Es handelt sich hierbei um »öffentliche Güter«. Sie sind vor allem dadurch gekennzeichnet, dass – wenn sie angeboten werden – jeder an ihrem Nutzen teilhaben kann, ohne dafür zu zahlen (»Nicht-Ausschließbarkeit«). Beispielsweise kann niemand vom Nutzen der Straßenbeleuchtung ausgeschlossen werden, nur weil er sich nicht an ihrer Finanzierung beteiligen will. In der Praxis wird deshalb niemand bereit sein, einen Preis für die Inanspruchnahme zu bezahlen; vielmehr werden die Leute abwarten, um später umsonst davon zu profitieren (»Free Rider«- bzw. »Trittbrettfahrer«-Verhalten). Es gibt eine Reihe von Beispielen für gesellschaftlich wichtige Aufgaben, bei denen der Markt versagt und der Staat das fehlende Angebot bereitstellen muss (*Allokationsaufgabe*).

Zur Erfüllung des genannten Aufgabenspektrums ist der Staat durch vielfältige Ausgaben und Einnahmen mit den Haushalten und Unternehmen verbunden (siehe Abbildung 6-1). Die *Ausgaben* umfassen die Investitionen, etwa in den Straßenbau etc., und den Staatskonsum. Darunter fallen die laufenden Sach- und Personalausgaben sowie die Zinszahlungen für öffentliche Schulden. In Deutschland stehen fast 6 Millionen Personen, das ist jeder siebte Erwerbstätige, beim Staat auf der Gehaltsliste (Volksmund: »Wer aus der Staatskrippe frisst, frisst sicher!«). Hinzu treten Transferzahlungen (also Zuschüsse ohne Gegenleistung) in Form von Sozialleistungen oder Subventionen, beispielsweise an die Werftindustrie. Die zur Finanzierung notwendigen *Einnahmen* beschafft sich der Staat hauptsächlich durch die Erhebung von Steuern. Große Bedeutung hat daneben die staatliche Kreditaufnahme, die sich vor allem aus der Ersparnis der Haushalte speist.

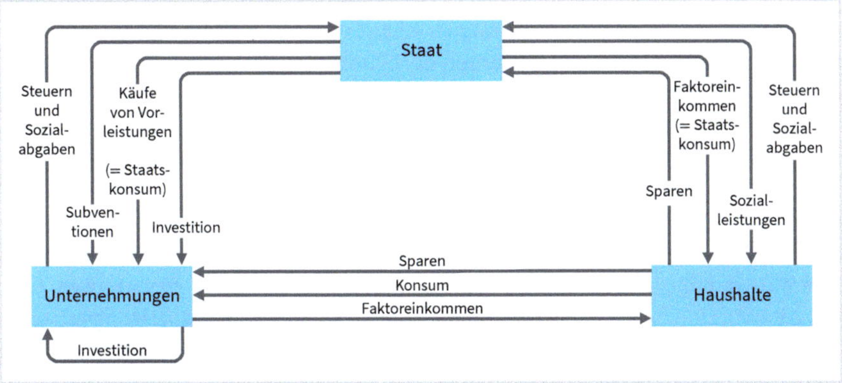

Abb. 6-1: Der Staat im Wirtschaftskreislauf

Entsprechend der volkswirtschaftlichen Gesamtrechnung gehören zum Sektor Staat:

- die *Gebietskörperschaften*, also insbesondere Bund, Länder und Gemeinden, sowie
- die Träger der *Sozialversicherung*, das heißt vor allem der Renten-, Kranken-, Unfall-, Pflege- und Arbeitslosenversicherung.

Kennzahlen der staatlichen Aktivität

Bei Diskussionen über die Größe des öffentlichen Sektors finden folgende Kennzahlen besondere Beachtung:

- Die *Staats-* bzw. *Staatsausgabenquote* bezeichnet das Verhältnis der staatlichen Ausgaben zum Bruttoinlandsprodukt. Sie liegt in den Industrieländern zwischen 32 Prozent (Schweiz) und 58 Prozent (Frankreich). In Deutschland beträgt sie ungefähr 48 Prozent (Zahlenangaben jeweils für 2022).
- Die *Steuerquote* errechnet sich als Relation aus Steuern und Bruttoinlandsprodukt. In Deutschland liegt sie bei etwa 25 Prozent, was im internationalen Vergleich einen eher niedrigen Wert darstellt. Die *Abgabenquote* bezieht auch noch die Sozialabgaben ein. Mit 40 Prozent rangiert Deutschland hier international nach Belgien (knapp 46 Prozent) an der Spitze (im Schnitt aller OECD-Länder liegt die Abgabenlast bei gut 29 Prozent, Zahlenangaben jeweils für 2022).
- Die Schuldenquote ist das Verhältnis der staatlichen Verschuldung zum Bruttoinlandsprodukt. In Deutschland beträgt sie etwa 67 Prozent (Dänemark: 30 Prozent, Griechenland: 203 Prozent, Italien: 154 Prozent, Zahlenangaben jeweils für 2022).

6.2 Das Gesetz der wachsenden Ausdehnung der Staatstätigkeit

Schon im 19. Jahrhundert behauptete der deutsche Finanzwissenschaftler *Adolph Wagner* (1835–1917), dass die Staatstätigkeit schneller zunimmt als die gesamte ökonomische Aktivität. Die bisherige Entwicklung der Staatshaushalte in den Industrieländern hat diese seither als *Wagnersches Gesetz* bezeichnete These bestätigt. So betrug die Staatsquote – der Anteil der Staatsausgaben am Bruttoinlandsprodukt – in Deutschland um 1900 etwa 15 Prozent, heute liegt sie bei fast 50 Prozent.

Moral Hazard

Für den wachsenden Staatsanteil sind zweifellos eine Reihe neu hinzugekommener Aufgabenfelder, wie etwa der Umweltschutz oder die europäische Integration, mit verantwortlich. Tabelle 6-1 lässt darüber hinaus erkennen, dass vor allem die staatlichen Ausgaben für soziale Sicherung überproportional gestiegen sind. Ihr Anteil an den Gesamtausgaben des deutschen Staates hat sich von 40 Prozent im Jahr 1970 auf mittlerweile deutlich über 50 Prozent erhöht. Es ist zu vermuten, dass diese Entwicklung ganz entscheidend mit dem »solidarischen Finanzierungssystem« der sozialen Sicherung zusammenhängt: Wenn, etwa im Gesundheitswesen, die von den Einzelnen verursachten Kosten über Versicherungsbeiträge oder Steuern finanziert, das heißt auf alle Mitglieder der Gesellschaft umgelegt werden, so wird kaum einer auf diese Kosten achten (so genanntes *Moral-Hazard-Problem*). Leserinnen und Leser mögen sich zur Verdeutlichung ein Buffet vorstellen, an dem man sich zu einem Festpreis bedienen kann. Jeder, der das schon einmal erlebt hat, wird zugeben, dass dabei ein nicht unbeträchtlicher Anreiz besteht, sich den Bauch so voll wie möglich zu schlagen. Müssten die Leute indes ihre Essensportionen jeweils einzeln bezahlen, so würden sie sicherlich gezielter und kostenbewusster auswählen.

Rechnungsjahr*	1970	1980	1990	2000	2010	2020	2023**
Vorleistungen	15,7	36,4	56,5	80,4	120,0	211,3	256,8
Arbeitnehmerentgelte	30,3	76,7	107,5	169,8	194,5	285,2	325,7
monetäre Sozialleistungen	44,9	124,9	187,0	368,9	429,3	599,1	661,2
Soziale Sachleistungen	13,3	47,3	76,7	152,8	203,0	305,3	363,0
geleistete Vermögenseinkommen	3,3	16,2	34,4	65,5	61,9	21,7	35,2
Subventionen	5,2	13,8	22,4	34,5	27,2	70,9	68,5
Bruttoinvestitionen	17,0	28,7	31,6	38,4	40,8	93,0	106,8
sonstige Ausgaben	2,9	10,1	38,5	–17,0	48,3	131,16	171,6
insgesamt	**138,7**	**369,7**	**570,3**	**923,4**	**1.185,8**	**1.717,6**	**1.988,8**
Vergleichsgrößen							
Staatsausgaben pro Kopf (in €)	2.273,8	5.995,8	8.948,7	11.225,4	14.496,3	20.643,4	23.575,7
Bruttoinlandsprodukt (in Mrd. €)	360,6	788,5	1.306,7	2.047,5	2.476,8	3.403,7	4.121,2

Rechnungsjahr*	1970	1980	1990	2000	2010	2020	2023**
Staatsquote (in %) = Anteil der Staatsausgaben am Bruttoinlandsprodukt	38,5	46,9	43,6	45,1	47,9	50,5	48,3
Abgabenquote (in %) = Anteil der Steuern und Sozialabgaben am Bruttoinlandsprodukt	34,9	40,3	38,1	41,7	38,4	39,8	39,7
* ab 1991 einschließlich neue Bundesländer ** geschätzt							

Tab. 6-1: Entwicklung der Staatsausgaben in Deutschland (in Mrd. €)
Quelle: Sachverständigenrat, Statistisches Bundesamt

In jüngerer Zeit werden zunehmend die *Grenzen* des Wachstums der Staatsquote diskutiert. Die für die Finanzierung der Staatsausgaben erforderlichen Steuern und Abgaben belasten die Arbeitsmärkte (Lohnnebenkosten!) und dämpfen das Wirtschaftswachstum. Eine Ausgabenfinanzierung durch Kreditaufnahme erscheint angesichts des öffentlichen Schuldenbergs ebenfalls problematisch. Und schließlich ist zu fragen, inwieweit der große Staatseinfluss noch mit den Leitgedanken des marktwirtschaftlichen Systems vereinbar ist. Es handelt sich hierbei um eine Fragestellung aus dem Bereich der *Ordnungspolitik* (sie befasst sich mit der Gestaltung der wirtschaftspolitischen Rahmenbedingungen), wie sie etwa der berühmte österreichische Ökonom und Nobelpreisträger *Friedrich August von Hayek* (1899–1992) erörtert hat. Für von Hayek bildeten staatliche Eingriffe den »sicheren Weg in die Knechtschaft«. Dagegen hielt er eine auf individuelle Freiheit gegründete Gesellschaft, in der allein der Markt über Produktion und Verteilung entscheidet, nicht nur für leistungsfähiger, sondern auch für gerechter als jedes andere Wirtschaftssystem. Mit dieser Überzeugung befand sich Hayek auf einer Linie mit Milton Friedman, nach dessen Ansicht sowieso nur zwei Sorten von Staatsaufgaben existieren, nämlich die ohnehin überflüssigen und jene, die sich bei etwas Nachdenken rasch als überflüssig erweisen würden.

6.3 »Hunde, wollt ihr ewig leben?« – das deutsche Sozialsystem

Sozialquote

In dem Antikriegsroman mit diesem Titel geht es darum, wie die 6. Armee im Zweiten Weltkrieg von einer Führung, die die Wirklichkeit nicht sehen wollte, und obwohl die Lage bereits hoffnungslos war, in Stalingrad festgehalten und somit geopfert wurde. Auch die deutsche Sozialpolitik muss sich, um Schlimmeres zu verhindern, der Realität stellen. Wie gesagt, dient mehr als 50 Prozent der Staatsausgaben in Deutschland sozialen Zwecken. Das entspricht 25 Prozent des Bruttoinlandsprodukts. 80 Prozent dieser Sozialausgaben gehen in die Finanzierung der gesetzlichen Renten-, Kranken-, Pflege- und Arbeitslosenversicherung. 1950 lag der Anteil des

Bruttoinlandsprodukts, der für Soziales aufgewendet wurde, bei nur 17 Prozent. Die so genannte *Sozialquote* hat sich seitdem mithin um 50 Prozent erhöht. Ein derartiger Ausgabenanstieg ist in der bestehenden Organisation der sozialen Sicherung auf Dauer nicht zu verkraften. Vor allem der demografische Wandel macht eine durchgreifende Reform des deutschen Sozialsystems erforderlich.

Aufgrund der niedrigen Geburtenrate und der zunehmenden Lebenserwartung wird die Bevölkerung in Deutschland erheblich schrumpfen und zugleich stark altern (siehe Abbildung 6-2). Selbst unter der Annahme einer jährlichen Zuwanderung von 200.000 Menschen wird die Bevölkerungszahl bis zum Jahr 2070 um mehr als 10 Millionen auf etwa 70 Millionen zurückgehen. Der *Altenquotient*, der das Verhältnis der über 65-Jährigen zu den 20- bis 64-Jährigen misst, wird sich von heute knapp 50 Prozent auf fast 60 Prozent verschlechtern. Für das deutsche *Rentensystem* bedeutet dies, dass die Zahlung an einen Rentner von weniger als zwei Erwerbstätigen zu tragen wäre. Denn bekanntlich ist die gesetzliche Rentenversicherung in Deutschland nach dem »Umlageverfahren« organisiert: Wer beschäftigt ist, zahlt in das System ein, und diese Beiträge werden sofort an die Rentner weitergeleitet. Bis auf eine minimale »Schwankungsreserve« gibt es keine Rücklagen. Das System lebt also »von der Hand (des Erwerbstätigen) in den Mund (des Rentners)«. Man spricht vom *Generationenvertrag*.

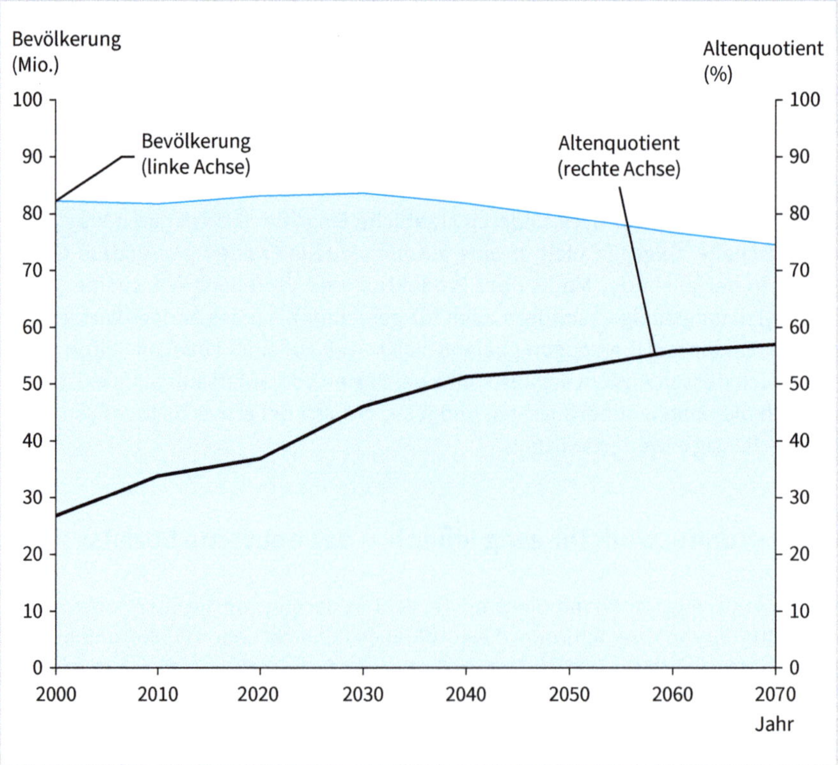

Abb. 6-2: Entwicklung von Gesamtbevölkerung und Altenquotient in Deutschland 2000–2070
Quelle: Statistisches Bundesamt, Genesis online Datenbank; Ergebnisse der 15. koordinierten Bevölkerungsvorausberechnung (G2L2W1)

Die Grundproblematik der gesetzlichen Rentenversicherung wird anhand folgender »Finanzierungsgleichung«, welche die Einnahme- und Ausgabeseite gegenüberstellt, ersichtlich. Dabei gilt:

Renten-finanzierung

(Anzahl Beitragszahler · durchschnittliches Einkommen · Beitragssatz)
+ Bundeszuschüsse = Anzahl Rentner · durchschnittliches Rentenniveau

Damit sind die »Stellschrauben« des Systems bekannt: Wie ausgeführt, wirkt die demografische Entwicklung in Richtung einer Verringerung der Anzahl der Beitragszahler und einer Erhöhung der Anzahl der Rentner. Die Entwicklung des Durchschnittseinkommens ist politisch nicht planbar. Die Bundeszuschüsse zur Rentenversicherung beliefen sich 2023 auf rund 115 Milliarden Euro. Gemessen am Bundeshaushalt sind das ungefähr 30 Prozent. Eine weitere Anhebung des Bundeszuschusses sollte sich von daher verbieten. Als wesentliche Elemente zur Stabilisierung des deutschen Rentensystems verbleiben damit

Stellschrauben zur Stabilisierung des Rentensystems

- erstens der Beitragssatz. Sätze jenseits des in dem Rentenpaket von 2024 auf 22,3 Prozent der Arbeitskosten (einschl. Arbeitgeberanteil) veranschlagten Wertes (Plan bis 2035, aktuell liegt er bei 18,6 Prozent) sind unter dem Aspekt der Gerechtigkeit zwischen den Generationen sowie mit Blick auf die internationale Wettbewerbsfähigkeit der Unternehmen und den Arbeitsmarkt nicht empfehlenswert (Stichwort Lohnnebenkosten).
- Die zweite Variable ist die Höhe der gesetzlichen Rente. Ein Rückgang ist hier unvermeidlich. Fixiert man den Beitragssatz (wie geplant) bei rund 22 Prozent, wird das Rentenniveau bis 2070 auf ca. 50 Prozent des heutigen Wertes absinken. Eine ergänzende private Vorsorge (*Kapitaldeckung*) ist notwendig.

Einen Teil der Rentenbeiträge am Kapitalmarkt anzulegen, wie es in Schweden und Norwegen geschieht, könnte das Finanzvolumen der Rentenkasse langfristig spürbar erhöhen. Das Rentenpaket von 2024 sieht auch in Deutschland den Einstieg in eine Kapitaldeckung der gesetzlichen Rente (»Aktienrente«) vor

Kernpunkte jeder Rentenreform in Deutschland müssen daher die Senkung des Leistungsniveaus bei gleichzeitiger Stärkung der kapitalgedeckten Elemente sein. Hinzu tritt

- drittens eine Erhöhung des effektiven Rentenzugangsalters. Dadurch steigt die Anzahl der Beitragszahler, während sich die Anzahl der Rentenempfänger verringert und sich die Rentenbezugszeit verkürzt. Die 2014 beschlossene Rente ab 63 wirkt hier zweifellos kontraproduktiv. An dieser Stelle sei daran erinnert, dass bei Einführung der Rentenversicherung 1889 Altersrenten erst ab dem 70. Lebensjahr gezahlt wurden.

2021 wurde in Deutschland die Grundrente eingeführt. Sie entspricht dem Konzept einer »Lebensleistungsrente« und zielt auf Versicherte, die mindestens 33 Jahre lang beschäftigt waren und wegen niedriger Löhne trotzdem nur eine kleine Rente erreichen. Deren Ansprüche an die Rentenkasse sollen über den Wert ihrer Beitragszahlungen aufgestockt werden. Nach Ansicht des bekannten deutschen Ökonomen

Grundrente = Lebensleistungsrente

Hans-Werner Sinn untergräbt die Lebensleistungsrente das Prinzip der »Beitragsäquivalenz«, nach dem höhere Beitragszahlungen zu entsprechend höheren Renten führen (und umgekehrt) und fördert dadurch die Schwarzarbeit.

Gesundheitswesen

Der demografische Wandel hat auch auf das System der *Krankenversicherung* schwerwiegende Auswirkungen, da die Gesundheitsausgaben mit zunehmendem Alter steigen. Außerdem führt der medizinisch-technische Fortschritt zu weiter ansteigenden Kosten. Auch im Gesundheitswesen sind somit dringend Reformen erforderlich. 1960 betrug der Beitragssatz zur Krankenversicherung noch 8,4 Prozent des Bruttoeinkommens, heute sind es im Mittel 15,5 Prozent (einschließlich Arbeitgeberanteil). Die dadurch verursachte zunehmende Kostenbelastung des Faktors Arbeit wirkt sich negativ auf die Beschäftigung aus und behindert die Konkurrenzfähigkeit der deutschen Wirtschaft. Allerdings scheint eine Senkung der Gesundheitsausgaben nur sehr schwer möglich. Das Gesundheitswesen gehört mit einem Anteil von gut 10 Prozent des BIP zu den bedeutendsten und am stärksten expandierenden Wirtschaftszweigen Deutschlands. Einigkeit dürfte hingegen so weit herrschen, dass die Gesundheitsleistungen effizient erstellt werden sollten. Mehr Wettbewerb zwischen den Leistungserbringern und zwischen den Krankenkassen könnte hierzu beitragen.

Bürgerversicherung

Bezüglich der Finanzierung der gesetzlichen Krankenversicherung stehen sich prinzipiell zwei Modelle gegenüber: die so genannte Bürgerversicherung und die Gesundheitsprämie, die auch als Kopfpauschale bezeichnet wird. Kernelement der *Bürgerversicherung* ist die Ausdehnung der Versicherungspflicht auf alle Bürger. Auch Beamte und Selbstständige müssten in die gesetzliche Krankenversicherung einzahlen und die Versicherungspflichtgrenze würde wegfallen. Bezieher höherer Einkommen müssten mehr zahlen als Geringverdiener, wobei nicht nur Erwerbseinkünfte, sondern auch Mieteinnahmen und Vermögenseinkünfte erfasst werden. Das so erhöhte Finanzierungsvolumen würde eine Senkung der Beitragssätze ermöglichen. Diese Entlastung wäre aber nur vorübergehend, da ja aus den Einzahlungen des erweiterten Personenkreises später auch zusätzliche Leistungsansprüche resultieren. Insgesamt wird eine solche »Bürgerversicherung« den großen Herausforderungen des Gesundheitswesens in Form steigender Kosten vor allem durch einen höheren Anteil älterer Menschen vermutlich nicht gerecht.

Gesundheitsprämie

Das Modell der *Gesundheitsprämie* sieht vor, dass jeder Bürger unabhängig von seinem Einkommen zur Zahlung eines einheitlichen Beitrages (z.B. 200 Euro pro Monat) in die gesetzliche Krankenversicherung verpflichtet ist. Abgedeckt würde dadurch eine medizinische Grundversorgung für alle. Insofern handelt es sich bei der »Kopfpauschale« viel eher um eine Bürgerversicherung als bei dem üblicherweise als solche bezeichneten Konzept. Geringverdiener, die sich diese Pauschale nicht leisten können, werden aus Steuermitteln bezuschusst. Andererseits steht es jedem frei, sich gemäß seinen eigenen Präferenzen über das Grundangebot hinaus bei privaten Anbietern abzusichern. Für das Modell der Kopfpauschale spricht einmal, dass dadurch die Gesundheitskosten von den Arbeitskosten abgekoppelt werden. Der Arbeitgeberbeitrag wird eingefroren, an die Arbeitnehmer ausbezahlt sowie von diesen versteuert. Zum anderen würde die Aufgabe der Umverteilung (von reich zu arm) aus dem Gesundheitssystem ins Steuersystem verlagert, wo sie nach Ansicht der Finanzwissenschaftler hingehört.

Nachgehakt

Flüchtlinge – helfen oder belasten sie uns?
Diese Frage beherrscht die Diskussion in Deutschland spätestens seit 2015. Damals sind etwa eine Million Flüchtlinge nach Deutschland gekommen. Seit 2020 steigen die Zahlen wieder deutlich, in 2023 waren es an die 300.000. Weitere sind zu erwarten. Insgesamt lebten Ende 2023 in Deutschland ca. 3,3 Millionen Geflüchtete, teilweise schon seit Jahrzehnten. Weniger als zehn Prozent davon sind formal ausreisepflichtig (Ukraine-Flüchtlinge sind bei diesen Zahlen nicht mitgerechnet). Was bedeutet das für den deutschen Arbeitsmarkt und das deutsche Sozialsystem?

Deutschland benötigt dringend mehr Fachkräfte. Das Institut für Arbeitsmarkt – und Berufsforschung (IAB) veranschlagt die Zahl der offenen Stellen bundesweit auf an die 2 Millionen. Laut der Bundesagentur für Arbeit müssten jährlich 400.000 Menschen mehr auf den Arbeitsmarkt kommen, um ihn stabil zu halten. Diese Lücke mit Einheimischen zu füllen, ist angesichts der demografischen Entwicklung in Deutschland nicht leistbar. Es besteht daher großes Interesse, Zuwanderer in den deutschen Arbeitsmarkt zu integrieren. Ökonomen mahnen deshalb eine Änderung der deutschen Gesetzgebung an. Notwendig seien vor allem die Verkürzung der Fristen für eine mögliche Arbeitsaufnahme, Ausnahmen vom Mindestlohn für Flüchtlinge sowie Erleichterungen bei Zeitarbeit und Werkverträgen. . Nur dann seien schnelle Eingliederungserfolge erreichbar, wodurch auch die soziale Integration wesentlich gefördert würde. Natürlich gehören dazu auch verstärkte Maßnahmen zur Weiterbildung.

Inwieweit das im November 2023 in Kraft gesetzte Fachkräfteeinwanderungsgesetz hier etwas bringt, bleibt abzuwarten. Generell hat die Arbeitsmarktintegration der Geflüchteten aber zuletzt Fortschritte gemacht. Entsprechend dem IAB waren 2023 etwa 60 Prozent der Geflüchteten mit einer Aufenthaltsdauer von sechs Jahren (und mehr) erwerbstätig (bei Einheimischen liegt diese Quote bei rund 75 Prozent), mit steigender Tendenz.

Auf kurze bis mittlere Sicht werden die Flüchtlinge den deutschen Steuerzahler also viel (Bürger-)Geld kosten. Langfristig stellen die Migranten aber einige Jahrzehnte lang eine große Chance für das deutsche Rentensystem dar. Mehr als die Hälfte der Flüchtlinge ist jünger als 35 Jahre. Das heißt, sie werden – wenn sie in einem Beschäftigungsverhältnis stehen – noch 30, 40 Jahre lang Beiträge zahlen. In dieser Zeit gehen auch viele Babyboomer (das sind die geburtenstarken Jahrgänge der zwischen 1955 und 1969 Geborenen) in den Ruhestand und belasten die Rentenkassen. Auch bei Krankenkassen und Pflegeversicherung würde uns das nützen. Allerdings bedeutet das noch keine Lösung des grundlegenden Finanzierungsproblems im System der deutschen Sozialversicherung. Dies schon deshalb, weil die Flüchtlinge von heute irgendwann auch selbst eine Rente beziehen. Nach dem Rentenexperten Axel Börsch-Supan bleibt es deshalb dabei: »Das Rentenalter muss steigen, die Babyboomer müssen einen Teil ihrer Rente selbst finanzieren, wir müssen mehr Geld in die Bildung unserer wenigen Kinder investieren. Die Flüchtlinge helfen uns, aber sie lösen nicht das ganze Problem.« Ob und inwieweit die fiskalische Bilanz der Migrantinnen und Migranten für Deutschland positiv oder negativ ausfällt, hängt ohnehin ganz entscheidend davon ab, wie gut es gelingt, die Einwanderer auf Fachkräfteniveau in Arbeit zu bringen (siehe hierzu auch das Interview mit Bernd Raffelhüschen am Ende dieses Kapitels).

6.4 Run through the Jungle – Steuerarten und -tarife

Nicht nur in der Bundesrepublik, aber hier besonders, gibt es eine Vielzahl von *Steuern*. Sie sind teilweise sehr kompliziert gestaltet, sodass man gelegentlich vom »Steuerdschungel« spricht. Der deutsche Ex-Verfassungsrichter und Steuerrechtsexperte Paul Kirchhof weigerte sich einst, bei seiner Steuererklärung den Zusatz »nach bestem Wissen und Gewissen« zu unterschreiben. Kein Mensch könne, so seine Begründung, die 96.000 Vorschriften beachten – »und wenn«, sagte er, »wüsste ich einen guten Arzt für ihn«.

Direkte und indirekte Steuern

Traditionell lassen sich Steuern in direkte und indirekte Steuern einteilen: Steuern, die von denjenigen, die sie an das Finanzamt abführen müssen, nicht auf andere überwälzbar sind, heißen *direkte* Steuern. Ein Beispiel hierfür ist die Einkommensteuer. Hingegen gilt etwa die Umsatzsteuer (landläufig: Mehrwertsteuer) als *indirekte* Steuer, denn sie wird ja letztlich von den Endverbrauchern getragen. Wesentlich informativer ist indes die Gliederung der Steuern nach dem *Steuergegenstand* (siehe Tabelle 6-2).

Art der Steuer	Beispiele
Einkommensteuern	Einkommensteuer natürlicher Personen (Lohnsteuer, veranlagte Einkommensteuer), Körperschaftsteuer
Verkehrsteuern	Umsatzsteuer, Grunderwerbsteuer, Versicherungssteuer
Verbrauchsteuern	Biersteuer, Branntweinsteuer, Kraftfahrzeugsteuer, Tabaksteuer, Mineralölsteuer
Ertragsteuern	Gewerbesteuer, Grundsteuer
Erbschaftsteuer	Erbschaftsteuer
Zölle	Importzölle

Tab. 6-2: Wichtige Steuerarten in Deutschland

Steuertarife

Das Ausmaß der steuerlichen Belastung hängt von der Steuerbemessungsgrundlage und vom *Steuertarif* ab. Prinzipiell existieren drei Typen von Tarifen: Ein *progressiver* Tarif liegt vor, wenn mit steigender Bemessungsgrundlage (beispielsweise das zu versteuernde Einkommen) die Steuerbelastung stärker steigt als die Bemessungsgrundlage. Der in Prozent des gesamten Einkommens gemessene durchschnittliche Steuersatz erhöht sich also. Bei *proportionalem* Tarif nimmt die steuerliche Belastung dagegen in gleichem Maße zu wie die Bemessungsgrundlage, der Durchschnittssteuersatz bleibt gleich (Beispiel: Umsatzsteuer von 19 Prozent). Den *regressiven* Tarif findet man heute bei der direkten Einkommensbesteuerung kaum noch. Früher gab es einmal die so genannte »Kopfsteuer«, bei der jeder Bürger unabhängig von seinem Einkommen einen bestimmten Steuerbetrag entrichten musste. Bezogen auf das Einkommen wirken aber letztlich die meisten Steuerarten regressiv, das heißt, Leute mit niedrigem Einkommen werden prozentual stärker belastet. Neben dem *Durchschnittssteuersatz*, dessen Veränderung über den Tariftyp bestimmt, kommt in der steuerpolitischen Diskussion dem *Grenzsteuersatz* eine besondere Bedeutung zu. Er gibt an, wie viel Prozent Steuern man bei wachsender

Bemessungsgrundlage auf jede zusätzliche Einheit, beispielsweise des Einkommens, bezahlen muss. Bei höchsten Einkommen spricht man auch vom *Spitzensteuersatz.*

Die genannten Begriffe seien anhand des in Deutschland seit 2024 geltenden Einkommensteuertarifs noch einmal verdeutlicht (siehe Abbildung 6-3). Demnach gilt für Ledige ein so genannter *Grundfreibetrag* von 11.605 Euro (für Verheiratete: 23.210 Euro). Das jährliche Einkommen bis zu dieser Höhe wird nicht besteuert. Der Eingangssteuersatz für darüber liegende Einkommen beträgt 14 Prozent, das heißt, vom ersten Euro Mehrverdienst gehen 14 Cent an das Finanzamt. Dieser Grenzsteuersatz steigt in zwei Abschnitten – man nennt sie »linear-progressive Zonen« – kontinuierlich an und erreicht bei einem zu versteuernden Jahreseinkommen von 66.761 Euro (Verheiratete: 133.522 Euro) 42 Prozent. Der Spitzensteuersatz bleibt nun auch bei weiter steigendem Einkommen konstant. Seit 2007 müssen Ledige mit einem Jahreseinkommen von mehr als 254.446 Euro (Verheiratete: 508.892 Euro) zusätzlich noch 3 Prozentpunkte des diese Schwelle übersteigenden Betrages (ausgenommen Gewinneinkommen) versteuern (»Reichensteuer«), ihr Grenz- bzw. Spitzensteuersatz liegt diesbezüglich also bei 45 Prozent. Der Durchschnittssteuersatz steigt ab einem Jahreseinkommen von 11.605 Euro von 0 auf 26,1 Prozent bei einem Einkommen von 66.760 Euro. Er nähert sich dann immer mehr dem Spitzensteuersatz von 42 (bzw. 45) Prozent.

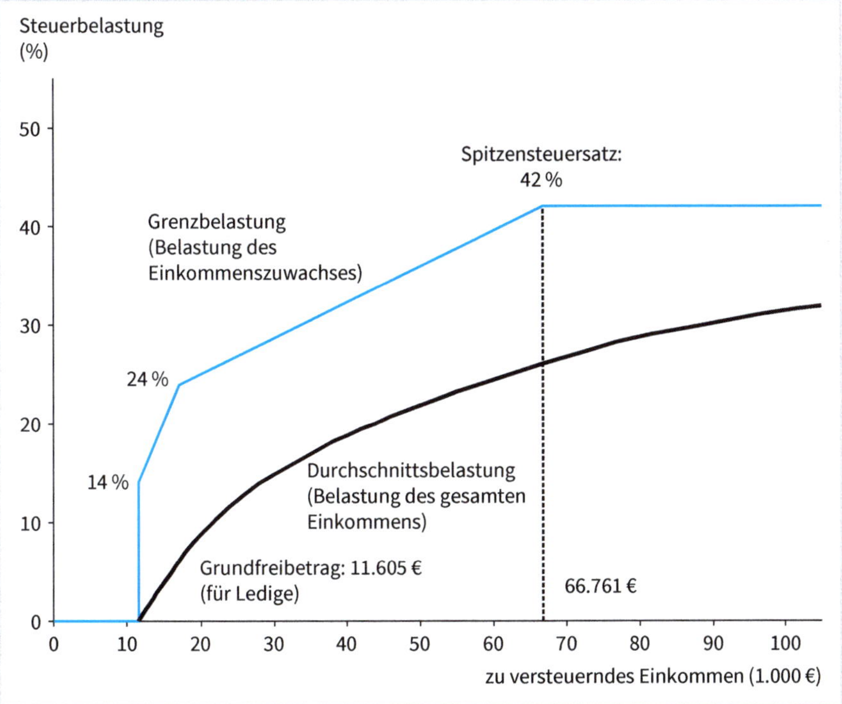

Abb. 6-3: Der deutsche Einkommensteuertarif 2024
Quelle: Einkommensteuergesetz

Flat Tax

In der politischen Auseinandersetzung wird der Steuertarif seit jeher kontrovers diskutiert. Die Kritik richtet sich insbesondere auf die Höhe der Spitzenbelastung sowie auf das kaum noch durchschaubare Regelwerk. Es gibt Vorschläge für eine radikale Vereinfachung, etwa durch Einführung eines einzigen Grenzsteuersatzes von beispielsweise 25 Prozent, verbunden mit einem hohen Grundfreibetrag. In verschiedenen Ländern – beispielsweise einigen der osteuropäischen EU-Staaten – wird eine solche »Flat Tax« bereits praktiziert.

Duale Einkommensteuer

Einen weiteren interessanten Ansatz bildet die vom Sachverständigenrat zur Begutachtung der gesamtwirtschaftlichen Entwicklung vorgeschlagene »duale Einkommensteuer«. Das Modell sieht eine Aufteilung in Einkünfte aus Kapital und Arbeit vor. Während das international mobile Kapital mit einem niedrigen Einheitssatz besteuert werden soll (um Unternehmen im Land zu halten), bleibt es für Arbeitseinkommen bei einem progressiven Verlauf des Steuertarifs.

Negative Einkommensteuer

Schließlich wird immer wieder das Konzept einer »negativen Einkommensteuer« ins Gespräch gebracht. Danach greift die Steuerpflicht erst ab einem bestimmten Existenzminimum. Menschen mit einem Einkommen unterhalb dieser Schwelle werden dagegen in Höhe des Differenzbetrages vom Staat bezuschusst. Zahlungen der Sozialversicherungen, ebenso Subventionen und andere finanzielle Vergünstigungen würden entfallen. Damit würde die ausufernde Umverteilungs-Bürokratie weitgehend überflüssig.

Laut dem Bundesfinanzministerium

- zahlt eine Familie mit zwei Kindern unter Berücksichtigung des Kindergeldes bis zu einem Bruttoeinkommen von rund 40.000 Euro heute im Ergebnis keine Lohn- und Einkommensteuer mehr, und
- die Hälfte der gut 40 Millionen privaten Haushalte in Deutschland zahlt praktisch überhaupt keine Lohn- und Einkommensteuer.

Das eigentliche Problem sind die Sozialabgaben

Im Umkehrschluss bedeutet dies, dass fast 100 Prozent der gesamten Lohn- und Einkommensteuer von der anderen – wohlhabenderen – Hälfte der Steuerpflichtigen aufgebracht werden. Vor diesem Hintergrund sieht das BMF einen politischen Handlungsbedarf weniger bei der Einkommensteuer als vielmehr bei den Sozialabgaben.

Nachgehakt

Der »Mittelstandsbauch«

Neben der in Kapitel 2 bereits erläuterten »kalten Progression« ist der so genannte Mittelstandsbauch« ein Aspekt, den viele Ökonomen für eine große Ungerechtigkeit des deutschen Einkommensteuertarifs halten. Denn der Grenzsteuersatz steigt in Deutschland nicht gleichmäßig an. Stattdessen wächst er in den unteren Einkommensbereichen rasant, sodass die Belastung für die mittleren Gehaltsgruppen bereits relativ hoch ausfällt. Danach flacht die Grenzsteuerkurve ab, bevor sie ab einem Einkommen von 66.761 Euro in die Horizontale übergeht. Die Folge davon ist, dass die Kurve der Durchschnittsbelastung – wie Abbildung 6-3 zeigt – in der Mitte jene Wölbung ausweist, die in der Tat aussieht wie ein Bauch. Entstanden ist dieser durch eine doppelte Quetschung: von unten, weil das steuerfreie Existenzminimum immer weiter stieg, und von oben, weil die Einkommensschwelle für den Spitzensteuersatz praktisch unverändert blieb. Das bedeutet, dass die mittleren Einkommensgruppen in Deutschland vergleichsweise hohe Steuern zahlen. Hinzu kommen die Sozialbeiträge. In der Kranken - und Pflegeversicherung ist bei 62.100 Euro der Höchstbeitrag erreicht, in der Renten - und Arbeitslosenversicherung bei 90.600 Euro (Zahlen für 2024). Bei höheren Einkommen steigt die Beitragslast nicht mehr. Man spricht von der *Beitragsbemessungsgrenze*.

Es gab in der Vergangenheit bereits mehrere Vorschläge, die Steuerbelastungskurve abzuflachen und so die Steuerlast gerechter zu verteilen. Für die Kassen von Bund und Ländern würde dies entsprechend teuer, was die Chance auf Umsetzung derartiger Vorschläge schmälert.

6.5 Wo wohnt Max Verstappen? Steuern und ihre Wirkungen

Im Leben eines deutschen Bürgers oder Unternehmens spielt die Frage, wie man die Steuerbelastung abschwächen kann, eine erhebliche Rolle. Teilweise wird sogar behauptet, in Deutschland sei der Steuerspartrieb stärker ausgeprägt als der Sexualtrieb. Die Lastverteilung von Steuern ist Gegenstand der Theorie der »Steuerinzidenz«. Dabei spielen die durch Steuern ausgelösten Wirkungen eine große Rolle.

Steuerwirkungen

Allgemein bekannt ist die *Steuerhinterziehung*, die eine rechtswidrige Form der Steuerminderung bildet (durch falsche Angaben in der Steuererklärung). Dagegen ist die *Steuervermeidung* rechtlich zulässig. Wenn der Verbrauch besteuerter Güter eingeschränkt wird, so kann dies politisch sogar beabsichtigt sein (Beispiel: Ökosteuer). Weniger positiv ist die Steuervermeidung zu beurteilen, wenn sie etwa durch Verlegung von Produktionsstätten in »Steueroasen« erreicht wird oder wenn Aktivitäten aus dem offiziellen Markt in die »Schattenwirtschaft« abwandern (Schwarzarbeit). Im günstigsten Fall wird ein Steuerschuldner versuchen, eine wachsende Steuerlast durch Steigerung seiner Leistung auszugleichen (*Steuereinholung*).

Die wohl wichtigste Steuerwirkung ist indes die *Steuerüberwälzung*, bei der der Steuerschuldner, typischerweise ein Unternehmen, versucht, die ihm auferlegten Steuern durch entsprechend höhere Preise auf seine Kunden zu verlagern. Dies dürfte vor allem bei den indirekten Steuern (Umsatzsteuer, Energiesteuer etc.) die Regel sein. In Abbildung 6-4 verschiebt sich durch die Steuer die Angebotskurve nach oben. Die Steuerüberwälzung gelingt umso besser, je weniger die Nachfrager auf eine Preiserhöhung mit Mengeneinschränkungen reagieren. Grafisch lässt sich dies im Extremfall durch eine völlig senkrechte Nachfragekurve darstellen (zeichnen Sie das einmal ein!). In diesem Fall einer »völlig starren« Nachfrage würde die gesamte Steuer von den Käufern getragen und das Steueraufkommen wäre maximal. Das Umgekehrte ergäbe sich bei einer »völlig elastischen« Nachfrage (waagerechte Nachfragekurve). Insofern sind also bei den Nachfragern sehr beliebte Güter, wie etwa Benzin, Tabak, Bier oder Kaffee, aus fiskalischer Sicht dankbare Steuerobjekte.

Supply-Side-Economics

Der Zusammenhang zwischen der Höhe des Steuersatzes und dem Steueraufkommen wird in der so genannten *Laffer-Kurve* aufgegriffen. Der amerikanische Ökonom *Arthur Laffer* (geb. 1940) soll diese Kurve 1974 in einem Washingtoner Restaurant erstmals auf eine Papierserviette gemalt haben (siehe Abbildung 6-5). Demnach nimmt das Steueraufkommen mit steigendem Steuersatz zunächst zu, um dann wieder zu sinken.

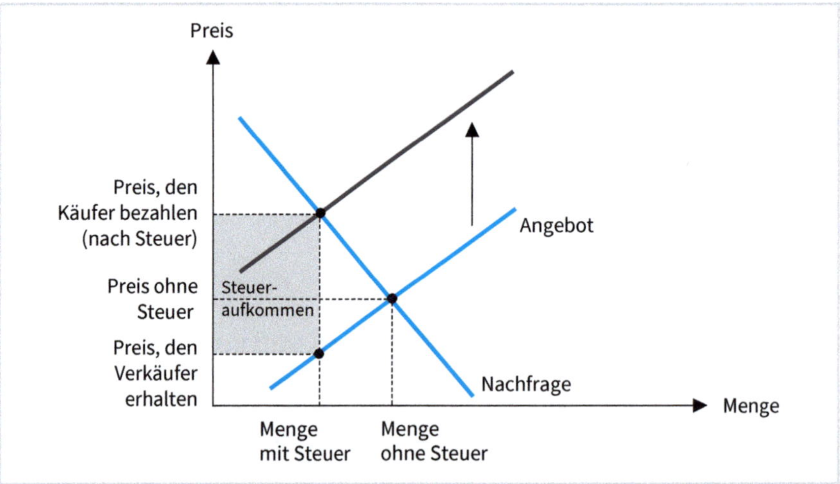

Abb. 6-4: Steuerüberwälzung und Steueraufkommen

Dieser Verlauf erscheint auch durchaus logisch: Bei einem Steuersatz von null gibt es natürlich keine Steuereinnahmen. Ebenso wird der Staat bei einem Satz von 100 Prozent keine Einnahmen erzielen, weil dann verständlicherweise niemand mehr bereit ist zu arbeiten. Der Steuersatz, der zu einem maximalen Steuerertrag führt, muss also irgendwo zwischen diesen beiden Extremen liegen. Wird er überschritten, so dämpft dies die Leistungsbereitschaft der Betroffenen. Dadurch gehen Produktion und Einkommen zurück, sodass die Steuereinnahmen sinken, anstatt zu steigen. Allerdings weiß leider keiner, wo genau dieser optimale Steuersatz liegt. In den 1980er-Jahren hat US-Präsident Reagan anhand der Laffer-Kurve massive Steuersenkungen angeordnet. Sie bildeten den Kern der »Supply-Side-Economics« (angebotsorientierte Wirtschaftspolitik).

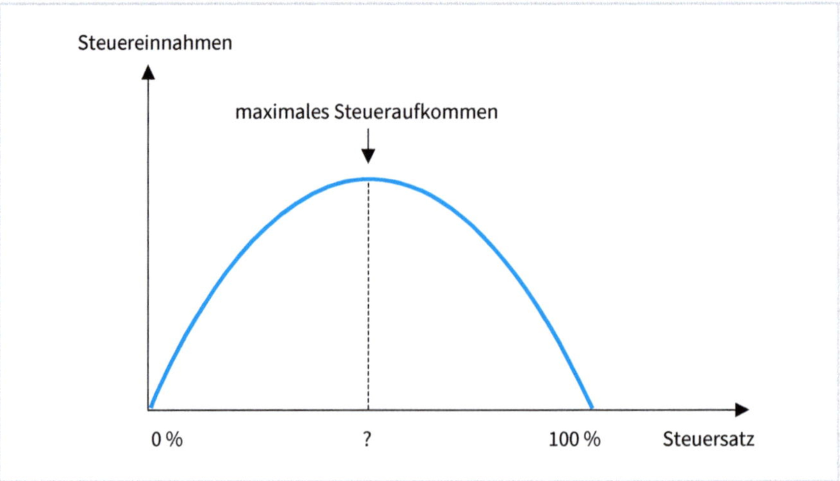

Abb. 6-5: Die Laffer-Kurve

6.6 Staatsverschuldung – notwendig oder gefährlich?

Die Verbindlichkeiten des deutschen Staates wachsen unaufhörlich. Unter www.steuerzahler.de kann man im Internet den aktuellen Schuldenstand ersehen. Anfang 2024 belief er sich auf 2,6 Billionen Euro, das sind rund 29.600 Euro pro Bundesbürger. Hinzu kommt die deutsche Haftung für EU-Schulden in Höhe von 260 Milliarden Euro. Damit hat sich die Schuldenlast aller öffentlichen Haushalte in den vergangenen 40 Jahren mehr als verfünffacht. Die mit dem Schuldenstand zwangsläufig verbundene Zinslast bildete jahrzehntelang einen erheblichen Anteil der Staatsausgaben (siehe Abbildung 6-6). Hans-Werner Sinn, ehemaliger Präsident des Münchner ifo Instituts und einer der profiliertesten Wirtschaftsforscher Deutschlands, spricht in diesem Zusammenhang von der »Zins-Garrotte«. (Die Garrotte war ein in Spanien von König Ferdinand I. erfundenes Würgeeisen, das damals als Folterinstrument eingesetzt wurde).

Wem gehört Deutschland?

Am höchsten ist der Bund verschuldet; auf ihn entfallen (Werte für 2023) rund 69 Prozent der Staatsschulden. Danach folgen die Länder mit 24 Prozent und die Gemeinden mit 6 Prozent sowie die Sozialversicherungshaushalte mit 1 Prozent. Gläubiger sind vor allem Ausländer (tatsächlich!) mit einem Anteil von gut 45 Prozent. Zweitgrößte Gruppe sind inländische Banken (einschließlich Deutsche Bundesbank) mit rund 27 Prozent vor den übrigen Monetären Finanzinstituten (Versicherungen, Bausparkassen, Fonds etc.) mit mehr als 17 Prozent. Inländische Nichtbanken rangieren erst an vierter Stelle mit knapp 11 Prozent. Das Schuldenmanagement liegt in Händen der »Bundesrepublik Deutschland Finanzagentur GmbH« in Frankfurt a. M. Die Wertpapiere, die der Bund im Zuge der Kreditaufnahme emittiert, sind Bundesanleihen, -obligationen, -schatzanweisungen, Finanzierungsschätze des Bundes und unverzinsliche Schatzanweisungen (Bubills). Dabei bilden die Bundesanleihen dank ihrer Liquidität und der Bedeutung des darauf basierenden Bund-Futures eine zentrale Orientierungsgröße für den Euro-Rentenmarkt (siehe Kapitel 8).

Implizite Verschuldung

Die oben genannten Zahlen beziehen sich nur auf die offiziell ausgewiesene – in der Vergangenheit angehäufte – Verschuldung. Hinzu tritt die so genannte *implizite Verschuldung*. Der Staat ist nämlich verpflichtet, auch in der Zukunft bestimmte finanzielle Leistungen zu erbringen. Diese erwachsen aus Pensionen und Beihilfeansprüchen von Beamten sowie aus den zu erwartenden Finanzierungslücken der gesetzlichen Renten- und Krankenversicherung. Wenn immer weniger Junge für immer mehr Alte die Renten und Gesundheitskosten zahlen müssen, steigt die Belastung. Die implizite oder »verdeckte« Verschuldung entspricht dem Barwert dieser zukünftigen Belastungen. Die Fachleute schätzen seine Höhe gegenwärtig auf ungefähr 5 Billionen Euro. Rechnet man so, dann beträgt die Gesamtverschuldung des deutschen Staates 7,5 Billionen Euro oder etwa 200 Prozent (!) des BIP.

Gründe für Staatsverschuldung

Die Frage, ob öffentliche Verschuldung notwendig oder schädlich ist, ist seit jeher umstritten. *David Ricardo* (1772–1823), prominenter Klassiker der Nationalökonomie, vertrat die Auffassung, die Staatsverschuldung sei »eine der schrecklichsten Geißeln, die je zur Plage der Nation erfunden wurden«. Dem widersprach der deutsche Finanzwissenschaftlicher *Lorenz von Stein* 100 Jahre später mit den Worten: »Ein Staat ohne Staatsschuld tut entweder zu wenig für seine Zukunft oder er fordert zu viel von seiner Gegenwart.« In der Tat gibt es gute *Gründe* für die staatliche Kreditfinanzierung: Öffentliche Investitionsvorhaben, vor allem im Bereich der Infrastruktur, fallen nicht gleichmäßig über die Jahre an, sondern konzentrieren sich auf bestimmte Zeiträume. Müssten sie durch Steuern finanziert werden, so wären dazu sprunghafte Änderungen in der Steuerpolitik notwendig. Nach dem so genannten *»Pay as you use«-Ansatz* lässt sich weiter argumentieren, dass an dem Nutzen öffentlicher Investitionen auch künftige Generationen teilhaben. Deshalb ist es nur gerecht, diese an den Zins- und Tilgungslasten kreditfinanzierter Staatsausgaben zu beteiligen. Und schließlich wird auch noch darauf hingewiesen, dass dem Staat die Aufgabe der *antizyklischen Konjunkturpolitik* zufällt (siehe Kapitel 6.9).

Grenzen der Staatsverschuldung

Aber der Staatverschuldung sind Grenzen gesetzt. Entsprechend dem *Maastricht-Vertrag* von 1992 bzw. dem darauf aufbauenden *Stabilitäts- und Wachstumspakt* von 1996 darf die jährliche Neuverschuldung in den Teilnehmerländern der Europäischen Währungsunion in der Regel maximal drei Prozent des Bruttoinlandsprodukts betragen. Dieser Vertrag wurde auf Betreiben Deutschlands und Frankreichs 2005 »reformiert«, das heißt aufgeweicht, und 2011 vor dem Hintergrund der EWU-Schuldenkrise wieder verschärft (allerdings nur formal; in der Praxis hat die EU-Kommission den Pakt bisher äußerst »weit« ausgelegt). Die vorerst letzte Reform in 2024 beinhaltet eine auf die jeweilige Situation der Mitgliedsländer zugeschnittene Anwendung der Budgetregeln, was die Wirksamkeit des Pakts weiter schwächen dürfte. Im Juni 2009 hat Deutschland eine »Schuldenbremse« im Grundgesetz (Art. 109 Abs. 3) beschlossen. Sie sieht vor, dass der Bund vom Jahr 2016 an in normalen Zeiten seine Nettokreditaufnahme auf 0,35 Prozent des BIP begrenzen muss. Die Länder dürfen seit 2020 an grundsätzlich keine neuen Schulden mehr machen. Ausnahmen von den Schuldenbremsen gibt es bei wirtschaftlicher Depression, Naturkatastrophen und außergewöhnlichen Notsituationen sowie bei mehrheitlicher Zustimmung des Parlaments. Die Schuldenbremse steht in den letzten Jahren von verschiedenen Seiten in der Kritik.

Gefahren der Staatsverschuldung

Die Staatsverschuldung birgt eine Reihe von *Gefahren*: Wenn außer den Unternehmen auch der Staat mit seiner Kreditnachfrage die Ersparnisse der Haushalte beansprucht, so kann das zu einem Anstieg der Zinsen führen. Dadurch können private Investitionen »verdrängt« werden (*Crowding-out-Effekt*). Die staatliche Nachfrage bringt dann konjunkturell keinen positiven Effekt oder schadet sogar. Außerdem ist jede Kreditaufnahme bei Banken für sich alleine mit einer Ausweitung der *Geldmenge* verbunden (auch wenn der Staat keine Direktkredite bei der EZB aufnehmen darf!), was den Bemühungen der Zentralbank um Preisstabilität zuwiderläuft. In deflationären Zeiten können Bankkredite an den Staat aber erwünscht sein.

Man kann aber auch fragen, was schädlicher ist: Nachfolgenden Generationen Schulden oder eine marode Infrastruktur und ein verteidigungsunfähiges Land zu hinterlassen?

Staatsschulden belasten *zukünftige Generationen* nach dem Motto: »Kinder haften für ihre Eltern«. Die Schulden von heute sind die Steuern von morgen, denn Schulden ziehen Zins- und Tilgungsverpflichtungen nach sich (*Lastenverschiebungsthese*). In der Wissenschaft spricht man in diesem Zusammenhang vom »Ricardianischen Äquivalenztheorem« – benannt nach dem britischen Ökonomen David Ricardo (siehe vorne in diesem Modul). Gegen die Lastenverschiebungsthese wird indes eingewendet, dass die heutigen Käufer von Staatsschuldverschreibungen der nachfolgenden Generation auch diese Forderungen, einschließlich der darauf entfallenden Zinseinkünfte, vererben. Andererseits wiederum gibt es die These, dass die Staatsverschuldung eventuell zu unsozialen Verteilungswirkungen innerhalb der *gleichen* Generation führt. Argumentiert wird diesbezüglich, dass die Bezieher höherer Einkommen aufgrund ihrer größeren Ersparnisse vermutlich mehr Staatspapiere erwerben als die Bezieher niedrigerer Einkommen. Von den staatlichen Zinszahlungen würden so gesehen die Reichen überproportional profitieren, während an der Finanzierung des Zinsendienstes auch die Ärmeren über ihre Steuerzahlungen beteiligt sind.

Steigende Staatsschulden haben, wie gesagt, auch zur Folge, dass ein wachsender Anteil der öffentlichen Ausgaben auf Zinsverpflichtungen entfällt. Die *Zinsausgabenquote* der deutschen öffentlichen Haushalte ist seit dem Jahr 2000 im Trend gesunken (siehe Abbildung 6-6). Sie ist allerdings immer noch höher als der Anteil der staatlichen Ausgaben für Sachinvestitionen. Jeder Euro, der für Zinsen ausgegeben werden muss, fehlt an anderer Stelle, etwa für Lehrer, Polizisten, Soldaten, Krankenhäuser und andere öffentliche Kernaufgaben. Die *Handlungsfähigkeit* des Staates wird zunehmend eingeschränkt.

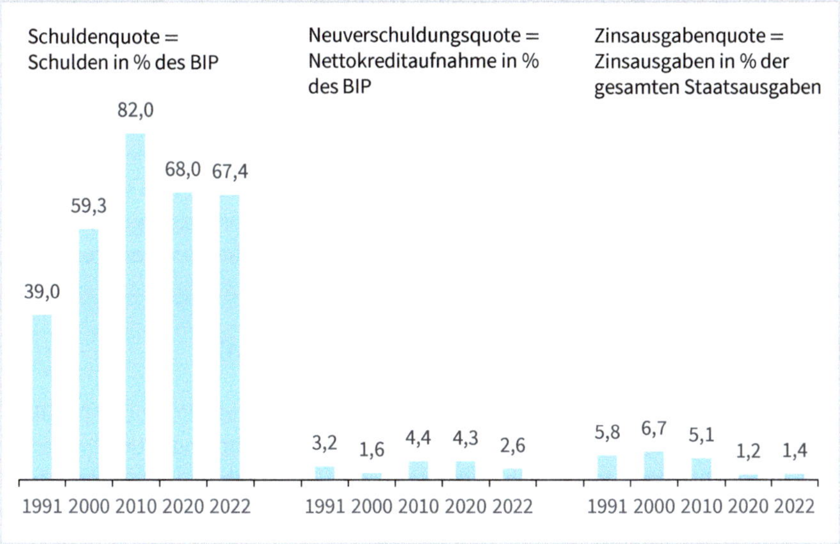

Abb. 6-6: Entwicklung wichtiger Kenngrößen der öffentlichen Verschuldung in Deutschland (alle öffentlichen Haushalte)
Quelle: Sachverständigenrat zur Begutachtung der gesamtwirtschaftlichen Entwicklung

Die sozusagen ultimative Gefahr der Staatsverschuldung ist anhand der ab 2010 bis etwa 2016 andauernden EWU-Staatsschuldenkrise in aller Schärfe zu Tage getreten (siehe Kapitel 9.17). Die Rede ist von dem durch steigende Staatsverschuldung bewirkten *Vertrauensverlust* der Bürger und insbesondere der Finanzmärkte. Ab einer bestimmten Staatsschuldenhöhe – in Bankerkreisen wird hier manchmal die Zahl von 100 Prozent des BIP als grober Richtwert genannt – sind die Anleger zu einem Kauf von Staatsschuldenpapieren nur noch bereit, wenn der Schuldnerstaat einen sehr hohen Zinsaufschlag zur Kompensation des Risikos bezahlt. Für die Höhe dieser »Risikoprämie« spielt die von den Ratingagenturen wie Standard & Poor's, Moody's oder Fitch vorgenommene Bonitätsbeurteilung eine große Rolle (siehe Kapitel 8.11).

Letztlich kann man also sagen, dass die Staatsverschuldung dort ihre ökonomische Grenze findet, wo die Finanzmärkte aufhören, Kapital zu für den Schuldnerstaat erträglichen Konditionen bereitzustellen.

Theoretisch untersucht hat diesen Sachverhalt bereits der russisch-US-amerikanische Ökonom *E.D. Domar* (1914–1997). Das Domar-Modell von 1944 besagt, stark vereinfacht, dass eine steigende Staatsverschuldung – also eine jährliche positive Nettokreditaufnahme – so lange unproblematisch ist, wie die durch die Verausgabung der Finanzmittel bewirkten Steuermehreinnahmen mindestens so groß sind wie die zusätzlichen Zinsverpflichtungen. Nach Domar sollte dies der Fall sein, wenn das Wirtschaftswachstum den Realzins übersteigt.

Abbildung 6-6 lässt erkennen, dass Deutschland durchaus Anstrengungen unternommen hat, die öffentliche Verschuldung einzudämmen. Die massiven Ausgabensteigerungen durch die staatlichen Konjunktur- und Rettungspakete im Zusammenhang mit der Finanz- und Wirtschaftskrise haben die Staatsschulden aber in 2009/10 und darüber hinaus drastisch nach oben getrieben. Die Nettokreditaufnahme hat sich 2010 auf mehr als 4 Prozent des BIP erhöht. Die Schuldenquote ist auf über 80 Prozent angestiegen. Seitdem sind die betreffenden Verschuldungswerte aber gesunken. Von 2014 bis 2019 war der Gesamthaushalt des deutschen Staates mehr oder weniger ausgeglichen. In 2020 ist die Nettokreditaufnahme aufgrund der Fiskalprogramme zur Bewältigung der Folgen der Corona-Pandemie wieder gestiegen.

6.7 Können Staaten pleitegehen? Yes, they can!

Der Fall Kalifornien

Die Summe der Staatsverschuldungen in der Welt betrug Ende 2022 etwa 92 Billionen Dollar. Das entsprach ziemlich genau der nominalen Weltproduktion in diesem Jahr. Angesichts der riesigen Schuldenberge, die viele Staaten aufgetürmt haben, erscheint die in der Überschrift gestellte Frage also keineswegs von nur theoretischem Interesse. Nehmen wir etwa *Kalifornien*.

Arnold Schwarzenegger (geb. 1947), der aus der Steiermark in Österreich stammt, war früher als Bodybuilder Mister Universum und später Filmschauspieler (»Terminator«). Von 2003 bis 2010 war er kalifornischer Gouverneur und wurde sogar schon als Präsidentschaftskandidat gehandelt, aber gegen Ende seiner Amtszeit war Kalifornien pleite. Aus Geldnot wurden über 2.000 Bauvorhaben an Straßen, Schulen und anderen öffentlichen Einrichtungen gestoppt. Staatsangestellte bekamen ihre Gehälter gekürzt, Zuschüsse an sozial Schwache wurden gekappt, Zahlungen an Lieferanten und Dienstleister ausgesetzt. Auf dem Kapitalmarkt muss Kalifornien so hohe Zinsen zahlen, dass der Finanzminister die Emission von Staatsanleihen zeitweilig eingestellt hat.

Zwischenzeitlich hat der Staat sogar schon erwogen, die berüchtigte Haftanstalt San Quentin an der San Francisco Bay zu schließen. Es wäre dies eine späte Erfüllung des Traums, den *Johnny Cash* (1932–2003) bei seinem legendären Konzert besungen hat, das er 1969 dort gegeben hat:

> »... San Quentin, may you rot and burn in hell.
> May your walls fall and may I live to tell.
> May all the world forget you ever stood.
> And the whole world regret you did no good.
> San Quentin, you've been living hell to me.«

Der Fall Island

Ein weiteres Beispiel einer Staatspleite ist *Island*. Die isländischen Großbanken Kaupthing, Landsbanki und Glitnir hatten, bevor sie im Oktober 2008 wegen ihrer Finanzprobleme verstaatlicht wurden, Verbindlichkeiten im Wert von 166 Milliarden Dollar angehäuft, einen Gutteil davon in ausländischen Währungen. Der Schuldenberg entsprach mehr als dem Zehnfachen des isländischen Bruttoinlandsprodukts. Auf Deutschland übertragen wären das etwa 30 Billionen Euro. Die damit verbundenen Zins- und Tilgungsverpflichtungen konnten die Banken bzw. später (nach deren Verstaatlichung) die Regierung Islands nicht leisten. Island war zahlungsunfähig. Die Entwicklung hin zur Staatspleite ist schnell erzählt: Lange Zeit galt Island mit seinem hohen Wirtschaftswachstum, seiner geringen Arbeitslosenquote und einem der höchsten Pro-Kopf-Einkommen der Welt als europäisches Vorzeigeland. Die Wahrheit hinter dieser scheinbaren Erfolgsgeschichte war aber weniger schön. Regierung und Finanzaufsicht hatten es nämlich in den vorangegangenen Jahren zugelassen, dass die Bevölkerung über ihre Verhältnisse (also »auf Pump«) lebte und vor allem die Banken ihre rasante Expansion durch ungehemmte Auslandskreditaufnahme finanzierten.

Das Ganze konnte natürlich nur so lange gut gehen, wie auf den internationalen Finanzmärkten ständig neue Kredite zur Verfügung gestellt wurden und die isländische Krone stabil blieb. Das änderte sich indes Ende 2008 im Zuge der internationalen Finanzkrise (siehe Kapitel 4.3). Die isländische Notenbank stand nun vor der Situation, dass sie 10 Milliarden Dollar zur Verzinsung und Tilgung der Auslandsschulden benötigte, ihre Devisenreserven aber nur halb so hoch waren. Die Rettung kam schließlich durch den Internationalen Währungsfonds. Er gewährte Island einen Kredit über gut 2,5 Milliarden Dollar, den Rest steuerten die skandinavischen Nachbarn, die EU, Polen und Russland bei. Im Gegenzug verordneten die Helfer dem Land eine Rosskur. Der Kapitalverkehr mit dem Ausland wurde eingeschränkt, die isländische Währung wertete sich drastisch ab, die Zinsen stiegen. Die Wirtschaft schrumpfte massiv und die Arbeitslosigkeit erhöhte sich rapide. Das Volk war verzweifelt und die Regierungskoalition zerbrach.

Was heißt eigentlich »pleitegehen«?

Vor dem Hintergrund der genannten Beispiele werden wir nun versuchen, die in der Überschrift gestellte Frage »theoretisch sauber« zu beantworten. Am Anfang ist hier zu klären, was es eigentlich heißt, »pleitezugehen«. Man versteht darunter, dass jemand illiquide, also zahlungsunfähig wird. Das heißt, er kann fällige Forderungen dauerhaft nicht mehr begleichen. Illiquidität ist nicht zu verwechseln mit Überschuldung bzw. »Bankrott«. Davon wird gesprochen, wenn die Vermögenswerte des Schuldners in der Summe nicht mehr ausreichen, um die Schulden zu decken. Beide Tatbestände – die Illiquidität sowie die Überschuldung – führen nach deutschem Recht zur »Insolvenz«. Eine solche erzwingt (wenn ein außergerichtlicher Vergleich nicht möglich ist) die Eröffnung eines Insolvenzverfahrens, in dem eine Schuldenregulierung durch das Insolvenzgericht vorgenommen wird. Meist erhalten die Gläubiger dabei nur einen kleinen Teil ihres Geldes zurück – wenn überhaupt. Eine Insolvenz (man spricht auch von »Konkurs«) bedeutet übrigens keineswegs, dass das betroffene Unternehmen anschließend nicht mehr weiterexistieren könnte. Auch wenn ein privater Haushalt insolvent wird (so genannte Verbraucherinsolvenz), bleiben die betroffenen Menschen am Leben.

Wie gesagt, kann es auch einem Staat, das heißt dem öffentlichen Haushalt eines Landes, passieren, dass er insolvent wird. Um diese Situation zu analysieren, sind zwei Sachverhalte zu unterscheiden (siehe Abbildung 6-7).

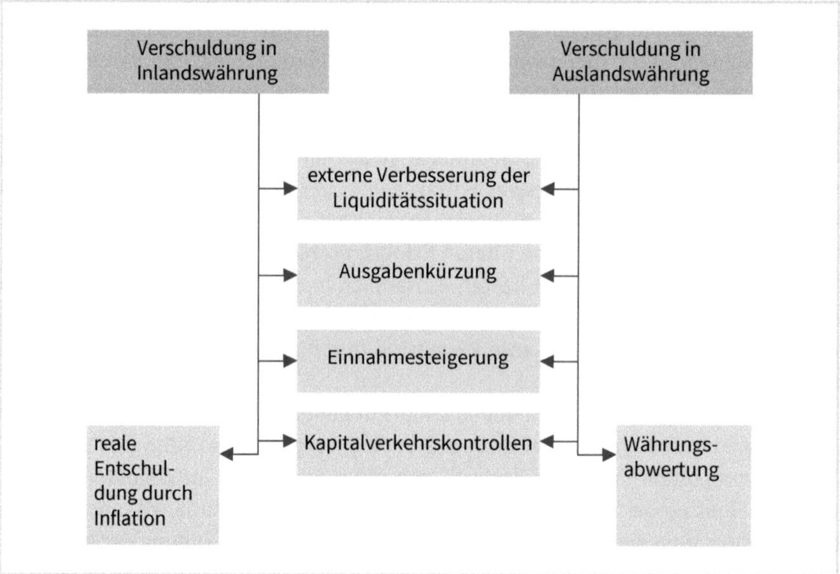

Abb. 6-7: Handlungsmöglichkeiten hochverschuldeter Staaten

Zahlungsverpflichtungen in Inlandswährung

Erstens kann ein Staat pleite sein, weil er seine Zahlungsverpflichtungen in Inlandswährung nicht erfüllen kann (Fall Kalifornien). Als Handlungsalternativen stehen ihm dann grundsätzlich *fünf Wege* offen:

1. Er kann versuchen, seine Liquiditätssituation extern zu verbessern.
2. Er kann bzw. muss seine Ausgaben kürzen.
3. Er kann bzw. muss die Steuereinnahmen erhöhen.
4. Um den in solchen Krisensituationen typischerweise eintretenden Abfluss von Kapital ins Ausland zu stoppen, sind zudem oft Kapitalverkehrskontrollen notwendig.
5. Schließlich kann versucht werden, die Schulden zu entwerten.

Die Wege eins bis vier gelten auch für den Fall, dass ein Land seinen Zahlungsverpflichtungen in Auslandswährung nicht nachkommen kann.

- Zur externen Verbesserung der Liquiditätssituation gibt es prinzipiell drei Möglichkeiten: die weitere Kreditaufnahme, die Bitte um Hilfskredite bzw. Transferzahlungen und die Umschuldung. Eine weitere – extreme – Maßnahme besteht grundsätzlich in der Emission nationaler Zwangsanleihen.
  Eine Ausdehnung der öffentlichen Kreditaufnahme hängt von der Bereitschaft der Anleger ab, ihr Geld in Staatsanleihen zu investieren. Eine Verschlechterung der Bonität des Staates äußert sich in steigenden Zinsaufschlägen. Diese Erfahrung mussten 2009 und in den Folgejahren, wie gesagt, auch einige Euroländer (wie Griechenland, Irland, Portugal, Spanien und Italien) machen, die ihre Schuldtitel nur noch deshalb bei den Anlegern unterbringen konnten, weil sie enorm hohe Risikoprämien zahlten. Außerdem führt die höhere Verschuldung zu einer weiteren Verschärfung der Finanzprobleme in der Zukunft.
  Hilfskredite
  Eine schmerzhaft teure Kreditaufnahme auf den Finanzmärkten kann gegebenenfalls durch *Hilfskredite* oder Transferzahlungen (also geschenktem Geld) von anderen Ländern oder Institutionen vermieden werden. In der EWU haben seit 2010 Griechenland, Irland und Portugal günstige Kredite erhalten – von anderen EU-Ländern, dem Europäischen Rettungsschirm EFSF bzw. ESM (siehe Kapitel 9.17) und dem Internationalen Währungsfonds (natürlich wirkt zusätzlich der Ankauf von im Besitz von Geschäftsbanken befindlichen Anleihen der Schuldnerstaaten durch die Europäische Zentralbank zinsdämpfend). Im Gegenzug wird dem Problemland aber ein rigider Sanierungskurs abverlangt.
  Umschuldung
  Häufig führt an einer *Umschuldung* kein Weg vorbei. Diese besteht darin, dass die Gläubiger – i. d. R. sind das vor allem Banken und Versicherungen sowie Staaten – auf einen Teil (zum Beispiel die Hälfte) ihrer Forderungen verzichten. Fachleute nennen das einen »Haircut«. Oft wird gleichzeitig eine Verlängerung der Kreditlaufzeiten und eine Absenkung des Zinssatzes vereinbart.
- Der Spielraum für eine Drosselung der Staatsausgaben ist oft sehr begrenzt, da der größte Teil der öffentlichen Ausgaben aus – im Grundsatz – festen Verpflichtungen resultiert (Renten, Arbeitslosengeld, Zinsen etc.). In Deutschland betragen die prinzipiell disponiblen »übrigen Bundesausgaben« beispielsweise weniger als ein Drittel der Gesamtausgaben. Eine Kürzung der aus »festen« Verpflichtungen resultierenden Ausgaben ruft häufig massive Proteste der davon Betroffenen hervor. Das kann bis zum »Bürgerkrieg« gehen.
- Eine Steigerung der Steuereinnahmen setzt eine gesamtwirtschaftliche Expansion voraus. Vielfach sind Budgetkrisen aber gerade die Folge einer konjunkturellen Abwärtsbewegung oder treffen mit einer solchen zusammen. Außerdem wirken Sparprogramme der Regierung kurzfristig negativ auf die Konjunktur. Staatliche Einnahmen lassen sich indes auch über Privatisierungen, Goldverkäufe oder – im Extremfall – durch teilweise Enteignung vermögender inländischer Bürger generieren.
- Entschuldung durch Inflation

  Finanzielle Repression

  Als »Ultima Ratio« bleibt die Möglichkeit der realen Entschuldung durch Inflation infolge von Geldschöpfung (siehe Kapitel 2.7). Wenn die Inflation wegen des vielen Geldes höher ist als die Zinsen auf die Staatsschulden, kann sich ein Land nach einigen Jahren seiner Schulden recht einfach entledigen. Ökonomen nennen das »finanzielle Repression«. Nicht selten haben Staaten diese Vorgehensweise praktiziert (Deutschland etwa 1923 und 1948 oder die USA nach dem Zweiten Weltkrieg). Sie geht voll zulasten der Sparer. Allerdings bedarf es dazu der Mitwirkung der Notenbank, die indes – auch aus diesem Grunde – im Euroraum von der Regierung unabhängig ist.

Zahlungsverpflichtungen in Auslandswährung

Anpassungsprogramme

Zweitens kann ein Staat pleite sein, weil er seine Zahlungsverpflichtungen in Auslandswährung nicht erfüllen kann (Fall Island). Wenn private Firmen bzw. Banken zu hohe Auslandsschulden haben, so wird i. d. R. die Regierung eingreifen und diese Unternehmen verstaatlichen. Aus privaten werden dann staatliche Schulden. Zahlungsprobleme ergeben sich, wenn die Deviseneinnahmen des Landes aus Exporten und möglicher Kreditaufnahme in fremden Währungen hinter den notwendigen Devisenzahlungen für Importe sowie für die Verzinsung und Tilgung von Fremdwährungsschulden zurückbleiben. Der Weg, sich durch Inflation seiner Schulden zu entledigen, steht dem Staat hier nicht offen, denn es handelt sich ja um Verbindlichkeiten in ausländischen Währungen. Vielfach kommt es aufgrund der hohen Auslandsverschuldung und der damit verbundenen Übernachfrage nach Fremdwährungen zu einer starken Abwertung der Währung des Schuldnerlandes, die teilweise durch Kapitalflucht noch verschärft wird. Deshalb werden häufig Kapitalverkehrskontrollen verhängt. Aus der Sicht der inländischen Schuldner (des Staates wie der Privaten) verteuert dies natürlich die Verzinsung und Tilgung der Fremdwährungsverbindlichkeiten, was die Krise kurzfristig verschlimmert. Auf längere Sicht hilft die Abwertung aber – das zeigt auch Island, dem es heute wieder besser geht –, die Exporte zu steigern und die Importe einzudämmen, das heißt die Auslandsposition (siehe Kapitel 2.4) zu verbessern. Als letzte Rettung kommt eine Kreditaufnahme beim Internationalen Währungsfonds infrage – gegebenenfalls ergänzt um bilaterale Kredite anderer Länder (siehe Weg eins, oben). Außer Island sind beispielsweise 2009 Ungarn und Lettland vom IWF mit Krediten gestützt worden (später auch EWU-Staaten, siehe Kapitel 9.17). Allerdings knüpft der IWF seine Kreditzusagen oft an die Erfüllung bestimmter Bedingungen (so genannte Konditionalität, siehe Kapitel 9.4). Im Endeffekt bedeutet dies, dass die betroffenen Staaten restriktive wirtschaftspolitische Maßnahmen ergreifen müssen (Kürzung der Staatsausgaben, Zinserhöhung, Ausgabe von Bezugsscheinen für Güter mit hohem Importanteil etc.). Damit soll erreicht werden, dass die inländische Güternachfrage und damit die darin enthaltenen Importe sinken und so das außenwirtschaftliche Defizit verringert wird. Für die Bevölkerung des betroffenen Landes bedeutet das freilich einen teilweise drastischen Rückgang ihres Lebensstandards. Vor diesem Hintergrund hat beispielsweise Argentinien 2001 die Bedienung seiner Auslandsschulden in Höhe von 100 Milliarden Dollar einfach eingestellt.

6.8 Die Modern Monetary Theory: Der Königsweg?

Die Modern Monetary Theory (MMT) ist eine volkswirtschaftliche Lehrmeinung, die vor rund 25 Jahren hauptsächlich von US-amerikanischen Ökonomen wie Bill Mitchell und Stephanie Kelton entwickelt wurde. Stephanie Kelton gehörte während der Vorwahlen zur Präsidentschaftswahl 2016 in den USA zu den Beratern von Bernie Sanders, dem Bewerber des sozialistischen Flügels der demokratischen Partei. In den Mittelpunkt ihres Konzepts stellt die MMT die Fiskalpolitik eines souveränen Staates, der seine eigene Währung bereitstellt.

Während der ökonomische Mainstream davon ausgeht, dass die Staatsausgaben vor allem durch Steuern finanziert werden, schlägt die MMT vor, dass die Staatsausgaben durch Geldschöpfung finanziert werden. Das heißt, ein Staat finanziert seine Ausgaben, indem er seine Zentralbank anweist, die entsprechenden Geldbeträge dem Zentralbankkonto derjenigen staatlichen Institution (etwa der Rentenkasse) gutzuschreiben, die dieses Geld erhält bzw. dem Zentralbankkonto der Geschäftsbanken, bei denen die mit der Durchführung staatlicher Aufträge betrauten Unternehmen ihr Konto unterhalten. Das läuft ökonomisch auf das Gleiche hinaus, als wenn der Staat unbegrenzt Kredite bei der Zentralbank aufnehmen könnte, natürlich nur bei der eigenen Zentralbank in der nationalen Währung. Für staatliche Ausgaben muss es demnach also keine Einnahmen geben, der Währungsherausgeber – also der Staat mittels seiner Zentralbank – kann die Finanzmittel aus dem Nichts schaffen bzw. kann er sich unbegrenzt (bei der Zentralbank) verschulden. In diesem System ist also die Zentralbank nicht, wie heute in den meisten westlichen Industrieländern, unabhängig, sondern bloßer Erfüllungsgehilfe des Staates, sprich des Finanzministeriums.

Auf dieser Basis treffen die Vertreter der MMT die Feststellung, dass die finanzielle Situation einer nationalen Regierung mit monetärer Souveränität eine völlig andere ist als die eines privaten Haushalts oder Unternehmens. Der Staat als Emittent seiner eigenen Währung unterliegt keiner Beschränkung in dem Sinne, dass er Steuereinnahmen erzielen oder Kredite am Kapitalmarkt aufnehmen muss. Ihm kann das Geld nicht ausgehen, und er kann jederzeit allen Verpflichtungen nachkommen – eine Staatspleite ist somit ausgeschlossen.

Die einzige Restriktion, der eine solche souveräne, mit der Kompetenz zur Geldschöpfung ausgestattete Regierung gegenübersteht, ist die Verfügbarkeit und Qualität der realen Ressourcen. Dies insofern, als es zur Inflation kommen kann, wenn die Gesamtausgaben die Produktionskapazität der Wirtschaft überfordern. Nach Ansicht der MMT kann bzw. muss der Staat in diesem Fall das Zuviel an Geld durch erhöhte Steuern abschöpfen (in den Ländern der europäischen Währungsunion würde dies eine zentrale Steuerkompetenz, sprich: eine Fiskalunion, voraussetzen, die nicht gegeben ist).

Die Vertreter der MMT kommen damit zu dem Ergebnis, dass ein Staat mit monetärer Souveränität einen extrem großen Handlungsspielraum besitzt. Der Umstand, dass dem modernen Staat nie das Geld ausgehen kann, bedeutet dabei nicht, dass der Staat unbegrenzt Geld ausgeben solle. Vielmehr sei die Nutzung der finanziellen Möglichkeiten von politischen Überzeugungen und Mehrheitsverhältnissen abhängig. Aus Sicht der Kritiker der MMT stellt sich hier allerdings sofort die Frage, wie realistisch es ist anzunehmen, dass von der Wählergunst abhängige Politiker willens und in der Lage sind, Maß zu halten bzw. gute (im Sinne von volkswirtschaftlich sinnvolle) von schlechten Ausgaben zu unterscheiden (siehe hierzu auch Nachgehakt: Die Public Choice Theory). Diesbezüglich sehen sich die MMT-Ökonomen allerdings in der Mehrheit als Postkeynesianer (Hauptvertreter Abba P. Lerner, 1903–1982). Deren Vertreter sind der Überzeugung, dass es die zentrale Aufgabe des Staates ist, die mangelnde Güternachfrage des Privatsektors durch staatliche Güternachfrage zu kompensieren, um auf diese Weise Vollbeschäftigung zu erzeugen. Ein ausgeglichener Haushalt wird dabei weder als notwendig noch als zielführend angesehen.

Die Kritik an der MMT richtet sich in erster Linie gegen die geforderte Abschaffung der Unabhängigkeit der Zentralbank und die dadurch erfolgende Übernahme der Geldschöpfungskompetenz durch den Staat. Insbesondere die Empfehlung, dass bei expansiver Fiskalpolitik keine Rücksicht auf die Entwicklung der Geldmenge genommen werden müsse, gilt als gefährlich und nur kurzfristig bei Unterbeschäftigung angezeigt.

Andernfalls ist bei einer permanenten Ausweitung der Geldmenge mit Inflation zu rechnen. MMT-Vertreter sehen dies zwar, verweisen aber darauf, dass Hyperinflationen historisch gesehen weniger auf Staatsausgaben- bzw. Geldmengenerhöhungen als auf Angebotsverknappungen beruhten oder darauf, dass der Staat nicht in der Lage war, Steuereinnahmen zu generieren (und so die überschüssige Kaufkraft zu neutralisieren). Kritiker halten dem entgegen, dass Inflationsprozesse schon weit unterhalb der Hyperinflation sehr schädlich für die Wirtschaft sind, da sie unter anderem die Lenkungsfunktion der Preise beeinträchtigen.

Hinzu tritt, dass sie auch den Außenwert der Währung schädigen: Inflation kann bzw. wird zu steigenden Güterimporten führen sowie zu einer verstärkten Nachfrage nach ausländischen Geldanlagen, also zu Kapitalexporten. Letzteres geschieht in der Erwartung einer durch steigende Güterimporte und Kapitalexporte bewirkten Abwertung der heimischen Währung, welche wiederum über steigende Importpreise den binnenwirtschaftlichen Inflationsprozess beschleunigt. Vor diesem Hintergrund erscheint eine Umsetzung der MMT bestenfalls in einer weitgehend geschlossenen Volkswirtschaft denkbar. Diesem Modell kommen die USA wohl am nächsten, zumal der Dollar die Weltwährung ist. Jedes andere Land würde infolge einer über Geldschöpfung finanzierten expansiven Fiskalpolitik einen permanenten Anstieg seines Zahlungsbilanzdefizits verzeichnen, wodurch seine Währungsreserven rasch aufgebraucht wären. Die von den MMT-Vertretern als Gegenmaßnahmen vorgeschlagenen Möglichkeiten der Importsubstitution oder der Einführung von Kapitalverkehrskontrollen erscheinen nach dem heutigen Stand der Wissenschaft für entwickelte Länder ungeeignet bzw. kontraproduktiv.

In der Europäischen Währungsunion (EWU) ist eine Umsetzung der MMT bereits aus rechtlichen Gründen ausgeschlossen. In den Statuten der Europäischen Zentralbank (EZB) ist festgelegt, dass deren primäres Ziel in der Sicherung der Preisniveaustabilität besteht. Eine Geldschöpfung, um damit staatliche Ausgabenprogramme zu finanzieren, ist in der EWU gesetzlich verboten.

6.9 Zielsetzung, Instrumente und Probleme der Fiskalpolitik

Fiskalpolitik bedeutet Änderung der Staatseinnahmen und -ausgaben, um Konjunkturausschläge zu dämpfen (siehe Abbildung 6-8). Die Fiskalpolitik bildet den zentralen Ansatzpunkt der *keynesianischen Nachfragepolitik*, deren theoretische Grundlagen wir bereits erörtert haben (siehe Kapitel 5). Anders als die Geldpolitik, deren Strategie – zumindest im Euroraum – grundsätzlich auf die Verstetigung der monetären Rahmenbedingungen gerichtet ist, wird die Fiskalpolitik, so fordert es die Theorie, *antizyklisch* eingesetzt: In der Rezession werden die Staatsausgaben erhöht oder die Steuern gesenkt (expansive Fiskalpolitik).

Built-in-Flexibility

Damit soll – unter Inkaufnahme einer höheren Verschuldung – die gesamtwirtschaftliche Nachfrage auf einem Niveau gehalten werden, das einen hohen Beschäftigungsstand bei Preisniveaustabilität ermöglicht. Außer der fallweisen existiert auch eine automatisch wirkende Fiskalpolitik. Die *Built-in-Flexibility* besteht etwa in der progressiven Ausgestaltung des Einkommensteuertarifs oder der Arbeitslosenversicherung, was im Boom dämpfend und in der Rezession konjunkturbelebend wirken soll.

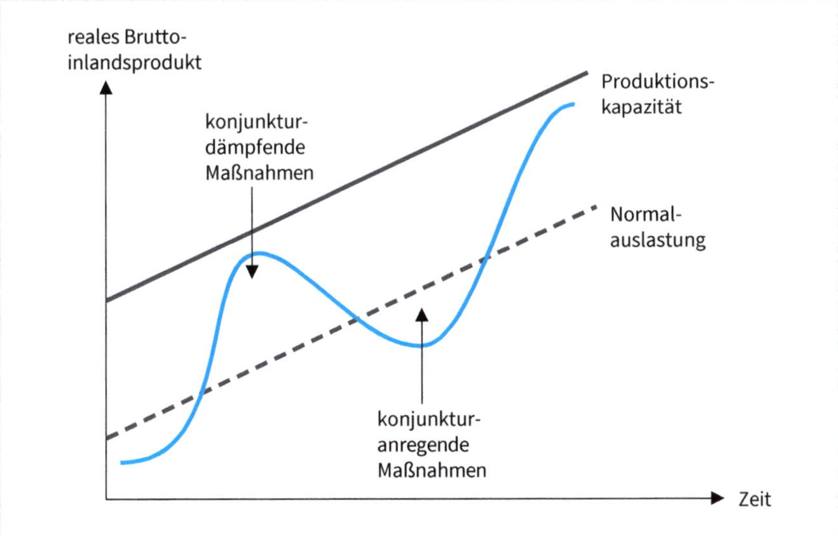

Abb. 6-8: Antizyklische Nachfragepolitik

Haavelmo-Theorem

Wesentliche Instrumente der Fiskalpolitik sind im *Stabilitätsgesetz* von 1967 verankert (siehe Kapitel 1.7). Das Stabilitätsgesetz umfasst *einnahmepolitische* Mittel (etwa die Veränderung von Steuern oder Abschreibungsmöglichkeiten) und *ausgabepolitische Mittel* (wie die Gewährung von Investitionsprämien oder zusätzliche Ausgabenprogramme). Einnahmepolitische Mittel haben nur indirekten Einfluss auf die gesamtwirtschaftliche Nachfrage. So bedeutet eine Steuersenkung zunächst lediglich, dass das verfügbare Einkommen der Betroffenen steigt. Die Haushalte werden davon – entsprechend ihrer Konsumquote – nur einen Teil verausgaben, beispielsweise 80 Prozent (siehe unten), und den Rest sparen. Das gleiche gilt umgekehrt bei einer Steuererhöhung. Ausgabepolitische Mittel wirken dagegen direkt, es sei denn, es handelt sich um Unterstützungszahlungen (Transferleistungen), die ja ebenfalls zunächst nur das Einkommen der Empfänger berühren. Dieser Wirkungsunterschied erklärt, warum auch von einem ausgeglichenen Budget des Staates konjunkturelle Effekte ausgehen. Nach dem *Haavelmo-Theorem* führt eine Staatsausgabenerhöhung, die vollständig durch eine Steuererhöhung finanziert wird, genau im Umfang der zusätzlichen Ausgaben zu einem Anstieg der Gesamtnachfrage. Dies sei an folgendem *Beispiel* demonstriert, das an die Darstellung des Multiplikatoreffekts im vierten Kapitel (siehe Kapitel 4.8) anknüpft:

	Veränderung der Nachfrage
Erhöhung der Staatsausgaben um 1 Mrd. €	+ 1 Mrd. €
Dadurch ausgelöster erster Konsumanstieg	0,8 · 1 Mrd. €
Erhöhung der Steuern um 1 Mrd. €	kein direkter Effekt
Dadurch ausgelöster erster Konsumrückgang	– 0,8 · 1 Mrd. €
Gesamtwirkung des ausgeglichenen Budgets	+ 1 Mrd. €

Probleme der Fiskalpolitik

Die Fiskalpolitik gilt aus mehreren Gründen als *problematisch*:

- Die Gefahr, dass der Wirtschaftsablauf durch staatliche Interventionen nicht geglättet, sondern *destabilisiert* wird, ist gegeben. Es kann viel Zeit vergehen, bis die konjunkturelle Situation richtig erkannt wird, daraufhin Maßnahmen beschlossen und durchgeführt werden und diese dann Wirkung zeigen (*Lag-Problematik*). Denkbar ist, dass etwa ein expansiver Effekt erst eintritt, wenn die Wirtschaft aus sich heraus bereits expandiert, sodass es zu einer Überhitzung kommt. Die Finanzpolitik wirkt dann prozyklisch, sie verstärkt die Konjunkturschwankungen. Bisweilen wird der fallweise eingesetzten Stabilisierungspolitik sogar vorgeworfen, sie verursache selbst die Konjunkturschwankungen durch ihre Politik des »Stop and Go« (Interventionszyklen).
- In der Vergangenheit hat sich gezeigt, dass der Staat zwar in der Rezession eine kreditfinanzierte Erhöhung der Staatsausgaben betreibt, es andererseits aber kaum gelingt, im Boom die Ausgaben zu senken und die Schulden wieder zu tilgen. Die Finanzpolitik ist *asymmetrisch*, mit der Folge stetig wachsender Staatsausgaben, Verschuldung und Steuerlasten.

Erwartungs-Crowding-out

- Einige Probleme haben wir in diesem Kapitel bereits angesprochen. Hierzu gehört die *Crowding-out-Problematik*: die mögliche Verdrängung privater durch staatliche Nachfrage. Hierbei dürften *Erwartungen* eine erhebliche Rolle spielen: Rational denkende Wirtschaftsakteure knüpfen an die Staatsdefizite von heute die Erwartung künftiger Steuererhöhungen zur Bedienung der Staatsschulden. Sie werden deshalb auf steigende Defizite genauso reagieren wie auf eine Steueranhebung, nämlich mit einer Einschränkung ihrer Konsum- und Investitionstätigkeit. Dies wird auch als *Erwartungs-Crowding-out* bezeichnet.

- Schließlich besteht die Gefahr negativer Wirkungen in Form ineffizienter Angebots- und Nachfragestrukturen. Ein Beispiel hierfür wäre die kostenintensive Alimentation nicht zukunftsfähiger Industriezweige. Ein weiteres Beispiel wäre die Subventionierung des fossilen Energieverbrauchs der Industrie, was dem erwünschten Energiesparen zuwiderliefe (Stichwort Industriestrompreis, siehe auch Kapitel 3.15).

Ineffiziente Angebots- bzw. Nachfragestrukturen

Nachgehakt

Die Public Choice Theory
Um die Entscheidungen des für die Fiskalpolitik zuständigen Wirtschafts- und Finanzministeriums nachzuvollziehen, ist es ggf. hilfreich, die Erkenntnisse der Public Choice Theory zu berücksichtigen. Es handelt sich hierbei um einen wirtschaftstheoretischen Ansatz – auch unter der Bezeichnung Neue Politische Ökonomik bekannt –, der das typische ökonomische Instrumentarium auf den politischen bzw. öffentlichen Sektor anwendet. Analysiert wird in erster Linie das Verhalten von Politikern, Bürokraten und Interessenvertretern (Lobbyisten). Diese werden nicht als wohlwollende Diktatoren (die ihre Politik allein zur Förderung der Wohlfahrt aller Bürgerinnen und Bürger konzipieren) betrachtet, sondern vielmehr als Homines oeconomici, die typischerweise versuchen, unter den für sie gegebenen Restriktionen ihren eigenen Nutzen zu maximieren. Der persönliche Nutzen von Politikern besteht allem voran in deren Wiederwahl. Diesem Ziel ordnen sie deshalb ihr politisches Handeln unter, indem sie Interessengruppen bevorzugen, die ihnen helfen können, das zu erreichen. Da nur gut organisierte Gruppen machtvoll sind, werden deren Interessen zuerst befriedigt. Die Aktionen der Regierung (als Agent und Anbieter politischer Maßnahmen) müssen dann nicht notwendigerweise mit den Interessen der Mehrheit der Bürgerinnen und Bürger (als Prinzipale und Nachfrager dieser Maßnahmen) übereinstimmen. Aus Sicht der Public Choice Theory werden so die unwirtschaftliche Verwendung und Verteilung öffentlicher Mittel (z.B. durch Subventionen) begünstigt. Konflikte der o.g. Art werden allgemein als Prinzipal-Agent-Probleme bezeichnet. Die Neue Politische Ökonomik bzw. Public Choice Theory wurde in den 1960er-Jahren begründet. Als Hauptvertreter gelten A. Downs, D. Black und J. M. Buchanan.

6.10 Die Alternative – das Konzept der angebotsorientierten Wirtschaftspolitik

Wenn die Konjunktur eine Schwächephase durchläuft, wird rasch der Ruf nach dem Staat und seiner Verantwortung laut. Ebenso verhält es sich, wenn ein großes Unternehmen in Konkurs zu gehen droht und Arbeitsplätze gefährdet sind. Staatliche Eingriffe mögen im Einzelfall hilfreich sein, in der Summe und auf Dauer ergeben sich aber Probleme. Wir haben bereits einige zentrale Kritikpunkte an der nachfrageorientierten Konjunkturpolitik angeführt, wie die negativen Folgen der Steuer- und Schuldenlast sowie mögliche destabilisierende Effekte der staatlichen Interventionen.

Die Möglichkeit einer Destabilisierung des Wirtschaftsablaufs kann unter anderem dadurch eintreten, dass die bei staatlichen Ankurbelungsmaßnahmen in Gang gesetzten Preissteigerungen früher oder später Lohnzuwächse und damit Kostenerhöhungen für die Unternehmen nach sich ziehen. Versucht man nun, die Inflation zu bremsen, so wird dies zu einem Beschäftigungsrückgang führen. Dafür sorgt bekanntlich die Logik des *Gewinnmaximierungsziels* der Unternehmen (siehe produktivitätsorientierte Lohnpolitik, Kapitel 4.14): Bei steigenden Löhnen (und gegebenen Absatzpreisen) lässt sich der Gewinn nur durch Produktivitätsfortschritte aufrechterhalten, und Produktivitätsfortschritte bedeuten leider häufig Rationalisierung bzw. Arbeitsplatzabbau. Hinzu kommt, dass staatliche Konjunkturprogramme den Unternehmen eventuell falsche Signale setzen. Sie täuschen eine beständige Nachfrage nur vor und verhindern so rechtzeitige strukturelle Anpassungen an geänderte Nachfrage- und Angebotsbedingungen. In Deutschland fordert deshalb der Sachverständigenrat seit fast 50 Jahren eine stärker *angebotsorientierte Wirtschaftspolitik*.

Wirtschaftsstandort Deutschland

Ziel der Angebotspolitik ist es, die Voraussetzungen zur Gütererstellung in einer Volkswirtschaft zu verbessern. Während die Nachfragepolitik die Schwankungen im Auslastungsgrad des Produktionspotenzials glätten will, richtet sich die Angebotspolitik auf die (längerfristige) Erhöhung der Produktionskapazität selbst (siehe Abbildung 6-9). Auf der Grundlage der Lehre der *Klassik* bzw. *Neoklassik* (siehe Kapitel 5) wird vom Staat eine auf Stetigkeit bedachte, vorhersehbare Wirtschaftspolitik erwartet, die den Rahmen schafft, in dem die Wirtschaft gedeihen kann. Die Verminderung der staatlichen Eingriffe und Reglementierung soll die unternehmerische Initiative fördern und die Lenkungsfunktion des Marktes wiederherstellen. Auch gehen mit dem Rückzug des Staates aus dem Wirtschaftsleben die finanziellen Ansprüche des öffentlichen Sektors an seine Bürger zurück, was sich positiv auf deren individuelle Leistungsbereitschaft auswirkt. Die wirtschaftspolitischen Forderungen der Angebotsökonomen betreffen einen breiten Katalog von Politikfeldern (siehe Tabelle 6-3). Sie spielen auch international bei der Diskussion um den »Wirtschaftsstandort Deutschland« eine wesentliche Rolle.

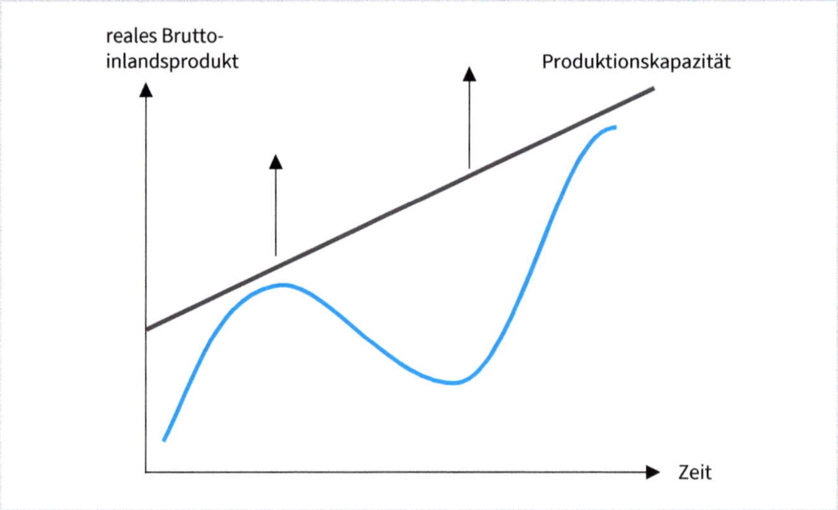

Abb. 6-9: Potenzialorientierte Angebotspolitik

Wettbewerbspolitik	Geldpolitik	Fiskalpolitik	Lohnpolitik
Kartellverbot/ Verhinderung von Marktmacht Privatisierung Deregulierung Subventionsabbau keine administrierten Preise	regelgebundene Geldmengensteuerung Unabhängigkeit der Zentralbank Keine »fiscal dominance« flexible Wechselkurse	verminderter Staatskonsum Priorisierung investiver Ausgaben Reduktion der Steuerbelastung Steuervereinfachung Abbau der Staatsverschuldung Einhaltung der Schuldenbremse Entbürokratisierung Digitalisierung der Verwaltung	produktivitätsorientierte Lohnpolitik Lohndifferenzierung Flexibilisierung des Arbeitsmarktes Senkung der Lohnzusatzkosten
Sozialpolitik	**Forschungspolitik**	**Bildungspolitik**	**Umweltpolitik**
niedrigeres Niveau der sozialen Unterstützung Schaffung von Leistungsanreizen (ein Sozialhilfe- bzw. Bürgergeldempfänger darf sich nicht besser stellen als ein Arbeiter) maßvolle Anpassung des Mindestlohns Erhöhung des Renteneintrittsalters Gesundheitsprämie	Förderung der Grundlagen- und Technologieforschung Beseitigung hemmender Verbote Bürokratieabbau	kürzere Ausbildungszeiten, effizienteres Studieren, Studiengebühren leistungsorientierte Besoldung von Lehrern und Professoren Qualifizierungsmaßnahmen, v.a. für Migranten	weniger ordnungsrechtliche Vorschriften mehr marktwirtschaftliche Elemente (bspw. Handel von Umweltzertifikaten) Ökosteuern nur, wenn international abgestimmt

Tab. 6-3: Forderungskatalog der Angebotsökonomik

Auf den Punkt gebracht

Das Gewicht des öffentlichen Sektors hat in Deutschland – wie auch in anderen Industrieländern – erheblich zugenommen. Die damit verbundene hohe Belastung des privaten Sektors mit Steuern und Sozialabgaben wird immer wieder kritisch diskutiert. Als besonders ernst zu nehmendes Problem hat sich die in einigen Ländern über die Jahre hinweg betriebene Schuldenpolitik erwiesen. Die Rückkehr zu einem nachhaltig stabilen Wirtschaftswachstum erfordert vor diesem Hintergrund eine konsequente Eindämmung der öffentlichen Ausgabenexpansion – in manchen Staaten sogar eine (drastische) Kürzung des Ausgabenniveaus. Für die Regierungen ergibt sich unseres Erachtens der klare Auftrag einer konsequenteren Priorisierung investiver Staatsausgaben und einer (wieder) stärkeren Hinwendung zu einer angebotsorientierten Wirtschaftspolitik. In Deutschland erscheint angesichts des demografischen Wandels insbesondere eine durchgreifende Reform des Systems der sozialen Sicherung dringend geboten.

6.11 Das Interview: Bernd Raffelhüschen

Bernd Raffelhüschen (geb. 1957) ist Professor für Finanzwissenschaft und Direktor des Forschungszentrums Generationenverträge an der Albert-Ludwigs-Universität Freiburg und war von 1993 bis 2019 Professor an der Universität Bergen, Norwegen.

Herr Professor Raffelhüschen, eine Stellschraube zur Schließung der Rentenlücke ist die Erhöhung des Renteneintrittsalters. Wäre es nicht sinnvoll, dabei nach dem Beruf zu differenzieren? Der Dachdecker geht mit 55 Jahren in Rente, der Professor arbeitet bis an sein Lebensende?
Es ist ganz einfach: Wer länger lebt, kann nicht jeden Tag, den er länger auf dieser Welt verbringt zulasten anderer in Rente verbringen. Deshalb sollten wir die Altersgrenze an die Lebenserwartung anpassen, sodass jeder für ein Rentenbezugsjahr die gleiche Anzahl an Beitragsjahren gezahlt hat – das ist gerecht, weil gleich. Wer nicht mehr arbeiten kann, ob Dachdecker, Bauarbeiter oder wer auch immer, der bekommt eine Erwerbsunfähigkeitsrente. Die grundsätzlichen Regelungen zur Regelaltersrente sollte aber nicht von diesen Minderheiten geleitet werden, sondern sich vielmehr an dem Grundsatz der Teilhabeäquivalenz und Generationengerechtigkeit orientieren.

Eine andere, konkret angedachte Maßnahme besteht darin, das umlagefinanzierte Rentensystem um eine von einem Staatsfonds verwaltete, kapitalgedeckte Altersvorsorge mit Schwerpunkt Aktien zu ergänzen (Stichwort Generationenkapital). Was halten Sie davon?
Die Kapitaldeckung ist an und für Sich ein probates Mittel, jedoch kommt ihre Einführung für die Babyboomer 30 Jahre zu spät. Diese Generation wird in den nächsten Jahren in Rente gehen, was die Finanzen der gesetzlichen Rentenversicherung erheblich unter Druck setzen wird. Kapitaldeckung kann nur Wirkung entfalten, wenn sie mindestens 20–30 Jahre Zeit hat. Dann sind die Babyboomer allerdings schon von uns gegangen. Für die Jungen ist es eine gute Sache, allerdings hat ein Staatsfonds immer ein Manko: Politikern Geld anzuvertrauen ist, als ob sie ihrem Hund zwei Knochen hinschmeißen und sagen: Einer ist für morgen. Noch nie konnten Politiker auf Geld aufpassen.

Der deutsche Staat hat mit vielen Problemen zu kämpfen, die er teilweise seit Jahren vor sich herschiebt: Eine marode Infrastruktur, die haarsträubende Unterfinanzierung der Bundeswehr, der Lehrermangel etc. Dazu noch die Transformation in Richtung Dekarbonisierung. Entspräche es da nicht dem gesunden Menschenverstand, jetzt für ein paar Jahre richtig Geld in die Hand zu nehmen und die Schuldenbremse so lange auszusetzen?
Noch nie in unserer Geschichte haben wir so hohe Steuereinnahmen gehabt wie gegenwärtig. Auch die Beiträge sind so ergiebig wie niemals zuvor. Gleichzeitig ver-

wenden wir so wenig wie noch nie davon investiv. Der Investitionsstau ist immens. Die Sozialabgabenquote ist allerdings ebenfalls auf dem historischen Höchststand von fast einem Drittel der Wertschöpfung. Offensichtlich haben wir ein Ausgabenstrukturproblem und kein Einnahmeproblem, das wir durch Aufheben der Schuldenbremse lösen sollten. Wer über Jahrzehnte die Ausgabenstruktur zulasten der Investiven für die Erhöhung der Sozialausgaben umstrukturiert, muss jetzt hart umsteuern – anders wird es nur bei massiven Schuldaufnahmen zulasten der gegenwärtigen Sparer und zukünftigen Generationen gehen.

Darauf müssen wir einfach noch zu sprechen kommen: In einer vor Kurzem vorgestellten Studie sollen Sie die bisherige Migrationspolitik Deutschlands als »dumm wie Stroh« bezeichnet haben. Warum?
Deutschland ist ein Einwanderungsland und dies schon seit Jahrzehnten; allerdings ist es das einzige Einwanderungsland der Welt, das keine Regeln für Zuwanderung hat. Die derzeitige unregulierte Zuwanderung ist zwar jung, aber relativ schlecht qualifiziert und kann nicht reibungslos integriert werden. Gleichzeitig ist unser Sozialstaat so generös, dass er selbst für die Einheimischen nicht mehr tragfähig ist. In einer Situation, wo der Durchschnittsbürger in unserem Land seine sozialen Segnungen nicht finanzieren kann, auch noch unterdurchschnittlich qualifizierte Menschen am Sozialstaat zu beteiligen, kann nicht der Weisheit letzter Schluss sein. Wir brauchen den Rückbau unseres überbordenden Sozialstaats bei gleichzeitig starker Fokussierung der Migration auf solche Gruppen, die qualifiziert und schnell integrierbar sind.

Herr Professor Raffelhüschen, wir danken Ihnen für dieses Gespräch.

Schlüsselbegriffe

- Einkommensbelastungsquote
- Staatsaufgaben
- Wagnersches Gesetz
- Moral Hazard
- Sozialquote
- Altenquotient
- Rentenfinanzierung
- Bürgerversicherung
- Gesundheitsprämie
- direkte und indirekte Steuern
- Steuertarife
- Flat Tax
- duale Einkommensteuer
- negative Einkommensteuer
- Steuerwirkungen
- Laffer-Kurve
- Staatsverschuldung
- Schuldenbremse
- Stabilitäts- und Wachstumspakt
- Staatsinsolvenz
- Modern Monetary Theory
- Fiskalpolitik
- Built-in-Flexibility
- Haavelmo-Theorem
- Erwartungs-Crowding-out
- Public Choice Theory
- angebotsorientierte Wirtschaftspolitik

Kontrollfragen

1. *Welchen drei zentralen Aufgaben soll sich der Staat widmen?*
2. *Was versteht man unter der Staatsquote, der Abgabenquote und der Schuldenquote und wie hoch sind diese in Deutschland?*
3. *Wodurch ist die Entwicklung der deutschen Staatsausgaben gekennzeichnet?*
4. *Wie lautet die Finanzierungsgleichung der Rentenversicherung?*
5. *Beschreiben Sie kurz das Modell der Bürgerversicherung bzw. der Gesundheitsprämie.*
6. *Wie unterscheiden sich direkte von indirekten Steuern? Nennen Sie jeweils ein Beispiel.*
7. *Nennen Sie die Wesensmerkmale des deutschen Einkommensteuertarifs.*
8. *Welche Vorschläge zur Neugestaltung des Einkommensteuertarifs kennen Sie?*
9. *Wovon hängt es ab, ob eine Steuerüberwälzung durch die Unternehmen gelingt?*
10. *Worin bestehen die Gefahren der Staatsverschuldung?*
11. *Nennen Sie die fünf Handlungsalternativen eines Staates, der seine Zahlungsverpflichtungen nicht erfüllen kann. Unterscheiden Sie dabei zwischen der Verschuldung in Inlands- bzw. in Auslandswährung.*
12. *Welche Maßnahmen beinhaltet eine so genannte Umschuldung?*
13. *Beschreiben Sie die Vorstellungen der Modern Monetary Theory.*
14. *Erläutern Sie das Haavelmo-Theorem.*
15. *Was spricht gegen den Einsatz der antizyklischen Fiskalpolitik?*
16. *Wie lautet die Argumentation der Public Choice Theory?*
17. *Nennen Sie fünf Forderungen der Angebotsökonomik. Welches grundsätzliche Ziel verfolgt sie?*

Literaturhinweise

Berthold, N.; Quitzau, J. (Hrsg.): Die Wirtschaftswelt steht Kopf. Abschied von den Illusionen – Konzepte für eine neue Wirtschaftspolitik, München 2023

Brümmerhoff, D.: Finanzwissenschaft, 12. Aufl., München 2018

Bundesminister der Finanzen: Finanzbericht, Berlin (erscheint jährlich)

Bundesminister der Finanzen: Unsere Steuern von A–Z, neueste Aufl., Berlin

Bundesminister für Wirtschaft und Arbeit: Sozialbericht, neueste Aufl., Berlin

Grossekettler, H.: Öffentliche Finanzen, in: Vahlens Kompendium der Wirtschaftstheorie und Wirtschaftspolitik, Bd. 1, 9. Aufl., München 2012

Kath, D.: Sozialpolitik, in: Vahlens Kompendium der Wirtschaftstheorie und Wirtschaftspolitik, Bd. 2, 9. Aufl., München 2012

Wagner, H.: Stabilitätspolitik. Theoretische Grundlagen und institutionelle Alternativen, 11. Aufl., München 2018

7 Die Politik des großen Geldes

»Sie glauben gar nicht, wie viel Unsinn durch den Mangel an Geld verhindert wird.«
C. M. Talleyrand

Lernziele

- Sie kennen die Bedeutung des Geldes für eine Volkswirtschaft und wissen, wie die Geldmenge gemessen wird.
- Sie verstehen das Phänomen der multiplen Geldschöpfung und kennen die Motive der Geldnachfrage.
- Sie sind mit der Rolle der EZB in der Europäischen Währungsunion vertraut, kennen ihre Instrumente und verstehen deren Wirkungsweise.
- Sie wissen, welche geldpolitische Strategie die Europäische Zentralbank verfolgt und wie sie auch klimapolitische Ziele berücksichtigt.

Der Traum vom Job als Notenbankpräsident lässt sich ein Stück weit realisieren. Unter der Adresse der Schweizer Nationalbank (www.snb.ch) konnte früher »MoPoS – ein Geldpolitik-Simulationsspiel« heruntergeladen werden. Der Spielaufbau ist einfach. Auf dem Bildschirm erscheinen Charts zu Inflationsrate, Geldmengenentwicklung, Wirtschaftswachstum und Zinssatz. Mittels eines digitalen Schalters kann man sozusagen aufs Gas drücken und den Zinssatz senken oder bremsen und den Zins anheben. Am oberen rechten Bildschirmrand ist ein Gesicht zu sehen. Es symbolisiert die Zufriedenheit der Bevölkerung. Ist das Preisniveau stabil und das Wachstum hoch, zeigt das Gesicht ein beifälliges Lächeln, bei hohen Inflationsraten und geringem Wirtschaftswachstum blickt es dagegen böse. Also ran an die Aufgabe.

Der Start ist viel versprechend. Eisern die Geldmenge im Blick behaltend, steuert der frisch gebackene Zentralbankchef die Volkswirtschaft mit ruhiger Hand. Dann die erste Herausforderung: die Wachstumsrate sinkt. Nach kurzem Zögern – im Grunde genommen ist man schließlich Monetarist – hellt eine Zinssenkung das Klima auf. Wer sagt's denn. Aber halt: Jetzt steigt die Inflation. Was tun? Das schöne Wirtschaftswachstum für Preisstabilität opfern? Na ja, bei einem richtigen Deutschen sitzt die Angst vor Inflation tief. Ein kleiner Zinsschritt muss sein, denkt sich der Entscheidungsträger und erschrickt angesichts der fatalen Folgen: Die Konjunktur stürzt ab und das zufriedene Grinsen am rechten Bildschirmrand schlägt um in zorniges Grimmen. Von da an beginnt der Ernst eines Präsidentenlebens. Hin und her gerissen von Inflation, Wachstum und Geldmenge mutiert der so hoffnungsfroh angetretene Notenbanker zu einem hektisch agierenden Nervenbündel. Und letztlich kommt das Aus, etwa in Form einer nicht mehr beherrschbaren Hyperinflation. Oder in der »Liquiditätsfalle«: Die Wirtschaft schrumpft und reagiert auch nicht auf noch so kräftiges Gas geben durch Zinssenkungen. Die Geldpolitik ist am Ende ihrer Möglichkeiten.

Das siebte Kapitel befasst sich mit den Grundfragen des Geldwesens. Welche Bedeutung hat das Geld für eine Volkswirtschaft? Wie entsteht Geld überhaupt? Was macht eigentlich die Europäische Zentralbank? Wie macht sie es? Und, alles in allem, wie funktioniert sie, die Politik des großen Geldes? Unser Interviewpartner am Ende des Kapitels ist Joachim Nagel, der Präsident der Deutschen Bundesbank.

7.1 Geld ist, was gilt – Begriff und Funktionen des Geldes

Geldfunktionen: Tausch- bzw. Zahlungsmittel

Unter Geld versteht man ein Gut, das in einer Gesellschaft folgende drei fundamentale Funktionen erfüllt: Zuallererst dient Geld als *Tausch-* bzw. *Zahlungsmittel*. Ohne die Existenz eines allgemein akzeptierten Tauschmittels ist die moderne, auf Spezialisierung und Arbeitsteilung beruhende Wirtschaft undenkbar. Würde jeder Haushalt alle Güter, die er benötigt, selbst herstellen, so ist Geld überflüssig. Sobald sich aber einzelne Wirtschaftseinheiten auf die Erzeugung bestimmter Güter spezialisieren, wird ein Tausch notwendig. Man stelle sich vor, ein Haushalt A benötige ein Fahrrad und habe ein Snowboard. Dann muss er jemanden finden, der ein Fahrrad hat. Dieser muss aber gleichzeitig ein Snowboard wollen. Die Wünsche der Tauschpartner müssen also zusammenfallen. Außerdem ist fraglich, ob der Wert des Fahrrads dem des Snowboards entspricht. Vermutlich müsste der Haushalt A sein Snowboard in einer Kette von Tauschakten mit weiteren Haushalten gegen irgendwelche andere Güter austauschen, die Haushalt B dann als Gegenleistung akzeptieren würde. Die Einführung des Geldes als allgemein anerkanntes Zahlungsmittel vereinfacht den Kauf und Verkauf von Gütern kolossal.

Recheneinheit

Geld fungiert ferner als *Recheneinheit*. Es macht die Güter wertmäßig vergleichbar. Nehmen wir zur Verdeutlichung vier Güter: Snowboard, Fahrrad, Kartoffeln und Schuhe. In einer Wirtschaft ohne Geld müssten dafür sechs Austauschverhältnisse bekannt sein, nämlich Snowboard: Fahrrad, Snowboard: Kartoffeln, Snowboard: Schuhe, Fahrrad: Kartoffeln, Fahrrad: Schuhe und Kartoffeln: Schuhe. Bei 1.000 Gütern müssten 499.500 Preisverhältnisse bekannt sein (nach der Formel $(N^2 - N) : 2$, wobei N die Zahl der Güter angibt). Bei Verwendung von Geld benötigt man hier exakt 1.000 Geldpreise. Geld ermöglicht es, sämtliche Güter einer Volkswirtschaft in Geldeinheiten auszudrücken und damit addierbar und unmittelbar vergleichbar zu machen.

Wertaufbewahrungsmittel

In einer Geldwirtschaft tritt an die Stelle des Tausches Gut gegen Gut die Beziehung Gut gegen Geld gegen Gut. Das erhaltene Geld braucht nicht sofort für Käufe ausgegeben werden. Man kann es sparen, um damit erst später einzukaufen. Diese Funktion als *Wertaufbewahrungsmittel* kann Geld logischerweise nur erfüllen, wenn sein Wert stabil ist. Jede Verschlechterung des Geldwertes beeinträchtigt die Wertaufbewahrungsfunktion des Geldes und gefährdet damit auch seine Funktion als Zahlungsmittel.

Früher bestand Geld aus wertvollen Gegenständen oder Metallen (*Stoff-* bzw. *Metallgeld*). Im Mittelalter tauchten erstmals Vorformen des *Papier-* bzw. *Kreditgeldes* auf: Geld in Form von Gold wurde in den Tresoren der Goldschmiede verwahrt. Über die Einlagen stellten die Goldschmiede eine Quittung aus, mit der sie sich zur

Auszahlung der Goldmenge verpflichteten. Mit der Zeit fungierten diese Quittungen dann als Zahlungsmittel. Nach und nach entwickelten sich aus den Goldschmiedeläden Banken. Auch zeigte sich bald, dass nicht alle Kunden gleichzeitig ihre Quittungen in Gold umtauschen wollten. Die Banken konnten also mehr Anweisungen auf Gold ausgeben, als Gold bei ihnen deponiert war. Das von den Banken ausgegebene Papiergeld war damit nur noch teilweise gedeckt. Allerdings erkannte der Staat, dass es nicht unbedingt sinnvoll ist, die Geldschaffung den Banken zu überlassen. Deshalb gründete er Zentralbanken.

Der Geldwert gründet sich letztlich auf das Vertrauen in die Zentralbank; dies bedingt, dass die Geldmenge im Verhältnis zur Gütermenge knapp gehalten wird

Heute werden als Geld Bargeld und Buchgeld verwendet (siehe Abbildung 7-1). Bei beiden Arten handelt es sich um Papier- bzw. Kreditgeld, das nicht an den Wert eines Metalls gebunden ist. Von einer Deckung der Währung kann also keine Rede mehr sein. *Münzen* und *Banknoten* repräsentieren eine Forderung gegenüber der Zentralbank. Daneben plant die Europäische Zentralbank die Einführung von digitalem Zentralbankgeld. Wir erläutern das im nachfolgenden Kapitel 7.2 in der Rubrik »Nachgehakt«. Der *digitale Euro* soll als digitale Alternative zum Bargeld fungieren. Bargeld macht nur noch einen Bruchteil der gesamten Geldmenge aus. Vielmehr dominiert das *Buch-* oder *Giralgeld*, welches eine Forderung gegenüber einer Geschäftsbank oder gegenüber der Zentralbank darstellt. Der Inhaber kann von der Bank den Umtausch seiner in den Büchern registrierten Sichteinlagen in Banknoten verlangen. Das Giralgeld eignet sich besonders für Geldtransfers durch Überweisungen, Schecks, Kreditkarten und Electronic Banking. Die Forderungen gegenüber der Zentralbank werden als *Zentralbankgeld* bezeichnet. Neben dem Bargeld (und dem digitalen Euro) gehören hierzu insbesondere die Zentralbankeinlagen (also das Buchgeld) der Geschäftsbanken. Nur Banknoten und Münzen gelten als gesetzliches Zahlungsmittel. Die Forderungen der Kunden gegenüber den Geschäftsbanken bilden das *Geschäftsbankengeld* (= Bankengeld).

In Abbildung 7-1 ist links auch noch der Bestand an so genannten Kryptowährungen unter der Bezeichnung »digitales Privatgeld« aufgeführt. Kryptowährungen zählen nicht als (offizielles) Geld. Allerdings hat ihre Verbreitung in den letzten Jahren stark zugenommen (siehe Kapitel 7.2).

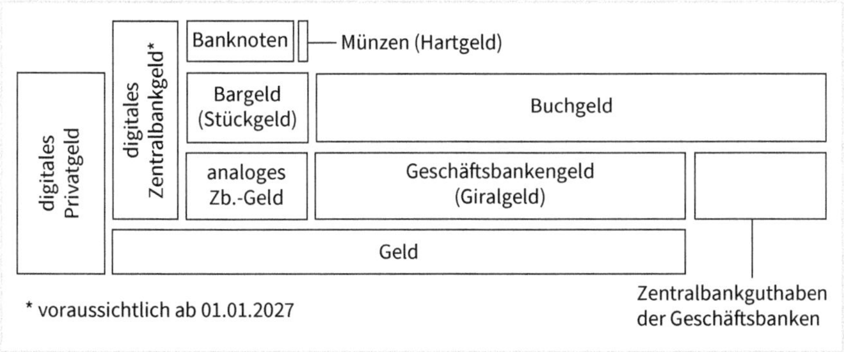

Abb. 7-1: Geldarten in der modernen Volkswirtschaft

7.2 Bitcoins und andere Kryptowährungen: Was du darüber wissen solltest

Kryptowährungen sind kein gesetzliches und auch kein allgemein (sondern nur von wenigen, wenngleich zunehmend) anerkanntes Tausch- bzw. Zahlungsmittel. Entsprechend sind Kryptowährungen kein Geld und auch keine Währung. Vielmehr handelt es sich um digitale Zahlungseinheiten in einem Computer-Netzwerk. Ihre Registrierung basiert auf der Blockchain-Technologie. Eine Blockchain ist eine Kette von Datenblöcken, die über die Zeit fortgeschrieben und als verteiltes Kontobuch (Distributed Ledger) geführt werden.

Die erste und bis heute populärste Kryptowährung ist der Bitcoin. Im Jahr 2007 hat eine Gruppe von Softwareentwicklern die Blockchain-Technologie erfunden. Unter dem Pseudonym Satoshi Nakamoto wurden ein Weißpapier und der Quellcode zum »digitalen Bargeld« namens Bitcoin veröffentlicht; im Januar 2009 wurden die ersten 50 Bitcoins erzeugt.

Die Bitcoin-Transaktionen werden, wie gesagt, in der Blockchain abgespeichert. Eine zentrale Rolle kommt dabei den Minern zu. Sie bestätigen die Korrektheit der Transaktionen und speichern sie in einem neuen Kettenglied der Blockchain. Dadurch entsteht eine dezentral gespeicherte Zahlungshistorie des gesamten Netzwerks. Die Miner schöpfen aber auch neue Bitcoin-Einheiten (indem sie ein mathematisches Kryptorätsel lösen). Dafür, dass Miner Rechenkapazität bereitstellen, erhalten sie ihrerseits Bitcoins. Die maximale Gesamtzahl von Bitcoins ist durch einen Algorithmus auf 21 Millionen begrenzt, von denen bereits 19 Millionen im Umlauf sind (die Höchstgrenze soll 2140 erreicht sein).

Um Bitcoins zu nutzen, benötigt man eine digitale Geldbörse, ein Wallet. Auf diese kann mittels eines Schlüssels zugegriffen werden (geht der Schlüssel verloren, ist kein Zugriff mehr möglich). Technisch befinden sich die Bitcoins allerdings nicht in der Wallet, sondern in der Blockchain.

Inzwischen gibt es neben dem Bitcoin mehr als 4.000 andere Kryptowährungen, darunter gut ein Dutzend mit höherem Bekanntheitsgrad. Dazu zählt vor allem Ether. Weitere sind etwa Bitcoin Cash, XRP, Litecoin, Cardano und Polkadot oder Dogicoin, eine bei jüngeren Zockern beliebte Bitcoin-Parodie. Mit einer Marktkapitalisierung von zwischenzeitlich mehr als einer Billion Dollar ist der Bitcoin die bei weitem bekannteste und am häufigsten verwendete Krypto- bzw. Digitalwährung. Bitcoins und andere Kryptos dienen aber nicht nur zu Zahlungszwecken, sondern in großem Umfang als Geldanlagemedium in Form von auf Kryptowährungen lautenden Kontoständen, Anleihen und Aktien, v.a. von Krypto-Zahlungsdienstleistern und Betreibern von Serverfarmen zur Krypto-Herstellung, sowie darauf aufbauenden Fonds und Indizes. Auf den Futures-Märkten werden solche Krypto-Assets in erheblichem Maße als Spekulationsobjekte genutzt. Damit wandern digitale Anlagen sukzessive in die Portfolios der breiten Bevölkerung – auch über Versorgungs- und Rentenkassen, Versicherungsprodukte oder Stiftungsgelder.

Seit ihren Anfängen ist der Nutzen von Bitcoins und anderen Kryptowährungen heftig umstritten. Die Befürworter argumentieren, dass mit dem Bitcoin eine global effiziente Währung existiere, die (aufgrund ihrer begrenzten Menge) inflationssicher sei und (deshalb) in ihrem Wert steigen werde und somit kräftige Kapitalgewinne ermögliche. Zur Veranschaulichung: Wer etwa im August 2013 den Betrag von 400 Euro in Bitcoin getauscht und seitdem gehalten hat (1 Bitcoin kostete damals ungefähr 10 Euro), konnte zehn Jahre später, im August 2023, mehr als 1 Million Euro – steuerfrei nach einer Haltefrist von einem Jahr – zurücktauschen. Mitte März 2024 kostete eine Bitcoin-Einheit rund 73.800 Dollar – so viel wie noch nie zuvor. Seit Jahresanfang 2024 ist der Kurs um etwa 70 Prozent gestiegen und hat sich gegenüber dem Niveau von vor einem Jahr sogar mehr als verdreifacht.

Die zugrunde liegende Blockchain-Technologie mit ihrem völlig dezentral organisierten Buchungskonzept ermögliche außerdem die weitgehend anonymisierte und unumkehrbare Abwicklung von elektronischen Zahlungen. Dadurch würden die Bürgerinnen und Bürger in die Lage versetzt, monetäre Transaktionen ohne die Zwischenschaltung (und ohne Wissen) einer zentralen Autorität wie der Notenbank oder einer Geschäftsbank durchzuführen. Zudem sei die Eröffnung einer Bitcoin-Wallet und damit die Teilnahme an diesem digitalen Zahlungsverkehrssystem diskriminierungsfrei und ohne Legitimation möglich. Dies komme vor allem Menschen zugute, die bisher keinen Zugang zu einem Bankkonto hatten.

Ein Hauptargument der Gegner von Kryptowährungen besteht darin, dass Bitcoins und andere Kryptos die klassischen Funktionen des Geldes (bzw. einer Währung) nicht erfüllen. Aufgrund der technisch komplizierten und langen Dauer einer Zahlungsabwicklung (Wartezeiten von meist mehr als einer Stunde) sowie hohen Gebühren seien sie als Zahlungsmittel ungeeignet. So ist in El Salvador die Einführung von Bitcoin als zweites gesetzliches Zahlungsmittel neben dem Dollar im Jahr 2021 an der mangelnden Akzeptanz der Bevölkerung praktisch gescheitert.

Aufgrund seiner hohen Volatilität (Wertschwankungen) könne Bitcoin zudem auch als Recheneinheit und Wertaufbewahrungsmittel nicht funktionieren. Da der Wert von Bitcoin infolge seiner fehlenden Zahlungsmittelfunktion an keinen wirtschaftlichen Nutzen gekoppelt sei, sei seine Marktbewertung rein auf Spekulation aufgebaut. Damit besitze der zeitweilige Bitcoin-Hype alle Merkmale einer spekulativen Blase entlang der Theorie des größeren Narren: Die Kurse steigen, solange sich ein noch größerer Narr findet, der annimmt, dass die Kurse weiter steigen werden. Auf Dauer könne das nicht gut gehen.

Der bisherige Verlauf zeigt, dass der Kurs des Bitcoins ebenso wie der anderer Kryptowährungen (gemessen als Gegenwert in Dollar oder Euro) extremen Schwankungen unterliegt. Exorbitanten Kurssteigerungen folgten immer wieder drastische Rückgänge. Auch war die Entwicklung des Kryptomarktes von Anfang an geprägt durch Marktmanipulationen und dubiose Aktivitäten von Börsenbetreibern. Private Digitalwährungen sind deshalb zweifellos eine der spekulativsten und riskantesten Anlageformen der Finanzmärkte. Dies auch, zumal niemand garantieren kann, dass nicht technische Fehler oder kriminelle Hacker Teile des Systems lahmlegen. Zudem besteht für Anleger das Risiko, dass Staaten – etwa auch aus klimapolitischen Gründen, siehe unten – regulatorisch eingreifen, im Extremfall mit einem Verbot.

Auch das von Bitcoin-Befürwortern angeführte Argument des Inflationsschutzes durch das technisch (auf 21 Millionen) begrenzte Geldangebot erscheint nicht überzeugend. Vielmehr wäre zu erwarten, dass eine wachsende Volkswirtschaft dadurch in eine Deflation geraten könnte. Außerdem gibt es neben Bitcoin eine potenziell unbegrenzt große Anzahl weiterer Kryptowährungen, wodurch das Geldangebot sogar unkontrolliert steigen könnte.

Ein weiterer Kritikpunkt an Kryptowährungen ist, dass durch das völlig dezentral organisierte Buchungskonzept die Möglichkeit geschaffen wird, Zahlungen zu anonymisieren. Dies macht ihre Verwendung typischerweise für illegale Zwecke (Drogenhandel, Terrorfinanzierung, Geldwäsche, Steuerhinterziehung etc.) interessant. Es gibt starke Indizien für eine derartige Nutzung. Die Grundlagen jeder (gerechten) Besteuerung werden dadurch tendenziell ausgehöhlt.

Schließlich – und angesichts dessen erscheint es unfassbar, dass das Mining von Kryptowährungen nicht schon längst weltweit gesetzlich verboten wurde (so wie es in China durch die massenhafte Schließung von Kryptofarmen faktisch geschehen ist; aber natürlich weichen diese Rechenzentren dann in andere Standorte aus) – haben Kryptowährungen eine verheerende ökologische Bilanz. Ihre Produktion ist mit einem gigantischen Energieverbrauch verbunden. So überstieg der Stromverbrauch des Bitcoin-Netzwerkes phasenweise den der Niederlande. Der Energieverbrauch von Ether entsprach etwa dem der Schweiz. Die Rechenleistung des Kryptowährungs-Prinzips benötigt daneben riesige Mengen von IT-Equipment. Schätzungen gehen davon aus, dass allein der Betrieb von Bitcoin ebenso viel Elektroschrott produziert wie ganz Luxemburg. Der massenhafte Einsatz von Grafikprozessoren trägt zudem dazu bei, dass Rechenchips für andere Industrien knapp werden.

Bei allem Diskurs über Pro und Kontra von digitalen Währungen gibt es indes breiten Konsens dahingehend, dass die zugrunde liegende Blockchain-Technologie ein großes volkswirtschaftliches Potenzial besitzt. Denn via Blockchain können nicht nur Zahlungen getätigt werden, vielmehr können darüber etwa Verträge geschlossen, Wertpapiere gehandelt, Anteile an Immobilien oder Kunstwerken ge- und verkauft oder Lieferketten verfolgt werden. Das Konzept der dezentralen Datenverarbeitung bietet weitreichende Anwendungsmöglichkeiten, die heute vermutlich erst in Teilen bekannt sein dürften.

Nachgehakt

Der digitale Euro – Ausgestaltung und Zweck
Die Ausbreitung privater digitaler Kryptowährungen hat in der Europäischen Zentralbank die Idee der Schaffung eines offiziellen digitalen Euro aufkommen lassen. Seine Realisierung ist auf Ende 2026, Anfang 2027 terminiert.

Bisher ist das Euro-Bargeld das einzige gesetzliche Zahlungsmittel im Euroraum. Das heißt, es besteht hierfür ein Annahmezwang (der aber in Konkurrenz zur Vertragsfreiheit steht: Wenn ein Geschäft ein Schild »keine Barzahlung« aufhängt, muss es kein Bargeld annehmen). Mit dem digitalen Euro plant die EZB nun die Einführung eines weiteren, mit einem Annahmezwang versehenen gesetzlichen Zahlungsmittels. Ebenso wie beim Bargeld handelt es sich beim digitalen Euro um Zentralbankgeld. Es wird nicht auf einem Konto der Zentralbank, sondern in einer digitalen Geldbörse (»Wallet«) aufbewahrt, die von den Zahlungsdienstleistern, i.d.R. Geschäftsbanken, für ihre Kunden geführt wird.

Das digitale Euro-Guthaben ist insolvenzsicher: Sollte eine Bank insolvent werden, ist das digitale Euro-Guthaben vor dem Zugriff der Gläubiger geschützt (so wie das auch bei einem Wertpapierdepot der Fall ist). Der digitale Euro ist damit genauso sicher wie Bargeld. Die Banken sind verpflichtet, jedem Bürger eine solche elektronische Geldbörse (in Form einer App auf dem Smartphone) anzubieten. Dies kommt Millionen von Verbrauchern im Euroraum zugute, die heute noch über kein eigenes Bankkonto (und die damit verbundenen Zahlungsmöglichkeiten) verfügen. Das Bezahlen mit dem digitalen Euro soll, anders als bei Kreditkarte oder Überweisung, für die Nutzer kostenlos sein – ebenfalls wie beim Bargeld.

Die maximale Höhe von digitalen Euro-Guthaben ist allerdings auf 3.000 Euro pro Person beschränkt. Dadurch soll eine mögliche Hortung von digitalen Euros begrenzt werden (etwa im Fall von Finanzkrisen oder um negativen Zinsen auf Bankguthaben auszuweichen, siehe hierzu unten). Soviel zur Ausgestaltung des digitalen Euro. Was aber ist sein Zweck?

Der digitale Euro ist praktisch die digitale Variante des Bargeldes. Er ermöglicht es den Bürgerinnen und Bürgern, im gesamten Euroraum auf sehr einfache Weise, sicher und kostenlos (inwieweit Händler ihren Abwicklungsaufwand in die Preise einkalkulieren, ist jedoch unklar) Zahlungen zu tätigen. Zahlungen mit dem digitalen Euro werden zunächst nur in den 20 Staaten des Euroraums sein. In einem zweiten Schritt wird die EZB versuchen, den digitalen Euro mit anderen, aktuell in Planung befindlichen digitalen Zentralbankwährungen zu verknüpfen. Dann könnte auch im Euro-Ausland problemlos digital bezahlt werden, ohne dafür eine Kreditkarte zu benötigen.

Auf dem Weg in eine (weitgehend) digitale Wirtschaft ist der digitale Euro eine logische Entwicklung. Für Unternehmen ist der digitale Euro zukunftsfähig einsetzbar, beispielsweise auch in automatisierten Zahlungsströmen zwischen Maschinen (Internet of Things).

Schließlich hat der digitale Euro erhebliche geld- und währungspolitische Bedeutung. Wie bereits erwähnt, ist das Halten von digitalen Euros auf eine Höhe von 3.000 Euro je Person begrenzt. Dadurch wird verhindert, dass Bürgerinnen und Bürger etwa im Fall einer Finanzkrise in großem Umfang Geld von ihren Bankkonten zur EZB überweisen. Dies könnte zu Finanzierungslücken bei den Geschäftsbanken führen und sie veranlassen, der Realwirtschaft weniger Kredite zur Verfügung zu stellen. Die Obergrenze für digitale Euros könnte der EZB darüber hinaus die Durchsetzung einer ultralockeren Geldpolitik zur Bekämpfung wirtschaftlicher Schwächephasen erleichtern: Wenn der digitale Euro irgendwann das Bargeld verdrängt, können die Anleger negativen Zinsen für Bankeinlagen und Anleihen kaum noch ausweichen (und würden ihr Geld also eher verausgaben). Die Obergrenze ermöglicht es der EZB also, Gefahren für die Stabilität des Finanzsystems einzuhegen und eröffnet gleichzeitig Spielraum für eine expansive Geldpolitik.

7.3 Die Geldmenge – eine der wichtigsten Größen der Volkswirtschaft

Die *Geldmenge* ist ein zentraler Bestimmungsfaktor des Wirtschaftsprozesses. Ihre Entwicklung wird von Politik und Öffentlichkeit aufmerksam verfolgt. Was versteht man unter der Geldmenge? Ohne allzu großen Widerspruch hervorzurufen, lässt sich sagen: »Die Geldmenge ist die Summe des für Güterkäufe verfügbaren Geldes.« Unstrittig ist, dass in diese Abgrenzung der Geldmenge all die Geldformen einzubeziehen sind, die direkt als Zahlungsmittel akzeptiert werden. Dazu gehören das Bargeld, also Banknoten und Münzen, sowie die Sichtguthaben bei den Geschäftsbanken (täglich fälliges Geld). Voraussichtlich ab 2027 wird hierzu auch der von privaten Nichtbanken gehaltene Bestand an digitalen Euros gehören (siehe »Nachgehakt« in Kapitel 7.2). Wir haben diese Form von (Zentralbank-)Geld in Abbildung 7-2 noch nicht berücksichtigt. Darüber hinaus existieren aber bekanntlich noch weitere Arten von Bankguthaben, beispielsweise so genannte Terminguthaben (das Geld ist hier für einen bestimmten Zeitraum festgelegt) oder Einlagen, bei denen eine bestimmte Kündigungsfrist vereinbart ist. Diese Geldformen können nicht direkt für Zahlungszwecke verwendet werden, zumindest nicht in vollem Umfang, sondern sie müssen erst in Noten, Münzen oder Sichteinlagen (Giralgeld) umgetauscht werden. In der Praxis wird dieses Problem der unterschiedlichen Geldnähe, auch Liquiditätsgrad genannt, dadurch gelöst, dass verschiedene Geldmengenkonzepte definiert werden.

Geldmengenaggregate

In der Europäischen Währungsunion, wie in anderen Währungsräumen in ähnlicher Weise, unterscheidet man drei Geldmengengrößen (siehe Abbildung 7-2):

- Die eng gefasste *Geldmenge M1* (M wie Money) besteht aus dem Bargeldumlauf (ohne Kassenbestände der monetären Finanzinstitute) und den täglich fälligen Einlagen (Sichtguthaben bei Banken).
- Die mittlere *Geldmenge M2* beinhaltet zusätzlich zu den in M1 erfassten Komponenten noch die Einlagen mit vereinbarter Laufzeit von bis zu zwei Jahren (also Terminguthaben) sowie die Einlagen mit vereinbarter Kündigungsfrist bis zu drei Monaten (in Deutschland sind das die Spareinlagen).
- Die weit gefasste *Geldmenge M3* enthält über M2 hinaus so genannte marktfähige Finanzinstrumente, die von monetären Finanzinstituten ausgegeben wurden und über die aufgrund ihrer Liquidität und Kurssicherheit praktisch genauso verfügt werden kann wie dies bei den anderen erwähnten Bankeinlagen der Fall ist. Hierzu zählen Geldmarktfondsanteile, Schuldverschreibungen mit einer Laufzeit von bis zu zwei Jahren und so genannte Repo-Geschäfte.

MFIs
N-MFIs

Zu beachten ist bei all diesen Geldmengenabgrenzungen, dass sie nur das Geld umfassen, das sich in Händen der im Euro-Währungsgebiet ansässigen »Nichtbanken« befindet. Anstatt von Nichtbanken spricht die Europäische Zentralbank von »Nicht-Monetären Finanzinstituten (N-MFIs)« und sie meint damit die privaten Haushalte, den Staat und die Unternehmen. Diese halten Geld entweder in bar oder als Guthaben bei den »Monetären Finanzinstituten (MFIs)«. Die *Monetären Finanzinstitute* bestehen aus drei Hauptgruppen: der Zentralbank, den gebietsansässigen Kreditinstituten sowie einer dritten Gruppe. Sie beinhaltet alle sonstigen gebietsansässigen Finanzinstitute, deren wirtschaftliche Tätigkeit darin besteht, Einlagen von anderen Wirtschaftssubjekten (N-MFIs) entgegenzunehmen und Kredite zu gewähren bzw. in Wertpapieren zu investieren. In diese Kategorie fallen Bausparkassen und Geldmarktfonds.

Die (eigenen) Geldbestände der Banken und anderen monetären Finanzinstitute gehören *nicht* zur Geldmenge. Das bei ihnen vorhandene Geld spielt aber eine ganz entscheidende Rolle bei der Entstehung der Geldmenge; es bildet sozusagen den »Rohstoff«, den die Banken brauchen, um damit die Geldmenge der Nichtbanken zu produzieren (siehe das folgende Kapitel).

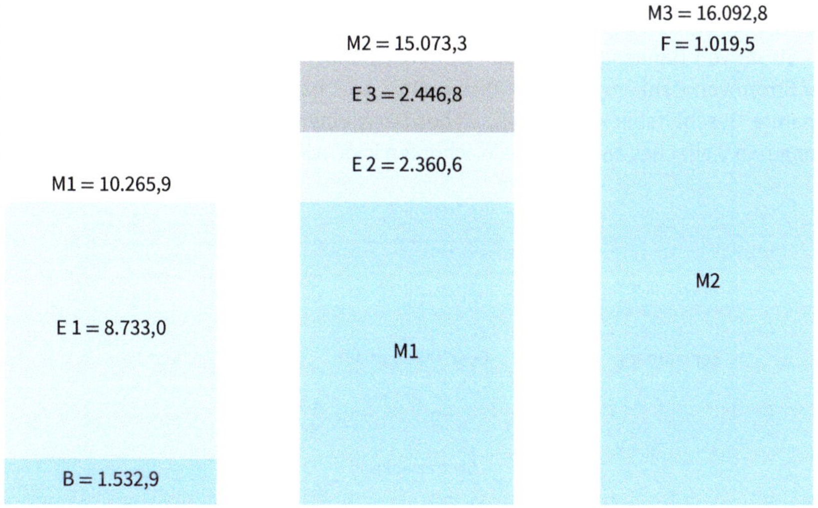

B: Bargeldumlauf
E 1: Täglich fällige Einlagen
E 2: Einlagen mit vereinbarter Kündigungsfrist von bis zu zwei Jahren
E 3: Einlagen mit vereinbarter Kündigungsfrist von bis zu drei Monaten
F: marktfähige Finanzinstrumente
In Mrd. Euro für das Euro-Währungsgebiet, Stand: Ende Januar 2024

Abb. 7-2: Abgrenzungen der Geldmenge
Quelle: Europäische Zentralbank, Wirtschaftsbericht, Ausgabe 2/2024 – Statistik

7.4 Wie kommt Geld in den Wirtschaftskreislauf?

So mancher wird sich schon gefragt haben, wie Geld eigentlich entsteht bzw. in den Besitz der Nichtbanken gelangt. Man spricht hierbei von *Geldschöpfung* (der umgekehrte Fall heißt *Geldvernichtung*). Um diese Frage zu untersuchen, müssen wir nochmals auf die Unterscheidung zwischen dem Geld, das die Zentralbank schafft (Zentralbankgeld), und dem Geld, das die Kreditinstitute schaffen (Bankengeld), zurückkommen (siehe Kapitel 7.1).

Aktive Giralgeldschöpfung

Zentralbankgeld besteht aus dem Bargeldumlauf und den Sichtguthaben bei der Zentralbank. Als Bankengeld werden die Sichteinlagen bei Geschäftsbanken und anderen monetären Finanzinstituten bezeichnet. Der größte Teil der Geldschöpfung vollzieht sich in zwei Schritten (siehe Abbildung 7-3): Die Zentralbank liefert Zentralbankgeld an die Geschäftsbanken, indem sie diesen ein Sichtguthaben bei sich einräumt. Das zugrunde liegende Geschäft kann darin bestehen, dass die Zentralbank einen Kredit an eine Geschäftsbank gewährt oder von ihr Devisen, Wertpapiere oder einen anderen Vermögenswert ankauft. In Höhe des Gegenwertes wird Zentralbankgeld geschaffen. Die Geschäftsbanken benötigen dieses Zentralbankgeld, um ihrerseits Kredite an ihre Kunden zu vergeben oder von diesen Devisen bzw. ein anderes Aktivum anzukaufen. Indem sie den Nichtbanken entsprechende Sichtguthaben bei sich einräumen, schaffen sie Bankengeld. Man nennt diesen Vorgang *aktive Giralgeldschöpfung*. In Abbildung 7-3 fließt ein Strom von Zentralbankgeld von der Notenbank zu den Geschäftsbanken und ein Strom von Bankengeld von den Geschäftsbanken zu den Nichtbanken. Dabei ist der Strom von Bankengeld wesentlich breiter. Dies hat seine Ursache darin, dass das gesamte Geschäftsbankensystem auf der Basis einer bestimmten Zentralbankgeldmenge ein Vielfaches an Bankengeld schöpfen kann (siehe Kapitel 7.5).

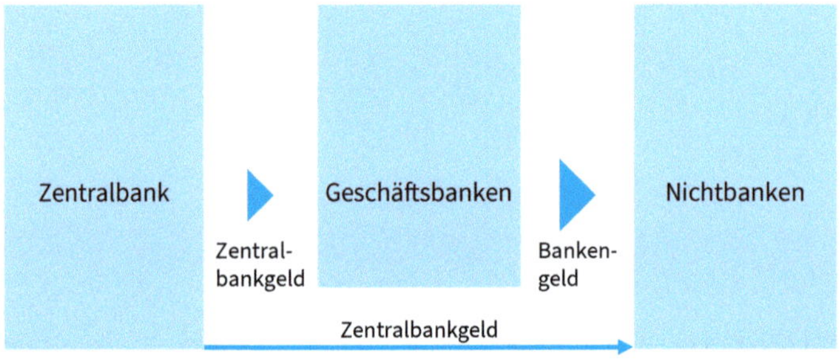

Abb. 7-3: Kanäle der Geldschaffung

Wie man sich denken kann, gibt es auch eine *passive* Giralgeldschöpfung. Davon ist die Rede, wenn Nichtbanken eine Umwandlung von einer Geldart in eine andere vornehmen, beispielsweise wenn jemand Bargeld bei der Bank einzahlt und dieses auf seinem Girokonto gutschreiben lässt. Die Geldmenge ändert sich dabei aber der Höhe nach nicht. Insofern ist dieser Fall hier nicht so interessant.

Neben dem beschriebenen zweistufigen Prozess der (aktiven) Geldschaffung kommt es – in geringerem Umfang – auch zu einem direkten Transport von Zentralbankgeld von der Notenbank in den Nichtbankensektor. Dies geschieht erstens, wenn neues *Bargeld* in Umlauf gebracht wird. Beispielsweise wurden im Zuge der Einführung des Euro Plastikbeutel, gefüllt mit 20 Euro- und Centmünzen im Wert von 10,23 Euro (so genannte Starter Kits), für 20 DM an die Haushalte verkauft. Zweitens kann die Zentralbank grundsätzlich auch privaten Unternehmen oder dem Staat Kredite gewähren oder von ihnen ein Wertpapier (oder ein anderes Aktivum) kaufen. Die Bezahlung kann mit Bargeld oder durch Einräumung eines Sichtguthabens erfolgen. In beiden Fällen entsteht Zentralbankgeld. Allerdings spielt diese Form der Geldschaffung praktisch keine Rolle. Direkte Geschäfte der Zentralbank mit Unternehmen sind sehr selten. Die von einigen Notenbanken in der Wirtschaftskrise 2008/09 (und später) praktizierte Politik der »quantitativen Lockerung« bildet hier eine Ausnahme (siehe Kapitel 7.7).

Monetisierung von Budgetdefiziten

Kreditfinanzierung des Staates durch die Zentralbank wird auch als »Monetisierung« des Budgetdefizits bezeichnet. Dies birgt die Gefahr einer unkontrollierten Geldmengenexpansion. Eine Kreditaufnahme des Staates bei der Notenbank ist deshalb in den meisten Ländern nicht zulässig. Dies gilt auch für Deutschland bzw. die Europäische Währungsunion. Nach Artikel 104 und 104a EG-Vertrag ist eine Kreditgewährung der Zentralbank an den Staat untersagt. Artikel 123 (1) des Vertrags über die Arbeitsweise der EU verbietet entsprechend den unmittelbaren Erwerb von Schuldtiteln der Regierungen durch die EZB, nicht jedoch den Ankauf staatlicher Schuldtitel am Sekundärmarkt (also von Investoren).

Bilanz der Zentralbank

Aktiva	**Passiva**
Netto-Auslandsforderungen (Währungsreserven)	Bargeldumlauf*
Forderungen an inländische Banken	Einlagen inländischer Banken ▸ Mindestreserve ▸ Überschussreserve
Netto-Forderungen an den Staat und sonstige Nichtbanken	
	* einschl. Kassenbestand der Geschäftsbanken

Bilanz der Geschäftsbanken

Aktiva	**Passiva**
Kassenbestand	Verbindlichkeiten gegenüber der Zentralbank*
Mindestreserve	Einlagen inländischer Nichtbanken ▸ Sichteinlagen ▸ Termineinlagen ▸ Spareinlagen
Überschussreserve	Verbindlichkeiten aus marktfähigen Finanzinstrumenten
Kredite an inländische Nichtbanken ▸ Buchkredite ▸ Wertpapiere (darunter: refinanzierungsfähige Sicherheiten)	Verbindlichkeiten aus Geldkapital
Netto-Auslandsforderungen	* aus kurzfristigen Refinanzierungskrediten

Konsolidierte Bilanz des Bankensystems

Aktiva	**Passiva**
Kredite an inländische Nichtbanken ▸ Privatsektor ▸ öffentliche Haushalte (netto)	Geldkapital bei inländischen Banken
Netto-Auslandsforderungen	Bargeldumlauf
	Einlagen inländischer Nichtbanken
	marktfähige Finanzinstrumente

Abb. 7-4: Entstehung der Geldmenge im Bilanzzusammenhang

Bestimmungsfaktoren der Geldentstehung

Die Frage nach den Bestimmungsfaktoren der Geldentstehung ist für die Zentralbank, deren Aufgabe ja in der optimalen Geldversorgung der Wirtschaft besteht, naturgemäß von größter Bedeutung. Sie wird von der Wissenschaft im Rahmen der so genannten *Geldangebotstheorie* untersucht. Die Entstehung von Bar- und Buchgeld lässt sich aus der »konsolidierten Bilanz des Bankensystems« ableiten – genau heißt sie »konsolidierte Bilanz der Monetären Finanzinstitute (MFIs)«. Abbildung 7-4 zeigt eine solche in vereinfachter Form. Dabei sind die Finanzaktiva und -passiva der Zentralbank und der Geschäftsbanken (einschl. Bausparkassen und Geldmarktfonds) – nach Aufrechnung aller Forderungen und Verbindlichkeiten innerhalb des gesamten Bankensystems – zum monetären Sektor einer Volkswirtschaft zusammengefasst. Anhand der drei gezeigten Bilanzen lässt sich »der Weg des Geldes« von der Zentralbank über die Geschäftsbanken in die Hände der inländischen Nichtbanken recht genau nachvollziehen: Die *Zentralbank* versorgt die inländischen Geschäftsbanken mit frei verfügbarem Zentralbankgeld in Form von Überschussreserve. Im Gegenzug erwirbt sie Forderungen gegenüber dem Ausland (indem sie Devisen von den Geschäftsbanken ankauft), gegenüber den Geschäftsbanken (durch direkte Refinanzierungskredite und wertpapierbesicherte Liquiditätsbereitstellung an diese) sowie gegenüber dem Staat und sonstigen Nichtbanken (in Form von Wertpapieren, die sie von den Geschäftsbanken im Rahmen ihrer Offenmarktpolitik definitiv ankauft). Und die *Geschäftsbanken* benutzen diese Überschussreserve, um damit ihrerseits Kredite zu vergeben und Auslandsforderungen zu erwerben.

Die Bezeichnung »inländisch« bedeutet dabei jeweils »innerhalb des Euro-Währungsgebiets ansässig«. Statt von »Banken« und »Nichtbanken« müsste man genau genommen – wie gesagt – von »Monetären bzw. Nicht-Monetären Finanzinstituten« sprechen (siehe oben). Letztendlich – dies zeigt die konsolidierte Bilanz des Bankensystems – ist die Geldmenge in einem Land zum allergrößten Teil darauf zurückzuführen, dass der monetäre Sektor »Finanzaktiva monetisiert«, das heißt Kredite an inländische Nichtbanken vergibt oder von diesen Devisen (Auslandsforderungen) ankauft. Die *Nichtbanken* verfügen über dieses Geld entweder in bar oder sie halten es in Form von Sicht-, Termin- oder Spareinlagen bei Banken oder als andere, schnell liquidierbare Finanzinstrumente. Teilweise wird das Geld auch längerfristig angelegt. Man spricht dann von *Geldkapital*, das aufgrund seines Anlagecharakters nicht zur Geldmenge gerechnet wird. Es umfasst Einlagen mit vereinbarter Laufzeit von mehr als zwei Jahren oder vereinbarter Kündigungsfrist von mehr als drei Monaten, Schuldverschreibungen mit Laufzeit von mehr als zwei Jahren sowie Eigenkapital und Rücklagen. Auch durch Umschichtungen zwischen den verschiedenen Formen der Geldhaltung bzw. -anlage kann sich die Geldmenge ändern. Die Europäische Zentralbank untersucht die geschilderten Vorgänge der Geldentstehung regelmäßig im Rahmen ihrer monetären Analyse (siehe Kapitel 7.11).

Die Notenbank kann unbegrenzt Zentralbankgeld schaffen

Wo liegen die *Grenzen* der Geldschöpfung? Diese Frage ist eng verbunden mit der Frage nach der Kontrollierbarkeit der Geldmenge durch die Notenbank. Auch hier muss man wieder zwischen Zentralbankgeld und Bankengeld unterscheiden. Die Zentralbank kann prinzipiell unbegrenzt Zentralbankgeld schaffen. Sie hat – zumindest in Deutschland bzw. in der Europäischen Währungsunion – das alleinige Recht, Banknoten zu drucken, und zwar ohne gesetzliche Beschränkung (daher der Name *Notenbank*). Es gibt auch keine direkte ökonomische Grenze der Zentralbankgeldschaffung. Wenn die Zentralbank jemandem einen Kredit gewährt und ihm ein Sichtguthaben einräumt, so kann sie dieses jederzeit in die von ihr selbst gedruckten Banknoten umtauschen.

Die Geldschöpfungsfähigkeit der Geschäftsbanken ist begrenzt

Dagegen befindet sich eine *Geschäftsbank* in einer anderen Lage. Ihre Fähigkeit, Giralgeld zu schöpfen, ist nämlich durch die ihr verfügbare Menge an Zentralbankgeld begrenzt. Um dies zu verstehen, muss man sich klarmachen, was passiert, wenn eine Geschäftsbank einen Kredit ausreicht und entsprechend ihre Sichtverbindlichkeiten zunehmen: Es werden sich Abflüsse an Zentralbankgeld ergeben, also Verluste in einem Geld, das die Geschäftsbank nicht selbst schaffen kann. Denn der Kunde wird seinen Kredit in Anspruch nehmen, er wird das Geld bar abheben oder für Überweisungen verwenden. Wenn der Zahlungsempfänger nicht zufällig Kunde derselben Bank ist, verliert unsere Bank also in Höhe des eingeräumten Kredits Zentralbankgeld. Bargeld kann nur die Notenbank bereitstellen. Und im Fall der Überweisung wird das Zentralbankkonto der überweisenden Bank belastet, während das Zentralbankkonto der Empfängerbank erkannt wird. Das bedeutet: Jede Kreditgewährung bzw. allgemein jede Giralgeldschaffung setzt voraus, dass unsere Bank über einen entsprechenden Betrag an *freiem Zentralbankgeld* (Überschussreserve) verfügt oder sich diesen zumindest kurzfristig beschaffen kann.

Die Zentralbank macht sich diese Abhängigkeit der Geschäftsbanken zunutze. Sie versucht, durch eine geeignete Versorgung der Geschäftsbanken mit Zentralbankgeld die Expansion der Geldmenge zu beeinflussen.

7.5 Kein Wunder – die multiple Geldschöpfung

Die Geldschaffung lässt sich mit einem Produktionsvorgang im güterwirtschaftlichen Bereich vergleichen, etwa mit der Herstellung von Brötchen: Der Müller (Zentralbank) liefert Mehl (Zentralbankgeld) an den Bäcker (Geschäftsbank), der damit Brötchen (Giralgeld) backt. Dieser Vergleich ist indes nur zulässig, wenn man einen einzelnen Bäcker (eine *einzelne* Bank) betrachtet. Denn wie ein Bäcker lediglich so viele Brötchen backen kann, wie ihm an Mehl zur Verfügung steht, so kann eine einzelne Bank nur so viele Kredite gewähren und damit Giralgeld schaffen, wie sie selbst an Zentralbankgeld besitzt. Anders stellt sich die Situation für das *Geschäftsbankensystem* als Ganzes dar. Die Geschäftsbanken insgesamt können nämlich, ausgehend von einer bestimmten Menge an freiem Zentralbankgeld, ein Vielfaches an Giralgeld schaffen. Folgendes *Beispiel* verdeutlicht diese »wundersame Geldvermehrung« (siehe Tabelle 7-1):

Beispiel: Geldschöpfung der Geschäftsbanken

Eine Bank A besitze frei verfügbares Zentralbankgeld in Höhe von 1.500 Geldeinheiten. Man spricht von der *Überschussreserve*. Dazu muss man wissen, dass Geschäftsbanken in der Europäischen Währungsunion verpflichtet sind, auf die Einlagen ihrer Kundschaft einen bestimmten Prozentsatz als *Mindestreserve* bei der Europäischen Zentralbank stillzulegen. Dieses Zentralbankguthaben dient sozusagen als »Sicherheitspolster« zur Vermeidung der Zahlungsunfähigkeit einer Bank. In dieser Höhe ist Zentralbankgeld gebunden. Nur der darüber hinausgehende Teil des Guthabens ist für die Kreditvergabe frei verfügbar – eben Überschussreserve. In unserem Beispiel gewährt die Bank einen Kredit in Höhe der Überschussreserve, sie räumt dem Kunden ein entsprechendes Sichtguthaben ein. Dieser hebt (annahmegemäß) ein Drittel des Betrages (also 500) in bar ab und überweist den Rest (1.000) auf das Konto eines Geschäftspartners bei der Bank B. Bank B muss auf diese Einlage Mindestreserven halten. Angenommen, der Mindestreservesatz betrage 25 Prozent bzw. ein Viertel (in Wirklichkeit liegt er in der Europäischen Währungsunion lediglich bei 1 Prozent). Nach Abzug der Mindestreserve (250) verbleiben der B-Bank eine Überschussreserve von 750, die sie als Kredit ausreichen kann (was sie auch tut). Wir sehen, dass die Banken A und B, ausgehend von der ursprünglichen

Überschuss- und Mindestreserve

Das Geldschöpfungspotenzial des Geschäftsbankensystems wird nur ausgenutzt, wenn die gesamten Überschussreserven für Kredite in Anspruch genommen werden; entscheidend für die tatsächliche Geldmengenentwicklung ist damit letztlich die Geldnachfrage der Nichtbanken

Überschussreserve von 1.500, bereits 2.250 an neuem Giralgeld geschaffen haben. Dieser Prozess der Kreditvergabe setzt sich nun auch bei den Banken C, D etc. fort, wobei sich der jeweils ausleihbare Betrag durch Barabzüge und Mindestreserve immer weiter verkleinert.

Das Geschäftsbankensystem kann mehr Kredite gewähren, als es an freiem Zentralbankgeld besitzt. Die Kreditinstitute wären also keineswegs in der Lage, sämtliche Kundeneinlagen auszuzahlen. Bei einem »Sturm auf die Bankschalter«, wenn die Menschen aus Angst um ihr Geld zur Bank rennen und ihre Einlagen abheben wollen, müsste die Zentralbank den Geschäftsbanken das benötigte Bargeld kreditweise zur Verfügung stellen. Durch den Umtausch von Sichteinlagen in Bargeld ändert sich die Geldmenge der Höhe nach nicht, nur in ihrer Struktur.

	A	B	C	D ...	Summen
Sichteinlagen	▼	1.000	500	250 ...	2.000
Zufluss an Zentralbankgeld		1.000	500	250 ...	
Mindestreserve		250	125	62,5 ...	500
Überschussreserve	**1.500**	750	375	187,5 ...	
Kredite	1.500	750	375	187,5 ...	**3.000**
Verlust an Zentralbankgeld	1.500	750	375	187,5 ...	
Barabzüge	500	250	125	62,5 ...	1.000

Tab. 7-1: Geldschöpfung – wie geht das?

Die *maximal mögliche Geld- und Kreditschöpfung* ist leicht zu berechnen. Sie ergibt sich als unendliche geometrische Reihe:

$$\text{maximale Kreditsumme} = 1.500 + 1.500\,[(1 - \tfrac{1}{3}) - (1 - \tfrac{1}{3}) \cdot \tfrac{1}{4}] + 1.500\,[(1 - \tfrac{1}{3}) - (1 - \tfrac{1}{3}) \cdot \tfrac{1}{4}]^2 + \ldots$$

Man kann auch schreiben:

$$\text{maximale Kreditsumme} = 1.500\,\{1 + [(1 - \tfrac{1}{3}) - (1 - \tfrac{1}{3}) \cdot \tfrac{1}{4}] + [(1 - \tfrac{1}{3}) - (1 - \tfrac{1}{3}) \cdot \tfrac{1}{4}]^2 + \ldots\}$$

Die allgemeine Summenformel für eine solche Reihe lautet: $1/(1 - q)$, wobei in unserem Beispiel gilt: $q = [(1 - \tfrac{1}{3}) - (1 - \tfrac{1}{3})\,\tfrac{1}{4}] = \tfrac{1}{2}$. Daraus folgt:

$$\text{maximale Kreditsumme} = \frac{1}{1 - 0{,}5} \cdot 1.500 = 3.000$$

Der Geldschöpfungsprozess erreicht seine Grenze, wenn die ursprüngliche Überschussreserve von 1.500 vollständig durch die Bargeldabzüge (1.000) und die Mindestreserve (500) »verbraucht« ist. Werden in die Formel $1/(1- q)$ für q die allgemeinen Werte c (*Bargeldabzugsquote*) und r (*Mindestreservesatz*) für ⅓ und ¼ eingesetzt, so ergibt sich allgemein:

$$\text{maximale Kreditsumme} = \frac{1}{c + r(1 - c)} \cdot \text{Überschussreserve}$$

Der Geldschöpfungsmultiplikator ist umso größer, je kleiner die Bargeldabzugsquote und der Mindestreservesatz sind

Der Ausdruck 1/[c + r (1 – c)] heißt »Geldschöpfungsmultiplikator«.

Nachgehakt

Wie sicher ist mein Geld auf der Bank?
Diese Frage bewegt die Menschen, solange es Banken gibt. Sie hat durch die Finanz- und Wirtschaftskrise ab 2008 (siehe Kapitel 4.3) neue Brisanz bekommen. Seit dem 1. Januar 2011 sind nun gemäß einer EU-Richtlinie 100 Prozent aller Kundeneinlagen (Girokonten, Termineinlagen, Spareinlagen und Sparbriefe) bis zu einer Höhe von 100.000 Euro (bei Gemeinschaftskonten, z. B. von Eheleuten, erhöht sich der Schutz auf 200.000 Euro) sowie 90 Prozent der Verbindlichkeiten aus – von den Banken emittierten – Wertpapieren bis zu einer Höhe von 20.000 Euro gesetzlich abgesichert.

Neben der gesetzlichen Einlagensicherung besteht seit 1998 ein System der Sicherung durch freiwillige Einlagensicherungsfonds der einzelnen Bankengruppen, das über die gesetzliche Einlagensicherung hinausgeht bzw. diese ergänzt.

Der Einlagensicherungsfonds des Bundesverbandes (privater) deutscher Banken e.V. garantiert für die angeschlossenen Institute im Einzelfall Einlagen der Kunden in Höhe von bis zu 30 Prozent des haftenden Eigenkapitals des betreffenden Kreditinstituts. Die Zugehörigkeit zum Einlagensicherungsfonds ist für ein Kreditinstitut grundsätzlich nicht zwingend. Auf den Homepages der Banken finden sich hierüber und über die absolute Höhe ihrer jeweiligen Einlagensicherung nähere Informationen.

Die öffentlich-rechtlichen Banken (Sparkassen und Landesbanken) sowie die Genossenschaftsbanken (Volks- und Raiffeisenbanken) haben eigene Stützungsfonds, die eine noch weiterreichende Zusage machen als die der privaten Banken. Sie versprechen nämlich von vorneherein zu verhindern, dass eines ihrer Institute geschlossen wird und es zum Entschädigungsfall kommt. Vielmehr garantieren sie den Erhalt jedes angeschlossenen Instituts – entweder über Liquiditätshilfen und Garantiezusagen der jeweiligen Stützungsfonds oder im Wege der Notfusion mit einer anderen Sparkasse bzw. Landesbank oder Volksbank.

Fazit: Das Geld von Kunden deutscher Banken ist sicher, besonders wenn es bei Sparkassen oder Volksbanken liegt. Das gilt für den Fall, dass nur einzelne Banken von Zahlungsproblemen betroffen sind. Bei einer viele Institute erfassenden Insolvenzwelle kann man sich indes vermutlich nur auf die gesetzliche Einlagensicherung hundertprozentig verlassen.

Siehe hierzu auch »Nachgehakt: Europäische Bankenunion« in Kapitel 10.5.

7.6 Auch die Geldmenge resultiert aus Angebot und Nachfrage

Der in Modul 5 abgeleitete Geldschöpfungsmultiplikator zeigt lediglich die rechnerische Obergrenze, bis zu der sich das Geldvolumen ausdehnen kann. Wie gesagt wird dieses Geldschöpfungspotenzial aber nur bei Inanspruchnahme der gesamten Überschussreserve der Geschäftsbanken ausgenutzt. Das ist aber sicher nicht die

Regel. In der Realität ergibt sich die Geldmenge aus dem Zusammenspiel von Geldangebot (wie viel Geld wollen die Banken ausleihen?) und Geldnachfrage (wie viel Geld wollen die Nichtbanken haben?).

Geldangebot

Worin bestehen die Motive des *Geldangebots*? Die Antwort ist einfach: Natürlich in dem Gewinnstreben der Kreditinstitute. Grundsätzlich werden Geschäftsbanken versuchen, die Kreditgewährung so weit auszudehnen, wie es die Kreditwünsche der Nichtbanken zulassen. Bei steigenden Zinsen wird das Geldangebot zunehmen, und zwar maximal bis zu der durch das Geldschöpfungspotenzial gesetzten Grenze (siehe Abbildung 7-5). Allerdings werden die Banken dabei Liquiditäts- und Risikogesichtspunkte beachten. Je geringer der Liquiditätsgrad und je höher der Risikogehalt von Kundengeschäften, desto kleiner wird bei gegebenem Zins das Kreditangebot ausfallen bzw. desto eher werden die Banken für ein gegebenes Kreditangebot einen höheren Zins verlangen. Insofern werden die Geschäftsbanken auch immer die mit Kunden erreichbaren Konditionen mit den Zinsen vergleichen, die sie für eine risikolose Anlage der Gelder bei der Zentralbank bzw. am Interbankenmarkt erhalten können. Die Variation dieser Geldmarktsätze ist entsprechend der Hauptansatzpunkt der EZB bei deren Geldmengensteuerung. In Abbildung 7-5 lässt sich das Verhalten der Geschäftsbanken als Verschiebung der Geldangebotskurve nach oben bzw. unten darstellen. Ein expansiver (kontraktiver) Kurs der Zentralbank äußert sich in einer Verschiebung der Geldangebotskurve nach rechts (links). Denn Eingriffe der Zentralbank ändern die Geldbasis, das heißt die Zentralbankgeldmenge, und damit das gesamte Geldschöpfungspotenzial in einer Volkswirtschaft.

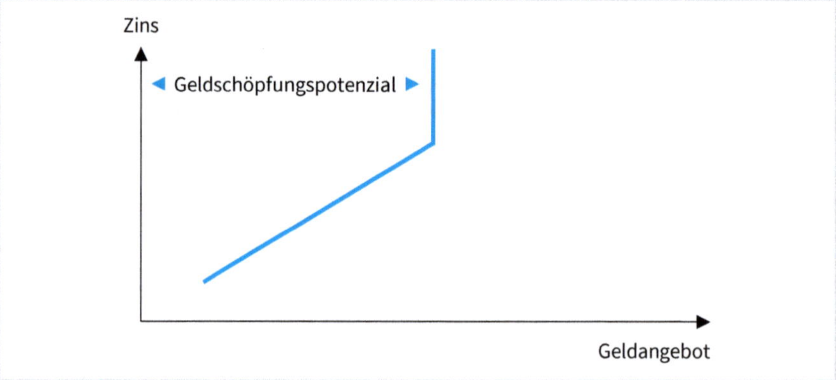

Abb. 7-5: Das Geldangebot

Geldnachfrage

Kommen wir nun zur *Geldnachfrage* (siehe Abbildung 7-6). Zu fragen ist, warum Wirtschaftssubjekte Geld – also unverzinsliche bzw. gering verzinsliche liquide Mittel – halten wollen. Welchen Nutzen hat Geld? In der Geldtheorie werden diesbezüglich meist drei Motive angeführt.

Transaktionskasse

Vorsichtskasse

In erster Linie halten die Menschen natürlich Geld, um damit einzukaufen; man spricht von der *Transaktionskasse*. Deren Höhe hängt vom Einkommen und Vermögen der Leute sowie vom Preisniveau ab. Je größer das Einkommen und das Vermögen und je höher die Preise, desto mehr Geld wird gehalten bzw. benötigt (und umgekehrt). Daneben spielen auch die Zahlungsgewohnheiten in der Gesellschaft eine Rolle (also etwa die Neigung, auf Kredit einzukaufen). Die Geldhaltung für Transaktionszwecke wird zweitens noch durch eine gewisse *Vorsichtskasse* ergänzt, weil die Wirtschaftssubjekte eben nicht genau wissen, wie viel Geld sie in der Zukunft für Güterkäufe brauchen werden. Wie in Abbildung 7-6 gezeigt, ist die Transaktionskasse (und die Vorsichtskasse) zinsabhängig. Wenn die Zinsen steigen, dann werden die Menschen ihre Kassenhaltung »ökonomisieren«, das heißt, sie werden so viel wie möglich ihres Vermögens in höher verzinslicher Form halten wollen. Die Geldhaltung sinkt also mit steigenden Zinsen und umgekehrt.

Spekulationskasse

Als dritten Grund der Geldhaltung hat John Maynard Keynes, der die Geldtheorie entscheidend geprägt hat, auf das Spekulationsmotiv hingewiesen: Wenn jemand beabsichtigt, sein Geld in Wertpapieren anzulegen, so wird er mit der Anlage so lange warten, bis die Wertpapierkurse weit genug gesunken (die Renditen also hoch) sind. In der Zwischenzeit wird Geld in Form von *Spekulationskasse* gehalten. Je niedriger das Zinsniveau, desto mehr wird mit einem Ansteigen der Wertpapierrenditen (das heißt einem Kursrückgang) gerechnet, sodass die Geldhaltung für Spekulationszwecke mit sinkendem Zins zunimmt. Wenn der Zins auf ein bestimmtes, niedriges Niveau absinkt, werden die Finanzmarktakteure eventuell jedes zusätzliche Geldangebot der Banken in Form von Spekulationskasse halten (also horten). Dies ist die Situation der so genannten »Liquiditätsfalle« (siehe Kapitel 5.2).

Insgesamt ergibt sich damit, dass die Geldnachfrage der Nichtbanken mit steigendem Zins ab- bzw. mit sinkendem Zins zunimmt (Bewegung *entlang* der Geldnachfragekurve). Im Bereich der Liquiditätsfalle verläuft die Geldnachfragekurve parallel zur Abszisse. Veränderungen der anderen genannten Einflussfaktoren wie des Einkommens, des Vermögens, der Preise etc. führen zu einer Verschiebung der Geldnachfragekurve nach rechts (wenn etwa das Einkommen steigt) oder nach links.

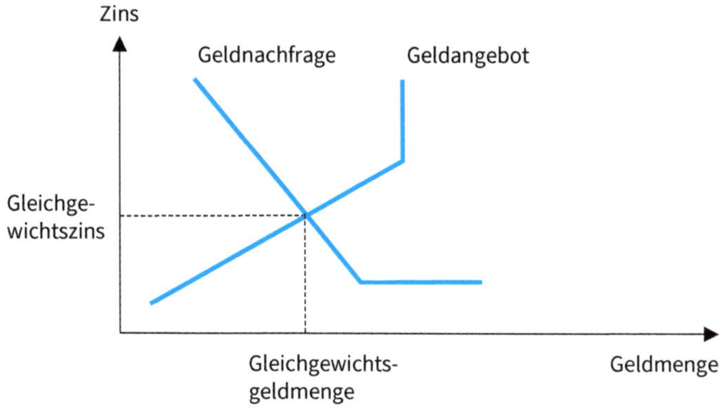

Abb. 7-6: Geldangebot, Geldnachfrage und Gleichgewichtsgeldmenge

Fügt man, wie in Abbildung 7-6 geschehen, die Geldangebots- und die Geldnachfragefunktion zusammen, so resultiert daraus das Geldmarktgleichgewicht (wobei der Begriff »Geldmarkt« hier in einem umfassenden Sinne zu verstehen ist): Bei dem entstehenden Gleichgewichtszins wird eine bestimmte Gleichgewichtsgeldmenge angeboten und gehalten. Die Geldmenge in einer Volkswirtschaft kann also keineswegs von der Zentralbank (exogen) »festgesetzt« werden. Vielmehr ist sie – wie Volkswirte es nennen – *endogen*, das heißt von der Geldnachfrage der Nichtbanken bestimmt.

7.7 Lizenz zum Drucken – Stellung und Ziele der Europäischen Zentralbank

Am 1. Januar 1999 startete die Europäische Währungsunion (EWU). Seitdem ist die *Europäische Zentralbank (EZB)* zuständig für die Geldpolitik im Euro-Währungsgebiet. Die Deutsche Bundesbank existiert weiterhin. Sie ist jetzt eine der nationalen Zentralbanken des Eurosystems und als solche nur noch ausführendes Organ. Ähnlich wie die anderen nationalen Zentralbanken in ihren Ländern ist die Bundesbank in Deutschland unter anderem dafür zuständig, die geldpolitischen Beschlüsse des EZB-Rates regional umzusetzen, für einen reibungslosen Zahlungsverkehr zu sorgen, Banknoten und Münzen in Umlauf zu bringen, die offiziellen Währungsreserven nach Vorgabe der EZB zu verwalten und dem Bund als »Hausbank« bei der Kreditaufnahme am Kapitalmarkt zu helfen.

ESZB

EWS II

Die EZB ist der Kopf des *Europäischen Systems der Zentralbanken (ESZB)*. Neben der EZB umfasst das ESZB alle nationalen Zentralbanken (NZBen) der 27 Mitgliedstaaten der Europäischen Union (siehe Abbildung 7-7). Dabei ist zu beachten, dass derzeit 7 EU-Mitgliedsländer der Europäischen Währungsunion (noch) nicht angehören, nämlich Bulgarien, Dänemark, Polen, Rumänien, Schweden, Tschechien sowie Ungarn. Die NZBen dieser 7 Länder (so genannte »outs«) sind an den geldpolitischen Entscheidungen der EZB nicht beteiligt. Dänemark und Bulgarien gehören dem *Europäischen Währungssystem 2* an. Es handelt sich hierbei praktisch um das »Wartezimmer« für die Europäische Währungsunion. Zwischen dem Euro und den Währungen von EWS-2-Ländern bestehen Leitkurse, um die der jeweilige Wechselkurs nur innerhalb einer Bandbreite von maximal ± 15 Prozent schwanken darf. Im Fall der dänischen Krone beträgt diese Bandbreite ± 2,25 Prozent. Voraussetzung für eine Aufnahme in die EWU ist neben der Erfüllung bestimmter Stabilitätskriterien (»Maastricht-Kriterien«) eine mindestens zweijährige spannungsfreie Teilnahme am EWS II. Es ist das erklärte Ziel, auf Dauer alle EU-Staaten in die EWU zu integrieren.

Eurosystem

Die NZBen der 20 Länder, in denen der Euro gesetzliches Zahlungsmittel ist, bilden zusammen mit der EZB das *Eurosystem*. Das Eurosystem trägt die alleinige Verantwortung für die Geldpolitik in der Währungsunion.

Höchstes Beschlussorgan der EZB ist der *EZB-Rat*. Seine Hauptaufgaben sind:

- die Festlegung der Geldpolitik des Euro-Währungsgebietes, also die Bestimmung etwaiger Geldmengenziele, der Leitzinssätze und der Versorgung der Geschäftsbanken mit Zentralbankgeld,
- die Entscheidung über Interventionen am Devisenmarkt (dabei geht es darum, ausländische Währungen zu kaufen bzw. zu verkaufen, um dadurch deren Wechselkurs bzw. den Kurs des Euro zu stützen) sowie

- die Genehmigung der Ausgabe von Euro-Banknoten und Münzen. Das ESZB hat das ausschließliche Recht, Banknoten auszugeben. Das Recht zur Emission von Münzen, das so genannte »Münzregal«, steht den nationalen Regierungen zu. Diese haben daran großes Interesse. Denn der Nennwert wird ihnen auf dem Zentralbankkonto gutgeschrieben, und da die Herstellungskosten meist viel niedriger sind, erzielen die Regierungen einen Münzgewinn.

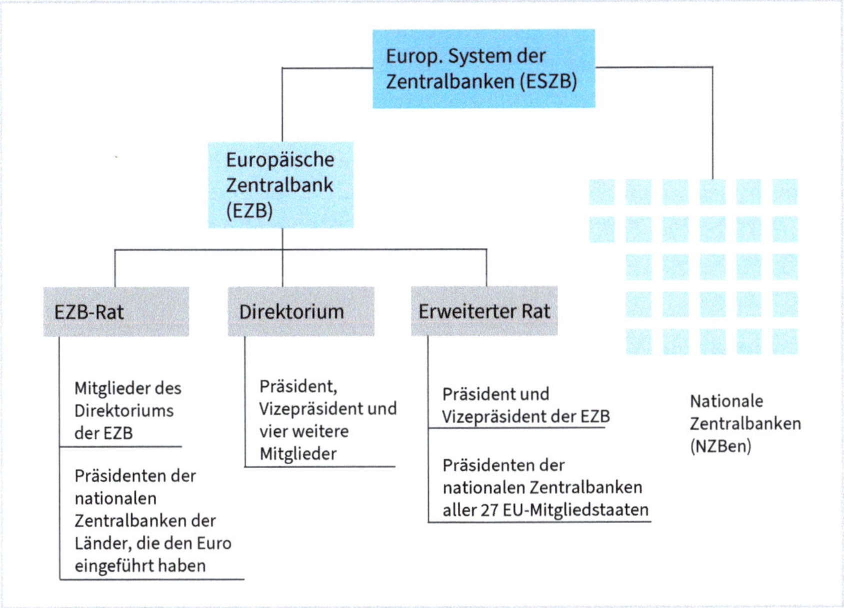

Abb. 7-7: Das Europäische System der Zentralbanken

Das *Direktorium* der EZB ist verantwortlich für die Ausführung der Geldpolitik und die Führung der laufenden Geschäfte gemäß den Entscheidungen des EZB-Rates. Das Direktorium ist damit das zentrale Exekutivorgan der EZB. Solange nicht alle EU-Mitgliedstaaten den Euro eingeführt haben, besteht als drittes Organ der *Erweiterte Rat*. Er hat in erster Linie beratende Funktion. Außerdem soll er die Wechselkursbeziehungen zwischen dem Eurosystem und den anderen EU-Mitgliedern überwachen.

Oberstes Ziel der Europäischen Zentralbank ist die Sicherung der Preisstabilität. Es wird durch Artikel 127 Absatz 1 AEU-Vertrag klar festgelegt. Dort heißt es:

> »Das vorrangige Ziel des ESZB ist es, die Preisstabilität zu gewährleisten. Soweit dies ohne Beeinträchtigung des Zieles der Preisstabilität möglich ist, unterstützt das ESZB die allgemeine Wirtschaftspolitik in der Union …«

Bei der Verfolgung ihrer vorrangigen Zielsetzung ist die Europäische Zentralbank von politischen Weisungen der nationalen Regierungen *unabhängig*. Gemäß Artikel 130 des Vertrages über die Arbeitsweise der Europäischen Union (AEUV)

»... darf weder die Europäische Zentralbank noch eine nationale Zentralbank noch ein Mitglied ihrer Beschlussorgane Weisungen von Organen, Einrichtungen oder sonstigen Stellen der Union, Regierungen der Mitgliedstaaten oder anderer Stellen einholen oder entgegennehmen.«

ECOFIN-Rat

Der gesetzlich verankerten Unabhängigkeit der Zentralbank kommt eine überaus hohe Bedeutung zu. Denn Regierungen sind erfahrungsgemäß an der Finanzierung von Staatsausgaben durch Notenbankkredite oder der Verfolgung einer expansiven Geldpolitik unter Inkaufnahme von Inflation interessiert. Die Kompetenz für die *Wechselkurspolitik* liegt indes grundsätzlich beim ECOFIN-Rat (Rat der Wirtschafts- und Finanzminister der EU-Mitgliedstaaten). Dies kann zu Konflikten mit dem Ziel der Preisstabilität führen. Denn falls die Zentralbank *verpflichtet* würde, zum Zweck der Wechselkursstabilisierung eine ausländische Währung (gegen Euro) zu kaufen oder zu verkaufen, könnte sie die Geldmenge nicht mehr autonom kontrollieren (siehe Kapitel 9.14).

7.8 Einsatz in Mainhattan – die Instrumente der Europäischen Zentralbank

Die EZB steuert den Geldmarktzins

Im Kern besteht die Aufgabe einer Notenbank darin, die Wirtschaft optimal mit Geld zu versorgen. Die Europäische Zentralbank verfügt zu diesem Zweck über ein breites Arsenal von Instrumenten (siehe Tabelle 7-2). Diese sind darauf ausgerichtet, die *Bankenliquidität*, den Bestand an Zentralbankgeld in Händen der Geschäftsbanken, zu steuern. Denn erinnern wir uns: Geschäftsbanken benötigen für ihre Kredit- und Geldschaffung Zentralbankgeld. Für dessen Produktion wiederum besitzt die Zentralbank das Monopol und genau hier setzt die Geldpolitik deshalb an. Ihr Operationsfeld ist der *Geldmarkt*. Das ist – grob gesprochen – der Markt für kurzfristige Kredite, auf dem sich die Geschäftsbanken im Bedarfsfall untereinander Zentralbankgeld ausleihen (siehe Kapitel 8.2). Auf diesem Markt tritt nun die Zentralbank als zusätzlicher Anbieter bzw. Nachfrager auf. Durch die Bereitstellung bzw. die Abschöpfung von Zentralbankgeld ändert sie die Refinanzierungsbedingungen der Kreditinstitute und beeinflusst damit den Geldmarktzins.

Offenmarktgeschäfte

Im Mittelpunkt der EZB-Politik steht die *Offenmarktpolitik*. Darunter versteht man den An- bzw. Verkauf bestimmter Wertpapiere durch die Zentralbank. Offenmarktgeschäfte werden sehr oft zeitlich befristet abgeschlossen. Man spricht dann von »Wertpapierpensionsgeschäften«. Dabei müssen die Geschäftsbanken die Wertpapiere, durch deren Verkauf sie sich (annahmegemäß) Zentralbankgeld beschafft haben, am Ende der Laufzeit wieder zurückkaufen. Dadurch sinkt (im betrachteten Fall) der Bestand an Zentralbankgeld automatisch wieder. Auf diese Weise lässt sich die Entwicklung der Zentralbankgeldmenge gut kontrollieren. Wichtigstes Instrument der Offenmarktpolitik sind die *Hauptrefinanzierungsgeschäfte*. Sie werden wöchentlich mit einer Laufzeit von einer Woche angeboten.

Der Zins für die Hauptrefinanzierung – kurz: Refi-Satz – war lange Zeit der maßgebliche Leitzins im Eurosystem. Er galt und gilt auch heute noch als Indikator für den monetären Kurs der EZB. Inzwischen hat diese Rolle indes zunehmend der Einlagesatz übernommen (siehe »Nachgehakt« in diesem Kapitel).

Ständige Fazilitäten

Zinskorridor

Mindestreserve

Eine Senkung des Refi-Satzes signalisiert eine expansive, eine Anhebung signalisiert eine kontraktive Geldpolitik. *Ständige Fazilitäten* bieten darüber hinaus die Möglichkeit des jederzeitigen kurzfristigen Liquiditätsausgleichs in unbegrenzter Höhe. Die *Spitzenrefinanzierungsfazilität* erlaubt den Banken, sich über Nacht gegen Verpfändung von Wertpapieren oder deren befristeten Verkauf Zentralbankgeld zu beschaffen. Der dafür zu zahlende Zins liegt über dem Refi-Satz und bildet die absolute Obergrenze des Geldmarktzinses. Die Untergrenze bildet der Zins, den Banken im Rahmen der *Einlagefazilität* für über Nacht bei der EZB angelegte Überschussreserve erhalten. Mit den beiden Zinssätzen für die ständigen Fazilitäten wird ein Zinskorridor festgelegt, der im Grunde vom Tagesgeldsatz auf dem Geldmarkt (ESTR = Euro Short Term Rate, bis Ende 2021 galt der EONIA) nicht verlassen werden kann (siehe Abbildung 7-8). Schließlich müssen die Banken bei der EZB ein Guthaben in Höhe eines bestimmten Prozentsatzes ihrer kurzfristigen Verbindlichkeiten (täglich fällige Einlagen, Einlagen und Schuldverschreibungen mit vereinbarter Laufzeit bzw. Kündigungsfrist von bis zu zwei Jahren, Geldmarktpapiere) als Mindestreserve halten. Durch die Veränderung des *Mindestreservesatzes* könnte die EZB ebenfalls die Geldschöpfung der Kreditinstitute beeinflussen.

Instrumente	Transaktionsart	Laufzeit	Rhythmus	Verfahren
1. Offenmarktgeschäfte zur Liquiditätsbereitstellung				
Haupt-refinanzierungs-instrument	befristete Transaktionen	1 Woche	1-mal wöchentlich	Standardtender
längerfristige Refinanzierungs-geschäfte	befristete Transaktionen	3 Monate	1-mal monatlich	Standardtender
Feinsteuerungs-operationen	befristete Transaktionen Devisen-Swaps definitive Käufe	nicht standardisiert	unregelmäßig	Schnelltender bilateral
strukturelle Operationen	befristete Transaktionen definitive Käufe	standardisiert/ nicht standardisiert	regelmäßig unregelmäßig	Standardtender bilateral
2. Offenmarktgeschäfte zur Liquiditätsabschöpfung				
Feinsteuerungs-operationen	befristete Transaktionen Hereinnahme von Termineinlagen Devisen-Swaps definitive Verkäufe	nicht standardisiert	unregelmäßig	Schnelltender bilateral

Instrumente	Transaktionsart	Laufzeit	Rhythmus	Verfahren
strukturelle Operationen	Emission v. Schuldverschreibungen definitive Verkäufe	standardisiert/ nicht standardisiert	regelmäßig unregelmäßig	Standardtender bilateral
3. Ständige Fazilität zur Liquiditätsbereitstellung				
Spitzenrefinanzierungsfazilität	befristete Transaktionen	über Nacht	Inanspruchnahme auf Initiative der Geschäftspartner	
4. Ständige Fazilität zur Liquiditätsabschöpfung				
Einlagefazilität	Einlagenannahme	über Nacht	Inanspruchnahme auf Initiative der Geschäftspartner	
5. Mindestreserve				
Mindestreserveeinlage	Einlageverpflichtung in Abhängigkeit von der Höhe der Kundeneinlagen	monatliche Sollerfüllung		

Tab. 7-2: Instrumente der Europäischen Zentralbank

Quantitative Lockerung

Wie Abbildung 7-8 zeigt, bewegten sich die EZB-Leitzinsen in den Jahren 2000 bis 2008 zwischen 2 und 5 Prozent. Als Reaktion auf die 2008 eingetretene weltweite Finanzkrise und während der folgenden EWU-Staatsschuldenkrise senkte die EZB den Leitzins dramatisch ab; von März 2016 bis 20. Juli 2022 verharrte er auf Nullzinsniveau. Damit lagen, historisch einzigartig, die Zinsen unter der Inflationsrate. Zudem kauften seit Beginn der Finanz- und Wirtschaftskrisen u. a. die amerikanische Fed, die Bank von England, die Bank of Japan und die EZB Wertpapiere auch *definitiv* am Kapitalmarkt, das heißt in erster Linie von Geschäftsbanken, aber auch von anderen Marktteilnehmern (Investmentfonds, Versicherungen etc.) an. Man nennt das *quantitative Lockerung* (Quantitative Easing). Diese Politik führt zu einer Erhöhung der Bankenliquidität bzw. – beim Ankauf von Wertpapieren im Besitz von Nichtbanken – zu einer direkten Ausweitung der Geldmenge. Im Zuge der Wertpapierkäufe kommt es typischerweise zu steigenden Wertpapierkursen und damit sinkenden langfristigen Renditen am Kapitalmarkt (das traditionelle Instrumentarium der EZB setzt primär bei den kurzfristigen Zinssätzen für Zentralbankgeld an). Ben Bernanke, der frühere Zentralbankchef der USA, ist damals seinem Spitznamen »Helikopter-Ben« schon sehr nahe gekommen. Das Bild stammt von Milton Friedman, der eine Geldschöpfung auch dadurch für möglich hielt, dass man Banknoten aus einem Helikopter heraus auf die Bevölkerung herunterwirft. Dies wäre indes eine extreme (und unserer Ansicht nach gefährliche) Variante einer expansiven Geldpolitik (siehe hierzu auch Kapitel 6.8). Notenbankgeld, das direkt der Finanzierung von Staatsausgaben dient, nennt man »Helikoptergeld«. Darunter fallen sogar Vorschläge, jedem Einwohner regelmäßig einen Geldbetrag auf das Konto zu überweisen Zu den möglichen negativen Wirkungen einer ultralockeren Geldpolitik siehe Kapitel 9.17.

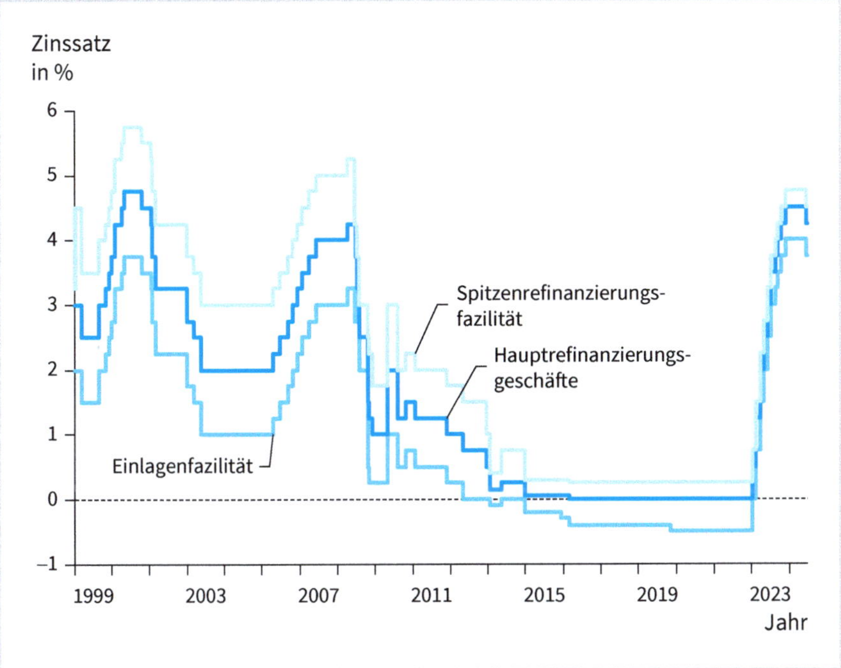

Abb. 7-8: Entwicklung der Leitzinsen der EZB seit dem 1. Januar 1999
Quelle: ECB, Key ECB interest rates

Quantitative Straffung

In zehn Schritten, erstmals im Juli 2022 und zuletzt im September 2023, hob die EZB dann den Leitzins wieder auf 4,5 Prozent an (in den USA und in England erfolgten die ersten Leitzinserhöhungen deutlich früher). Grund war der seit Mitte 2021 beobachtbare starke Anstieg der Inflationsrate. Im Juni 2022 beendete die EZB ihre bis dahin durchgeführten Anleihekaufprogramme (der Bestand der vom Eurosystem angekauften Anleihen belief sich zu diesem Zeitpunkt auf etwa 5 Billionen Euro). Dies markierte den Einstieg in eine Politik der *quantitativen Straffung* (Quantitative Tightening) mit der Folge sinkender Anleihekurse und steigender langfristiger Renditen. Unter quantitative Tightening versteht man den definitiven Verkauf von Wertpapieren am Kapitalmarkt durch die Zentralbank. Dadurch verengt sich die Bankenliquidität und die Geldmengenexpansion wird gebremst. Vor dem Hintergrund des monetären Restriktionskurses ermäßigte sich der Preisauftrieb rasch, aber auch das Wirtschaftswachstum ging zurück. Angesichts der sich in Richtung des angestrebten 2-Prozent-Ziels bewegenden Inflation zeichnete sich bereits im Dezember 2023 der Übergang zu einem wieder gemäßigteren monetären Kurs ab.

Nachgehakt

Neuere Entwicklungen in der Geldpolitik der EZB
In den letzten Jahren hat sich der geldpolitische Handlungsrahmen der EZB verändert. Davon betroffen sind vor allem die Zielsetzung, die eingesetzten Instrumente und die Vorgehensweise bei der kurzfristigen Zinssteuerung.

Was die Zielsetzung der EZB angeht, werden wir die wesentliche Neuerung nochmals in Kapitel 7.11 aufgreifen. Sie besteht darin, dass die EZB nun einen Anstieg des Verbraucherpreisindexes von »durchschnittlich« 2 Prozent anstrebt (anstatt vormals von »weniger als, aber nahe« 2 Prozent).

Gewandelt haben sich daneben die eingesetzten geldpolitischen Instrumente. Bis zum Beginn der internationalen Finanzkrise in 2008 und der darauffolgenden europäischen Staatsschuldenkrise (siehe Kapitel 4.3 und 9.17) hatte die EZB die Möglichkeit definitiver Käufe bzw. Verkäufe von Anleihen nie genutzt. Als die EZB begann, in großem Stil Staatsanleihen anzukaufen, gab es intensive Diskussionen insbesondere über die Frage, ob es sich dabei um eine verbotene monetäre Staatsfinanzierung handelt. Mittlerweile sind Anleihekäufe als geldpolitisches Instrument für Krisenzeiten weitgehend akzeptiert. Gleichwohl haben viele Studien auch auf unerwünschte Nebenwirkungen dieses »Quantitative Easing« hingewiesen (siehe Nachgehakt in Kapitel 9.17). Gegenwärtig ist die EZB dabei, ihre angekauften Anleihebestände abzubauen. Allerdings plant sie, ein »strukturelles Anleiheportfolio« in einem gewissen Umfang zu etablieren und dabei auch »grüne« Kriterien zu berücksichtigen (siehe Nachgehakt in Kapitel 7.11).

Bei der Steuerung der kurzfristigen Marktzinsen hat die EZB vor 2008 das Korridorsystem praktiziert. Der Korridor bestand aus den drei Leitzinsen Einlagen-, Hauptrefinanzierungs- und Spitzenrefinanzierungssatz (mit Fokus auf dem Hauptrefinanzierungssatz). Damals war Zentralbankgeld knapp, und die Notenbank betrieb ihre Geldpolitik über die Zinsen für Kredite an Banken. Mittels der Variation des »Refi-Satzes« steuerte sie den Tagesgeldsatz bzw. die Interbankensätze, die sich entsprechend innerhalb des Korridors in der Nähe des Hauptrefinanzierungssatzes bewegten. Im Zuge der Finanzkrise begann die EZB, den Banken Zentralbankgeld nach deren Bedarf zuzuteilen. Seitdem gibt es viel Liquidität im System, und die Geschäftsbanken halten eine beträchtliche Überschussreserve auf ihren Zentralbankkonten. Dadurch geriet der Einlagesatz zunehmend in die Rolle des entscheidenden Leitzinses. Er bildet die Zinsuntergrenze (Floor) am Interbankenmarkt. Deshalb spricht man vom Floorsystem. Der heutige Geldmarktsatz für Übernachtkredite unter Banken, die »Euro Short-Term Rate« (ESTR) liegt entsprechend in der Nähe des EZB-Einlagesatzes.

7.9 Die Praxis der Liquiditätssteuerung

Seit 2008 bis heute teilt die EZB die Gebote der Banken jeweils in voller Höhe zu

Ab Mitte 2000 setzte die EZB nur noch den Zinstender ein. Seit Oktober 2008 praktiziert sie wieder den Mengentender

Die Offenmarktgeschäfte der EZB werden in der Regel im *Tenderverfahren* (engl. Tender = Bieter), das heißt auf dem Wege der Ausschreibung angeboten. Bei einem *Mengentender* gibt die EZB den Zinssatz vor und die Geschäftsbanken nennen den Betrag an Wertpapieren, den sie an die EZB abgeben wollen. Überschreitet die Liquiditätsnachfrage (»Bietungsvolumen«) der Banken den von der EZB vorgesehenen Zuteilungsbetrag, so werden die Gebote anteilig erfüllt (»Repartierung«). Beim *Zinstender* müssen die Geschäftsbanken nicht nur Gebote über die Beträge an Wertpapieren abgeben, sondern auch den Zinssatz nennen, zu dem sie das Refinanzierungsgeschäft abschließen möchten. Ausgangspunkt ist ein von der EZB gesetzter »Mindestbietungssatz«, der evtl. durch die Nachfrage der Geschäftsbanken nach oben gezogen wird. Bei der Zuteilung von Zentralbankgeld werden die Gebote mit den höchsten Zinssätzen vorrangig bedient (siehe das Beispiel). Die EZB praktizierte darüber hinaus das »amerikanische Zuteilungsverfahren«, das heißt, die Zuteilung von Zentralbankgeld an die Banken erfolgte nach deren individuellen Bietungssätzen. (Die mögliche Alternative hierzu, nämlich eine Liquiditätszuteilung zu einem für alle Banken einheitlichen Zinssatz, wird als »holländisches Verfahren« bezeichnet.)

Beispiel für einen liquiditätszuführenden Zinstender

Beispiel für einen liquiditätszuführenden Zinstender
Bei liquiditätszuführenden Zinstendern werden, beginnend mit dem höchsten Zinsgebot, in absteigender Reihenfolge alle Gebote zugeteilt, bis der für die Zuführung vorgesehene Gesamtbetrag erreicht ist. Beim marginalen Zinssatz kommt es ggf. zu einer Repartierung. Dies sei anhand eines einfachen Beispiels erläutert: Die EZB beabsichtigt, dem Markt Liquidität über Hauptrefinanzierungsgeschäfte in Form eines Zinstenders zuzuführen. Der Mindestbietungssatz beträgt 3,00 Prozent. Drei Geschäftsbanken geben folgende Gebote (in Millionen Euro) ab:

Zinssatz (%)	Gebot Bank 1	Gebot Bank 2	Gebot Bank 3	Gebote insgesamt (je Zinssatz)	kumulative Gebote
3,15	–	–	–	0	0
3,10	–	5	5	10	10
3,09	–	5	5	10	20
3,08	–	5	5	10	30
3,07	5	5	10	20	50
3,06	5	10	15	30	80
3,05	10	10	15	35	115
3,04	5	5	5	15	130
3,03	5	–	10	15	145
Insgesamt	30	45	70	145	

Die EZB beschließt, 94 Millionen Euro zuzuteilen, sodass sich ein marginaler Zinssatz von 3,05 Prozent ergibt.

Alle Gebote über 3,05 Prozent (bis zu einem kumulativen Betrag von 80 Millionen Euro) werden voll zugeteilt. Bei 3,05 Prozent ergibt sich folgende prozentuale Zuteilung (Zuteilungs- oder Repartierungssatz):

$$\frac{94 - 80}{115 - 80} = 40\,\%$$

Die Zuteilung an Bank 1 zum marginalen Zinssatz beträgt zum Beispiel:

$0{,}4 \cdot 10 = 4$

Insgesamt ergibt sich für Bank 1 folgende Zuteilung:

$5 + 5 + 4 = 14$

Die Zuteilungsergebnisse (in Millionen Euro) lassen sich wie folgt zusammenfassen:

Geschäftsbanken	Bank 1	Bank 2	Bank 3	Insgesamt
Gebote insgesamt	30	45	70	145
Zuteilung insgesamt	14	34	46	94

Wenn die Zuteilung nach dem holländischen Zuteilungsverfahren erfolgt, beträgt der Zinssatz für die den Geschäftsbanken zugeteilten Beträge 3,05 Prozent.

Erfolgt die Zuteilung nach dem amerikanischen Zuteilungsverfahren, wird gemäß den individuellen Bietungssätzen abgerechnet: Bank 1 erhält zum Beispiel 5 Millionen Euro zu 3,07 Prozent, 5 Millionen Euro zu 3,06 Prozent und 4 Millionen Euro zu 3,05 Prozent.

Standardtender werden innerhalb von 24 Stunden, *Schnelltender* innerhalb einer Stunde durchgeführt. *Bilaterale Geschäfte* sind Transaktionen zwischen EZB und wenigen Geschäftspartnern. Hier wird auf das Tenderverfahren verzichtet.

Bei den Feinsteuerungsoperationen, mit denen unerwartete Liquiditätsschwankungen kompensiert werden sollen, spielen *Devisen-Swaps* eine gewisse Rolle. Um Liquidität bereitzustellen, kauft hier die EZB von den Geschäftsbanken Fremdwährungen per Kasse gegen Euro und verkauft sie gleichzeitig per Termin. Umgekehrt geht sie vor, wenn sie Liquidität abschöpfen will.

7.10 Wenn die Pferde saufen – die Wirkungsweise der Geldpolitik

Eine vernünftige Geldpolitik ist nur möglich, wenn man deren Wirkungsweise kennt. Wie also wirkt die Geldpolitik? Wir hatten festgestellt, dass die Zentralbank mit ihren Instrumenten den *Geldmarktzins* beeinflusst. Zinsimpulse am Geldmarkt lösen nun eine Kette von Anpassungsreaktionen aus – zunächst auf den Finanzmärkten, dann im güterwirtschaftlichen Bereich. Im Folgenden werden wir den Prozess der Übertragung eines geldpolitischen Impulses – Fachleute nennen das »monetäre Transmission« – etwas näher erforschen (siehe Abbildung 7-9). Dabei stoßen wir auf ein verzweigtes Netz von Wirkungskanälen.

Durch die Zinssetzung am Geldmarkt beeinflusst die Zentralbank die Finanzierungsbedingungen auch an anderen monetären Märkten; dies wirkt sich auf die Güternachfrage und damit letztlich auf wirtschaftspolitische Zielgrößen, Preisniveau und Beschäftigung, aus

Im Vordergrund steht der *Zinseffekt*. Angenommen, die Zentralbank reduziert den Refi-Satz und der Geldmarktzins sinkt (expansive Geldpolitik). Die Geschäftsbanken werden diese Senkung ihrer Refinanzierungskosten in der Regel an die Kreditkunden weitergeben. Dafür sorgt der Wettbewerb. Auch die langfristigen Zinsen – etwa für Baudarlehen mit 10-jähriger Laufzeit – gehen zurück. Die Zinssenkung pflanzt sich, ausgehend vom Geldmarkt, über den Bankenkreditmarkt bis auf den Kapitalmarkt fort. Vorausgesetzt, die anderen Einflussfaktoren stimmen (darauf kommen wir noch), so regt dies die Investitions- und Konsumnachfrage an. Wer allerdings die Reaktionen auf den monetären Märkten aufmerksam beobachtet, stellt fest, dass sich gerade die langfristigen Zinsen am Kapitalmarkt nicht immer in die gleiche Richtung wie die Geld- (und Kredit-)marktsätze bewegen (siehe Abbildung 7-10). Das liegt zum einen daran, dass der Kapitalmarktzins sehr stark von

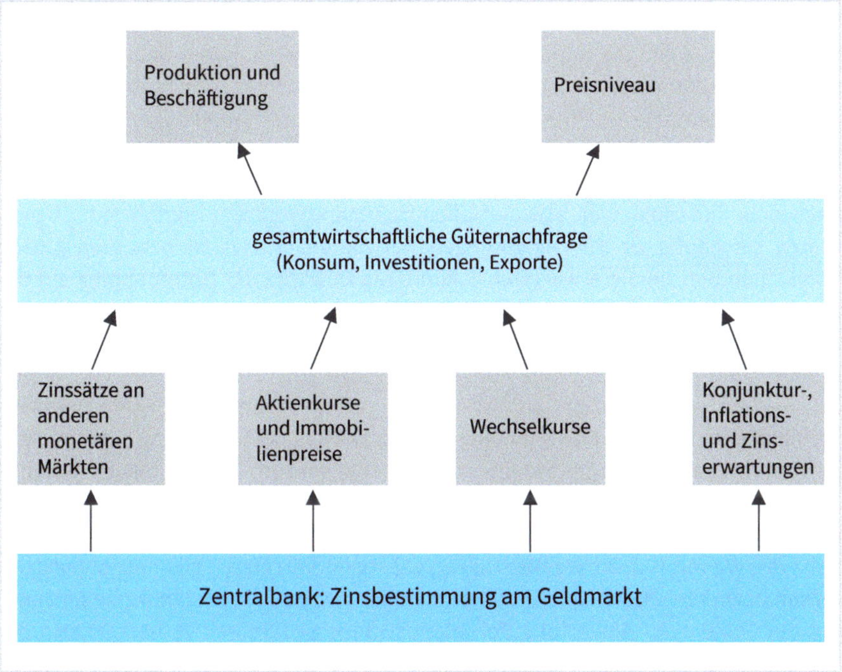

Abb. 7-9: Wirkungskanäle der Geldpolitik

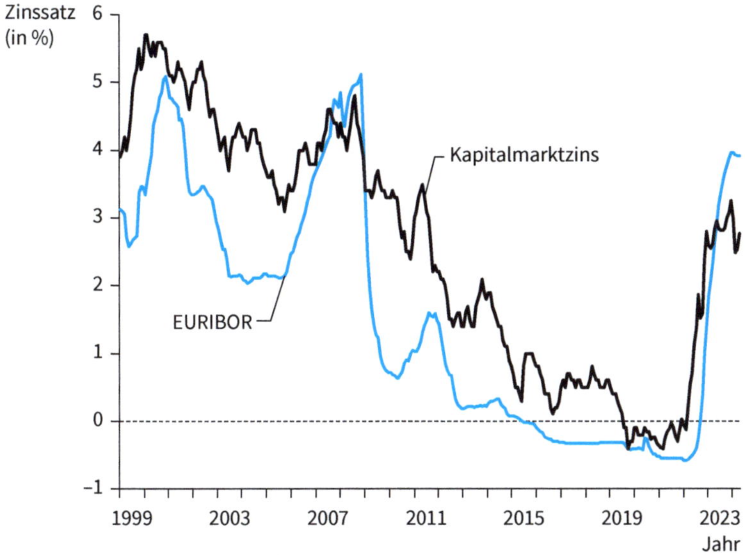

EURIBOR: Dreimonatsgeld, Monatsdurchschnitt
Kapitalmarktzins: Umlaufsrenditen inländ. Inhaberschuldverschreibungen, Restlaufzeit von über 9 Jahren, Monatswerte

Abb. 7-10: Geldmarktabhängigkeit des Kapitalmarktes
Quelle: Deutsche Bundesbank

Einflüssen aus dem Ausland geprägt ist (siehe Kapitel 9). Hinzu tritt der Effekt der Erwartungen: Wenn die Kapitalanleger als Folge der expansiven Geldpolitik einen Anstieg der Inflation erwarten, verlangen sie einen entsprechend höheren langfristigen Zins. Definitive Anleihekäufe durch die Zentralbank haben dagegen – über die Kurse – einen wesentlich direkteren Einfluss auf die Langfristzinsen.

Zinsänderungen an den monetären Märkten ziehen weiterhin *Vermögenseffekte* nach sich. Zinssenkungen etwa erhöhen den Marktwert von Immobilien. Ebenso führen sie häufig zu Kurssteigerungen bei Aktien. Analysten bewerten Aktien nämlich, indem sie die erwarteten zukünftigen Gewinne der Unternehmen auf die Gegenwart abzinsen (»diskontieren«). Bei sinkenden Zinsen verringert sich der Abzinsungsfaktor. Dadurch steigt der Marktwert der Unternehmen und damit der Kurswert der Aktien. Hängt die Konsumnachfrage auch vom Wert des Vermögens ab, so erhöhen die privaten Haushalte ihre Konsumausgaben. Für die Unternehmen verbilligt sich die Eigen- und Fremdkapitalbeschaffung, was die Investitionstätigkeit anregt. Derartige Vermögenseffekte spielen heute eine große Rolle. Insofern gilt der Aktienmarkt generell als guter Konjunkturindikator. Aufgrund der Beweglichkeit der internationalen Kapitalströme können zinspolitische Maßnahmen der Zentralbank des Weiteren spürbare *Wechselkurseffekte* hervorrufen: Sinkende inländische Zinsen bewirken einen Kapitalabfluss (in höher verzinsliche ausländische Anlagen) mit der Folge einer Abwertung der Inlandswährung. Dadurch verbessert sich die internationale Wettbewerbsfähigkeit der Exportwirtschaft. Einfuhren werden hingegen – umgerechnet in die heimische Währung – teurer, was zu einer »importierten Inflation« führen kann.

Im Zuge der monetären Transmission ändert sich der Geldbestand in der Volkswirtschaft: Bei sinkenden Refinanzierungskosten werden die Banken mehr Zentralbankgeld nachfragen. Ihr Kreditangebot steigt, die Kreditzinsen ermäßigen sich. Dies regt die Kreditnachfrage an und die Geldmenge wächst. Jedoch ist diese Wirkungskette nicht zwangsläufig.

Erwartungen beeinflussen die Wirksamkeit der Geldpolitik

Die Durchschlagskraft der Geldpolitik ist – wie gesagt – in hohem Maße von den *Erwartungen* der Marktteilnehmer abhängig. Unternehmen und private Haushalte entscheiden über Investition, Produktion, Konsum und Ersparnis auch mit Blick auf die zu erwartende Wirtschaftslage. Eine Zinssteigerung könnte etwa als Vorbote eines konjunkturellen Aufschwungs interpretiert werden und damit die Absatzerwartungen der Unternehmen und die Einkommenserwartungen der Haushalte verbessern. Das kann zu höheren Investitions- und Konsumausgaben führen. Im Fall *pessimistischer Erwartungen* ist dagegen denkbar, dass die Investitionstätigkeit auch bei sinkenden Zinsen nicht anspringt (*Investitionsfalle*). Dies wurde bereits von Keynes erkannt (siehe Kapitel 5). Japan hat eine derartige Situation Ende der 1990er-Jahre (und darüber hinaus) erlebt, als auch mit einem Nullzins keine Konjunkturbelebung erreicht werden konnte. Nach Ansicht der Keynesianer verspricht in solchen Fällen nur eine direkt die Nachfrage stärkende Fiskalpolitik Erfolg.

Der Wirtschaftspolitiker Karl Schiller sagte Ende der 1960er-Jahre: »Man kann die Pferde zur Tränke führen, aber man kann sie nicht zum Saufen zwingen.« Hingegen wird die Effektivität einer kontraktiven Geldpolitik höher eingeschätzt. Insofern wirkt Geldpolitik wie ein Strick (auch dieser Vergleich stammt von Schiller): »Man kann an einem Stricke ziehen, aber nicht mit einem Strick schieben.«

Blockaden der Geldpolitik

Neben der Möglichkeit, dass die Investitionen auf Zinssenkungen nicht reagieren, hat Keynes auf eine weitere mögliche Blockade der Geldpolitik aufmerksam gemacht: die berühmte *Liquiditätsfalle*. Wenn die Marktteilnehmer für die Zukunft steigende Zinsen erwarten (oder wenn sie kein Vertrauen mehr in die Schuldner haben), so besteht die Gefahr, dass sie jedes zusätzliche Geldangebot sofort für Spekulationszwecke horten. Expansive Geldpolitik führt dann – trotz hoher Liquidität auf den Finanzmärkten – noch nicht einmal zu Zinssenkungen. Wir sehen also: Geldpolitik ist im Kern Suggestivpolitik. Ihre konjunkturelle Wirksamkeit ist alles andere als sicher.

7.11 Auf zwei Säulen – die Strategie der Europäischen Zentralbank

Die Verpflichtung der EZB auf Geldwertstabilität gilt, da gesetzlich verankert, als »in Stein gemeißelt«. Die EZB steht hier in der Tradition der Deutschen Bundesbank. Diese folgte im Prinzip der Linie der *Monetaristen*, die den fallweisen Einsatz der Geld- (und Fiskal-)politik zum Zweck der Konjunkturbeeinflussung für schädlich hielten. Ursache von Inflation ist nach ihrer Ansicht letztlich immer ein übermäßiges Geldmengenwachstum. Deshalb versuchte die Bundesbank, die Preisstabilität durch eine gezielte Steuerung der Geldmenge sicherzustellen: Grob gesagt, war sie bestrebt, die Geldmenge M3 im Vergleich zur Gütermenge angemessen wachsen zu lassen und gleichzeitig knapp zu halten. Dieses Konzept wird auch als *Geldmengensteuerung* bzw. potenzialorientierte Geldpolitik bezeichnet.

Die Geldmengensteuerung basierte auf der Quantitätsgleichung

Grundlage der Geldmengensteuerung ist die *Quantitätsgleichung* (siehe Kapitel 2.6 und 5.3). Sie besagt, dass das Produkt aus Geldmenge und Umlaufgeschwindigkeit des Geldes dem Produkt aus Preisniveau und realem Bruttoinlandsprodukt entspricht: Es handelt sich hierbei um eine Identitätsbeziehung, die immer erfüllt ist. Ein Anstieg der Geldmenge muss sich in einer Änderung der drei anderen Größen niederschlagen: Entweder steigt das Preisniveau oder die Produktion nimmt zu oder die Umlaufgeschwindigkeit des Geldes sinkt. Aus der Quantitätsgleichung ergibt sich die *Quantitätstheorie*, wenn man für die Umlaufgeschwindigkeit und das Bruttoinlandsprodukt bestimmte Annahmen trifft. Die monetaristische Theorie (*Neoquantitätstheorie*) geht in diesem Zusammenhang davon aus, dass erstens die Umlaufgeschwindigkeit des Geldes einigermaßen stabil ist und dass zweitens die Entwicklung des realen Bruttoinlandsprodukts nur kurzfristig von der Geldmenge abhängt (langfristig sind der Reallohn, das Bevölkerungswachstum und der technische Fortschritt entscheidend). Unter diesen Annahmen ist es klar, dass eine Änderung der Geldmenge letztlich eine proportionale Änderung des Preisniveaus bewirkt.

Bei ihrer Geldmengensteuerung ging die Bundesbank wie folgt vor: Zunächst definierte sie das Ziel der *Preisstabilität*. Preisstabilität hielt sie für gegeben, wenn die Zunahme des Verbraucherpreisindex maximal zwei Prozent gegenüber dem Vorjahr betrug. Daraufhin formulierte die Bundesbank ihre Erwartungen für das Wachstum des realen Bruttoinlandsprodukts und schätzte die (mittelfristige) Änderung der Umlaufgeschwindigkeit des Geldes. Hieraus ließ sich nach der Quantitätsgleichung die angestrebte Expansion der Geldmenge ableiten:

angestrebtes Wachstum der Geldmenge M3 (Beispiel: + 4,5 %)	=	maximal tolerierter Preisniveauanstieg (Beispiel: + 2 %)	+	erwartetes Wachstum des realen Bruttoinlandsprodukts (Beispiel: + 1,5 %)	–	geschätzte Veränderung der Umlaufgeschwindigkeit (Beispiel: – 1 %)

Die Europäische Zentralbank hat indes ihre geldpolitische Strategie gegenüber der Bundesbank erheblich modifiziert. Preisniveaustabilität ist nach ihrer Auffassung seit ihrer letzten Strategieüberprüfung im Jahr 2021 erreicht, wenn der Harmonisierte Verbraucherpreisindex (HVPI) mittelfristig jährlich 2 Prozent beträgt. Dieses symmetrische Inflationsziel (anhaltende Abweichungen sowohl nach oben als auch nach unten werden gleichermaßen als schädlich angesehen) ersetzt das vormalige Ziel von »unter, aber nahe 2 Prozent«.

Das Geldmengenwachstum ist für die EZB kein eigenständiges »Ziel« mehr, sondern ein *Referenzwert*. Diese Bezeichnung rührt daher, dass diese Größe keinen bindenden Charakter hat. Die EZB braucht etwa gegen eine zu starke Zunahme der Geldmenge nicht einzuschreiten, wenn sie die Preisstabilität aus realwirtschaftlichen Gründen nicht gefährdet sieht. Die Geldmengenentwicklung bildet insofern nur eine, wenn auch nach wie vor als sehr wesentlich erachtete Orientierungsgröße der europäischen Geldpolitik. Anders als früher die Deutsche Bundesbank verfolgt die EZB nämlich eine so genannte *Zwei-Säulen-Strategie*. Sie besteht erstens aus einer realwirtschaftlichen und zweitens einer monetären und finanziellen Analyse-Säule (siehe Abbildung 7-11).

Die *realwirtschaftliche Analyse* berücksichtigt kurz- bis mittelfristige Einflussfaktoren auf die Inflationsrate. Hier stehen realwirtschaftliche Größen, etwa die Entwicklung der Löhne, Ölpreise, Wechselkurse oder der allgemeinen konjunkturellen Situation im Vordergrund. Die *monetäre und finanzielle Analyse* hingegen hat die mittel- bis langfristigen Risiken für die Preisstabilität im Blick. Sie basiert im Kern mehr oder weniger immer noch auf den Vorlaufeigenschaften monetärer Variablen für die Preisentwicklung, wie sie von der oben beschriebenen Neoquantitätstheorie angenommen werden. Neben der Entwicklung und Zusammensetzung des Geldvolumens und den Ursachen der Geldmengenexpansion werden dabei unter anderem die Veränderung der Bankkredite und der Zinsstruktur näher untersucht. Schließlich folgt eine wechselseitige Abgleichung (»cross checking«) beider Analysen, bevor ein geldpolitischer Beschluss – beispielsweise in Form einer Anhebung des Refi-Satzes – gefasst wird.

Wirkungsverzögerungen

Geldpolitische Maßnahmen der Zentralbank benötigen – wie andere wirtschaftspolitische Instrumente auch – eine gewisse Zeit, bis sie wirken. Dabei ist zu unterscheiden, ob es sich um Auswirkungen auf die gesamtwirtschaftliche Produktion (das reale Bruttoinlandsprodukt) oder um Effekte auf das gesamtwirtschaftliche Preisniveau handelt (siehe Abbildung 7-12).

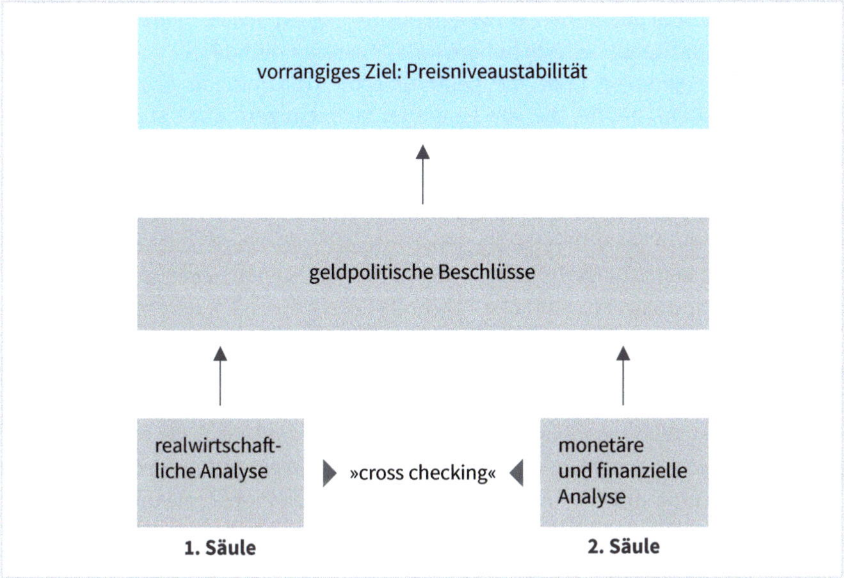

Abb. 7-11: Die Zwei-Säulen-Strategie der EZB

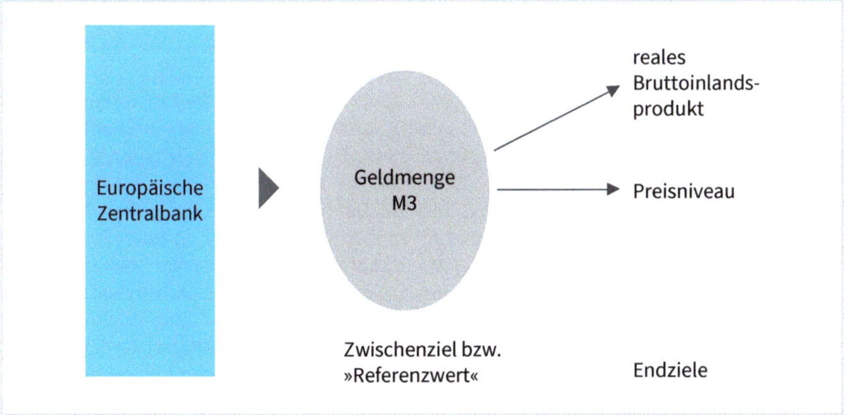

Abb. 7-12: Das Prinzip der Geldpolitik

Man kann davon ausgehen, dass eine Anpassung der Leitzinsen oder der An- und Verkaufskurse von Wertpapieren durch die Zentralbank die Bankenliquidität – Fachleute sprechen von der »Geldbasis« – ändert, was früher oder später zu einer gleichgerichteten Veränderung der Geldmenge führt. In den 1980er-Jahren gab es die »Faustregel«, dass die Wirkungen, die von einer Geldmengenänderung auf die Realwirtschaft ausgehen, nach rund *einem Jahr* ihren Höhepunkt erreichen. Der Zeitraum zwischen einer Veränderung der Geldmenge und der Änderung des Preisniveaus wurde auf durchschnittlich etwa *zwei Jahre* veranschlagt. Natürlich hängt dies im Einzelfall auch von der konjunkturellen Situation ab: In Zeiten der Unterauslastung wird bei einer steigenden Geldmenge die reale Produktion kurzfristig vermutlich spürbar zunehmen. Hingegen dürfte eine expansive Geldpolitik bei ausgelasteten Kapazitäten rasch in höhere Inflationsraten münden.

In jüngerer Zeit hat die Geldpolitik an Durchschlagskraft verloren

Diese Vorstellungen über die geldpolitische Transmission entsprachen der monetaristischen Theorie, die von einem letztlich einigermaßen stabilen Zusammenhang zwischen geldpolitischer Aktion, Geldbasis, Geldmenge und Güterproduktion bzw. Preisniveau ausging. In den vergangenen 40 Jahren hat sich dieser Zusammenhang allerdings deutlich gelockert. Anhand der Entwicklung der Geldbasis lässt sich heute keine zuverlässige Prognose mehr für das Wirtschaftswachstum und schon gar nicht für die Inflationsrate erstellen. Als entscheidender gelten hierfür mittlerweile realwirtschaftliche Faktoren (Energiepreise, Lieferengpässe etc.). So verharrte etwa die Inflation im Euroraum trotz der ab 2008 jahrelang (bis 2022) extrem expansiven EZB-Politik lange auf sehr niedrigem Niveau. Das schließt indes nicht aus, dass es zu einem plötzlichen Inflationsschub kommen kann – so wie es dann in 2022 ja auch geschehen ist. Ein Grund dafür ist offenbar die schwer vorhersehbare Entwicklung der Umlaufgeschwindigkeit des Geldes. Diesbezüglich gilt ein alter Satz des großen Milton Friedman: »...monetary changes have their effect only after a considerable lag and over a long period and that the lag is rather variable« (Friedman, A Program for Monetary Stability, Fordham University Press, 1960).

Nachgehakt

Grüne Geldpolitik

Der Kampf der Europäischen Zentralbank (EZB) um Preisniveaustabilität steht im Zentrum ihres geldpolitischen Handelns. Aber bereits Mitte 2022 hat die EZB verkündet, den Klimaschutz auch in ihrer Geldpolitik künftig stärker zu berücksichtigen. Konkret sieht der Maßnahmenplan der EZB beispielsweise vor, die in ihrer Bilanz gehaltenen Anleihen von Unternehmen, die für hohe CO_2-Emissionen verantwortlich sind, auf Unternehmen mit einer besseren Klimabilanz umzuschichten. Damit will die EZB die Risiken des Klimawandels einhegen bzw. die Transformation der Wirtschaft in Richtung einer klimaneutralen Geschäftstätigkeit beschleunigen. Dafür bezieht die EZB in ihre Entscheidungen beim Kauf von Anleihen wie auch bei der Bewertung von Sicherheiten Nachhaltigkeitskriterien mit ein. Sie befindet sich damit im Einklang mit dem von der EU-Kommission im Green Deal von 2021 erklärten Ziel einer Klimaneutralität bis 2050 (siehe Kapitel 11). Die Fokussierung der von der EZB getätigten Anleihekäufe auf Unternehmen mit geringem CO_2-Fußabdruck und verbindlichen Emissionsreduktionszielen führt für diese zu günstigeren Finanzierungskonditionen. Es kommt zu folgender Wirkungskette: EZB kauft grüne Anleihen am Sekundärmarkt (das ist der Markt für umlaufende Wertpapiere) → Der Kurs dieser Anleihen steigt → Die Besitzer dieser Anleihen erzielen bei deren Verkauf einen höheren Ertrag → Der Renditeanspruch der Erwerber von grünen Anleihen am Primärmarkt (auf dem Anleihen erstmals emittiert werden) sinkt → Die Finanzierungskosten der Emittenten grüner Anleihen ermäßigen sich. Dadurch werden private Investitionen in klima- bzw. umweltpolitisch saubere Aktivitäten gefördert.

Auf den Punkt gebracht

Geld erfüllt drei für eine Volkswirtschaft fundamental wichtige Funktionen, und zwar als Zahlungsmittel, Wertaufbewahrungsmittel sowie als Recheneinheit. Das Geld kann diese Funktionen nur leisten, wenn sein Wert stabil ist, das heißt wenn Preisstabilität herrscht.

Daraus folgt unmittelbar die Aufgabenstellung der Zentralbank: Sie besteht darin, den Geldwert zu sichern. Um dies zu erreichen, muss die Zentralbank dafür sorgen, dass der Geldbereich der Volkswirtschaft im Einklang mit dem Güterbereich expandiert. Dadurch kann sie sowohl Inflation als auch Deflation vermeiden. Allerdings ist das nicht so einfach. Der Geldbereich ergibt sich als Geldmenge mal Umlaufgeschwindigkeit. Und die Geldmenge ist das Resultat aus Geldangebot und Geldnachfrage. Die Zentralbank kann bestenfalls das Geldangebot der Banken beeinflussen. Überhaupt nicht im Griff hat sie die Geldnachfrage der Unternehmen, der privaten Haushalte und des Staates, und auch nicht die Umlaufgeschwindigkeit des Geldes, die beide stark von den Erwartungen der Wirtschaftsteilnehmer abhängen. Vor diesem Hintergrund verfolgen die Notenbanken international teilweise unterschiedliche geldpolitische Strategien. Neben dem Primärziel der Sicherung des Geldwertes bezieht die EZB auch den Klimaschutz in ihre Geldpolitik mit ein.

7.12 Das Interview: Joachim Nagel

Joachim Nagel (geb. 1966) ist seit Januar 2022 Präsident der Deutschen Bundesbank und in dieser Funktion Mitglied des Rates der Europäischen Zentralbank.

Herr Dr. Nagel, es gibt mittlerweile Tausende so genannter Kryptowährungen, allen voran den Bitcoin, mit denen Zahlungen, Geldanlagen und Finanzierungen unter Umgehung des Bankensystems möglich sind. Ist das die Zukunft des Geldes?

Nein. All diese Assets sind in meinen Augen sicherlich nicht die Zukunft des Geldes. Schon der Begriff »Kryptowährung« ist irreführend. Denn Bitcoin und Co. erfüllen noch nicht einmal die zentralen Geldfunktionen. So sind sie als Zahlungsmittel kaum gebräuchlich. Dies liegt zum einen an den hohen Kosten der Transaktionen und zum anderen an ihrer geringen Akzeptanz im Handel. Auch als Wertaufbewahrungsmittel sind sie kaum verwendbar. Denn ihr Wert schwankt häufig und heftig. In fortgeschrittenen Volkswirtschaften sind sie daher zumeist reine Spekulationsobjekte. Stablecoins sind zwar bewusst so konstruiert, starke Wertschwankungen zu vermeiden, aber auch sie bergen hohe Risiken, wie der Zusammenbruch des seinerzeit drittgrößten Stablecoins TerraUSD im Frühjahr 2022 deutlich gemacht hat.

In meinen Augen ist die Zukunft des Geldes etwas anderes, zumindest für den Euroraum: Das Zusammenspiel aus Bargeld, privaten unbaren Zahlungsmitteln und einem digitalen Euro! Der digitale Euro würde das Bargeld ergänzen und dabei die Vorteile von barem und unbarem Geld vereinen. Angesichts der zunehmend digitalisierten Zahlungsprozesse ist eine solche Ergänzung in meinen Augen nur natürlich und notwendig. Der digitale Euro kann den Zahlungsverkehr effizienter machen, und er bietet eine Grundlage für Innovationen. Zudem würde er die Privatsphäre der Bürgerinnen und Bürger beim Bezahlen zuverlässig schützen. Und darüber hinaus würde der digitale Euro die Souveränität Europas im Zahlungsverkehr stärken.

Denn aktuell sind wir noch viel zu abhängig von außereuropäischen Anbietern im Zahlungsverkehr.

Die Notenbanken des Eurosystems haben in der Vergangenheit Staatsanleihen in Billionenhöhe angekauft, um die Zinsen im Euroraum niedrig zu halten. Was würde passieren, wenn diese Staaten ihre Anleihen bei deren Fälligkeit nicht tilgen können? Wer würde dann für die Verluste aufkommen? Könnte die EZB diese einfach durch Geldschöpfung ausgleichen?
Zunächst einmal: Wir bewegen uns damit in einem hypothetischen Szenario, das ich für sehr weit hergeholt halte. Zum einen bauen wir unsere Bestände kontinuierlich ab und zum anderen, angenommen, es käme doch einmal zu Zahlungsausfällen, müsste man unterscheiden. Den Großteil der Staatsanleihen im Rahmen der geldpolitischen Ankaufprogramme APP und PEPP haben die nationalen Zentralbanken gekauft. Nur einen kleineren Teil hat die EZB selbst getätigt. Die nationalen Zentralbanken erwarben dabei jeweils Staatsanleihen des eigenen Mitgliedstaats. Es wurde vereinbart, etwaige Verluste daraus nicht im Rahmen des Eurosystems zu teilen. Gemeinsam getragen würden lediglich Verluste in den Beständen der EZB – entweder durch Übernahme etwaiger Verluste über die monetären Einkünfte der nationalen Zentralbanken gemäß Kapitalschlüssel oder über eine ausbleibende Gewinnausschüttung der EZB. So oder so verfügen die nationalen Zentralbanken in der Regel über nennenswerte Rückstellungen und Rücklagen, die Verluste abfedern könnten. Im Fall der Bundesbank führen darüber hinausgehende Verluste zu Verlustvorträgen. Diese würden durch zukünftige Gewinne wieder abgebaut. Durch das klare Mandat und die Unabhängigkeit der Geldpolitik ist das Eurosystem unmissverständlich darauf ausgerichtet, Preisstabilität zu gewährleisten. Die Finanzierung der Mitgliedstaaten durch Geldschöpfung der Zentralbanken des Eurosystems ist aus guten Gründen untersagt.

Man hat den Eindruck, dass die EZB in ihrer Strategie die Entwicklung der Geldmenge hinsichtlich deren Wirkung auf das Wirtschaftswachstum und die Inflation als nicht mehr so bedeutsam (wie das etwa in den 1980er-Jahren und darüber hinaus noch der Fall war) einschätzt. Stimmt das?
Die Entwicklung der Geldmenge hat nicht mehr die herausgehobene Bedeutung, die sie vor der Jahrtausendwende und in den ersten Jahren nach Einführung der Währungsunion hatte. Ein Grund dafür ist, dass der Informationsgehalt der Geldmengenentwicklung für die zukünftige Inflation abgenommen hat. Kurzfristige Schwankungen der Geldmenge sind stark durch Umschichtungen der Anlageportfolios von privaten Haushalten, nichtfinanziellen Unternehmen oder Nichtbank-Finanzinstituten getrieben. Diese Umschichtungen beeinflussen aber nicht die gesamtwirtschaftliche Nachfrage und damit auch nicht die Inflation. Dies führte dazu, dass man im Eurosystem in den 2000er-Jahren die mittel- bis langfristige Entwicklung der Geldmenge stärker in den Fokus rückte. Empirische Untersuchungen haben aber gezeigt, dass sich auch der langfristige Zusammenhang zwischen Geldmengenwachstum und Inflation im Zeitverlauf verändert. Bei vergleichsweise niedrigen Inflationsraten kann er sehr schwach werden.

Um aus der Entwicklung der Geldmenge nützliche Informationen für die Geldpolitik zu gewinnen, muss diese gemeinsam mit der Entwicklung anderer Variablen aus dem finanziellen Bereich analysiert werden. Das Geldmengenwachstum ist deshalb nicht mehr ein herausgehobener Indikator, sondern eine wichtige Variable in einer ganzen Reihe von Daten, die für die geldpolitische Analyse genutzt werden. Wegen dieser breiteren Perspektive spricht der EZB-Rat anstatt von der »monetären Analyse« inzwischen von der »monetären und finanziellen Analyse« (*Deutsche Bundesbank, Von der monetären Säule zur monetären und finanziellen Analyse, Monatsbericht, Januar 2023).*

Herr Dr. Nagel, wir danken Ihnen für dieses Gespräch.

Schlüsselbegriffe

- Geldfunktionen
- Bargeld
- Buch- oder Giralgeld
- Zentralbankgeld
- Geschäftsbankengeld
- Kryptowährungen
- Digitaler Euro
- Geldmenge M1, M2, M3
- Geldschöpfung und -vernichtung
- multiple Geldschöpfung
- Geldangebot und -nachfrage
- Transaktions-, Vorsichts- und Spekulationskasse
- EWU, EZB, ESZB
- Eurosystem
- geldpolitische Instrumente
- Geldmarkt
- Offenmarktpolitik
- Ständige Fazilitäten
- Mindestreservesatz
- Quantitative Easing
- Quantitative Tightening
- Mengen- und Zinstender
- Wirkungskanäle der Geldpolitik
- Zinseffekt
- Vermögenseffekt
- Wechselkurseffekt
- Investitionsfalle
- Liquiditätsfalle
- Geldmengensteuerung
- Quantitätsgleichung
- Neoquantitätstheorie
- Preisstabilität
- Zwei-Säulen-Strategie
- Grüne Geldpolitik

Kontrollfragen

1. *Welche drei Funktionen hat Geld?*
2. *Benennen Sie Pro und Kontra von Kryptowährungen.*
3. *Inwiefern kann die Obergrenze für den digitalen Euro eine expansive Geldpolitik erleichtern?*
4. *Wie ist die Geldmenge M3 definiert?*
5. *Was versteht man unter aktiver Giralgeldschöpfung?*
6. *Erläutern Sie, warum die Kreditinstitute nicht in der Lage sind, sämtliche Kundeneinlagen auf einmal auszuzahlen.*
7. *Welche Motive der Geldnachfrage können unterschieden werden?*
8. *Was bedeutet es, die Geldmenge sei endogen?*

9. *Welche EU-Länder sind derzeit Mitglieder der EWU, welche gehören dem EWS II an?*
10. *Erläutern Sie die Organisation und Aufgaben des Eurosystems.*
11. *Warum gilt die Europäische Zentralbank als unabhängig?*
12. *Beschreiben Sie die Vorgehensweise bei einem kontraktiven Wertpapierpensionsgeschäft.*
13. *Was versteht man unter quantitativer Lockerung/Straffung?*
14. *Wie unterscheiden sich Zins- und Mengentender?*
15. *Über welche Kanäle wirkt die Geldpolitik auf die Realwirtschaft?*
16. *Erläutern Sie die Zwei-Säulen-Strategie der EZB.*
17. *Inwiefern hat sich die Durchschlagskraft der Geldpolitik in den letzten Jahrzehnten geändert?*
18. *Auf welche Weise betreibt die EZB »grüne Geldpolitik«?*

Literaturhinweise

Belke, A.; Duwendag, D. u. a.: Geldtheorie und Geldpolitik in Europa. Eine problemorientierte Einführung mit einem Kompendium monetärer Fachbegriffe, 6. Aufl., Berlin 2016

Deutsche Bundesbank: Monatsberichte (monatlich seit 1957), Geschäftsberichte (jährlich Anfang Mai)

Europäische Zentralbank: Die einheitliche Geldpolitik in Stufe 3. Allgemeine Regelungen für die geldpolitischen Instrumente und Verfahren der ESZB, Frankfurt a. M. 2002

Europäische Zentralbank: Monatsberichte (monatlich seit 1999), insbes. Monatsbericht Mai 1999 (zu ersten Erfahrungen mit der Geldpolitik der EZB), Jahresberichte (jährlich Anfang Mai)

Görgens, E.; Ruckriegel, K.: Europäische Geldpolitik, 6. Aufl., Stuttgart 2014

Issing, O.: Einführung in die Geldtheorie, 15. Aufl., München 2014

Issing, O.: Einführung in die Geldpolitik, 6. Aufl., München 1996

Mussel, G.: Grundlagen des Geldwesens, 8. überarbeitete und erweiterte Aufl., Sternenfels 2020

8 Money on the Move – Finanzmärkte und Börse

»Die ganze Börse hängt nur davon ab, ob es mehr Aktien gibt als Idioten oder mehr Idioten als Aktien.«
André Kostolany

Lernziele

- Sie wissen, welche Funktionen die Finanzmärkte erfüllen und welche Teilmärkte sie umfassen.
- Sie kennen die Produkte und Akteure auf den Finanzmärkten.
- Sie wissen, wie die Börse funktioniert, welchen Nutzen sie hat und kennen die Bestimmungsgründe von Wertpapierkursen und Zinsen.
- Sie kennen die wichtigsten Einflussfaktoren des Aktienmarktes und Börsenindizes.
- Sie verstehen, wie es zu Finanzkrisen kommen kann, und können deren Verlauf und mögliche Konsequenzen beurteilen.
- Sie sind mit den grundlegenden Konzepten der Finanzmarkttheorie vertraut.

Der Schauspieler Manfred Krug (1937–2016) ist verschiedentlich auch als Sänger und Schriftsteller in Erscheinung getreten. Außerdem hat er in Werbekampagnen mitgewirkt, etwa für Aktien der Deutschen Telekom. Der Kurs der T-Aktie stieg nach der Börseneinführung Ende 1996 – es war damals die größte Aktienemission der europäischen Geschichte – von ungefähr 15 Euro auf über 100 Euro an und brach dann im Jahr 2000 total ein (wie viele andere Aktien der New Economy). Die Notierung stürzte bis Anfang 2001 auf 25 Euro ab (später sollte sie noch viel tiefer sinken). Einer der drei Millionen gebeutelten Kleinanleger beklagte sich daraufhin in einem persönlichen Brief bei Krug und gab diesem sozusagen eine gewisse Mitschuld an seinen Verlusten. Die von Manfred Krug formulierte Antwort ging durch die Presse. Sie enthielt neben einigen mehr oder weniger freundlichen Kommentaren folgenden Vierzeiler:

> »Manchmal stehen die Aktien hoch,
> und manchmal stehen sie niedrich,
> ein Auf und Ab, grad wie beim Arsch
> vom alten Kaiser Friedrich.«

Der Kleinanleger, so hieß es, soll diese Zeilen als Ohrfeige empfunden haben.

In diesem Kapitel wenden wir uns den Finanzmärkten zu. Sie bilden die Drehscheibe der Kapitalvermittlung zwischen Sparern (Kapitalanbietern) und Investoren (Kapitalnachfragern). Aufgrund der riesigen Geldvolumina, die hier bewegt werden, und wegen der großen Kursschwankungen stehen die Finanzmärkte teilweise im Ruf eines »globalen Spielkasinos«. Wir fragen uns: Wofür sind Finanzmärkte gut? Wie sehen sie aus? Wer dreht hier das große Rad? Zentraler Fixpunkt der Finanzmärkte ist die Börse. Was geht dort eigentlich vor? Wie kommt es zu Finanzkrisen? Ist das alles noch vernünftig?

Unser Interviewpartner am Ende des Kapitels ist der Kapitalmarktexperte Hans-Peter Burghof. Wir fragen ihn unter anderem nach der Macht der Banken.

8.1 Der Weltfinanzhund – Finanzmärkte und ihre Funktionen

Das Geschehen an den Finanzmärkten gilt gemeinhin als komplex und schwer durchschaubar. Um es zu begreifen, ist es zweckmäßig, die Wirtschaft in zwei Bereiche aufzuspalten (siehe Abbildung 8-1). Auf der einen Seite können alle Wirtschaftsteilnehmer zusammengefasst werden, die – in einem bestimmten Zeitraum – mehr einnehmen als ausgeben. Typischerweise handelt es sich hierbei um private Haushalte. In Höhe ihres Finanzierungsüberschusses kommt es zu einem *Kapitalangebot* (es sei denn, das Geld wird im Sparstrumpf gehortet). Dem gegenüber stehen die Wirtschaftsakteure, deren Einnahmen nicht zur Deckung ihrer Ausgaben reichen. Sie haben ein Finanzierungsdefizit, das mit einer gleich hohen *Kapitalnachfrage* verbunden ist. Zu dieser Kategorie zählen die meisten Unternehmen sowie der Staat. Aufgabe der »Finanzintermediäre« – das sind vor allem Banken und weitere so genannte institutionelle Anleger wie Versicherungen, Bausparkassen und Fondsgesellschaften – ist es, die finanziellen Mittel von den Kapitalanbietern zu den Kapitalnachfragern zu transportieren. Die Plattform, auf der dieser Transport stattfindet, sind die *Finanzmärkte*.

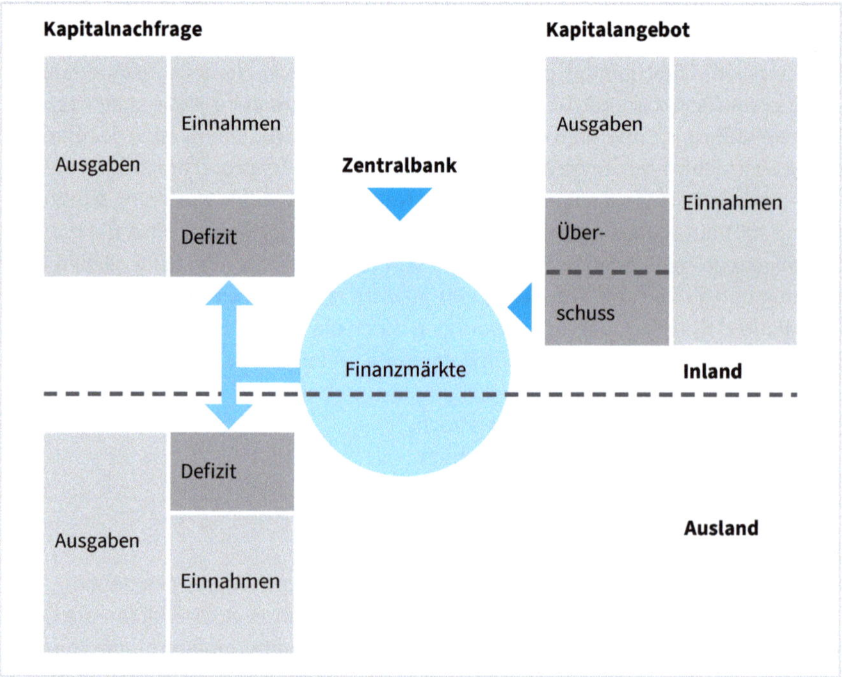

Abb. 8-1: Kapitalvermittlung auf Finanzmärkten

Primärmarkt

Die erstmalige Zurverfügungstellung der Finanzmittel geschieht auf dem *Primärmarkt*. Die Kapitalnehmer erhalten das Geld entweder von den Banken (die sich beispielsweise über Kundeneinlagen refinanzieren) oder durch Ausgabe (Emission) von Wertpapieren. Im letzteren Fall fungieren häufig Banken als Mittler, die die Papiere bei den Anlegern platzieren und den Emissionserlös weiterleiten (»Investment Banking«). Und was ist, wenn ein Anleger sein in Wertpapieren gebundenes Geld rasch wieder benötigt? Dann verkauft er es auf dem *Sekundärmarkt*, auf dem umlaufende Finanzinstrumente gehandelt werden. Der Sekundärmarkt hat die wichtige Funktion, einen Wechsel der Finanziers zu ermöglichen, ohne dass das Schuldnerunternehmen in seinem Bestand gefährdet wird.

Der durch Rechtsnormen organisierte Marktplatz für den Wertpapierhandel ist die *Börse*. Es wird aber auch außerhalb der Börse via Telefon gehandelt. An der Börse werden die Einschätzungen der Marktteilnehmer, etwa eine Aktie betreffend, im Kurswert zusammengefasst. Die Marktkurse bilden eine wichtige Information für die Geldanleger (*Informationsfunktion*). Darüber hinaus haben die Finanzmärkte weitere Funktionen: *Losgrößentransformation* bedeutet, dass viele kleine Anlagebeträge (von den Banken) gebündelt werden, um die Finanzierung sehr großer Investitionen zu ermöglichen. Unter *Fristentransformation* versteht man, dass kurzfristig, etwa für wenige Monate angelegte Gelder den Unternehmen für längere Zeiträume, im Extremfall mehrere Jahrzehnte, zur Verfügung gestellt werden (oder umgekehrt). *Risikotransformation* bewirkt, dass das Risiko eines Unternehmens von vielen Anlegern gemeinsam getragen wird. Ist eine Bank zwischengeschaltet, die Spargelder hereinnimmt und auf eigene Rechnung ausleiht, so übernimmt sie das Kreditrisiko ganz. Finanzmärkte ermöglichen es den einzelnen Anlegern daneben, ihre Mittel auf verschiedene Investitionsobjekte zu streuen und so das Risiko zu reduzieren. Außerdem existieren »derivative« Finanzprodukte, mit deren Hilfe Risiken abgesichert werden können.

Sekundärmarkt

Das Kapitalangebot einer Volkswirtschaft resultiert aus dem Finanzierungsüberschuss der Wirtschaftseinheiten, deren Konsum- und Investitionsausgaben kleiner sind als ihre Einnahmen. Typischerweise sind das die privaten Haushalte. Die Kapitalnachfrage dient der Deckung von Finanzierungsdefiziten (typischerweise der Unternehmen und des Staates). Aus Kapitel 2 wissen wir, dass man diese gesamtwirtschaftliche »Finanzierungsgleichung« auch in Termini der Spar- und Investitionstätigkeit ausdrücken kann (siehe Kapitel 2.4). Ersparnis ist der Überschuss der Einnahmen über die Konsumausgaben. Gesamtwirtschaftlich wird die Ersparnis des Sektors Private Haushalte durch Banken und andere Kapitalmittler auf den Finanzmärkten angeboten. Die Unternehmen und der Staat entfalten demgegenüber Kapitalnachfrage zur Finanzierung ihrer Investitionen (wenn Kapital für Konsumzwecke nachgefragt wird, verkleinert sich die Ersparnis!). Spart ein Land insgesamt mehr, als es investiert, so realisiert es einen gesamtwirtschaftlichen Finanzierungsüberschuss. Das ist die Situation, die wir in Abbildung 8-1 angenommen haben. Der gesamtwirtschaftliche Finanzierungsüberschuss eines Landes entspricht – grob gesprochen – seinem Überschuss in der Leistungsbilanz. In gleicher Höhe stellt dieses Land der übrigen Welt Kapital zur Verfügung (Nettokapitalexport). Auf den *internationalen Finanzmärkten* werden diese Mittel in die übrige Welt transportiert, welche – insgesamt gesehen – ein entsprechendes Leistungsbilanzdefizit aufweist und in gleicher Höhe Kapital benötigt (Nettokapitalimport). Das weltweit mobile Finanzkapital sucht dabei immer die ökonomisch attraktivste Verwendung, was zu starken Schwankungen (»Volatilität«) der internationalen Kapitalströme führen kann. Die Wirkungen, die sich daraus für die nationalen Zinsen, Wertpapier- und Währungskurse sowie für die Konjunktur und Beschäftigung in den betroffenen Ländern ergeben, können erheblich sein. Skeptiker des freien Kapitalverkehrs sprechen gerne vom »Weltfinanzhund, der mit dem Schwanz der Güterwirtschaft wedelt«.

8.2 New York, London, Tokio – zur Struktur der Finanzmärkte

Nationale Finanzmärkte

Finanzmärkte lassen sich in nationale und internationale Märkte einteilen. An *nationalen Finanzmärkten* handeln ausschließlich Inländer allein in der Währung ihres Landes. Es ist diesbezüglich sinnvoll, die Teilnehmerstaaten der Europäischen Währungsunion zu einem Land (Euroland) zusammenzufassen. Ein Beispiel für ein Geschäft am nationalen Finanzmarkt wäre dann etwa, dass eine deutsche Bank einen Kredit in Euro an ein französisches Unternehmen vergibt.

Üblich ist des Weiteren die Unterscheidung nach den Marktteilnehmern und der Fristigkeit der Finanzmittel (siehe Abbildung 8-2): Auf dem *Geldmarkt im engeren Sinne* finden Geldgeschäfte zwischen der Europäischen Zentralbank (EZB) und den Geschäftsbanken statt. Größtenteils nehmen Geschäftsbanken Kredite bei der EZB auf. Seltener legen Geschäftsbanken überschüssiges Zentralbankgeld bei der EZB an. (In Krisenzeiten allerdings parken die Kreditinstitute teilweise große Beträge auf ihren Zentralbankkonten.) Die EZB-Kredite sind überwiegend mit Geld- oder Kapitalmarktpapieren abgesichert. Die EZB kauft und verkauft im Rahmen ihrer Liquiditätssteuerung zudem Geld- und Kapitalmarktpapiere von den bzw. an die Geschäftsbanken. Das zweite Segment des Geldmarktes bildet der *Interbankenhandel*. Hier leihen sich die Geschäftsbanken gegenseitig Zentralbankgeld (also Guthaben, die sie bei der Zentralbank unterhalten) für einen Zeitraum von einem Tag bis zu einem Jahr. Schließlich findet auf dem Geldmarkt die *Emission*, also die erstmalige Ausgabe, neuer Papiere sowie der *Handel mit Geldmarktpapieren* statt; Teilnehmer sind außer den Banken einige große Unternehmen aus Industrie, Handel und Versicherungswirtschaft sowie die öffentliche Hand.

Die Märkte für *Bankkredite und -einlagen* umfassen die normalen Kreditbeziehungen zwischen Geschäftsbanken und ihren Kunden. Zum Markt für langfristige Finanzierungen (Laufzeit von mehr als vier Jahren) gehören zum einen die *Kapitalmärkte*. An ihnen werden Wertpapiere gehandelt, also Aktien, Bank-, Industrie- und Staatsobligationen (Anleihen) sowie Anteile an Investmentfonds. Hinzu kommen die Märkte für *Hypothekendarlehen*.

Internationale Finanzmärkte

Typisch für *internationale Finanzmärkte* ist, dass die Marktteilnehmer aus unterschiedlichen Ländern stammen oder dass neben der Inlandswährung in verschiedenen anderen Währungen gehandelt wird. Zum internationalen Finanzmarkt zählen die traditionellen *Außenmärkte*, an denen beispielsweise eine deutsche Bank einer koreanischen Bank (Geldmarktgeschäft) oder einem koreanischen Unternehmen (Kreditgeschäft) einen Kredit in Euro (also in aus Gläubigersicht heimischer Währung) ausreicht. Solche Auslandskredite gibt es schon sehr lange, ebenso wie die klassischen Auslandsanleihen, also etwa in Deutschland platzierte, auf Euro lautende Anleihen einer koreanischen Firma.

Euromärkte

Geradezu explosionsartig haben sich daneben die *Euromärkte* entwickelt. Um Missverständnissen vorzubeugen: Es handelt sich hierbei *nicht* um die Märkte für auf die europäische Währung »Euro« lautende Kreditbeziehungen. Auf dem Euromarkt werden generell Währungen außerhalb ihres Ursprungslandes gehandelt. Ein Beispiel wäre ein auf japanische Yen lautender Kredit einer deutschen Bank an einen Kreditnehmer aus Brasilien oder sonst wo. Entscheidend ist, dass die benutzte Währung aus Sicht des Gläubigers (der Bank) eine Fremdwährung ist. Solche Geschäfte werden in allen frei konvertierbaren Währungen durchgeführt. Man nennt sie Eurowährungen – also Euro-Yen, Euro-Dollar etc. Kurioserweise gibt es folglich auch »Euro-Euro«. Der Eurokapitalmarkt schließlich ist der Markt für Anleihen und Aktien, die von internationalen Bankenkonsortien meist gleichzeitig in mehreren Ländern platziert werden.

Der Vorteil des Euromarktes besteht darin, dass er nicht von einer Währungsbehörde reglementiert wird. Teilweise sind Finanztransaktionen in fremden Währungen steuerlich begünstigt (etwa wenn es keine Quellensteuer auf Kapitalerträge gibt). Zentren des Euromarktgeschehens sind London, Luxemburg, Tokio, Hongkong, Singapur und New York. Eine bedeutende Rolle spielen zudem die Bahamas und die Cayman Islands. An diesen *Offshore*-Plätzen sind etwa 600 Auslandsbanken registriert.

<table>
<tr><th colspan="3">Märkte für kurz- und mittelfristige Kredite</th><th colspan="4">Märkte für langfristige Finanzierungen</th></tr>
<tr><td colspan="2">Geldmärkte</td><td rowspan="3">Märkte für Bankkredite und Bankeinlagen</td><td colspan="3">Kapitalmärkte</td><td rowspan="3">Märkte für Hypothekendarlehen</td></tr>
<tr><td>Geldmarkt im engeren Sinne</td><td>Interbankenhandel</td><td rowspan="2">Anleihen</td><td rowspan="2">Aktien</td><td rowspan="2">Investmentfonds</td></tr>
<tr><td colspan="2">Emission von und Handel mit Geldmarktpapieren</td></tr>
</table>

Abb. 8-2: Einteilung der Finanzmärkte (Kassamärkte)

Der Euroraum-Geldmarkt ist das Operationsfeld der EZB

Der Euroraum-*Geldmarkt* (im engeren Sinne) ist das Operationsfeld der europäischen Geldpolitik. Durch Wertpapierpensionsgeschäfte und den definitiven An- und Verkauf von Geld- und Kapitalmarktpapieren steuert die EZB die Liquidität der Geschäftsbanken und beeinflusst so deren Fähigkeit zur Kreditvergabe und damit zur Geldschöpfung (siehe Kapitel 7.8). Aufgrund seiner Bedeutung sei der Geldmarkt hier noch etwas näher betrachtet.

Die Konditionen, die die EZB für Wertpapierpensionsgeschäfte und für den An- bzw. Verkauf von Geld- und Kapitalmarktpapieren stellt, beeinflussen auch die Zinssätze, zu denen sich die Geschäftsbanken Zentralbankgeld in Form von Tagesgeld und Termingeld (bis zu 12 Monaten) beschaffen können. Diese Geldmarktsätze werden täglich in den einschlägigen Finanzzeitungen und -portalen (Handelsblatt, Financial Times, F.A.Z. etc.) veröffentlicht. Weil sie zwischen Banken gelten, heißen sie »Interbank Offered Rates«. Der *Euribor* (European Interbank Offered Rate) wird für Laufzeiten von einer Woche sowie von einem bis hin zu zwölf Monaten bestimmt und errechnet sich aus den Geldmarktsätzen ausgewählter Banken, vorwiegend des Euroraums. Der ESTR (European Short Term Rate) ist der von der Europäischen

Zentralbank ermittelte durchschnittliche Tagesgeldsatz. Er und die Euribor-Sätze sind wichtige Orientierungsgrößen für die geldpolitischen Entscheidungen der EZB.

8.3 Finanzmarktprodukte von A wie Anleihen bis Z wie Zertifikate

Geldmarktpapiere

Auf Finanzmärkten wird Eigen- und Fremdkapital von den Kapitalanbietern zu den Kapitalnachfragern transportiert. Vielfach werden die dabei entstehenden Zahlungsansprüche in Wertpapieren »verbrieft« und sind dadurch handelbar (fungibel), das heißt, ihr Besitzer kann sie vor dem Laufzeitende verkaufen. In diesem Modul möchten wir die wichtigsten Wertpapiere kurz erläutern (siehe Abbildung 8-3). *Geldmarktpapiere* haben eine Laufzeit von weniger als einem Jahr, in Ausnahmefällen auch bis zu zwei Jahren. Typische Geldmarktpapiere sind EZB-Schuldverschreibungen, von Bund und Ländern emittierte Schatzwechsel sowie unverzinsliche Schatzanweisungen des Bundes (auch U-Schätze bzw. »Bubills« genannt; die Zinszahlung erfolgt – wie bei Schatzwechseln – dadurch, dass die Papiere abgezinst begeben und zum Nennwert getilgt werden). Erhebliche Bedeutung haben daneben Geldmarktpapiere privater Emittenten (Schuldner). Hierzu gehören Commercial Papers und Certificates of Deposits. Bei ersteren handelt es sich um abgezinst emittierte Schuldverschreibungen von bonitätsstarken, erstklassigen Industrieunternehmen. Letztere sind von Banken emittierte, handelbare Inhaberpapiere über (bei ihnen unterhaltene) Termineinlagen (Einlagenzertifikate). Auf den internationalen Finanzmärkten spielen des Weiteren so genannte Euronotes eine erhebliche Rolle. Der Emittent erhält hier die Möglichkeit, sich durch die revolvierende Platzierung dieser kurzfristigen Papiere (Laufzeit ein bis sechs Monate) über einen längeren Zeitraum (mehrere Jahre) zu Geldmarktbedingungen zu finanzieren.

Anleihen

Anleihen, auch Schuldverschreibungen oder Obligationen genannt, gehören zu den *Kapitalmarktpapieren*, deren Laufzeit typischerweise 4 bis 10, zum Teil auch 15 bis 30 Jahre beträgt. Es gibt sogar »ewige Anleihen«, die erst getilgt werden, wenn sich der Emittent rechtlich auflöst. Der Käufer einer Anleihe stellt dem Schuldner (Emittent der Anleihe) Kapital zur Verfügung und erhält dafür Zinsen. Spätestens am Ende der Laufzeit muss der Schuldner das geliehene Geld wieder zurückzahlen. Der deutsche Anleihemarkt wird häufig auch als »Rentenmarkt« bezeichnet. Banken geben beispielsweise Pfandbriefe aus, die nach gesetzlichen Vorgaben mit Staatskrediten oder Hypothekenkrediten besichert sind. Sie emittieren Kommunalobligationen zur Refinanzierung ihrer Kredite an die Gemeinden. Daneben gibt es Schuldverschreibungen von Kreditinstituten mit Sonderaufgaben (z. B. KfW Bankengruppe) und sonstige Bankschuldverschreibungen. Industrieanleihen bzw. -obligationen umfassen alle mittel- bis langfristigen Schuldverschreibungen des privaten Nichtbankensektors. Die öffentliche Hand emittiert Schuldverschreibungen zur Deckung ihres Kapitalbedarfs. Die betreffenden (deutschen) Wertpapiere werden unterteilt in Bundesanleihen, Bundesobligationen, Bundesschatzanweisungen und Finanzierungsschätze.

Bei den allermeisten Anleihen wird der Nennwert (Kreditbetrag der Anleihe) vom Emittenten an einem festen Tilgungstermin zurückbezahlt. Man bezeichnet diese Form als *gesamtfällige Anleihe*. Demgegenüber ist bei einer *Annuitätenanleihe* festgeschrieben, dass der Emittent in regelmäßigen Abständen, zum Beispiel jährlich einmal, einen festen Geldbetrag (Zins- und Tilgungszahlung) an die Anleihebesitzer bezahlt. Mit der letzten Rate erlischt die Anleihe. Daneben gibt es *vorzeitig kündbare Anleihen*. Hier wird ein spätester Tilgungstermin festgelegt. Der Emittent lässt sich aber das Recht einräumen, auch vorzeitig tilgen zu können.

Ausgestaltung von Anleihen

Geldmarktpapiere	Kapitalmarktpapiere	Innovationen
• EZB-Schuldverschreibungen • Schatzwechsel • unverzinsliche Schatzanweisungen • Commercial Papers • Certificates of Deposit • Euronotes	**Anleihen** • Pfandbriefe • Kommunalobligationen • Bankschuldverschreibungen • Industrieobligationen • Bundesanleihen, -obligationen, -schatzanweisungen • Finanzierungsschätze **Aktien**	**Instrumente zum Handel mit Kreditrisiken** • Strukturierte Produkte • Kreditderivate **Zertifikate** • Anlagezertifikate • Hebelprodukte **Digitale Vermögenswerte**

Abb. 8-3: Wichtige Wertpapiere

Die größte Gruppe von Anleihen am deutschen Rentenmarkt sind *festverzinsliche Anleihen*. Bei diesen zahlt der Schuldner regelmäßig (meist jährlich) den Gläubigern einen festen Prozentsatz an Zinsen (Kupon). Unternehmen emittieren des Öfteren niedrig verzinsliche Anleihen, die indes noch mit Rechten zum Bezug von Aktien dieser Unternehmungen ausgestattet sind. So erhält der Anleger bei *Wandelanleihen* das Recht, den Tilgungsbetrag der Anleihe innerhalb einer bestimmten Frist und zu einem bestimmten Kurs in Aktien des betreffenden Unternehmens umzutauschen. *Optionsanleihen* sind mit Optionsscheinen versehen, die den Anleihekäufer zum (zusätzlichen) Kauf einer Aktie des Unternehmens zu einem festen Basispreis innerhalb einer bestimmten Periode berechtigen.

Variabel verzinsliche Anleihen werden häufig »Floater« genannt. Bei ihnen ändert sich der Zinssatz zu festen Zeitpunkten, meist alle drei bzw. sechs Monate, entsprechend der Entwicklung eines Referenzzinssatzes am Geldmarkt (meist Drei- bzw. Sechsmonats-Euribor, siehe Kapitel 8.2). Es können aber auch Zinsobergrenzen (»Caps«) oder Zinsuntergrenzen (»Floors«) vereinbart werden. Sonderformen variabel verzinslicher Anleihen sind etwa »Reverse Floater«, bei denen sich der Kupon gegenläufig zum Geldmarktzins entwickelt. Bei »Stufenzinsanleihen« steigt oder fällt der Zins von Jahr zu Jahr nach einem festgelegten Rhythmus. Bei »Zinsphasenanleihen« wechseln Perioden mit festen und Perioden mit variablen Zinsen. Bei »Indexanleihen« hängt der Zinssatz von der Entwicklung zum Beispiel eines Aktienindexes oder Wechselkurses ab.

Anleihen, bei denen der Schuldner während der Laufzeit überhaupt keine Zinszahlungen leistet, heißen Zero-Anleihen bzw. *Zero-Bonds*. Die »Zinszahlung« für den Anleger erfolgt dadurch, dass der Kaufpreis der Anleihe (deutlich) niedriger liegt als der Tilgungsbetrag am Ende. Kauft ein »Euroländer« eine Anleihe, die nicht auf Euro lautet, so handelt es sich um eine *Fremdwährungsanleihe*. Da die betreffende Währung gegenüber dem Euro abwerten kann, ist der Kauf einer Fremdwährungsanleihe mit einem Währungsrisiko verbunden.

Aktien

Mit der Begebung von Anleihen nehmen die Emittenten Fremdkapital auf. Im Gegensatz hierzu bilden Aktien eine Form der Eigenfinanzierung. Eine *Aktie* ist ein Wertpapier, das einen Anteil am Grundkapital einer Aktiengesellschaft verbrieft. Wirtschaftlich bedeutet der Erwerb einer Aktie, dass der Aktionär einen bestimmten Geldbetrag für unbegrenzte Zeit zur Verfügung stellt. Als Gegenleistung erhält der Aktionär (wenn es gut läuft) einen Gewinnanteil aus dem Reingewinn der AG (Dividende). Aktien werden deshalb als »Dividendenwerte« bezeichnet.

Mischformen

Neben Anleihen und Aktien gibt es Mischformen dieser beiden Wertpapiere, so genannte *Hybride*. Man bezeichnet sie auch als Mezzanine-Kapital (italienisch: »im Zwischengeschoss«). Sie beinhalten einerseits eine regelmäßige Verzinsung (wie Anleihen) und andererseits die Möglichkeit von Kursgewinnen und -verlusten bis hin zum Risiko eines Totalausfalls (wie Aktien). Auf *Genussscheine* bzw. *-rechte* müssen die Firmen feste Zinsen zahlen, allerdings entfällt die Zinszahlung im Verlustfall. Anders als Kredite werden Genussrechte zudem bei einer Insolvenz nachrangig bedient.

Aktienanleihen bieten den Anlegern zwar meist einen recht hohen Kupon, doch nicht die Sicherheit einer Anleihe. Die Rückzahlung ist abhängig vom Kurs der zugrunde liegenden Aktie. Der Emittent entscheidet am Laufzeitende, ob er die Anleihe zum Nennwert – sprich zu 100 Prozent – zurückzahlt oder eine bestimmte Anzahl von Aktien liefert. Falls der Basiswert, auf den sich das Papier bezieht – etwa eine Allianz-Aktie – zum Ende der Laufzeit unterhalb einer vereinbarten Kursschwelle notiert, bekommt der Anleger meist statt des Bargeldes die Aktien geliefert (er hat dadurch immerhin noch die Chance, dass sich der Kurs später wieder erholt). Nur der Zinskupon fließt den Anlegern unabhängig vom Aktienkurs auf jeden Fall in bar zu.

Anteile an Investmentfonds

Neben den bisher genannten Wertpapieren können Geldanleger *Anteile an Investmentfonds* erwerben. Diese setzen sich aus verschiedenen Einzelwerten (Anleihen, Aktien, Geldmarktpapiere, Rohstoffe, Immobilien etc.) zusammen und ermöglichen so eine Verringerung des Anlagerisikos durch Diversifikation (Streuung).

Instrumente zum Handel mit Kreditrisiken

Wenn Kredite notleidend werden, muss die Bank als Gläubiger die Verluste tragen, das heißt Abschreibungen vornehmen. Früher war es üblich, dass Banken die Kredite bis zum Ende der Laufzeit auf ihren Büchern hielten. Ausgehend von den USA begannen die Banken indes in den 1980er-Jahren damit, Kredite in handelbare Finanzierungsinstrumente umzuwandeln. Dieser Trend hat sich in der Folgezeit rapide verstärkt. Eine solche nachträgliche »Verbriefung« von Krediten macht es möglich, Investoren aus aller Welt zu finden und das Kreditrisiko an diese abzugeben. Insofern ist diese Finanzinnovation für das Risikomanagement von Banken sehr attraktiv.

Andererseits beinhaltet der Handel mit Krediten erhebliche eigene Risiken. Die Möglichkeit, Kreditrisiken zu verkaufen, kann Banken dazu verleiten, bei der Kreditvergabe allzu großzügig zu entscheiden. Außerdem sind die Risiken der den Wertpapieren zugrunde liegenden Ursprungsgeschäfte (Kredite) aufgrund der komplexen Verbriefungsprozesse für die Investoren teilweise kaum noch zu erkennen bzw. zu beurteilen. Die weltweiten Folgen dieser Problematik wurden anhand der »Subprime-Krise« in den USA, die im Jahr 2007 begann und sich zu einer weltweiten Finanz- und Wirtschaftskrise auswuchs, deutlich sichtbar (siehe Kapitel 4.3).

Zu den wichtigsten Instrumenten des Kreditrisikotransfers zählen die so genannten *strukturierten Produkte* Asset Backed Securities (ABS), Mortgage Backed Securities (MBS) und Collateralized Debt Obligations (CDO). Hinzu treten bestimmte *derivative* (abgeleitete) *Finanzinstrumente.*

Bei *Asset Backed Securities (ABS)* handelt es sich um Wertpapiere (*Securities*), die von Forderungen (*Assets*) gedeckt (*backed*) sind. ABS sind beispielsweise mit Forderungen aus Automobilkrediten und Kreditkartengeschäften unterlegt. Die Grundidee von ABS-Transaktionen ist einfach: An eine für ABS gesondert zu gründende unabhängige Zweckgesellschaft (special purpose vehicle) werden Forderungen verkauft. Die Zweckgesellschaft begibt dann eine Anleihe, die mit eben jenen Forderungen gedeckt ist und am Ende ihrer Laufzeit aus den Rückflüssen der fällig werdenden Forderungen getilgt wird.

Während Asset Backed Securities allgemein die Verbriefung von Zahlungsansprüchen aus einem Pool bestimmter Finanzaktiva in handelbare Wertpapiere darstellen, zeichnen sich *Mortgage Backed Securities (MBS)* dadurch aus, dass sie mit grundpfandrechtlich besicherten Hypothekendarlehen unterlegt sind. Auch *Collateralized Debt Obligations (CDO)* bilden spezielle Ausprägungen einer ABS-Konstruktion. Ihre Besonderheit liegt u.a. darin, dass das zugrunde liegende Portfolio von Assets deutlich kleiner ist. Während ABS-Transaktionen i.e.S. meist mehr als 4.000 Namen bzw. Schuldner umfassen, besteht ein CDO-Basket aus höchstens 250 Referenzwerten.

Neben den beschriebenen originären Finanzinstrumenten werden zur Risikointermediation auch *Kreditderivate* eingesetzt. Kreditderivate machen es möglich, einzelne Kredite, aber auch mehrere Kredite unterschiedlicher Kreditnehmer bzw. Kreditportfolien abzusichern. Die weltweit am meisten verbreiteten Kreditderivate sind *Credit Default Swaps (CDS)*. Dabei handelt es sich um eine Art Kreditausfallversicherung. Mit dem Abschluss eines CDS verpflichtet sich der Sicherungsgeber, bei Eintritt eines Ereignisses, das vorher exakt definiert wurde, eine Ausgleichszahlung an den Sicherungsnehmer zu leisten. Dafür erhält er vom Sicherungsnehmer eine Prämie. Wie ein CDS funktioniert, sei an folgendem *Beispiel* veranschaulicht:

Beispiel für einen Credit Default Swap

Bank A besitzt griechische Anleihen über 1 Million Euro, gegen deren Ausfall sie sich versichern will. A kauft einen fünfjährigen CDS von Bank B und zahlt eine Prämie von 35.800 Euro im Jahr; im Gegenzug ist B bereit, A 1 Million Euro zu erstatten, falls Griechenland seine Anleihe nicht zurückzahlt.

Spekulation mit CDS

Die meisten CDS werden für Versicherungsbeträge zwischen 5 und 50 Millionen Euro abgeschlossen; die Laufzeit beträgt meist mehrere Jahre. Die Preisfeststellung für CDS erfolgt fortlaufend. Das Beispiel zeigt den Fall, in dem sich ein Gläubiger mit dem Kauf eines CDS gegen einen Zahlungsausfall des Schuldners *absichert.* Allerdings kann man CDS auch kaufen, wenn man gar keine entsprechenden Forderungen besitzt (so genannte *ungedeckte* Kreditausfallversicherungen). Der Käufer bekäme somit etwa im Fall einer Staatspleite eine Entschädigung für einen Schaden, den er gar nicht hat. Das wurde in der Vergangenheit offenbar genutzt, um unter anderem auf eine Insolvenz Griechenlands zu wetten: Je größer das Risiko eines Zahlungsausfalls erscheint, desto höher ist nämlich der Preis (Kurs) des betreffenden CDS, was den Besitzern Gewinne beschert. Diese Marktteilnehmer nutzen CDS also zur *Spekulation.* Das ist, wie der Finanzinvestor George Soros einmal sagte, »als ob ein Brandstifter eine Feuerversicherung auf ein Haus erwirbt, das er anschließend ganz legal anzünden darf«. Denn es besteht der Anreiz, die Bonität des Schuldners durch Verbreitung nachteiliger Gerüchte »schlechtzureden«. Aus diesem Grund hat die EU ein grundsätzliches Verbot solcher ungedeckter (»naked«) CDS vereinbart.

Anlagezertifikate

Große und steigende Bedeutung haben an den Finanzmärkten so genannte *Zertifikate.* Zertifikate lassen sich grob in Anlagezertifikate und Hebelprodukte unterteilen. Die Phantasie der Emittenten ist hier nahezu grenzenlos, sodass mittlerweile eine fast unüberschaubare Flut derartiger Papiere existiert. *Anlagezertifikate* sind für konservative, längerfristig orientierte Anleger geeignet. Mit ihnen kann man auf Aktien, Indizes, Rohstoffe, Währungen oder Zinsen setzen. Es gibt sie mit oder ohne Laufzeitbegrenzung.

- Die einfachste Form von Anlagezertifikaten bilden *Indexzertifikate.* Hier wird die Wertentwicklung des Basiswertes, also des zugrunde liegenden Index, fast eins zu eins nachgezeichnet. Der DAX ist mit Abstand der beliebteste Basiswert.
- Über *Discountzertifikate* können Anleger mit einem Abschlag, also einem Rabatt, in eine Aktie oder einen Index investieren. Sie verfügen so über ein gewisses Sicherheitspolster, die Gewinnmöglichkeiten sind allerdings begrenzt.
- Bei *Bonuszertifikaten* erhält der Anleger bei Fälligkeit der Papiere einen »Bonus«, falls sich der Basiswert während der Laufzeit in einer gewissen Spanne bewegt hat.
- Bei *Garantiezertifikaten* erhalten Anleger in jedem Falle das eingesetzte Kapital zum Ende der Laufzeit wieder zurück.
- Käufer von *bedingten* Garantiezertifikaten bekommen bei einem Indexstand in Höhe oder unterhalb eines definierten Schwellenwertes am Laufzeitende nur den aktuellen Kurswert ausbezahlt.

Hebelprodukte

Anders als die genannten Anlagezertifikate sind *Hebelprodukte* für spekulativ orientierte Investoren gedacht. Sie gehören zu den so genannten »Derivaten« im weiteren Sinne und teilen sich auf in Optionsscheine und Knock-outs. Durch ihre Hebelwirkungen können Anleger – allerdings mit einem gewissen Risiko – auch mit einem kleinen Einsatz überdurchschnittliche Gewinne erzielen. Investoren können dabei auf steigende oder fallende Kurse eines Basiswertes, beispielsweise einer Aktie, einer Anleihe oder einer Währung, setzen.

- *Optionsscheine* (Warrants) sind die klassische Variante. Dabei handelt es sich um verbriefte Optionen, also Wertpapiere, die am Kassamarkt gehandelt werden (Optionen werden am Terminmarkt gehandelt). Ihr Funktionsprinzip ist das gleiche wie bei Optionen: Der Käufer erwirbt das Recht, eine bestimmte Menge eines Basiswertes an bzw. bis zu einem bestimmten Zeitpunkt zu einem im Voraus festgelegten Preis zu kaufen (Call) oder zu verkaufen (Put).
- Als *Knock-out-Papiere* (»Turbos«) werden Hebelzertifikate bezeichnet, die nahezu wertlos verfallen, falls der Basiswert bestimmte Schwellen über- oder unterschreitet. Zum Beispiel war ein von Goldman Sachs herausgegebenes Hebelzertifikat auf den Euro mit einem Hebel von 25 ausgestattet: Fällt der Euro – das heißt der in Dollar gemessene Wechselkurs des Euro – um einen Prozentpunkt, so steigt der Wert des Zertifikats um 25 Prozent. Steigt hingegen der Euro, verliert das Zertifikat entsprechend. Bei einem Kurs von 1,382 Dollar pro Euro oder höher verfällt das Papier wertlos.

Termingeschäfte

Neben den genannten Hebelprodukten umfassen Derivate hauptsächlich *Termingeschäfte* wie Swaps, Options und Futures. Hierzu sei auf die einschlägige Spezialliteratur verwiesen (siehe Literaturhinweise am Ende des Kapitels).

Digitale Vermögenswerte

Neue Möglichkeiten der Geldanlage in Form von digitalen Vermögenswerten (englisch: Security Tokens) rücken immer stärker in den Vordergrund. Ein Token repräsentiert einen Vermögenswert auf Blockchain-Basis. Das Blockchain-Verfahren basiert seinerseits auf der »Distributed-Ledger-Technologie«, einer Technologie zur Dokumentation von Transaktionen. Ein Token ist sozusagen ein »smarter« Vertrag, mit dem Kredite und Eigenkapital, aber auch Industriegüter, Kunstgegenstände, Eigentums- oder Nutzungsrechte sowie bestimmte Leistungen verbrieft werden. Tokens können mit sofortiger Wirkung ihren Besitzer wechseln, ein Mittler wie eine Bank oder die Börse ist dazu nicht mehr notwendig. Ein (weiterer) großer Vorteil von Security Tokens wird in der Teilbarkeit der Vermögenswerte in beliebig viele Tokens gesehen. Dadurch können vergleichsweise illiquide Assets (= Vermögenswerte) wie etwa Immobilien liquider gemacht werden. Auch können beispielsweise Kunstwerke so aufgeteilt werden, dass sehr viele Anleger jeweils ein kleines Stück eines ansonsten viel zu teuren Gemäldes etc. erwerben.

8.4 Heuschreckenalarm – die Akteure auf den Finanzmärkten

Vermutlich geht es den meisten Menschen so wie dem Redakteur der Zeitschrift »Spiegel« im August 2011, als – im Zusammenhang mit der EWU-Staatsschuldenkrise – die Aktienkurse einbrachen. Er bezeichnete die Finanzmärkte als »jenes merkwürdig gesichtslose Wesen …, dem die Politik nur noch hinterherhechelt«. Um ein etwas klareres Bild zu erhalten, möchten wir hier folgende zwei Fragen beantworten: *Erstens*, wer sind die Finanzmarktakteure? Und *zweitens*, was machen sie? Die Abbildung 8-4 gibt einen Überblick zu erstens.

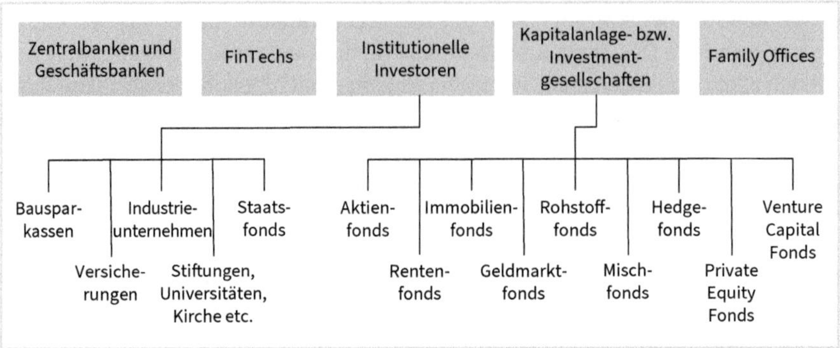

Abb. 8-4: Wichtige Finanzmarktakteure

Zentralbanken und Geschäftsbanken

Tätigkeitsfelder der Geschäftsbanken

Commercial Banking

Zentralbanken handeln im gesamtwirtschaftlichen Interesse. Ihre Aufgaben und Tätigkeiten haben wir – speziell für die EZB und die Deutsche Bundesbank – im Kapitel 7 ausführlich beschrieben. Die wichtigsten Akteure auf den Finanzmärkten sind zweifellos die *Geschäftsbanken*. Ihre Aufgabe besteht, kurz gesagt, insbesondere darin, Geld zu transportieren, zu konvertieren und zu deponieren. Der Geldtransport umfasst die Abwicklung des Zahlungsverkehrs einer Volkswirtschaft. Banken bieten die Möglichkeit von Kontoführung und Überweisung. In Form des Buchgeldes – dem Geld auf dem Girokonto der Kunden – schaffen sie selbst Zahlungsmittel, die als Geld akzeptiert werden (siehe Kapitel 7). Des Weiteren stellen sie Zahlungssysteme zur Verfügung, die den Zahlungsverkehr erleichtern, wie Kreditkarten oder das Onlinebanking. Im Zusammenhang mit der Abwicklung des internationalen Zahlungsverkehrs übernehmen die Banken auch den Währungsumtausch, das heißt, sie konvertieren fremde in die eigene Währung und umgekehrt. Daneben organisieren Banken den Kreditverkehr einer Volkswirtschaft. Kunden deponieren ihre Ersparnisse vor allem als Sicht-, Termin- und Spareinlagen bei Banken. Diese leiten die Finanzmittel als Kredite an Unternehmen, den Staat und private Haushalte weiter. Die Kreditgewährung ist neben der Abwicklung des Zahlungsverkehrs und dem Währungstausch die klassische Aufgabe einer Geschäftsbank. Man spricht vom *Commercial Banking*.

Investment Banking

Hinzu treten weitere Tätigkeiten der Banken, vor allem die Vermögensverwaltung für Kunden, die Emission und der Handel mit Wertpapieren, die Beratung bei Unternehmenszusammenschlüssen oder die Unterstützung von Unternehmen bei deren Kapitalaufnahme, etwa bei Börsengängen. Dies wird zusammenfassend als *Investmentbanking* bezeichnet. Das Investmentbanking ist ertragreicher, oft aber auch riskanter als das traditionelle Bankgeschäft. Typischerweise waren es die Investmentbanken wie Lehman Brothers, Bear Stearns oder Merrill Lynch, die an vorderster Front in die Finanzkrise 2008 verwickelt waren.

Institutionelle Investoren
Hierbei handelt es sich einmal um Unternehmen, die im Rahmen ihrer Geschäftstätigkeit (Bausparkassen, Versicherungen) Einzahlungen entgegennehmen und dieses Kapital für eine Zwischenzeit anlegen und verwalten. Hinzu treten Institutionen wie Stiftungen, Universitäten oder Kirchen, die Finanzmittel von Mitgliedern bzw. Sponsoren erhalten und diese investieren. Daneben verwalten große Industrieunternehmen wie Daimler, Volkswagen oder Siemens so genannte *Pensionskassen*. Nach dem Vorbild der angelsächsischen »Pensionsfonds« zahlen Arbeitgeber und -nehmer regelmäßig Beiträge in diese Kassen ein, und die Fondsmanager legen das Geld in Aktien oder Anleihen an. Über die Jahre entstehen so vergleichsweise große Vermögen, die nach der Pensionierung der Arbeitnehmer genutzt werden, um ihnen eine zusätzliche Betriebsrente zu zahlen. Eine bedeutende Rolle spielen auch Staatsfonds.

Kapitalanlage- bzw. Investmentgesellschaften
Dies sind spezielle Unternehmen, oft Tochtergesellschaften von Banken, die so genannte *Investmentfonds* auflegen. Ein Investmentfonds ist eine Kapitalsammelstelle – vergleichbar einem Topf –, in welchen die Sparer einen bestimmten Geldbetrag einzahlen. Im Gegenzug erhalten sie Fondsanteile auf einem Depotkonto gutgeschrieben. Im Idealfall kommen über solche Anteilsverkäufe mehrere Hundert Millionen Euro zusammen. Mit diesen gewaltigen Beträgen können die Fondsmanager große Mengen an Wertpapieren oder Immobilien kaufen. Fondsanleger erwerben einen Anteil an einem diversifizierten Portfolio und können so das Risiko reduzieren.

Je nach Schwerpunkt der Geldanlage gibt es unterschiedliche Investmentfonds. Während die Mittel eines *Aktienfonds* zum Großteil in Beteiligungspapieren, also Aktien angelegt werden, bestehen *Rentenfonds* überwiegend aus verzinslichen Wertpapieren (Anleihen). Die Manager von *Immobilienfonds* kaufen bebaute Geschäfts- und Mietwohngrundstücke, oftmals in besten Städtelagen, investieren aber auch in Wertpapiere. Bei »geschlossenen« Immobilienfonds wird Geld für ein klar definiertes Kaufobjekt eingesammelt. Ist genügend Kapital für den Erwerb vorhanden, werden keine neuen Anleger mehr zugelassen. Investmentfonds

Bei »offenen« Immobilienfonds wird das Geld in mindestens 10 unterschiedliche Objekte investiert. Höchstgrenzen für das gesamte investierte Volumen existieren nicht. Neben Aktien- und Rentenfonds zählen *Geldmarktfonds* zu den wichtigsten Produkten deutscher Investmentgesellschaften. Die Manager von Geldmarktfonds legen die ihnen zur Verfügung stehenden Mittel hauptsächlich (kurzfristig) am Geldmarkt an, das heißt in Tages- und Termingeld, Geldmarktpapieren, Schuldverschreibungen mit einer Restlaufzeit unter einem Jahr, Floating Rate Notes sowie in so genannte »Repurchase Agreements«, kurz *Repo-Geschäfte* oder einfach Repos genannt.

Im Rahmen eines Repo-Geschäfts verleiht ein Geldmarktfonds einen Teil seiner Mittel z. B. an in- und ausländische Geschäftsbanken. Letztere zahlen für den Zeitraum der Leihe Zinsen an den Fonds und hinterlegen bei diesem Wertpapiere von höchster Bonität, etwa Bundesanleihen oder Schuldverschreibungen der US-Regierung, als Sicherheit. Die Kreditnehmer müssen dem Geldmarktfonds versprechen, die Anleihen nach Ablauf einer bestimmten Frist zurückzuerwerben. Daher die Bezeichnung Repurchase-Agreement – zu Deutsch: Rückkaufvereinbarung.

Bei *Rohstoff-Fonds* handelt es sich um eine Geldanlage in ein Portfolio, das heißt eine Auswahl von Wertpapieren (meist Aktien) verschiedener Rohstoffunternehmen. Dabei wird das Kapital typischerweise an den Terminmärkten investiert (siehe Kapitel 11). *Gemischte Fonds,* in Deutschland auch als »Mischfonds« und in den USA als »Balanced Funds« bezeichnet, kombinieren mehrere Anlagekategorien miteinander, zum Beispiel Aktien, Anleihen und Immobilien.

Neben den genannten gibt es zwei weitere Investmentfonds, die in jüngerer Zeit besondere Aufmerksamkeit erregt haben. Die Rede ist von *Hedgefonds* und *Private-Equity-Fonds.*

Hedgefonds

Für viele sind das gigantische Spekulationsmaschinen, die sich mit undurchsichtigen Transaktionen bereichern und ganze Staaten in den Ruin treiben können. Aber stimmt das wirklich? Der Begriff Hedgefonds, wörtlich übersetzt heißt das »Absicherungsfonds«, ist in der Tat irreführend. Denn die meisten Hedgefonds praktizieren keine Absicherung im klassischen Sinne. Einfach ausgedrückt, sind Hedgefonds geschlossene Investmentfonds, die das Geld einer jeweils begrenzten Anzahl zumeist sehr vermögender Privatanleger sowie institutioneller Kunden investieren und verwalten. Einer der bekannteren Hedgefonds ist etwa der von dem berühmten Finanzinvestor George Soros gemanagte *Quantum-Fonds* (der seinerzeit Großbritannien aus dem Europäischen Währungssystem »herauskegelt« hat, siehe »Nachgehakt« in Kapitel 9.14). Insgesamt gibt es derzeit über 6.000 Hedgefonds weltweit, die ein Vermögen von mehr als 3 Billionen Dollar verwalten. Sie unterliegen dabei keinen gesetzlichen Anlagevorschriften, da sie sich in Ländern ansiedeln, in denen es solche Vorschriften nicht gibt (vorzugsweise sind das Offshore-Zentren wie die Cayman Islands, Panama oder bestimmte US-Bundesstaaten).

Was die Geschäftstätigkeit von Hedgefonds-Unternehmen und Beteiligungsgesellschaften (Private-Equity-Firmen, siehe unten) in der EU angeht, gelten seit Mitte 2013 bestimmte Regeln etwa hinsichtlich der Transparenz ihrer Anlagestrategie oder der Eigenkapitalausstattung. In Deutschland dürfen so genannte Single-Hedgefonds, die im Regelfall nur eine einzige Anlagestrategie verfolgen (zum Beispiel die Strategie »Global Macro«, siehe »Nachgehakt«), gar nicht öffentlich vertrieben werden. Erlaubt ist aber die Auflegung von Dach-Hedgefonds, die sich wiederum an Single-Hedgefonds beteiligen.

Das Ziel von Hedgefonds ist es, Anlegern Jahr für Jahr – vollkommen unabhängig von der jeweiligen Marktsituation – eine maximale positive Rendite zu bescheren. Man spricht vom *Absolute-Return-Ansatz.* Auch wenn die Aktien- oder Rentenkurse stark sinken, soll der Wert der Einlagen steigen. In Zeiten fallender Börsen wird dies beispielsweise durch so genannte »Leerverkäufe« (Short Selling) möglich:

Leerverkäufe

Man leiht sich Papiere, bei denen man einen Kursverlust erwartet, und verkauft diese zum aktuellen Kurs. Wenn der Kurs dann tatsächlich fällt, kann man die Papiere billiger zurückkaufen und an den Verleiher zurückgeben. Der Gewinn der Transaktion ist die Kursänderung minus die Leihgebühr.

Genau genommen spricht man bei dem o.g. Geschäft von »gedeckten« Leerverkäufen. Als »ungedeckte« Leerverkäufe werden Verkäufe von Futures bezeichnet. Für den Anleger in Hedgefonds sind solche Transaktionen vorteilhaft. Gesamtwirtschaftlich gesehen indes kann dadurch ein Kursrückgang an den Börsen verstärkt werden. In der EU hat man deshalb beschlossen, ungedeckte Leerverkäufe zu verbieten. Auch können gedeckte Leerverkäufe in Krisensituationen verboten werden.

Private-Equity-Fonds

Vergleich mit Heuschrecken

Firmen, die Private-Equity-Fonds auflegen, haben oft furchterregende Namen wie Cerberus (griech. Höllenhund) oder Man Group (klingt auch nicht gerade vertrauenerweckend). In das Blickfeld der deutschen Öffentlichkeit sind sie durch ein Interview getreten, das Franz Müntefering, der frühere Fraktionsvorsitzende der SPD, im April 2005 der »Bild am Sonntag« gab. Darin sprach er von »Schwärmen von Heuschrecken, die auf einem Feld alles abgrasen und weiterziehen«. In dem Film »Wall Street« verkörpert Gordon Gekko alias Michael Douglas den knallharten Vertreter dieser Branche (Zitat Gekko: »Wenn du einen Freund brauchst, kauf dir einen Hund.«). Aber was machen die eigentlich?

Private Equity bedeutet privates Eigenkapital. Darunter versteht man die Beteiligung an nicht börsennotierten Unternehmen – im Gegensatz zur öffentlichen Beteiligung in Form von Aktien. Private Equity ist besonders verbreitet bei Unternehmensgründungen (Start-ups), bei der Markteinführung neuer Produkte oder zur Wachstumsfinanzierung. Das Kapital wird von den Private Equity-Firmen überwiegend bei institutionellen Anlegern eingesammelt und in die Ziel-Unternehmen investiert. Häufig kaufen Private-Equity-Firmen mit dem Geld der Anleger ganze Unternehmen oder Teile davon.

Leverage-Effekt

Dabei wird der Kaufpreis in der Regel nur zu einem kleinen Teil mit Eigenkapital finanziert, der Rest wird mit Krediten bezahlt. Diese Kredite werden dem erworbenen Unternehmen anschließend angelastet (so genannter »Leveraged Buyout«, zu Deutsch: gehebelter Aufkauf). Mit dem Kredithebel wird die Eigenkapitalrendite nach oben katapultiert, denn je weniger Eigenkapital eingesetzt wird, desto höher ist ceteris paribus der Gewinn im Verhältnis zum Eigenkapital. Allerdings steigt damit das Risiko, dass das erworbene Unternehmen die Schuldenlast nicht tragen kann.

Nach dem Erwerb versuchen die Fonds, das erworbene Unternehmen durch Rationalisierungen (heißt oft: Entlassungen) auf Effizienz und Rendite zu trimmen und nach einigen Jahren zu einem höheren Preis zu verkaufen. Aus derartigen Erfahrungen resultiert das schlechte Image der Private-Equity-Firmen. Teilweise werden sie als *Corporate Raider* (zu Deutsch: Unternehmensplünderer) bezeichnet. Oder eben als Heuschrecken.

Nachgehakt

Die Welt der Hedgefonds

In seinem 2010 in den USA erschienenen Buch »The Invisible Hands. Hedge Funds off the Record« schildert der Unternehmensberater Steven Drobny Gespräche, die er mit Managern so genannter *Global Macro Funds* geführt hat. Das sind Hedgefonds, die auf der Basis gesamtwirtschaftlicher (»makroökonomischer«) Analysen – etwa über das Wirtschaftswachstum, die Zinsen, die Wechselkurse, die Aktienkurse oder die Rohstoff- und Edelmetallpreise – weltweit Finanztransaktionen zur Ausnutzung von »Marktunvollkommenheiten« tätigen. Einen interessanten Einblick in die Vorgehensweise dieser Institute bietet folgendes Beispiel einer auf Rohstoffe spezialisierten Hedgefonds-Managerin aus dem Jahre 1993.

Die Frau lieh sich Gold, was damals zu einem extrem niedrigen Zins von einem Prozent möglich war, und verkaufte es in der Erwartung eines sinkenden Goldpreises (so genannter »Leerverkauf«). Zu diesem Zeitpunkt kostete die Unze Gold 410 Dollar. Sollte sich ihre Erwartung erfüllen – so das Kalkül der Managerin – dann könnte sie am Ende der Leihfrist das Gold billig zurückkaufen (und an den Verleiher zurückgeben). Bei einem Goldpreis von beispielsweise 360 Dollar würde sich ihr Gewinn auf 50 Dollar minus die Zinsen (Leihgebühr) pro Unze belaufen.

Mit dem Erlös aus dem Goldverkauf und ein wenig Kredit (»Leverage«) erwarb die Frau Anleihen kanadischer Provinzen wie Alberta und Saskatchewan, die seinerzeit hohe Renditen von 9 bis 12 Prozent im Jahr brachten. Das ganze Geschäft schien äußerst attraktiv, war aber offensichtlich nicht ohne Risiko: Wenn der Goldpreis entgegen der Erwartung stiege, müsste sie das Gold teuer zurückkaufen. Um dieses Risiko zu kompensieren, kaufte die Managerin kleine Minenaktien in Kanada, Australien und Südafrika, die sie für völlig unterbewertet hielt. Ihre Überlegung war, dass sie im Fall eines Goldpreisanstiegs zwar einen Verlust beim Rückkauf des Goldes machen würde, der höhere Goldpreis aber wiederum die Kurse ihrer Minenaktien steigen lassen würde.

Alles gelang: Der Goldpreis fiel, wie von der Managerin erwartet, sodass sie sich billig mit Gold eindecken konnte. Währenddessen strich sie die hohen Zinsen auf ihre kanadischen Anleihen ein. Und zu allem Überfluss stiegen die Kurse der Minenaktien trotz des fallenden Goldpreises. »Ich lehnte mich zurück und tat für den Rest des Jahres praktisch nichts mehr«, erinnert sich die Frau.

8.5 Zinsen als Finanzmarktpreise – gesamtwirtschaftliche Einflussfaktoren

Der Zins ergibt sich aus Kapitalangebot und Kapitalnachfrage

Der Zinssatz ist seit jeher ein umstrittenes Phänomen. So hat die katholische Kirche lange am »kanonischen Zinsverbot« festgehalten (und damit die Entwicklung der europäischen Banken blockiert). Heute ist der Vatikan bekanntlich einer der weltgrößten Kapitalanleger. Der Zins ist nicht etwa der Preis des Geldes, für den man ihn zunächst halten könnte. Denn das Geld wird ja nicht verkauft, sondern nur auf Zeit verliehen. Entsprechend ist der Zins der Preis für die *Zeit*, in der das Geld dem Gläubiger nicht zur Verfügung steht. Wie jeder Preis ergibt sich aber auch der Zins aus dem Zusammenspiel von Angebot und Nachfrage, konkret aus *Kapitalangebot* und *Kapitalnachfrage* (siehe Abbildung 8-1): Ein »Überangebot« an Kapital wird dazu führen, dass die Zinsen sinken, während bei einer »Übernachfrage« nach Kapital zu erwarten ist, dass die Zinsen steigen. Das Verhältnis von Kapitalangebot und -nachfrage unterliegt nun massiven *gesamtwirtschaftlichen Einflüssen.*

Realzins

Im *Konjunkturaufschwung* – wenn die Konsumausgaben der Haushalte und die Investitionen der Unternehmen steigen – nimmt die Kapitalnachfrage zu. Deshalb tendieren die Zinsen für Kredite und neu emittierte Anleihen nach oben, während die Kurse der umlaufenden Papiere sinken (zum Zusammenhang zwischen Zinsen und Kursen siehe Kapitel 8.11). Im Zuge einer konjunkturellen Expansion werden sich auch die Güterpreise erhöhen. Preissteigerungen bedeuten jedoch für die Kapitalanleger eine laufende Entwertung ihres Geldvermögens. Als Ausgleich verlangen diese einen höheren Zinssatz – eine so genannte *Inflationsprämie*. Die Differenz zwischen dem Nominalzins und der Inflationsrate wird als *Realzins* bezeichnet. Er entspricht dem Zinssatz, den ein Kreditgeber tatsächlich erhält, wenn man die Wirkung der Preissteigerung berücksichtigt. Betrachten wir ein *Beispiel*: Wenn der Zins bei 10 Prozent pro Jahr liegt und die Preise steigen jährlich um 5 Prozent, beläuft sich der Realzins nur auf 5 Prozent. Wer also seinem Freund 100 Euro zu 10 Prozent leiht, erhält (hoffentlich) am Jahresende 110 Euro zurück. Wenn nun dieselben Güter, die heute für 100 Euro zu bekommen sind, im nächsten Jahr 105 Euro kosten, dann sind in Wirklichkeit eben nur 5 Euro verdient. Je höher die erwartete Inflationsrate ist, desto höher wird deshalb der geforderte Nominalzins sein. Dies ist auch der Grund, warum Länder mit hoher Inflation teilweise exorbitante Nominalzinsen (1.000 Prozent oder mehr) haben. Der Realzins liegt meist dennoch auf einem vernünftigen Niveau. Letztlich wirkt sich nur der Realzins auf das ökonomische Verhalten aus, insbesondere auf die Investitionen und damit auf Wachstum und Beschäftigung.

Eine expansive Fiskalpolitik wirkt in Richtung steigender, eine expansive Geldpolitik wirkt in Richtung sinkender Zinsen

Weitere Bestimmungsfaktoren der Zinsentwicklung sind die *Fiskal-* und vor allem natürlich die *Geldpolitik* (siehe Kapitel 6 und 7). Hinzu treten *außenwirtschaftliche Einflüsse* wie etwa die Höhe des ausländischen Zinsniveaus (siehe Kapitel 9.9). Für den Prognostiker liegt das Problem darin, dass die beschriebenen Einflüsse nicht isoliert wirken, sondern sich überlagern. Insgesamt ist aber von einer Dominanz des Einflusses der Geldpolitik auszugehen.

Eine inverse Zinsstruktur deutet auf Zinssenkungserwartungen des Marktes hin; dies ist typisch für Hochzinsphasen

Folgendes muss man noch wissen: Es gibt nicht *den* Zins, sondern ein Zinsniveau. Dieses resultiert aus den für die verschiedenen Laufzeiten an den Geld-, Kredit- und Kapitalmärkten gültigen Einzelzinssätzen. Zinsen für Geldanlagen bzw. Kreditaufnahmen mit kurzer Laufzeit liegen typischerweise niedriger als die für lange Zeiträume. Man spricht dann von einer *normalen Zinsstruktur* (siehe Abbildung 8-5). Es kann aber auch umgekehrt sein: Die langfristigen Renditen können unter den kurzfristigen liegen. In diesem Fall ist die Zinsstruktur *invers*. Finanzexpertinnen und -experten wissen, dass die Zinsstruktur die Erwartungen der Marktteilnehmer widerspiegelt: Gehen die Geldanleger von steigenden Zinsen aus (etwa aufgrund einer befürchteten Inflation), so werden sie vorerst davon absehen, sich langfristig (zu den noch niedrigen Zinsen) zu engagieren. Kreditnehmer werden dagegen sehr interessiert daran sein, sich jetzt langfristig zu verschulden. Die Nachfrage nach langfristigem Kapital steigt, während das Angebot sinkt. Deshalb gehen die effektiven Zinssätze auf dem Markt für langfristiges Kapital nach oben. Eine normale Zinsstruktur ist mithin die Folge der Zinssteigerungserwartung. Sie ist deshalb typisch für Niedrigzinsphasen.

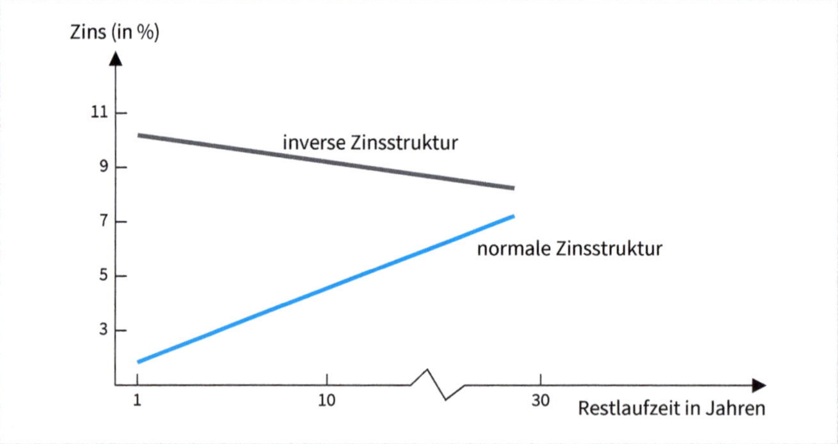

Abb. 8-5: Zinsstrukturkurven

Neben der Laufzeit bzw. den Erwartungen geht im Einzelfall auch die *Bonität* des Schuldners in den Zinssatz ein. Auf den internationalen Finanzmärkten wird heutzutage etwa eine steigende Staatsverschuldung von den Märkten mit Zinserhöhungen »bestraft«.

8.6 Im Reich der Bullen und Bären – die Börse

Außer den Finanzbörsen gibt es Warenbörsen, etwa für Kaffee, Sojabohnen oder Schweinehälften. Des Weiteren existieren Strombörsen sowie Börsen für den Handel mit CO_2-Emissionsrechten bzw. -zertifikaten

Im 14. Jahrhundert trafen sich in der flämischen Stadt Brügge regelmäßig Kaufleute, um Geld- und Handelsgeschäfte abzuschließen und über das Wirtschaftsleben zu diskutieren. Treffpunkt war das am Marktplatz gelegene Haus der Familie van der Beurse. Die Familie hieß so, weil sie reich war und das niederländische Wort Beurs »Geldbeutel« bedeutet. Und so nannte man fortan dieses Haus und die bald auch an anderen großen Handelsplätzen entstehenden Veranstaltungen dieser Art »Beurse«. Die wichtigste Börse der Welt ist heute die New York Stock Exchange (NYSE). Nach New York, Tokio, der New Yorker Technologie-Börse NASDAQ, London und der Euronext – einem Zusammenschluss der Pariser, Lissabonner, Brüsseler und Amsterdamer Börse mit Sitz in Amsterdam – ist Frankfurt am Main der weltweit sechstgrößte Börsenplatz. An der Frankfurter Börse werden vor allem Aktien und Anleihen (Renten) sowie Optionsscheine und weitere so genannte Zertifikate gehandelt. Sehr großes Gewicht hat der Handel mit Investmentfonds. Neben den Geschäften an der *Kassabörse*, die sofort zu erfüllen, also zu bezahlen sind, werden an *Terminbörsen* Termingeschäfte abgeschlossen. Sie sind erst zu einem späteren Zeitpunkt zu erfüllen, die Erfüllungsbedingungen (Preis, Menge, Termin etc.) werden aber schon heute fixiert (siehe Abbildung 8-6).

Für die Zulassung von Wertpapieren zum Börsenhandel gelten ganz bestimmte Regeln. Entsprechend gibt es verschiedene Börsensegmente. Die höchste Kategorie, quasi die Bundesliga der Börse, ist der *Regulierte Markt*. Hier werden nur Papiere von Emittenten zugelassen, die strengen rechtlichen Anforderungen nachkommen.

Beim Open Market (Freiverkehr) handelt es sich um einen rein privatrechtlich von den Wertpapierhändlern geführten Markt, auf dem nur wenige formale Zulassungsvoraussetzungen gelten. Entsprechend können die Kurse beträchtlich schwanken. Im Open Market werden neben den etwa 200 deutschen Titeln in großer Zahl die Aktien ausländischer Unternehmen gehandelt.

Transparenzstandards

Zusätzlich zu den oben genannten gesetzlich geregelten Marktsegmenten hat die Deutsche Börse AG in Frankfurt drei *Transparenzstandards* eingeführt: Unternehmen, deren Wertpapiere im »Prime Standard« notiert werden, müssen zum Regulierten Markt zugelassen sein. Außerdem haben sie zahlreiche weitere Pflichten zu erfüllen, etwa die quartalsweise Berichterstattung in Deutsch und Englisch. Nur diese Unternehmen können auch in einen der Auswahlindizes der Deutschen Börse AG, beispielsweise den DAX, aufgenommen werden. Eine Zulassung zum »General Standard« ergibt sich automatisch durch die Zulassung zum Regulierten Markt. Seit Oktober 2005 existiert zudem der »Entry Standard« im Rahmen des Open Market. Er eignet sich in besonderer Weise für Unternehmen, die ihre Aktien schnell und aufgrund der geringen Regulierung zu niedrigen Kosten in den Handel einbezogen haben möchten.

<table>
<tr><th>Kassamärkte</th><th colspan="5">Terminmärkte (Beispiele)</th></tr>
<tr><td rowspan="5">Märkte für
• Aktien
• Renten
• Fondsanteile
• Optionsscheine
• Zertifikate
Marktformen
• Regulierter Markt
• Open Market</td><td>Aktienprodukte</td><td>Indexprodukte</td><td>Geldmarktprodukte</td><td>Kapitalmarktprodukte</td><td>Währungsprodukte</td></tr>
<tr><td>Optionen auf Aktien</td><td></td><td></td><td></td><td>Devisenoptionen</td></tr>
<tr><td></td><td></td><td>Dreimonats-Euromarkt-Future</td><td></td><td></td></tr>
<tr><td></td><td>Future/ Option auf DAX</td><td></td><td>BUND-Future/ Option auf BUND-Future</td><td></td></tr>
<tr><td></td><td>MDAX-Future</td><td></td><td></td><td></td></tr>
<tr><th colspan="6">Marktorganisation</th></tr>
<tr><td>Deutsche Börse AG:
elektronischer Handel über Xetra</td><td colspan="5">Eurex:
elektronischer Handel über Zentralcomputer der Eurex</td></tr>
</table>

Abb. 8-6: Einteilung von Börsen

Ein wachsender Teil des Wertpapierhandels findet heute via Internet (*Dark Pools*) statt

Der *Telefonhandel* schließlich unterliegt keinerlei Kontrollen und Überwachungsbestimmungen, wenngleich sich zwischen den Beteiligten gewisse Gepflogenheiten entwickelt haben. Grundsätzlich können in diesem außerbörslichen Bereich alle in den oben beschriebenen Segmenten eingeführten Papiere gehandelt werden. Daneben gibt es aber auch Aktien, die ausschließlich via Telefon gehandelt werden, weil das Unternehmen über keine Börsenzulassung verfügt. Hier erscheint besondere Vorsicht geboten.

In Deutschland gibt es zwar acht Wertpapierbörsen. Allerdings konzentriert sich das Handelsvolumen auf die »Finanzhauptstadt« Frankfurt. Unter dem Dach der Deutschen Börse AG finden sich hier die Kassamärkte, und unter dem Dach der Eurex (früher: Deutsche Terminbörse) die Terminmärkte.

An der Kassabörse existierten früher *Präsenz-* und *Computerbörse* nebeneinander. Das elektronische System *Xetra* (Exchange Electronic Trading) war für die umsatzstärkeren Titel zuständig, auf dem Parkett wurden die weniger gefragten Werte gehandelt. Xetra ist ein elektronisches Handelssystem für Wertpapiere, das den angeschlossenen Teilnehmern (Banken, Makler etc.) täglich von 9:00 bis 17:30 Uhr zur Verfügung steht. Die Marktakteure erteilen ihre Aufträge per Mausklick – völlig unabhängig von ihrem räumlichen Standort. Die Kauf- und Verkaufsorders laufen in einem Zentralrechner zusammen, der auch die Ausführung vornimmt.

Angesichts der riesigen Transaktionsvolumina und der Überlegenheit EDV-gestützter Handelssysteme wurde der Parketthandel an der Frankfurter Wertpapierbörse 2011 in seiner bisherigen Form eingestellt. Der Handel findet seither nahezu komplett auf dem elektronischen Handelssystem Xetra statt. Die vormaligen Börsenmakler werden jetzt als *Spezialisten* bezeichnet, die den Computerhandel unterstützen und etwa in wenig gehandelten Papieren für Liquidität sorgen. Insoweit besteht der Präsenzhandel auf dem Börsenparkett also fort. Der renovierte, jetzt in hellen Farbtönen gehaltene Handelssaal mit den modernen weißen Maklerschranken wird weiterhin verstärkt für die öffentlichkeitswirksame Darstellung des Börsengeschehens in Fernsehübertragungen genutzt.

Jeder weiß, dass sich der Aktienmarkt zyklisch bewegt, mal geht es rauf, mal runter. Bei einem Anstieg der Börsenkurse über eine längere Zeit wird landläufig von einer *Hausse* gesprochen. Als Symbol gilt der Bulle, der Dynamik und Stärke ausstrahlt. Ganz im Gegensatz zum Bären, der Trägheit zum Ausdruck bringt und verkörpern soll, dass sich der Markt auf dem Rückzug befindet (*Baisse*). Entsprechend gelten optimistische Anleger als »bullish« und pessimistisch gestimmte als »bearish« (siehe Abbildung 8-7).

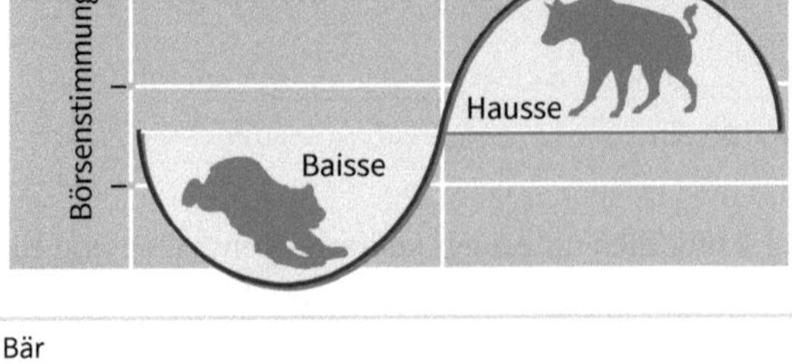

Abb. 8-7: Bulle und Bär

Nachgehakt

Welchen Nutzen haben Börsen?
Wir möchten dieser Frage anhand eines (leicht veränderten) Gedankenexperiments nachgehen, das Klaus Spremann und Pascal Gantenbein in ihrem Buch »Finanzmärkte« (2013) beschreiben: Angenommen, Sie hätten 100.000 Euro anzulegen. Sie erfahren von zwei Ziegeleien, die Kapital für die Vornahme von Erweiterungsinvestitionen benötigen. Eine ist in Frankreich, die andere in Kuba. Hinsichtlich Größe, Technologie und Geschäftstätigkeit gleichen sie sich wie eineiige Zwillinge. Beide verkaufen ihre Ziegel zum selben gegebenen Weltmarktpreis. Beide bieten eine Rendite von 10 Prozent. Länderrisiken seien durch staatliche Garantien ausgeschlossen. Der einzige Unterschied liegt in der Möglichkeit, die Kapitalanlage vor deren Laufzeitende zu veräußern.

Bei der französischen Ziegelei hat die Kapitalanlage die Form eines börsengehandelten Wertpapiers. Sie ist damit in hohem Maße liquide. Die Anlage in der kubanischen Ziegelei wird als notarieller Vertrag abgeschlossen. Als Finanzinvestor müssten Sie, wenn Sie sich von ihrer Kapitalanlage vorzeitig trennen wollten, selbst einen Käufer suchen. Dann müssten Sie die kubanischen Manager, die die Ziegelei vertreten, überzeugen, den neuen Kapitalgeber als Vertragspartner zu akzeptieren. Die Übertragung und notarielle Beurkundung kostet Zeit und Gebühren. Das heißt, die Transaktionskosten sind hoch, die Kapitalanlage ist wenig liquide. Wo würden Sie Ihr Geld anlegen?

Vermutlich werden Sie sich für den Kauf des von der französischen Ziegelei emittierten Wertpapiers entscheiden. Die kubanischen Manager werden Sie daraufhin kontaktieren und Sie fragen, welche Rendite Sie verlangen, damit Sie Ihr Geld der kubanischen Ziegelei zur Verfügung stellen. Vielleicht denken Sie, dass der Nachteil der geringen Liquidität mit einer Zusatzrendite von 3 Prozentpunkten abgegolten werden muss und verlangen deshalb eine Rendite von 13 Prozent. Und natürlich wollen Sie diese höhere Renditeerwartung im Geschäftsplan der kubanischen Firma begründet sehen. Andere Finanzinvestoren werden ähnlich denken wie Sie. Für die kubanische Ziegelei bedeutet dies, dass sie in ihrer Kalkulation nun mit Kapitalkosten von 13 Prozent rechnen muss.

Wie aber sollen die erhöhten Kapitalkosten finanziert werden? Die Preise für Ziegel können nicht angehoben werden, da sie durch den Absatzmarkt gegeben sind. Am Ende wird nur ein Ausweg gefunden: Die Arbeiterinnen und Arbeiter des kubanischen Unternehmens müssen sich mit weniger Lohn zufrieden geben. Anders formuliert: Die fehlende Liquidität der Finanzkontrakte in Kuba verursacht einen Einkommensverlust für die Menschen dort. Wäre es möglich, die Finanzkontrakte in handelbare (die Fachleute sagen »fungible«) Wertpapiere zu kleiden und gut funktionierende Börsen zu etablieren, würden die Kapitalkosten sinken, was mit einem Wohlfahrtsgewinn des Landes einherginge.

8.7 Rock around the Clock – der Wertpapierhandel

Per Mausklick jagen die Broker in Sekundenschnelle unvorstellbare Summen um den Erdball

Der Handel mit Wertpapieren findet jeden Werktag statt, weltweit und rund um die Uhr. Wenn in New York die Börse schließt, öffnet sie vier Stunden später in Sydney. Und gehen die Händler in Bangkok nach Hause (oder in ihre Stammkneipe), startet das Geschäft in Frankfurt. Global vernetzte Handelssysteme ermöglichen Käufe und Verkäufe »around the world and around the clock«.

Wie gesagt wird der Handel mit Aktien und anderen Wertpapieren an der Frankfurter Börse fast vollständig über das elektronische Handelssystem Xetra abgewickelt. Gleichwohl gibt es noch Börsenmakler (*Spezialisten*), die bei der Börse oder dort zugelassenen Wertpapierhandelshäusern angestellt sind, und so genannte *Händler* (Trader bzw. Dealer), mit denen die großen Banken an der Börse vertreten sind. Typischerweise ist jeder von ihnen für einen bestimmten Teilmarkt zuständig, etwa für Automobilaktien oder Biotechnologiewerte. Auftraggeber von Kauf- und Verkaufsorders sind normalerweise Banken und Wertpapierhandelshäuser oder deren Kunden, die auch über Internetportale direkt Aufträge erteilen können.

Neben dem hier beschriebenen Auktionsprinzip gibt es das Market-Maker-Prinzip, bei dem Marktmacher (Banken) verpflichtet sind, jederzeit Kauf- und Verkaufskurse (Quoten) zu stellen

Die Kunden erteilen den Banken ihre Aufträge entweder *limitiert*, das heißt mit Angabe einer bestimmten Preisgrenze, oder *unlimitiert*, das heißt, der Auftrag soll auf jeden Fall erledigt werden. Die Aufträge ohne Limit werden »billigst« (Kaufaufträge) bzw. »bestens« (Verkaufsaufträge) ausgeführt. Bei größeren Positionen im Depot ist unter anderem auch eine *Stop-Loss-Order* möglich: Verkauft werden die Papiere dann, wenn der Kurs unter das vorgegebene Limit abrutscht. Heute werden praktisch alle Titel *variabel*, also fortlaufend, gehandelt, sodass sich im Laufe des Tages mehrere Preisnotizen ergeben. Am Anfang steht die Feststellung des Eröffnungskurses, die bei Aktien um 12:00 Uhr und bei Anleihen und Optionsscheinen um 11:30 Uhr beginnt. Dafür sammelt der Makler alle Kauf- und Verkaufsaufträge für ein bestimmtes Wertpapier, die ihm von den Händlern der Banken zugerufen oder elektronisch überspielt werden, in seinem Orderbuch (siehe Tabelle 8-1). Er muss nun den Kurs suchen, zu dem genauso viel gekauft wie verkauft werden soll, bei dem also Angebot gleich Nachfrage ist. Im Beispiel überwiegt beim Kurs von 273 Euro das Angebot (»273 Brief«). Ein Ausgleich wäre nur möglich, wenn sich ein Börsenhändler entschließen könnte, noch 10 Stück zu diesem Kurs zu erwerben. Dagegen überwiegt bei 272 Euro die Nachfrage (»272 Geld«). Ein Ausgleich würde hier voraussetzen, dass unter den Wertpapierhändlern einer bereit wäre, weitere 76 Stück für 272 Euro zu verkaufen. Der Kursmakler würde entsprechend die Spanne oder Kurstaxe mit »272 Geld – 273 Brief« bekannt geben. Im Parketthandel – soweit er noch existiert – geschieht das durch Ausrufen (open outcry).

Nachfrage (Käufer)		Angebot (Verkäufer)	
einzeln	**kumuliert**	**einzeln**	**kumuliert**
36 Stück billigst	36 Stück	48 Stück bestens	48 Stück
6 Stück zu 276 €	42 Stück	0 Stück zu 271 €	48 Stück
30 Stück zu 275 €	72 Stück	16 Stück zu 272 €	64 Stück
18 Stück zu 274 €	90 Stück	66 Stück zu 273 €	130 Stück
30 Stück zu 273 €	120 Stück	14 Stück zu 274 €	144 Stück
20 Stück zu 272 €	140 Stück	12 Stück zu 275 €	156 Stück
12 Stück zu 271 €	152 Stück	2 Stück zu 276 €	158 Stück

Tab. 8-1: Beispiel zur Kursermittlung

Je nachdem, ob der Kursmakler die nötigen Käufer oder Verkäufer findet, wird dann der Kurs festgestellt. Werden die zum Ausgleich erforderlichen Aufträge nicht erteilt, hat der Freimakler beispielsweise die Möglichkeit, die überschüssigen 10 Stück zu 273 Euro selbst zu erwerben. (Damit verbunden ist die Chance auf Kursgewinne und das Risiko von Kursverlusten.) Der Kurs ist dann »bezahlt« und erhält den Zusatz

»b«. Kurse, die keine Bezahlt-Kurse sind, werden mit anderen Zusätzen gekennzeichnet (siehe Tabelle 8-2).

Dem Anleger liefern die Kurszusätze Hinweise auf die mögliche Markttendenz

b	=	bezahlt: Zu dem angegebenen Kurs konnten alle an der Börse vorliegenden Aufträge ausgeführt werden.
B	=	Brief: Zu diesem Preis überstieg das Angebot die Nachfrage.
G	=	Geld: Zu diesem Preis überstieg die Nachfrage das Angebot.
bG	=	bezahlt Geld: Die zum festgestellten Kurs limitierten Kaufaufträge müssen nicht vollständig ausgeführt sein, es bestand weitere Nachfrage.
bB	=	bezahlt Brief: Die zum festgestellten Kurs limitierten Verkaufsaufträge müssen nicht vollständig ausgeführt sein; es bestand weiteres Angebot. (Wenn sich im dargestellten Beispiel kein weiterer Händler auf den Ausruf des Kursmaklers meldet und der Makler die fehlenden Beträge nicht selbst übernimmt, so kann der Kurs mit 273 bB festgestellt werden.)
ratG	=	rationiert Geld: Die zum Kurs und darüber limitierten sowie unlimitierten Kaufaufträge konnten nur beschränkt ausgeführt werden.
ratB	=	rationiert Brief: Die zum Kurs und niedriger limitierten sowie unlimitierten Verkaufsaufträge konnten nur beschränkt ausgeführt werden.
T	=	gestrichen Taxe: Ein Kurs konnte nicht festgestellt werden; der Preis ist geschätzt.

Tab. 8-2: Wichtige Kurszusätze

8.8 Lassen sich Aktienkurse prognostizieren?

Chartanalyse

Diese Frage bewegt die Menschheit, seit es Börsen gibt. Kapitalmarktforscher beantworten sie heute mehr oder weniger klar mit: nein! Sie argumentieren, dass die aktuellen Kurse alle verfügbaren relevanten Informationen bereits enthalten. Weitere, neue Informationen und damit verbundene Kursänderungen sind rein zufällig und deshalb unvorhersehbar (These der *Kapitalmarkteffizienz*, siehe hierzu auch Kapitel 8.10). Vor allem Fondsmanager sehen das jedoch anders. Unter Praktikern weitverbreitet ist die *Technische Analyse* (Chartanalyse). Damit wird versucht, in den Kursverläufen der Vergangenheit bestimmte Muster zu erkennen – etwa »Kopf-Schulter«- oder »Untertassen«-Formationen – und daraus Kauf- oder Verkaufssignale abzuleiten. Nicht wenige Fachleute halten das aber für Hokuspokus.

Fundamentalanalyse

Wesentlich anerkannter ist die *Fundamentalanalyse*. Ihr Kerngedanke besteht darin, anhand der zukünftigen Gewinne eines Unternehmens auf dessen gegenwärtigen Wert zu schließen. Zu diesem Zweck werden die erwarteten finanziellen Überschüsse abgezinst. Dieses so genannte *Discounted-Cashflow-Verfahren* findet übrigens auch bei der Ermittlung des Unternehmenswertes im Zusammenhang mit Fusionen, Übernahmen (Akquisitionen) und Börsengängen Verwendung. Teilt man den Unternehmenswert durch die Zahl der umlaufenden Aktien, so erhält man den *inneren Wert* (intrinsic value) der Aktie. Der Vergleich mit den aktuellen Kursnotierungen ermöglicht dann ein Urteil darüber, ob die Aktie als »über-« oder »unterbewertet« einzustufen ist.

Das größte Problem der Fundamentalanalyse liegt natürlich darin, dass die zukünftigen Gewinne ungewiss sind. Man versucht deshalb, über die Analyse gesamtwirtschaftlicher, branchenspezifischer und unternehmensindividueller Größen zu einem realistischen Bild zu gelangen. *Gesamtwirtschaftlich* spielen zweifellos die Konjunktur und die Zinsen die größte Rolle. Die Konjunkturentwicklung beeinflusst die Unternehmensgewinne unmittelbar. Sinkende Zinsen wirken konjunkturbelebend und erhöhen die Gewinne, indem die Fremdfinanzierungskosten sinken. Außerdem sind verzinsliche Wertpapiere (Anleihen) die wichtigsten Anlagealternativen zu Aktien. Wenn sich ihre Rendite verschlechtert, werden Aktien attraktiver. Zu bedenken sind daneben globale Einflüsse. Aufgrund der weltweiten Vernetzung der Finanzmärkte funktionieren die Börsen wie »kommunizierende Röhren«. In der von den USA ausgehenden Finanzmarktkrise seit 2007 war dieser Zusammenhang eindrucksvoll sichtbar. Auch Devisenkursänderungen beeinflussen den Aktienmarkt (siehe Kapitel 9).

Im Rahmen von *Branchenanalysen* werden die jeweiligen Besonderheiten berücksichtigt (exportorientierte Unternehmen haben andere Probleme als etwa die Immobilienwirtschaft). Schließlich – und dies ist der Schwerpunkt – untersuchen die Analytiker die *unternehmensindividuellen* Perspektiven. Ergänzend werden hierbei bestimmte Kennziffern wie die *Dividendenrendite* (= Quotient aus Jahresdividende und momentanem Kurs) oder das Kurs-Gewinn-Verhältnis (= Quotient aus Kurs und aktuellem Gewinn pro Aktie) berechnet. Je höher die Dividendenrendite und je niedriger das Kurs-Gewinn-Verhältnis ist, desto positiver wird die Aktie eingeschätzt. Dabei sind indes auch psychologische Momente einzubeziehen. Sie sind die Ursache möglicher *Kursblasen*. Es heißt, dass Kursblasen immer dann platzen, wenn Leute, die bislang nie etwas von Aktien wissen wollten, mit gleichem Eifer über den DAX diskutieren wie über Fußball oder die Formel 1.

Der deutsche Aktienindex, in dem die 40 größten börsennotierten Unternehmen abgebildet sind, wurde am 1. Juli 1988 eingeführt – also nach dem ersten großen Crash der Nachkriegszeit am 19. Oktober 1987 (»Schwarzer Montag«). Der Index begann mit einem Wert von 1.000. Er umfasste damals 30 Unternehmen, seine Erweiterung auf 40 erfolgte im September 2021. Abbildung 8-8 zeigt den Verlauf des DAX seit 1988. Er gleicht der Fahrt auf einer Achterbahn mit immer höherem Tempo. Allerdings ist der Trend positiv. So hat sich der DAX bis heute (Stand März 2024) etwa versiebzehnfacht.

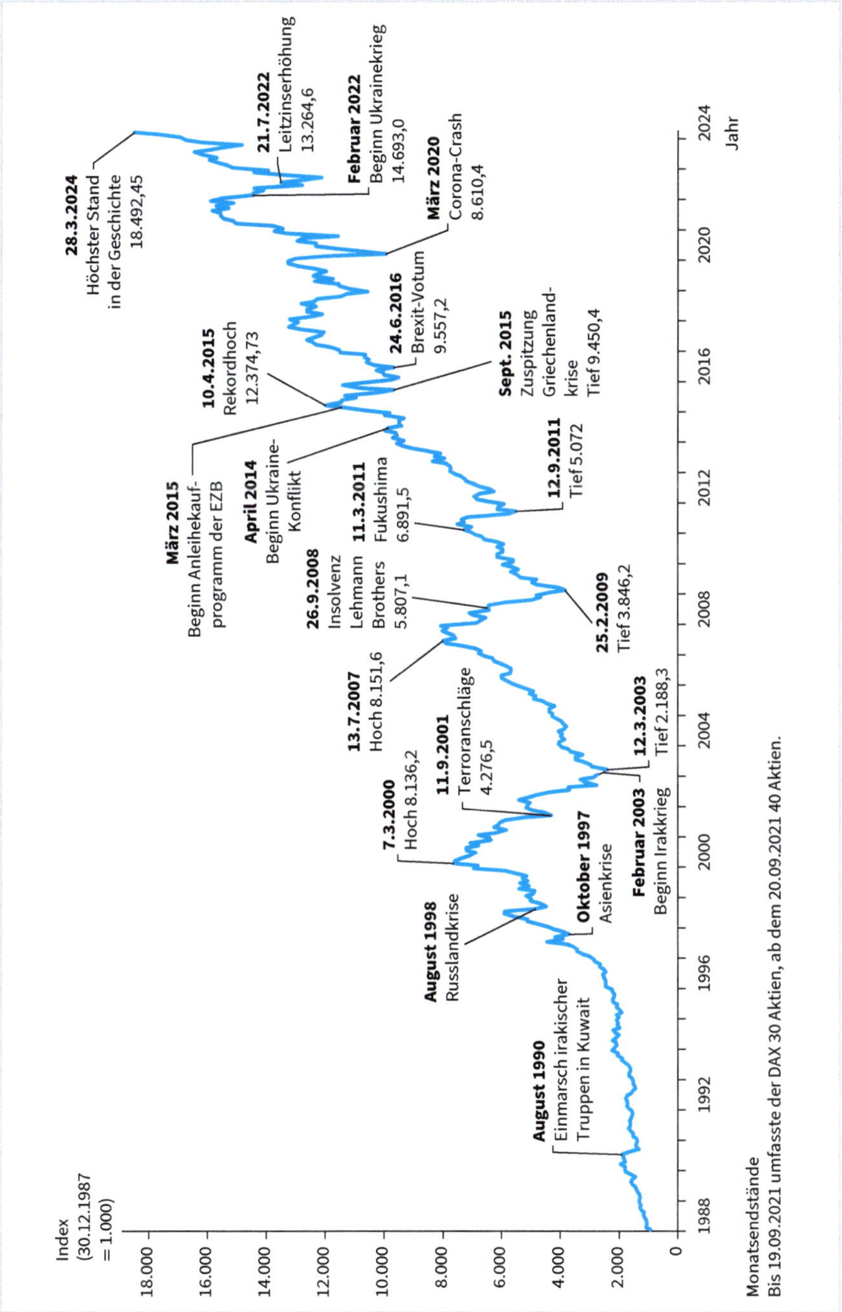

Abb. 8-8: Die Entwicklung des DAX 40 (Monatsendwerte)
Quelle: Deutsche Börse AG

<table>
<tr><td colspan="2">Indizes: Barometer des Aktienmarktes
Ein Aktienindex ist eine Kennzahl, in der die Kurse zahlreicher AGs zusammengefasst sind. Sein Verlauf wird oft grafisch dargestellt (Chart) und dient dem Kapitalanleger als Orientierung über die Börsenentwicklung.</td></tr>
<tr><td colspan="2">Die wichtigsten nationalen Aktienindizes sind:</td></tr>
<tr><td>DAX 40</td><td>Der Deutsche Aktienindex ist der bedeutendste Index am deutschen Aktienmarkt. Er umfasst die 40 größten und umsatzstärksten deutschen Aktien und repräsentiert über 70 Prozent des gesamten Grundkapitals aller inländischen börsennotierten Gesellschaften.</td></tr>
<tr><td>MDAX</td><td>Der Mid Cap Index beinhaltet 50 Aktien, die bezüglich Börsenkapitalisierung und -umsatz den DAX40-Werten folgen.</td></tr>
<tr><td>HDAX</td><td>Der HDAX konzentriert sich auf große und mittelgroße Unternehmen ohne Branchenbeschränkung. Er umfasst die Unternehmen, die in den Indizes DAX, MDAX und TecDAX enthalten sind.</td></tr>
<tr><td>CDAX</td><td>Der Composite-DAX ist der Index aller Werte des amtlichen Handels an der Frankfurter Börse.</td></tr>
<tr><td>SDAX</td><td>Der Small Cap Index repräsentiert die Aktien der 70 wichtigsten kleinen AGs unterhalb des M-DAX.</td></tr>
<tr><td>TecDAX</td><td>Er enthält die 30 größten Unternehmen aus Technologie-Branchen, die im Prime Standard des Amtlichen oder Geregelten Marktes unterhalb der DAX-Werte zugelassen sind.</td></tr>
<tr><td>GEX</td><td>Der German Entrepreneurial Index (»Mittelstandsindex«) umfasst eigentumsgeführte Unternehmen, die im Prime Standard notiert sind und deren Börsengang nicht länger als zehn Jahre zurückliegt.</td></tr>
<tr><td colspan="2">Angesichts der Globalisierung der Märkte interessieren die Börsenteilnehmer auch die Kursentwicklungen im Ausland.</td></tr>
<tr><td colspan="2">Die wichtigsten internationalen Indizes sind:</td></tr>
<tr><td colspan="2">• Dow Jones Industrial Index, Standard & Poor’s (S&P) 500 und NASDAQ in New York
• Nikkei-225 in Tokio
• Hang-Seng in Hongkong
• FTSE-100 Financial Times Stock Exchange in London (die Engländer sprechen meist vom »Futsie«)
• CAC-40 in Paris</td></tr>
<tr><td colspan="2">In den Teilnehmerländern der Europäischen Währungsunion notieren die Wertpapiere alle in der gleichen Währung, dem Euro. Die betroffenen Aktienmärkte werden von den Akteuren als Einheit gesehen.
Die wichtigsten Indizes, die den gesamten Euroraum abbilden, gehören der Stoxx-Familie der US-Gesellschaft Dow Jones (DJ) an. Es sind:</td></tr>
<tr><td>Euro Stoxx</td><td>Der umfassende Index beinhaltet mehr als 300 Werte aus dem Euroraum.</td></tr>
<tr><td>Euro Stoxx50</td><td>Er repräsentiert die Top 50 aus dem Euroraum.</td></tr>
<tr><td>Stoxx</td><td>Der Index umfasst über 600 Werte aus der EU und der Schweiz.</td></tr>
<tr><td>Stoxx50</td><td>Hierin sind die Top 50-Werte aus der EU und der Schweiz enthalten.</td></tr>
<tr><td colspan="2">Für global orientierte Investoren ist der MSCI World von herausragender Bedeutung. In diesem Aktienindex sind die 23 wichtigsten Märkte der Welt zusammengefasst</td></tr>
</table>

Tab. 8-3: Die wichtigsten Börsenindizes

8.9 Wie Finanzkrisen entstehen und sich auswirken

Anhand der »Subprime-Krise« 2008/09 und der EWU-Staatsschuldenkrise von 2010 bis etwa 2018 war gut beobachtbar, wie eine internationale Finanz- und Wirtschaftskrise entstehen und ablaufen kann (siehe Kapitel 4.3 und 9.17). Die Geschichte lehrt zudem, dass derartige Krisen offenbar in gewissen zeitlichen Abständen mehr oder weniger regelmäßig auftreten. Vor diesem Hintergrund wollen wir die Entstehungsgründe und das Verlaufsmuster von Finanzkrisen nochmals allgemein darstellen. Abbildung 8-9 zeigt die Zusammenhänge.

Auslöser von Finanzkrisen

Als Auslöser bzw. Ursachen von Finanzkrisen kommt prinzipiell eine ganze Reihe von Faktoren infrage. Man kann zwischen einzel- und gesamtwirtschaftlichen Einflüssen unterscheiden. Aus *gesamtwirtschaftlicher Sicht* sind hier zu nennen: eine im Vorfeld zu expansive Geldpolitik (welche eine übermäßige Kreditausweitung sowie die Börsenspekulation befeuert) bzw. eine zu restriktive Geldpolitik (die eine beginnende Finanzkrise verschlimmert), Fehlanreize der Wirtschafts- und Finanzpolitik (etwa eine zu starke staatliche Förderung des Immobilienerwerbs), eine überbordende Staatsverschuldung, insbesondere eine zu hohe Auslandsverschuldung (das heißt, das betroffene Land lebte insgesamt »über seine Verhältnisse«), aber auch von außen kommende (exogene) Schocks, wie zum Beispiel ein dramatischer Anstieg der Rohstoffpreise, Naturkatastrophen oder Kriege. Finanzkrisen können daneben durch *einzelwirtschaftliche Faktoren* verursacht werden. Hierzu gehören massive Kreditausfälle von Banken (etwa gegenüber Immobilienkäufern wie in der Subprime-Krise) infolge von Überschuldung der Kreditnehmer. Weitere Krisen auslösende Faktoren können in Fehlspekulationen bzw. -investments größeren Ausmaßes liegen. Hinzu treten eklatante Managementfehler oder Betrügereien (man denke etwa an den Ende 2008 aufgedeckten Betrugsskandal um den New Yorker Börsenmakler Bernhard Madoff, der Geldanleger – darunter viele Politiker, Filmstars und andere Prominente – mittels eines riesigen »Schneeballsystems«, bei dem die Renditen alter Investoren mit frisch aufgenommenen Geldern neuer Anleger bezahlt wurden, um 50 Milliarden Dollar geprellt haben soll). Eine große Rolle spielen zudem die Erwartungen der Spekulanten. Wenn internationale Kapitalgeber (nehmen wir zum Beispiel China mit seinen Devisenreserven im Umfang von über 3 Billionen Dollar, Stand Ende 2023) ihre Vermögenspositionen aufgrund negativer Konjunkturprognosen auflösen bzw. umschichten, kommt es zwangsläufig zu Kursverlusten und evtl. zu einer Abwertung der Währung des von der Kapitalflucht betroffenen Landes.

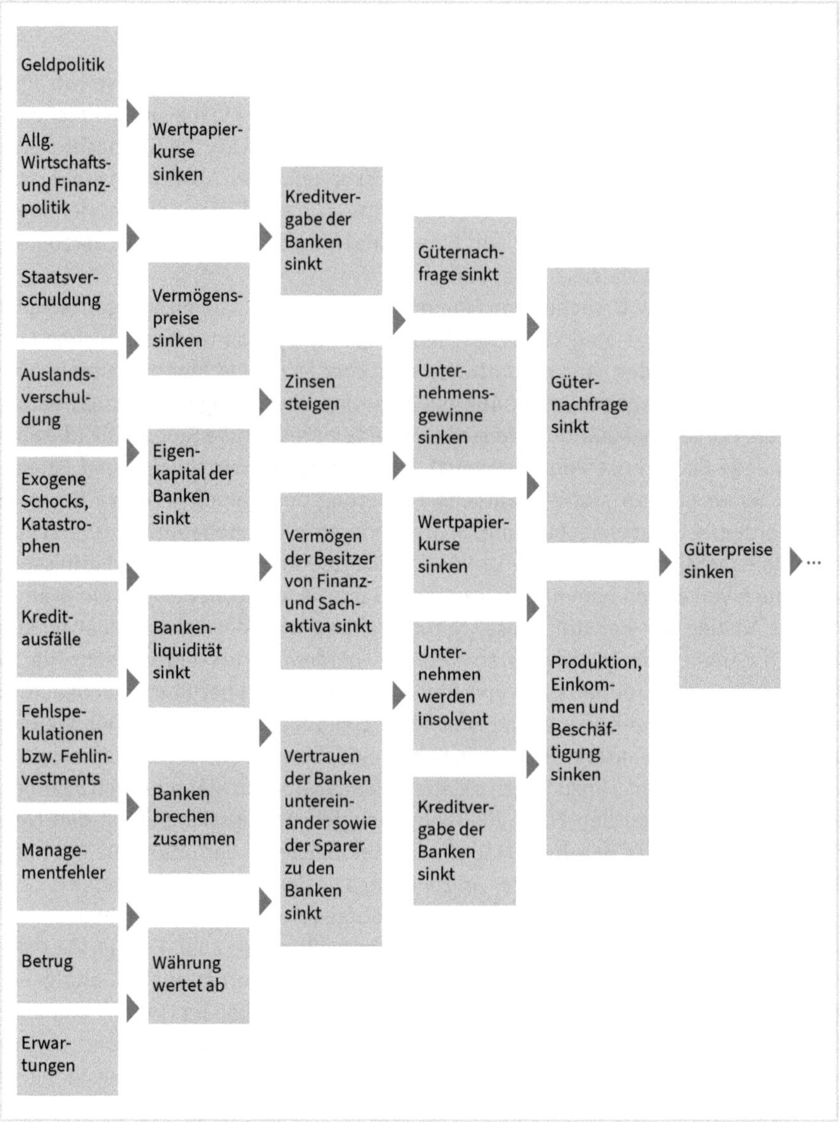

Abb. 8-9: Das Verlaufsmuster von Finanz- und Wirtschaftskrisen

Durch die beschriebenen Ereignisse (die Aufzählung ist vermutlich nicht vollständig, außerdem überlappen sich diese Einflüsse häufig) wird – wenn Regierungen und Notenbanken nichts dagegen unternehmen bzw. ihre Maßnahmen nicht greifen – eine Kette von negativen *Wirkungen* ausgelöst:

Verlauf von Finanzkrisen

- Die Börsenkurse von Aktien und Anleihen (evtl. ausgenommen der als sicher geltenden Bundesanleihen) sowie die Preise anderer Vermögenswerte (z.B. Häuser) brechen ein, der Außenwert der Landeswährung vermindert sich. Typischerweise geht dem Kurs- bzw. Preisrutsch bei Wertpapieren, Immobilien etc.

häufig eine Übertreibung dieser Vermögenspreise voran, die ihrerseits die Folge eines »Herdenverhaltens« der Investoren darstellt. Dieses Phänomen zeigte sich sehr deutlich bei der »Hightech-Blase« – auch bekannt als »New Economy«- oder »Internet-Blase« –, die sich 1997 aufzublähen begann, im Jahr 2000 ihren Höhepunkt erreichte und dann »platzte«. Wie die Abbildungen 8-10 und 8-11 zeigen, lösten sich in dieser Zeit in Deutschland die Aktienkurse von der realwirtschaftlichen Entwicklung. Sie stiegen zunächst deutlich stärker als das reale BIP und die Unternehmensgewinne, um anschließend drastisch einzubrechen. Oft kommt es in solchen Situationen zu Panikverkäufen. Das ist so, wie wenn in einem überfüllten Theater jemand »Feuer« ruft. Dann drängen alle zum Ausgang.

Aufgrund der engen Verflechtung der Finanzmärkte betrifft die »Kapitalvernichtung« sofort große Teile der Finanzbranche weltweit. Wie in der Subprime-Krise gesehen, refinanzieren Banken nämlich ihre Kreditvergabe häufig dadurch, dass sie diese Forderungen in Wertpapiere »verpacken« – man spricht von »Kreditverbriefung« – und diese an andere Banken weiterverkaufen. Wenn die ursprünglichen Kredite notleidend werden, so sinkt natürlich auch der Kurs der darauf basierenden Wertpapiere, wodurch deren Besitzer zu Abschreibungen gezwungen sind. So kam es, dass 2008 beispielsweise die Sächsische Landesbank aufgrund der amerikanischen Immobilienkrise in Schwierigkeiten geriet. Außerdem unterhalten Banken international gegenseitig umfangreiche Beteiligungen und Kreditbeziehungen. Wenn eine (von Kreditausfällen oder Fehlinvestments betroffene) Bank insolvent zu werden droht – man denke etwa an Lehman Brothers 2008 –, verfällt der Wert der von ihr emittierten Aktien, Anleihen und Geldmarktpapiere schlagartig. In der Folge sinken Eigenkapital und Börsenkurs der Gläubigerbanken, ebenso ihre Liquidität. Man spricht vom *Dominoeffekt*.

Die enge Verflechtung der Finanzmärkte wirkt krisenverstärkend Dominoeffekt

- Weil Banken Kredite mit Eigenkapital unterlegen müssen (in einem gesetzlich vorgeschriebenen Verhältnis), können sie nun nur entsprechend weniger Darlehen an Kunden vergeben. Die Zinsen tendieren nach oben. Im schlimmsten Fall kommt es zu einer Kreditklemme (amerikanisch »Credit Crunch«). Dies ist besonders gefährlich, denn Geld und Kredit bilden den »Blutkreislauf« jeder modernen Ökonomie. Und Banken dienen als »Pumpen«. Wenn sie nicht mehr funktionieren, kollabiert die Volkswirtschaft. Im Zuge des Verfalls der Börsenkurse, Immobilienpreise etc. entwickelt sich ein negativer Vermögenseffekt: Die Besitzer von Finanz- und Sachaktiva fühlen sich ärmer, woraufhin sie ihre Ausgaben für Güterkäufe einschränken. Auch sinkt das Vertrauen zwischen den Banken. Die im Interbankenmarkt – auf dem sich die Banken gegenseitig Geld leihen – als Sicherheit eingesetzten Wertpapiere haben ihren Wert verloren.

  Die so erschwerte Versorgung der Banken mit Zentralbankgeld blockiert deren Kreditausreichung zusätzlich. Angesichts des Zusammenbruchs einzelner Banken sind die Sparer verunsichert. Sie neigen dazu, ihr Geld zu horten (anstatt es in Wertpapieren anzulegen). Es besteht im Extremfall die Gefahr eines »Bank Run«, bei dem die Leute die Bankschalter stürmen, um ihre Guthaben abzuheben, was die Krise verschlimmert.

Geld und Kredit bilden den Blutkreislauf einer Volkswirtschaft und Banken dienen als Pumpen

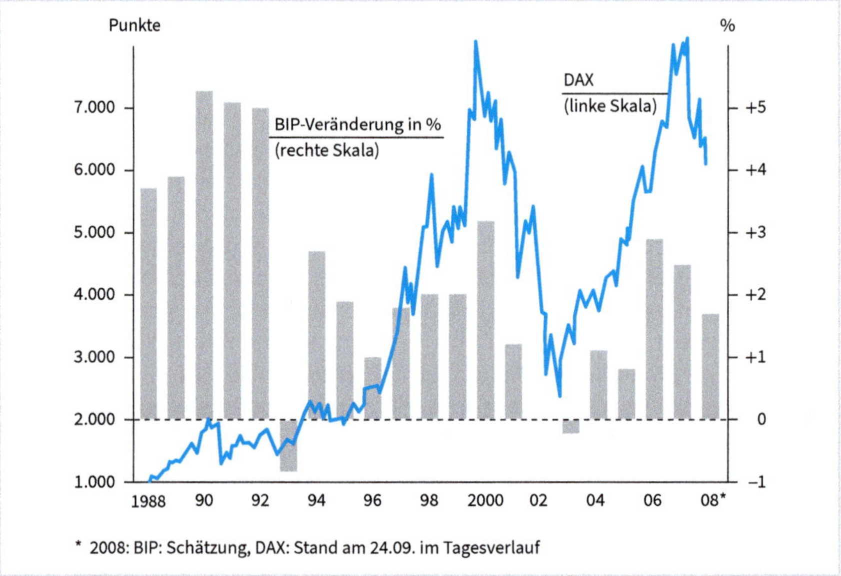

Abb. 8-10: Die Hightech-Blase 1997–2000: DAX und BIP

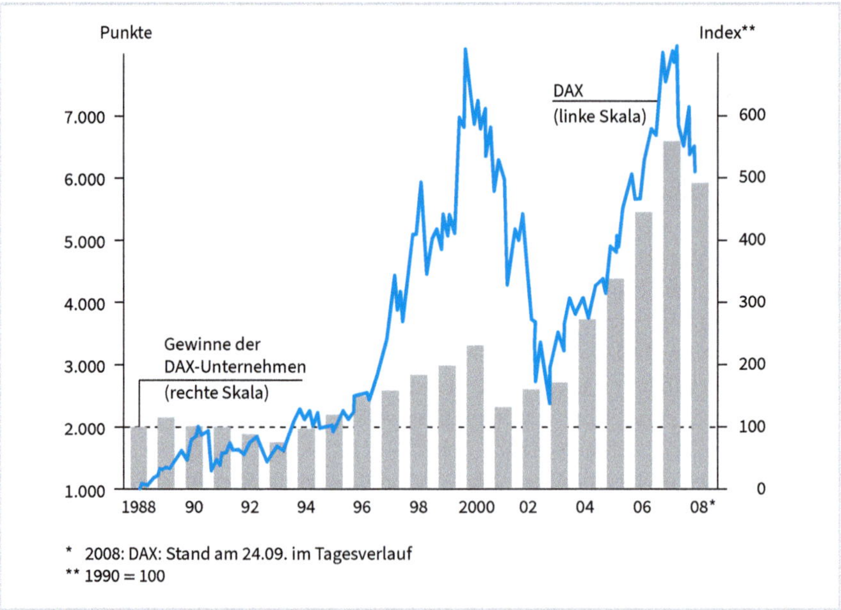

Abb. 8-11: Die Hightech-Blase 1997–2000: DAX und Unternehmensgewinne

- Ein dadurch insgesamt eintretender Rückgang der Güternachfrage aus dem In- und (weil ja andere Länder auch in der Krise stecken) aus dem Ausland lässt die Unternehmensgewinne schrumpfen und die Aktien- und Anleihekurse der Unternehmen weiter sinken. Einzelne Unternehmen werden zahlungsunfähig. Die Banken reduzieren ihre Kreditvergabe, da sie befürchten, dass in der Rezession die Kreditausfälle zunehmen und ihnen damit weitere Verluste drohen.
- Die gesamtwirtschaftliche Güternachfrage geht jetzt drastisch zurück, denn auch die Unternehmen schränken ihre Käufe bei Zulieferfirmen ein. Arbeitskräfte werden entlassen, was den Konsum dämpft. Produktion und Volkseinkommen sinken weiter.
- Letztendlich beginnen die Güterpreise zu sinken und es kommt eventuell zu einer Deflation, in deren Verlauf Produktion, Einkommen und Beschäftigung nachhaltig zurückgehen.

Nachgehakt

Was passiert bei einem Aktiencrash?
Im Zusammenhang mit Finanzkrisen (siehe Kapitel 4.3 und 8.9) ist stets davon die Rede, dass Kapital »vernichtet« wird. Beispielsweise wurden 2008 an der Wall Street knapp 7 Billionen Dollar durch den Einbruch der Aktienkurse vernichtet. Aber was ist das eigentlich, eine »Kapitalvernichtung«? Wessen Kapital wird vernichtet? Wo ist dieses Kapital nach seiner Vernichtung? Welche Folgen hat eine Kapitalvernichtung? Wir wollen diese Fragen anhand eines Beispiels beantworten:

Eine Unternehmung U emittiert Aktien im Wert von 100 Millionen Euro. Käufer der Aktien ist Geldanleger A. A nutzt die günstige Börsenlage und verkauft die Aktien einen Monat später zum Kurs von 200 Millionen Euro, er realisiert also einen Gewinn von 100 Millionen Euro. Der neue Käufer, Geldanleger B, hat weniger Glück. Da sich die Gewinnprognosen für U dramatisch verschlechtern, stürzt der Aktienkurs auf einen Wert von 0. Der Kursverlust von B beträgt mithin 200 Millionen Euro. Es handelt sich dabei zunächst um einen Buchverlust, da B die Aktien weiterhin im Bestand hält. Gleichwohl wird dieser Kursverlust als Kapitalvernichtung bezeichnet. Der Verlust wird immer von den Kapitalgebern getragen, die die Aktien zuletzt hielten bzw. halten – nach dem Motto »Den Letzten beißen die Hunde«.

Die 200 Millionen Euro »vernichtetes« Kapital sind indes nach wie vor im Wirtschaftskreislauf als Geld vorhanden. Sie befinden sich jetzt eben nur im Besitz von Unternehmen U und Geldanleger A (bzw., wenn U und A das Geld inzwischen verausgabt haben, im Portefeuille irgendwelcher anderer Wirtschaftssubjekte). Es hat also lediglich eine Umverteilung von Geld stattgefunden.

Möglicherweise geht unsere Geschichte aber noch weiter. Nehmen wir an, Geldanleger B habe seinen Aktienkauf mit einem Kredit von seiner Bank finanziert. Wenn der Aktienkurs sinkt, reduziert sich im gleichen Maße die Kreditsicherheit für die Bank. Es greift die so genannte »Nachschusspflicht«. Im betrachteten Beispiel muss B die gesamte Kreditsumme von 200 Millionen Euro an die Bank zurückzahlen. Um diese Mittel aufzubringen, hat B grundsätzlich drei Möglichkeiten: Er kann andere Vermögenswerte verkaufen oder Einnahmeüberschüsse aus anderen Quellen abzweigen oder einen weiteren Kredit aufnehmen (was schwierig sein dürfte). In jedem Fall resultieren volkswirtschaftlich negative Wirkungen.

8.10 Der Hund bleibt an der Leine – verhalten sich die Finanzmarktakteure rational?

Kritik an Neoklassik

Efficient Market Theory

Vor allem die Finanz- und Wirtschaftskrise 2008/09 hat die so genannte *neoklassische Theorie*, die lange Zeit als »Mainstream Economics« galt, in ihren Grundfesten erschüttert. Nach Ansicht des Ex-Chefs der amerikanischen Federal Reserve Bank, Alan Greenspan, ist sogar »das ganze intellektuelle Gebäude … zusammengebrochen«. Die Kritik richtet sich insbesondere auf einen zentralen Baustein der Neoklassik. Es handelt sich um die Annahme, der Mensch sei ein völlig rational – also »vernünftig« – handelnder *Homo oeconomicus*, der sich – etwa bei seinen Geldanlageentscheidungen – allein an »harten«, fundamentalen Wirtschaftsdaten orientiert (und auch versteht, wie sich diese auswirken). Diese Annahme findet ihren Ausdruck in der Theorie effizienter Finanzmärkte, der *Efficient Market Theory (EMT)*, die dadurch ebenfalls massiv unter Beschuss geraten ist. Wir möchten die Zusammenhänge, denen in der Ökonomie eine große Bedeutung zukommt, hier etwas genauer erklären.

Die EMT besteht aus zwei Teilen, dem »The price ist right« und dem »There is no free lunch«. Der *erste* Teil besagt – nach Eugene Fama (geb. 1939), dem Begründer der EMT – dass Preise, vor allem Finanzmarktpreise (also etwa Aktienkurse), vollständig alle den Marktteilnehmern (Aktienkäufern bzw. -verkäufern) verfügbaren Informationen widerspiegeln. Das heißt, wenn beispielsweise positive Nachrichten über ein Unternehmen bekannt werden, kaufen die Investoren dessen Aktien und deren Kurs steigt. Der *zweite* Teil folgt aus dem ersten und besagt, dass es für einen Investor kaum möglich sein wird, besser als der Markt abzuschneiden. Denn aufgrund des beschriebenen rationalen Verhaltens werden unausgenutzte Möglichkeiten der Gewinnerzielung sofort durch entsprechendes Handeln (Kauf, Verkauf) der Finanzmarktakteure eliminiert. Die einzige Möglichkeit, auf effizienten Märkten überdurchschnittliche Gewinne zu realisieren, besteht darin, schneller als der Rest der Marktteilnehmer in den Besitz neuer Informationen zu gelangen. Derartige Gewinne lassen sich indes nur kurzfristig erzielen, nicht jedoch langfristig, da die jeweilige Profitmöglichkeit nicht lange existiert.

Wäre die EMT immer gültig, so bestünde eine Konsequenz darin, dass es keine »Blasen«, weder an der Börse, am Immobilienmarkt oder sonst wo geben dürfte. Und die Konsequenz daraus wiederum wäre, dass seitens der Politik keine Notwendigkeit bestünde, das Finanzmarktgeschehen zu kontrollieren bzw. zu regulieren.

Behavioral Finance

Doch wie es so schön heißt: »Reality bites«. So war es unter anderem die amerikanische Immobilienblase bzw. deren »Platzen«, die die Finanzkrise 2008 auslöste. Die Börsenblase während der »New Economy«-Phase – geplatzt 2000 (siehe Kapitel 8.9) – und die japanische Immobilien- und Börsenblase Anfang der 1990er-Jahre sind ebenfalls noch gut in Erinnerung. Vor diesem Hintergrund hat sich seit einiger Zeit eine Gegenbewegung zur EMT formiert, die als verhaltensorientierte Finanzforschung bzw. *Behavioral Finance* bezeichnet wird. Zu deren bekanntesten Vertretern zählt der US-Ökonom Robert Shiller (ebenso Paul Krugman und George Akerlof). Diese Schule vertritt die Meinung, dass die Menschen sich keineswegs immer oder auch nur überwiegend rational verhalten. Vor allem das dem Menschen naturgemäß eigene gefühlsbestimmte, das heißt irrationale Verhalten (Euphorie, Pessimismus, Selbstüberschätzung etc.) bildet ihrer Ansicht nach die Erklärung für spekulative Übertreibungen an den Finanzmärkten. Darauf aufbauend fordern sie eine strenge Überwachung und Regulierung der Finanzmärkte.

Welcher der beiden Ansätze – EMT oder Behavioral Finance – ist der richtige? Bis heute hat die volkswirtschaftliche Theorie hierzu noch keine eindeutige Antwort gefunden. Wie meistens dürfte aber die Wahrheit in der Mitte liegen: Kurzfristig verhalten sich die Finanzmarktakteure sicher nicht immer rational. Gelegentlich bestimmen psychologische Einflüsse die Entscheidungen. Das hat bereits J.M. Keynes so gesehen. Langfristig aber glaubte er, dass die Kauf- bzw. Verkaufsentscheidungen auf der Basis fundamentaler Daten, das heißt rational getroffen werden. Insofern neigen wir dazu, dem Börsenaltmeister André Kostolany (1906–1999) zuzustimmen.

Kostolany verglich das Verhältnis zwischen der Wirtschaft und der Börse einmal mit einem Mann, der mit seinem Hund Gassi geht. Manchmal geht der Hund (die Börse) neben seinem Herrchen (der Wirtschaft) her, ein anderes Mal läuft er aufgeregt vorneweg und wieder ein anderes Mal trabt er jaulend hinterher. Immer aber bleibt der Hund an der Leine, was aus der Sprache der Tierhalter in die Sprache der Aktienhalter übersetzt heißt: Dauerhaft kann es der Börse nicht sehr viel besser oder schlechter gehen als der Wirtschaft.

8.11 Nicht nur für Rentner – Investieren in Anleihen

Anders als Aktien stellen Anleihen keine Beteiligung am Eigenkapital des Emittenten dar, sondern sie sind *Fremdkapital*, das zu verzinsen ist. Als Schuldner treten Banken, Industrieunternehmen, Staaten oder supranationale Organisationen auf. Typischerweise haben Anleihen – man nennt sie auch »Schuldverschreibungen« bzw. »Obligationen« – verhältnismäßig lange Laufzeiten von teilweise bis zu 30 Jahren. Es existiert eine große Vielfalt von Anleihen mit fester und variabler (mit den Marktzinsen schwankender) Verzinsung. Am weitesten verbreitet sind die *festverzinslichen Anleihen*, wie etwa die Bundesanleihen und -obligationen. Da sie einen konstanten Zinsertrag bringen, werden sie bzw. Anleihen generell gerne als »Renten« bezeichnet. Allerdings kann der Kurs dieser Renten beträchtlichen Schwankungen unterliegen. Ein vorzeitiger Verkauf (vor Ende der Laufzeit) an der Börse kann deshalb durchaus zu Verlusten oder (zusätzlichen) Gewinnen führen. Entscheidend für den Kursverlauf ist die Entwicklung der Marktzinsen.

Steigende Marktzinsen führen bei Rentenwerten zu sinkenden Kursen und umgekehrt; je länger die Restlaufzeit der Anleihe, desto stärker ist die Kursänderung

Beispiel: Nehmen wir einmal an, der Bund hat eine Anleihe mit zehnjähriger Laufzeit und einer Verzinsung von 6 Prozent pro Jahr begeben. Ein Jahr später haben sich die Rahmenbedingungen so verändert, dass eine neue Anleihe gleicher Art am Markt nur unterzubringen ist, wenn sie 7 Prozent jährlich bietet. Wenn nun ein Besitzer der ersten Anleihe seine Bestände an der Börse verkaufen will, muss er unter anderem gegen solche neuen Papiere konkurrieren, die 1 Prozentpunkt mehr Zinsen abwerfen. Sein Sechsprozenter wäre damit unverkäuflich, wenn er ihn nicht billiger anböte. Die Notierung von Anleihen geschieht in Prozent des Nennwertes.

Bei der Emission sind vom Zeichner, also dem Ersterwerber, in der Regel ziemlich genau 100 Prozent des Nennwertes zu bezahlen. Ein Jahr später liegt der Kurs unserer 6-Prozent-Anleihe bei 93,5 Prozent (Berechnung siehe folgende Übersicht). Ein Investor muss also für den Nennwert von beispielsweise 10.000 Euro nur 9.350 Euro bezahlen. Für die Restlaufzeit von neun Jahren erhält er dann einen jährlichen Kupon – so heißt der Zinsertrag – von (6 Prozent · 10.000 Euro) : 9.350 Euro = ungefähr 6,4 Prozent. Der Kupon für Periode 1 wird am Beginn der Periode 2 ausgezahlt etc. Bei Fälligkeit steht ihm natürlich die Rückzahlung des gesamten Nennwertes von 10.000 Euro zu. Daraus errechnet sich ein weiterer Vorteil von rund 6,9 Prozent des eingesetzten Kapitals, der – auf neun Jahre verteilt – zum Kupon addiert werden muss, um den so genannten Effektivzins (die Rendite) des Investments zu erhalten.

Der *Kurs* der Anleihe wird berechnet, indem man die über die Jahre anfallenden Anleihezinsen mit der am Markt geltenden Rendite abzinst:

Zeitpunkt	1	2	3	...	10
Zahlung	– 93,5	+ 6	+ 6	...	+ 106
Kurs = $6 \cdot 1{,}07^{-1} + 6 \cdot 1{,}07^{-2} + \ldots + 106 \cdot 1{,}07^{-9} = 93{,}5$					

Beim Erwerb von Anleihen bildet die Schuldnerbonität ein wesentliches Auswahlkriterium. Schuldner minderer Qualität müssen einen *Renditeaufschlag* zur Kompensation der bestehenden Risiken zahlen. Während etwa der in der obersten Bonitätsstufe angesiedelte deutsche Staat gegenwärtig (Januar 2024) für eine Emission mit zehnjähriger Laufzeit eine Effektivrendite von knapp über 2,2 Prozent bietet, ließen sich mit einer vergleichbaren Anleihe Italiens schon 3,8 Prozent und mehr erzielen (wenn man davon ausgeht, dass sie zurückgezahlt wird).

Die Ratingsymbole der Firmen *Standard & Poor's (S&P)* und *Moody's* helfen privaten und institutionellen Anlegern, die Bonität von Anleihen zu beurteilen (siehe Tabelle 8-4). Die auf umfangreichen Analysen basierenden Einstufungen bieten keine Garantie für die Zukunft. Die Ratingagenturen äußern sich aber, wenn sich ihre Erwartung hinsichtlich der weiteren Entwicklung ändert. Der Ausblick kann »positiv«, »neutral« oder »negativ« sein. Investoren können von Bonitätsänderungen profitieren. Der Kurs von Anleihen, deren Bonität sich mit der Zeit verbessert, wird nämlich steigen.

Bonitätsbewertung	**Ratingsymbol**	
	Moody's	**S & P**
sehr gute Anleihen		
beste Qualität, geringstes Ausfallrisiko	Aaa	AAA
hohe Qualität, aber etwas größeres Risiko als die Spitzengruppe	Aa1	AA+
	Aa2	AA
	Aa3	AA–

Bonitätsbewertung	Ratingsymbol	
	Moody's	S & P
gute Anleihen		
gute Qualität, viele gute Investmentattribute, aber auch Elemente, die sich bei veränderter Wirtschaftsentwicklung negativ auswirken können	A1 A2 A3	A+ A A–
mittlere Qualität, aber mangelnder Schutz gegen die Einflüsse sich verändernder Wirtschaftsentwicklung	Baa1 Baa2 Baa3	BBB+ BBB BBB–
spekulative Anleihen		
spekulative Anlage, nur mäßige Deckung für Zins- und Tilgungsleistungen	Ba1 Ba2 Ba3	BB+ BB BB–
sehr spekulativ, generell fehlende Charakteristika eines wünschenswerten Investments, langfristige Zinszahlungserwartung gering	B1 B2 B3	B+ B B–
Junk Bonds		
Schrott-Anleihen, hochverzinslich, hochspekulativ, niedrigste Qualität, geringster Anlegerschutz, in Zahlungsverzug oder in direkter Verzugsgefahr	Caa Ca C	CCC CC C

Tab. 8-4: Die Ratingsymbole von Moody's und S&P

Auf den Punkt gebracht

Die Finanzmärkte sind das Herz einer modernen Volkswirtschaft. Über die Geld-, Kredit- und Kapitalmärkte werden Finanzierungsmittel in die Adern der Volkswirtschaft gepumpt. Zum Zwecke einer möglichst effizienten Finanzierung – und der dafür als Voraussetzung notwendigen Geldanlage – hat sich auf den Finanzmärkten eine Vielzahl spezifischer Finanzprodukte entwickelt, denen die Rolle von Vehikeln im Finanzmitteltransport zukommt. Man unterscheidet dabei zwischen originären Produkten (wie Anleihen oder Aktien) und Derivaten. Letztere sind Termingeschäfte und dienen der Absicherung, der Arbitrage oder der Spekulation.

Der reibungslose Geldtransport durch die Finanzmärkte ist erforderlich, um die im Wirtschaftsprozess entstehenden Finanzierungslücken des Sektors Unternehmen, des Staates und des Auslandes zu schließen. Andernfalls müsste der Umfang der gesamtwirtschaftlichen Aktivität merklich schrumpfen. Genau das ist die Gefahr von Finanzkrisen. Aus diesem Grunde haben die Akteure an den Finanzmärkten, insbesondere die Banken, eine äußerst hohe volkswirtschaftliche Bedeutung und Verantwortung.

8.12 Das Interview: Hans-Peter Burghof

Hans-Peter Burghof (geb. 1963) ist Inhaber des Lehrstuhls für Bankwirtschaft und Finanzdienstleistung an der Universität Hohenheim in Stuttgart. Im Rahmen der Initiative Stuttgart Financial engagiert er sich für die Entwicklung des Finanzplatzes Stuttgart.

Herr Professor Burghof, auf den Finanzmärkten waren in den letzten Jahren mehrere neue Entwicklungen zu beobachten. Welche waren aus Ihrer Sicht die wichtigsten?
Die wichtigsten Entwicklungen sind die Digitalisierung und die massive Regulierung des Finanzsektors. So verändert die Digitalisierung die Vertriebswege auch bei Finanzdienstleistern. Der Handel an den Börsen erfolgt zunehmend computerisiert anhand lernender Algorithmen. Auf der Blockchain-Technologie basierende digitale Assets, darunter die viel diskutierten Krypto-Währungen wie Bitcoin, gewinnen an Bedeutung. Eine große Zahl junger Unternehmen, so genannte FinTechs, drängen mit neuen Konzepten auf den Markt. Sie verdrängen etablierte Geschäftsmodelle oder sie unterstützten die bestehenden Institutionen des Finanzmarktes durch Einsatz neuer Technologien. Digitalisierung und Regulierung berühren sich in einer besonderen Gruppe der FinTechs: RegTechs helfen Finanzinstituten durch Einsatz digitaler Technologien dabei, die zahlreichen Anforderungen der staatlichen Aufseher effizienter zu erfüllen. Diese Effizienzsteigerung ist auch dringend geboten: Immer mehr Mitarbeiter sind nur noch mit der Erfüllung gesetzlicher Vorgaben beschäftigt, immer weniger mit dem eigentlichen Geschäft und den Kunden. In der Branche spricht man auch von einem Regulierungstsunami. Tatsächlich ist eine solche Überregulierung sehr schädlich. Sie verschlingt gewaltige Ressourcen und sie schädigt den Wettbewerb, da vor allem kleine Institute die hohen Fixkosten der Regulierung immer schlechter tragen können. Damit verfehlt die Regulierung auch ihren eigentlichen Zweck. Die Banken werden immer größer und damit auch gefährlicher für die Stabilität des Finanzsystems.

Seit es Banken gibt, diskutiert man über deren Macht. Was ist dran an der Macht der Banken?
Banken können sehr mächtig sein. Sie stellen Menschen das Kapital zur Verfügung, um – als Unternehmer oder Privatperson – ihre Träume zu verwirklichen. Banken finanzieren Staaten, und manche Banker beraten auch Politiker. Bei allen möglichen Projekten, den wohltätigsten und verbrecherischsten, sind Banken mit ihrem Netzwerk, ihrem Zahlungssystem und ihrer Finanzkraft dabei. Große Banken können sogar Staaten erpressen, in einer Krise für ihre Verluste aufzukommen. Allerdings werden Banken heute sehr intensiv durch den Staat kontrolliert, und ihre Macht ist auch einem anderen Grund nicht mehr die größte Bedrohung: In den vergangenen Jahrzehnten sind gewaltige, globale Digitalkonzerne entstanden. Alphabet (Google), Meta (vormals Facebook), Amazon und einige andere Unternehmen verfügen über große Marktmacht und fast unbegrenzte finanzielle Mittel, und dies oft unter der Kon-

trolle einzelner Personen. Marktwirtschaft und Demokratie leben aber davon, dass es gelingt, den Wettbewerb zu erhalten und die Macht Einzelner einzugrenzen. Hier besteht heute ein sehr viel größerer Handlungsbedarf als bei der Macht der Banken.

Nachhaltigkeit (Sustainability) ist wahrscheinlich der wichtigste Megatrend unserer Zeit. Als Leitlinien dafür gelten bei Finanzprodukten die so genannten ESG-Kriterien: Umweltschutz (Environment), Soziale Gerechtigkeit (Social), Gute Unternehmensführung (Governance). Läge – angesichts der Macht der Banken (siehe oben) – in der regulatorischen Verpflichtung der Banken (und anderer Kapitalanleger) auf diese ESG-Kriterien nicht eine ungeheure Chance unter anderem für die globale Klimapolitik?
Dieser Verpflichtung müssen sich Kreditinstitute heute schon stellen. Viele sehen darin eine positive Entwicklung und manche Kreditinstitute nutzen den Trend intensiv, um ihr Image aufzupolieren. Es gibt aber auch Bedenken. Welche Aktivitäten erfüllen die ESG-Kriterien wirklich und was ist nur Greenwashing? Welchen Aufwand müssen wir treiben, um dies für alle von Banken finanzierte Projekte mit hinreichender Genauigkeit herauszufinden? Fällt es Großkonzernen nicht viel leichter, sich hier in einem positiven Licht zu zeigen? Führen technologische, gesellschaftliche und politische Entwicklungen nicht dazu, dass sich die ESG-Kriterien ständig verändern müssten? Und schließen: Reichen die ESG-Kriterien aus? Müssen wir sie nicht um die beiden grundlegenden Dimensionen unserer Gesellschaftsordnung erweitern: Wie verhält sich ein Projekt zur Bewahrung unserer freiheitlichen Demokratie und wie verhält es sich zur Erhaltung der freien und sozialen Marktwirtschaft? Ohne diese beiden Grundbedingungen ist die Verfolgung der hinter den ESG-Kriterien stehenden Ziele sinnvoll nicht möglich. Insgesamt entsteht der Eindruck, dass wir die Finanzmärkte mit dieser Instrumentalisierung für einen guten Zweck überfordern. Dabei treten wir einen weiteren Regulierungstsunami in der Finanzbranche los, der in Verbindung mit anderen, ähnlich motivierten staatlichen Maßnahmen die Funktionsfähigkeit unseres Finanz- und Wirtschaftssystems gefährdet.

Herr Professor Burghof, wir danken Ihnen für dieses Gespräch.

Schlüsselbegriffe

- Primär- und Sekundärmarkt
- nationale und internationale Finanzmärkte
- Außen- und Euromärkte
- Geld- und Kapitalmarkt
- Finanzmarktprodukte
- Commercial Banking
- Investment Banking
- Investmentfonds
- Hedgefonds
- Private-Equity-Fonds
- Realzins
- Zinsstruktur
- Börsensegmente
- außerbörslicher Handel
- Börsenzyklus
- Kapitalmarkteffizienz
- Technische Analyse
- Fundamentalanalyse
- DAX
- Finanzkrisen
- Dominoeffekt
- Kapitalvernichtung
- Behavioral Finance
- Anleihekurs
- Ratingsymbole

Kontrollfragen

1. *Nennen Sie vier Funktionen der Finanzmärkte.*
2. *Wie unterscheidet sich ein Eurokredit von einem Kredit am traditionellen Außenmarkt?*
3. *In welche Teilmärkte können die Finanzmärkte nach dem Kriterium der Fristigkeit der Finanzmittel unterschieden werden?*
4. *Was versteht man unter Wandelanleihen, Optionsanleihen und Zero-Bonds?*
5. *Welche Finanzinstrumente werden als strukturierte Produkte bezeichnet und worin liegt ihr Zweck?*
6. *Geben Sie ein Beispiel für einen Credit Default Swap.*
7. *Differenzieren Sie zwischen dem Commercial und dem Investment Banking.*
8. *Worin besteht die Tätigkeit von Investmentgesellschaften und was ist das Typische an so genannten Hedgefonds?*
9. *Wie wird der Realzins ermittelt und welche Bedeutung hat er?*
10. *Welchen volkswirtschaftlichen Nutzen haben Börsen?*
11. *Worin besteht der Kerngedanke der Fundamentalanalyse?*
12. *Wie kann es, ausgehend von einer Bankinsolvenz, zu einem so genannten Dominoeffekt kommen?*
13. *Erläutern Sie die Efficient Market Theory. Welche Folgerungen ergeben sich aus ihrer eventuellen Gültigkeit?*
14. *Wie wird der Kurs einer Anleihe ermittelt?*
15. *Welche Rolle spielen Ratingagenturen auf den Finanzmärkten?*

Literaturhinweise

Akerlof, G.A.; Shiller, R.J.: animal spirits. Wie Wirtschaft wirklich funktioniert, Frankfurt a.M. 2009

Beike, R.; Schlütz, J.: Finanznachrichten lesen – verstehen – nutzen, 7. Aufl., Stuttgart 2024

Bloss, M.; Ernst, D.; Häcker, J.; Eil, N.: Von der Wallstreet zur Mainstreet, München 2009

Fischer, E.O.: Finanzwirtschaft für Anfänger, 5. Aufl., München 2009

Fratzscher, M.: Geld oder Leben – Wie unser irrationales Verhältnis zum Geld unsere Gesellschaft spaltet, München 2022

Gehrig, B.; Zimmermann, H. (Hrsg.): Fit for Finance. Theorie und Praxis der Kapitalanlage, 7. Aufl., Frankfurt a.M. 2001

Sperber, H.; Bloss, M.: Finanzmärkte. Eine praxisorientierte Einführung, Stuttgart 2024

Storck, E.: Globale Drehscheibe Euromarkt, 3. Aufl., München 2005

9 Wie die Welt zusammenhängt

»Was die Weltwirtschaft angeht, so ist sie verflochten.«
Kurt Tucholsky

Lernziele

- Sie wissen, auf welche Weise Außenhandel wohlfahrtssteigernd wirkt, und sind mit der Argumentation für und wider die Globalisierung vertraut.
- Sie kennen die Aufgaben der WTO, der Weltbank und des IWF.
- Sie verstehen die Zusammenhänge, die die Abhängigkeit offener Volkswirtschaften von deren internationalem Umfeld begründen, und können die Wirkung von Wechselkursänderungen beurteilen.
- Sie kennen die Wesensmerkmale des Systems flexibler sowie des Systems fester Wechselkurse.
- Sie wissen um die Vorteile der Europäischen Währungsunion, sind aber auch in der Lage, deren phasenweise krisenhafte Entwicklung nachzuvollziehen.

Vor hundert Jahren wurden Telefone in den Vereinigten Staaten von den 1905 gegründeten Western-Electric-Hawthorne-Werken im Westen Chicagos produziert. Dort arbeiteten 45 000 Menschen in einhundert Fabrikgebäuden, um pro Tag die unglaubliche Zahl von 43 000 Telefonen herzustellen. Alle fertigen Telefone wurden von dort aus zum Einzelhandel und zu den Kunden geliefert.

Heute finden die Entwicklung und der Entwurf des Dinges, mit dem unter anderem auch telefoniert werden kann, bei der Firma Apple in den USA und in Taiwan statt. Die Produktion ist über 43 Länder und 6 Kontinente verteilt. Die Speicher, Linsen, Batterien, Bildschirme und Mikroprozessoren kommen aus Südkorea, Malaysia, Taiwan, Japan und Vietnam, aber auch aus Europa, Mexiko und den Vereinigten Staaten. Zusammenmontiert werden sie in Indien und China. Danach werden sie in die ganze Welt versendet.

Das alles rentiert sich, weil in den vergangenen 150 Jahren die Transportkosten drastisch gefallen sind. 1890 konnte eine Tonne Güter für 200 heutige Dollar mittels eines Frachters von Kalifornien nach Europa gebracht werden. Heute müssen dafür nur 2 Dollar aufgewendet werden. Im Zuge dessen hat sich zwischen 1965 und 2020 der weltweite Transport von Gütern dem Gewicht nach mehr als verzehnfacht, von 7 Trillionen auf 78 Trillionen Tonnenkilometer, und dem Wert nach vervierzehnfacht. Dem steht im selben Zeitraum eine Zunahme des gesamten Welthandelsvolumens um das Vierzigfache gegenüber (*vgl. Sharat Ganapati, Woan Foong Wong: How Far Goods Travel: Global Transport and Supply Chains from 1965 until 2020, Journal of Economic Perspectives 37 (3), 2023)*.

Globalisierung und Internationalität haben viele Gesichter: ein ökonomisches, ein soziales, ein kulturelles etc. Ursprung und Kern der Globalisierung ist aber die internationale Arbeitsteilung. Im neunten Kapitel fragen wir nach Vor- und Nachteilen eines freien Welthandels und Kapitalverkehrs. Untersuchungen belegen, dass sich die Weltproduktion und der Welthandel gleichgerichtet entwickelt haben:

Steigende Weltexporte führten zu steigender Weltproduktion und umgekehrt. Globalität schafft indes Abhängigkeit. Wir analysieren die grenzüberschreitenden Einflüsse, denen eine offene Volkswirtschaft ausgesetzt ist: Was hat etwa die amerikanische Konjunktur mit dem deutschen Arbeitsmarkt zu tun? Welche Folgen hat eine Abwertung des Euro? Internationaler Güter- und Kapitalverkehr setzen eine funktionierende internationale Geldordnung, ein Währungssystem voraus. Welche Erscheinungsformen wurden und werden hier praktiziert? Worin liegen der Nutzen und die Erfolgsbedingungen der Europäischen Währungsunion? Welche Perspektiven gibt es angesichts der aktuellen EWU-Krise? Am Ende dieses Kapitels befragen wir den renommierten Ökonomen Bernd Kempa zu kritischen Themen Europa und die Europäische Währungsunion betreffend.

9.1 Globalisierung – warum lohnt sich Außenhandel?

Warum importieren wir eigentlich Güter, die wir auch im eigenen Land herstellen können? Ist es wirklich sinnvoll, wenn deutsche Bergarbeiter oder Fabrikangestellte ihren Arbeitsplatz verlieren, während wir Kohle in den USA, Strom in Frankreich oder Textilien in Malaysia kaufen? Die Erklärung für internationalen Handel lieferte schon vor 200 Jahren der berühmte englische Nationalökonom *David Ricardo* (1772–1823) mit seiner *Theorie der komparativen Kostenvorteile*. Demnach erhöht sich durch Außenhandel der Wohlstand in den beteiligten Ländern. Und zwar ist die Aufnahme von Handel für ein Land auch dann vorteilhaft, wenn es alle infrage kommenden Produkte (absolut) kostengünstiger erzeugen kann. Ricardo zeigte dies anhand des damals zwischen England und Portugal bestehenden Abkommens über den zollfreien Austausch von britischem Tuch und portugiesischem Wein.

Absoluter Kostenvorteil

Komparativer Kostenvorteil

Angenommen, in England benötige man 5 Arbeitsstunden, um einen Ballen Tuch zu produzieren, in Portugal seien hierfür nur 4 Stunden notwendig (siehe Tabelle 9-1). Des Weiteren braucht man in England für die Erzeugung eines Fasses Wein 10 Arbeitsstunden, in Portugal dagegen lediglich 2 Stunden. Wenn wir unterstellen, dass Arbeit der wichtigste Faktor ist, um Tuch oder Wein zu produzieren, dann kann Portugal beides billiger herstellen. Es hat bei beiden Gütern einen *absoluten Kostenvorteil*, weil es sie in weniger Arbeitsstunden erzeugen kann. Offenbar ist der Vorteil Portugals aber bei Wein größer als bei Tuch. Denn bei der Weinproduktion brauchen die Portugiesen nur ein Fünftel der englischen Arbeitsstunden, während sie bei der Tuchproduktion vier Fünftel der englischen Arbeitsstunden benötigen. Das heißt, Portugal besitzt einen komparativen Vorteil bei der Herstellung von Wein. Entsprechend wird sich nun Portugal auf die Weinerzeugung spezialisieren (und damit dem Rat Ricardos folgen). England hat einen *komparativen Vorteil* (genauer gesagt: einen vergleichsweise »kleineren Nachteil«) bei der Tuchproduktion und wird sich entsprechend auf die Herstellung von Tuch spezialisieren. Die Spezialisierung geschieht dadurch, dass in Portugal sämtliche Arbeitskräfte in die Weinproduktion und in England sämtliche Arbeitskräfte in die Tuchproduktion gelenkt werden. Im Ergebnis steht dann eine insgesamt höhere Produktionsmenge von beiden Gütern (vorausgesetzt wird dabei, dass die für die Wein- bzw. Tuchproduktion neu eingesetzten Arbeiter genauso produktiv sind wie die ursprünglich dort beschäftigten). Anschließend werden jetzt die Portugiesen einen Teil ihrer Weinproduktion gegen englisches Tuch tauschen. Da insgesamt mehr produziert wird als im vorherigen Autarkiezustand, kann auf diese Weise der Konsum in beiden Ländern gesteigert werden.

England		Portugal		
Tuch	**Wein**	**Tuch**	**Wein**	
5 1 Ballen	10 1 Fass	4 1 Ballen	2 1 Fass	Arbeitsstunden Produktion (insgesamt: 4)
	Spezialisierung			
15 3 Ballen	0 0	0 0	6 3 Fass	Arbeitsstunden Produktion (insgesamt: 6)
	Tausch			
2 Ballen	1 Fass	1 Ballen	2 Fass	Ergebnis nach Tausch: Beide Länder profitieren

Tab. 9-1: Ricardos Theorie der komparativen Kostenvorteile

Das beschriebene Rezept Ricardos ist rein theoretisch zweifellos faszinierend einfach. Allerdings stellt es in der Praxis hohe Anforderungen an die beteiligten Volkwirtschaften und deren Unternehmen. Denn die notwendigen Strukturanpassungen sind unter Umständen schmerzhaft und können zu eventuell länger andauernder »struktureller« Arbeitslosigkeit führen (siehe Kapitel 4.12).

Bei unserem Beispiel zur Vorteilhaftigkeit von Außenhandel stellt sich die Frage, wie es in der Realität zu dem dargestellten Güteraustausch kommen kann, wo doch beide Güter in Portugal billiger sind. Um das zu verstehen, sei einmal angenommen, eine Arbeitsstunde koste in England 1 Pfund und in Portugal 1 Euro, und der Wechselkurs sei 1 (1 Pfund ist gleich 1 Euro). Dann wird natürlich für jedermann sichtbar, dass beide Güter in Portugal billiger zu haben sind. England wird deshalb sowohl Wein als auch Tuch aus Portugal importieren. Dadurch steigt aber die Nachfrage nach Euro, und der Kurs des Euro, gemessen in Pfund, erhöht sich. Aus der Sicht Englands werden dadurch alle portugiesischen Güter teurer, während sich aus portugiesischer Sicht die in England produzierten Güter verbilligen. Früher oder später muss aufgrund dieser Entwicklung der Punkt erreicht werden, in dem eines der beiden Güter aus England billiger zu beziehen ist als in Portugal. Da der Kosten- bzw. Preisvorteil Portugals bei Tuch geringer ist als bei Wein, kann dieses Gut nur Tuch sein. Mit anderen Worten: Der komparative Kostenvorteil Englands bei der Tuchproduktion wird durch die Reaktion des Wechselkurses in einen *absoluten Preisvorteil* umgewandelt. Im Endeffekt wird England also tatsächlich Tuch exportieren und gegen Wein aus Portugal tauschen, und zwar in einem Umfang, bei dem sich am Devisenmarkt das Angebot an Euro (der Portugiesen) und die Nachfrage nach Euro (durch die Engländer, die dafür Pfund anbieten) die Waage halten.

	Exporte	Importe	Saldo
Waren insgesamt	1.575	1.495	80
ausgewählte Industrielle Hauptgruppen			
Landwirtschaftsgüter	8	25	–18
Vorleistungsgüter	318	259	59
Investitionsgüter	426	236	190
Gebrauchsgüter	27	27	0
Verbrauchsgüter	139	136	3
Energie	12	67	–55
ausgewählte Gruppen			
Kraftwagen und Kraftwagenteile	244	131	113
Maschinen	208	103	105
Güter der Informationstechnologie*	132	148	–16
Chemische Erzeugnisse	162	137	25
nach Ländergruppen			
Europa	1.072	970	102
EU-Länder (27)	859	739	120
Afrika	26	33	–7
Amerika	210	130	80
USA	156	91	65
Asien	264	353	–89
Australien, Ozeanien und übrige Gebiete	14	7	7
BRICS-Länder	160	264	–104
Dienstleistungen insgesamt	407	438	–31
Reiseverkehr	30	85	–55
Transithandelserträge			32
Transportleistungen	106	115	–9
Versicherungsdienstleistungen	14	9	5
Finanzdienstleistungen	31	22	9
* Datenverarbeitungsgeräte, elektrische und optische Erzeugnisse			

Tab. 9-2: Deutsche Ex- und Importe von Waren und Dienstleistungen im Jahr 2022 (in Mrd. Euro)
Quelle: Statistisches Bundesamt; Deutsche Bundesbank, Zahlungsbilanzstatistik Dezember 2023

Umfang und Struktur des deutschen Außenhandels

Deutschland ist neben China und den USA die weltweit führende Handelsnation, was natürlich auch eine starke Abhängigkeit von der Weltwirtschaft bedeutet. Der Anteil der Exporte und der Importe von Waren und Dienstleistungen am deutschen Bruttoinlandsprodukt betrug 2023 rund 39 Prozent (Exportquote) bzw. 33 Prozent (Importquote). Tabelle 9-2 zeigt, mit welchen Gütern und mit welchen Ländern Deutschland heute internationalen Handel treibt.

Deutschland ist offenbar auf die Einfuhr von Energie und landwirtschaftlichen Gütern angewiesen. Das wird an den großen Importüberschüssen bei diesen Waren sichtbar. Mit der heutigen Produktions- und Konsumstruktur könnten wir uns nicht selbst ernähren! Erhebliche Importüberhänge finden sich auch bei Gütern der Informationstechnologie sowie im Reiseverkehr (die Deutschen sind Weltmeister im Urlaub machen!). Die größten Exportüberschüsse erzielt Deutschland mit Kraftwagen (drei von vier Autos, die in Deutschland produziert werden, gehen in den Export!) und Kraftwagenteilen, Maschinen und chemischen Erzeugnissen. Betrachtet man den Warenhandel nach Ländergruppen, so wird deutlich, dass der weit überwiegende Teil des deutschen Außenhandels mit den europäischen Ländern stattfindet, insbesondere den EU-Ländern.

9.2 Freier internationaler Handel – Pro und Kontra

Internationaler Handel bringt Vorteile in Form von niedrigeren Preisen, besserem Service und größerem Produktangebot. *Aber:* Globalisierung bedeutet auch mehr Wettbewerb. Der globale Wettbewerb findet zwischen drei Gruppen von Akteuren statt (siehe Abbildung 9-1): Die Unternehmen kämpfen um Marktanteile für ihre Produkte, die Arbeitnehmer konkurrieren um Arbeitsplätze, und die Staaten werden in die Rolle von Gastwirten gedrängt, die sich als attraktive Standorte für Unternehmen und international mobiles Kapital profilieren müssen. Viele Menschen haben Angst vor dem internationalen Wettbewerb. Wir werden deshalb im Folgenden fünf häufiger diskutierte Aussagen zur Globalisierung untersuchen.

Erste Aussage: Die billigen Arbeitskräfte in anderen Ländern nehmen uns die Arbeitsplätze weg und lassen bei uns die Löhne sinken.

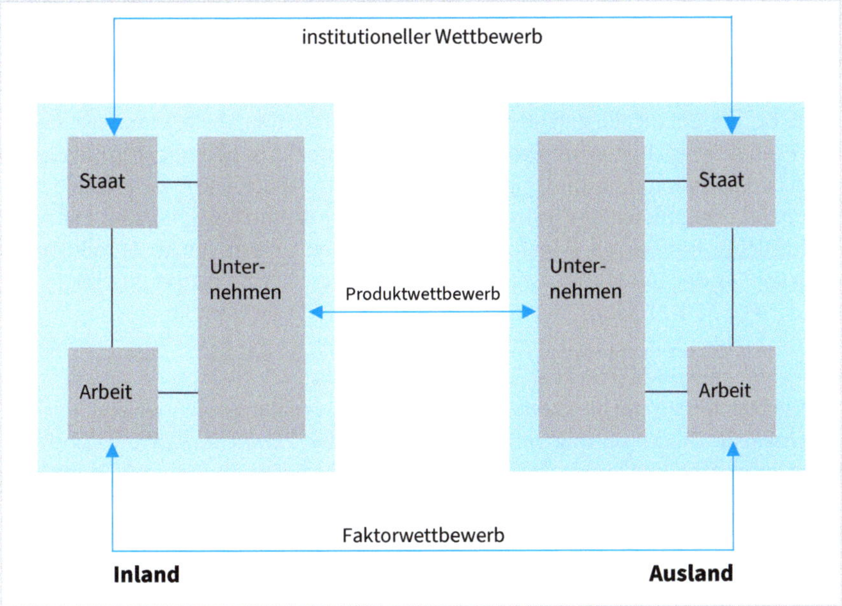

Abb. 9-1: Dimensionen des globalen Wettbewerbs

Tatsächlich können in Korea oder Tschechien bestimmte Produkte billiger hergestellt werden. Typischerweise handelt es sich um Güter, bei deren Produktion der Faktor Arbeit stark genutzt wird. Und eine Arbeitsstunde kostet in diesen Ländern viel weniger als in Deutschland. Dadurch gehen bei uns Arbeitsplätze verloren.

Auch zeichnet sich ab, dass in den westlichen Ländern der Druck auf die Löhne für einfache Arbeit zunimmt. Die Arbeitnehmer in Ländern mit niedrigem Lohnniveau und geringem industriellem Entwicklungsstand können davon profitieren. Andererseits hat Deutschland Vorteile bei Gütern, deren Herstellung viel Kapital erfordert. Die Wirtschaftspolitik muss die Voraussetzungen dafür schaffen, dass die freigesetzten Arbeiterinnen und Arbeiter in solchen Bereichen beschäftigt werden können.

Zweite Aussage: Durch den internationalen Standortwettbewerb kommt es zu einem allgemeinen Rückgang der Sozial- und Umweltstandards sowie der Löhne.

Im Wettbewerb um Unternehmensinvestitionen sind nicht allein die Höhe der Sozialabgaben und Steuern, das Lohnniveau oder die Kosten für die Erfüllung umweltpolitischer Auflagen entscheidend. Eine große Rolle spielen daneben der Ausbildungsstand der Arbeitnehmer, die Leistungsfähigkeit der öffentlichen Verwaltung, die Qualität der Infrastruktur (Straßen, Stromversorgung etc.) sowie die Stabilität des politischen und sozialen Umfeldes. Wenn man die Steuern, Sozial- und Umweltstandards oder die Löhne herunterschraubt, dann verschlechtern sich auch diese anderen wichtigen Standortfaktoren. Umgekehrt erscheint die häufig geäußerte Forderung problematisch, die westlichen Sozial- und Umweltstandards über internationale Vereinbarungen zum weltweiten Maßstab zu erheben. Weniger entwickelte Länder würden dadurch im Wettbewerb benachteiligt.

Dritte Aussage: Globalisierung führt dazu, dass die Entwicklungsländer ausgebeutet werden.

Die Terms of Trade messen das Verhältnis zwischen dem Preisniveau der Exportgüter und dem Preisniveau der Importgüter

Es heißt, die Entwicklungsländer seien unter anderem deshalb arm, weil sie für ihre Produkte real immer weniger erlösen. Das ist aber nur bedingt zutreffend. Das Tauschverhältnis von Ex- und Importen (*Terms of Trade*) hat sich in den letzten hundert Jahren zugunsten der Dritten Welt verändert. Mit ihren wichtigsten Exporten – Südfrüchte, Kaffee, Tee, Rohstoffe – erlösen sie heute mehr Industrieprodukte als noch vor 50 oder 100 Jahren. Ursache ist die gestiegene Arbeitsproduktivität in den Industrieländern. Dadurch werden Industrieprodukte im Verhältnis zu Agrarprodukten billiger. Nur bei bestimmten Agrarprodukten ist das reale Tauschverhältnis schlechter geworden (etwa bei Zucker oder Weizen).

Darüber hinaus hat die Globalisierung einen länderübergreifenden *sozialen Ausgleichseffekt*. Globalisierung verteilt den weltweiten Zuwachs an Wohlstand um. Wenn etwa Mobilfunkanbieter ihre Produktion aus Deutschland nach Rumänien, Indien oder China verlagern, so führt dies zwar zu Einkommenseinbußen hierzulande, verhilft aber den ärmeren Menschen an den neuen Standorten zu einem höheren Lebensstandard. Mit anderen Worten: Globalisierung verringert die krasse

Ungleichheit in der weltweiten Wohlstandsverteilung. Siehe hierzu auch *Nachgehakt* in diesem Kapitel.

Vierte Aussage: Globalisierung hat riesige Wanderungsbewegungen von Arbeitskräften zur Folge.

Kapital ist international mobil. Für den Faktor Arbeit gilt das in geringerem Maße. Unter anderem wirken hier Aspekte wie Heimatverbundenheit und Sprachunterschiede mobilitätshemmend. Weltweite Mobilität ist allenfalls in engen Kreisen von Führungseliten anzutreffen. Die in den letzten Jahren eingetretene »Flüchtlingskrise« zeigt indes, dass anhaltende globale Einkommensunterschiede die Migration (Wanderungen) verstärken: Entweder das Kapital kommt zu den Menschen oder die Menschen kommen zum Kapital.

Fünfte Aussage: Man sollte die heimische Industrie vor ausländischer Konkurrenz schützen.

Einzelne Länder versuchen, durch Zölle oder Einfuhrquoten Importe abzuwehren. Man spricht von *Protektionismus*. Als Argument dafür dient häufig, dass heimische Industriezweige so lange geschützt werden sollen, bis sie stark genug wären, um im Wettbewerb zu bestehen. Protektionismus

Dieses »Erziehungszollargument« des deutschen Nationalökonomen *Friedrich List* (1789–1846) birgt mehrere Gefahren: Es ist zu befürchten, dass die Wirtschaftszweige, gerade weil sie geschützt werden, in ihren Entwicklungsanstrengungen nachlassen. Es besteht die Gefahr, dass die anderen Länder ebenfalls Importrestriktionen einführen (»Wie du mir, so ich dir«). Wenn man Ländern der Dritten Welt den Zugang zu den Märkten der Industrieländer verwehrt, so wird dort die Not noch größer. Kinderarbeit, soziale Missstände und Umweltzerstörung lassen sich nur dadurch bekämpfen, dass der materielle Wohlstand eines Landes steigt. Hierfür aber ist die Beteiligung am Welthandel notwendig. Siehe hierzu auch *Nachgehakt*.

Nachgehakt

Die Freihandelstheorie im Praxistest

Die Theorie der Wohlstandseffekte eines freien internationalen Handels wurde von den britischen Ökonomen Anfang des 19. Jahrhunderts verbreitet. Zu dieser Zeit verfügte England bereits über einen großen Vorsprung bei der Industrialisierung und war die weltweit führende Exportnation. In seinem Buch »So funktioniert die Wirtschaft« hat Norbert Häring das Narrativ vom Nutzen des Freihandels hinterfragt, indem er die geschichtliche Entwicklung der heutigen Industrieländer, insbesondere der führenden Wirtschaftsmächte der letzten Jahrhunderte – Großbritannien und die USA –, genauer in den Blick genommen hat. Es zeigte sich, dass praktisch alle Industrieländer im Zuge ihrer Industrialisierung auf Einfuhrzölle, Subventionen und ähnliche Maßnahmen zurückgriffen, um die Wettbewerbsposition der eigenen Industrie gegenüber der ausländischen Konkurrenz zu verbessern. Häring zieht aus seinen Analysen folgendes Fazit:

- Freier Handel zwischen gleich weit (oder wenig) entwickelten Ländern nützt allen Beteiligten, denn er vergrößert die Märkte und schafft so Möglichkeiten zur Arbeitsteilung und Massenproduktion.
- Freier Handel zwischen unterschiedlich entwickelten Ländern nützt vor allem den weiter entwickelten Ländern und schadet oft den weniger entwickelten. In den armen Ländern kann sich gegen die übermächtige Konkurrenz keine wettbewerbsfähige Industrie entwickeln.
- Geschichtlich haben alle großen Industrieländer ihren Wohlstand durch Schutz der heimischen Industrie gegen ausländische Konkurrenz und Fördermaßnahmen erreicht.
- Die Regeln des Welthandels erschweren es armen Ländern heutzutage, eine Industriepolitik der Art zu betreiben, wie sie die Industrieländer reich gemacht hat.

9.3 Global Governance – Institutionen und Regeln der Weltwirtschaft

Supranationale Institutionen gelten vielen Globalisierungsgegnern als gesichtslose Symbole eines weltweiten »Raubtier- bzw. Turbokapitalismus« und sind häufig Zielscheibe scharfer Kritik. Bei praktisch allen größeren Tagungen von Internationalem Währungsfonds, Weltbank und Welthandelsorganisation kommt es zu schweren Ausschreitungen. Die Proteste bei der WTO-Ministerkonferenz 1999 in Seattle sind als »Battle of Seattle« in die Geschichte der Weltwirtschaft eingegangen. Der Tod eines Demonstranten in Genua 2001 war vermutlich nicht das letzte Opfer im »Krieg gegen die Globalisierung« bzw. deren Repräsentanten. Bei alldem dürfte unstrittig sein, dass die globale Welt Spielregeln bedarf sowie Institutionen, die deren Einhaltung überwachen. In der Wissenschaft wird diese Thematik unter der Bezeichnung der *Global Governance* diskutiert. Sie widmet sich der Frage, wie die Welt politisch und administrativ gestaltet werden kann. Allerdings gibt es keine zentrale Weltregierung und auch künftig ist davon nicht auszugehen. Aus dieser Sicht ist Global Governance das »Weltregieren ohne Weltregierung«. Zu ihren wichtigsten Akteuren zählen der Internationale Währungsfonds, die Weltbank und die WTO. In diesem Modul werden wir uns mit der Welthandelsordnung und der Rolle der WTO näher befassen.

GATT

Den Grundstein der Welthandelsordnung legten 23 Länder bereits 1947, als sie ein Abkommen unterzeichneten, das 1948 in Kraft trat und als *Allgemeines Zoll- und Handelsabkommen (General Agreement on Tariffs and Trade – GATT)* bekannt wurde. Es handelt sich bei dem GATT also nicht um eine internationale Organisation, sondern lediglich um einen multilateralen Vertrag. Die Bundesrepublik Deutschland wurde 1950 Vollmitglied des GATT. Ziel des GATT war und ist es, durch Liberalisierung und Intensivierung des Welthandels den Lebensstandard in allen Mitgliedsländern (am Ende waren es weit über 100) zu steigern. Dieser Zielsetzung dienen vor allem folgende *Prinzipien*:

- Prinzip der Meistbegünstigung. Es besagt, dass jede Handelserleichterung, die ein Land einem Handelspartner gewährt, auch allen anderen Ländern eingeräumt werden muss. Ausnahmen bilden Freihandelszonen und Zollunionen.

- Verbot der Verschärfung bestehender und der Einführung neuer Handelshemmnisse.
- Verbot mengenmäßiger Beschränkungen. Es gibt jedoch Ausnahmeregelungen.

Neue Welthandelsordnung

In der Folgezeit wurden in mehreren Verhandlungsrunden beträchtliche Zollsenkungen erreicht, wodurch der Welthandel, gemessen an den nationalen Wachstumsraten des Bruttoinlandsprodukts, überproportional expandierte. Unter anderem aufgrund der Zunahme nichttarifärer Handelshemmnisse und durch den wachsenden Protektionismus der Industrieländer im Agrar- und Textilsektor geriet diese Entwicklung indes in den 1970er- und 1980er-Jahren ins Stocken. Im Rahmen der achten Welthandelsrunde (*Uruguay-Runde* von 1986–1993) versuchten die GATT-Mitglieder, diese Mängel zu beheben. Die 1994 in Marrakesch unterzeichnete Schlussakte bildet zusammen mit dem GATT-Vertrag die Basis der so genannten *neuen Welthandelsordnung*. Sie besteht aus fünf zentralen Bausteinen:

- Abkommen über die Errichtung einer Welthandelsorganisation (World Trade Organization – WTO).
- Ausweitung des GATT-Regelwerks auf den globalen Dienstleistungshandel (General Agreement on Trade in Services – GATS) sowie auf die
- handelsbezogenen geistigen Eigentumsrechte (Trade-Related Aspects of Intellectual Property Rights – TRIPs).
- Abkommen über bestimmte handelsrelevante Maßnahmen bei Auslandsinvestitionen (Trade-Related Investment Measures – TRIMs).
- Zusatzabkommen zum GATT mit dem Ziel einer Liberalisierung der Agrar- und Textilmärkte.

Welthandelsorganisation WTO

Die 1995 gegründete *World Trade Organization* mit Sitz in Genf hat 164 Mitgliedsländer. Sie bildet als Nachfolgeorganisation des GATT sozusagen das Dach der neuen Welthandelsordnung (siehe Abbildung 9-2). Ihre wichtigste »Dienstleistung« ist die *Beilegung von Handelsstreitigkeiten* zwischen den Mitgliedstaaten durch ein Schiedsgericht. Die Sanktionen, die aufgrund von Verstößen gegen die Abkommen der Welthandelsordnung ergehen, haben die Funktion von Vergeltungsmaßnahmen. Dabei handelt es sich letztlich um *Strafzölle*, die den Zugang zu den Märkten des geschädigten Landes beschränken sollen. Je größer diese Märkte sind, desto einschneidender ist die Sanktion. Große und wirtschaftliche hoch entwickelte Länder haben damit erheblich wirksamere Sanktionsmöglichkeiten als kleine und wirtschaftlich schwache Länder.

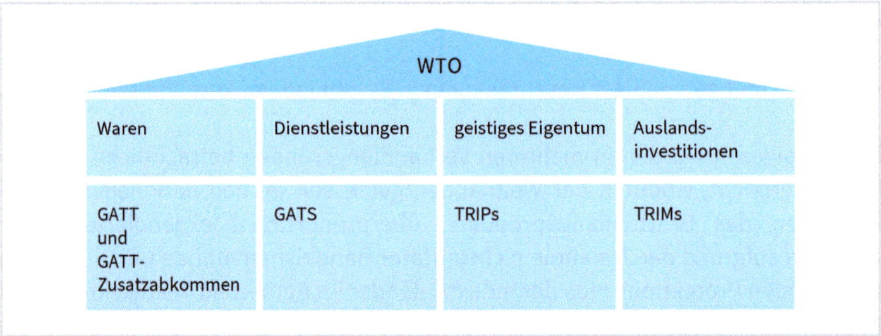

Abb. 9-2: Die Bausteine der neuen Welthandelsordnung

Agrarprotektionismus …

Das gravierendste Problem des Welthandels besteht nach wie vor im *Agrarprotektionismus* der Industrieländer. Hierzu zählen nicht nur die EU mit ihrer Gemeinsamen Agrarpolitik (GAP), sondern eine ganze Reihe weiterer Staaten wie die USA, Kanada, Norwegen und die Schweiz. Formen der Marktabschottung im Agrarbereich sind: landesinterne Produktionsbeihilfen, prohibitive Zollsätze, Importquoten, Exportsubventionen und vielfältige versteckte (nichttarifäre) Handelshemmnisse. So belaufen sich die staatlichen Hilfen für die Landwirtschaft der OECD-Länder pro Jahr auf 500 bis 700 Milliarden Euro. Nach IWF/Weltbank-Angaben erreichen die tatsächlichen Spitzenzölle für Agrarprodukte in den OECD-Staaten in Einzelfällen 350 Prozent. Im Durchschnitt sind die Zollsätze für Agrarexporte der Entwicklungsländer um mehr als das 10-Fache höher als jene, die für Agrarexporte innerhalb der OECD verlangt werden. Davon betroffen sind vor allem Agrargüter, die in den Industrieländern selbst in Massenproduktion hergestellt werden, zum Beispiel Zucker, Weizen, Reis, Mais, Rindfleisch, Milchprodukte, Ölsaaten, Erdnüsse, Tabak und Baumwolle.

… schadet vor allem den am wenigsten entwickelten Ländern

Damit trifft der Agrarprotektionismus vor allem die Erzeuger der Dritten Welt, denen der Zugang zu den Absatzmärkten der Industrieländer versperrt wird. Das ist umso fataler, als gerade bei Agrarprodukten die eigentlichen komparativen Kostenvorteile der Entwicklungsländer liegen (siehe Kapitel 9.1). Hinzu kommt, dass drei Viertel der Weltärmsten in ländlichen Gebieten leben und ganz überwiegend von der Landwirtschaft und ihren Exporten abhängig sind. Im Gegenzug haben zahlreiche Entwicklungsländer Zollmauern und andere Handelsschranken gegenüber Importen von Industriegütern aus den OECD-Staaten hochgezogen – ein wahrer Teufelskreis also. Die Chancen auf eine Beendigung oder Umkehr dieser Entwicklung zu verbessern, war die zentrale Aufgabe der neunten, von 2001 bis 2016 andauernden Welthandelsrunde (Doha-Runde). Diese gilt mittlerweile als gescheitert. In den letzten zehn Jahren ist eine fortgesetzte Desintegration der Weltwirtschaft zu beobachten. Die Länder setzen eher auf pluri- und bilaterale Vereinbarungen außerhalb des WTO-Rechts.

9.4 Der gute und der böse Onkel – Weltbank und Internationaler Währungsfonds

Die Weltbank und der IWF mit Sitz in Washington (D.C.) gehören zu den einflussreichsten Akteuren der Weltwirtschaft. Ihre Gründung wurde noch während des Zweiten Weltkriegs 1944 auf der Internationalen Währungs- und Finanzkonferenz der Vereinten Nationen in Bretton Woods (New Hampshire) beschlossen; 1945 (IWF) bzw. 1946 (Weltbank) nahmen sie ihre Tätigkeit auf.

Aufgaben der Weltbank

Wer die *Internationale Bank für Wiederaufbau und Entwicklung* (International Bank for Reconstruction and Development – *IBRD*), kurz *Weltbank* genannt, betritt, erfährt gleich in der Eingangshalle, was ihr Ziel ist. »Our Dream is a World Free of Poverty« steht dort in großen Lettern geschrieben. Entsprechend liegt ihre zentrale Aufgabe in der Entwicklungspolitik. Ihre »Kunden« sind – übrigens ebenso wie (zumindest grundsätzlich) beim IWF – ausschließlich Entwicklungs-, Schwellen- und Transformationsländer. Die Weltbank vergibt vor allem langfristige Darlehen mit einer Laufzeit von 15 bis 20 Jahren. Kreditnehmer sind Regierungen, die die Gelder für Projekte zur Verbesserung der wirtschaftlichen Entwicklung ihres Landes verwenden müssen. Da die Weltbank höchste Bonität genießt, werden ihr an den Kapitalmärkten die günstigsten Konditionen eingeräumt, die sie an ihre Schuldnerländer weiterreicht. Trotz eines Zinsaufschlags, den die Bank zur Deckung ihrer Kosten erhebt, erhalten die meisten Empfängerländer auf diese Weise weit bessere Kreditbedingungen, als dies bei eigener Mittelaufnahme der Fall wäre. Damit ermöglicht die Weltbank Projekte, die den betreffenden Ländern sonst verschlossen blieben. Handelte es sich dabei ursprünglich um große Investitionen in die Infrastruktur (Staudämme, Straßen, Schienenwege etc.) und die Industrie (Stahlwerke etc.), so reichen die finanzierten Vorhaben heute von der Aufbereitung sauberen Trinkwassers bis zur Gleichstellung der Frau. Das zeigt auch, dass die traditionellen Ansätze der Entwicklungspolitik nicht die gewünschten Erfolge gebracht haben.

Weltbankgruppe

Die Weltbank mit ihren derzeit 190 Mitgliedern ist das Spitzeninstitut der *Weltbankgruppe*. Zu ihr gehören weitere in Washington ansässige Institutionen:

- Die *Internationale Entwicklungsorganisation (IDA)*, gegründet 1960, unterstützt besonders arme Entwicklungsländer. Die Laufzeit der zinslosen Kredite beträgt bis 50 Jahre.
- Die 1956 gegründete *Internationale Finanz-Corporation (IFC)* unterstützt private Unternehmen in Entwicklungsländern durch Kreditvergabe und Beteiligungsübernahme.
- Die *Multilaterale Investitionsgarantieagentur (MIGA)* wurde 1988 gegründet, um ausländische Direktinvestitionen in Entwicklungsländern zu fördern.
- Das *Internationale Zentrum zur Beilegung von Investitionsstreitigkeiten (ICSID)* existiert seit 1966.

Aufgaben des IWF

Der *Internationale Währungsfonds, IWF* (International Monetary Fund, IMF) liegt nur einen Häuserblock von der Weltbank entfernt. Er hat zurzeit 190 Mitgliedsländer. Seine vorrangigen Aufgaben liegen in

- der Förderung der internationalen Zusammenarbeit auf dem Gebiet der Währungspolitik,
- der Unterstützung des Wachstums des Welthandels sowie insbesondere
- der Vergabe finanzieller Mittel an Mitgliedsländer zur Überwindung von Zahlungsbilanzproblemen.

Funktionsweise des IWF-Systems

Der IWF ist im Prinzip ein *Devisenpool*, also ein Topf, in den die Mitgliedsländer Devisen einzahlen, die dann im Bedarfsfall an einzelne Mitglieder ausgeliehen werden können. Der IWF ähnelt damit einer Kreditgenossenschaft; er ist – entgegen der landläufigen Meinung – keine Zentralbank, die Geld schaffen kann. (Eine Ausnahme bildet die mögliche Schaffung von Sonderziehungsrechten, siehe unten.) Im Einzelnen funktioniert das System IWF folgendermaßen: Jedes Mitgliedsland muss Zahlungen an den Fonds gemäß einer bestimmten *Quote* leisten, deren Höhe sich vor allem nach seinem Inlandsprodukt, seinem Anteil am Welthandel und seinen Währungsreserven richtet. Im Rahmen der so geschaffenen Reserveposition (*Reservetranche*) hat das Mitgliedsland jederzeit und ohne Auflage das Recht, IWF-Mittel in Anspruch zu nehmen. Es handelt sich hierbei um keine Kreditaufnahme. Darüber hinaus stehen jedem Mitglied vier *normale Kredittranchen* von je 25 Prozent der Quote für die Aufnahme von Zahlungsbilanzkrediten zur Verfügung. Des Weiteren sind im Laufe der Zeit zusätzliche *spezielle Kreditmöglichkeiten* – die Fachleute sprechen von »Fazilitäten« – geschaffen worden, um Länder mit besonders gearteten Zahlungsbilanzproblemen zu unterstützen. Ihre Höhe beträgt teilweise ein Vielfaches der jeweiligen Quote (siehe Abbildung 9-3).

Fazilität	Zweck
Bereitschaftskredit-Vereinbarung (Stand-by Arrangement)	Überbrückung einer kurzfristigen Liquiditätslücke
Flexible Kreditlinie (Flexible Credit Line)	Kredite an Länder mit erfolgreich umgesetzter Wirtschaftspolitik; Abruf nach Bedarf während der Laufzeit
Vorsorgliche Kreditlinie (Precautionary Credit Line)	Kredite an Länder mit erfolgreicher Wirtschaftspolitik, die sich indes nicht für die flexible Kreditlinie qualifizieren
Erweiterte Fondsfazilität (Extended Fund Facility)	Deckung eines längerfristigen Finanzierungsbedarfs, der hauptsächlich auf strukturelle Probleme zurückzuführen ist
Fazilität zur Stärkung der Währungsreserven (Supplemental Reserve Facility)	Finanzierung eines außergewöhnlich hohen Zahlungsbilanzdefizits, insbesondere zur Abwehr von Bedrohungen für das internationale Währungssystem
Schnelle Kreditfazilität (Rapid Credit Facility bzw. Emergency Assistance)	Hilfe bei Naturkatastrophen oder Kriegen

Fazilität	Zweck
Bereitschaftskreditfazilität (Stand-by-Credit Facility, früher: Compensatory Financing Facility)	Finanzierung bei exogenen Schocks, z. B. Exporterlösausfällen oder Mehrkosten bei Getreideimporten
Erweiterte Kreditfazilität (Extended Credit Facility, früher: Poverty Reduction and Growth Facility)	Finanzielle Hilfe bei hartnäckigen Zahlungsbilanzproblemen einkommensschwacher Länder zu »weichen« Konditionen

Abb. 9-3: Zusätzliche Kreditfazilitäten des IWF

Konditionalität

Die Finanzmittel des Fonds werden der Zentralbank des betreffenden Landes bereitgestellt. Es sind keine Finanzhilfen für bestimmte Zwecke oder gar Projekte. Allerdings sind die über die erste Kredittranche von 25 Prozent der Quote hinausgehenden »Ziehungen« für die Empfängerländer an teilweise scharfe wirtschaftspolitische Auflagen geknüpft (*Konditionalität*). Dabei wird in der Regel die Umsetzung makroökonomischer Stabilisierungsprogramme verlangt: Rückführung des Staatsdefizits, Abbau von Subventionen, Inflationsbekämpfung durch restriktive Geldpolitik, Liberalisierung der Finanzmärkte (Freigabe der Zinsen) und des Außenhandels, Abwertung der Währung und Ähnliches mehr.

Kritik an der IWF-Politik

Es ist unter anderem diese Politik der Konditionalität – man spricht auch von der Auflagenpolitik –, auf die sich die Kritik am IWF-System konzentriert. In seinem Buch »Die Schatten der Globalisierung« hat vor allem *Joseph Stiglitz*, als ehemaliger Chefökonom der Weltbank ein intimer Kenner beider Institutionen, heftige Attacken gegen den IWF geritten. Er wirft ihm unter anderem vor, mit seinen »rigorosen Sparprogrammen« die wirtschaftliche Lage der betroffenen Länder in vielen Fällen noch verschlimmert und die längerfristige Entwicklung gerade der armen Länder behindert zu haben. Letzteres bedeutet praktisch den Vorwurf, dass der IWF die entwicklungspolitische Zielsetzung der Weltbank konterkariert. Aus diesen und weiteren Gründen wird seit Jahren über eine Reform des Internationalen Währungsfonds bzw. seiner Struktur, Aufgaben und Strategie diskutiert.

Am Ende dieses Abschnitts sei noch kurz auf die oben erwähnten *Sonderziehungsrechte* eingegangen:

Sonderziehungsrechte

Auf der Konferenz von Rio de Janeiro 1967 vereinbarten die Mitglieder des IWF, eine neue Art internationaler Liquidität zu schaffen, die so genannten Sonderziehungsrechte, SZR (Special Drawing Rights – SDR). Seitdem sind die SZR auch die offizielle Rechnungseinheit des IWF, in der die Quoten der Mitglieder berechnet werden. Sonderziehungsrechte stellen, wie gesagt, ein vom IWF geschaffenes Medium dar. Es handelt sich um eine Art künstlicher Reservewährung des Weltwährungssystems, mit deren Hilfe Liquiditätsengpässe im internationalen Handel verhindert werden sollen. SZR werden den jeweiligen Mitgliedsländern analog zu ihrer IWF-Quote zugeteilt (alle fünf Jahre wird festgesetzt, wie viele SZR geschaffen werden sollen) und begründen das Recht, die SZR jederzeit gegen benötigte Währungen zu verkaufen. Somit besteht für die Mitglieder des SZR-Systems die Verpflichtung, jederzeit SZR anderer Teilnehmer – bis zu einer bestimmten Obergrenze – gegen eigene Währung anzukaufen.

Eigentümer von SZR können grundsätzlich nur der IWF selbst und die Währungsbehörden der Mitgliedstaaten sein. Zwischen diesen Teilnehmern am SZR-System können SZR als Zahlungsmittel z.B. für die Kreditbedienung bzw. -rückzahlung oder für Subskriptionszahlungen (Einzahlungen beim IWF) eingesetzt werden.

Die SZR sind ein Währungskorb, der sich seit Oktober 2016 aus Dollar, Euro, japanischem Yen und britischem Pfund zusammensetzte (siehe Tabelle 9-3). Nach einem im Jahr 2015 gefassten Beschluss des IWF wurde die chinesische Währung Renminbi bzw. Yuan zum 1. Oktober 2016 in den SZR-Währungskorb aufgenommen. Die Zusammensetzung des Währungskorbs, das Gewicht und die Menge der Währungseinheiten im Korb werden im Abstand von jeweils fünf Jahren überprüft. Entsprechend wird ein SZR als gewichteter Durchschnittswert dieser Währungen gegenüber dem Dollar berechnet. Der jeweilige Wert eines SZR in Landeswährung ergibt sich dann durch die Umrechnung des Dollarwertes zum aktuellen Dollar-Wechselkurs.

Währung	Gewichtung (in %)	Betrag an Währungseinheiten
Dollar	43,38	0,57813
Euro	29,31	0,37379
Renminbi	12,28	1,09930
Yen	7,59	13,45200
Pfund Sterling	7,44	0,08087

Tab. 9-3: SZR-Währungskorb (seit 1. August 2022)
Quelle: Quinquennial SDR valuation review, www.imf.org

Beispiel: Der Wert eines SZR in Dollar
Zum Beispiel betrug der Wert eines SZR in Dollar am 3. Juli 2024 (IMF, SDR Valuation):

0,57813 Dollar · 1
\+ 0,37379 Euro · 1,07595 Dollar pro Euro
\+ 1,09930 Yuan · 0,13688 Dollar pro Yuan*
\+ 13,4520 Yen · 0,00618 Dollar pro Yen
\+ 0,08087 Pfund · 1,27025 Dollar pro Pfund
= 1,31657 Dollar
bzw. (bei einem Kurs von 0,93 Euro pro Dollar) 1,4157 Euro.

*Die Währung Chinas heißt Renminbi, die Währungseinheit Yuan.

9.5 Wir und der Rest der Welt – der internationale Wirtschaftszusammenhang im Überblick

Die weiteren Überlegungen des vorliegenden Kapitels sollen die Leserinnen und Leser in die Lage versetzen, die Verflechtungen der Weltwirtschaft besser zu verstehen.

Wir gehen bei unserer vereinfachten Darstellung (siehe Abbildung 9-4) vom so genannten *Zwei-Länder-Fall* aus, das heißt, es gibt das Inland und das Ausland als »Rest der Welt«. Beide Länder verfügen über jeweils individuelle wirtschaftliche Rahmenbedingungen in Form von Bodenschätzen, Ausbildung und Mentalität der Menschen, klimatischen Besonderheiten etc. Insbesondere verfolgen In- und Ausland eine jeweils eigene Wirtschaftspolitik. Wir betrachten in erster Linie die *Geld-* und die *Fiskalpolitik*. Geldpolitik erfolgt über die Änderung der nationalen Zinsen und der Geldmenge (siehe Kapitel 7). Fiskalpolitik bedeutet Variation der Staatsausgaben und -einnahmen (siehe Kapitel 6). Mit dem Einsatz geld- und fiskalpolitischer Instrumente versucht jedes Land, seine Wirtschaftsentwicklung zielgerichtet zu beeinflussen. Die wirtschaftliche Entwicklung schlägt sich in einer Vielzahl ökonomischer Größen nieder. Eine besonders bedeutsame Zielgröße der Wirtschaftspolitik ist die Höhe des (Volks-)Einkommens. Es entspricht (grob gesprochen) dem Inlandsprodukt – bei dessen Erstellung es entsteht – und ist eng an die Höhe der Beschäftigung gekoppelt. Von herausragender Bedeutung sind daneben die *(Güter-) Preise* sowie die *Zinsen*.

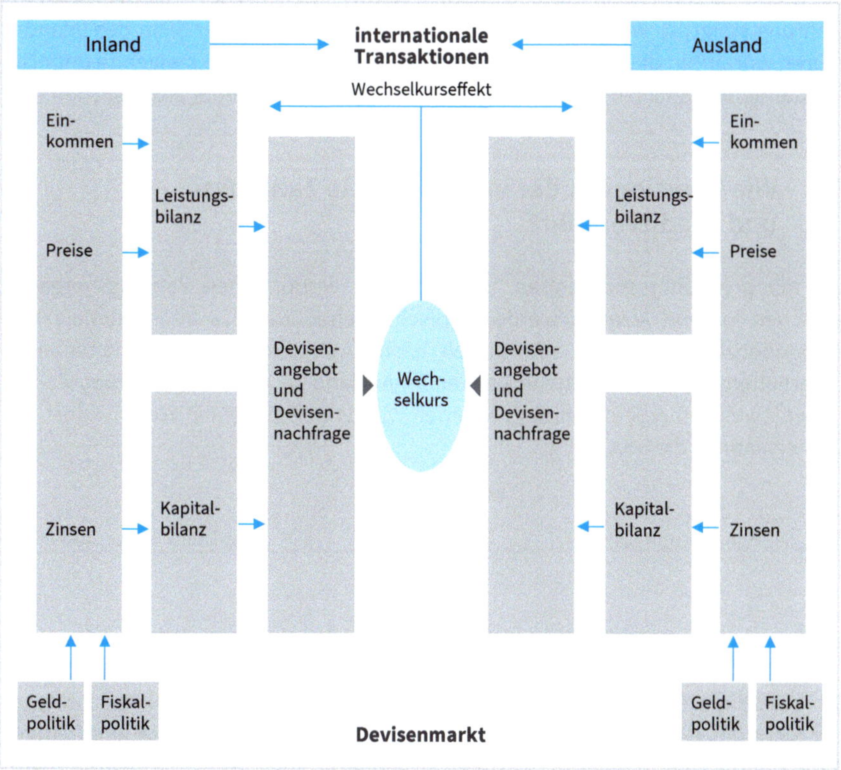

Abb. 9-4: Internationaler Wirtschaftszusammenhang

Internationale Transaktionen verursachen eine starke gegenseitige Abhängigkeit zwischen den beteiligten Volkswirtschaften

Unterschiede zwischen dem Niveau bzw. der Entwicklung der genannten ökonomischen Größen lösen internationale Wirtschaftstransaktionen aus. Diese Beobachtung ist für das Verständnis der weltweiten Verflechtung sehr wichtig. Die grenzüberschreitenden Transaktionen werden in den Zahlungsbilanzen der beteiligten Länder erfasst (siehe Kapitel 2.5). Wenn also beispielsweise im Inland Inflation entsteht, so wird die Nachfrage nach Gütern des preisstabilen Auslandes zunehmen. Der Import wird in der *Leistungsbilanz* des Inlandes, der entsprechende Export des Auslandes wird in der Leistungsbilanz des Auslandes verbucht. Grenzüberschreitende Finanztransaktionen (Geldanlagen und Kredite), welche beispielsweise infolge unterschiedlicher Zinsniveaus zwischen In- und Ausland entstehen, werden in den *Kapitalbilanzen* der beteiligten Länder verbucht. Die erwähnten internationalen Güter- und Finanztransaktionen werden auf dem *Devisenmarkt* »umgesetzt«: In unserem Beispiel muss für die Bezahlung der Importe die inländische Währung in die Währung des Auslandes umgetauscht werden. Aus dem Verhältnis von *Devisenangebot* und *-nachfrage* ergibt sich der *Wechselkurs*. Er ist als weitere wichtige Größe anzusehen. Denn Wechselkursänderungen beeinflussen ihrerseits den Umfang der internationalen Wirtschaftstransaktionen: Wenn im Beispiel der Preis der Auslandswährung steigt, so werden die ausländischen Produkte aus der Sicht des Inlandes teurer, woraufhin die Importnachfrage sinkt. Ein vorher (durch steigende Importe) entstandenes Defizit in der Leistungsbilanz wird dadurch wieder ausgeglichen.

9.6 Wie funktioniert der internationale Zahlungs- und Kreditverkehr?

Die mit grenzüberschreitenden Transaktionen verbundenen Zahlungsvorgänge zwischen In- und Ausland werden typischerweise über das internationale Korrespondenzbankensystem abgewickelt (siehe Abbildung 9-5). Geschäftsbanken unterhalten nämlich bei Partnerbanken im Ausland so genannte *Währungskonten* in der jeweiligen Fremdwährung. Nehmen wir als Beispiel einen Warenexport von Deutschland in die USA.

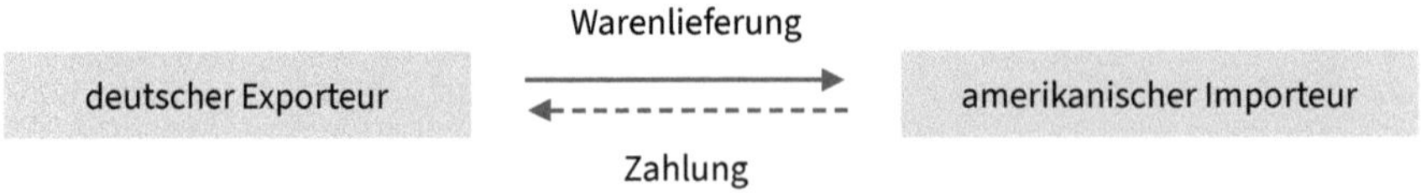

Zahlung in Inlandswährung

Erfolgt die Rechnungsstellung (Fakturierung) in der *Währung des exportierenden Landes*, so wird das Währungskonto der Bank des Importeurs (in den USA) bei der Bank des Exporteurs (oder einer anderen zwischengeschalteten Bank) belastet. Aus der Sicht des exportierenden Landes bedeutet dies einen negativen kurzfristigen Kapitalimport. Denn seine kurzfristigen Auslandsverbindlichkeiten – nichts anderes sind aus seiner Sicht die Währungsguthaben ausländischer Banken – gehen zurück. Aus der Sicht des importierenden Landes entspricht die Zahlung einem negativen kurzfristigen Kapitalexport, da seine (kurzfristigen) Auslandsforderungen sinken.

Die Bank des Importeurs belastet den Rechnungsbetrag ihrerseits dem bei ihr geführten Konto des Auftraggebers, während die Bank des Exporteurs das Konto ihres Kunden erkennt (also ihm den Betrag gutschreibt).

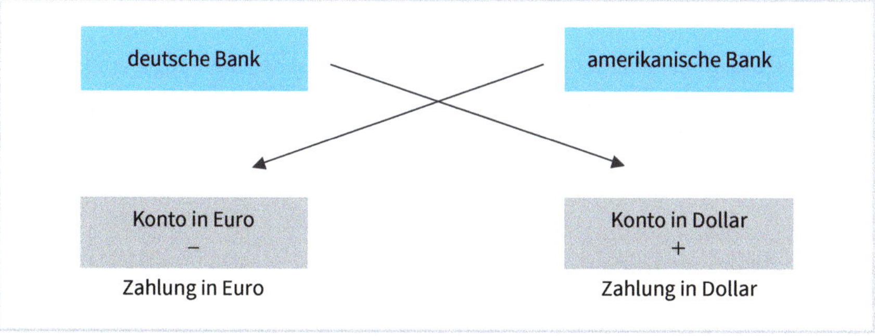

Abb. 9-5: Zahlungsabwicklung über Korrespondenzbanken

Zahlung in Auslandswährung

Bei einer Fakturierung in der *Währung des importierenden Landes* wird der Rechnungsbetrag dem Währungskonto der Bank des Exporteurs bei der Bank des Importeurs (oder einer weiteren zwischengeschalteten Bank) gutgeschrieben. Aus der Sicht des exportierenden Landes bedeutet dies einen positiven kurzfristigen Kapitalexport: Seine Auslandsforderungen steigen. Das importierende Land verzeichnet entsprechend einen positiven kurzfristigen Kapitalimport: Seine Auslandsverbindlichkeiten nehmen zu.

Kreditgewährung

Die (buchungsmäßig) gleiche Situation liegt übrigens vor, wenn das Warenexportgeschäft auf Kreditbasis abgewickelt wird, wobei es sich aber je nach vereinbarter Fristigkeit des Kredits auch um einen langfristigen Kapitalexport bzw. (aus der Sicht des Importlandes) um einen langfristigen Kapitalimport handeln kann. Selbstverständlich kann die Fakturierung auch auf eine *dritte Währung* lauten, die weder die Währung des exportierenden noch die des importierenden Landes ist. Zur Abwicklung des Zahlungsverkehrs wird in solchen Fällen normalerweise eine in dem entsprechenden Währungsgebiet ansässige Drittlandbank eingeschaltet.

Alle betrachteten Fälle der Zahlungsabwicklung zeigen, dass der jeweilige Bestand an Zentralbankgeld in den beteiligten Ländern (die Geldbasis) unverändert bleibt. Man kann sagen: Die Inlandswährung bleibt im Inland und die Auslandswährung bleibt im Ausland.

Buchungssystematik der Zahlungsbilanz

Die Systematik von Zahlungsbilanzbuchungen haben wir bereits in Kapitel 2.5 dargestellt. Ex- und Importgeschäfte – man spricht von *Leistungstransaktionen* – werden zum einen in der Leistungsbilanz verbucht. Die damit verbundenen Zahlungs- bzw. Kreditströme werden – wie oben erläutert – in der Kapitalbilanz erfasst. Daneben gibt es *Finanztransaktionen*. Diese werden *nur* in der Kapitalbilanz verbucht (zweimal). Betrachten wir beispielsweise den Erwerb einer ausländischen Industrieobligation.

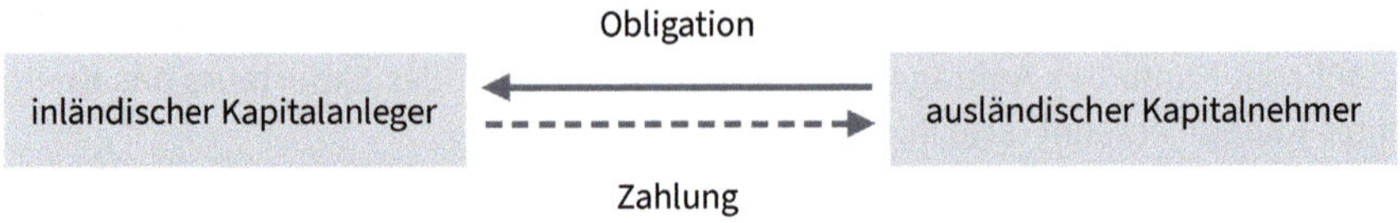

Es steigen die längerfristigen Auslandsforderungen des Kapitalanlegerlandes. Dem entgegen steht ein wertgleicher Forderungsstrom (Zahlungsstrom durch Abgabe von Devisen zum Kauf der Vermögenstitel). Dadurch sinken die kurzfristigen Auslandsforderungen des Kapitalanlegerlandes. Anders ausgedrückt verzeichnet das Kapitalanlegerland gleichzeitig einen positiven langfristigen und einen negativen kurzfristigen Kapitalexport. Die Zahlungsabwicklung erfolgt, wie oben beschrieben, über Währungskonten.

Zahlungen in der EWU

Bargeldlose Zahlungen zwischen *EWU-Mitgliedsländern* werden über das von deren Zentralbanken betriebene Interbankzahlungssystem *Target 2* abgewickelt. Zahlungen zwischen In- und Ausland führen zu Veränderungen der Fremdwährungskontostände der Geschäftsbanken bei ihren Korrespondenzbanken. Zahlungen zwischen EWU-Mitgliedsländern dagegen führen zu Veränderungen der Euro-Kontostände der Geschäftsbanken bei ihren nationalen Zentralbanken. Das Clearing zwischen den nationalen Zentralbanken wiederum erfolgt bei der EZB.

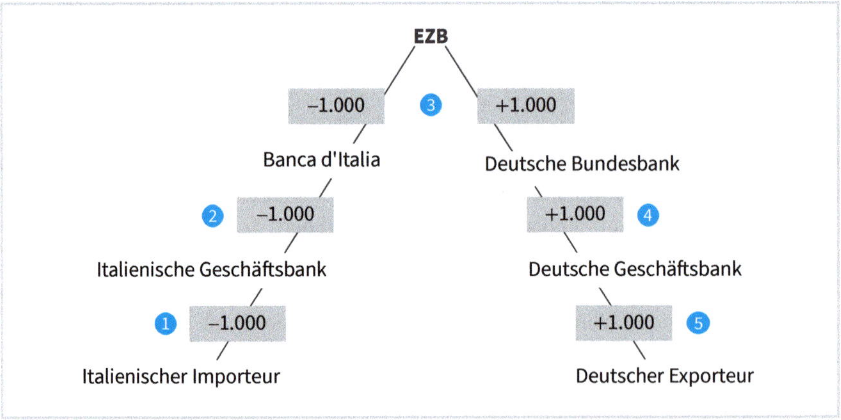

Abb. 9-6: Die Zahlungsverkehrsabwicklung in der EWU

Abbildung 9-6 zeigt den Buchungsvorgang am *Beispiel* eines deutschen Exports nach Italien im Wert von 1.000 Euro: Die italienische Bank des Importeurs belastet dem Konto ihres Importeurskunden 1.000 Euro und überweist den Betrag an die deutsche Bank des Exporteurs ❶. Die 1.000 Euro werden vom bei der italienischen Zentralbank geführten Konto der italienischen Geschäftsbank abgebucht ❷. Gleichzeitig wird das Konto der italienischen Zentralbank bei der EZB belastet, der Betrag wird dem EZB-Konto der Deutschen Bundesbank gutgeschrieben ❸. Die Deutsche Bundesbank erkennt das bei ihr unterhaltene Konto der deutschen Geschäftsbank mit 1.000 Euro ❹, die den Betrag ihrerseits dem Konto ihres Exporteurskunden gutschreibt ❺. In den letzten Jahren haben auf diese Weise deutsche Exportüberschüsse und Nettokapitalimporte aus Problemländern zu Forderungen der Deutschen Bundesbank gegenüber der EZB in Höhe von zeitweilig über einer Billion Euro geführt, denen Verbindlichkeiten insbesondere der südeuropäischen Zentralbanken gegenüber der EZB entsprachen (siehe hierzu auch »Nachgehakt«).

Nachgehakt

Wie Target-Salden entstehen
Target-Salden entstehen im Zuge der Abwicklung grenzüberschreitender Leistungs- und Finanztransaktionen zwischen den Ländern des Euro-Währungsgebietes. Eine große Rolle spielen dabei direkte Käufe und Verkäufe von Anleihen durch die Europäische Zentralbank (EZB). Salden entstehen in diesem Zusammenhang immer, wenn die Schaffung und die Verwendung von Zentralbankgeld regional auseinanderfallen. Ein seit vielen Jahren bekannter Grund für die hohen Forderungen der Deutschen Bundesbank ist die Tatsache, dass viele außerhalb des Euroraums beheimatete Banken ihre Geschäfte im Euroraum über den Finanzplatz Frankfurt a. M. abwickeln. Verkauft eine internationale Bank – sagen wir Goldman Sachs in New York – für sich oder einen Großkunden im Rahmen eines Anleihekaufprogramms der EZB italienische Staatsanleihen, so werden diese Papiere von der Banca d'Italia erworben. Den Verkaufserlös lässt sich Goldman Sachs aber häufig auf ihrem in Frankfurt a. M. geführten Konto ihrer deutschen Niederlassung gutschreiben. Das durch den Ankauf in Rom geschaffene Zentralbankgeld schlägt sich also in einer Forderungsposition der deutschen Niederlassung von Goldman Sachs gegenüber der Deutschen Bundesbank bzw. – gemäß der Konstruktion des Target-Systems – in einer Forderung der Deutschen Bundesbank gegenüber der EZB nieder. Dieser Forderung entspricht spiegelbildlich eine gleich große Verbindlichkeit des italienischen Staates gegenüber der Banca d'Italia bzw. der Banca d'Italia gegenüber der EZB.

9.7 Locomotive Breath – der internationale Konjunkturzusammenhang

Exportquote = Anteil der Güterexporte am Bruttoinlandsprodukt

»Ein Porsche«, sagt man, »ist nichts, was man braucht. Einen Porsche muss man begehren.« Offenbar ist diese Begierde in den USA besonders ausgeprägt. Denn auf dem amerikanischen Markt wird jeder zweite Porsche verkauft (wobei die Kundschaft vor allem aus den Workaholics der Investmentbankenszene sowie Schauspielern bestehen soll). In ähnlicher Weise wie die noble Autoschmiede sind viele deutsche Unternehmen auf den amerikanischen und andere Absatzmärkte angewiesen. Diese Abhängigkeit spiegelt sich zum einen in der *Exportquote* wider, die in Deutschland – wenn man Waren und Dienstleistungen betrachtet – bei etwa 40 Prozent liegt. Hinzu kommt, dass internationale Unternehmen einen großen Teil ihres Umsatzes direkt über Tochtergesellschaften und Niederlassungen im Ausland erzielen. Es kann deshalb nicht verwundern, dass sich heute konjunkturelle Schwankungen in einzelnen Nationen, insbesondere in den USA, rasch und nachhaltig auf andere Länder ausbreiten. Das gilt für günstige Entwicklungen ebenso wie für eine Rezession. Wir wollen diesen *internationalen Konjunkturzusammenhang* im Folgenden näher betrachten (siehe Abbildung 9-7). Dabei gehen wir von einem Konjunkturaufschwung bzw. einem Anstieg des Volkseinkommens im Ausland aus, beispielsweise in Amerika. Alle anderen Größen, wie die Preise, die Zinsen oder der Wechselkurs, seien unverändert.

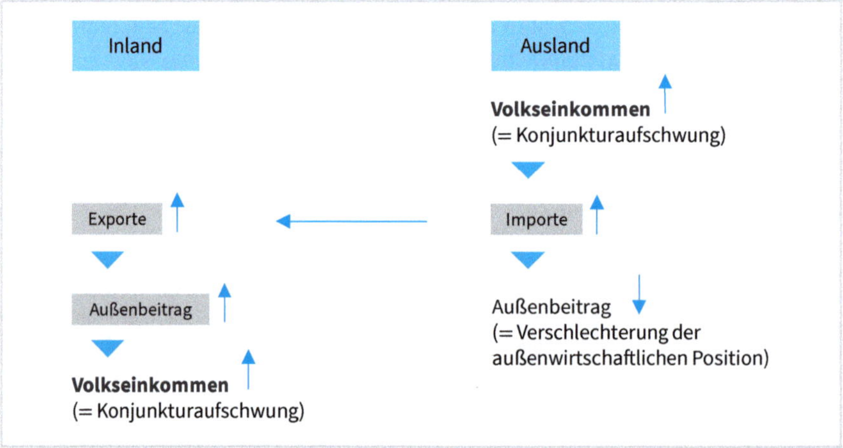

Abb. 9-7: Internationaler Konjunkturzusammenhang (Lokomotivtheorie)

Importquote = Anteil der Güterimporte am Bruttoinlandsprodukt

Was passiert also bei einem Konjunkturaufschwung im Ausland? Die volkswirtschaftliche Gesamtnachfrage erhöht sich und damit werden – entsprechend der *Importquote* – auch die Einfuhren des Auslandes steigen. Dadurch kommt es zu einer Abnahme des ausländischen Außenbeitrags, unter Umständen sogar zu einem Defizit (wenn der Importwert den Exportwert übersteigt). Man nennt diese Wirkung des Konjunkturanstiegs auf die außenwirtschaftliche Situation des betreffenden Landes den *Einkommenseffekt*. Das ist aber erst ein Teil der Geschichte. Denn die *Importe* des Auslandes stellen aus der Sicht des Inlandes *Exporte* dar (»Zwei-Länder-Fall«). Wenn also aufgrund einer Expansion des Volkseinkommens die Importe des Auslandes steigen, dann ist das gleichbedeutend mit einer Zunahme der inländischen (deutschen) Exporte. Zunehmende Exporte führen in diesem Fall zu einer Verbesserung des Außenbeitrags und beeinflussen dadurch auch das inländische Volkseinkommen expansiv. Denn der Außenbeitrag ist – ebenso wie der Konsum und die Investitionen – ein Teil der gesamtwirtschaftlichen Nachfrage (siehe Kapitel 4.5).

Der beschriebene internationale Konjunkturzusammenhang bildet das Motiv für die (regelmäßig von Ländern mit Beschäftigungsproblemen erhobene) Forderung, dass weltwirtschaftlich gesehen »große« Länder wie beispielsweise die USA oder Deutschland in Zeiten einer globalen Rezession durch expansive konjunkturpolitische Maßnahmen eine Art »Lokomotivfunktion« übernehmen sollen.

Die wichtigste Lokomotive der Weltwirtschaft sind zweifellos die USA. Sie beeinflussen die weltweite konjunkturelle Entwicklung entscheidend, und zwar in positive wie auch in negative Richtung. Der Anteil der USA an der globalen Einfuhr beträgt etwa 13 Prozent. Der Anteil Chinas beträgt übrigens ca. 11 Prozent (Zahlenangaben für 2022). Obwohl die Vereinigten Staaten nur weniger als 5 Prozent der Weltbevölkerung ausmachen, absorbieren sie also rund 13 Prozent des weltweiten Güterimports. Von daher rührt auch der Satz: »Wenn Amerika hustet, droht Europa eine Grippe.«

Der internationale Konjunkturzusammenhang hat gleichzeitig starke Auswirkungen auf die nationalen *Finanzmärkte* (siehe Kapitel 8). Vor allem die *Aktienkurse* sind erfahrungsgemäß von den Erwartungen über die konjunkturelle Entwicklung und die Ertragslage der Unternehmen abhängig. Wenn im Rest der Welt eine Abschwächung der Konjunktur oder gar eine Rezession erwartet wird, so rechnen die Marktteilnehmer damit, dass dies – über den internationalen Konjunkturzusammenhang – auch die inländische Konjunktur dämpft. Rückläufige Gewinnerwartungen lassen daraufhin die Aktienkurse sinken. Analog werden die Kurse steigen, wenn die konjunkturellen Perspektiven des Auslandes günstig eingeschätzt werden.

Warum sinkt der Deutsche Aktienindex, wenn in Amerika eine Konjunkturabschwächung erwartet wird?

9.8 Ansteckungsgefahr – der internationale Preiszusammenhang

Welche grenzüberschreitende Wirkung geht von einem Anstieg des ausländischen Preisniveaus aus? Angenommen, es kommt im Ausland zu Inflation, etwa im Zuge eines Konjunkturaufschwungs (siehe Abbildung 9-8). Für das Inland werden dadurch – bei unverändertem Wechselkurs – die Importe teurer und die Nachfrage nach Importgütern wird sinken. Das heißt, die Exporte des Auslandes gehen zurück. Umgekehrt werden die inländischen Exporteure im Ausland höhere Preise durchsetzen können. Denn aus dem im Ausland gestiegenen Preisniveau ergibt sich ein Preisaufschlagsspielraum. Gleichzeitig wird die inländische Exportmenge (und damit der Import des Auslandes) zunehmen. Alles in allem verbessert (also vergrößert) sich unter den getroffenen Annahmen der Außenbeitrag des Inlandes, während sich der Außenbeitrag des Auslandes verschlechtert. Dies wird als »Normalreaktion« bezeichnet.

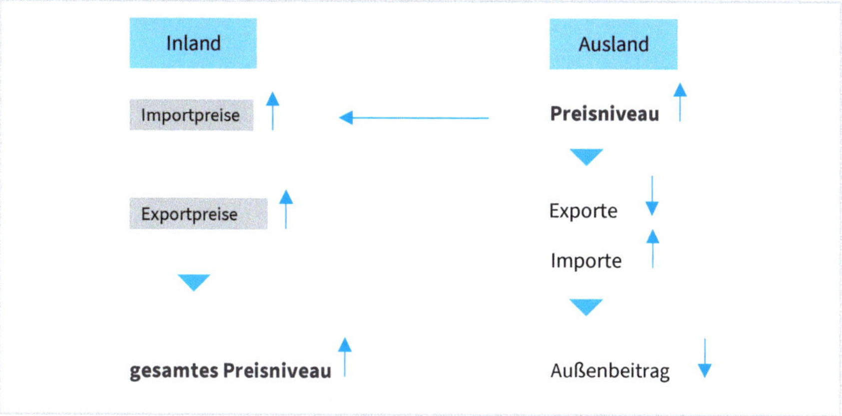

Abb. 9-8: Direkter Internationaler Preiszusammenhang

Ursächlich für den beschriebenen Effekt auf den Außenbeitrag waren die im Vergleich zum Inland höheren ausländischen Preise. Im Fall eines völlig freien internationalen Handels sind aber Preisdifferenzen zwischen dem In- und dem Ausland

Normalreaktion des Außenbeitrags

auf Dauer nicht haltbar. Das gilt zumindest für die international gehandelten Güter. Voraussetzung ist, dass die Waren von ähnlicher Qualität (homogen) sind und die Marktteilnehmer die Preisunterschiede kennen (*Transparenz*). Sieht man einmal von Transportkosten etc. ab, so werden die nationalen Märkte zu *einem* vollkommenen Markt, dem *Weltmarkt*, verschmelzen. Auf diesem Markt kann für das gehandelte Gut nur ein einheitlicher Preis existieren (siehe Kapitel 3.16). Im Fall von Preisdifferenzen werden im betrachteten Beispiel internationale Warenhändler das Gut im Inland relativ billig einkaufen und es im Ausland relativ teuer verkaufen. Derartige *Arbitragegeschäfte* tragen dazu bei, dass im Inland die Nachfrage und im Ausland das Angebot zunimmt, was im Inland preistreibend und im Ausland preisdämpfend wirkt. Aus der Sicht des Inlandes besteht die Gefahr, dass sich der Inflationsvirus auf das gesamte inländische Preisniveau ausbreitet. Denn erstens entsteht ein Kostendruck (*Cost Push*), wenn es sich bei den im Preis gestiegenen Importprodukten etwa um Rohstoffe handelt. Ein zusätzlicher Preisauftrieb kann zweitens daraus resultieren, dass die Exportunternehmen verstärkt Investitionsgüter und Vorleistungen nachfragen (*Demand Pull*). Steigende Verbraucherpreise werden drittens zu höheren Lohnforderungen führen (*Lohn-Preis-Spirale*). Insgesamt ergibt sich, dass Preisauftriebstendenzen im Ausland auf das allgemeine Preisniveau im Inland übergreifen. Der beschriebene Übertragungsvorgang heißt *direkter internationaler Preiszusammenhang*. Er bildet einen wichtigen Kanal der *importierten Inflation*.

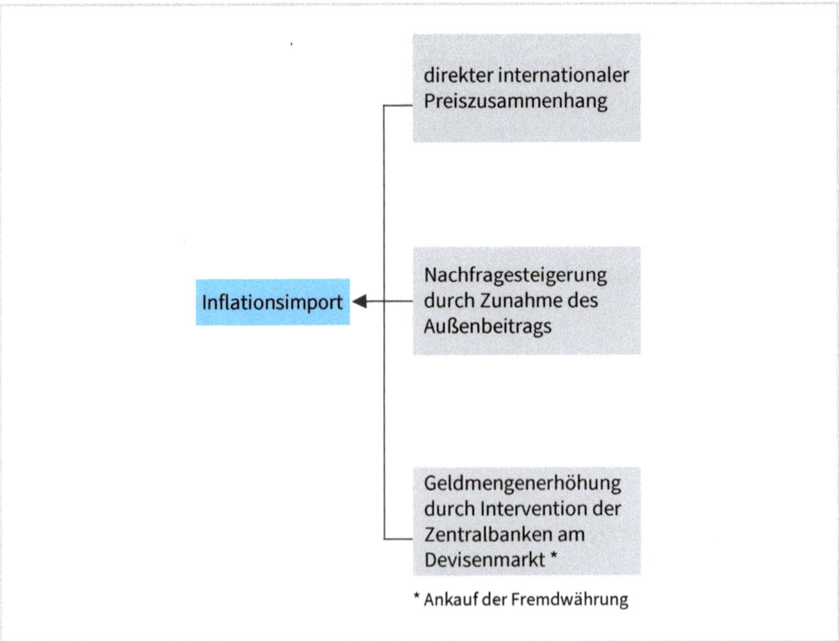

Abb. 9-9: Kanäle des Inflationsimports

Neben dem direkten Preiszusammenhang besteht ein *zweiter* Kanal der importierten Inflation darin, dass bei einer normalen Außenbeitragsreaktion die Zunahme des Außenbeitrags, die ja eine Erhöhung der gesamtwirtschaftlichen Nachfrage darstellt, expansive und damit auch inflatorische Impulse auslöst (siehe Abbildung 9-9). Schließlich könnten inflatorische Effekte *drittens* aus einer Zunahme des Geldangebots resultieren: Bei festen Wechselkursen sind die Zentralbanken verpflichtet, die (in unserem Beispiel) verstärkt angebotene ausländische Währung anzukaufen, um den Wechselkurs zu stabilisieren. Dadurch steigt die inländische Geldmenge, was – wie wir aus Kapitel 7 wissen – Inflationsgefahren birgt. Auf die Problematik von Devisenmarktinterventionen der Zentralbank kommen wir weiter unten noch zu sprechen (siehe Kapitel 9.14).

Importierte Inflation

9.9 Rasend schnell – der Strom des internationalen Finanzkapitals

Nirgendwo ist die Globalisierung so ausgeprägt wie auf den Finanzmärkten. Hierzu hat die Computerisierung in der Abwicklung von Finanztransaktionen beigetragen sowie der in der EU, der OECD und weltweit vollzogene Abbau von Kapitalverkehrsbeschränkungen. Heute können Investoren in Minutenschnelle ihr Geldvermögen international umschichten und in den verschiedenen Anlageformen und Währungen investieren. Damit verbunden sind fast zwangsläufig erhöhte Schwankungen der Devisenkurse.

Zinsarbitrage

Wenn wir die Ursachen bzw. Motive internationaler Kapitalbewegungen ansehen, so ergibt sich, dass die *Zinsen* eine große Rolle spielen. Steigt etwa infolge einer restriktiven Geldpolitik das Zinsniveau im Ausland über das im Inland gültige, so werden die Anleger ihren Bestand an ausländischen Vermögenstiteln zulasten ihrer inländischen Vermögenswerte aufstocken (siehe Abbildung 9-10).

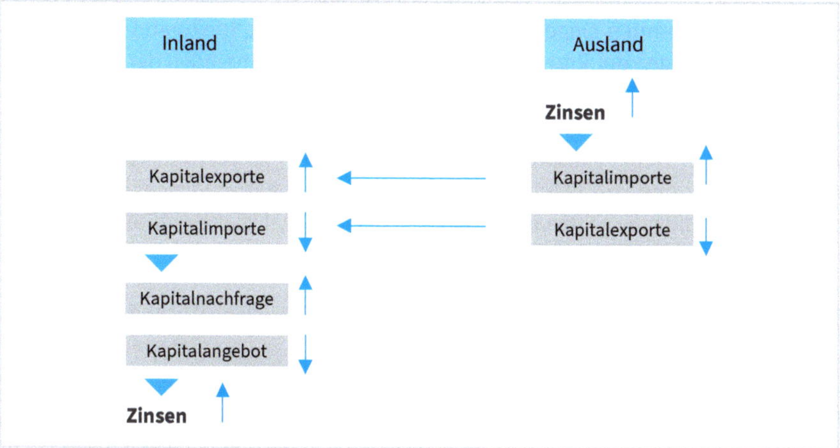

Abb. 9-10: Direkter internationaler Zinszusammenhang

Der Einfachheit halber unterstellen wir, der Wechselkurs sei fest. Die ausländischen Kapitalnehmer dürften auch gerne bereit sein, das zusätzliche Kapital aufzunehmen, da es ja zu günstigeren Konditionen als im eigenen Land erhältlich ist. Internationale Kapitaldisponenten werden zudem im Inland billige Kredite aufnehmen und die Gelder im Ausland höher verzinslich anlegen. Man bezeichnet dies als *Zinsarbitrage*. Die so bewirkten finanziellen Transaktionen führen aus der Sicht des Inlandes zu erhöhten Kapitalexporten und aus Sicht des Auslandes zu erhöhten Kapitalimporten. Die Kapitalimporte des Inlandes (= Kapitalexporte des Auslandes) dagegen sinken. Alles in allem steigt dadurch auf dem inländischen Finanzmarkt die Kapitalnachfrage, während sich das Kapitalangebot vermindert. (Im Ausland kommt es zu genau gegenläufigen Effekten.) Infolgedessen werden die Zinsen im Inland nach oben (und im Ausland nach unten) tendieren. Das bedeutet offenbar, dass der ursprüngliche Zinsanstieg im Ausland auf das Zinsniveau im Inland übergreift. Dieser Übertragungsvorgang wird als *direkter internationaler Zinszusammenhang* bezeichnet. Er läuft typischerweise sehr rasch ab. Auf diese Weise ist auch die Aktienkursentwicklung im Inland von den Zinsperspektiven im Rest der Welt abhängig: Die Erwartung eines steigenden Zinsniveaus im Ausland wirkt sich auf die inländischen Aktienkurse dämpfend aus und umgekehrt (siehe Kapitel 8.8). Im Übrigen bringt die enge internationale Kapitalverflechtung natürlich generell eine starke Abhängigkeit der nationalen Finanzmarktpreise mit sich. Die Finanz- und Wirtschaftskrise 2008/09 und die aktuelle EWU-Staatsschuldenkrise liefern hierzu gutes Anschauungsmaterial (siehe die diesbezüglichen Ausführungen unten sowie in Kapitel 4, 8 und 10).

Internationale Spekulation

Neben der Zinsarbitrage hat das Motiv der *Spekulation* eine hohe Bedeutung für internationale Kapitalbewegungen. In Kapitel 10 werden wir uns der Spekulation auf den Devisenmärkten noch einmal näher zuwenden. Es ist aber bereits an dieser Stelle leicht nachvollziehbar, wo die Problematik der Spekulation liegt: Spekulation bedeutet immer, dass in Erwartung einer bestimmten Marktentwicklung vor allem Wertpapiere und Devisen oder auch Rohstoffe gekauft bzw. verkauft werden. Da oft immense Geldsummen eingesetzt werden, kann es durch Spekulation zu erheblichen Schwankungen der Preise dieser Handelsobjekte, namentlich der Wertpapierkurse oder des Devisenkurses, kommen. Dies birgt nicht geringe Gefahren für die Stabilität des internationalen Finanzsystems. Es gibt deshalb immer wieder Vorschläge zu einer Neugestaltung der »internationalen Finanzarchitektur«. Politiker, Wissenschaftler und vor allem die so genannten »Globalisierungsgegner« bringen hierbei regelmäßig die so genannte *Tobin-Steuer* ins Spiel (siehe Kapitel 10.4).

9.10 Vielschichtig – die Wirkungen einer Wechselkursänderung

Nominaler Wechselkurs

Da es (noch) keine Weltwährung gibt, ist bei grenzüberschreitenden Zahlungen oft ein Umtausch von heimischer in ausländische Währungen erforderlich. Der Preis, zu dem zwei Währungen ausgetauscht werden, ist der *nominale Wechselkurs*. In Deutschland war es früher üblich, fremde Währungen in *Preisnotierung* anzugeben. Für den Dollar notierte man beispielsweise 1,56466 DM. Der Preis eines Dollar betrug dann 1,56466 DM. Für den Euro wurde bei seiner Einführung ein Umtauschkurs von 1,95583 DM festgesetzt. Der Preis eines Dollar belief sich damit auf 0,80 Euro (1,56466 DM pro Dollar : 1,95583 DM pro Euro). Für den Kauf von zum Beispiel 100.000 Dollar müssen in diesem Fall demnach 80.000 Euro (= 100.000 · 0,80 Euro) aufgewendet werden.

Im Zuge der Einführung des Euro ging man 1999 auch in Deutschland zu der *Mengennotierung* über, die in Großbritannien (bzw. im angelsächsischen Raum) schon seit Langem verwendet wird. Der Wechselkurs gibt nun an, welche Menge der fremden Währung man für einen Euro erhält bzw. zahlen muss. Notiert beispielsweise der Dollar zu einem Kurs von 1,25, so sind für einen Euro 1,25 Dollar erhältlich bzw. muss man 1,25 Dollar pro Euro zahlen. Der Kurs in Preisnotierung lässt sich als Kehrwert der Mengennotierung errechnen. Ein Dollarkurs von 1,25 (Mengennotierung) entspricht demnach einem Kurs von 0,80 bei Preisnotierung (1 : 1,25). Der Eurobetrag, der für den Kauf von 100.000 Dollar (siehe Beispiel oben) notwendig ist, ergibt sich jetzt als 100.000 : 1,25 (= 80.000 Euro).

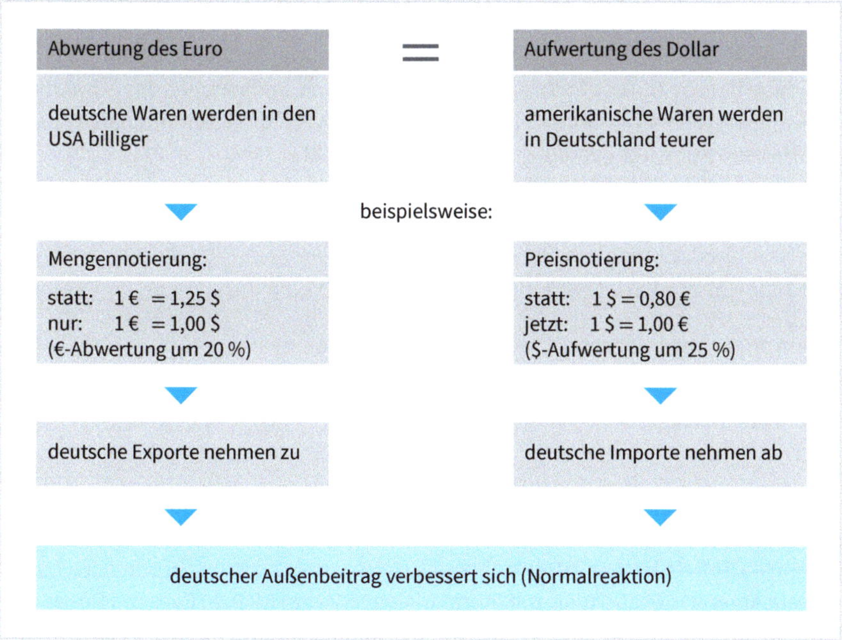

Abb. 9-11: Wirkung einer Wechselkursänderung

Normalreaktion

Abbildung 9-11 zeigt, wie sich eine nominale Abwertung des Euro gegenüber dem Dollar auswirkt. Im Beispiel werden die deutschen Exporte in die USA, in Dollar gerechnet, um 20 Prozent billiger (Wechselkurs in Mengennotierung sinkt von 1,25 Dollar auf 1 Dollar pro Euro). Die deutschen Exporteure können daraufhin eine größere Menge absetzen, eventuell zu einem höheren Preis in Euro, sodass der Exportwert (Menge mal Preis) zunimmt. Andererseits werden die amerikanischen Waren, in Euro gerechnet, um 25 Prozent teurer (Wechselkurs in Preisnotierung steigt von 0,80 Euro auf 1,00 Euro pro Dollar). Dadurch sinken die deutschen Importe. Wenn der Mengenrückgang größer ausfällt als der Anstieg der Importpreise, man spricht von einer *elastischen Importnachfrage*, wird der Importwert abnehmen. Alles in allem verbessert sich der deutsche Außenbeitrag infolge der Euro-Abwertung. Man nennt dies, wie schon erwähnt, eine *normale Reaktion*.

Abwertungen werden aus Sicht der Exportwirtschaft begrüßt, da sie die internationale Wettbewerbsfähigkeit (zunächst) verbessern. Staaten greifen gelegentlich auf Abwertungen als konjunkturfördernde Maßnahme zurück. Allerdings sind Abwertungen mit gravierenden *Nachteilen* verbunden:

Problematik von Abwertungen

- Eine Abwertung bedeutet für das betreffende Land eine Erhöhung der Importpreise. Dadurch sinkt das *kaufkraftmäßige Volkseinkommen* der Bevölkerung.

J-Kurven-Effekt

- Wenn außerdem die Importeure ihre Nachfrage nicht sofort einschränken – etwa aufgrund langfristiger Lieferverträge – so nimmt der Importwert zu. Im Ergebnis kann es vorübergehend zu einer weiteren Verschlechterung des Außenbeitrags kommen (*anomale Reaktion*). Den entsprechenden Verlauf der Anpassung des Außenbeitrags infolge einer Abwertung – erst anomale, dann normale Reaktion – bezeichnet man als »J-Kurven-Effekt«.
- Des Weiteren ist zu bedenken, dass die abwertungsbedingte Verteuerung der importierten Güter einen Anstieg des gesamten *inländischen Preisniveaus* in Gang setzen kann (siehe Kapitel 9.8). Dadurch wird die internationale Wettbewerbsposition des Landes nachhaltig geschwächt.
- Schließlich sind mögliche Konfliktgefahren mit dem Ausland zu beachten. Eine Förderung der inländischen Wettbewerbsfähigkeit geht immer auf Kosten der ausländischen Handelspartner. Man bezeichnet dies als *Beggar my Neighbour Policy* (Politik, die meinen Nachbarn zum Bettler macht).

Neben dem nominalen ist der *reale Wechselkurs* bedeutsam.

$$\text{realer Wechselkurs} = \frac{\text{Wechselkurs (in Preisnotierung)} \cdot \text{ausländischer Preisindex}}{\text{inländischer Preisindex}}$$

Realer Wechselkurs

Am realen Wechselkurs lässt sich ablesen, in welchem Verhältnis ausländische Güter gegen inländische getauscht werden können. Nehmen wir als *Beispiel* an, 100 Kilogramm Kartoffeln kosten in Deutschland 40 Euro und in Amerika 25 Dollar. Wechselt nun ein Amerikaner 25 Dollar zum Kurs von (angenommen) 0,80 Euro pro Dollar um, so erhält er 20 Euro und kann dafür 50 Kilogramm Kartoffeln kaufen. Deutsche Kartoffeln sind damit doppelt so teuer wie amerikanische. Der reale Wechselkurs (des Dollar) beträgt 0,5 Kilogramm deutsche pro 1 Kilogramm amerikanische Kartoffeln. Der reale Wechselkurs ist ein wichtiges Maß für die internationale Wettbewerbsfähigkeit eines Landes. Je niedriger der reale Wechselkurs einer Währung (in Preisnotierung), desto besser steht es um die Konkurrenzfähigkeit dieses Landes auf dem Weltmarkt. Zumeist betrachtet man dabei die Volkswirtschaft als Ganzes und deshalb auch die gesamten Preise (und nicht wie in unserem Beispiel einzelne Warenpreise). Dabei verwenden Volkswirte entsprechende Indizes (siehe Kapitel 2.10).

Betrachtet man nur die Relation aus Export- und Importpreisen, so erhält man die *Terms of Trade* (= reales Austauschverhältnis). Sie geben an, welches Importvolumen im Austausch gegen eine Einheit Exportgüter erworben werden kann:

Terms of Trade

$$\text{Terms of Trade} = \frac{\text{Preisindex der Exporte}}{\text{Preisindex der Importe (umgerechnet in heimische Währung)}}$$

Angenommen, Deutschland exportiere als einziges Gut Autos im Wert von 10.000 Euro pro Stück und importiere als einziges Gut Rohöl zum Preis von 100 Dollar pro Barrel. Bei einem Wechselkurs von 1 Dollar = 1 Euro ergibt sich damit ein reales Austauschverhältnis von:

$$\frac{10.000\text{ € je Auto}}{100\text{ \$ je Barrel Rohöl} \cdot 1\text{ € pro \$}} = \frac{10.000\text{ € je Auto}}{100\text{ € je Barrel Rohöl}} = 100$$

Das bedeutet, dass die Bundesrepublik 100 Fass Rohöl im Austausch gegen ein Auto erhält.

9.11 Was kostet ein Big Mac? Die Kaufkraftparität

Im vorherigen Modul haben wir das Konzept des realen Wechselkurses anhand des Vergleichs der Kartoffelpreise in Deutschland und Amerika erläutert. Bezeichnet man den realen Wechselkurs mit w_r, den nominalen Wechselkurs in Preisnotierung mit w, den ausländischen Preisindex mit P_a und den inländischen Preisindex mit P_i, so gilt für dieses Beispiel:

$$w_r = \frac{w \cdot P_a}{P_i} = \frac{0{,}8\text{ € pro \$} \cdot 25\text{ \$}}{40\text{ €}} = \frac{20\text{ €}}{40\text{ €}} = 0{,}5$$

In der beschriebenen Situation würden (wenn man einmal von Transportkosten etc. absieht) die Leute ihre Kartoffeln vermehrt in Amerika kaufen. Einige ganz Schlaue würden versuchen, durch Arbitragegeschäfte von der Preisdifferenz zu profitieren: Für 20 Euro etwa erhielte man bei dem gegebenen Wechselkurs 25 Dollar, könnte damit in Amerika einen Sack Kartoffeln kaufen und diesen in Deutschland für 40 Euro verkaufen. Letztlich würde die Arbitrage dazu führen, dass erstens der Dollar nominal aufwertet, zweitens die Kartoffeln in den USA (aufgrund der vergrößerten Nachfrage) teurer werden und drittens der Kartoffelpreis in Deutschland (aufgrund des erhöhten Angebots) sinkt. Alle drei Bewegungen wirken in Richtung einer *realen Aufwertung* des Dollar. Diese müsste so lange anhalten, bis der reale Wechselkurs gleich 1 ist. Es besteht dann kein Wettbewerbsvorteil für Amerika mehr, das heißt, es herrscht die so genannte *Kaufkraftparität*. Der nominale Wechselkurs entspricht in diesem Fall genau dem Preisverhältnis zwischen dem In- und dem Ausland:

Bei einem realen Wechselkurs von 1 herrscht Kaufkraftparität.

$$w_r = \frac{w \cdot P_a}{P_i} = 1 \text{ bzw.: } P_i = w \cdot P_a \text{ bzw. } w = \frac{P_i}{P_a}$$

Kaufkraftparität bedeutet, dass der reale Wert eines gegebenen Geldbetrages im Inland und Ausland gleich hoch ist. Nehmen wir an, im Zuge der o. g. Arbitrage sei der Dollarkurs auf 1,20 Euro pro Dollar gestiegen, der Kartoffelpreis in Amerika habe sich auf 30 Dollar erhöht und in Deutschland sei er auf 36 Euro gesunken. Dann könnte also jemand, der 36 Euro besitzt, damit in Deutschland einen Sack Kartoffeln kaufen oder er könnte das Geld in 30 Dollar tauschen und damit in Amerika einen Sack Kartoffeln kaufen.

Kaufkraftparitätskurs

Den nominalen Wechselkurs, bei dem Kaufkraftparität gilt, bezeichnet man als *Kaufkraftparitätskurs*. Er bildet so etwas wie eine Messlatte für den theoretisch »richtigen« Wechselkurs. Ist der tatsächliche, in der Realität beobachtete Wechselkurs einer Währung (bei Preisnotierung) kleiner als dieser Idealkurs, so gilt die betreffende Währung als unter-, andernfalls als überbewertet. Gemäß der *absoluten Kaufkraftparitätentheorie* müsste diese Währung dann entsprechend auf- bzw. abwerten (siehe hierzu Kapitel 10.3).

Um den Kaufkraftparitätskurs zu bestimmen, muss man einen Warenkorb festlegen und den Preis dieses Warenkorbs im In- und Ausland ermitteln. Die Deutsche Bundesbank betrachtet beispielsweise Waren und Dienstleistungen, die in der Tourismusbranche eine Rolle spielen. Die Deutsche Bundesbank veröffentlichte früher jährlich so genannte »Verbrauchergeldparitäten« für die einzelnen Länder. Der Vergleich mit den tatsächlichen Wechselkursen ließ sofort erkennen, wo man billig Urlaub machen konnte bzw. wo es teuer war.

Big-Mac-Index

Die britische Zeitschrift *The Economist* beobachtet einen Warenkorb der besonderen Art. Er besteht aus dem Big Mac von McDonald's, der in etwa 120 Ländern der Welt in gleicher Größe und Qualität verkauft wird. Ermittelt wird jeweils der Preis eines Big Mac in der lokalen Währung. Dieser wird zum aktuellen Wechselkurs in Dollar umgerechnet und mit dem Preis eines Big Mac in den USA verglichen. Aus diesem Vergleich schließen die Volkswirte vom Economist auf eine bestehende Unter- oder Überbewertung einer Währung. Folgendes *Beispiel* verdeutlicht den Zusammenhang:

> Im Januar 2024 kostete ein Big Mac in den USA 5,69 Dollar (P_i = 5,69 US-$) und in der Ukraine 110 Griwna (P_a = 110 UAH). Der Kaufkraftparitätskurs (Big-Mac-Index) betrug also 0,0517 US-$/UAH. Demgegenüber belief sich der tatsächliche Wechselkurs auf 0,0267 US-$/UAH. Daraus ergibt sich eine Unterbewertung der Griwna gegenüber dem Dollar von (0,0267 – 0,0517) : 0,0517 = 48,4 Prozent.

Internationale Einkommensvergleiche

Große Bedeutung hat der Kaufkraftparitätskurs bei internationalen Einkommensvergleichen (siehe zum Beispiel Tabelle 9-4). Eine bloße Umrechnung der nationalen Einkommen in Dollar (oder eine andere Währung) ermöglicht hier keine befriedigende Aussage. Nur die Umrechnung zum Kaufkraftparitätskurs legt offen, wie es um die Kaufkraft – also die Güterversorgung der Bevölkerung – in den einzelnen Ländern bestellt ist.

9.12 Das internationale Währungssystem – Grundlagen und Erscheinungsformen

Nun haben wir beispielhaft die Wirkung einer Euro-Abwertung analysiert, dabei aber nicht danach gefragt, wie es denn überhaupt zu einer Wechselkursänderung kommen kann. Grundsätzlich lässt sich sagen, dass Wechselkurse das Ergebnis aus Angebot und Nachfrage am *Devisenmarkt* sind. Wie entstehen Devisenangebot und Devisennachfrage? Nehmen wir als Beispiel die Wirtschaftsbeziehungen zwischen Deutschland und den USA, so resultiert ein Teil des *Dollarangebots* zweifellos aus den Einnahmen deutscher Exporteure. Die Lieferanten aus Deutschland bzw. deren Banken wollen die erhaltenen Dollar in Euro umtauschen. Auch wenn die Exportrechnung nicht auf Dollar lautet, sondern auf Euro, kommt es zu einem Dollarangebot. Nur bieten dann nicht die deutschen Exporteure, sondern die amerikanischen Importeure (bzw. deren Banken) Dollar an, um sich die benötigten Euro zu beschaffen. Die *Dollarnachfrage* resultiert teilweise aus den Ausgaben deutscher Importeure. Die Abnehmer in Deutschland brauchen Dollar zur Bezahlung ihrer Importrechnung. Wenn auch bei Importen in Euro fakturiert wird, so fragen nicht die deutschen Importeure, sondern die amerikanischen Exporteure Dollar nach (mit den erhaltenen Euro können sie ja in Amerika nichts anfangen).

Wie entstehen Devisenangebot und Devisennachfrage?

Man kann das Angebot und die Nachfrage von Dollar in Abhängigkeit vom Wechselkurs darstellen (siehe Abbildung 9-12). Aus Gründen der Anschaulichkeit verwendet man hierbei den Kurs in *Preisnotierung*. Für die Ableitung der Angebots- und Nachfragekurve können wir auf die vorne angestellten Überlegungen zu den Wirkungen einer Wechselkursänderung zurückgreifen: Bei einer Euro-Abwertung (Dollaraufwertung) nehmen die deutschen Exporte in die USA zu, sodass das Dollarangebot steigt. Die Angebotskurve verläuft also von links unten nach rechts oben. Andererseits nehmen mit steigendem Wechselkurs die deutschen Importe aus den USA ab, sodass die Dollarnachfrage sinkt. Die Nachfragekurve am Devisenmarkt verläuft also von rechts unten nach links oben. Im Schnittpunkt von Angebot und Nachfrage ergibt sich der *Gleichgewichtswechselkurs*. Bei diesem Kurs sind das Angebot an und die Nachfrage nach ausländischer Währung (Dollar) gleich groß.

Allerdings ist die bisherige Betrachtung noch nicht vollständig. Denn wir haben lediglich die Güterexporte und -importe als Bestimmungsgründe für das Dollarangebot und die Dollarnachfrage herangezogen. Für den weitaus größeren Teil des Devisenaufkommens zeichnen indes Kapitaltransaktionen verantwortlich. In Abbildung 9-12 äußern sich Kapitalimporte in einer Rechtsverschiebung der Devisenangebotskurve. Kapitalexporte führen zu einer Rechtsverschiebung der Devisennachfragekurve. Wenn etwa amerikanische Anleger auf Euro lautende Wertpapiere eines deutschen Unternehmens erwerben, so stellt dies aus deutscher Sicht einen (positiven) Kapitalimport dar (siehe Kapitel 9.6). Damit ist eine Zunahme des *Dollarangebots* verbunden. Umgekehrt bildet der Erwerb von auf Dollar lautenden Wertpapieren durch deutsche Anleger aus deutscher Sicht einen (positiven) Kapitalexport, der zu einer erhöhten *Dollarnachfrage* führt.

Das Devisenangebot entspricht dem Wert der deutschen Güterexporte und Kapitalimporte; die Devisennachfrage entspricht dem Wert der deutschen Güterimporte und Kapitalexporte.

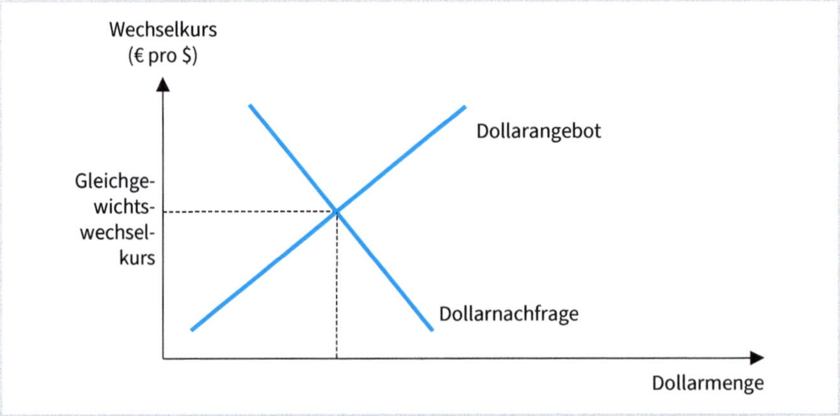

Abb. 9-12: Angebot und Nachfrage auf dem Devisenmarkt

Formen von Währungssystemen

In einem Währungssystem mit *frei flexiblen Wechselkursen* bildet sich der Devisenkurs völlig ungehindert aus Angebot und Nachfrage der Marktteilnehmer. Dieser idealtypische Fall ist in der Realität selten anzutreffen.

Häufiger wird das Währungssystem mit flexiblen Kursen und *Managed Floating* (»schmutziges Floaten«) praktiziert. Die Währungsbehörden versuchen hierbei, den Marktkurs durch Devisenkäufe oder Devisenverkäufe zu beeinflussen. Im Verhältnis der weltweit führenden Währungen Dollar, Euro und Japanischer Yen ist das der Fall.

Bei Währungssystemen mit *stufenflexiblen Wechselkursen* (anpassungsfähigen Festkursen) werden jeweils bestimmte Währungsrelationen festgelegt, die aber fallweise in gegenseitigem Einverständnis geändert werden können. Die Marktkurse dürfen von diesen »Leit- oder Paritätskursen« in gewissem Umfang abweichen. Bei Erreichen des Höchst- oder Niedrigstkurses sind die Zentralbanken verpflichtet einzugreifen. Prominentes Beispiel dafür war das 1979 bis 1998 gültige Europäische Währungssystem (EWS), heute ist das Beispiel das EWS II.

In einem System *fester Wechselkurse* ist der Wechselkurs unwiderruflich fixiert bzw. darf er nur innerhalb einer sehr engen Bandbreite schwanken. Beispiele für ein Festkurssystem waren das vor dem Ersten Weltkrieg (und teilweise danach) praktizierte System der Goldwährung sowie das 1944 eingerichtete und bis 1973 gültige System von Bretton Woods.

Gibt es keinerlei Schwankungsbreite und ist der Kapitalverkehr völlig frei, spricht man von einer *Wechselkursunion*. Diese ist die Vorstufe zu einer *Währungsunion*, in der nur noch eine gemeinsame Währung existiert. Seit 1999 ist dieses System in der Europäischen Währungsunion (EWU) verwirklicht.

9.13 Im Vergleich: Das System flexibler Wechselkurse …

Bei flexiblen Wechselkursen wird der Kurs auf dem Devisenmarkt durch Angebot an und Nachfrage nach der betreffenden Währung bestimmt. Die Zentralbanken der beteiligten Länder greifen nicht in die Wechselkursbildung ein. Wenn das Devisenangebot bzw. die Devisennachfrage der Marktteilnehmer auseinanderklaffen, dann ändert sich der Wechselkurs und sorgt so für den Ausgleich.

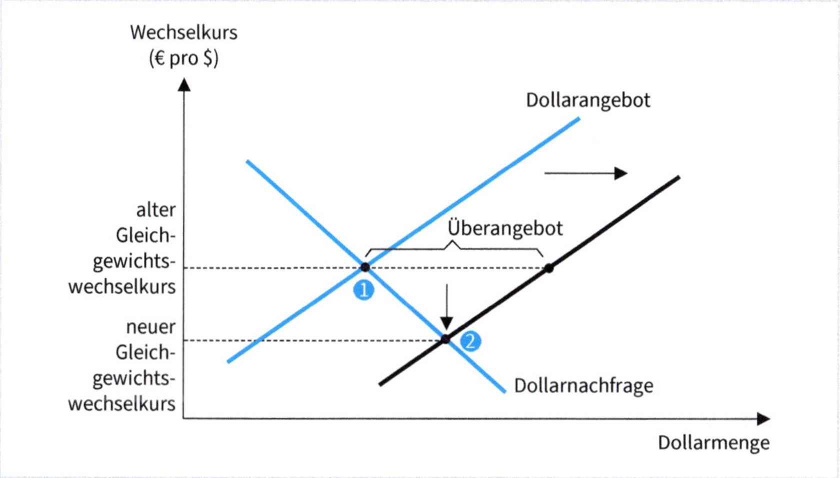

Abb. 9-13: Ausgleichsmechanismus flexibler Wechselkurse

Betrachten wir zur Verdeutlichung wieder die Wirtschaftsbeziehungen zwischen Deutschland und den USA. Angenommen, im Ausgangsstadium befindet sich der Devisenmarkt im Gleichgewicht (Situation ❶ in Abbildung 9-13). Gehen wir nun davon aus, dass die deutschen Exporte in die USA zunehmen. Das könnte dadurch verursacht sein, dass die Amerikaner plötzlich eine größere Vorliebe für deutsche Autos oder für Reisen nach »good old Germany« entwickeln. Als Folge davon steigt das Dollarangebot und in Abbildung 9-13 verschiebt sich die Angebotskurve nach rechts. Beim alten Gleichgewichtskurs entsteht ein Überschussangebot an Dollar. Dieses Überangebot an Dollar »drückt« nun auf den Dollarkurs. In der Praxis läuft das so ab, dass die deutschen Banken die Dollarbestände, die sich auf ihren Konten bei amerikanischen Korrespondenzbanken angesammelt haben, im Devisenhandel anbieten. Dies bewirkt eine Dollarabwertung bzw. eine Euro-Aufwertung, im Zuge derer die deutschen Importe amerikanischer Güter zunehmen, während die Exporte in die USA sinken. Damit steigt die Dollarnachfrage und das Dollarangebot geht zurück (Bewegung *entlang* der Kurven). Die Wechselkursänderung und der damit verbundene Anpassungsprozess dauern so lange, bis sich auf dem Devisenmarkt ein neues Gleichgewicht bei niedrigerem Kursniveau eingestellt hat (Situation ❷). Man bezeichnet diesen Vorgang als *Ausgleichsmechanismus flexibler Wechselkurse* oder kurz als Wechselkursmechanismus. Er bildet das zentrale Wesensmerkmal des Währungssystems mit flexiblen Kursen.

Bis die geschilderte Anpassung der Ex- und Importe eintritt, kann einige Zeit vergehen. Daher erfolgt der *kurzfristige* Devisenbilanzausgleich typischerweise durch internationale Kapitalbewegungen. Diese richten sich bekanntlich nach den Erwartungen der Spekulanten. In unserem Beispiel erscheint es etwa plausibel, dass die Kapitaldisponenten ab einem bestimmten, niedrigeren Dollarkurs eine Umkehrung des Abwertungstrends erwarten, das heißt eine Dollar*aufwertung*. Die Spekulanten werden darum heute Dollar kaufen. Aus deutscher Sicht entspricht das einem Kapitalexport, wodurch die Dollarnachfrage steigt. In Abbildung 9-13 kommt es zu einer Rechtsverschiebung der Nachfragekurve, die das Überangebot an Dollar verkleinert. Die Spekulation dämpft in diesem Fall die Wechselkursänderung.

Vorteile

Der Wechselkursmechanismus bringt einige *Vorteile* mit sich:

- Es gibt kein Eingreifen der Zentralbanken (zumindest im theoretischen Idealfall, in der Praxis ist das – wie erwähnt – oft anders). Deshalb kommt es auch zu keinen interventionsbedingten Änderungen der Geldmenge. Dazu muss man wissen, dass, wenn etwa die EZB Dollar ankauft (um die US-Währung zu stützen), dadurch die Geldmenge dem Euroraum zunimmt. Denn die EZB bezahlt die Dollars ja, indem sie den europäischen Geschäftsbanken den Gegenwert in Euro auf deren Zentralbankkonto gutschreibt (siehe Kapitel 9.14). Bei flexiblen Wechselkursen wird die nationale Geldpolitik nicht durch solche außenwirtschaftliche Einflüsse gestört, sondern bleibt *autonom*.
- Flexible Wechselkurse schützen in gewissem Umfang vor einem Übergreifen negativer Entwicklungen im Ausland auf die nationale Wirtschaft. Wenn etwa die Inflation im Ausland ansteigt und deshalb die inländischen Exporte zunehmen (weil sie jetzt vergleichsweise preisgünstig sind), so wertet die Inlandswährung tendenziell auf bzw. wertet die Auslandswährung ab. Das wirkt einem »Inflationsimport« aus dem Ausland entgegen.

Nachteile

- Alles in allem haben flexible Wechselkurse also einen *Abschirmungseffekt* für die jeweiligen Länder. Jedoch steht diesem Vorteil ein gravierender *Nachteil* gegenüber, nämlich der der Unsicherheit über den zukünftigen Verlauf der Wechselkurse. Deshalb sind Auslandsgeschäfte gegen *Kursschwankungen* abzusichern, was Kosten verursacht. Dies kann die Entwicklung des internationalen Handels beeinträchtigen. Außerdem ruft die Unsicherheit über den Kursverlauf Spekulation hervor (siehe Kapitel 9.14).

9.14 ... und das System fester Wechselkurse

Im System fester Wechselkurse ergibt sich der Währungskurs nicht als Marktpreis, sondern er wird politisch vorgegeben. Die Zentralbanken sind verpflichtet, am Devisenmarkt zu *intervenieren*, sobald der Wechselkurs vom Paritätskurs abzuweichen droht. Häufig ist eine Bandbreite um den Leitkurs festgelegt, innerhalb der der Kurs schwanken darf. Die Interventionspflicht kommt dann erst bei Erreichen der Unter- bzw. Obergrenze (Interventionspunkte) dieses Bandes zum Tragen.

Devisenmarktintervention

Blicken wir zur Verdeutlichung noch einmal auf Abbildung 9-13. Dabei können wir uns in die Zeit des Bretton-Woods-Systems zurückversetzen, in der eine feste Parität zum Dollar bestand (mit einer Schwankungsbreite von ±1 Prozent). Das Dollarangebot habe sich erhöht, sodass beim alten Gleichgewichtskurs ein Überangebot an Dollar entstanden ist. Angenommen, der alte Gleichgewichtskurs ist der Paritätskurs. In diesem Fall muss nun die Zentralbank (sobald die Parität um 1 Prozent unterschritten wird) das Dollarüberangebot ankaufen, um den Kurs zu stabilisieren, somit eine (weitere) Dollarabwertung (Euro-Aufwertung) zu vermeiden. Wie hat man sich eine solche Devisenmarktintervention vorzustellen? Hierzu sei an die Ausführungen zur Abwicklung des internationalen Zahlungsverkehrs erinnert: Wenn Deutschland Güter in die USA exportiert, werden die Dollarkonten, die deutsche Kreditinstitute bei US-Banken unterhalten, anschwellen. Die Institute versuchen jetzt, das Zuviel an Dollar im Devisenhandel »loszuwerden«. Wenn jedoch die anderen Banken nicht im angebotenen Umfang Dollar für ihre Kunden benötigen, kommt es zu dem oben erwähnten Dollarüberangebot und der Wechselkurs gibt nach. Das ist die Situation, in der – in einem Festkurssystem – die Devisenhändler der Zentralbank eingreifen (müssen): Sie kaufen die Dollarbeträge zum fixierten Paritäts- bzw. Interventionskurs an. Das bedeutet, dass die Dollars von den Währungskonten der Geschäftsbanken auf eines der Währungskonten der Zentralbank bei einer US-Bank umgebucht werden. In Höhe des Interventionsbetrages steigen die *Währungsreserven* der Notenbank. Im Gegenzug erhalten die Geschäftsbanken den in heimische Währung (Euro) umgerechneten Betrag auf ihrem inländischen Zentralbankkonto gutgeschrieben.

Neutralisierungs-politik

Devisenmarktinterventionen sind mit einer Änderung der *Überschussreserve* bei den Kreditinstituten verbunden (siehe Abbildung 9-14). In unserem Beispiel nimmt die Überschussreserve zu. Die Geschäftsbanken erhalten damit die Möglichkeit für eine Ausdehnung ihrer Kreditvergabe. Dadurch erhöht sich die inländische Geldmenge, und zwar eventuell um ein Mehrfaches der ursprünglichen Überschussreserve (siehe Kapitel 7.4). Dies ist das Kernproblem eines Systems fester Wechselkurse: Die Notwendigkeit der Intervention am Devisenmarkt »unterläuft« die Kontrolle der inländischen Geldmengenentwicklung. Die Zentralbank kann indes versuchen, den Einfluss der Devisenbewegungen auf die Liquidität im Bankensektor wieder zu korrigieren. Im Beispiel müsste sie (über Offenmarktgeschäfte) Liquidität abschöpfen. Man spricht von *Neutralisierungs-* oder *Sterilisierungspolitik*. In der Praxis gestaltet sich diese Aufgabe allerdings als schwierig.

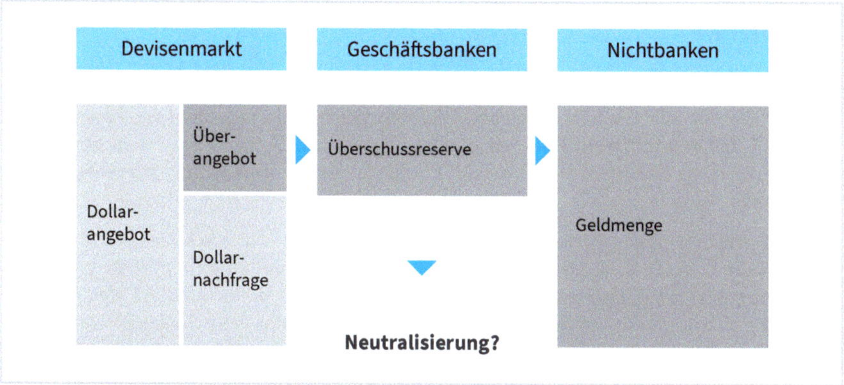

Abb. 9-14: Geldschöpfung durch Intervention am Devisenmarkt

Vor- und Nachteile

Der große *Vorteil* eines Festkurssystems liegt in der *Kurssicherheit* für Außenhändler und Kapitaldisponenten. Dem gegenüber stehen jedoch *Nachteile*:

- Für Länder mit Devisenbilanzüberschüssen (Überangebot an Devisen) bedeutet die Notwendigkeit des Devisen*ankaufs*, dass ihre stabilitätsorientierte Geldpolitik gefährdet wird. Die Intervention selbst ist für die betreffenden Zentralbanken kein Problem, sie bezahlen den Devisenankauf ja mit ihrer eigenen Währung. Dennoch kaufen solche Länder aber – gemessen am eigentlich »richtigen« Wechselkurs – offenbar zu teuer im Ausland ein, während sie ihre Güter zu billig exportieren.

Konflikt zwischen binnen- und außenwirtschaftlicher Zielsetzung

- Für Länder mit Devisenbilanzdefiziten (Übernachfrage nach Devisen) führt die Notwendigkeit des Devisen*verkaufs* (zur Stützung der heimischen Währung) zu einem Abschmelzen ihrer Währungsreserven. Daraus ergibt sich über kurz oder lang ein Liquiditätsproblem. Diese Situation wird in der Praxis häufig dadurch verschärft, dass es zu massiven spekulativen Kapitalbewegungen kommt. Die mögliche Folge ist eine *Zahlungsbilanzkrise*, die eine drastische Änderung der Paritäten oder die Freigabe des Wechselkurses erzwingt. Anfang der 1990er-Jahre spekulierte der in Ungarn geborene Finanzmogul George Soros gegen das britische Pfund und drängte es aus dem damaligen Europäischen Währungssystem (siehe »Nachgehakt«: Spekulative Attacken gegen eine Währung). Defizitländer müssen letztlich mit restriktiven geld- und fiskalpolitischen Maßnahmen für einen Ausgleich der Zahlungsbilanz sorgen. Im System fester Wechselkurse kann so ein Konflikt zwischen dem Ziel der Vollbeschäftigung und dem Ziel des Zahlungsbilanzausgleichs entstehen. In diesem Fall ist das binnenwirtschaftliche dem außenwirtschaftlichen Ziel unterzuordnen. Man spricht vom *Diktat der Zahlungsbilanz.*

Daraus folgt, dass ein System fester Wechselkurse auf Dauer nur funktionieren kann, wenn sich die fundamentalen Wirtschaftsdaten, allen voran die Inflationsraten, in den beteiligten Ländern in etwa entsprechen (Erfordernis der *Konvergenz*). Nur dann kann ein Gleichgewicht von Devisenangebot und -nachfrage Bestand haben.

Nachgehakt

Spekulative Attacken gegen eine Währung

Man liest und hört häufig von solchen Angriffen. Wie funktionieren sie? Wie kann ein Spekulant davon profitieren? Nehmen wir das Beispiel von George Soros, dem berühmten Finanzinvestor, der 1992 das Britische Pfund aus dem Europäischen Währungssystem drängte.

Ein Spekulant, der wie George Soros davon überzeugt war, dass das Pfund Sterling gegenüber der D-Mark abwerten würde, nahm in England einen kurzfristigen Pfund-Sterling-Kredit z. B. über eine Million Pfund auf. Die Pfund, die er auf diese Weise erhielt, konnte er am Devisenmarkt in D-Mark tauschen. Wenn das viele Spekulanten mit großen Summen ähnlich tun, wird der Druck in Richtung einer Pfundabwertung gewaltig. Es ist zu erwarten, dass die Notenbanken dem durch Devisenmarktinterventionen nicht standhalten können bzw. wollen. Im August 1992 lag der Wechselkurs des Pfundes bei 2,81 D-Mark, unser Spekulant bekam also 2,81 Mill. D-Mark für 1 Mill Pfund. Jetzt musste er nur noch warten. George Soros hatte damals richtig gelegen, das Pfund Sterling wurde am 14. September 1992 zunächst um 3,5 Prozent gegenüber der D-Mark abgewertet und am 16. September schied Großbritannien ganz aus dem EWS aus. Der Kurs des Pfundes zur D-Mark wurde daraufhin ganz dem Markt überlassen, was zu einer Abwertung der britischen Währung auf 2,45 D-Mark führte. Damit war das Geschäft perfekt. Um eine Million Pfund zurückzuzahlen, benötigte George Soros nur noch 2,45 Mill. D-Mark. Der Gewinn belief sich also auf 360.000 D-Mark für jede aufgenommene Million Pfund, und das in nur zwei Monaten. Streng genommen müsste man bei dieser Rechnung noch die Zinsen für den Kredit in Großbritannien und die D-Mark-Anlage in Deutschland berücksichtigen. Bei einer so kurzfristigen Betrachtung kann dies aber vernachlässigt werden.

9.15 Globale Ungleichgewichte – Ausmaß, Ursachen und Folgen

Die weltweiten Güterströme zwischen den verschiedenen Wirtschaftsregionen sind phasenweise durch eklatante Ungleichgewichte geprägt. Namentlich die USA verzeichnen seit Jahrzehnten hohe Leistungsbilanzdefizite, während vor allem China – in absoluten Zahlen – regelmäßig riesige außenwirtschaftliche Überschüsse ausweist. Die Folge ist, dass die USA das weltgrößte Schuldnerland sind (Auslandsschulden geschätzte 18,6 Billionen Dollar Ende 2023) und China mittlerweile die größten Devisenreserven der Welt im Volumen von ca. 3,2 Billionen Dollar (Stand Dezember 2023) angehäuft hat. Auch Deutschland erwirtschaftet traditionell Exportüberschüsse, denen Importüberschüsse in anderen Ländern, beispielsweise in den USA, gegenüberstehen (siehe Abbildung 9-15).

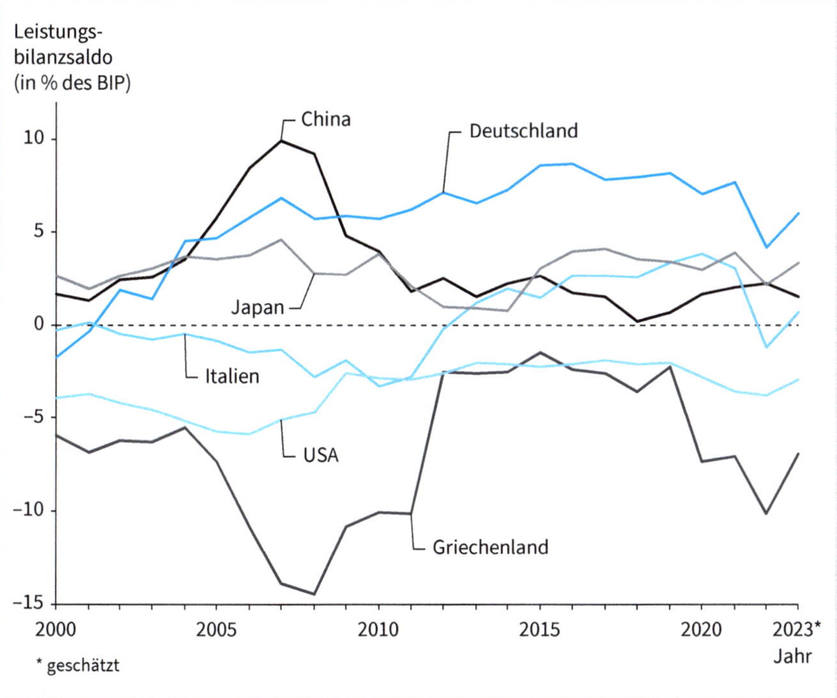

Abb. 9-15: Leistungsbilanzsalden ausgewählter Länder
Quelle: International Monetary Fund, Word Economic Outlook Database, Oktober 2023

Ursachen der Ungleichgewichte

Welche Ursachen stehen hinter dieser Entwicklung? Können diese Ungleichgewichte ewig anhalten oder münden sie vielleicht in eine weltwirtschaftliche Katastrophe? Diesen beiden Fragen möchten wir uns hier kurz zuwenden. Zur Klärung der *Ursachen* erinnern wir uns an einen zentralen ökonomischen Zusammenhang, den wir bereits in Kapitel 2.4. abgeleitet haben. Es handelt sich um die für jede Volkswirtschaft unumstößlich gültige *gesamtwirtschaftliche Identität*. Deren Aussage lautet vereinfacht: Die Ersparnis eines Landes ist gleich der Summe aus inländischer Investition und Leistungsbilanzsaldo, wobei letzterer dem Nettokapitalexport bzw. -import entspricht.

Die Kapitalbilanz befiehlt, die Leistungsbilanz gehorcht

Den Zusammenhang zwischen dem Leistungsbilanzsaldo und dem Nettokapitalverkehr eines Landes hat der österreichische Nationalökonom *Eugen Ritter von Böhm-Bawerk* (1851–1914) einmal mit den Worten präzisiert: »Die Kapitalbilanz befiehlt, die Leistungsbilanz gehorcht.« Das bedeutet: Ein Land, das hohe Ersparnisse bildet (etwa China), wird daraus seine inländischen Sachinvestitionen finanzieren können. Der verbleibende finanzielle Überschuss fließt als Nettokapitalexport ins Ausland.

Das Geld dient der Finanzierung des ausländischen Leistungsbilanzdefizits, welches – zusammen genommen – dem Leistungsbilanzüberschuss des Inlands genau entspricht. Umgekehrt ist ein Land, dass wenig spart (etwa die USA), zur Finanzierung seiner inländischen Sachinvestitionen auf Nettokapitalimporte aus dem Ausland angewiesen und verzeichnet entsprechende Leistungsbilanzdefizite.

Unser Fazit ist damit, dass sich der Leistungsbilanzsaldo eines Landes aus dessen Spar- und Investitionsverhalten ergibt.

So mancher wird jetzt fragen: *Und welchen Einfluss haben die viel gerühmte internationale Wettbewerbsfähigkeit oder die Wechselkurse? Sind sie denn nicht entscheidend für die Leistungsbilanz eines Landes?* Die Antwort lautet: Kurzfristig ja, langfristig nein. Angenommen, die internationale Wettbewerbsfähigkeit eines Landes ist hoch. Dann werden seine Exporte zu- und seine Importe abnehmen, sodass tendenziell ein Leistungsbilanzüberschuss entsteht. Bei unveränderter Relation aus Ersparnis und Investition, das heißt bei konstantem Nettokapitalexport, müsste daraufhin die Währung unseres Landes so lange aufwerten, bis der Leistungsbilanzüberschuss auf das Niveau des Nettokapitalexports gesunken ist. Erst dann sind das Devisenangebot (aus dem Leistungsbilanzüberschuss) und die Devisennachfrage (aus dem Nettokapitalexport) wieder gleich groß.

Und warum wird von China ständig verlangt, dass es die Devisenmarktinterventionen (Ankauf von Dollar) aufgibt, mit denen das Land seine Währung gegenüber dem Dollar künstlich niedrig hält?

Antwort: Weil China mit dem Dollarankauf die natürliche Ersparnis seines Landes künstlich vergrößert und so einen überhöhten Nettokapitalexport und Leistungsbilanzüberschuss verursacht. So viel zu den Ursachen der globalen Ungleichgewichte.

Tragfähigkeit der Ungleichgewichte

Was die *Tragfähigkeit* der globalen Leistungsbilanzungleichgewichte angeht, lässt sich feststellen: Für jede Nation gibt es eine, wie die Fachleute sagen, »intertemporale Budgetrestriktion«. Einfacher ausgedrückt: Kein Land kann ad infinitum eine defizitäre Leistungsbilanz haben, da dies gleichbedeutend mit der stetigen Zunahme seiner Verbindlichkeiten gegenüber dem Rest der Welt wäre. Irgendwann werden die Finanzmärkte das Vertrauen in dieses Land verlieren. Wie sich das auswirkt, darauf gibt die EWU-Staatsschuldenkrise seit 2009/10 (siehe Kapitel 9.17) einen Vorgeschmack. Die Frage ist also nur, ob man auf eine marktgetriebene Korrektur warten will oder bereit ist, den Korrekturprozess rechtzeitig wirtschafts- und finanzpolitisch zu unterstützen. Wir vertreten die Ansicht, dass Letzteres der bessere Weg ist. Ansonsten könnte es eines Tages ganz schön ungemütlich werden. Überlegen Sie hier selbst einmal, welche Konsequenzen es wohl hätte, wenn die Finanzmärkte nicht mehr bereit wären, Geld in den USA anzulegen – für die US-Zinsen, den Dollar, die Börse, die Weltwirtschaft.

9.16 Grundlagen und Probleme der Europäischen Währungsunion

Vorteile der EWU

Am 1. Januar 2002 wurde in zwölf EU-Ländern der Euro als alleiniges gesetzliches Zahlungsmittel eingeführt. Inzwischen umfasst die EWU 20 Staaten (siehe Kapitel 7.7). Die *Vorteile* der Europäischen Währungsunion liegen auf der Hand: Es entfallen Zeitaufwand und Kosten des Währungsumtausches zwischen den beteiligten Ländern. Irgendjemand hat einmal errechnet, dass von 100 D-Mark gerade mal 20 D-Mark übrig blieben, wenn man durch Europa reiste und dabei nichts anderes tat, als sein Geld in die jeweilige Landeswährung umzutauschen. Ein weiterer wichtiger Punkt ist, dass für Ex- und Import-Unternehmen innerhalb von »Euroland« das Wechselkursrisiko wegfällt. Außerdem dürfte der Euro schon aufgrund der Größe des europäischen Währungsraums gegenüber Drittwährungen wie dem Dollar oder dem japanischen Yen stabiler bleiben, als das bei den vorherigen nationalen Währungen der Fall war. Dies hat die internationale Finanz- und Wirtschaftskrise 2008/09 deutlich gezeigt. Ohne die gemeinsame Währung hätte es zweifellos größere Turbulenzen gegeben: Die Währungen einiger Mitgliedsländer hätten auf- und die anderer hätten abgewertet.

Verschärfung des Wettbewerbs

In einer Währungsunion treten die für vergleichbare Produkte bestehenden *Preisunterschiede* zwischen den Partnerstaaten stärker hervor. So hat man festgestellt, dass beispielsweise eine Levis Jeans 501 in Deutschland Ende 2001 um gut die Hälfte teurer war als in Österreich. Eine Dose Nivea-Creme 150 ml wurde dagegen in Deutschland für weniger als die Hälfte des Preises verkauft, den man in Italien dafür bezahlen musste. Extrem waren die Unterschiede auch bei Autos. Der Preis etwa eines Opel Astra lag in Deutschland zirka 40 Prozent über dem günstigsten EU-Angebot (gleiches Modell und gleiche Ausstattung). Eine einheitliche Währung erhöht die Markttransparenz und führt zu einer Verschärfung des Wettbewerbs der Produktanbieter. Die Preise nähern sich deshalb an, was den Verbrauchern recht sein dürfte. Das ist zumindest theoretisch zu erwarten. In der Praxis zeigen sich indes teilweise anhaltende Inflationsdivergenzen: Durch ihre stetigen höheren Inflationsraten ist es in Ländern wie Irland, Griechenland, Spanien und Portugal phasenweise zu einer realen Aufwertung gekommen (siehe Kapitel 9.17), während Länder wie Deutschland, Belgien, Österreich und Finnland eine reale Abwertung verzeichneten. Dies führt zu Wettbewerbsverschiebungen im internationalen Handel (zugunsten der Länder, die real abwerten).

Probleme der EWU

Auch *Lohndifferenzen* zwischen den Teilnehmerländern werden in der Währungsunion unmittelbar sichtbar. Bekanntlich liegt etwa das Lohnniveau in Portugal oder Griechenland deutlich unter dem deutschen, weil die Produktivität in Deutschland viel höher ist. Würden jetzt die Portugiesen oder Griechen aber eine Angleichung der Löhne fordern, so würde dies zu einem raschen Anstieg der Arbeitslosigkeit in diesen Ländern führen (siehe Kapitel 4.13 und 4.14). Entsprechende Erfahrungen hat Deutschland in den 1990er-Jahren nach der Wiedervereinigung machen müssen. Das Beispiel der neuen Bundesländer lässt ein weiteres Problem erkennen. Wenn nämlich die Arbeitslosigkeit steigt, weil die betreffende Wirtschaftsregion nicht wettbewerbsfähig genug ist, so weckt das die Forderung nach *Finanztransfers* von den reichen in die ärmeren Gebiete. Wir werden diese Problematik anhand der vergangenen EWU-Krise im Kapitel 9.17 nochmals eingehend betrachten.

Bedingungen eines optimalen Währungsraums

Transferunion

Damit wären wir schon bei den *Bedenken.* Sie betreffen zum einen die Frage, ob sich die Europäische Zentralbank bzw. die in ihr handelnden Personen auf Dauer ebenso der Geldwertstabilität verpflichtet fühlen, wie dies die Deutsche Bundesbank bewiesen hat. Diese Befürchtung hat sich bisher als (nicht völlig) unbegründet herausgestellt. Die globale Finanz- und Wirtschaftskrise ab 2008/09 und die von 2009 bis ungefähr 2018 virulente EWU-Krise sowie die Corona-Pandemie von 2020 bis 2022 haben gezeigt, unter welch großen Handlungsdruck die EZB geraten kann. Wirklich stark zu bezweifeln ist, ob die beteiligten Länder überhaupt die ökonomischen Voraussetzungen für eine funktionsfähige Währungsunion erfüllen. Der Kanadier *Robert A. Mundell* hat bereits 1961 untersucht, nach welchen Kriterien ein *optimaler Währungsraum* abgegrenzt werden kann. Demnach gilt ein Währungsraum als optimal, wenn entweder der Konjunkturverlauf und die Wirtschaftsstrukturen sowie die Wettbewerbsfähigkeit in den Partnerstaaten sich so ähnlich sind, dass ein Ausgleich durch Wechselkursanpassungen nicht erforderlich ist, oder die Preise und Löhne nach unten flexibel sind. Wenn das nicht zutrifft, so ist zumindest eine hohe *Mobilität des Faktors Arbeit* notwendig. 1999 hat Mundell unter anderem dafür den Nobelpreis für Ökonomie erhalten. Seine Argumentation lautete etwa folgendermaßen: Angenommen, die Nachfrage verlagere sich von den Erzeugnissen Spaniens auf solche Deutschlands. Man nennt das einen »asymmetrischen Schock« (weil er die Länder unterschiedlich trifft). Dann steigt doch die Beschäftigung in Deutschland, während sie in Spanien sinkt. Bei Existenz nationaler Währungen und flexiblen Wechselkursen käme es zu einer Abwertung der spanischen Währung. Dies würde dann die Wettbewerbsfähigkeit spanischer Produkte im Vergleich zu deutschen verbessern. Der Nachfrageausfall würde dadurch rückgängig gemacht und ebenso die eingetretene Arbeitslosigkeit. In einer Währungsunion gibt es aber keinen Wechselkurs mehr und deshalb auch keine Möglichkeit der Wechselkursänderung. An ihre Stelle müssen deshalb andere *Anpassungsmechanismen* treten. Erstens müssten eigentlich in Spanien die Preise und Löhne sinken. Das Land könnte so wieder konkurrenzfähig werden. Gegen Lohnkürzungen wehren sich aber aller Erfahrung nach die Gewerkschaften, sodass auch Preissenkungen eher unwahrscheinlich sind. Nach Mundell gibt es nun aber noch einen zweiten Weg, um die Beschäftigung in den betroffenen Ländern zu sichern: Es müssten spanische Arbeitnehmer nach Deutschland auswandern. Dies würde dafür sorgen, dass in dem Land mit dem Nachfragerückgang keine dauerhafte Unterbeschäftigung entsteht. Die erweiterte Produktionskapazität im Land mit dem Nachfrageanstieg würde dort gleichzeitig den Inflationsdruck verringern.

Land	Beitritts-jahr	Hauptstadt	Bevölkerung in Mill. (2023)	Fläche in km²	Bruttoinlands-produkt*	
					Mrd. $ (2021)	$ je Einwohner (2021)
Belgien	1957	Brüssel	11,9	30.510	599,8	51.700
Bulgarien	2007	Sofia	6,8	110.994	167,8	24.400
Dänemark	1973	Kopenhagen	5,9	43.094	352,4**	59.700**
Deutschland	1957/1990	Berlin	84,2	357.021	4.424,0	53.200
Estland	2004	Tallinn	1,2	45.226	51,5	38.700
Finnland	1995	Helsinki	5,6	337.030	275,5**	49.600**
Frankreich	1957	Paris	68,5	547.030	3.048,0	45.000
Griechenland	1981	Athen	10,5	131.940	314,4	29.500
Irland	1973	Dublin	5,3	70.280	515,9	102.500
Italien	1957	Rom	61,0	301.320	2.478,0	41.900
Kroatien	2013	Zagreb	4,2	55.974	123,3	31.600
Lettland	2004	Riga	1,8	64.589	60,5	32.100
Litauen	2004	Vilnius	2,7	65.200	110,1	39.300
Luxemburg	1957	Luxemburg	0,7	2.586	74,0	115.700
Malta	2004	Valletta	0,5	316	23,2	44.700
Niederlande	1957	Amsterdam	17,5	41.526	992,7	56.600
Österreich	1995	Wien	8,9	83.858	484,7	54.100
Polen	2004	Warschau	38,0	312.685	1.318,0	34.900
Portugal	1986	Lissabon	10,2	92.931	347,7	33.700
Rumänien	2007	Bukarest	18,3	238.391	588,5	30.800
Schweden	1995	Stockholm	10,5	449.964	574,9**	54.800**
Slowakei	2004	Bratislava	5,4	48.845	173,6	31.900
Slowenien	2004	Ljubljana	2,1	20.253	84,4	40.000
Spanien	1986	Madrid	47,2	504.782	1.798,0	37.900
Tschechien	2004	Prag	10,7	78.866	428,0	40.700
Ungarn	2004	Budapest	9,7	93.030	326,2	33.600
Zypern	2004	Nikosia	1,3	9.250	37,5	41.700
* umgerechnet zum Kaufkraftparitätskurs ** 2022						

Tab. 9-4: Mitgliedstaaten der EU: aktuelle Strukturdaten
Quelle: CIA, World Factbook, www.cia.gov

Transferunion
Fiskalunion

Wenn keine der genannten Bedingungen ausreichend erfüllt ist, so kommt es in dem Problemland zu einem gesamtwirtschaftlichen Finanzierungsdefizit. Der Fortbestand einer Währungsunion lässt sich dann nur über (realistischerweise an Auflagen geknüpfte, siehe unten) Finanztransfers von den starken an die schwachen Mitglieder sichern. Man spricht von einer *Transferunion*. Auf Dauer bedingt dies jedoch die Existenz einer Behörde, am besten einer gemeinschaftlichen Regierung (wie in den USA), mit zentraler Budgetgewalt (so genannte *Fiskalunion*).

9.17 Die Staatsschuldenkrise in der EWU

Die in der Europäischen Währungsunion ab 2009/2010 bis etwa 2018 beobachtbaren Turbulenzen bildeten ein Paradebeispiel für die Richtigkeit von Robert A. Mundells Theorie optimaler Währungsräume. Genauer gesagt, zeigten sie, was passiert, wenn sich Länder mit sehr unterschiedlicher Wirtschaftsstruktur, -entwicklung und -politik eine einheitliche Währung geben: Es kommt zu massiven Problemen, welche die Existenz der Währungsunion gefährden.

Unsere jungen Leserinnen und Leser können sich an die EWU-Staatsschuldenkrise wahrscheinlich nicht erinnern. Die ökonomischen Erkenntnisse, die sich aus ihr ergeben, sind aber wertvoll. Deshalb wollen wir an dieser Stelle versuchen, folgende drei Fragen zu beantworten:

Erstens, was ging da eigentlich vor, und wo lagen die Ursachen der Probleme? *Zweitens*, was wurde dagegen unternommen, und *drittens*, was lässt sich daraus lernen? Zu Beginn dieser Betrachtung ist es wichtig, dass wir uns Folgendes klarmachen:

> In Währungssystemen mit nationalen Währungen, die durch flexible oder feste Wechselkurse miteinander verbunden sind, äußern sich Finanzierungsprobleme einzelner Länder in Wechselkursanpassungen bzw. Devisenmarktinterventionen (siehe Kapitel 9.13 und 9.14). Anders ist es in einem Währungsraum mit nur noch einer einheitlichen Währung – wie in der EWU. Nationale Finanzierungsdefizite schlagen hier direkt auf den Kapitalmarkt durch. Das heißt, es kommt in den Defizitländern zu Kapitalangebotslücken (Kapitalangebot ist kleiner als Kapitalnachfrage). Die Folge sind steigende Zinsen. Dies erzwingt Sparmaßnahmen oder einen Finanztransfer von den Partnerstaaten. Ansonsten bricht die Währungsunion auseinander.

Ursachen der Krise

Im Zuge der weltweiten Finanzkrise 2008/09 und der damit verbundenen Rezession (siehe Kapitel 4.3) kam es in allen EWU-Mitgliedstaaten zu einem Anstieg der Finanzierungsdefizite in den öffentlichen Haushalten (konjunkturbedingte Defizite, Konjunkturprogramme, Bankenrettungspakete). Insbesondere Griechenland, Irland, Portugal und Spanien verzeichneten eine überproportionale Ausweitung der Budgetdefizite, die vor allem im Fall von Griechenland und Portugal auch wesentlich auf die dortige laxe Haushaltspolitik zurückging.

Zu beobachten war zudem eine anhaltende Verschlechterung der Leistungsbilanzen dieser Länder. Die hohen »Zwillingsdefizite« (Budget- und Leistungsbilanzdefizite) führten, beginnend Ende 2009/Anfang 2010, zu einer starken Zunahme der

Risikoprämien bzw. *Spreads* (Zinsabstand der jeweiligen nationalen Staatsanleihen gegenüber Bundesanleihen) vor allem bei den Anleihen Griechenlands. Ansteckungseffekte wegen ähnlicher Wirtschaftsprobleme ließen auch die Spreads für Anleihen Irlands, Portugals, Spaniens und Italiens steigen.

Bereits im Vorfeld der Finanz- und Wirtschaftskrise 2008/09 hatten unterschiedliche Inflationsraten in den einzelnen Mitgliedstaaten der Eurogruppe – bei Konvergenz der Nominalzinsen aufgrund der einheitlichen EWU-Geldpolitik – zu auseinanderlaufenden Realzinsen geführt. Insbesondere die südeuropäischen Länder wiesen niedrige Realzinsen auf mit der Folge einer boomenden Inlandsnachfrage und abnehmenden Ersparnis. Angesichts eines damals hohen BIP-Wachstums und rückläufiger Arbeitslosigkeit stiegen die Lohnstückkosten (das heißt, die Löhne wurden stärker angehoben als die Produktivität zunahm) in den PIIGS-Staaten (Portugal, Irland, Italien, Griechenland, Spanien), was dort eine permanent höhere Inflation und einen Verlust an internationaler Wettbewerbsfähigkeit verursachte.

Am 21. September 2009 korrigierte die griechische Regierung die Haushaltsangaben der Vorgängerregierung. Es stellte sich heraus, dass die Budgetdefizite und die Staatsverschuldung des Landes viel höher waren als zuvor bekannt. Auch wurde offenbar, dass Griechenland die Aufnahme in die EWU im Jahr 2001 mit falschen Zahlen hinsichtlich seiner Verschuldung erreicht hatte. Die dadurch verstärkten Sorgen bezüglich der Tragfähigkeit der öffentlichen Finanzen ließen die Risikoprämien griechischer Staatsanleihen drastisch steigen.

Maßnahmen zur Überwindung der Krise

In der Folge kam es ab 2010 zu umfangreichen Transferzahlungen an die Problemländer sowie Zypern, dessen Exporte nach Griechenland einbrachen. Die monetären Leistungen beinhalteten bilaterale Finanzhilfen der (übrigen) Eurogruppe, des Weiteren (vergünstigte) Kredite der von der EU-Kommission geschaffenen Institutionen EFSM (European Financial Stability Mechanism), EFSF (European Financial Stability Facility) und ESM (European Stability Mechanism), ergänzt um Darlehen des Internationalen Währungsfonds sowie des Eurosystems (Target-Kredite, Notfallhilfen etc.). Die Finanzhilfen beliefen sich in Summe auf eine Größenordnung von 1,2 Billionen Euro. Der Großteil der Gelder in Höhe von etwa 550 Milliarden Euro (einschließlich des Forderungsverzichts durch Gläubiger im Zuge von Umschuldungen) ging an Griechenland. Der überwiegende Teil des finanziellen Beistands war an harte Auflagen für die Fiskal- und übrige Wirtschaftspolitik der Empfängerländer geknüpft (Sparmaßnahmen, Steuererhöhungen, Lohn- und Rentenkürzungen, Sanierung maroder Banken, Modernisierung der Verwaltung etc.).

Reaktion der EZB

Die *Europäische Zentralbank* reagierte auf die Staatsschuldenkrise mit der Fortsetzung ihrer expansiven Geldpolitik (enhanced credit support), die mit Beginn des Bankrotts von Lehman Brothers 2008 begonnen wurde (siehe Kapitel 4.3). Die Maßnahmen beinhalteten die Vergabe von Langfristkrediten (»Dicke Bertha«), die vollständige Bedienung der Liquiditätsnachfrage der Kreditinstitute (Vollzuteilung), einen Festzins für die wöchentlichen Hauptrefinanzierungsgeschäfte sowie die Akzeptanz von Wertpapieren als Kreditsicherheit mit einem Rating von (nur) BBB– (zuvor A–) bei den Refinanzierungsoperationen und generelle Akzeptanz griechischer Anleihen. Des Weiteren tätigte das Eurosystem in großem Umfang definitive Wertpapierkäufe am Sekundärmarkt (Quantitative Easing). Von Mai 2009 an kaufte die EZB in mehreren Schüben Pfandbriefe, forderungsbesicherte Wertpapiere und Staatsanleihen (insbesondere von Euro-Krisenländern) und gewährte Liquiditätshilfen an Banken in finanziellen Notlagen. In seiner berühmten »Whatever it takes«-Rede signalisierte der damalige EZB-Präsident Mario Draghi im Juli 2012 den Finanzmärkten überzeugend, dass die EZB alles tun werde, um den Euro zu retten: »And believe me, it will be enough.« Auch nach der Überwindung der akuten EWU-Staatsschuldenkrise 2018 setzte die EZB ihren expansiven Kurs bis Juni 2022 fort. Begründet wurde dies mit einer drohenden Deflation sowie Konjunkturrückgängen infolge der Corona-Pandemie ab 2020 und des Ukraine-Kriegs ab 2022. Abbildung 9-16 veranschaulicht die EZB-Politik nochmals anhand der Entwicklung des Hauptrefinanzierungssatzes und der Geldmenge. Der Betrachtungszeitraum erstreckt sich bis in die jüngere Vergangenheit (siehe auch Kapitel 7.8).

Nachgehakt

Negative Wirkungen einer ultralockeren Geldpolitik
Kritiker betonen die möglichen negativen Wirkungen einer ultralockeren EZB-Politik wie sie von 2008 bis 2022 betrieben wurde. Sie argumentieren, dass die Anleihekäufe und die niedrigen Zinsen

- die Sparer und allgemein die Investoren (Versicherungen, Bausparkassen, Investmentfonds, Unternehmen, Kreditinstitute etc.) schädigen, Fehllenkungen in riskante Anlagen begünstigen,
- die Blasenbildung an den Vermögensmärkten (Aktien, Immobilien, Wert- und Kunstgegenstände) fördern,
- die Ungleichheit verschärfen, da hauptsächlich die Reichen Aktien etc. besitzen,
- wie eine monetäre Staatsfinanzierung wirken und die Regierungen der Notwendigkeit von Reformen entheben und
- mit faulen Krediten schwer belastete »Zombie-Banken« schützen.

Außerdem wird bemängelt, dass

- die durch die niedrigen Zinsen verursachte hohe Verschuldung eine spätere Exit-Strategie erschwere, da es bei dann steigenden Zinsen zu Insolvenzen kommen würde. Insbesondere würden so die Zentralbanken zu Gefangenen der Staaten gemacht – Ökonomen sprechen von »fiscal dominance«.
- Und letztlich besteht natürlich die Gefahr einer möglicherweise unvermittelt eintretenden, hohen Inflation bzw. allgemein die Gefahr einer Schwächung der Stabilität des Euro.

Aus heutiger Sicht (2024) kann man sagen, dass mehr oder weniger alle diese Befürchtungen eingetreten sind.

Innere und äußere Stabilität des Euro

Die von der EZB betriebene Geldpolitik löst immer wieder Diskussionen um die Stabilität des Euro aus. Die Frage der Stabilität des Euro hat zwei Dimensionen, die innere und die äußere Stabilität (siehe Abbildung 9-17).

Die *innere Stabilität* wird durch die Entwicklung des Preisniveaus bestimmt, also durch die Höhe der Inflationsrate. Sie lag im Euroraum seit dem Start der EWU bis 2022 durchschnittlich unter 2 Prozent und stieg dann rasch und deutlich. Bereits in 2023 bewegte sich der Preisauftrieb aber wieder in Richtung der 2 Prozent, die die EZB mit Preisstabilität gleichsetzt.

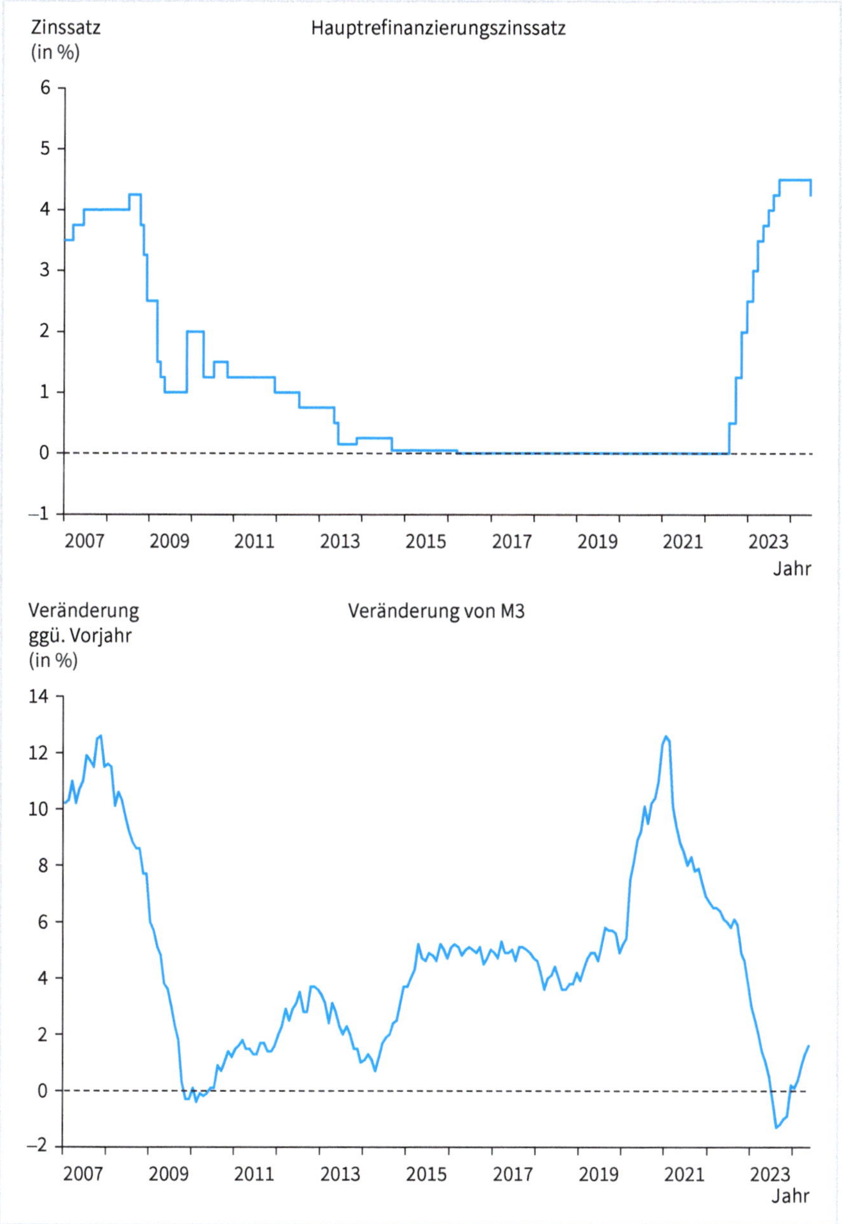

Abb. 9-16: Hauptrefinanzierungssatz und Veränderung der Geldmenge in der EWU
Quelle: ECB, Key ECB interest rates und ECB, Data Portal

Die *äußere Stabilität* des Euro betrifft den Außenwert, das heißt den Wechselkurs des Euro gegenüber anderen Währungen, hauptsächlich gegenüber dem Dollar. Auch hier ist im Durchschnitt keine deutliche Schwächung des Euro-Wertes zu erkennen. Der Euro war und ist eine nach außen stabile Währung. Gefahren für den

Außenwert des Euro drohen lediglich für den Fall, dass der Kapitalzustrom aus dem Ausland in den Euroraum als Ganzes versiegt (etwa wenn auch große Euroländer wie Italien oder Frankreich in erhebliche Bonitätsprobleme gerieten).

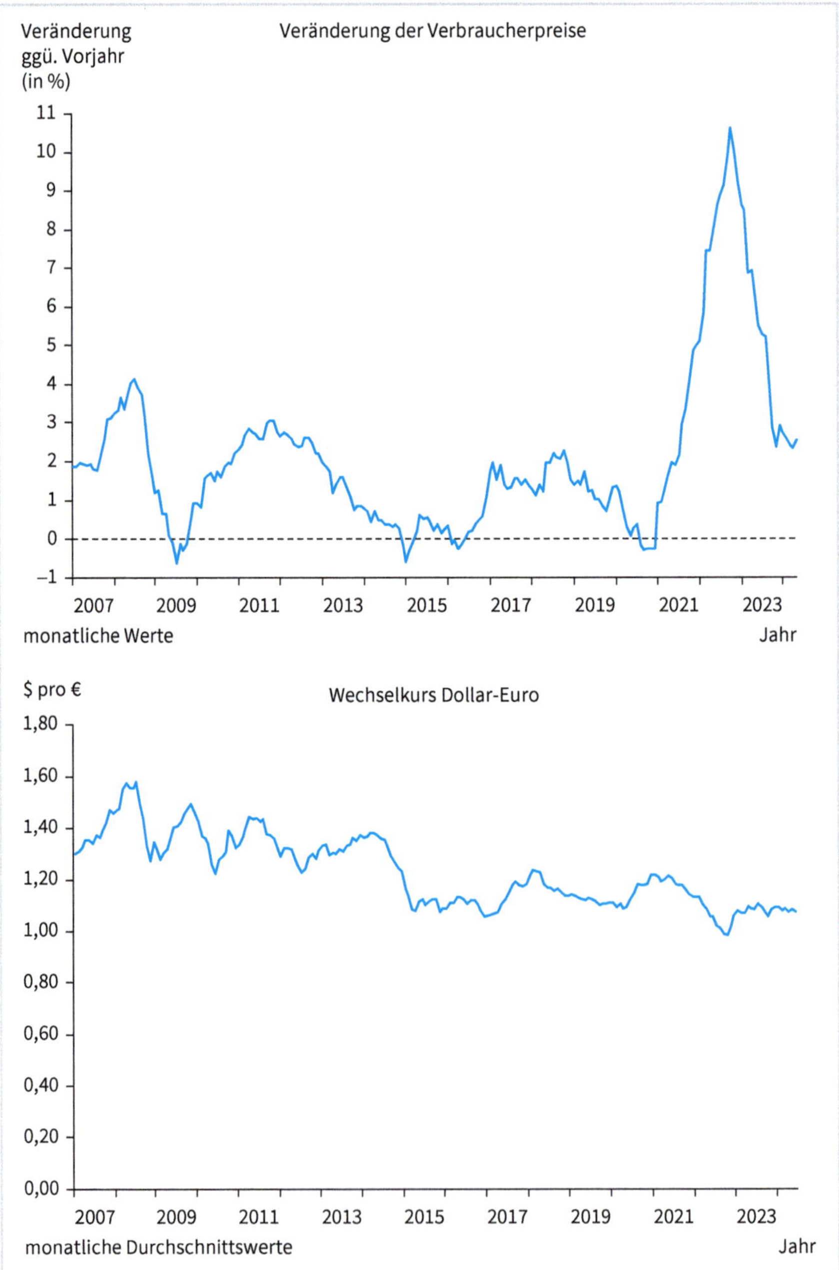

Abb. 9-17: Inflation und Außenwert des Euro
Quelle: Eurostat, Datenbank; ECB, Data Portal

Kommen wir nun zu der noch offenen Frage, was sich aus all dem lernen lässt. Antwort: Wenn die in einer Währungsunion zusammengeschlossenen Länder die von Robert Mundell formulierten Bedingungen eines »optimalen Währungsraums« nicht oder nur unzureichend erfüllen, sind Probleme vorprogrammiert. Sie beginnen immer damit, dass es in einem Land (oder in mehreren) zu einem gesamtwirtschaftlichen Finanzierungsdefizit kommt. Das bedeutet, dass seine inländische Kapitalnachfrage für Investitionen größer ist als sein inländisches Kapitalangebot aus Ersparnis (siehe auch Kapitel 2.4 und 9.15). Wenn es dem Land nicht gelingt, diese Sparlücke durch private Nettokapitalimporte aus dem Ausland zu schließen, steht es vor einem Finanzierungsproblem. Der Preis für das dringend benötigte Kapital – also der Zins – wird sich gegebenenfalls drastisch erhöhen, was die Zahlungsfähigkeit unseres Landes über kurz oder lang überfordert. Zur Überwindung einer Schulden-bzw. Finanzierungskrise existieren drei Möglichkeiten:

Was lässt sich daraus lernen?

Erstens die *interne Anpassung* durch ein nationales Sparprogramm. Dies erzwingt vorübergehend eine Rezession in dem Krisenstaat.

Drei Wege zur Überwindung einer Schuldenkrise

Zweitens: Die Maßnahmen der internen Anpassung werden in der Regel mit direkten *Hilfskrediten* der Partnerländer kombiniert. In der EWU werden derartige Zahlungen vom Europäischen Rettungsfonds (Europäischer Stabilisierungsmechanismus ESM) in Luxemburg organisiert, der sich bei privaten Kapitalgebern refinanziert. Auf globaler Ebene ist der Internationale Währungsfonds (IWF) in Washington die Institution, die – unter wirtschaftspolitischen Auflagen – zinsgünstige Kredite an Krisenländer vergibt. Weitere Möglichkeiten der Finanzierung bestehen in Form der *Umschuldung* (die Gläubiger verzichten auf einen Teil ihrer Forderungen), in der Emission von *Gemeinschaftsanleihen* (die stabilen Länder haften für die Schulden bonitätsschwacher Staaten) sowie in der *Geldschöpfung* (die Zentralbank kann etwa Staatsanleihen von Problemländern ankaufen). Der Weg der »internationalen Finanzstabilisierung« belastet – eventuell überfordert – die Staatshaushalte (und letztlich die Steuerzahler) in den Ländern mit soliden Staatsfinanzen. Gegebenenfalls birgt er die Gefahr einer Schwächung der inneren und äußeren Stabilität der gemeinsamen Währung (in Europa ist das der Euro).

Drittens: Angenommen, die Wege eins und zwei führen nicht zum Ziel. Die »Ultima Ratio« in diesem Fall ist die *externe Anpassung* dadurch, dass das Problemland die Währungsunion verlässt und seine (dann wieder eingeführte) nationale Währung abwertet. Rein theoretisch könnte der Krisenstaat auch in der Währungsunion verbleiben. Ohne Finanzhilfen käme es jedenfalls zur Insolvenz des Schuldnerlandes.

Die Folge (der Abwertung oder der Insolvenz) wären finanzielle Ansteckungseffekte vor allem aufgrund von Geldvermögensverlusten der Gläubigerländer sowie – je nach Größe des ausscheidenden bzw. insolventen Landes – reale Wachstumseinbußen bis hin zu einem scharfen Konjunktureinbruch in allen beteiligten Staaten.

Auf den Punkt gebracht

Internationaler Handel ermöglicht ein hohes Maß an weltweiter Arbeitsteilung mit den Vorteilen der Spezialisierung. Dadurch steigt die Weltproduktion. Gleichzeitig intensiviert sich indes der globale Wettbewerb. Aufgabe einer Global Governance ist es vor diesem Hintergrund, die Einhaltung international anerkannter Regeln für den Welthandel zu gewährleisten und den schwächeren bzw. weniger leistungsfähigen Ländern unter die Arme zu greifen. Die internationale Verflechtung führt außerdem zu einer verstärkten Abhängigkeit der einzelnen Volkswirtschaften untereinander. Jedes beteiligte Land ist hinsichtlich seiner Konjunktur-, Preis- und Zinsentwicklung den Einflüssen der Weltwirtschaft ausgesetzt. Durch grenzüberschreitende Güter- und Finanztransaktionen verursachte Verschiebungen des Wechselkursgefüges können die internationale Konkurrenzposition von Ländern und auch deren binnenwirtschaftliche Entwicklung gravierend beeinflussen. Insofern kommt der Wahl der internationalen Geldordnung, das heißt des Währungssystems, entscheidende Bedeutung zu. Das Spektrum der Möglichkeiten reicht dabei von völlig flexiblen Wechselkursen bis hin zu einer gemeinsamen Währung. Das Funktionieren einer Währungsunion setzt jedoch ein hohes Maß an Anpassungsbereitschaft der nationalen Wirtschaftspolitiken voraus. Bei finanziellen Problemen eines Mitgliedslandes gibt es hier grundsätzlich nur drei Möglichkeiten: *Erstens* die interne Anpassung, entweder durch ein Sparprogramm oder – als Folge eines Scheiterns der Währungsunion – durch eine Wirtschaftskrise. *Zweitens* die Finanzierung, sei es über direkte Transferzahlungen, Gemeinschaftsbonds oder Geldschöpfung. Und *drittens* die externe Anpassung dadurch, dass die Problemländer die Währungsunion verlassen, und ihre nationale Währung abwertet.

9.18 Das Interview: Bernd Kempa

Bernd Kempa (geb. 1965) ist Direktor des Instituts für Internationale Ökonomie an der Universität Münster.

Herr Professor Kempa, die EU-Kommission plant die Einführung einer CO_2-Grenzabgabe, um europäische Unternehmen, die CO_2-Emissionsrechte kaufen müssen, vor der internationalen Konkurrenz zu schützen. Was halten Sie davon?

Die CO_2-Grenzabgabe soll einer durch steigende CO_2-Preise ausgelösten Abwanderung energieintensiver Industrien aus Europa in Drittländer mit weniger strengen Emissionsvorgaben entgegenwirken. Zudem sollen Anreize für Drittländer geschaffen werden, die EU-Klimastandards zu übernehmen, um auch zukünftig den ungehinderten Marktzugang in die EU sicherzustellen. Die Grenzabgabe ist aus unterschiedlichen Gründen allerdings eher kritisch zu sehen. Zunächst wird sie nur auf wenige Güter erhoben, wodurch sich Umgehungsmöglichkeiten eröffnen. Zugleich schränkt sie die Wettbewerbsfähigkeit anderer heimischer Industrien über eine Verteuerung importierter Vorleistungen ein. Schließlich besteht das Risiko, dass Europas Handelspartner die Grenzabgabe als protektionistisches Instrument auffassen und etwaige handelspolitische Gegenmaßnahmen z.B. in Form von Vergeltungszöllen verhängen. Daher erscheint es geboten, frühzeitig eine Einbindung von Nicht-EU-Handelspartnern bei der Erreichung der klimapolitischen Ziele der EU anzustreben. Dies könnte durch den Ausbau des von den G7 initiierten Klimaclubs zu einem globalen Klimaforum gelingen, wodurch auch grundsätzlich der Bedarf sinken würde, die CO_2-Grenzabgabe zu erheben.

Die Europäische Währungsunion (EWU) hat die Finanz- und Staatsschuldenkrisen der letzten Jahre offenbar ganz gut überstanden. Selbst Griechenland scheint aus dem Gröbsten heraus zu sein. Ist das jetzt das Ende aller Probleme. Oder lauern schon neue Gefahren?
Das Wiedererstarken der von der Staatschuldenkrise besonders heimgesuchten Ökonomien und insbesondere der griechischen Volkswirtschaft ist eine erfreuliche Entwicklung, die noch vor wenigen Jahren in dieser Form nicht zu erwarten gewesen wäre. Allerdings ist der Verschuldungsstand und der damit einhergehende Schuldendienst dieser und vieler anderer Euroländer nach wie vor besorgniserregend hoch. Hierbei belasten die jüngsten Zinsanhebungen der EZB zur Bekämpfung der vorangegangenen hohen Inflationsraten auf absehbare Zeit die Staatshaushalte noch zusätzlich. Die geplante Flexibilisierung des europäischen Stabilitäts- und Wachstumspakts mittels zwischen Europäischer Kommission und den einzelnen Mitgliedländern individuell zu vereinbarender Schuldenabbaupfade lässt für zukünftige Konsolidierungsanstrengungen der öffentlichen Haushalte zudem nichts Gutes erahnen.

Nach wie vor existieren im europäischen Zahlungsverkehrssystem Target 2 hohe positive (Deutschland) und negative (Südeuropa) Salden. Laut Deutscher Bundesbank ist das nicht gefährlich. Aber was ist, wenn ein hoch defizitäres Mitglied die EWU verlässt?
Im Laufe der zurückliegenden 15 Jahre kam es zu einer sukzessiven und erheblichen Ausweitung der Target-Salden im Euroraum, wobei insbesondere die Deutsche Bundesbank einen starken Anstieg ihrer Target-Forderungen verzeichnete. Da Target-Forderungen nicht durch Devisen oder andere Vermögenswerte gedeckt sind, müssten im Fall eines Ausscheidens aus der Währungsunion von Ländern mit Target-Verbindlichkeiten entsprechende Wertberichtigungen in den Zentralbankbilanzen der Überschussländer vorgenommen werden. Die Steuerzahler der Überschussländer sind dadurch zwar einem gewissen Haftungsrisiko ausgesetzt. Dieses würde aber nur im Fall eines Zahlungsausfalls durch die Nichtanerkennung einer Nachschusspflicht seitens der Austrittskandidaten schlagend. Ein solches Szenario erscheint jedoch unrealistisch, da die Austrittskandidaten selbst nach dem Verlassen der EWU auch weiterhin in einem mehr oder weniger engen Handelsverbund mit den verbliebenen Euroländern stehen würden, welches ein unkooperatives Verhalten dieser Länder unwahrscheinlich erscheinen lässt.

Herr Professor Kempa, wir danken Ihnen für dieses Gespräch.

Schlüsselbegriffe

- Globalisierung
- komparativer Kostenvorteil
- Neue Welthandelsordnung
- WTO
- Protektionismus
- Weltbankgruppe
- IWF
- Konditionalität
- Sonderziehungsrechte
- internationaler Zahlungs- und Kreditverkehr
- Lokomotivtheorie
- importierte Inflation
- Zinsarbitrage
- nominaler Wechselkurs
- Auf-/Abwertung
- Normalreaktion
- J-Kurven-Effekt
- Beggar my Neighbour Policy
- realer Wechselkurs
- Terms of Trade
- Kaufkraftparität
- internationales Währungssystem
- Devisenangebot und- nachfrage
- Wechselkursmechanismus
- Devisenmarktintervention
- Neutralisierungs- oder Sterilisierungspolitik
- spekulative Attacken
- EWU
- optimaler Währungsraum
- EWU-Staatsschuldenkrise
- EFSM, ESM
- Stabilität einer Währung
- negative Geldwirkungen

Kontrollfragen

1. *Wie lautet die Grundaussage von Ricardos Theorie der komparativen Kostenvorteile?*
2. *Auf welchen Ebenen spielt sich der globale Wettbewerb ab?*
3. *Nennen Sie die jeweils wichtigste Aufgabe der WTO, der Weltbank des IWF.*
4. *Was versteht man unter Sonderziehungsrechten und wie sind sie konzipiert?*
5. *Erläutern Sie in einem Satz die so genannte Lokomotivtheorie.*
6. *Über welche Kanäle kann es zu einer importierten Inflation kommen?*
7. *Erläutern Sie kurz und präzise den internationalen Zinszusammenhang.*
8. *Was versteht man unter einer Normalreaktion des Außenbeitrags und wovon hängt es ab, ob diese eintritt?*
9. *Welche Bedeutung haben der reale Wechselkurs, der Kaufkraftparitätskurs und die Terms of Trade?*
10. *Aus welchen Quellen speisen sich das Angebot sowie die Nachfrage am Devisenmarkt?*
11. *Beschreiben Sie den Ausgleichsmechanismus flexibler Wechselkurse.*
12. *Warum führen Devisenmarktinterventionen der Zentralbank zu Veränderungen der Geldmenge?*
13. *Worin liegt die letztliche Ursache der globalen Leistungsbilanzungleichgewichte?*
14. *Wie lauten die von Robert A. Mundell formulierten Bedingungen eines optimalen Währungsraums?*
15. *Nennen Sie fünf mögliche negative Wirkungen einer ultralockeren Geldpolitik.*
16. *Anhand welcher zwei Dimensionen wird die Stabilität einer Währung beurteilt?*
17. *Welche drei grundsätzlichen Möglichkeiten gibt es für die Mitgliedstaaten einer Währungsunion, wenn sie in Finanzierungsprobleme geraten?*

Literaturhinweise

Dieckheuer, G.: Internationale Wirtschaftsbeziehungen, 5. Aufl., München 2010

Duwendag, D.: Globalisierung im Kreuzfeuer der Kritik, Baden-Baden 2006

Glastetter, W.: Außenwirtschaftspolitik. Eine problemorientierte Einführung, 3. Aufl., Köln 1998

Häring, N.: So funktioniert die Wirtschaft, Freiburg 2013

Krugman, P. R.; Obstfeld M., Melitz, M.: Internationale Wirtschaft, 11. Aufl., München 2019

Niehans, J.: Geschichte der Außenwirtschaftstheorie im Überblick, Tübingen 2000

Pflugmann-Hohlstein, B.; Hohlstein, M.: Außenwirtschaft – Deutschland als offene Volkswirtschaft, Stuttgart 2003

Rieger, E.; Leibfried, S.: Grundlagen der Globalisierung, Frankfurt a. M. 2002

Sautter, H.: Für eine bessere Globalisierung, Witten 2008

Sperber, H.; Sprink, J.: Internationale Wirtschaft und Finanzen, 2. Aufl., München 2012

Stiglitz, J.: Die Schatten der Globalisierung, München 2008

10 Devisenmarkt und internationaler Kapitalverkehr

»Es gibt drei Dinge, die einen Menschen zum Wahnsinn treiben können: der Ehrgeiz, die Liebe und die Beschäftigung mit Währungsproblemen.«
George Schartz

Lernziele

- Sie kennen die im Devisenhandel verwendeten Fachbegriffe und verstehen die Geschäfte, die auf dem Devisenmarkt getätigt werden.
- Sie wissen, welche Einflüsse für Wechselkursschwankungen verantwortlich sind und kennen die fundamentalen Theorien der Wechselkursprognose.
- Sie sind in der Lage, die Rolle der Spekulation auf den Devisenmärkten zu beurteilen.
- Sie sind mit der Diskussion um die Einführung einer Finanztransaktionssteuer vertraut und können deren mögliche Folgen abschätzen.
- Sie kennen die Vor- und Nachteile eines freien internationalen Kapitalverkehrs und wissen, welche Krisen es bisher auf den Weltfinanzmärkten gegeben hat.
- Sie verstehen, über welche Kanäle sich Finanzkrisen global ausbreiten, und kennen die vereinbarten Maßnahmen zur Regulierung der Finanzmärkte sowie die Vorschläge zur Reform der internationalen Finanzarchitektur.

In den 1990er-Jahren sorgte ein Hedgefonds namens »Long-Term Capital Management« (kurz: LTCM) für Furore. Hedgefonds sind Kapitalsammelstellen, die – anders als herkömmliche Investmentfonds – nur geringen gesetzlichen Anlagebeschränkungen unterliegen. An der Gründung von LTCM im Jahr 1992 waren Myron Scholes und Robert Merton beteiligt. 1997 erhielten die beiden Amerikaner den Nobelpreis für ihre bahnbrechende Forschung über die Preisbildung auf den Finanzmärkten.

Hedgefonds spekulieren auf Kursänderungen bei Wertpapieren, Rohstoffen, Währungen etc. oder sie versuchen »Marktunvollkommenheiten« auszunutzen. Sehr beliebte Geschäfte von Hedgefonds waren damals (und sie sind es noch) so genannte Carry Trades. Dabei leiht man sich in einem Land mit vergleichsweise niedrigem Zinsniveau Geld und legt dieses in Ländern an, wo es deutlich mehr Zinsen gibt. Paradebeispiel waren in jener Zeit »Yen-Dollar-Carries«: Die Zinssätze für kurzfristige Kredite lagen in Japan phasenweise bei 0 Prozent. Das billig aufgenommene Geld konnte in wesentlich höher verzinsliche Staatsanleihen der US-Regierung investiert werden. Einziges Problem dabei waren die Wechselkurse. Die geliehenen Yen müssen nämlich zunächst in Dollar getauscht werden. Bei Fälligkeit der Yen-Kredite werden die US-Anleihen verkauft und der Erlös wird wieder in Yen zurückgetauscht. Wenn nun der Yen in der Zwischenzeit aufwertet, muss man für diesen Rücktausch einen entsprechend höheren Dollarbetrag aufwenden. Dadurch kann es schnell zu Verlusten kommen. Zu Beginn der weltweiten Währungs- und Finanzkrisen im Herbst 1998 stieg der Yen innerhalb von zwei Tagen um 17 Prozent gegenüber dem Dollar. Dies und drastische Kurseinbrüche an den Börsen stürzten LTCM in den Ruin. Die Verluste waren so gigantisch, dass nur durch eine gemeinsame Rettungsaktion internationaler Banken und unter Mitwirkung der US-Notenbank eine Katastrophe für das Weltfinanzsystem abgewendet werden konnte.

In diesem Kapitel beleuchten wir die Vorgänge auf den internationalen Finanzmärkten bzw. im Devisenhandel. Was geschieht auf dem Devisenmarkt? Warum schwanken die Wechselkurse? Soll und kann man die Währungsspekulation eindämmen? Wo liegen die Vor- und Nachteile eines freien internationalen Kapitalverkehrs? Welche Vorschläge existieren für eine Reform der internationalen Finanzarchitektur?

Unser Interviewpartner ist Thomas Mayer, der Gründungsdirektor des Flossbach von Storch Research Institute und ehemaliger Chefvolkswirt der Deutsche Bank Gruppe.

10.1 Der Devisenmarkt – Knotenpunkt der Weltwirtschaft

Unter *Devisen* versteht man auf eine ausländische Währung lautendes Buchgeld, also Guthaben bei Banken (Währungskonten), Schecks und Wechsel. Der Devisenhandel bezieht sich allerdings nur auf Kontoguthaben. Ausländische Münzen und Banknoten heißen *Sorten*. Sie dienen hauptsächlich für den Reisezahlungsverkehr.

Fachbegriffe im Devisenhandel

Swapsatz

Im Devisenhandel werden einige Fachbegriffe verwendet, die wir im Folgenden erläutern. Zunächst einmal setzt ein freier Devisenhandel voraus, dass die Währungen *konvertibel*, das heißt unbeschränkt untereinander umtauschbar sind. Das ist bei den wichtigsten westlichen Währungen der Fall. Devisenhändler stellen für einen Währungskurs üblicherweise zwei Preise – einen (niedrigeren) Ankaufs- sowie einen (höheren) Verkaufskurs (auch *Geld-/Briefkurs* genannt). Dabei ist zu beachten, dass die Kursstellung in »Mengennotierung« erfolgt (siehe Kapitel 9.10). Wenn also ein Händler für den Dollar 0,9288–0,9348 angibt, so bedeutet dies, dass er bereit ist, einen Euro (nicht Dollar!) für 0,9288 Dollar zu kaufen bzw. für 0,9348 Dollar zu verkaufen. Ein Unternehmen, das 100.000 Dollar gegen Euro erwerben will, müsste entsprechend 107.665,81 Euro (100.000 Dollar : 0,9288 Dollar pro Euro) aufwenden. Die Differenz zwischen Geld- und Briefkurs bildet den Verdienst des Devisenhändlers bzw. seiner Bank. Am Devisenkassamarkt erfolgt die Erfüllung eines Geschäfts – Lieferung und Bezahlung des Währungsbetrages – innerhalb von zwei Werktagen nach Abschluss. Für solche Geschäfte gilt der *Kassakurs* (Spot Rate). Man kann Kurs und Menge einer Währung aber auch heute fest vereinbaren, das Geschäft indes erst zu einem späteren Zeitpunkt (z. B. in drei oder sechs Monaten) erfüllen. Der für derartige Termingeschäfte vereinbarte Kurs heißt *Terminkurs* (Forward Rate). Die Differenz zwischen dem Termin- und dem Kassakurs einer Währung nennt man Swapsatz. Einen positiven *Swapsatz* (Terminkurs ist größer als Kassakurs) bezeichnet man als Aufschlag bzw. *Report*, ein negativer Swapsatz heißt Abschlag bzw. *Deport*. Ob ein Auf- oder Abschlag verlangt wird und wie hoch dieser ist, hängt von dem Zinsniveau in den betreffenden Ländern ab (siehe Kapitel 10.2).

Der Handel mit Kassadevisen findet über elektronische Handelssysteme statt. Mit der Einführung des Euro wurden die Devisenbörsen für den Kassahandel abgeschafft. Damit entfiel auch das amtliche Kursfixing an der Frankfurter Börse, das die Banken früher als Basis für ihre Kundenabrechnungen verwendeten. Allerdings werden nach wie vor verbindliche Kurse für Dollar, Japanische Yen, Schweizer Franken etc. benötigt. Zu diesem Zweck ermitteln die Kreditinstitute sowie die EZB so genannte *Referenzkurse*.

Devisenangebot und -nachfrage resultieren zum einen aus dem währungsraumübergreifenden *Zahlungsverkehr*. Wenn Unternehmen im- oder exportieren, müssen sie Devisen beschaffen bzw. in heimische Währung umtauschen. Hinzu treten Geldbewegungen im Zusammenhang mit internationalen *Finanztransaktionen*. Sie machen bis zu 98 Prozent des globalen Devisenumsatzes aus. Zum Kauf ausländischer Wertpapiere werden fremde Währungen benötigt. Umgekehrt zieht eine Kreditaufnahme im Ausland vielfach den Umtausch der fremden in die eigene Währung nach sich. Als Ursache für internationale Finanztransaktionen lassen sich im Wesentlichen drei Motive erkennen: Zum einen ist dies die Ausnutzung von Marktunvollkommenheiten (*Devisen-* und *Zinsarbitrage*). Ein weiteres Motiv ist die *Devisenspekulation* (zusätzlich zur Devisenspekulation kann noch auf Kursgewinne bei den gekauften Wertpapieren spekuliert werden). Drittens resultieren Devisentransaktionen daraus, dass Marktteilnehmer versuchen, Währungsrisiken *abzusichern*. Wir werden das alles unten näher erläutern.

Auf dem Devisenmarkt – Kenner sagen FX- oder Forex-Markt (von Foreign Exchange) – werden weltweit täglich Devisen im Gegenwert von etwa 7,5 Bill. Dollar gehandelt.

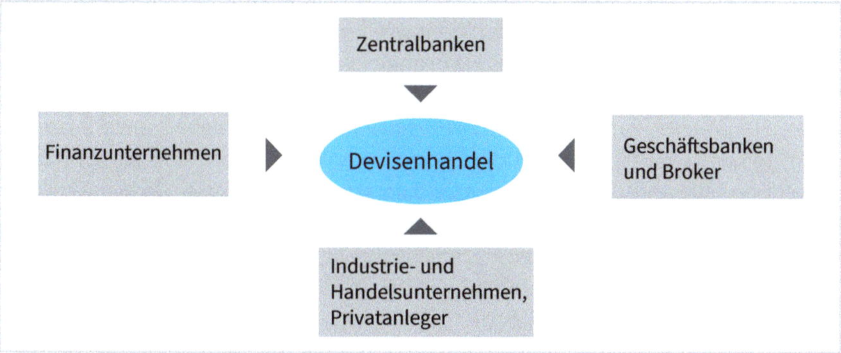

Abb. 10-1: Teilnehmer des Devisenhandels

Akteure

Die bei weitem wichtigsten Akteure am Devisenmarkt sind die *Geschäftsbanken* (siehe Abbildung 10-1). Sie betreiben den Handel sowohl im Kundenauftrag als auch im Eigengeschäft. Zur Gruppe der Geschäftsbanken kann man auch die Broker (Makler) zählen, die als Vermittler zwischen den Banken auftreten. Eine sehr große Rolle spielen daneben *Finanzunternehmen* wie Versicherungen etc. Zahlreiche große *Industrie- und Handelsunternehmen* haben eigene Devisenhandelsabteilungen. Mittlerweile haben auch kleinere Firmen und Privatleute über Internetplattformen Zugang zum Devisenmarkt. Als weitere Teilnehmer am Devisenhandel sind schließlich die *Notenbanken* zu nennen. Anders als Unternehmen, Geschäftsbanken und Privatanleger agieren sie aus gesamtwirtschaftlichen, das heißt geld- und währungspolitischen Motiven (siehe Kapitel 9.14).

10.2 Räderwerk einer Präzisionsmaschine – die Devisenmarktgeschäfte

Der Devisenmarkt gilt in der Ökonomie als Musterexempel der »vollständigen Konkurrenz«. Die gehandelten Produkte sind jeweils völlig gleichartig – jeder Euro ist gleich schön, ebenso jeder Dollar etc. Nirgendwo sonst besteht eine höhere Transparenz der Marktdaten. Neue Informationen verbreiten sich in Sekundenschnelle. Und die Zahl der Marktteilnehmer ist sehr groß.

Devisenarbitrage

Unter diesen Marktbedingungen kann es zu einem Zeitpunkt für jede Währung letztlich nur *einen* Kurs geben. Kostet etwa ein Euro (Briefkurs) bei Bank A in London weniger, als eine Bank B in New York dafür zu zahlen bereit ist (Geldkurs), so werden die Händler sofort versuchen, davon zu profitieren. Die erhöhte Nachfrage in London wird dort sehr rasch den Kurs steigen lassen, während das erhöhte Angebot in New York hier den Kurs dämpft. Eine derartige *Platz-* oder *Quotierungsarbitrage* ist risikolos, da die Devisenhändler die Geschäfte möglichst gleichzeitig abschließen. Ähnlich verhält es sich bei der *Ausgleichsarbitrage.* Sie lohnt sich, wenn man kurzzeitig eine Währung (etwa japanische Yen) auf dem Umweg über eine andere, dritte Währung (etwa den Dollar) billiger erwerben kann als auf direktem Wege. Durch Arbitrage wird sich die Cross Rate (Dollar pro Euro dividiert durch Dollar pro Yen) schnell dem direkten Kurs (Yen pro Euro) angleichen.

Zinsarbitrage

Eine weitere Möglichkeit der risikolosen Gewinnerzielung bildet die *Zinsarbitrage*. Sie umfasst zum einen die *Zinsausgleichsarbitrage* (siehe hierzu auch das unten folgende Beispiel). Wenn die Zinsen im Ausland höher sind als im Inland, besteht für Investoren ein Anreiz, ihr Geld im Ausland anzulegen. Dazu müssen sie es zunächst zum aktuellen Kassakurs in die ausländische Währung umtauschen. Um das Risiko einer Abwertung der Auslandswährung während des Anlagezeitraums abzusichern, werden die Investoren gleichzeitig den Anlagebetrag plus Zinsen am Devisenterminmarkt – zum geltenden Terminkurs – gegen heimische Währung verkaufen. (Das unterscheidet übrigens die Zinsarbitrage von den eingangs erwähnten, hochspekulativen »carry trades«.) Die Zinsausgleichsarbitrage lohnt sich so lange, wie der Zinsvorteil der Auslandsanlage größer ist als die Kurssicherungskosten in Höhe des Swapsatzes (= Terminkurs minus Kassakurs). Zinsarbitrage bewirkt, dass sich der Swapsatz der Zinsdifferenz angleicht. Nicht wenige Arbitrageure werden sich die für die Anlage benötigten Gelder sogar kreditweise (im Niedrigzinsland) beschaffen. Man spricht dann von *Zinsdifferenzarbitrage*. Nachfolgend sei ein Beispiel zur Zinsausgleichsarbitrage betrachtet.

Beispiel zur Zinsausgleichsarbitrage

Ein Investor möchte 100 Millionen Euro für ein Jahr anlegen. Es besteht die Möglichkeit, den Betrag direkt in Euro zu investieren. In diesem Fall sind die im Euroraum gültigen Zinsen maßgeblich. Wir nehmen an, der Ein-Jahres-Zinssatz liege bei 5 Prozent.

Die direkte Anlage in Euro erbringt nach einem Jahr:

$$100 \text{ Mill. €} \cdot (1 + 0{,}05) = 105 \text{ Mill. €}$$

Anstatt sein Geld in Euro anzulegen, könnte der Investor den Betrag auch in Dollar tauschen und dann zum in den USA gültigen Zins anlegen. Der Dollarzins sei 6 Prozent. Der Kassakurs Euro gegen Dollar sei 0,9288 $ pro €.

Der Umtausch des Eurobetrages in Dollar führt zu

100 Mill. € · 0,9288 $ pro € = 92,88 Mill. $

Die Anlage des Dollarbetrages am US-Finanzmarkt erbringt:

92,88 Mill. $ · (1 + 0,06) = 98,4528 Mill. $

Diese Summe muss der Investor in einem Jahr wieder in Euro zurücktauschen. Da die Entwicklung des Wechselkurses aber unsicher ist, weiß der Investor heute noch nicht, wie viel Euro er bei diesem Tausch erzielen wird. Allerdings gibt es die Möglichkeit, den zukünftigen Dollarkurs durch den Abschluss eines Termingeschäftes bereits heute fest zu vereinbaren. Der Investor kann also den Dollarbetrag, dessen Höhe er schon kennt (98,4528 Millionen Dollar), »per Termin 12 Monate« verkaufen. In diesem Fall wäre ihm das in Euro umgerechnete Ergebnis der Dollaranlage bekannt.

Wenn die Geldanlage in Dollar, umgerechnet in Euro, zu dem gleichen Ergebnis führt wie die Direktanlage in Euro, dann ist der Investor indifferent zwischen den beiden Anlagemöglichkeiten. Den entsprechenden Terminkurs nennt man den »kritischen« Terminkurs, da anhand des Vergleichs dieses Kurses mit dem tatsächlich von der Bank gestellten Terminkurs beurteilt werden kann, ob die Dollaranlage günstiger oder ungünstiger als die Euroanlage ist. Das bedeutet in unserem Beispiel, dass der Zinsvorteil der US-Anlage durch den Unterschied zwischen dem für den Kauf des Dollarbetrages gültigen Kassakurs und dem für den Rücktausch in Euro gültigen Terminkurs (Swapsatz) genau kompensiert wird. Der Terminkurs muss also so bemessen sein, dass ein Wert von 105 Millionen Euro herauskommt, wenn man den Dollarbetrag damit umrechnet. Entsprechend wird der Investor folgende Rechnung aufstellen:

98,4528 Mill. $: Terminkurs = 105 Mill. €

Der gesuchte Terminkurs ist 0,9376 $ pro €. Er liegt über dem Kassakurs von 0,9288 $ pro €. Der Swapsatz ist also positiv (Report). Er beträgt 0,0088 $ pro €. Bezogen auf den Terminkurs entspricht dies zirka 1 Prozent und damit der Zinsdifferenz zwischen den USA und Deutschland.

Wie gesagt, stellt sich der Unterschied zwischen dem Termin- und dem Kassakurs (Swapsatz) immer so ein, dass kursgesicherte Anlagen in unterschiedlichen Währungen gleich rentieren. Das bedeutet, dass der Swapsatz der Zinsdifferenz zwischen den beteiligten Ländern genau entspricht. Man nennt dies die *Zinsparität*. Sie lautet, wenn man von einer Kursstellung in Mengennotierung ausgeht (vereinfacht):

Zinsparität

$$\underbrace{\text{Auslandszins} - \text{Inlandszins}}_{\text{Zinsdifferenz}} = \underbrace{\text{Terminkurs} - \text{Kassakurs}}_{\text{Swapsatz}}$$

Abweichungen lösen sofort Zinsarbitrage aus, die wieder zum Gleichgewicht zurückführt. In unserem Beispiel würden, falls sich die Dollaranlage als günstiger erwiese, sämtliche Investoren ihr Geld kursgesichert in Dollar anlegen. Der damit verbundene Erwerb von Kassadollar und Verkauf von Termindollar würde den Terminkurs (Dollar pro Euro) steigen und den Kassakurs (Dollar pro Euro) sinken lassen (den Swapsatz also steigen lassen), bis die Zinsparität wieder erfüllt ist.

Devisenspekulation

Absicherung

Im Gegensatz zur Arbitrage ist die *Devisenspekulation* immer mit Risiken verbunden. Spekulationsgeschäfte – Banken sprechen lieber von »Trading« – können sowohl auf dem Kassa- wie auf dem Terminmarkt durchgeführt werden. Erwartet beispielsweise ein amerikanischer Spekulant eine Aufwertung des Euro im Laufe des nächsten Vierteljahres, so kann er sich am Kassamarkt Euro (gegen Dollar) beschaffen und diese so lange auf dem Konto liegen lassen, bis sie im Kurs gestiegen sind – wenn seine Erwartung tatsächlich eintrifft. Unser Spekulant kann aber auch Euro »per Termin drei Monate« kaufen, um sie zu diesem Zeitpunkt zu dem dann (hoffentlich) höheren Kurs gleich wieder verkaufen zu können. Solche Termingeschäfte erfordern keinen Kapitaleinsatz. Sie bewirken, dass der Terminkurs die Markterwartungen der Spekulanten widerspiegelt. Von deren Bereitschaft, »offene Währungspositionen« einzugehen, profitieren die Marktteilnehmer, die versuchen, Wechselkursrisiken durch Termingeschäfte abzusichern (*Hedging*).

Im beschriebenen Fall könnte das zum Beispiel ein deutsches Unternehmen sein, das in drei Monaten Dollar zur Bezahlung von Importen aus den USA benötigt und befürchtet, dass bis dahin der Euro ab- bzw. der Dollar aufwertet. Insofern greifen die erläuterten Devisengeschäfte perfekt ineinander, vergleichbar den »Zahnrädern einer Präzisionsmaschine«.

10.3 Warum schwanken die Wechselkurse? Fundamentale Einflussfaktoren

Die Entwicklung der Wechselkurse unterliegt vielfältigen Einflüssen. Man sieht das gut anhand von Abbildung 9-4, die den internationalen Wirtschaftszusammenhang zeigt. Zu bedenken ist dabei, dass die Volkswirtschaften permanent in Bewegung sind. Die Einkommen, Preise und Zinsen in den einzelnen Nationen steigen und fallen. Das führt laufend zu Anpassungen bei den grenzüberschreitenden Güter- und Kapitalströmen und damit zu Änderungen der Angebots-Nachfrage-Konstellation am Devisenmarkt. Zumindest auf mittlere und lange Sicht, so die Meinung der Expertinnen und Experten, hängt der Kurs einer Währung von den genannten gesamtwirtschaftlichen (*fundamentalen*) Faktoren ab.

Einer der ältesten Ansätze zur Wechselkursbildung ist die *Kaufkraftparitätentheorie*. In ihrer *absoluten* Version besagt sie, dass der Kurs einer Währung durch das Preisniveauverhältnis zwischen In- und Ausland bestimmt sein müsse:

Absolute Kaufkraftparitätentheorie

$$\text{Wechselkurs gemäß der absoluten Kaufkraftparitätentheorie (z.B. Euro pro Dollar)} = \frac{\text{Inlandspreisniveau in Inlandswährung}}{\text{Auslandspreisniveau in Auslandswährung}}$$

Angenommen, der Durchschnittspreis einer bestimmten Auswahl amerikanischer Güter beträgt 10 Dollar und dieselben Güter kosten in Deutschland durchschnittlich 10 Euro, so müsste der Dollarkurs (in Preisnotierung) 1 Euro pro Dollar betragen. In diesem Fall wäre die »Kaufkraft des Geldes« in Deutschland genauso groß wie in den Vereinigten Staaten: Man könnte 10 Euro zum Kurs von 1 Euro pro Dollar umtauschen und erhielte für den Dollarbetrag die gleiche Gütermenge wie in Deutschland. Der so genannte reale Wechselkurs wäre in diesem Fall gleich 1 (siehe Kapitel 9.11). Insofern würden sich Importe (von beiden Seiten) nicht lohnen. Sinken nun beispielsweise die Güterpreise in Amerika auf 5 Dollar, so wäre es aus deutscher Sicht doch vorteilhaft, Euro zum Kurs von 1 Euro pro Dollar umzutauschen. Für 10 Euro erhielte man 10 Dollar und dafür die doppelte Gütermenge wie in Deutschland. Importe aus Amerika sind jetzt also lohnenswert und in der Folge wird die Nachfrage nach Dollar steigen. Aus amerikanischer Sicht ist es umgekehrt. Importe aus Deutschland sind preislich unattraktiv, sodass das Angebot an Dollar sinkt. Daraufhin wird die US-Währung aufwerten, und zwar so lange, bis der erhöhte Dollarkurs die Differenz der Güterpreise ausgleicht.

Ist der tatsächliche Kurs einer Währung bei Preisnotierung höher (niedriger) als die Kaufkraftparität, so gilt diese Währung als überbewertet (unterbewertet).

Relative Kaufkraftparitätentheorie

Die *Kritik* an dem beschriebenen Erklärungsansatz liegt auf der Hand: Es gibt Güter, die international gar nicht gehandelt werden (Dienstleistungen), andere kommen im Ausland nicht oder nur in anderer Qualität vor (Bier). Hinzu treten Transportkosten. (Wer würde wegen eines dort billigeren Haarschnitts nach Amerika fliegen?) Man akzeptiert daher die Kaufkraftparitätentheorie heute nur noch in ihrer *relativen* Version. Danach führt eine Veränderung des Preisniveauverhältnisses zweier Länder zu einer gleichgerichteten Veränderung des Wechselkurses. Wenn also in Deutschland – etwa aufgrund einer expansiven Geldpolitik – die Inflation höher ist als in den USA, so wird die US-Währung auf- bzw. der Euro abwerten.

Zinsparitätentheorie

Für die Wechselkursentwicklung sind internationale Kapitalbewegungen zweifellos sehr viel bedeutsamer als Güterströme. Geldanleger werden ihr Kapital dort platzieren, wo die höchsten Erträge zu erwarten sind. Liegen die Zinsen in den USA über denen in Deutschland, so ist es aus deutscher Sicht attraktiv, in den USA zu investieren. Die Nachfrage nach Dollar wird steigen und die amerikanische Währung wertet auf. Der reine Zinsarbitrageur wird sich dabei gegen eine mögliche Abwertung der Anlagewährung absichern – und wenn er es nicht tut, ist er ein Spekulant. Eine Geldanlage im Ausland ist also so lange attraktiv, wie die Kurssicherungskosten niedriger sind als der ausländische Zinsvorteil. Wir haben diesen Zusammenhang bereits oben erläutert. Der Kapitalexport und damit die Aufwertung der Auslandswährung wird so lange anhalten, bis ein Gleichgewicht besteht und die Zinsparität erfüllt ist. Entsprechend nennt man diesen Ansatz der Wechselkurserklärung die *Zinsparitätentheorie*.

Wertveränderung der inländischen Währung / gesamtwirtschaftliche Entwicklung bzw. wirtschaftspolitische Maßnahme im Inland		Aufwertung	Abwertung
(1)	Anstieg des Preisniveaus		X
(2)	Zinssteigerung	X	
(3)	Geldmengenerhöhung		X
(4)	Ausdehnung der Staatsausgaben (expansive Fiskalpolitik)	?	?
(5)	Zunahme des Wirtschaftswachstums	X	
(6)	Verschlechterung des Außenbeitrags		X

Abb. 10-2: Gesamtwirtschaftliche Einflüsse auf die Wechselkursentwicklung

Inflationsraten und Zinssätze gehören zu den fundamentalen Einflüssen der Wechselkursbildung. Um zu Aussagen über die voraussichtliche Entwicklung von Wechselkursen zu gelangen, beobachten Analysten in diesem Zusammenhang weitere gesamtwirtschaftliche Vorgänge (siehe Abbildung 10-2). Eine expansive Geldpolitik etwa ist typischerweise kurzfristig mit sinkenden Zinsen und langfristig mit steigenden Preisen verbunden. Daraus ergibt sich die Erwartung einer Abwertung der Inlandswährung. Eine expansive Fiskalpolitik wirkt eher zinssteigernd (das spricht für eine Aufwertung), andererseits verschlechtert sich tendenziell der Außenbeitrag (das spricht für eine Abwertung). Außerdem gilt eine hohe Staatsverschuldung seitens der Finanzmärkte als negativ für die betreffende Währung. Der Gesamteffekt ist also unsicher. Dagegen steigert ein zunehmendes bzw. hohes Wirtschaftswachstum die Attraktivität dieses Landes als Zielort von Geldanlagen und ausländischen Direktinvestitionen. Alles in allem bewahrheitet sich damit immer wieder die vergleichsweise nichtakademische Erkenntnis, dass die Stärke einer Währung letztlich von der Stärke der betreffenden Volkswirtschaft abhängt.

10.4 James Tobin und die Spekulanten

Destabilisierende Spekulation

Ökonomen sind sich mehr oder weniger darüber einig, dass gesamtwirtschaftliche Faktoren die Wechselkurse langfristig maßgeblich beeinflussen. Auf kurze Sicht werden diese »Fundamentals« allerdings durch spekulative Devisentransaktionen überlagert. Währungsspekulanten orientieren sich praktisch ausschließlich an Erwartungen über den zukünftigen Kursverlauf. Sie kaufen beispielsweise Dollar, wenn sie erwarten, dass der Dollar aufwertet. Das treibt den Dollarkurs nach oben. Typischerweise hängen diese Erwartungen von aufkommenden neuen Informationen ab und sind deshalb sehr unstet. Gleichzeitig sind die Volumina, die am Devisenmarkt gehandelt werden, beträchtlich. Fachleute sprechen von einem »Ozean, der täglich zwischen den Kontinenten hin und her schwappt«. Schon eine einzige unbedachte Äußerung, etwa des europäischen Notenbankchefs, kann so mitunter starke Wechselkursausschläge verursachen. Es kann passieren, dass der Wechselkurs durch positiv interpretierte Informationen weit über sein »Gleichgewichtsniveau« (gegeben durch die Kaufkraft- bzw. die Zinsparität) hinausschießt, bevor die Erwartungen plötzlich umschlagen (die Kursblase »platzt«). Ebenso ist es möglich, dass ein Kursrückgang – etwa bedingt durch rückläufige Exporte – die Erwartungen weiterer Kurssenkungen nährt. Die Spekulanten verkaufen daraufhin die betreffende Währung, wodurch es zu einer Abwertung kommt, die viel stärker ausfällt, als es durch die Fundamentaldaten begründbar ist. Man spricht von *destabilisierender Spekulation* (siehe Abbildung 10-3): Wenn die amerikanischen Exporte nach Deutschland zurückgehen (deutsche Importe sinken), verschiebt sich die Dollar-Nachfragekurve nach links und der Dollarkurs (in Preisnotierung) sinkt (Bewegung von ❶ nach ❷). Dies kann Spekulanten veranlassen, ihre Dollaranlagen zu verkaufen. Dadurch verschiebt sich die Dollar-Angebotskurve nach rechts. Die Dollarabwertung wird dadurch verschärft (Bewegung von ❷ nach ❸). Auf diese Weise können Kapitalabflüsse ganze Länder in den Ruin treiben.

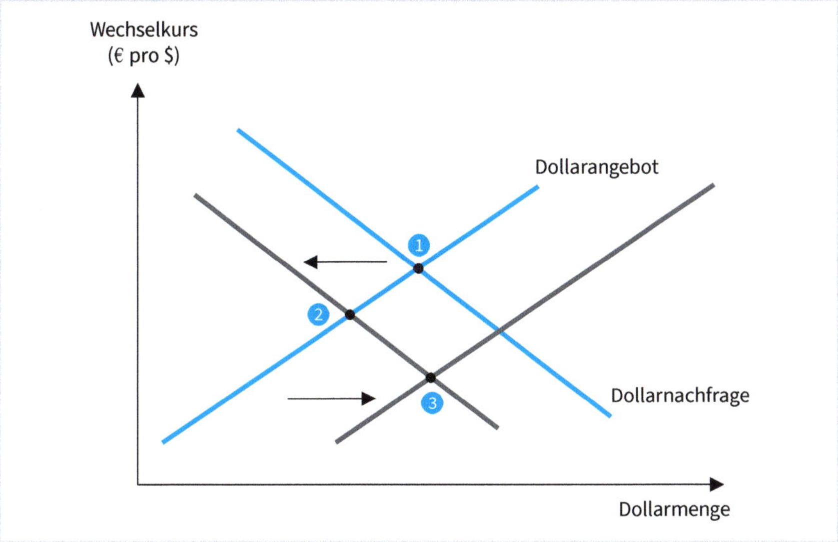

Abb. 10-3: Destabilisierende Spekulation

Tobin-Steuer

Stabilisierende Spekulation

Vor diesem Hintergrund hat der US-Ökonom und Nobelpreisträger James Tobin (1918–2002) schon 1972 über eine Steuer auf Devisentransaktionen nachgedacht, um die Spekulation und die damit verbundenen Wechselkursschwankungen einzudämmen. Dieser Gedanke wird auch heute immer wieder von Politikern, Wissenschaftlern und vor allem von Globalisierungsgegnern aufgegriffen. Jedoch bestehen gegen die *Tobin-Steuer* bereits grundsätzliche Bedenken (die übrigens von Tobin selbst, der ein engagierter Befürworter des Freihandels war, geteilt wurden): Es spricht nämlich einiges dafür, dass Spekulation in der Regel *stabilisierend* wirkt.

Meinen die Spekulanten beispielsweise, der Wechselkurs einer Währung sei unter seinen »Gleichgewichtswert« gesunken, so werden sie – in der Erwartung, dass es über kurz oder lang wieder zu einer Aufwertung kommt – die betreffende Währung kaufen (siehe Abbildung 10-4). Ein Rückgang des Dollarkurses (aufgrund sinkender deutscher Importe) kann also die Spekulanten veranlassen, verstärkt in Dollaranlagen zu investieren. Dadurch verschiebt sich die Dollarnachfrage wieder nach rechts. Die Dollarabwertung wird dadurch gedämpft (Bewegung von ❷ nach ❸). Darüber hinaus ist zu bedenken, dass auch die Finanzierung des internationalen Handels, der Direktinvestitionen (in Sachkapital) sowie Kurssicherungsgeschäfte durch diese Steuer verteuert würden. Damit ginge ein Teil der mit der internationalen Arbeitsteilung verbundenen Wohlfahrtsgewinne verloren. Schließlich hat die Tobin-Steuer einen weiteren, praktischen Nachteil: Sie ist nur sehr schwer umsetzbar. Denn um zu greifen, müsste sie weltweit eingeführt werden.

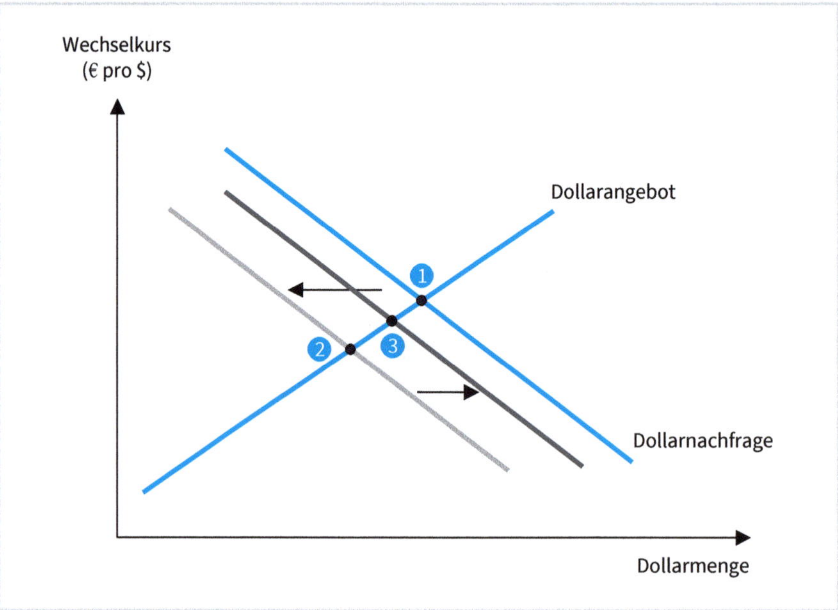

Abb. 10-4: Stabilisierende Spekulation

Scharfsinnige Leserinnen und Leser mögen mittlerweile zu Kapitel 3 zurückgeblättert haben, um die dortigen Ausführungen zur Spekulation mit den obigen zu vergleichen. Für diese sei hier noch folgende Erläuterung gegeben: Die Darstellungen in Abbildung 10-3 und 10-4 beziehen sich auf einen *Zeitpunkt*. Spekulation kann heute stabilisierend oder destabilisierend wirken. Abbildung 3-22 betrachtet dagegen die weitere Entwicklung. Es wird gezeigt, dass Spekulanten im *Zeitablauf* Gewinne machen können. Voraussetzung dafür ist, dass sich ihre Erwartungen erfüllen. Nur dann wirkt die Spekulation zudem auch längerfristig stabilisierend. Schätzen die Spekulanten die Marktentwicklung aber falsch ein (liegt also in Abbildung 3-22 der Preis morgen unter dem Preis heute), so werden sie Verluste machen und ihre Spekulation wirkt letztlich destabilisierend. Daraus lässt sich unter Umständen folgern, dass destabilisierende Spekulation nur vorübergehend auftreten wird, da die betreffenden Spekulanten aufgrund ihrer Verluste auf Dauer aus dem Markt ausscheiden. Die Frage bleibt indes, ob der bis dahin angerichtete Schaden für die ins Visier genommenen Volkswirtschaften nicht schon zu groß ist.

Nachgehakt

Was bringt eine Finanztransaktionssteuer?
In Reaktion auf die weltweite Finanzkrise 2008/09 hat sich u.a. der Ministerrat der Europäischen Union für eine Steuer auf Finanztransaktionen ausgesprochen. Die Idee geht zurück auf den Ökonomie-Nobelpreisträger James Tobin, der bereits vor gut 50 Jahren darüber nachgedacht hat, Devisenmarkttransaktionen mit einer Steuer zu belegen, um das Ausmaß der Wechselkursschwankungen zu verringern.

Die Befürworter einer allgemeinen Finanztransaktionssteuer versprechen sich von dieser neben der Eindämmung eventuell schädlicher Spekulationsgeschäfte hohe öffentliche Einnahmen. Sie argumentieren, dass ein sehr geringer Steuersatz das Transaktionsvolumen an den Finanzmärkten kaum reduzieren würde. Allein an den Devisenmärkten beträgt der tägliche Umsatz nach Schätzungen der Bank für Internationalen Zahlungsausgleich ca. 7,5 Billionen Dollar. Bei einem Steuersatz von beispielsweise 0,02 Prozent (in der Fachsprache also 2 »Basispunkten«) würden sich so Einnahmen in Höhe von 1,5 Milliarden Dollar pro Tag und bei 250 Handelstagen im Jahr mithin 375 Milliarden Dollar ergeben.

Andererseits sprechen gegen eine Finanzmarktsteuer grundsätzliche ordnungspolitische Bedenken. Und auch hinsichtlich der Erwartungen über das erzielbare Steueraufkommen ist Skepsis angebracht. Denn zum einen besteht die Gefahr, dass ein großer Teil der Transaktionen in so genannte Offshore-Zentren, die keine derartige Steuer erheben, abwandern würde. Aber selbst wenn es der internationalen Gemeinschaft gelänge, dies durch politischen Druck auf die betreffenden Staaten zu verhindern, ist zum anderen zu bedenken, dass viele Finanztransaktionen nicht der Spekulation, sondern der Arbitrage dienen. Bei Arbitragegeschäften machen sehr kurzfristige Transaktionen oft mehr als 90 Prozent des Umsatzes aus. Sie würden schon durch einen sehr niedrigen Steuersatz unprofitabel, wie folgende Überlegung zeigt.

Eine Anlage am Geldmarkt zu einem Zinssatz von 4 Prozent per annum (heißt: pro Jahr) erbringt einen Zins von etwa 0,011 Prozent pro Tag. Bei einer Steuer von 0,02 Prozent würde es sich nicht lohnen, Tagesgeld am Geldmarkt anzulegen. Die Steuer würde zu einer massiven Verschiebung hin zu längeren Laufzeiten und damit zu weniger Transaktionen führen. Wird eine Transaktion über fünf Tage vorgenommen anstelle von fünf Transaktionen über einen Tag, dann geht der Umsatz um 80 Prozent zurück. Andere Transaktionen werden komplett entfallen. Das heißt, dass man wohl nur maximal 20 Prozent der 375 Milliarden Dollar einnehmen würde. Dabei ist nicht davon auszugehen, dass die Banken diese Steuer auch wirklich selbst tragen. Ein Großteil dürfte auf die Bankkunden überwälzt werden. Der erwartbare Rückgang der Liquidität an den Finanzmärkten würde die Finanzierungskosten der Bankkunden zusätzlich nach oben treiben. Letztlich ist also zu befürchten, dass eine Finanzmarktsteuer die Realwirtschaft negativ beeinflusst.

10.5 Die Zähmung des Monsters – Grundfragen und Probleme der Internationalen Finanzarchitektur

Die globalen Finanzmärkte werden seit jeher mit großem Misstrauen beobachtet. In der Tat ist das Geschehen auf den Weltfinanzmärkten schwer durchschaubar, und das macht den Menschen Angst. Vielen gelten sie als Spielfeld eines ungezügelten »Casino- bzw. Turbokapitalismus«. Der frühere Bundespräsident Horst Köhler, ehedem Chef des Internationalen Währungsfonds, hat die Finanzmärkte sogar einmal als »Monster« bezeichnet.

In dieser Diskussion über die Vorgänge auf den internationalen Finanzmärkten geht es vor allem um *zwei Fragen*. Die erste Frage betrifft die Freiheit der grenzüberschreitenden Kapitalströme: Haben ein freier internationaler Kapitalverkehr und die damit einhergehende finanzielle Verflechtung der Welt aus volkswirtschaftlicher Sicht positive oder negative Wirkungen? Die zweite Frage richtet sich darauf, in welchem Maße ganz allgemein eine Überwachung bzw. Regulierung der Finanzmärkte – auch auf nationaler Ebene – notwendig ist.

Hinsichtlich der ersten Frage (*Freiheit des grenzüberschreitenden Kapitalverkehrs*) sind sich die meisten liberalen Ökonomen einig, dass offene Finanzmärkte (gegenüber abgeschotteten) folgende gesamtwirtschaftliche *Vorteile* haben:

Vorteile offener Finanzmärkte

- Nettokapitalimporte sind unabdingbar für die *Finanzierung von Leistungsbilanzdefiziten*. Kapitalimportländer können auf diese Weise auf ausländische Ersparnis zurückgreifen, um ein zu geringes inländisches Sparaufkommen zu ergänzen (siehe Kapitel 8.1). Das bedeutet aus der Sicht der Kapitalimporteure, dass sie über mehr Finanzmittel für Investitionen und Wirtschaftswachstum verfügen, allerdings um den Preis einer höheren Auslandsverschuldung.
- Freie internationale Kapitalströme dienen sozusagen als »Vehikel« für die reibungslose Abwicklung der globalen Gütertransaktionen. Sie fördern den Außenhandel und *verstärken die weltwirtschaftliche Arbeitsteilung*. Entsprechend Ricardos Theorem der komparativen Kostenvorteile erhöht sich dadurch der Wohlstand der beteiligten Länder (siehe Kapitel 9.1). Darüber hinaus sucht sich das international mobile Kapital immer den »besten Wirt«, das heißt, es fließt in die Unternehmen, Länder und Regionen mit den höchsten Renditechancen. Dies bewirkt eine, wie Volkswirte sagen, »optimale Allokation der knappen Ressourcen«.
- Offene Finanzmärkte bieten für Investoren ein vergrößertes Spektrum von Anlagealternativen; sie erweitern die Möglichkeiten der Diversifikation und Absicherung der Risiken. Dies kann die *Stabilität des internationalen Finanzsystems* verbessern. In die gleiche Richtung zielt die Argumentation, nach der die internationale Spekulation Wechselkursausschläge dämpft (siehe oben). Hinzu kommt, dass die internationalen Investitions- und Finanzströme in dem Ruf stehen, eine »schlechte« Politik (beispielsweise eine laxe Geldpolitik oder exzessive Staatsverschuldung) durch Meidung des Standorts zu »bestrafen« und eine »gute« Politik durch Kapitalzuflüsse und Wahl als Investitionsstandort zu »belohnen«. Auch dies wird als Anreiz für eine kluge Gestaltung der Regierungs- und Unternehmenspolitik im Allgemeinen positiv gewertet.

Andererseits stößt die finanzielle Globalisierung auf teilweise massive Kritik. Hauptkritiker sind häufig so genannte Nicht-Regierungsorganisationen (Non-Governmental Organisations – NGOs), allen voran die *Attac* (Association pour une Taxation des Transactions financières pour l'Aide aux Citoyens – der Name weist darauf hin, dass es Attac ursprünglich um die Besteuerung spekulativer Kapitalströme ging).

Krisen auf den Weltfinanzmärkten

Genährt wird die Skepsis gegenüber offenen Finanzmärkten durch die in den letzten viereinhalb Jahrzehnten beobachtete Häufung von krisenhaften Zuspitzungen auf den Weltfinanzmärkten. Die etwas älteren Leserinnen und Leser werden sich vielleicht noch an die »Verschuldungskrise der Dritten Welt« in den 1980er-Jahren erinnern. Anschließend ist in den 1990er-Jahren (bis 2002) eine Serie von schweren Finanzkrisen über zahlreiche Schwellen- und Transformationsländer hereingebrochen. Hauptbetroffene waren Mexiko (1994/95), Südostasien (1997/98: Thailand, Indonesien, Südkorea und Malaysia), Russland (1998), Brasilien (1998/99), Türkei (2000), Argentinien (2001) und Brasilien (2002). Finanzmarktturbulenzen gab es aber auch in den Industriestaaten. Erinnert sei nur an den »New Economy Crash« in 2000 (bis etwa 2003), bei dem vor allem in den USA und der EU Preisblasen an den Aktien- und Immobilienmärkten »platzten«, des Weiteren an den Zusammenbruch des Hedgefonds LTCM 1998 in den USA oder an die starken Wechselkursschwankungen zwischen den Triade-Währungen Dollar, Yen und Euro. Beginnend mit der amerikanischen »Subprime-Krise« kam es in den Jahren 2007 bis 2009 zu einer dramatischen Bankenkrise, die das globale Finanzsystem an den Rand des Abgrunds trieb und vor allem in den USA und Europa, aber auch in anderen Ländern, eine schwere Rezession auslöste (siehe Kapitel 4.3).

Schließlich wurde von 2009/10 bis 2018 die Europäische Währungsunion – und mit ihr die ganze Welt – von der Staatsschuldenkrise einiger ihrer Mitgliedsländer in Atem gehalten (siehe Kapitel 9.17).

Vor diesem Hintergrund betonen Globalisierungsgegner, aber nicht nur diese, die möglichen *Nachteile* freier internationaler Finanzströme:

Mögliche Nachteile offener Finanzmärkte

- International mobiles Kapital wirkt eventuell als Auslöser oder zumindest als *Verstärker von Finanzkrisen*. Als problematisch erweist sich dabei insbesondere der abrupte und massive Rückfluss von kurzfristigen Auslandskrediten aus den betroffenen Ländern. Ein derartiger »Kapitalexodus« führt zwangsläufig zu Finanzierungslücken bei den Schuldnern, zu Bewertungsverlusten bei den Investitionsobjekten und zur Abwertung der Währung des Krisenlandes. Eine erhebliche krisenverstärkende Rolle dürfte auch die Kapitalflucht inländischer Finanzinvestoren aus den Krisenregionen spielen.

Ansteckungseffekt

- Eine weitere gravierende Gefahr bildet die *Übertragung von Finanzkrisen* durch »Ansteckung«. Man bezeichnet dies als *Contagion* bzw. *Spillover-* oder *Dominoeffekt*. Er kam beispielsweise zum Tragen, als die Krise in Thailand 1997/98 eine weitere Krise im mehrere Tausend Kilometer entfernten Südkorea verursachte, dessen Volkswirtschaft viel größer ist. Ein noch spektakuläreres Beispiel war im August 1998 beobachtbar, als die Abwertung des russischen Rubels eine massive Spekulation gegen den brasilianischen Real auslöste. Empirische Untersuchungen ergaben, dass von den Krisen der 1990er-Jahre insgesamt 32 Länder betroffen waren. Die von der Subprime-Krise in den USA 2007/08 ausgelöste Finanz- und Wirtschaftskrise hat letztlich alle Industrie- und Schwellenländer mehr oder weniger massiv erfasst. Auch in der EWU-Staatsschuldenkrise war die mögliche Ansteckung ein Hauptproblem. Es erscheint in der Tat als bedrohlich, mit welcher Aggressivität sich diese Ansteckung auf den international vernetzten Kapitalmärkten verbreitete und dabei auch Volkswirtschaften mit an sich gesunden ökonomischen Fundamentaldaten befallen konnte.

Übertragungswege von Finanzkrisen

Fragt man nach den *Übertragungswegen*, so stößt man grundsätzlich auf zwei Erklärungen: Erstens sind hier *Außenhandelsverflechtungen* zu nennen. Es kann sein, dass die starke Abwertung der Währung eines Landes die Wettbewerbsfähigkeit von wirtschaftlich mit dem Krisenland verbundenen Ländern so stark beeinträchtigt, dass auch deren Währungen unter Druck geraten. Außerdem wirkt der internationale Konjunkturzusammenhang (siehe Kapitel 9.7): Wenn Länder in der Krise weniger ausgeben und importieren, so können die Handelspartner weniger exportieren. Deren Wirtschaftslage verschlechtert sich, wodurch auch ihre nationalen Finanzmärkte nach unten gezogen werden (was sich wiederum negativ auf die Realwirtschaft auswirkt etc.).

Eine viel wichtigere Rolle spielen aber offenbar *finanzwirtschaftliche Interdependenzen*. Gefahr besteht insbesondere dann, wenn die potenziell krisengefährdeten Länder dieselben ausländischen Gläubiger wie das Krisen-Ursprungsland haben und ähnliche krisenanfällige Ausgangsbedingungen aufweisen. Ist gleichzeitig eine starke Abhängigkeit von ausländischen Finanzierungsquellen gegeben, so kommt es rasch zu Spillover-Effekten, wenn Auslandsbanken und andere ausländische Finanzinvestoren – in der Erwartung möglicher negativer Entwicklungen – Kapital abziehen bzw. umschichten. Zum anderen sind von einer Kapitalvernichtung in einem Krisenland A die von den Investoren der Länder B bis Z gehaltenen Vermögenspositionen des Landes A (bzw. ihre auf die A-Währung lautenden Finanzaktiva) ebenfalls betroffen. Typischerweise unterhalten die Banken weltweit umfangreiche Beteiligungen und Kreditbeziehungen. Eine Banken- oder Währungskrise in Land A kann sich damit leicht eins zu eins auf die Länder B bis Z übertragen, wie wir das bei der jüngsten Weltfinanz- und der aktuellen EWU-Staatsschuldenkrise erlebt haben bzw. erleben.

Mit den o.g. Überlegungen zur Kapitalverkehrsfreiheit verbunden ist die zweite Frage nach der Notwendigkeit einer stärkeren *Überwachung* bzw. *Regulierung der Finanzmärkte*. Auch liberal eingestellte Ökonomen räumen ein, dass die Finanzmärkte eines klaren Ordnungsrahmens bedürfen, damit mögliche katastrophale Fehlentwicklungen unterbleiben. Sie warnen aber – wie der Sachverständigenrat zur Begutachtung der gesamtwirtschaftlichen Entwicklung – vor einer Überreglementierung seitens des Staates, weil dies die Effizienz und Innovationskraft der finanziellen Märkte behindern könnte.

Maßnahmen zur Regulierung der Finanzmärkte

Die auf verschiedenen Weltfinanz- und EU-Gipfeln vereinbarten Maßnahmen richten sich in erster Linie auf *sechs Bereiche*:

- Die Transparenz der Transaktionen und Produkte auf den Finanzmärkten soll gesteigert, ihre Überwachung soll intensiviert werden.
- Insbesondere sollen Hedgefonds und andere Finanzfirmen außerhalb des Bankensystems, so genannte Schattenbanken, einer (stärkeren) Regulierung unterworfen werden.
- Die Eigenkapitaldeckung von Risikoaktiva der Banken (und anderer Finanzinstitute) soll erhöht werden, und die Finanzhäuser müssen ihre Risikomanagement-Systeme verbessern.
- Innerhalb des Euroraums soll eine europäische Bankenunion entstehen (siehe »Nachgehakt«).
- Die persönliche Haftung der Finanzmarktakteure (Bankvorstände, Investmentbanker etc.) soll verschärft werden.
- Steueroasen (auf der »schwarzen Liste« der EU-Kommission stehen zurzeit 18 Länder, siehe Tabelle 10-1) sollen »ausgetrocknet«, das Bankgeheimnis weiter gelockert und der Informationsaustausch verbessert werden.

Länder und Gebiete, die bei der Verhinderung von Steuerbetrug nicht kooperativ sind	
Amerikanische Jungferninseln	Palau
Amerikanisch-Samoa	Panama
Anguilla	Russland
Antigua und Barbuda	Samoa
Fidschi	Trinidad und Tobago
Guam	Vanuatu

Tab. 10-1: Die schwarze EU-Liste der Steueroasen (Stand: 20. Februar 2024)
Quelle: Rat der Europäischen Union, https://www.consilium.europa.eu

Neben den genannten Instrumenten, die teilweise bereits umgesetzt wurden, gibt es seit Jahren eine Reihe weiterer – mehr oder weniger realistischer – Vorschläge zu einer Reform der internationalen Finanzarchitektur. Sie reichen von der Besteuerung der Devisentransaktionen (»Tobin-Steuer«) bzw. sogar aller, auch der nationalen Börsenumsätze (»Finanzumsatzsteuer«) und der Forderung nach mehr Transparenz und Kontrolle der finanziellen Verhältnisse in kapitalimportierenden Ländern über die Zerschlagung des IWF (da seine bloße Existenz eine unverantwortliche Kreditvergabe fördere – sogennter »Moral Hazard«) oder (im Gegenteil) die Erweiterung der Kreditfazilitäten des Fonds sowie eine bessere multilaterale Koordination der nationalen Wirtschaftspolitiken, die Installation eines internationalen Systems fester Wechselkurse (sozusagen eines neuen »Bretton Woods«) bis hin zur Schaffung einer gemeinsamen Weltwährung, des »Globo«.

Nachgehakt

Europäische Bankenunion
Die Europäische Bankenunion wurde vom Europäischen Rat 2012 als Reaktion auf die Finanzkrise in den Jahren ab 2007/08 initiiert. Ihre Realisierung war ursprünglich bis 2024 geplant. Sie besteht derzeit aus zwei Säulen: Dem Einheitlichen Aufsichtsmechanismus (Single Supervisory Mechanism, SSM) und dem Einheitlichen Abwicklungsmechanismus (Single Resolution Mechanism, SRM). Der SSM – angesiedelt bei der Europäischen Zentralbank EZB – überwacht die etwa 120 bedeutendsten Banken im Euro-Währungsgebiet, während die Aufgabe des SRM darin besteht, insolvente Banken in geordneter Weise und mit minimalen Kosten für die Steuerzahler und die Realwirtschaft abzuwickeln. Die dritte Säule der Bankenunion, das Europäische Einlagensicherungssystem (European Deposit Insurance System, EDIS), ist bisher noch nicht realisiert.

Die einheitliche EZB-Bankenaufsicht ist bereits seit 2014 realisiert. Ein Problem dabei ist sicherlich, die Bankenaufsicht strikt von der Geldpolitik zu trennen. Gäbe es eine Vermischung, so wäre die Geldpolitik der EZB gehemmt, mit der Gefahr, dass eine eventuell notwendige Anhebung der Zinsen mit Rücksicht auf schwache Banken verzögert werden könnte. Der Grundgedanke einer europäischen Aufsicht ist indes angesichts der von früheren nationalen Aufsehern vor der Finanzkrise gemachten Fehler durchaus nachvollziehbar. Bricht eine Bank in Zukunft zusammen, gilt folgende »Haftungskaskade«: Die Verluste werden zunächst durch das Eigenkapital, die Anleihen und die Einlagen, die über 100.000 Euro liegen, abgedeckt. Das heißt, die großen Gläubiger und Aktionäre der betroffenen Bank werden in Haftung genommen und verlieren ihr Geld, zumindest teilweise. Diese Regelung ist 2016 in Kraft getreten.

In einer zweiten Stufe tritt der europäische Bankenabwicklungsmechanismus auf den Plan. Er besteht darin, dass ein Abwicklungsfonds (Single Resolution Fund, SRF), der von 2016 an über acht Jahre hinweg mit 70 Milliarden Euro gefüllt wurde (davon 15,4 Milliarden Euro von deutschen Banken), für weitere Verbindlichkeiten der Pleitebank haftet. Außerdem gibt es eine »Letztsicherung« in Form einer Kreditlinie des Europäischen Stabilitätsmechanismus ESM.

Erst danach soll die europäische Einlagensicherung greifen. Hierzu sollten die Banken nach den ursprünglichen Plänen der EU-Kommission bis zum Jahr 2024 insgesamt 45 Milliarden Euro in den Einlagensicherungsfonds mit Sitz in Brüssel einzahlen. Aus diesem Topf sollten die kleineren Einlagen bis zur gesetzlich garantierten Höhe von 100.000 Euro abgesichert werden. Die Vergemeinschaftung der Einlagensicherung war sukzessive vorgesehen, indem in den ersten drei Jahren ab 2017 zuerst noch die bestehenden nationalen Einlagensicherungssysteme in Haftung genommen werden sollten. In dieser Phase hätten andere Länder auch nicht auf die Mittel etwa der deutschen Einlagensicherung zugreifen können. Dies sollte sich in der zweiten Phase ab 2020 ändern, in der die ursprünglichen Beiträge der Banken zum deutschen (bzw. zum jeweiligen nationalen) System nach und nach in den europäischen Fonds überführt werden sollten. Von 2024 an sollte es de facto nur noch den europäischen Fonds geben.

Dieser Zeitplan für die Schaffung einer gemeinsamen europäischen Einlagensicherung wurde jedoch nicht eingehalten. Aus Sicht der EU-Kommission und der EZB ist die Einlagensicherung als dritte Säule der Bankenunion von großer Bedeutung für die Komplettierung der Europäischen Währungsunion (EWU) und des Europäischen Binnenmarktes. Die Diskussion über die gemeinsame europäische Einlagensicherung kommt indes seit Jahren nicht voran – vor allem auch wegen des Widerstands aus Deutschland.

Der Plan zur Errichtung einer europäischen Bankenunion wird von Deutschland grundsätzlich unterstützt. Erhebliche Kritik gibt es von deutscher Seite aber an der vorgesehenen gemeinsamen europäischen Einlagensicherung. Befürchtet wird, dass nationale Bankenrisiken weiter vergemeinschaftet würden, ohne dass seitens der betroffenen Banken bzw. Regierungen genügend zur Reduktion dieser Risiken unternommen würde.

Auf den Punkt gebracht

Der Devisenmarkt bildet den Knotenpunkt der Weltwirtschaft. Über ihn laufen alle währungsraumübergreifenden Güter- und Finanztransaktionen. Das damit verbundene Angebot an und die Nachfrage nach Devisen führen zu Wechselkursschwankungen. Der größte Einfluss geht dabei von spekulativen Finanzgeschäften aus, die von Erwartungen über die zukünftige Wirtschaftsentwicklung getrieben sind. Eine beabsichtigte Eindämmung der destabilisierenden Spekulation – etwa mittels einer so genannten Tobin-Steuer – ist jedoch kritisch zu beurteilen. Dagegen spricht, dass ein freier internationaler Kapitalverkehr große Vorteile unter anderem für den Welthandel mit sich bringt. Nachteile offener Kapitalmärkte bestehen indes vor allem in der möglichen Verstärkung und internationalen Übertragung von Finanzkrisen. Um diesen negativen Effekten des globalen Kapitalverkehrs entgegenzuwirken und um den Steuerbetrug einzudämmen, haben die Industrieländer eine Reihe von Maßnahmen zur schärferen Kontrolle der Weltfinanzmärkte in Gang gesetzt.

10.6 Das Interview: Thomas Mayer

Thomas Mayer ist Gründungsdirektor des Flossbach von Storch Research Institute mit Sitz in Köln. Zuvor war er Chefvolkswirt der Deutsche Bank Gruppe und Leiter von Deutsche Bank Research. Davor bekleidete er verschiedene Funktionen bei Goldman Sachs, Salomon Brothers und – bevor er in die Privatwirtschaft wechselte – beim Internationalen Währungsfonds in Washington und dem Institut für Weltwirtschaft in Kiel. Seit 2015 ist er Honorarprofessor an der Universität Witten-Herdecke.

Herr Professor Mayer, der Dollar ist die mit Abstand bedeutendste Währung der Welt. Das gilt für den globalen Handel und Kapitalverkehr wie für seinen Anteil an den internationalen Währungsreserven. Woher kommt das? Und welche Vorteile hat das für die USA bzw. welche Konsequenzen für den Rest der Welt?

Eine internationale Reservewährung verschafft dem emittierenden Land das »exorbitante Privileg«, aus der Emission dieser Währung Einnahmen von anderen Staaten zu bekommen. Der Status einer internationalen Reservewährung ist eng an die Stellung des emittierenden Landes in der geopolitischen Ordnung gekoppelt. Die vielleicht erste internationale Reservewährung war der römische Silberdenar. Er wurde um 211 vor Christi Geburt eingeführt und etwa ein halbes Jahrtausend lang im Römischen Reich, das sich über die gesamte westliche Welt erstreckte, als Transaktionsmittel, Rechnungseinheit und Wertaufbewahrungsmittel verwendet. Der Denar war aufgrund der geopolitischen Reichweite Roms, seiner militärischen Macht, seiner wirtschaftlichen Stärke und seines zuverlässigen Rechtssystems attraktiv. Als die wirtschaftliche Stärke und die militärische Macht schwächer wurden, verdünnte der Staat den Silbergehalt der Münze, um sich zusätzliche Münzgewinne zu verschaffen. Ihre Kaufkraft schwand und ihre Attraktivität als Reservewährung nahm ab. Parallel dazu nahm die Macht des römischen Reichs ab.

Im neunzehnten Jahrhundert stieg das britische Pfund Sterling zur internationalen Reservewährung auf. Die britische Wirtschaft hatte bereits seit Langem von der in Großbritannien errichteten rechtsstaatlichen Ordnung profitiert. Doch mit der industriellen Revolution und seinem globalen Imperium erlangte Großbritannien die zusätzlichen Vorteile, die für den Emittenten einer internationalen Reservewährung notwendig waren und die auch Rom und der römische Denar genossen hatten. Das Pfund wurde zur Leitwährung des Goldstandards. Aber wie der Denar verlor es seinen Status als internationale Reservewährung, als der Erste Weltkrieg Großbritannien und das übrige Europa wirtschaftlich und politisch schwächte. Der Nutznießer des Krieges waren die USA, die in der Folgezeit wirtschaftlich und politisch aufstiegen. Der Dollar löste das Pfund Sterling ab.

Damit der Dollar den Weg des Denars und des Pfunds einschlagen könnte, müssten die USA ihre wirtschaftliche und militärische Macht verlieren und sich ihrem Herausforderer auf der Weltbühne, China, beugen. Dies ist unwahrscheinlich. Entgegen dem Glauben seiner Führung ist es unwahrscheinlich, dass China aufgrund seines zunehmend totalitären politischen Systems die USA an wirtschaftlicher und militärischer Macht übertreffen wird. Denn wie schon Marcus Tullius Cicero erkannt hatte, ist die Weisheit vieler in einer pluralistischen Gesellschaft der Weisheit eines Einzelnen in einer totalitären Diktatur weit überlegen. Wenn China also keinen radikalen politischen Wandel hin zu einem pluralistischen, auf Rechtsstaatlichkeit basierenden sozialen und politischen System vollzieht, wird es die USA wohl kaum überflügeln. Möglicherweise wird es sie nicht einmal einholen. Außerdem ist es unwahrscheinlich, dass ein totalitärer Staat die für eine geopolitische Führungsrolle erforderliche Anhängerschaft findet. Wie seine Politik (z. B. in Hongkong und gegenüber Taiwan) schafft auch seine Währung kein Vertrauen. Aber Vertrauen ist das Wesen des Geldes. Solange die USA ein liberaler Staat mit soliden, auf Rechtsstaatlichkeit basierenden Finanzen sind, wird der Dollar die bevorzugte Währung der Welt bleiben.

Argentinien erwägt die Übernahme des US-Dollar als einziges Zahlungsmittel. Welchem Ziel diente das? Und wie könnte man sich die Umsetzung einer solchen Dollarisierung vorstellen?

Argentinien leidet seit Langem an hoher Inflation. Im Jahr 1989 überschritt sie mit einer Rate von über 3000 Prozent die Schwelle zur Hyperinflation. Zur Stabilisierung der Währung band die Regierung ab 1991 den Peso an den Dollar. Der »Peg« brachte die Inflation unter Kontrolle und erzeugte um die Jahrhundertwende sogar Deflation. Ende der 1990er-Jahre brach in Brasilien eine Wirtschaftskrise aus, die sich auf Argentinien übertrug und dort eine Finanzkrise auslöste. Ende 2002 meldete der Staat den Bankrott an. Anfang 2002 brach der »Peg« und der Peso stürzte gegenüber dem Dollar ab. Die Inflation stieg wieder an und schwankte bis 2020 um 25 Prozent pro Jahr. Danach kletterte sie weiter und erreichte 211 Prozent im Jahr 2023.

Die wesentliche Ursache für Inflation und Währungsabwertung war die Unfähigkeit des Staates, seine Finanzen zu kontrollieren. Dies hat dazu geführt, dass der argentinische Staat neunmal seine Zahlungsunfähigkeit in Fremdwährung anmelden und die Zentralbank die heimische Verschuldung immer wieder mit Geldschaffung finanzieren musste. Das Grundproblem sind zu hohe Staatsausgaben, die nicht durch Steuern gedeckt waren und oft dazu dienten, die politische Macht der Regierung zu sichern. Präsident Javier Milei will diesen Teufelskreis nun mit drastischen Kürzungen der Staatsausgaben, umfangreicher Deregulierung der Wirtschaft, Privatisierung von Staatsunternehmen und radikaler Kürzung der Staatsbürokratie durchbrechen. Flankierend dazu will er den Zugriff der Politik auf die Zentralbank beenden, indem er den Dollar als gesetzliches Zahlungsmittel in Argentinien einführt.

»Dollarisierung« ist die am weitestgehende Form der Entpolitisierung der Währung. Die schwächste Form ist die Anbindung der Währung an eine Fremdwährung (»Peg«) durch eine Regierungsbeschluss, der jederzeit wieder rückgängig gemacht werden kann. Weiter geht ein »Currency Board«, in dem der »Peg« durch Deckung der Landeswährung mit Fremdwährung glaubwürdiger gemacht wird, insbesondere, wenn der »Currency Board« – und der damit verbundene Festkurs zu einer Leitwährung – per Gesetz errichtet wird. Radikaler ist der Verzicht auf die Landeswährung und Einführung einer Fremdwährung. Zu beidem braucht es aber einen dauerhaften politischen Konsensus, der verhindert, dass die entsprechenden Gesetze rückgängig gemacht werden. Gleiches gilt für die gesetzliche Festlegung der Unabhängigkeit der Zentralbank. Doch kann eine unabhängige Zentralbank durch eine entsprechende Personalpolitik der Regierung gefügig gemacht werden. Das ist bei der »Dollarisierung« unmöglich.

Damit der Dollar als Mittel für Zahlungen und zur Wertaufbewahrung genutzt werden kann, müssen die Wirtschaftsakteure diese Währung zunächst auf dem Devisenmarkt erwerben. Und da die Peso-Geldmenge überdimensioniert ist, muss der Wechselkurs zum Dollar fallen. Folglich kündigte Milei kurz nach seinem Amtsantritt Mitte Dezember 2023 eine Abwertung von mehr als 50 Prozent an und stellte weitere Abwertungen in Aussicht. Zur vollständigen »Dollarisierung« könnte er schließlich den Wechselkurs freigeben, die Steuern in Dollar erheben und – wie im Wahlkampf versprochen – die Zentralbank abschaffen.

Seit Jahrzehnten wird über die Möglichkeit der Einführung einer Finanztransaktionssteuer zur Eindämmung spekulativer Übertreibungen diskutiert. Was halten Sie davon?

Die Finanztransaktionssteuer wurde ursprünglich von dem US-Ökonomen James Tobin im Jahr 1972 vorgeschlagen. Durch eine niedrige Steuer auf internationale Devisentransaktionen sollten kurzfristige Devisenkursspekulationen unwirtschaftlich werden. Tobin hoffte, dass dadurch die Wechselkurse von Währungen stärker die langfristigen realwirtschaftlichen Entwicklungen widerspiegeln würden.

Über die Zeit wurde Tobins Vorschlag von der Öffentlichkeit und Politik aufgenommen und verbeitert. Im Jahr 1998 wurde zur Einführung dieser Steuer in Frankreich eine Bürgerorganisation mit dem Namen »Attac« gegründet. Der Organisation ging es bald nicht mehr nur um die Besteuerung kurzfristiger Devisengeschäfte, sondern um die Kontrolle globaler Finanzmärkte. Die Politik entdeckte die Steuer als mögliche neue Einnahmequelle, von der Finanzierung von Entwicklungshilfe bis zum Haushalt der Europäischen Union. Im Mai 2010 forderte sogar die damalige deutsche Bundesregierung eine internationale Finanzmarktsteuer.

Tobins Annahme, dass die Unterbindung kurzfristiger Devisengeschäfte dem Markt helfen würde, die fundamental »richtigen« Wechselkurse zu finden, ist jedoch unhaltbar, da diese Kurse unbekannt sind. Sie ergeben sich über die Zeit aus dem Entdeckungsverfahren am Markt, zu dem eben auch spekulative Geschäfte gehören. Werden diese unterdrückt, steigt die Wahrscheinlichkeit, dass die Wechselkurse verzerrt sind.

Doch Tobin traf mit seinem Vorschlag einen Nerv in Öffentlichkeit und Politik. Sowohl nach religiöser Überlieferung als auch marxistischer Ideologie gelten Finanzgeschäfte, insbesondere wenn sie mit Spekulation verbunden sind, als unmoralisch. Insofern ist es nicht verwunderlich, dass besonders politisch links angesiedelte Organisationen, wie Attac, sich die Einführung einer Finanztransaktionssteuer auf die Fahnen geschrieben haben. Und die Politik nutzt gerne die öffentliche Abneigung gegen Spekulation, um sich neue Steuerquellen zu erschließen. Daher ist die ökonomische Sinnwidrigkeit der Steuer kein Grund dafür, dass sie bis jetzt nicht eingeführt wurde.

Schwerer als ihre Sinnwidrigkeit wiegen die Schwierigkeiten ihrer praktischen Umsetzbarkeit. Würden ein Land oder Staatenverbund wie die Europäische Union diese Steuer einführen, müssten sie mit der Abwanderung der davon betroffenen Finanzgeschäfte rechnen. Ein Beispiel dafür ist die Entstehung des Eurodollarmarktes gegen Ende der 1950er-Jahre. Europäische Banken, vor allem in London, offerierten Dollargeschäfte außerhalb der USA, unter anderem, um der amerikanischen Regulierung zu entgehen. Um eine ähnliche Abwanderung zu vermeiden, müsste eine Finanztransaktionssteuer einheitlich auf globaler Ebene eingeführt werden. Das ist aber unrealistisch.

Herr Professor Mayer, wir danken Ihnen für dieses Gespräch.

Schlüsselbegriffe

- Devisen
- Sorten
- Devisenhandel
- Kassa- und Terminkurs
- Swapsatz
- Devisenarbitrage
- Zinsarbitrage
- Devisenspekulation
- Absicherung
- Wechselkursentwicklung
- Kaufkraftparitätentheorie
- Zinsparitätentheorie
- stabilisierende und destabilisierende Spekulation
- Tobin-Steuer
- Finanztransaktionssteuer
- internationaler Kapitalverkehr
- Finanzkrisen
- Spillover- oder Dominoeffekt
- Finanzmarktregulierung
- europäische Bankenunion

Kontrollfragen

1. *Was versteht man unter Devisen, was unter Sorten?*
2. *Wie unterscheiden sich der Geld- und der Briefkurs sowie der Kassa- und der Terminkurs?*
3. *Aus welchen Transaktionen resultieren Devisenangebot und -nachfrage?*
4. *Erläutern Sie folgende Geschäfte am Devisenmarkt:*
   Platz- oder Quotierungsarbitrage
   Devisenausgleichsarbitrage
   Zinsausgleichs- und Zinsdifferenzarbitrage
   Devisenkassa- und Devisenterminspekulation
5. *Wann besteht so genannte Zinsparität?*
6. *Erklären Sie, wie man mithilfe der absoluten und der relativen Kaufkraftparitätentheorie den Wechselkurs prognostizieren kann. Gelten diese Prognosen eher kurz- oder eher langfristig?*
7. *Erklären Sie, wie man mithilfe der Zinsparitätentheorie den Wechselkurs prognostizieren kann. Gilt diese Prognose eher kurz- oder eher langfristig?*
8. *Welche weiteren gesamtwirtschaftlichen Einflüsse der Wechselkursentwicklung kennen Sie? Wie wirken sie sich auf die Wechselkurse aus?*
9. *Was versteht man unter stabilisierender, was unter destabilisierender Spekulation?*
10. *Welchem Zweck dient die so genannte Tobin-Steuer? Was spricht gegen die Einführung dieser Steuer?*
11. *Warum wird eine Finanztransaktionssteuer teilweise skeptisch beurteilt?*
12. *Nennen Sie drei Vorteile und zwei Nachteile eines freien internationalen Kapitalverkehrs.*
13. *Wie können sich Finanzkrisen global ausbreiten?*
14. *Nennen Sie fünf Maßnahmen zur besseren Überwachung bzw. Regulierung der internationalen Finanzmärkte.*
15. *Welche Bestandteile umfasst die geplante europäische Bankenunion?*

Literaturhinweise

Beike, R.; Schlütz, J.: Finanznachrichten lesen – verstehen – nutzen, 7. Aufl., Stuttgart 2024

Duwendag, D.: Globalisierung im Kreuzfeuer der Kritik, Baden-Baden 2006

Fischer-Erlach, P.: Handel und Kursbildung am Devisenmarkt, 5. Aufl., Stuttgart 1995

Sinn, H.-W.: Kasino-Kapitalismus, Wie es zur Finanzkrise kam, und was jetzt zu tun ist, 3. Aufl., Berlin 2012

Sperber, H.; Bloss, M.: Finanzmärkte. Eine praxisorientierte Einführung, 3. Auflage, Stuttgart 2024

Sperber, H.; Sprink, J.: Internationale Wirtschaft und Finanzen, 2. Aufl., München 2012

Willms, M., Clausen, V.: Internationale Währungspolitik, 3. Aufl., München 2010

11 Umwelt und Entwicklung

»Die Welt ist okay, nur der Mensch macht Probleme.«
Bernie Ecclestone

Lernziele

- Sie sind sich der Schwere und Konsequenzen der fortschreitenden Umweltzerstörung bewusst und verstehen deren zentrale ökonomische Ursache.
- Sie kennen die Instrumente zur Internalisierung externer Umwelteffekte.
- Sie wissen, durch welche Merkmale Entwicklungsländer typischerweise gekennzeichnet sind und kennen die wichtigsten Ursachen von Unterentwicklung.
- Sie können die Argumentation der Dependenztheorie nachvollziehen und haben Kenntnis von weiteren Vorwürfen gegenüber den reichen Ländern.
- Sie wissen, was die Entwicklung der Rohstoffpreise beeinflusst, und können die diesbezügliche Rolle der Spekulation beurteilen.

Im Pazifik treibt ein geschlossener Müllteppich so groß wie Mitteleuropa. Fische verenden darunter, Seehunde sterben, weil sie in Bierkisten stecken bleiben. Eine Million Seevögel erstickt jedes Jahr, weil sie Plastikabfälle verschlucken. Der Müll wächst im gleichen Maße wie der weltweite Wohlstand. Aber dies ist nur ein Teil der Umweltproblematik. Auch die Verknappung des Trinkwassers, das Artensterben, die zunehmende Verunreinigung der Luft und die Zerstörung des Amazonas-Regenwaldes – mit verheerenden Auswirkungen auf den Klimawandel, die Biodiversität und nicht zuletzt auch für die dort lebenden indigenen Völker – bedrohen das weltweite Ökosystem. Zudem führt die Ausbeutung von Rohstoffen in Entwicklungsländern für den globalen Markt zu massiver Umweltzerstörung. Bergbauaktivitäten wie der Abbau von Kohle, Öl, Gas und Mineralien gehen oft mit schweren Umweltschäden einher, einschließlich der Zerstörung von Lebensräumen, Wasserverschmutzung und der Freisetzung von Treibhausgasen.

Mit der Globalisierung hat sich auch die Umweltproblematik deutlich verschärft. In diesem letzten Kapitel überlegen wir, wie es gelingen kann, die fortschreitende Zerstörung der menschlichen Lebensgrundlagen zu stoppen. Daraufhin widmen wir uns der Situation der weniger entwickelten Länder. Warum sind manche Länder reich und andere arm? Werden die Entwicklungsländer ausgebeutet? Unser Interviewpartner zu diesen zentralen Themen der Menschheit ist Michael Berlemann, Direktor des Hamburgischen WeltWirtschaftsInstituts.

11.1 Tatort Erde – Dimensionen und Ursachen der Umweltproblematik

Die Globalisierung verstärkt die Umweltprobleme

Die fortschreitende Globalisierung verstärkt und beschleunigt die Umweltprobleme. Die internationalen Waren- und Verkehrsströme wachsen kontinuierlich und mit ihnen die benötigten Transportflächen (größere Flughäfen, mehr Straßen etc.)

sowie die negativen Umwelteffekte. Globalisierung bedeutet darüber hinaus die weltweite Verbreitung westlicher Konsummuster. Die Folgen, die beispielsweise der rapide zunehmende Motorisierungsgrad in China, Indien oder Brasilien hat, sind überall spürbar (weitere Beispiele sind etwa der Stahl-, Energie- oder Nahrungsmittelverbrauch). Die rasante Bevölkerungszunahme wirkt in die gleiche Richtung, nämlich der Erschöpfung von natürlichen Ressourcen und der Vernichtung von Lebensräumen für Pflanzen, Tiere und – nicht zuletzt – für die Menschen. Im Jahre 1950 betrug die Weltbevölkerung 2,5 Milliarden, heute leben über 8 Milliarden Menschen auf der Erde, und für das Jahr 2060 ist mit einer Erdbevölkerung von über 10 Milliarden zu rechnen. Jeden Monat kommt ein neues New York City hinzu, jedes Jahr ein neues Deutschland und alle zehn Jahre ein neues Indien. Dabei ist der Bevölkerungsanstieg in den Ländern der so genannten »Dritten Welt« am stärksten.

Der Klimawandel ist das größte Problem …

Als vermutlich größtes Umweltproblem ist mittlerweile der Klimawandel anzusehen, verursacht insbesondere durch die scheinbar unaufhaltsame Steigerung des globalen Ausstoßes von CO_2-Gasen. Dabei spielt es keine Rolle, wo auf der Welt CO_2 emittiert wird. Die Effekte auf das Klima und den Wasserhaushalt schlagen sich weltweit nieder.

… gefolgt vom Artensterben und der Verknappung des Trinkwassers

In der Rangliste der globalen Umweltprobleme folgen meist das Artensterben und die Verknappung des Trinkwassers. Süßwasser wird weltweit übernutzt. Etwa 3,6 Milliarden Menschen leben heute bereits in wasserarmen Gebieten. Über 2 Milliarden Menschen – also mehr als ein Viertel der Weltbevölkerung – haben weltweit keinen regelmäßigen Zugang zu sauberem Wasser, davon ist für knapp 800 Millionen Menschen nicht einmal eine Grundversorgung mit Trinkwasser sichergestellt. Laut Prognosen der Vereinten Nationen dürfte bis 2050 jeder vierte Bewohner dieser Erde in einem Land mit chronischem Süßwassermangel leben.

Wie kann es gelingen, die katastrophale Umweltschädigung zu stoppen? Um zu Erfolg versprechenden Lösungsansätzen zu kommen, muss man sich fragen, worin der Wesenskern der Umweltproblematik besteht: Warum handeln die Menschen so, dass sie dabei ihre eigene Lebensgrundlage zerstören?

Umweltbegriff

Unter »Umwelt« verstehen wir die natürlichen Lebensgrundlagen Wasser, Luft, Landschaft, Tier- und Pflanzenwelt, Boden und Bodenschätze.

Die so definierte Umwelt dient drei Zwecken:

Funktionen der Umwelt

- Umwelt dient als Konsumgut. Sie versorgt die Menschen mit lebenswichtigen Gütern wie Luft und Wasser und bietet Erholung und Freizeitgestaltung.
- Umwelt dient als Produktionsfaktor. Sie liefert Rohstoffe für den Produktionsprozess, wie Energie und Bodenschätze, und sie umfasst den Boden als Produktionsstandort.
- Umwelt dient als Aufnahmemedium für Schadstoffe. Sie nimmt Abwässer, Müll, Strahlungen, Abgase etc. auf und absorbiert sie teilweise.

Externe Umwelteffekte

Das Hauptproblem besteht nun darin, dass für die meisten dieser Umweltleistungen das so genannte Marktausschlussprinzip nicht oder nur unvollkommen angewendet werden kann, da keine bzw. nur sehr schwer Eigentumsrechte definiert und durchgesetzt werden können. Dies gilt für die Luft, die Landschaft und die Tier- und Pflanzenwelt. Es gilt eingeschränkt für das Wasser, allerdings gilt es nicht für den Boden, für den Eigentumsrechte ohne Weiteres definiert werden können. Die Folge davon ist, dass es für viele Umweltgüter, im Gegensatz zum Produktionsfaktor Boden, keinen Preis gibt. Denn niemand ist bereit, für Güter einen Preis zu bezahlen, wenn er kostenlos über sie verfügen kann (da sie niemandem gehören und es nicht oder nur schwer möglich ist, einzelne Personen von ihrer Nutzung auszuschließen). Insofern handelt es sich bei diesen Umweltgütern um eine Form von *öffentlichen Gütern*. Typischerweise kommt es hier zu so genannten *externen Effekten*: Weil die meisten Umweltgüter kostenlos abgegeben werden (da sie ja keinen Preis haben), taucht ihre Nutzung (oder auch ihre Erhaltung) in der internen Wirtschaftsrechnung der Unternehmen und Haushalte nicht auf. Die Umweltwirkungen führen beim Verursacher nicht zu entsprechenden Kosten oder Erträgen. Deshalb versagt der Preismechanismus als Lenkungsinstrument des Umweltverbrauchs. Beispiele für *negative externe Effekte (externe Kosten)* sind etwa die Luftverschmutzung durch Industrie- oder Autoabgase oder die Beeinträchtigung der Lebensqualität durch Straßenverkehrs- und Fluglärm. Als Beispiele für *positive externe Effekte (externe Erträge)* lassen sich die Verbesserung des Klimas durch die Forstwirtschaft oder der Schutz von Brutstätten für Vögel durch den ökologischen Landbau anführen. Der Luftverschmutzer muss für die Luftverschmutzung nicht bezahlen, weil keine Eigentumsrechte an sauberer Luft existieren, und der ökologisch wirtschaftende Landwirt bekommt für die geretteten Vögel kein Geld, weil er keine Eigentumsrechte an den Vögeln hat und sie daher nicht verkaufen kann.

Fazit

Die Konsequenz dieses Versagens des Preismechanismus bei Umweltgütern besteht darin, dass die Umwelt exzessiv konsumiert und exzessiv im Produktionsprozess eingesetzt wird. Es fehlt der privatwirtschaftliche Zwang zur sparsamen Nutzung der Umwelt. Gleichzeitig fehlt der privatwirtschaftliche Anreiz, die Umweltqualität zu verbessern.

11.2 Ziele und Instrumente der Umweltpolitik

Maßnahmen zur Internalisierung externer Effekte

Unter Ökonomen herrscht weitgehend Konsens darüber, wodurch eine optimale Umweltpolitik gekennzeichnet ist. Es geht im Sinne des ökonomischen Prinzips darum, ein bestimmtes Mindestumweltziel mit den volkswirtschaftlich geringsten Kosten zu erreichen. Das ist wichtig, weil Produktionsfaktoren, die zur Verhinderung von Umweltbelastungen eingesetzt werden, für die Produktion anderer Güter nicht mehr zur Verfügung stehen (Opportunitätskosten) und für gewöhnlich in ihrem Einsatz einen abnehmenden Grenzertrag aufweisen. Dem Nutzen umweltpolitischer Maßnahmen sind also immer auch deren Kosten gegenüberzustellen.

Hinsichtlich der umweltpolitischen Maßnahmen kommen grundsätzlich zwei Möglichkeiten infrage. *Erstens* kann der Staat direkt im Umweltbereich tätig werden, etwa mit einer kommunalen Abwasserentsorgung oder dem Einsatz der Straßenreinigung. Dies ist indes nur in wenigen Bereichen möglich und wirft zudem Finanzierungsprobleme auf. *Zweitens* kann der Staat versuchen, die Ursachen der Umweltschädigung zu beseitigen. Erinnern wir uns: Übermäßige Umweltbelastungen sind im Kern die Folge davon, dass Umweltgüter keinen Preis haben. Deshalb taucht eine Schädigung der Umwelt nicht als Kosten in der Kalkulation des Schädigers auf. Man spricht von externen Effekten. Als effizientestes, da marktwirtschaftliches Konzept zur Bewältigung der Umweltproblematik gilt deshalb die »Internalisierung externer Umwelteffekte«. Dabei wird versucht, die Kosten bzw. Erträge der Umweltnutzung den privaten Wirtschaftsakteuren zuzurechnen. Nachfolgend wollen wir die hierfür zur Verfügung stehenden Instrumente erörtern.

Coase-Theorem

- Umweltprobleme können durch *Verhandlungen* gelöst werden. Das ist die Botschaft des berühmten *Coase-Theorems* (benannt nach dem englischen Ökonomie-Nobelpreisträger *Ronald H. Coase*, 1910–2013). Zu seiner Erläuterung sei folgendes *Beispiel* betrachtet: Eine Unternehmung, sagen wir die BASF in Ludwigshafen, nutzt einen Fluss (den Rhein) zur Entsorgung ihrer Abwässer. Da an dem Fluss keine Eigentumsrechte bestehen, kann die BASF dies kostenlos tun. Bei einer Klärung der Abwässer würden dem Unternehmen Kosten in Höhe von 1 Euro pro m^3 entstehen. Flussabwärts liegt die Stadt Worms. In unserem Beispiel benötigt Worms das Rheinwasser zur Trinkwasserversorgung. Die Aufbereitung des verschmutzten Wassers verursacht der Stadt Kosten in Höhe von 2 Euro pro m^3. Auf dem Verhandlungsweg könnte indes eine kostengünstigere Lösung erreicht werden. Wenn Worms der BASF dafür, dass diese die Abwässer vor der Einleitung klärt, eine Ausgleichszahlung von z. B. 1,50 Euro pro m^3 anbietet, profitieren beide Parteien. Worms entstehen pro m^3 um 0,50 Euro geringere Kosten und die BASF verdient 0,50 Euro pro m^3. Die volkswirtschaftlichen Kosten des Umweltschutzes reduzieren sich von 2 auf 1 Euro pro m^3. Die Stadt Worms wird der BASF dieses Angebot natürlich nur machen, wenn ihr der Rhein nicht selbst gehört. Angenommen, die Regierung von Rheinland-Pfalz würde Worms das Eigentumsrecht zusprechen, so würde die Stadt von der BASF verlangen, dass diese die Abwässer auf eigene Kosten klärt. Aber auch dann sinken die volkswirtschaftlichen Kosten (von 2 auf 1 Euro pro m^3).
  Die Ausführungen zeigen, dass durch Verhandlungen die Lösung von Umweltproblemen zu den geringstmöglichen Kosten erreicht werden kann. Voraussetzung dafür ist allerdings die eindeutige Definition der Eigentumsrechte an der betroffenen Ressource, die entweder dem Schädiger (Recht auf Schädigung) oder dem Geschädigten (Recht auf Kompensation) zugesprochen werden können. Wer das Eigentumsrecht bekommt, ist eine Frage der Gerechtigkeit, nicht der Effizienz. In beiden Fällen begründet die Zuordnung des Eigentumsrechts die Möglichkeit, externe Effekte über eine Verhandlung der Beteiligten zu internalisieren. Allerdings ist die Definition bzw. Zuteilung von Eigentumsrechten oft problematisch. Das gilt insbesondere für internationale Umweltfragen mit vielen Verhandlungspartnern.

Umwelthaftung
Umweltauflagen

- Zur Internalisierung externer Kosten kann der Staat die Verursacher von Umweltschäden zwingen, für die Schäden aufzukommen, oder er kann ihnen Auflagen machen. Das *Umwelthaftungsrecht* (in Deutschland seit 1991) greift aber nur, wenn die Privatsphäre Einzelner betroffen ist, also z. B. nicht bei globalen Umweltschäden. Bei *Auflagen* kann es sich um Verbote (Beispiel: Verbot des

Anbaus von Genmais) oder Gebote (Beispiel: Abgasnormen für Kraftfahrzeuge) handeln. Derartige Maßnahmen sind schnell umsetzbar und leicht zu kontrollieren. Sie erscheinen vor allem für Situationen geeignet, in denen gesundheitliche Grenzwerte eingehalten werden müssen. Allerdings werden durch Umweltauflagen die umweltpolitischen Ziele nicht unbedingt zu den geringstmöglichen Kosten erreicht.
Beispiel: Die Unternehmen A und B emittieren jeweils 20 Tonnen Schadstoffe mehr als erlaubt. Die Schadensvermeidungskosten betragen pro Tonne bei A 1.000 Euro und bei B 2.000 Euro. Die Gesamtkosten bei Einhaltung der erlaubten Emissionsmenge belaufen sich damit auf insgesamt 60.000 Euro. Würde B indes sein Emissionsvolumen beibehalten, während A seine Emissionen um 40 Tonnen drosselt, entstünden nur Kosten von 40.000 Euro.

Pigou-Steuer

- Eine Alternative zur Haftbarmachung oder Festlegung von Grenzwerten ist die *Besteuerung* umweltschädlicher Aktivitäten. Dieser Ansatz geht auf den englischen Ökonomen *Arthur C. Pigou* (1877–1959) zurück, weshalb solche Steuern *Pigou-Steuern* genannt werden. Der Grundgedanke ist, die Verursacher negativer externer Effekte mit einem Steuersatz zu belasten, der möglichst genau den Kosten entspricht, die extern entstanden sind. Damit gehen die gesellschaftlichen Kosten etwa einer Schadstoffemission in die Wirtschaftsrechnung der Verursacher ein. In der Folge steigt der Preis des umweltschädigend erstellten Gutes, woraufhin sich die Nachfrage und die Produktion des Gutes reduzieren.
Umweltsteuern (auch »Ökosteuern« genannt) können grundsätzlich an der Endproduktmenge (z.B. phosphathaltige Waschmittel), an den Produktionsmitteln (z.B. Energie) oder an der Schadstoffemission selbst ansetzen. Die in Deutschland 1999 begonnene *ökologische Steuerreform* arbeitet mit einer Produktionsmittelsteuer. Sie besteuert den Verbrauch von Strom und Mineralöl und fördert dadurch Energieeinsparungen.
Ökosteuern stellen einen effizienten Anreiz zur Reduktion von Umweltbelastungen dar. Dies gilt insbesondere für Emissionssteuern. Schadstoffemittierende Unternehmen werden den Schadstoffausstoß so lange reduzieren, wie die Kosten zur Vermeidung der Emissionen niedriger sind als der Steuersatz. Verursacher mit geringen Vermeidungskosten reduzieren ihre Emissionen stärker, während Verursacher mit hohen Vermeidungskosten ihr Emissionsvolumen weniger drosseln. Die Reduktion von Schadstoffen wird deshalb zu minimalen Gesamtkosten realisiert.

Markt für Emissionsrechte

- Im Konzept der als *Umweltzertifikate* handelbaren *Emissionsrechte* erfolgt die Internalisierung negativer Umwelteffekte über den Markt (siehe das Beispiel in Abbildung 11-1): Der Staat legt eine Höchstmenge an erlaubten Schadstoffemissionen fest und teilt den Unternehmen anteilige Emissionsrechte zu. Diese können von den Unternehmen gehandelt werden. Unternehmen, die mehr emittieren wollen, können Emissionsrechte von Unternehmen zukaufen, die (weil sie umweltschonender produzieren) ihr Emissionsvolumen nicht ausschöpfen. Es bildet sich ein Marktpreis für Umweltbelastung. Umweltschädigende Produzenten werden bestraft und umweltschonende Produzenten werden belohnt. Zugleich werden Umweltschäden genau in den Unternehmen vermieden, welche die geringsten Schadensvermeidungskosten haben. Dies ist, wie gesagt, das volkswirtschaftliche Effizienzkriterium.

Die EU-Staaten praktizieren die beschriebene Marktlösung seit 2005 für Zertifikate zur Emission von Kohlendioxid (CO_2). In Deutschland ist die Energiebörse European Energy Exchange (EEX) mit Sitz in Leipzig der größte Handelsplatz für Energie in Europa. Zu den Handelsteilnehmern der EEX zählen Energieerzeuger und Industrieunternehmen, aber auch spezialisierte Handelshäuser sowie Broker und Banken.

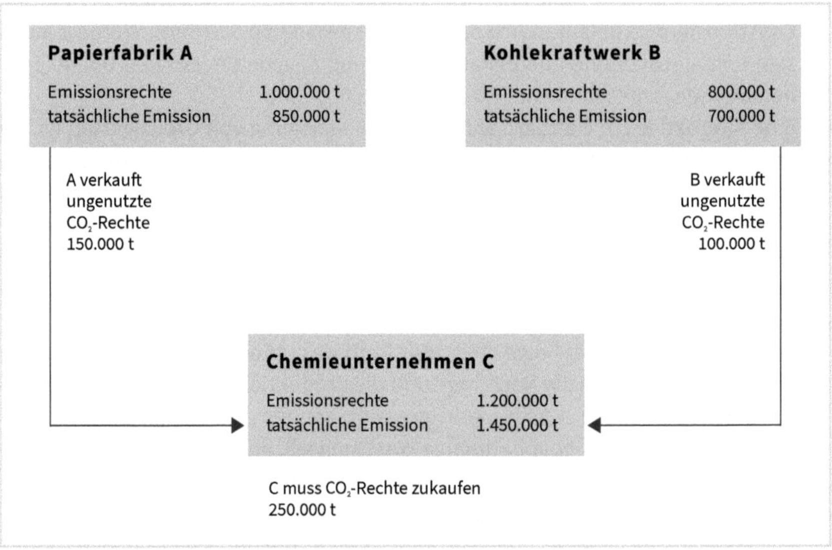

Abb. 11-1: Der Handel mit Emissionsrechten

Nachgehakt

Eckpunkte der deutschen Energiepolitik

Eine der größten Herausforderungen des 21. Jahrhunderts ist für Deutschland die Sicherstellung einer zuverlässigen und wirtschaftlichen, aber dennoch umweltverträglichen Energieversorgung.

Die deutsche Energiepolitik basiert dabei auf mehreren Eckpunkten. Dabei kommt zunächst der *Energiewende* und dem *Ausstieg aus der Kernenergie*, der nach der Nuklearkatastrophe in Fukushima beschlossen wurde, besondere Bedeutung zu. Die Energiewende umfasst den Übergang von fossilen Brennstoffen und Kernenergie hin zu erneuerbaren Energien wie Wind, Sonne und Biomasse. Die Energiewende bietet die Möglichkeit, die Abhängigkeit von fossilen Brennstoffen zu verringern, den CO_2-Ausstoß zu reduzieren und die Energieversorgung langfristig nachhaltiger zu gestalten. Dennoch ist die Umstellung auf erneuerbare Energien mit gewaltigen Problemen verbunden, darunter die Integration nicht kontinuierlicher Energiequellen wie Wind und Sonne ins Stromnetz, der Ausbau der Netze, die Speicherung von Energie und die Sicherung einer stabilen Versorgungslage.

Die Energiepolitik in Deutschland zielt auch auf die Steigerung der *Energieeffizienz* in allen Sektoren ab, von Industrie und Verkehr bis hin zu Haushalten und Gewerbe. Dies kann dazu beitragen, den Energieverbrauch zu senken, Kosten zu sparen und gleichzeitig den Klimaschutz voranzutreiben. Allerdings erfordert die Umsetzung von Effizienzmaßnahmen oft erhebliche Investitionen und kann mit technologischen, wirtschaftlichen und sozialen Herausforderungen für Unternehmen und Haushalte verbunden sein. Ein bekanntes Beispiel sind die Diskussionen um die geplanten Änderungen am Heizungsgesetz, die in jüngster Zeit sehr kontrovers geführt wurden.

Der *Netzausbau* und die Modernisierung der Stromnetze sind entscheidend für den Erfolg der Energiewende. Dies umfasst den Ausbau von Übertragungs- und Verteilnetzen sowie die Schaffung intelligenter Netze, die eine effiziente Integration erneuerbarer Energien ermöglichen. Wie die Erfahrung zeigt, gestaltet sich der Netzausbau aufgrund langwieriger Planungs- und Genehmigungsverfahren, Widerständen in der Bevölkerung und technischen Schwierigkeiten zeitaufwendig und kostspielig. Zudem müssen Schwierigkeiten wie die Integration dezentraler Erzeugungsanlagen und die Gewährleistung der Systemsicherheit bewältigt werden.

Insgesamt bietet die deutsche Energiepolitik die Chance, die Energieversorgung langfristig umweltfreundlicher, effizienter und nachhaltiger zu gestalten. Die deutsche Energiepolitik ist jedoch im internationalen Vergleich eher ein Sonderweg (viele Länder setzen mittlerweile wieder auf moderne Formen der Kernenergie), dessen Herausforderungen gewaltig sind und nicht zuletzt aufgrund des sehr hohen Strompreises auch erhebliche Risiken für den Wirtschaftsstandort Deutschland bergen. Ob die deutsche Energiepolitik langfristig ein Erfolgsmodell wird, ist heute noch nicht abzusehen.

11.3 Warum sind manche Länder reich und andere arm?

»Die alte Aufteilung der Welt in zwei Machtblöcke, Ost und West, hat sich erledigt. Heute bildet die Kluft ..., die arme und reiche Nationen trennt, die ... größte Gefahr, mit der sich die Welt des dritten Jahrtausends konfrontiert sieht. Die einzige Sorge, die an dieses Problem heranreicht, ist die Umweltzerstörung, und beide hängen eng miteinander zusammen. ... Wie groß ist die Kluft zwischen arm und reich, und wie entwickelt sie sich? Ganz grob in aller Kürze: Der Unterschied zwischen dem Pro-Kopf-Einkommen im reichsten Industrieland, sagen wir der Schweiz, und der ärmsten nichtindustrialisierten Nation, Mosambik, beläuft sich auf ungefähr 400 zu 1. Vor zweihundertfünfzig Jahren betrug das Verhältnis zwischen reichsten und ärmsten Nationen vielleicht 5 zu 1. ... Wächst die Kluft auch gegenwärtig noch? Hinsichtlich der Extreme ist das sicherlich der Fall. Einige Länder ... werden ärmer, relativ und manchmal sogar absolut gesehen. Wieder andere halten mit Müh und Not ihre Position. Andere holen auf. Unsere Aufgabe (die Aufgabe der reichen Nationen) ist es, den armen Ländern dabei zu helfen, gesünder und wohlhabender zu werden – im eigenen Interesse nicht weniger als in ihrem. Tun wir das nicht, werden sie sich nehmen, was sie nicht selbst erzeugen können; und wenn sie keine Verdienstmöglichkeiten durch den Export von Waren haben, werden sie Menschen exportieren. Kurz gesagt, ... Armut ... lässt sich nicht isolieren, weshalb auf lange Sicht unsere Ruhe und unser Wohlstand davon abhängen, dass es den anderen gut geht.« (Landes, D.: Wohlstand und Armut der Nationen, 2010, S. 15 f.).

Dieses Modul befasst sich mit den Problemen der so genannten *Entwicklungsländer*. Bis heute gibt es keine allgemein anerkannte Definition, was man unter einem Entwicklungsland versteht. Das liegt vor allem daran, dass die Struktur dieser Länder ungeheuer vielfältig ist. Allerdings hat sich in der Fachwelt ein Katalog von Merkmalen herausgebildet, die für die meisten Entwicklungsländer typisch sind:

Typische Merkmale eines Entwicklungslandes

- Das Pro-Kopf-Einkommen – ermittelt als kaufkraftbereinigtes BIP (siehe Kapitel 9) dividiert durch die Bevölkerungszahl – ist niedrig, es herrscht Armut.
- Die Versorgung der Bevölkerung mit Gütern ist schlecht, was zu Hunger und Unterernährung führt.
- Die Spar- und Investitionstätigkeit ist gering, ebenso die Arbeitsproduktivität.
- Der Anteil der Industrieproduktion am BIP ist niedrig, ein großer Teil der Bevölkerung ist in der Landwirtschaft tätig. Die Arbeitslosigkeit ist hoch.
- Die Infrastruktur (Verkehrswege, Wasser- und Energieversorgung, Bildungs-, Gesundheitswesen, Rechtsordnung, Verwaltung etc.) ist unterentwickelt.
- Die Gesundheitsversorgung ist unzureichend, die Kindersterblichkeit ist groß und die Lebenserwartung gering (in Sierra Leone beispielsweise liegt sie bei ca. 60 Jahren).
- Die Geburtenrate ist hoch und trotz der hohen Sterberate ergibt sich ein starkes Bevölkerungswachstum.
- Der Anteil des Analphabetismus unter der erwachsenen Bevölkerung ist hoch. Die Stellung der Frau in der Gesellschaft ist gering. Die Möglichkeiten des sozialen Aufstiegs der Menschen sind schlecht.
- Die Wirtschaftsstruktur ist durch große Gegensätze geprägt. Industrialisierte Regionen und modernste Verfahren stehen unterentwickelten Regionen und vorindustriellen Methoden gegenüber. Man spricht vom Dualismus (Beispiel: Smartphone und Maultier).
- Die Einkommens- und Vermögensverteilung ist sehr ungleichmäßig. Die Elite lebt im Luxus. Sie bewohnt abgeschirmte Wohnviertel mit erstklassigen Straßen, Schulen und Krankenhäusern.

Ursachen der Unterentwicklung

Fragt man nun nach den Ursachen des oben beschriebenen Zustands der »Unterentwicklung«, so stößt man auf eine lange Liste von teilweise miteinander verbundenen Entwicklungshemmnissen. Wir werden im Folgenden die wichtigsten davon diskutieren.

Ungenügende Kapitalbildung

An erster Stelle wird häufig die *ungenügende Kapitalbildung* genannt. Die Argumentation lautet so: Um die Armut in den Entwicklungsländern zu bekämpfen, muss deren Produktion erhöht werden. Das gelingt nur durch den Einsatz von Kapital, also Maschinen, Fabrikgebäude etc. Die wichtigste Quelle der Finanzierung von Kapitalgütern aber ist – neben der Auslandsverschuldung – die inländische Ersparnis. Und Ersparnis bedingt Konsumverzicht, was angesichts eines ohnehin niedrigen Lebensstandards schwer fällt. Daraus resultiert ein *Teufelskreis der Armut*. Weil ein Land über wenig Kapital verfügt, ist es arm, und weil es arm ist, kann es wenig Kapital bilden.

Bisweilen wird hieraus gefolgert, Entwicklungsländern könne nur mit geschenktem Geld aus dem Ausland geholfen werden. Das ist indes zu bezweifeln. Denn erstens gibt es in jedem Land eine Mittel- und Oberschicht, die durchaus sparen kann. Zweitens sparen auch arme Leute, allerdings eben nur, wenn sie Aussicht haben, damit ihr Leben zu verbessern. Zum Beispiel investieren nur die Landwirte, die eigenes Land besitzen, in Geräte oder Saatgut. Auch wird gespartes Geld nur dann zur Bank gebracht, wenn man dieser vertraut. Das ist aber oft nicht der Fall. Die Funktionsfähigkeit der Kapitalmärkte in Entwicklungsländern ist vielfach eingeschränkt. Deshalb kommt die notwendige Verbindung zwischen Sparern und Investoren nicht zustande, investitionsbereite Unternehmen erhalten keine Kredite. Auch können falsche wirtschaftspolitische Anreize – etwa die staatliche Förderung unrentabler Unternehmen – dazu führen, dass Kapital in unproduktive Verwendungen gelenkt wird. Schließlich sei noch an die vielen Geschichten erinnert, die von der Verschwendung in- und ausländischen Kapitals (für Paläste, Flughäfen, Staudämme etc.) durch die Regierungen in Entwicklungsländern erzählen.

Mangelnde Funktionsfähigkeit der Kapitalmärkte

Zweifellos verschärft ein *starkes Bevölkerungswachstum* das Armutsproblem. Seit dem Jahr 1950 hat sich die Weltbevölkerung auf über 8 Milliarden mehr als verdreifacht. Wie Tabelle 11-1 zeigt, tragen vor allem die Entwicklungsländer zu diesem Wachstum bei.

Starkes Bevölkerungswachstum

Jahr	1750	1800	1850	1900	1950	2000	2030
Europa/ Nordamerika	165	210	302	490	712	1.040	1.129
Lateinamerika/ Afrika/Asien/ Ozeanien	626	768	960	1.160	1.810	5.090	7.382
Weltbevölkerung	791	978	1.262	1.650	2.521	6.130	8.511

Tab. 11-1: Wachstum der Weltbevölkerung nach Regionen (in Millionen)
Quellen: The World at Six Billion, United Nations, 1999 Table 2; United Nations, World Population Prospects: The 2022 Revision

Wer viele Kinder hat – das weiß jede kinderreiche Familie – kann weniger sparen und investieren. Dadurch wächst die gesamtwirtschaftliche Produktion langsamer als die Bevölkerung. Das Pro-Kopf-Einkommen sinkt und damit die Kapitalbildung.

Entwicklungsländer haben häufig mit *negativen Rahmenbedingungen* zu kämpfen. So leiden etwa viele dicht bevölkerte Regionen (wie Bangladesch, Java, Philippinen oder Pakistan) unter einem starken Mangel an fruchtbaren Böden. Oftmals ist die Umwelt schwer beschädigt, teilweise aufgrund von Naturkatastrophen, teilweise aber auch durch menschliches Verschulden: Wälder werden in beängstigendem Tempo abgeholzt, Überschwemmungen sind die Folge und die Wüste dringt vor. Die fortschreitende Bodenerosion bedroht die Lebensmittelproduktion. Die von Forschern befürchtete *ökologische Katastrophe* auf der Welt ist in einer Reihe von Entwicklungsländern (z.B. Nepal, Bangladesch, Haiti, Nordafrika, Äthiopien, Somalia, Burundi, Ruanda, im Sahel) schon Realität. Hinzu kommt eine manchmal extreme Luft- und Wasserverschmutzung.

Zusätzliche entwicklungshemmende Faktoren

Als weitere entwicklungshemmende Faktoren lassen sich die schlechte Gesundheit, die unzureichende Ausbildung (selbst in Indien können erst 50 Prozent der Frauen lesen und schreiben) und der Mangel an unternehmerischem Know-how nennen. Oft verhindert auch eine schlechte staatliche Wirtschaftspolitik, dass die verfügbaren Ressourcen bestmöglich genutzt werden. Wo Politiker und Beamte eigenmächtig und ohne wirksame Kontrollinstanzen über die Erteilung von Lizenzen oder die Subventionierung von Investitionen entscheiden, besteht erfahrungsgemäß auch die Gefahr der Korruption.

Der Staat setzt falsche Preissignale. Beispiel: Trinkwasser

Ein anschauliches Beispiel für eine ineffiziente Nutzung von Ressourcen bildet die staatlich reglementierte Trinkwasserversorgung. Wasser wird in Entwicklungsländern oft stark verbilligt abgegeben. Die Folgen einer solchen »Höchstpreispolitik« sind bekannt (siehe Kapitel 3.14): Die Nachfrage nach Wasser steigt übermäßig, es wird regelrecht verschwendet. Die Wasserwerke hingegen, die unter den niedrigen Preisen leiden, investieren zu wenig in Wasseraufbereitungsanlagen. Leitungsnetze werden nicht gewartet und verrotten, sodass die Hälfte des Trinkwassers versickert. Wasserleitungsbrüche führen zu Unterbrechungen der Wasserzufuhr. Die Ärmsten, die dem Leitungsnetz am schlechtesten angeschlossen sind, müssen privat angebotenes Wasser kaufen, das etwa in Lateinamerika bis zu 100-mal so viel kostet wie Leitungswasser.

Ein großes Problem, verursacht durch die Politik, ist die extrem *ungleiche Landverteilung* zugunsten der Großgrundbesitzer. Landarbeiter ohne Landrecht bekommen keine Kredite und können deshalb kaum Geräte und Dünger kaufen. Entsprechend niedrig sind die Erträge.

In einigen der am wenigsten entwickelten Ländern (vor allem in Afrika südlich der Sahara) ist schließlich beobachtbar, dass der Staat Recht und Ordnung nicht mehr aufrechterhalten kann. Die Infrastruktur zerfällt, es entstehen rechtsfreie Räume mit kriminellen Gangs, Kriegsherren und Kindersoldaten. Man spricht hier von *gescheiterten Staaten (Failed States)*. Ohne die Prinzipien einer guten Regierungsführung, die vor allem die Prinzipien der Demokratie, Rechtsstaatlichkeit, Marktwirtschaft, Effizienz, Verantwortlichkeit, Verwaltungstransparenz, Partizipation und Gerechtigkeit beinhalten – 1992 wurde hierfür der Begriff der »Good Governance« von der Weltbank geprägt –, wird es aller Wahrscheinlichkeit nach keine nachhaltige Lösung der Probleme von zerfallenden Staaten geben.

11.4 Werden die Entwicklungsländer ausgebeutet?

Dependenztheorie

Neben den beschriebenen Ursachen der Unterentwicklung gibt es weitere, von »außen« stammende Einflussfaktoren. Die so genannte *Dependenztheorie* bzw. Abhängigkeitstheorie vertritt die These, dass die europäischen Länder in ihren ehemaligen Kolonien – mehr als 100 Entwicklungsländer waren früher Kolonien – eine für sie (die Kolonialherren) günstige »komplementäre« Wirtschaftsstruktur etabliert haben. Insbesondere seien die Kolonien als Rohstofflieferanten missbraucht worden. Dadurch habe sich für diese Länder eine sehr nachteilige Außenhandelsstruktur ergeben. Denn die Nachfrage nach den von ihnen exportierten Grundstoffen und Nahrungsmitteln expandiert relativ langsam, während der Bedarf an den importierten Industrieprodukten (Kapital- und Konsumgütern) stark wächst. Die damit tendenziell verbundene Abwertung der Entwicklungsländer-Währungen führt (nach Ansicht der Dependenztheoretiker) zu einer Verbilligung der heimischen Produkte auf den Weltmärkten und einer Verteuerung der ausländischen Produkte auf dem Heimatmarkt.

Verschlechterung der Terms of Trade

Das heißt, die *Terms of Trade* der Entwicklungsländer verschlechtern sich (siehe Kapitel 9). Empirische Studien haben indes ergeben, dass sich die These von der Terms-of-Trade-Verschlechterung der Entwicklungsländer nicht durchgängig aufrechterhalten lässt. Hingegen ist weitgehend unstrittig, dass die Entwicklungsländer hohe Preisschwankungen bei ihren Exportprodukten (wie z. B. Rohkaffee und Metalle) hinnehmen müssen, wodurch ihre Exporteinnahmen instabil sind. Auch ist offensichtlich, dass aufgrund ihrer einseitigen Produktionsstruktur wirtschaftliche Abhängigkeiten der wenig entwickelten Länder von den Industrieländern bestehen.

Instabilität der Exporteinnahmen

Vor dem Hintergrund der Dependenztheorie werden von Kritikern *weitere Vorwürfe* gegenüber den reichen Ländern erhoben:

Weitere Probleme

- Ihre Regierungen – wie auch die großen internationalen Organisationen IWF und Weltbank sowie multinationale Konzerne – stützten auf vielfältige Weise ausbeuterische Machteliten in den Entwicklungsländern. Damit würden entwicklungshemmende Strukturen erhalten.
- Gewaltherrscher würden international als Regenten anerkannt. Sie dürften im Namen des Landes und seiner Bewohner Kredite aufnehmen und Rohstoffe rechtsgültig verkaufen. Das erworbene Geld (das sie oft für Waffenkäufe in den reichen Ländern verwenden) hilft ihnen, an der Macht zu bleiben.
- In Kooperation mit nationalen Regierungen und bestochenen Offiziellen würden natürliche Ressourcen geplündert (so etwa bei den Waldrodungen in Malaysia oder Indonesien).
- *Externe Umweltkosten* von ungeheurem Ausmaß würden von den reichen auf die armen Länder überwälzt. Der Klimawandel, die Überfischung der Meere oder die Verknappung des Trinkwassers sind zum größten Teil von den wohlhabenderen Ländern verursacht, die Menschen in Entwicklungsländern sind aber am stärksten davon betroffen.
- Die problematische Lage der Entwicklungsländer wird durch den *Protektionismus* der Industrieländer verschärft. Zwar wurden im Zuge der WTO-Verhandlungen viele Handelshemmnisse weltweit abgebaut. Die Agrarmärkte der reichen Länder sind aber weiterhin vor Importen aus Entwicklungsländern abgeschirmt. Hinzu kommt, dass vor allem die EU und die USA die Weltmarktpreise für Nahrungsmittel und Baumwolle mit Subventionen an ihre Landwirtschaft nach unten drücken. Der Agrarprotektionismus trifft die ärmsten Länder besonders hart, da sie oftmals gerade bei Agrarprodukten komparative Vorteile haben.
- Nicht zuletzt wird den reichen Ländern vorgeworfen, die Entwicklungsländer durch *riesige Auslandsschulden* abhängig zu halten und finanziell »auszuquetschen«. Das bremse die wirtschaftliche Entwicklung der armen Länder seit Jahrhunderten.

Wie man auch immer diese Argumente einschätzt: Es ist klar, dass neben den beschriebenen endogenen Faktoren wie Kapitalmangel, unzureichenden Kapitalmärkten, Bevölkerungswachstum, mangelhafter Infrastruktur, Korruption etc. auch äußere Faktoren nicht unwesentlich zur nachteiligen Position der Entwicklungsländer beigetragen haben.

11.5 Was die Rohstoffpreise bewegt oder die Geschichte vom bösen Weizen-Zocker

In der Vergangenheit sind die Weltmarktpreise für Rohöl, Industrierohstoffe sowie Nahrungsmittel zum Teil drastisch gestiegen. Auch waren bzw. sind starke Preisschwankungen beobachtbar. Diese Entwicklungen werden in Politik und Medien häufig für den Hunger in der Welt mit verantwortlich gemacht, wobei vor allem den Spekulanten an den Rohstoffmärkten die Schuld zugewiesen wird. Vor diesem Hintergrund möchten wir in diesem Modul folgende drei Fragen untersuchen:

Erstens, *welche* Rohstoffe gibt es überhaupt? Zweitens, *wer* agiert *wie* auf den Rohstoffmärkten? Und drittens, *was* beeinflusst die Preisentwicklung von Rohstoffen? Im Zuge dessen werden wir auf die Rolle der Spekulation näher eingehen.

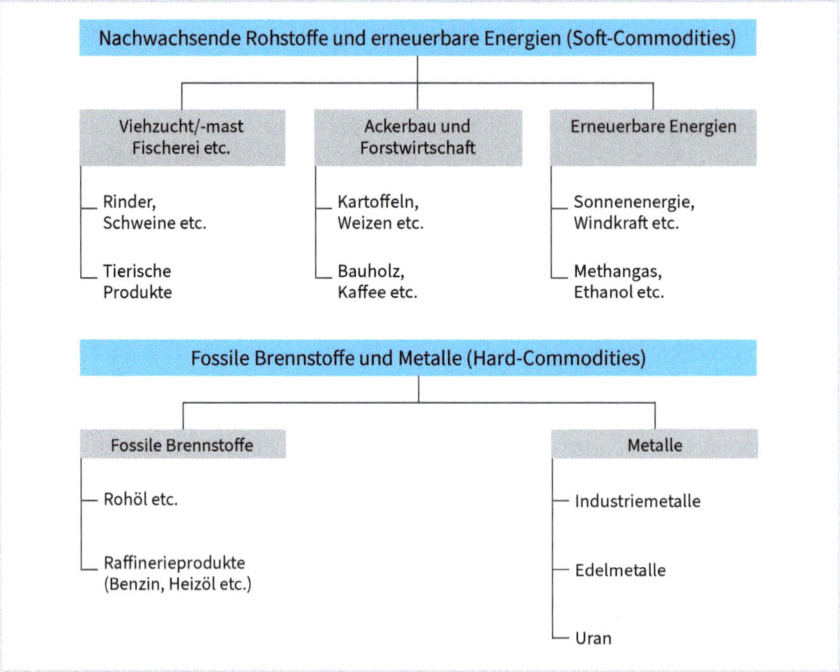

Abb. 11-2: Übersicht Rohstoffe

Die *erste Frage* wird in Abbildung 11-2 beantwortet. Rohstoffe lassen sich unterteilen in nachwachsende Rohstoffe und erneuerbare Energien (Soft-Commodities) sowie fossile Brennstoffe und Metalle (Hard-Commodities). Interessanter und erklärungsbedürftiger ist die *zweite Frage*: Wer sind die Akteure auf den Rohstoffmärkten, und welche Motive und Strategien verfolgen sie?

Commercials

Rohstoffe werden an Kassa- und Terminbörsen gehandelt

Grundsätzlich sind zwei Teilnehmergruppen zu unterscheiden, nämlich die originären Nutzer und eine zweite Gruppe, die Finanzinvestoren. Zu den originären Nutzern – man bezeichnet sie als *Commercials* – gehören die Rohstoffproduzenten, also z. B. Bergbauunternehmen, Ölfördergesellschaften und Agrarproduzenten. Sie treten als Anbieter auf. Rohstoff-Nachfrager sind Lebensmittelkonzerne, Stahlwerke, Raffinerien etc. Plattform des Rohstoffhandels sind in den meisten Fällen spezielle Rohstoffbörsen (*Kassabörsen*). Sie bieten den Beteiligten effiziente Möglichkeiten, ihre Waren in großen Mengen rund um das Jahr umzuschlagen. Außerdem findet bei vielen Rohstoffen ein reger *Terminhandel* statt.

Der Handel mit Terminkontrakten ermöglicht es den Marktakteuren, sich gegen die Risiken abzusichern, die sich für sie aus der unabsehbaren zukünftigen Preisentwicklung ergeben. So wird beispielsweise ein Weizenproduzent, der einen Preisverfall erwartet, Future-Kontrakte auf Weizen verkaufen. Sie verpflichten den Käufer zu einem zukünftigen Zeitpunkt zur Abnahme des Weizens zu dem gegenwärtig herrschenden bzw. in dem Future fixierten Preis. Das zentrale Motiv für Termingeschäfte ist für Commercials also die *Absicherung* (Hedging).

Non-Commercials

Die zweite wichtige Teilnehmergruppe an den Rohstoffmärkten sind die *Non-Commercials* (»Financials«). Es handelt sich hierbei insbesondere um so genannte Money Manager (Rohstoffhändler) und Fondsmanager. Diese Akteure handeln vielfach im Auftrag institutioneller Anleger wie Versicherungsgesellschaften oder Pensionskassen (siehe Kapitel 8). Sie haben überhaupt kein Interesse an den Rohstoffen selbst, sondern allein an einer möglichst hohen Gewinnerzielung. Deshalb betreiben sie nahezu ausschließlich Termingeschäfte. Ihr Motiv ist die (Termin-)*Spekulation* und sie treten dabei häufig als Transaktionspartner der an Absicherung interessierten Commercials auf.

Absicherung mit Futures

In unserem Beispiel des Weizenproduzenten werden beide Parteien abwarten, wie sich der Weizenpreis am Kassamarkt bis zur Fälligkeit des Futures entwickelt. Dann werden sie eine Verrechnung vornehmen: Ist der Kassapreis (Spot-Preis) tatsächlich gesunken – wie vom Produzenten erwartet –, zahlt der Käufer des Futures (Spekulant) die Differenz zwischen dem im Future fixierten Preis und dem Spot-Preis. Der Produzent muss seinen Weizen zwar zum gegenwärtig tiefen Preis auf dem Kassamarkt verkaufen, aber für die mit dem Future abgesicherte Menge erhält er eine Ausgleichszahlung. Ist der Preis dagegen gestiegen – wie vom Spekulanten erwartet – zahlt der Weizenproduzent dem Future-Käufer die Differenz. Dafür erhält er am Kassamarkt den hohen Preis für seinen Weizen. Unterm Strich bleiben dem Produzenten in jedem Fall genauso viel Einnahmen, als wenn sich der Weizenpreis nicht bewegt hätte.

Spekulation mit Futures

Genau genommen wird unser Spekulant seinen Kontrakt vermutlich gar nicht bis zum Fälligkeitstag aufrechterhalten. Wenn nämlich der Weizenpreis steigt, so erhöht sich entsprechend auch der Kurs des Futures. Immerhin erhält der Käufer den Weizen ja zu einem niedrigeren Preis, als er aktuell am Markt kostet. Der Future hat ganz simpel gesagt einen Gewinn aufgebaut. Lediglich um diesen Wertzuwachs geht es einem auf steigende Weizenpreise spekulierenden Anleger. Deshalb schließt er zusätzlich zum bestehenden Kauf den Verkauf eines Futures mit identischer Fälligkeit ab, und zwar angesichts des inzwischen gestiegenen Weizenpreises zu einem höheren Kurs. Man nennt dies *Glattstellung*. Die Börse saldiert Kauf- und Verkaufspreis und schreibt dem Spekulanten den Gewinn auf seinem Konto gut. Erwähnt sei an dieser Stelle noch, dass – anders als von der Öffentlichkeit intuitiv angenommen – an den Märkten keineswegs nur auf höhere Rohstoffpreise spekuliert wird. Käufer von Futures machen bei steigenden Preisen Gewinn, Verkäufer aber bei fallenden Preisen. Will man den Einfluss der Terminspekulanten auf die Kassapreise analysieren, sollte man deshalb nicht auf den Preistrend achten, sondern auf die Schwankung (*Volatilität*) der Preise.

Einflussfaktoren der Rohstoffpreisentwicklung

Kommen wir nun zur *dritten Frage*: Was beeinflusst die Entwicklung der Kassapreise (nur um diese geht es) von Rohstoffen? Als wichtigste Einflussgröße der Rohstoffpreise wird üblicherweise das *Wirtschaftswachstum* angesehen, vor allem in den bevölkerungsreichen Schwellenländern wie China, Indien oder Brasilien. Das Wirtschaftswachstum in diesen Ländern treibt unter anderem die Nachfrage nach Energieträgern und industriell benötigten Rohstoffen. Zunehmender Wohlstand geht mit einer stärkeren Nachfrage nach Agrarrohstoffen einher, etwa durch höheren Fleischkonsum. Zu Preiserhöhungen kommt es, weil die Produktion von Rohstoffen der steigenden Nachfrage häufig nur mit Verzögerung bzw. nur unzureichend folgen kann. Bau und Inbetriebnahme etwa einer neuen Kupfermine erfordern Jahre. Das Angebot an Nahrungsmitteln lässt sich kurzfristig nicht beliebig steigern. Ausgerechnet in den Ländern, die schon jetzt ihre Bevölkerung kaum ernähren können, erschweren der fortschreitende Wassermangel und knappe Ackerflächen die landwirtschaftliche Produktion. Laut den Vereinten Nationen ist Wasserknappheit vor allem in Südostasien, Zentralafrika und den Maghreb-Staaten ein Riesenproblem, das sich zukünftig weiter verschärfen wird.

Der Einfluss der Spekulation

Und welchen Einfluss haben die Spekulanten? Wie gesagt, agieren Spekulanten in erster Linie an den Terminmärkten. Einfluss auf die reale Wirtschaft nehmen sie nur, wenn ihre Termingeschäfte auf den jeweils aktuellen Preis für einen Rohstoff (Kassapreis) durchschlagen. Das ginge, wenn – für den Fall eines preistreibenden Einflusses – wegen der Termingeschäfte das Angebot an Rohstoffen durch Lagerbildung oder durch eine geringere Produktion verknappt würde. Diesbezüglich gibt es Gerüchte über im Besitz von Investmentbanken befindliche Öltanker, die angeblich monatelang auf den Ozeanen herumgefahren sind. Insgesamt wird diese Thematik nach wie vor kontrovers diskutiert (siehe »Nachgehakt«). Eine langfristig schädliche Wirkung der Finanzspekulation ist indes nicht erwiesen.

Nachgehakt

Sind die Spekulanten schuld am Hunger in der Welt?
Das Thema Spekulation mit Agrarrohstoffen bzw. Nahrungsmitteln wird seit Jahren kontrovers diskutiert. Sind die Spekulanten schuld an den in den Jahren 2007/08 und 2010/11 beobachteten dramatischen Preissteigerungen bei landwirtschaftlichen Rohstoffen?

Banken und andere Investoren an den Rohstoffmärkten stellen dies häufig in Abrede. Sie sehen Preissteigerungen bei Lebensmitteln (Mais, Weizen, Kartoffeln, Reis) primär als Folge wachsender Nachfrage im Zuge des Bevölkerungswachstums sowie eines zunehmenden Lebensstandards in den Schwellenländern. Als weiterer Faktor wird die staatlich subventionierte Nutzung von Biokraftstoffen genannt. Verschärft würde das Problem durch ein unzureichendes Angebotswachstum aufgrund verschlechterter globaler Wetterbedingungen sowie zu geringer Investitionen in die landwirtschaftliche Produktion und deren Lieferketten.

Gestützt werden die Verteidiger spekulativer Rohstoffinvestments durch verschiedene empirische Untersuchungen. Wissenschaftler des Leibnitz-Instituts für Agrarentwicklung an der Universität Halle haben 2012 die Ergebnisse von 35 in den vorhergehenden drei Jahren veröffentlichten Analysen in einer Metastudie zusammengefasst. In der Mehrzahl der Untersuchungen konnte demnach kein Zusammenhang zwischen der Spekulation und den Rohstoff- bzw. Lebensmittelpreisen nachgewiesen werden. Nach landläufiger Meinung ist dafür entscheidend, dass die Investoren ja (überwiegend) keine realen Rohstoffe kaufen oder verkaufen, sondern nur Terminkontrakte. Die Befürworter der Spekulation mit Agrarrohstoffen betonen demgegenüber die Vorteile von Agrar-Finanzprodukten. Unbestritten bieten die an den Rohstoffmärkten getätigten Termingeschäfte sowohl Landwirten wie auch der Lebensmittelindustrie mehr Sicherheit gegen Preisschwankungen

Verbraucherschutz- und Entwicklungsorganisationen wie Foodwatch oder Oxfam, ähnlich die Weltbank und die Vereinten Nationen, sehen das jedoch anders. Ihrer Ansicht nach lassen sich Preisblasen am Agrarmarkt nicht allein durch Fundmentalfaktoren wie niedrige Lagerbestände oder die Verwendung von Getreide für Treibstoff erklären. Vielmehr würden die Rohstoffpreise durch spekulative Finanzinvestitionen getrieben, deren quantitative Bedeutung sich seit den 1990er-Jahren immens erhöht hat. Denn die Spekulation an den Terminmärkten habe sehr wohl Einfluss auf die Kassapreise – also die jeweils aktuellen Preise der realen Güter. Wenn mehr Akteure – so die Überlegung – auf Kauf statt auf Verkauf spekulieren, dann steigt der Terminpreis. Und wenn der Preis für Getreide in, zum Beispiel, drei Monaten deutlich höher ist als gegenwärtig, dann wird kein vernünftiger Produzent oder Händler heute billiger verkaufen. Das heißt: Spekulative Blasen an den Terminmärkten können sich durchaus auf die tatsächlichen Lebensmittelpreise übertragen, mit eventuell fatalen Folgen für die Ernährungslage in den Entwicklungsländern.

Auf den Punkt gebracht

Umweltzerstörung und Armut bilden zentrale Probleme der Menschheit. Die grundlegende Ursache der Umweltschädigung besteht darin, dass der Preismechanismus bei Umweltgütern vielfach versagt. Als effizientestes Konzept zur Bewältigung der Umweltproblematik gilt deshalb die Internalisierung externer Umwelteffekte. Hierfür existiert eine Reihe von wirksamen Maßnahmen. Im Vergleich dazu sind die Ursachen von Armut und Unterentwicklung sehr vielschichtig. Eine große Rolle spielen zweifellos die ungenügende Kapitalbildung, die mangelnde Funktionsfähigkeit der Kapitalmärkte, das hohe Bevölkerungswachstum, die unzureichende Ausbildung, Korruption und Machtmissbrauch sowie eine schlechte Infrastruktur in den betroffenen Entwicklungsländern. Aber auch die Industrieländer stehen historisch in der Verantwortung. Der Vorwurf, dass die Finanzspekulation an den Rohstoffmärkten dauerhaft Preissteigerungen bei Nahrungsmitteln auslöst und damit die Armut in den Entwicklungsländern verschärft, ist nach wie vor Gegenstand kontroverser Diskussionen.

11.6 Das Interview: Michael Berlemann

Michael Berlemann (geb. 1968) ist seit Juli 2007 Professor für Volkswirtschaftslehre, insbesondere Politische Ökonomie und Empirische Wirtschaftsforschung an der Helmut-Schmidt-Universität Hamburg. Seit März 2022 ist er zudem wissenschaftlicher Direktor des Hamburgischen WeltWirtschaftsInstituts, HWWI.

Herr Professor Berlemann, ein erheblicher Teil ihrer Forschung ist der Frage gewidmet, wie sich der Klimawandel und die damit einhergehenden Extremwetterereignisse und Naturkatastrophen auf die wirtschaftliche Entwicklung auswirken. Lassen sich Ihre Ergebnisse in einer überschaubaren Antwort zusammenfassen?
Der Prozess der globalen Erwärmung geht tatsächlich mit einem Anstieg der Häufigkeit oder der Stärke von verschiedenen Extremwetterereignissen wie Niederschlägen, Dürren, Stürmen oder Überflutungen einher. Die Wachstumstheorie sagt an sich voraus, dass nach einem Katastrophenereignis die Sparquote zunehmen und die betroffene Region nach einer Transitionsphase wieder auf ihren ursprünglichen Entwicklungspfad zurückkehren wird. Teilweise herrschte sogar die Vorstellung vor, Naturkatastrophen könnten zu einer Erneuerung des Kapitalstocks und der Infrastruktur führen und somit zusätzliche Wachstumsimpulse auslösen. In einem Teil meiner empirischen Arbeiten zeige ich, dass es leider genau umgekehrt ist. Insbesondere starke Naturkatastrophen hinterlassen typischerweise dauerhafte negative Wachstumseffekte, insbesondere in Ländern auf niedrigen Entwicklungsständen. Das liegt vor allem daran, dass Menschen sich an Katastrophenrisiken adaptieren, z. B. indem sie aus der betroffenen Region wegziehen, weniger Kapitalstock aufbauen oder ihr Fertilitätsverhalten anpassen.

Es gibt verschiedene Instrumente der Umweltpolitik: unter anderem Steuern auf umweltschädliche Aktivitäten, den Emissionshandel, neuerdings Klimaschutzverträge. Welches Instrument ist das aus Ihrer Sicht wirksamste?
Wir haben leider eine Vielzahl von Umweltproblemen und demgemäß lässt sich auch nicht generalisierend sagen, welches umweltpolitische Instrument das beste ist. Um dem Problem der globalen Erwärmung entgegenzutreten, ist das sinnvollste Instrument die $C0_2$-Bepreisung über einen Emissionshandel. Diese Lösung ist technisch relativ einfach umzusetzen und sorgt für effiziente Anpassungsreaktionen von Unternehmen und Haushalten. Zudem kann das geduldete Emissionsvolumen aktiv über die Zeit gesteuert werden. Werden die Zertifikate durch Auktion in den Markt gegeben, so können und sollten die Einnahmen zur Abfederung sozialer Härten aus den sich ergebenden Preiserhöhungen genutzt werden.

Professor Hans-Werner Sinn schreibt in einem Beitrag für die F.A.Z. offensichtlich bewusst überspitzt: »Wer einen Verbrenner fährt, schont das Klima, doch wer ein Elektroauto fährt, beschleunigt den Klimawandel ...«. Können Sie diese Aussage nachvollziehen?
Die Aussage von Herrn Sinn ist vielleicht überpointiert, aber seine Argumentationskette auch schon etwas komplexer, als es wirken mag, wenn man sie aus dem Kontext entfernt. Eigentlich wendet sich Herr Sinn hier ja gegen die Vorstellung, wir würden in Deutschland vom Rest der Welt isoliert handeln können. Wenn wir weniger Öl nachfragen, sinkt der Ölpreis und die Nachfrage nach Öl aus anderen Ländern wird steigen. Am Ende ist dann genauso viel Öl verbraucht wie zuvor. Wenn gleichzeitig dann noch viele Elektroautos fahren, die Stromerzeugung aus erneuerbaren Energien zum Betrieb der Fahrzeuge aber nicht ausreicht, dann müssen wir zur Stromerzeugung wieder auf fossile Energien zurückgreifen. Das wäre dann kein Gewinn. So weit sein Argument. Ich würde aber hinzufügen wollen, dass es letztlich daran hängt, ob es uns gelingt, schnell genug unsere Energieproduktion aus erneuerbaren Energien zu steigern. In erneuerbare Energien wird umso eher investiert, je größer und sicherer die Nachfrage ist. Diesen Effekt sollte man nicht vergessen.

Letzte Frage: Was können die westlichen Industrieländer tun, um die Armut (und die damit verbundenen weiteren Probleme) im globalen Süden zu lindern? Mehr Entwicklungshilfe leisten, oder?
Vorab: ich halte es für dringend angezeigt, dass hoch entwickelte Staaten weniger entwickelte Staaten bei ihrer Entwicklung unterstützen. Immerhin sind wir dadurch, dass wir viele Entwicklungsstaaten von unseren Märkten ausschließen oder sie zumindest gegenüber heimischen Staaten benachteiligen, nicht ganz unschuldig an den existierenden Entwicklungsunterschieden. Allerdings bedeutet ein Mehr an Entwicklungshilfe im Sinne von mehr Geld alleine nicht unbedingt immer einen Fortschritt. Häufig versackt ein erheblicher Teil der Hilfe in korrupten Administrationen oder landet bei einer kleinen Elite. Wenn wir also helfen, sollten wir dabei auch verfolgen können, wie das Geld eingesetzt wird.

Herr Professor Berlemann, wir danken Ihnen für dieses Gespräch.

Schlüsselbegriffe

- Umwelt
- Umweltprobleme
- externe Umwelteffekte
- umweltpolitische Instrumente
- Internalisierung externer Effekte
- Coase-Theorem
- Umwelthaftung
- Umweltauflagen
- Pigou-Steuer
- Emissionshandel
- Energiepolitik
- Entwicklungsländer
- Unterentwicklung
- Dependenztheorie
- Rohstoffmärkte
- Commercials
- Non-Commercials
- Absicherung (Hedging)
- Futures
- Spekulation

Kontrollfragen

1. *Warum kommt es zu Umweltproblemen?*
2. *Wodurch ist eine optimale Umweltpolitik aus ökonomischer Sicht gekennzeichnet und welche umweltpolitischen Instrumente stehen zur Verfügung? Beurteilen Sie auch deren jeweilige Effizienz.*
3. *Welche wirtschaftlichen Probleme haben Entwicklungsländer? Wie würden Sie eine erfolgreiche Entwicklungszusammenarbeit mit diesen Ländern gestalten?*
4. *Beschreiben Sie die Dependenztheorie. Was spricht für die Theorie, was dagegen?*
5. *Erläutern Sie, wie sich ein Agrarproduzent mittels Futures gegen einen Preisrückgang absichern kann. Wie beurteilen Sie derartige Spekulationsgeschäfte?*

Literaturhinweise

Beike, R.; Schlütz, J.: Finanznachrichten lesen – verstehen – nutzen, 7. Aufl., Stuttgart 2024

Hartwig, K.-H.: Umweltökonomie, in: Vahlens Kompendium der Wirtschaftstheorie und Wirtschaftspolitik, Band 2, 9. Aufl., München 2012

Hemmer, H.-R.: Wirtschaftsprobleme der Entwicklungsländer, Eine Einführung, 3. Aufl., München 2002

Landes, D.S.: Wohlstand und Armut der Nationen, 6. Aufl., Berlin 2009

Müller, C.: Nachhaltige Ökonomie, Berlin/Boston 2015

Sinn, H.-W.: Das grüne Paradoxon, Sargans 2020

Glossar

Abwertung: Rückgang des Außenwertes einer Währung.

Abgeltungssteuer: Steuer auf Kapitalerträge, die einkommensunabhängig mit einem einheitlichen Steuersatz erhoben wird.

Allokation: Aufteilung des vorhandenen Bestandes an Produktionsfaktoren in einer Volkswirtschaft auf die Produktion verschiedener Güter.

Alternativenergie: Sich erneuernde und im Gegensatz zu fossilen Energieträgern und Kernbrennstoffen nicht erschöpfbare Energieformen. Sie gelten als klimaverträglich, da mit ihrer Nutzung geringere Umweltbelastungen verbunden sind. Erneuerbare Energien sind Sonnenenergie, Wind- und Wasserenergie, auch geothermische Energie oder Energie aus Biomasse.

Angebotsökonomik: Wirtschaftstheoretischer bzw. -politischer Ansatz, der die Bedeutung des gesamtwirtschaftlichen Angebots für die Funktionsweise der modernen Marktwirtschaft hervorhebt. Die Vertreter der Angebotsökonomik plädieren für einen Rückzug des Staats aus der Wirtschaft.

Akkumulation: Bedeutet eine ständige Erhöhung des Kapitalbestandes einer Volkswirtschaft. Sie wurde zuerst von D. Ricardo als eine wichtige Bedingung für das Wirtschaftswachstum genannt.

Anlagevermögen: Volkswirtschaftlich versteht man darunter den Teil des Vermögens, der reproduzierbares Sachvermögen in Form dauerhafter Produktionsmittel der Unternehmen, des Staates und der privaten Organisationen ohne Erwerbszweck darstellt.

Äquivalenzprinzip: Ganz allgemein ist das Äquivalenzprinzip dann erfüllt, wenn sich Leistung und Gegenleistung entsprechen. Es ist als Grundprinzip von Versicherungen, aber auch als wichtiges Besteuerungsprinzip bedeutsam.

Arbeitslosengeld: In Deutschland seit Anfang 2005 anstelle des bis dahin gezahlten Arbeitslosengelds gewährte Lohnersatzleistung im Rahmen der Arbeitslosenversicherung in Höhe von 60 bis 67 Prozent des letzten Nettoarbeitsentgelts. Die Bezugsdauer beträgt zwischen sechs und 12 Monaten, bei älteren Arbeitslosen bis zu 24 Monaten.

Arbeitslosengeld II: Frühere Bezeichnung für das Bürgergeld, eine Grundsicherungsleistung des deutschen Staates für erwerbsfähige Hilfsbedürftige. Das Bürgergeld ist für Erwerbsfähige eine Zusammenlegung der bis dahin gezahlten Arbeitslosenhilfe und Sozialhilfe, wobei letztere für Nicht-Erwerbsfähige als Fürsorgeleistung weiterhin existiert.

Arbitrage: Ausnutzung von Preisdifferenzen bei einem Gut auf verschiedenen Märkten. Arbitrageure kaufen zum niedrigen und verkaufen zum höheren Preis, sodass sich ein einheitlicher Preis bildet.

Attac: Attac ist die französische Abkürzung für »Vereinigung zur Besteuerung von Finanztransaktionen im Interesse der BürgerInnen«. Laut eigenen Angaben setzt sich die Organisation dafür ein, »dass die Verbesserung der Lebensbedingungen der Menschen … und der Schutz der Umwelt die vorrangigen Ziele von Politik und Wirtschaft sein sollten«. Attac dringt besonders darauf, die internationalen Finanzmärkte zu reglementieren.

Aufwertung: Anstieg des Außenwertes einer Währung.

Außenbeitrag: Teil der Leistungsbilanz, welcher den wertmäßigen Saldo von Güterexporten und Güterimporten ausweist. Der Außenbeitrag zum Inlandsprodukt entspricht dem Saldo der zusammengefassten Handels- und Dienstleistungsbilanz. Nach Hinzurechnung der grenzüberschreitenden Erwerbs- und Vermögenseinkommen entsteht der Außenbeitrag zum Nationaleinkommen.

Außenwert: Der Außenwert wird durch den Wechselkurs in Mengennotierung gemessen, beispielsweise Dollar pro Euro.

Außenwirtschaftspolitik: Gesamtheit aller Maßnahmen zur Beeinflussung und Steuerung des Außenwirtschaftsverkehrs. Dieser beinhaltet den grenzüberschreitenden Waren- und Dienstleistungsverkehr sowie die internationalen Finanztransaktionen und unentgeltlichen Leistungen.

Bargaining: Bargaining oder Verhandeln ist eine Form der Preisbildung. Zu Bargaining kommt es insbesondere bei Tarifverhandlungen zwischen Gewerkschaften und Arbeitgeberverbänden.

Bilateralismus: Außenpolitische Praxis von Staaten, die darauf abzielt, ihre diplomatischen und völkerrechtlichen Beziehungen bzw. ihren zwischenstaatlichen Wirtschaftsverkehr auf zweiseitiger Basis abzuwickeln.

Break-even-Point: Produktionsmenge eines Gutes, ab der ein Unternehmen mit diesem Produkt Gewinne erzielt.

Bruttoinlandsprodukt (BIP): Umfang der innerhalb der Landesgrenzen erbrachten Wertschöpfung. Das Bruttoinlandsprodukt ist das wichtigste Maß für die ökonomische Leistung einer Volkswirtschaft. Seine reale Veränderung entspricht dem Wirtschaftswachstum.

Bruttonationaleinkommen: Das Bruttonationaleinkommen (früher: Bruttosozialprodukt) misst den Wert der Güter, die von inländischen Produktionsfaktoren erzeugt wurden, auch wenn die Herstellung im Ausland erfolgte. Man spricht deshalb auch vom »Inländerprodukt«.

Bürgergeld: siehe Hartz IV

Cross Rates: »Überkreuzkurse«. Sie ergeben sich aus der im Devisenhandel üblichen Verfahrensweise, die Preise (Kurse) der einzelnen Währungen im Verhältnis zum Dollar darzustellen.

Crowding-out-Effekt: Verdrängung von privaten Wirtschaftsaktivitäten auf den Märkten durch fiskalpolitische Maßnahmen. Häufig vorzufinden als Folge zunehmender öffentlicher Verschuldung.

Currency Board: Mit der Errichtung eines Currency Board (Währungsamt) wird die inländische Währung fest an eine ausländische Ankerwährung gebunden. Die Geldschöpfung wird auf den Bestand der Ankerwährung begrenzt. Der Currency Board verpflichtet sich, die Landeswährung zu dem festgelegten Kurs jederzeit in die Ankerwährung umzutauschen.

Deflation: Negative Wachstumsrate der Preise, das heißt absoluter Preisrückgang. Daraus entsteht die Gefahr einer sich verfestigenden konjunkturellen Abwärtsbewegung.

Depression: Länger andauernder und tiefgreifender Abschwung im Konjunkturzyklus, gekennzeichnet durch einen markanten Rückgang der gesamtwirtschaftlichen Produktion, verbunden mit hoher Arbeitslosigkeit und Preisverfall.

Derivate: Verbriefte oder unverbriefte Rechte, die sich auf den Börsen- oder Marktwert eines zugrunde liegenden Basisinstruments wie Aktien, Anleihen und Devisen beziehen. Der Preis eines Derivats ist von Zeitraum, Risiko und Kurswert dieser Basisgröße abhängig.

Devisen: Zahlungsmittel in ausländischer Währung in Form von Guthaben bei ausländischen Banken sowie an ausländischen Plätzen zahlbare Zahlungsanweisungen.

Disinflation: Rückgang der Inflationsrate. Eine Entwicklung, bei der das Preisniveau nach wie vor steigt, die Rate der Geldentwertung aber deutlich und nachhaltig abnimmt.

Economies of Scale: Massenproduktionsvorteile, die existieren, wenn die Fertigungskosten langsamer wachsen als die Produktionsmenge. Dadurch sinken die Kosten pro Stück mit steigender Betriebsgröße.

Economies of Scope: Verbundvorteile, die sich ergeben, wenn verschiedenartige Güter in einem einzigen Unternehmen kostengünstiger hergestellt werden können als in mehreren spezialisierten Unternehmen.

Einkommensverteilung: Man unterscheidet drei Formen: Die funktionale Einkommensverteilung (Verteilung des Volkseinkommens auf die an seiner Entstehung beteiligten Produktionsfaktoren), die Einkommensverteilung im Sinne der Volkswirtschaftlichen Gesamtrechnung (auf Einkommen aus unselbstständiger Arbeit sowie aus Unternehmertätigkeit und Vermögen) und die personelle Einkommensverteilung (Verteilung des Einkommens auf einzelne Wirtschaftssubjekte).

Entwicklungsländer: Bezeichnung für die Staaten, deren BIP pro Kopf (Pro-Kopf-Einkommen) einen bestimmten niedrigen Wert nicht überschreitet. Weitere Kriterien für die Einstufung als Entwicklungsland sind v.a. die Höhe der Kindersterblichkeit und die Alphabetisierungsrate.

Erwartungen: Die Erwartungen der Wirtschaftssubjekte haben großen Einfluss auf die Wirksamkeit wirtschaftspolitischer Maßnahmen. Extrapolative Erwartungen: Erfahrungen mit z. B. der Inflation werden von der Vergangenheit auf die Zukunft übertragen. Adaptive Erwartungen: die Wirtschaftssubjekte lernen aus Prognosefehlern der Vergangenheit, ihre Erwartungen werden entsprechend korrigiert. Rationale Erwartungen: die Wirtschaftssubjekte verwerten alle verfügbaren Informationen modelltheoretisch richtig.

Erwerbspersonen: Anzahl der tatsächlich erwerbstätigen Arbeitnehmer (einschl. »Minijobs«), Selbstständigen und registrierten Arbeitslosen.

Erwerbspersonenpotenzial: Es entspricht dem volkswirtschaftlichen Arbeits-(kräfte)angebot und umfasst die Erwerbspersonen sowie die Arbeitslosen (einschließlich der Stillen Reserve).

Erwerbsquote: Statistische Maßzahl zur Beschreibung des Erwerbsverhaltens einer Bevölkerung, speziell definiert als Quotient aus der Zahl der Erwerbspersonen und der Personen im erwerbsfähigen Alter (zwischen 15 und 65 Jahren).

Euroraum: Gesamtheit der Länder, in denen der Euro als gemeinsame Währung gilt.

Euromarkt: Dabei handelt es sich um einen Markt für Fremdwährungsguthaben, die außerhalb des Landes, in welchem sie als gesetzliches Zahlungsmittel gelten, unterhalten werden. Nicht zu verwechseln mit dem Euro als Zahlungsmittel.

Europäischer Rat: Gremium der Staats- und Regierungschefs der Mitgliedsländer der Europäischen Gemeinschaften und des Präsidenten der EU-Kommission. Unterstützt werden diese durch die Außenminister und ein weiteres Mitglied der Kommission.

Europäisches Währungssystem 2: Der dem vormaligen Europäischen Währungssystem (EWS) entsprechende Wechselkursmechanismus regelt die Wechselkursbeziehungen zwischen Euroland und jenen EU-Mitgliedern, die der EWU noch nicht angehören. Die Teilnahme ist freiwillig.

Europäische Währungsunion (EWU): Mitglieder der Europäischen Union, die die Gemeinschaftswährung Euro eingeführt haben.

Externe Effekte: Diese werden auch als Externalities oder Spill-overs bezeichnet. Es sind ganz allgemein positive oder negative Wirkungen, die von privater, öffentlicher oder ausländischer Aktivität auf Dritte ausgehen, ohne dass diese als Empfänger der Vorteile etwas dafür bezahlen oder als Träger der externen Kosten dafür entschädigt werden.

Finanzautonomie: Die Finanzautonomie einer Gebietskörperschaft wird durch die Möglichkeit beschrieben, zur Erfüllung ihrer Aufgaben öffentliche Einnahmen und Ausgaben nach eigener Entscheidung einzusetzen.

Fazilitäten: Möglichkeiten zur Inanspruchnahme finanzieller Mittel.

Finanzielle Dominanz: Liegt vor, wenn Notenbanken bei ihrer Geldpolitik zu viel Rücksicht auf das Finanzsystem und die Banken nehmen.

Finanzmärkte: Oberbegriff für alle Märkte, auf denen Finanzierungen vereinbart bzw. Kredit- oder Geldanlageverträge abgeschlossen werden.

Finanzpolitik: Teilgebiet der allgemeinen Wirtschaftspolitik, das sich vor allem mit dem Einsatz der Instrumente Staatseinnahmen, Staatsausgaben und öffentliches Vermögen beschäftigt.

Fiskalische Dominanz (»fiscal dominance«): Liegt vor, wenn Notenbanken bei ihrer Geldpolitik zu viel Rücksicht auf die Haushaltslage der Staaten nehmen.

Fiskalpolitik: Einsatz der öffentlichen Finanzen im Dienste der Konjunktur- und Wachstumspolitik. Ausgehend von der keynesianischen Beschäftigungstheorie soll die staatliche Einnahmen-, Ausgaben- und Vermögenspolitik antizyklisch ausgerichtet werden.

Floating: Wechselkursregime, in dem der Wechselkurs zwischen zwei Währungen frei beweglich ist und Devisenmarktinterventionen unterlassen werden.

Free-Rider-Haltung: Verhalten, nach dem die Wirtschaftssubjekte ihre Präferenzen für ein öffentliches Gut nicht bekannt machen (auch Trittbrettfahrer-Haltung). Dahinter steht das Bewusstsein, dass sie an dem Nutzen dieses Gutes umsonst partizipieren können.

Fürsorgeprinzip: Im Rahmen des Systems der sozialen Sicherung (Sozialhilfe) werden bei Eintritt eines Schadensfalls oder einer Notlage öffentliche Sach- oder Geldleistungen ohne vorherige Beitragsleistungen des Betroffenen nach einer Prüfung der Bedürftigkeit gewährt.

G20: Die Gruppe der 20 führenden Volkswirtschaften ist ein informeller Zusammenschluss der Spitzenpolitiker von 19 Staaten und einer regionalen Wirtschaftsgemeinschaft. Mitglieder sind die Europäische Union sowie Argentinien, Australien, Brasilien, China, Deutschland, Frankreich, Großbritannien, Indien, Indonesien, Italien, Japan, Kanada, Mexiko, Russland, Saudi-Arabien, Südafrika, Südkorea, die Türkei und die USA. Die potenzielle Bedeutung der G20 ist gewaltig. Wenn sie sich einig ist, bestimmt diese Gruppe die Weltpolitik. Teilweise erscheint sie aber eher als überfordertes Diskussionsforum denn als Steuerungszentrum der internationalen Staatengemeinschaft.

GATT: Das Allgemeine Zoll- und Handelsabkommen (General Agreement on Tariffs and Trade) trat 1948 in Kraft. Es zielt darauf ab, durch Senkung der Zölle und Abbau sonstiger Außenhandelsbeschränkungen den Welthandel zu fördern.

Geldbasis: Summe aus dem gesamten Zentralbankgeld der Kreditinstitute und dem Bargeldbestand der Nichtbanken. Man spricht auch von monetärer Basis.

Geldpolitik: Sie beinhaltet die Steuerung des Wirtschaftsablaufs durch Eingriffe in den monetären Bereich einer Volkswirtschaft bzw. eines Währungsraums. Träger der Geldpolitik ist die Zentralbank.

Geldschöpfung: Zu unterscheiden ist die Schaffung von Zentralbankgeld und von Geschäftsbankengeld. Zentralbankgeld entsteht durch Monetisierung (Ankauf) von Aktiva durch die Notenbank. Geschäftsbankengeld wird geschaffen (vernichtet), wenn sich die Summe der Sichtguthaben der Nichtbanken bei den Geschäftsbanken erhöht (vermindert).

Geldvermögen: Gesamtwert der Forderungen eines Wirtschaftssubjekts, eines Sektors oder einer Volkswirtschaft. Nach Abzug der Verbindlichkeiten ergibt sich das Nettogeldvermögen.

Gemeinlastprinzip: Eines der Prinzipien der Umweltpolitik. Bei einer marktkonformen Umweltpolitik ist das Gemeinlastprinzip anzuwenden, wenn die Durchsetzung des Verursacherprinzips nicht möglich ist. Entstandene Schäden müssen über Steuern beseitigt werden, wenn z. B. der Verursacher nicht mehr festgestellt werden kann.

Gesamtwirtschaftliche Liquidität: Bezeichnet die »Zahlungsfähigkeit« einer Volkswirtschaft. In nationaler Diskussion versteht man darunter die Summe aus Geldmenge und Geldsubstituten. Im internationalen Kontext versteht man darunter die Ausstattung eines Landes mit international für Zahlungen von Verbindlichkeiten verwendbaren Finanzierungsmitteln (Währungsreserven).

Gesundheitsfonds: 2009 eingeführter Fonds, in den die Beiträge der gesetzlich Krankenversicherten (einschl. Arbeitgeberanteil) einbezahlt werden und aus dem dann die (einheitliche) Finanzierung der einzelnen Krankenkassen erfolgt.

Grenznutzen: Zusätzliche Bedürfnisbefriedigung eines Konsumenten durch Kauf bzw. Verbrauch der letzten bzw. nächsten Einheit eines Gutes. Typischerweise nimmt der Grenznutzen eines Gutes mit zunehmender konsumierter Menge ab (1. Gossensches Gesetz).

Globalisierung: Trend zur internationalen Ausdehnung wirtschaftlicher Aktivitäten, der vor allem auf den Fortschritten in der Kommunikations-, Informations- und Transporttechnik beruht.

Globalsteuerung: Versuch der Träger der Wirtschaftspolitik, mit diskretionären (fallweisen) Maßnahmen über die Steuerung des gesamtwirtschaftlichen Nachfrageniveaus konjunkturpolitische Ziele zu verfolgen.

Handelsbilanz: Gesamtwirtschaftlich der Teil der Leistungsbilanz, der den Wert der Exporte und Importe von Waren ausweist.

Hartz IV: Ab 1.1.2005 geltende Neuregelung beim Bezug von Arbeitslosengeld und Umbenennung dieser Lohnersatzleistung in Arbeitslosengeld I, Zusammenlegung von Arbeitslosenhilfe und Sozialhilfe zum Arbeitslosengeld II sowie stärkere Kopplung dieser Sozialleistungen an Arbeitsvermittlung bzw. Zuweisung von Beschäftigungsverhältnissen. Seit 1.1.2023 ersetzt durch das »Bürgergeld«.

Hedgefonds: Investmentfonds, die nur geringen bankrechtlichen Restriktionen unterliegen. Mit ihren spekulativen Anlagen in Wertpapiere, Devisen, Rohstoffe und Derivate versuchen sie, bei steigenden wie auch bei fallenden Kursen Gewinne zu erzielen.

Hedging: Absicherung der Wertentwicklung einer wirtschaftlichen Transaktion durch ein Termingeschäft: die Vereinbarung eines in der Zukunft gültigen Preises bereits zum heutigen Zeitpunkt.

Humankapital: Auch als Arbeitsvermögen oder Arbeitskapital bezeichnet, umfasst es das Wissen und die Fähigkeiten, die Arbeitskräfte durch Ausbildung und Berufserfahrung erwerben. Es ist ein wesentlicher Bestimmungsfaktor der Produktivität eines Landes.

Importsubstitution: Dabei werden bisher importierte Güter durch Güter ersetzt, die im Zuge der wirtschaftlichen Entwicklung nun im Inland selbst hergestellt werden können, oder der durch das Wirtschaftswachstum entstehende Mehrbedarf wird durch eigene Produktion gedeckt, wodurch auf zusätzliche Importe ganz oder teilweise verzichtet werden kann.

Individualprinzip: Ordnungspolitischer Grundsatz, nach dem die Wirtschaftsordnung gemäß dem Ideal der uneingeschränkten Freiheit des Einzelnen gegenüber der Gesellschaft und ihren Gruppen wie Organen (z. B. dem Staat) gestaltet wird. Es steht im Gegensatz zum Sozialprinzip.

Inflation: Anhaltender Anstieg des Preisniveaus, verbunden mit einem Rückgang der Kaufkraft des Geldes.

Inflatorische Lücke: Gesamtwirtschaftliche Situation, in der die monetäre Gesamtnachfrage das gesamte Güterangebot (bewertet zu gegebenen Preisen) übersteigt. Im umgekehrten Fall spricht man von einer deflatorischen Lücke.

Input: Begriff für alle Güter und Leistungen, die in den Produktionsprozess eingehen oder ihn beeinflussen.

Internationaler Währungsfonds (IWF): Wichtigste Aufgabe des 1944 gegründeten IWF ist die Kreditvergabe an Mitgliedsländer (derzeit 190) zur Finanzierung von Zahlungsbilanzdefiziten. Die IWF-Kredite sind für die Empfängerländer an teilweise scharfe wirtschaftspolitische Auflagen geknüpft (Konditionalität).

Interventionismus: Der Begriff steht für eine Wirtschaftspolitik, bei der der Staat gezielt in den Wettbewerb eingreift (Staatsinterventionismus).

Investitionsquote: Anteil der Brutto- bzw. Nettoinvestitionen am Brutto- bzw. Nettoinlandsprodukt.

Juglar-Zyklus: In der Literatur häufiger diskutierter Konjunkturzyklus. Dauer etwa sechs bis zehn Jahre.

Kapitalbilanz: Teil der Zahlungsbilanz, der die Änderungen von Forderungen und Verbindlichkeiten der Inländer gegenüber dem Ausland ausweist.

Kapitaldeckungsverfahren: Eine mögliche Form der Finanzierung von Systemen der sozialen Sicherung, vor allem von Rentenversicherungen. Hierbei beruht die laufende Rente auf dem in der Vergangenheit von der Versicherung angesammelten Kapital und seiner Verzinsung.

Kaufkraftparität: Relation der Ausgaben für einen Warenkorb im Inland zu den Ausgaben für denselben Warenkorb im Ausland, gemessen in den jeweiligen Währungen. Sie gilt auch als Maß für eine mögliche Über- oder Unterbewertung einer Währung.

Kerninflationsrate: Inflationsrate nach Herausrechnung des Anstiegs der Preise für Energie und unverarbeitete Lebensmittel.

Keynesianismus: Auf den britischen Nationalökonomen John Maynard Keynes (1883–1946) zurückgehende makroökonomische Theorie, die es – im Gegensatz zur Klassik – nahelegt, Konjunkturkrisen mit antizyklischen wirtschaftspolitischen Maßnahmen zu bekämpfen.

Kitchin-Zyklus: In der Literatur häufiger diskutierter kurzfristiger Konjunkturzyklus mit einer Dauer von etwa ein bis zwei Jahren.

Klassik: Unter anderem auf den britischen Nationalökonomen Adam Smith (1723–1790) zurückgehende makroökonomische Theorie, nach der sich – im Gegensatz zum Keynesianismus – der Staat aus dem Wirtschaftsgeschehen heraushalten soll.

Kohlendioxid-Emission: Kohlendioxid (CO_2) ist das wichtigste Treibhausgas und entsteht bei der Verbrennung von fossilen, kohlenstoffhaltigen Energieträgern wie Kohle, Öl und Gas. Inzwischen ist weltweit anerkannt, dass die Zunahme von Kohlendioxid in der Atmosphäre mit menschlichen Aktivitäten zusammenhängt.

Kondratieff-Zyklus: In der Literatur häufiger diskutierter langfristiger Konjunkturzyklus mit einer Dauer von etwa 50 bis 60 Jahren.

Konsumentenrente: Stellt sich auf einem Markt ein einheitlicher Marktpreis für ein Produkt heraus, so haben all diejenigen Konsumenten, die das Produkt auch zu einem höheren Preis gekauft hätten, einen Vorteil. Der von diesen Konsumenten insgesamt »gesparte« Betrag wird als Konsumentenrente bezeichnet.

Konsumfunktion: Zusammenhang zwischen den Konsumausgaben der privaten Haushalte und erklärenden Variablen, vor allem dem Einkommen.

Konsumquote: Anteil der Konsumausgaben am verfügbaren Einkommen eines Haushalts bzw. Volkseinkommen.

Konjunktur: Schwankungen im Auslastungsgrad des gesamtwirtschaftlichen Produktionspotenzials.

Konjunkturpolitik: Gesamtheit aller Maßnahmen zur Verstetigung der Konjunktur und zur Erreichung bzw. Sicherung der Ziele der Wirtschaftspolitik.

Konjunkturzyklus: Gesamter Schwingungsablauf der Konjunktur während eines bestimmten Zeitraums. Wichtige Phasen sind der Aufschwung (Expansion) mit dem Höhepunkt, der Hochkonjunktur (Boom). Es folgt der Abschwung, der eventuell in eine Rezession mit einem möglichen Tiefpunkt, der Depression (Krise), münden kann.

Kyoto-Protokoll: Auf der 3. Vertragsstaatenkonferenz in Kyoto wurden 1997 konkrete Grenzwerte für die sechs Treibhausgase Kohlendioxid (CO_2), Methan, Distickstoffoxid, teilfluorierte Kohlenwasserstoffe und vollfluorierte Kohlenwasserstoffe festgelegt. Die vertretenen Industriestaaten haben sich verpflichtet, den Ausstoß klimaschädlicher Gase bis 2012 um insgesamt 5,2 Prozent gegenüber 1990 zu senken. Die EU hat eine Reduzierungszusage von mindestens 8 Prozent abgegeben, Deutschland hat sich verpflichtet, die Emissionen um 21 Prozent zu mindern.

Laisser-faire: Klassischer Grundsatz der Nichteinmischung des Staates in den wirtschaftlichen Bereich (französisch: »lasst gewähren«). Dahinter steht die Vorstellung, dass auf diese Weise die wirtschaftliche Entwicklung am besten gefördert wird.

Lebenszyklushypothese: Sie unterstellt, dass private Haushalte über ihre Konsumausgaben vor dem Hintergrund der gesamten während ihrer Lebenszeit voraussichtlich verfügbaren, auf den Planungszeitpunkt abdiskontierten finanziellen Mittel entscheiden.

Leistungsbilanz: Teil der Zahlungsbilanz, welche die Güter- und laufenden Transferströme zuzüglich der unentgeltlichen Übertragungen von Sachgütern zwischen Inländern und dem Ausland ausweist.

Liberalismus: Ab Mitte des 18. Jahrhunderts im Zuge der Industrialisierung von England ausgehend. Im Mittelpunkt stand die Verwirklichung einer Wettbewerbsordnung auf der Grundlage des Privateigentums, d. h. individueller Freiheit in einer kapitalistischen Marktwirtschaft mit vollständiger Konkurrenz auf allen Märkten. Die Epoche des klassischen Liberalismus endete erst mit Ausbruch des Ersten Weltkrieges 1914.

LDC: Die Least Developed Countries sind die entsprechend den Vereinten Nationen am wenigsten entwickelten Staaten unter den Entwicklungsländern. Dazu gehören zurzeit 45 Staaten, davon 33 afrikanische.

Locking-in-Effekt: In Zeiten einer restriktiven Geldpolitik, das heißt bei hohem Zinsniveau, versuchen die Geschäftsbanken verstärkt, ihre Kreditvergabe über Wertpapierverkäufe (zinsgünstiger) beim Publikum zu refinanzieren. Das erhöhte Wertpapierangebot drückt die Kurse nach unten, sodass sich die Refinanzierung effektiv verteuert. Der Locking-in-Effekt (auch Roosa-Effekt genannt) bremst die aktive Geldschöpfung der Geschäftsbanken.

Lohn-Lag: Zeitliche Verzögerung, mit der die Veränderung der Arbeitsentgelte üblicherweise der Veränderung der Güterpreise folgt. Zurückzuführen ist der Lohn-Lag auf die ein- oder mehrjährige Laufzeit von Tarifverträgen, in denen typischerweise keine laufende Inflationsanpassung vereinbart wird.

Lohn-Preis-Spirale: Weitverbreitete Hypothese, nach der sich Preissteigerungen und nominale Lohnforderungen der Gewerkschaften gegenseitig aufschaukeln. Dient auch als ein politisches Schlagwort, mit dem sich die Tarifpartner gegenseitig die Verantwortung für das Entstehen einer Inflation zuschieben wollen.

Lohnstückkosten: Bezeichnen die Lohnkosten (im weitesten Sinne), die durchschnittlich für die Erstellung einer Einheit Produktionsmenge aufgewendet werden müssen.

Lokomotivtheorie: These, dass ein »großes« Land mit ausgelastetem Produktionspotenzial und Handelsbilanzüberschüssen als »Lokomotive« angesehen werden kann, welche die übrigen Länder aus einem »Konjunkturtal« herausziehen kann.

Lorenzkurve: Verbreitete grafische Darstellung der Einkommensverteilung in einer Volkswirtschaft.

Maastricht-Kriterien: Im Maastricht-Vertrag von 1992 (Vertrag über die EU) beschlossene Vorgaben (Konvergenzkriterien) für die Aufnahme von Ländern in die Europäische Währungsunion. Sie beziehen sich auf die Inflation, die öffentliche Verschuldung und das Zinsniveau.

Magisches Viereck: Wechselwirkungen zwischen vier gesamtwirtschaftlichen Zielen, die im Gesetz zur Förderung der Stabilität und des Wachstums der Wirtschaft verankert sind. Demnach hat der Staat im Rahmen der marktwirtschaftlichen Ordnung gleichzeitig für Preisstabilität, für einen hohen Beschäftigungsstand und für ein außenwirtschaftliches Gleichgewicht bei stetigem und angemessenen Wirtschaftswachstum Sorge zu tragen. Diese Ziele stehen oft miteinander im Konflikt.

Meritorische Güter: Güter, deren Nützlichkeit die Bürger verkennen, sodass der Staat deren Angebot übernehmen muss (Beispiel: Sozialversicherung)

Merkantilismus: Ab Ende des 16. Jahrhunderts. Er hatte vor allem zum Ziel, die Staatseinnahmen zu steigern, und erkannte dem Staat erheblichen Einfluss zu (Sonderform in Deutschland: Kameralismus). Neben Steuern erzielte der Staat vor allem Einnahmen aus eigenen Betrieben.

Mitnahmeeffekt: Ein Mitnahmeeffekt liegt vor, wenn für eine ohnehin beabsichtigte wirtschaftliche Aktivität, etwa eine Investition, eine staatliche Förderung in Anspruch genommen wird.

Monetarismus: Makroökonomische Theorie, deren Anhänger davon überzeugt sind, dass das marktwirtschaftliche System stabil ist, das heißt zur Vollbeschäftigung tendiert. Wie die Vertreter der Klassik lehnen auch Monetaristen Eingriffe in den Wirtschaftsprozess ab.

Moral Hazard: Zu Deutsch: Moralisches Wagnis. Dies sind allgemein Aktionen, die ein Vertragspartner – bspw. der Kreditnehmer – unbemerkt vom anderen Vertragspartner (Kreditgeber) zu dessen Schaden und zum eigenen Nutzen unternimmt. Ein solches Verhalten wird im Bereich der internationalen Kreditvergabe sowie in der Gesundheitspolitik häufiger diskutiert.

Multilateralismus: Politischer Grundsatz, in internationalen Beziehungen den Konsens einer möglichst großen Gruppe von Staaten zu erreichen, d. h. insbesondere mehrseitige zwischenstaatliche Wirtschaftsbeziehungen zu knüpfen. Er steht im Gegensatz zum Bilateralismus.

Nachfrageökonomik: Wirtschaftstheoretischer und politischer Ansatz, der auf der Basis des Keynesianismus die Bedeutung der Nachfrageseite einer Volkswirtschaft für die Entwicklung der Produktion, des Einkommens und der Beschäftigung herausstellt.

Nationaleinkommen: Ersetzt den Begriff Sozialprodukt (im Rahmen der Vereinheitlichung der amtlichen Statistik innerhalb der Europäischen Union und der Einführung des Europäischen Systems der Volkswirtschaftlichen Gesamtrechnungen).

Neo- oder Ordoliberalismus: Geht vor allem auf Rüstow und Eucken in den 1930er-Jahren zurück. Als Garant für eine funktionierende Wettbewerbsordnung wird ein starker Staat gefordert, der den institutionellen Rahmen für den Wirtschaftsprozess festlegt und gegebenenfalls mit marktkonformen Maßnahmen interveniert. Die in der wirtschafts- und gesellschaftspolitischen Diskussion beobachtbare diskreditierende Verwendung des Begriffs »Neoliberalismus« für Entartungsprozesse des marktwirtschaftlichen System (Stichworte »Raubtier-« oder »Turbokapitalismus«) ist also inhaltlich verfehlt.

New Economy: Der Begriff symbolisiert den Wandel, dem das moderne Wirtschaftsleben durch das rasche Fortschreiten der Informationstechnologien unterworfen ist.

No-Bail-out-Klausel: In Art. 103 des EG-Vertrages verankerte Vorschrift, welche eine Haftung der Gemeinschaft für die Verbindlichkeiten der Zentralregierung, der regionalen und kommunalen Gebietskörperschaften von Mitgliedstaaten ausschließt.

Nominalwertprinzip: Auch »Mark-gleich-Mark-Prinzip« genannt. Es bedeutet, dass bei der Vereinbarung von Schuldverhältnissen und damit verbundenen Zinsverpflichtungen sowie bei der Besteuerung von Zinsen und sonstigen Einkommen keine Inflation berücksichtigt wird. Die Folge ist, dass sich das reale Geldvermögen sowie der Realwert der Zinseinkünfte für die Gläubiger vermindert. Schutz vor dieser Entwicklung bieten Wertsicherungsklauseln.

Nutzenmaximierung: Eine den Haushalten typischerweise unterstellte Zielsetzung bei ökonomischen Entscheidungen.

Öffentliche Güter: Güter, dessen Nutzen allen ohne gegenseitige Beeinträchtigung zur Verfügung steht (Nicht-Rivalität) und von deren Nutzen aus ökonomischen oder technischen Gründen niemand ausgeschlossen werden kann (Nicht-Ausschließbarkeit). Sie haben keinen Preis auf dem Markt und werden deshalb von diesem nicht bereitgestellt.

OECD: Der 1960 gegründeten Organisation für wirtschaftliche Zusammenarbeit und Entwicklung gehören 38 marktwirtschaftlich orientierte westliche Industrieländer an. Ihr Ziel besteht darin, unter Wahrung der finanziellen Stabilität das Wirtschaftswachstum in ihren Mitgliedstaaten und den Entwicklungsländern zu fördern.

Ökonometrie: Teilgebiet der empirischen Wirtschaftsforschung, in dem mithilfe statistischer Daten wirtschaftstheoretische Aussagen überprüft und numerisch konkretisiert sowie zukünftige Werte ökonomischer Variablen prognostiziert werden. Kernstücke der Ökonometrie sind die Regressions-, Korrelations- und Zeitreihenanalyse.

Ordnungspolitik: Umfasst alle wirtschaftspolitischen Maßnahmen und Aktivitäten, die darauf ausgerichtet sind, eine gewünschte Wirtschaftsordnung zu verwirklichen oder eine gültige Wirtschaftsordnung zu sichern und auszubauen. Wesentlicher Bereich ist die Wettbewerbspolitik, die sich insbesondere im Gesetz gegen Wettbewerbsbeschränkungen (GWB) manifestiert.

Output-Lücke: Differenz zwischen dem Produktionspotenzial und dem realisierten Produktionsniveau.

Pareto-Optimum: Benannt nach dem Ökonomen Vilfredo Pareto (1848–1923). Dieses liegt vor, wenn es nicht möglich ist, durch irgendeine Umverteilung von Gütern ein Wirtschaftssubjekt besserzustellen, ohne die Situation eines anderen Wirtschaftssubjekts zu verschlechtern.

Parität: Man unterscheidet die Einkommensparität als Gleichheit der Einkommensverhältnisse, die Kaufkraftparität als Maßzahl für das Verhältnis der Kaufkraft zweier Währungen und die Währungsparität als das von Währungsbehörden festgesetzte Austauschverhältnis zwischen zwei Währungen.

Peak: Spitzenwert des realen Bruttoinlandsprodukts im Verlauf eines Konjunkturzyklus. Gegensatz: Trough.

Pensionsrückstellungen: Können als Sonderfall einer ungewissen Verbindlichkeit betrachtet werden, die aus laufenden Renten ehemaliger Mitarbeiter und aus Anwartschaften auf Altersversorgung aktiver Mitarbeiter entstehen.

Phillipskurve: Vom englischen Nationalökonomen A.W. Phillips für England im Zeitraum 1861–1913 ermittelter negativer Zusammenhang zwischen den Änderungen der Nominallöhne und der Arbeitslosigkeit. Heute wird vielfach mit der modifizierten Phillipskurve argumentiert, die sämtliche Kombinationen von Inflationsraten und Arbeitslosenquoten abbildet.

Private-Equity-Firmen: Sie beteiligen sich am Eigenkapital von Unternehmen oder übernehmen diese ganz, um die Anteile später mit Gewinn zu veräußern. Die hierfür aufgenommenen Kredite werden aus Mitteln des erworbenen Unternehmens getilgt.

Produktionspotenzial: Dieser Begriff gibt das Bruttoinlandsprodukt an, das bei vollständiger Auslastung der vorhandenen Produktionsfaktoren und gegebenem Stand des technischen Wissens maximal hergestellt werden kann.

Produzentenrente: Stellt sich auf einem Markt ein einheitlicher Marktpreis für ein Produkt heraus, so haben all diejenigen Produzenten, die das Produkt auch zu einem niedrigeren Preis verkauft hätten, einen Vorteil. Der gesamte Betrag, den diese Produzenten zusätzlich erhalten, wird als Produzentenrente bezeichnet.

Progression: Von einer steuerlichen Progression spricht man, wenn die durchschnittliche Steuerbelastung mit steigender Bemessungsgrundlage (Einkommen) überproportional wächst.

Protektionismus: Gesamtheit der Maßnahmen der Wirtschaftspolitik, insbesondere der Außenwirtschaftspolitik, mit denen versucht wird, die eigene Volkswirtschaft oder bestimmte heimische Wirtschaftszweige vor ausländischer Konkurrenz zu schützen.

Prozesspolitik: Auch als Ablaufpolitik bezeichnet. Teil der Wirtschaftspolitik, der alle Maßnahmen umfasst, die den Wirtschaftsprozess in Richtung der gesamtwirtschaftlichen Ziele beeinflussen. Wesentliche Bereiche sind die staatliche Konjunktur- und Wachstumspolitik sowie die Außenwirtschafts- und Währungspolitik.

Reagonomics: Angebotsorientierte Wirtschaftspolitik, die in der Zeit der Präsidentschaft von R. Reagan in den USA diskutiert und teilweise auch umgesetzt wurde. Wesentliche Kennzeichen waren die Reduzierung der gewinnabhängigen Steuern, der betrieblichen Lohn- und Lohnnebenkosten sowie der administrativen Investitionshemmnisse.

»registrierte« Arbeitslosenquote: Wichtigste Kennzahl zur Beschreibung der aktuellen Arbeitsmarktsituation. Die Arbeitslosenquote wird in Deutschland definiert als Quotient aus der Zahl der registrierten Arbeitslosen und der Zahl der Erwerbspersonen in Prozent.

Rentenwert: Wertpapier, auf dessen Nennwert der Emittent einen fest vereinbarten Zins zahlt (im Gegensatz zum Dividendenwert). Man differenziert zwischen Bankschuldverschreibungen, Industrieobligationen und Anleihen der öffentlichen Haushalte.

Repo-Geschäfte: Dabei übertragen Kreditinstitute ihnen gehörende Wertpapiere vorübergehend an Kunden und leihen sich auf diese Weise Geld. Wenn es sich bei den Kunden um im Euroraum ansässige Nichtbanken handelt, werden solche Verbindlichkeiten in der Geldmenge M3 erfasst.

Rezession: Ist das Ende einer Abschwungphase im Konjunkturzyklus, insbesondere gekennzeichnet durch Stagnation bzw. Rückgang der Wirtschaftsleistung.

Risikostrukturausgleich: Im deutschen Gesundheitswesen: Zahlungen zwischen den Krankenkassen zum Ausgleich der aufgrund des Geschlechts, Alters und Einkommens ihrer Mitglieder unterschiedlichen Versichertenstruktur.

Schuldenparadoxon: Besagt, dass der Staat seinen Schuldenstand vermindern kann, wenn er zusätzliche Schulden eingeht, damit zusätzliche Ausgaben finanziert und so einen gesamtwirtschaftlichen Expansionsprozess mit nachfolgend steigenden Steuereinnahmen und abnehmender Notwendigkeit von Sozialleistungen auslöst.

Schwellenländer: Staaten, die noch nicht zu den Industrieländer gezählt werden, deren wirtschaftliche Stärke und politische Macht sie aber vom Status eines Entwicklungslandes abhebt. Im Wesentlichen handelt es sich um Russland, Indien, China, Brasilien, Mexiko und Ägypten.

Solidarprinzip: Organisationsprinzip der Gesetzlichen Krankenkasse, wonach die wirtschaftlich stärkeren Mitglieder einen Beitrag für die Versorgung der wirtschaftlich schwächeren leisten.

Sonderziehungsrechte: Offizielle Rechnungseinheit des Internationalen Währungsfonds. Die 1969 geschaffenen Sonderziehungsrechte (SZR) sind ein Währungskorb, der sich aus Dollar, japanischem Yen, britischem Pfund, Euro und Renminbi zusammensetzt. Es handelt sich um eine künstliche Reservewährung des Weltwährungssystems, mit deren Hilfe Liquiditätsengpässe der IWF-Mitgliedstaaten verhindert werden sollen.

Soziale Marktwirtschaft: Der Begriff wurde von Müller-Armack geprägt, die Grundidee wird Ludwig Erhard zuerkannt. Sie ist das aus dem Neoliberalismus hervorgegangene wirtschaftspolitische Leitbild der Bundesrepublik Deutschland seit 1948 und verbindet ein Wettbewerbssystem mit der Idee der sozialen Gerechtigkeit.

Sozialgeld: Es ersetzt die Sozialhilfe für Kinder bis 14 Jahre und nicht erwerbsfähige Hilfebedürftige, die selbst keinen Anspruch auf Bürgergeld haben, aber mit einem Anspruchsberechtigten in einer Bedarfsgemeinschaft zusammenleben.

Sozialhilfe: Fürsorgeleistung des deutschen Staates an Personen, die keinen Lebensunterhalt in Höhe eines soziokulturellen Existenzminimums erwerben können oder in besondere Notlagen geraten sind.

Sozialismus: Wurde um 1850 durch Marx und Engels propagiert und hatte als Ziel den Kommunismus. Das sozialistische Gesellschaftsmodell war geprägt vom Gedanken der Diktatur der Proletariats, des Kollektiveigentums an den Produktionsmitteln sowie zentraler Entscheidungen.

Sparquote: Anteil der Ersparnis am verfügbaren Einkommen eines Haushalts bzw. am Volkseinkommen.

Stabilitäts- und Wachstumspakt: Zwischen den EU-Staaten Ende 1996 geschlossener Vertrag. Der 2005, 2011 und 2024 reformierte Pakt sieht grundsätzlich Sanktionen für diejenigen Teilnehmerländer der Europäischen Währungsunion vor, bei denen das Finanzierungsdefizit der öffentlichen Haushalte die im Maastricht-Vertrag genannte Obergrenze von 3 Prozent des Bruttoinlandsprodukts (BIP) übersteigt. Bei Überschreitung dieser Grenze sind Sanktionsmaßnahmen vorgesehen. Allerdings besitzen Kommission und Finanzminister der EU bei dieser Entscheidung einen Ermessensspielraum.

Stagflation: Kennzeichnet eine gesamtwirtschaftliche Situation, in der das Preisniveau kontinuierlich ansteigt (Inflation), gleichzeitig aber die Produktion stagniert oder sogar zurückgeht und Arbeitslosigkeit herrscht (Stagnation).

Stagnation: Entwicklungsphase einer Volkswirtschaft, die durch ausbleibendes bzw. nur geringes positives oder negatives Wirtschaftswachstum gekennzeichnet ist.

Stille Reserve: Arbeitslose Personen, die grundsätzlich einen Arbeitsplatz suchen und auch arbeitsbereit sind, sich aber nicht als registrierte Arbeitslose gemeldet haben. Man spricht auch von »verdeckter Arbeitslosigkeit«.

Strukturelles Defizit: Um konjunkturelle Schwankungen bereinigtes Haushaltsdefizit des Staates. Diese Größe ist ein wichtiger Indikator für die konjunkturelle Ausrichtung der Fiskalpolitik.

Subsidiaritätsprinzip: Im Rahmen der Sozialpolitik ist dies ein Grundsatz, der die Zuständigkeit staatlicher Daseinsvorsorge und ihrer Träger gegenüber der privaten Daseinsvorsorge abgrenzen soll. In der Finanzwissenschaft bietet das Subsidiaritätsprinzip eine normative Begründung für einen föderativen Staatsaufbau.

Subventionen: Geldleistungen der öffentlichen Hand an Unternehmen ohne marktliche Gegenleistung.

TARGET: Zahlungsverkehrssystem zur Durchführung der Geldpolitik der Europäischen Zentralbank (Trans-European Automated Real-time Gross Settlement Express Transfer System).

Terms of Payment: Zahlungsbedingungen im Außenhandel, zum Beispiel Vorauszahlung oder Dokumentenakkreditiv.

Terms of Trade: Relation der Exportpreise zu den in heimische Währung umgerechneten Importpreisen eines Landes.

Time-Lags: Verschiedene Zeitverzögerungen, die bis zum Eintreten der Wirkung wirtschaftspolitischer Maßnahmen entstehen können.

Tobin-Steuer: Von J. Tobin 1972 unterbreiteter Vorschlag zu einer Reform der Weltwährungspolitik mit dem Zweck, die internationalen Währungsbeziehungen, insbesondere die Wechselkurse zu stabilisieren, indem die Spekulation durch eine Steuer auf Devisentransaktionen unattraktiv gemacht werden soll.

Treibhauseffekt: Eigenschaft der Atmosphäre, einen Teil der von der Sonne abgestrahlten Wärme zurückzuhalten. Ohne den natürlichen, nicht vom Menschen verursachten Treibhauseffekt wäre es auf der Erde um 33 Grad Celsius kälter. Seit Beginn des 19. Jahrhunderts ist der CO_2-Anteil in der Luft von schätzungsweise 280 ppm (ppm = 1 Teil pro 1 Million Teile) auf heute 370 ppm gestiegen. Gleichzeitig hat sich die Durchschnittstemperatur um 0,6 Grad Celsius erhöht.

Trough: Tiefpunkt eines Konjunkturzyklus. Gegensatz: Peak.

Umlageverfahren: Verfahren zur Finanzierung von Renten oder anderen Leistungen der Sozialversicherungssysteme. Dabei werden die Leistungen einer Periode durch die in derselben Periode erhobenen Beiträge finanziert.

Verlustabzug: Bedeutet, dass Verluste von früheren Jahren oder rückwirkend von späteren Jahren bei der Ermittlung des zu versteuernden Einkommens abgezogen werden können (Verlustvortrag, Verlustrücktrag).

Verursacherprinzip: Eines der Prinzipien der Umweltpolitik. Diesem Prinzip zufolge wird der Verursacher mit den Kosten der Umweltschädigung belastet. Das heißt: Die negativen externen Effekte sind beim Emittenten als dem Verursacher zu internalisieren.

Vorsorgeprinzip: Weiteres Prinzip der Umweltpolitik. Das Verursacherprinzip als marktkonformes umweltpolitisches Prinzip stößt beispielsweise dann an Grenzen, wenn schnell gehandelt werden muss, um Gefahren für die Gesundheit abzuwenden. Ziel des Vorsorgeprinzips ist es in solchen oder ähnlichen Fällen, potenzielle Umweltgefahren zu vermeiden.

Währungspolitik: Gesamtheit staatlicher Maßnahmen zur Gestaltung der Währungsordnung, d. h. des Geld- und Kreditwesens sowie des internationalen Währungssystems.

Wechselkurs: Bezeichnet das Verhältnis, in dem zwei Währungen ausgetauscht werden.

Weltbank: Die seit 1946 tätige Weltbank (Internationale Bank für Wiederaufbau und Entwicklung, IBRD) hat 190 Mitgliedstaaten und leistet finanzielle und technische Hilfe an Entwicklungsländer. Zusammen mit ihren Tochterinstituten, der Internationalen Entwicklungsorganisation (IDA), der Internationalen Finanz-Corporation (IFC), der Multilateralen Investitionsagentur (MIGA) und dem Internationalen Zentrum zur Beilegung von Investitionsstreitigkeiten (ICSID) bildet sie die »Weltbankgruppe«.

Wertschöpfung: Der den bezogenen Vorleistungen durch eine produzierende Einheit hinzugefügte Wert, auch ermittelbar als Produktionswert abzüglich Vorleistungen.

WTO: Die 1995 geschaffene Welthandelsorganisation (World Trade Organization) bildet, anders als das GATT, eine international rechtsfähige Institution der Vereinten Nationen (UN). Die WTO, der gegenwärtig 164 Mitglieder angehören, erfüllt über die Aufgaben des GATT hinaus wichtige zusätzliche Liberalisierungsaufgaben im Welthandel.

Zielkonflikte: Die praktische Wirtschaftspolitik soll eine Vielzahl von Zielen verwirklichen. Dabei treten in der Regel Schwierigkeiten auf, wesentliche Ziele gleichzeitig zu erreichen (Beispiel: Preisstabilität und Vollbeschäftigung).

Zwei-Säulen-Konzept: Geldpolitische Strategie der Europäischen Zentralbank, nach der diese sich bei ihren geldpolitischen Beschlüssen einerseits an der zu erwartenden Inflationsrate und andererseits an der Entwicklung der Geldmenge orientiert.

Allgemeine Literatur

Einführungslehrbücher

Bartling, H.; Luzius, F: Grundzüge der Volkswirtschaftslehre. Einführung in die Wirtschaftstheorie und Wirtschaftspolitik, 18. Aufl., München 2019

Baßeler, U.; Heinrich, J.; Utecht, B.: Grundlagen und Probleme der Volkswirtschaft, 19. Aufl., Stuttgart 2010

Krugman, P., Wells, R.: Volkswirtschaftslehre, 3. Aufl., Stuttgart 2023

Mankiw, N.G.; Taylor, M.P.: Grundzüge der Volkswirtschaftslehre, 9. Aufl., Stuttgart 2024

Mussel, G.: Volkswirtschaftslehre, 3. Aufl., München 2002

Mussel, G.: Einführung in die Makroökonomik, 11. Aufl., München 2013

Mussel, G.; Pätzold, J.: Grundfragen der Wirtschaftspolitik, 8. Aufl., München 2012

Rittenbruch, K.: Makroökonomie, 11. Aufl., München 2014

Samuelson, P.A.; Nordhaus, W.D.: Volkswirtschaftslehre, 19. Aufl., Frankfurt a. M. 2010

Lorz, O.; Endrikat, M.; Siebert, H.: Einführung in die Volkswirtschaftslehre, 16. Aufl., Stuttgart 2022

Sperber, H.: VWL Grundwissen. Ein Schnellkurs zum Auffrischen und Nachschlagen, 2. Aufl., München 2012

Suntum, U. v.: Die unsichtbare Hand. Ökonomisches Denken gestern und heute, 5. Aufl., Berlin 2013

Lexika und Nachschlagewerke

Bender, D. u. a.: Vahlens Kompendium der Wirtschaftstheorie und Wirtschaftspolitik, Bd. 1 und 2, 9. Aufl., München 2012

Hagen, J.V.; Welfens, P.J.J.; Börsch-Supan, A. (Hrsg.): Springers Handbuch der Volkswirtschaftslehre, Bd. 1: Grundlagen, Berlin 1996. Bd. 2: Wirtschaftspolitik und Weltwirtschaft, Berlin 1998

Hohlstein, M.; Pflugmann, B.; Sperber, H.; Sprink, J.: Lexikon der Volkswirtschaft, 3. Aufl., München 2009

Jeske, J.; Barbier, H.D.: Handbuch Wirtschaft. So nutzt man den Wirtschafts- und Finanzteil einer Tageszeitung, Frankfurt a. M. 2002

Meyer: Wie funktioniert das? Wirtschaft heute, 4. Aufl., Mannheim 1999

Milbradt, G.; Nerb, G.; Ochel, W.; Sinn, H.-W.: Der ifo Wirtschaftskompass. Zahlen, Fakten, Hintergründe, München 2011

Obst/Hintner: Geld-, Bank- und Börsenwesen, hrsg. von N. Kloten und J.H. von Stein, 40. Aufl., Stuttgart 2000

Wirtschaftswissenschaftliche Zeitschriften

Das Wirtschaftsstudium (WISU), Düsseldorf (erscheint monatlich)

Wirtschaftsdienst, Zeitschrift für Wirtschaftspolitik, hrsg. von ZBW, Kiel (erscheint monatlich)

Wirtschaftswissenschaftliches Studium (WIST), hrsg. von N. Berthold und M. Lingenfelde, München (erscheint monatlich)

Internetadressen und statistische Daten, Research-Berichte

Bank für Internationalen Zahlungsausgleich (BIZ): www.bis.org – Jahresbericht

Bundesagentur für Arbeit: www.arbeitsagentur.de

Bundesministerium der Finanzen: www.bundesfinanzministerium.de

Bundesministerium für Arbeit und Soziales: www.bmas.de

Bundesministerium für Wirtschaft und Klimaschutz: www.bmwk.de

Deutsche Bundesbank: www.bundesbank.de
  Monatsberichte, Statistische Beihefte zum Monatsbericht, Geschäftsbericht (erscheint jährlich)

Europäische Union: www.europa.eu

Europäische Zentralbank: www.ecb.europa.eu
  Wirtschaftsberichte, Jahresbericht

Organization for Economic Co-operation and Development (OECD): www.oecd.or
  Main Economic Indicators, Paris (monatlich, auch als Datenbank verfügbar)
  OECD Economic Outlook, Paris (2-mal jährlich)

Sachverständigenrat zur Begutachtung der gesamtwirtschaftlichen Entwicklung:
  www.sachverstaendigenrat-wirtschaft.de
  Jahresgutachten, Frühjahrsgutachten

Statistisches Bundesamt: www.destatis.de
  Datenbank Genesis online
  Fachserie 18: Volkswirtschaftliche Gesamtrechnungen, Wiesbaden (monatlich)
  WISTA – Wirtschaft und Statistik, Wiesbaden (zweimonatlich)

Internationaler Währungsfonds (IMF): www.imf.org
  International Financial Statistics, Washington, D.C. (Datenbank)
  World Economic Outlook (zweimal jährlich, auch als Datenbank »WEO«)

Weltbank: www.worldbank.org
  World Development Report, Oxford. Deutsch: Weltentwicklungsbericht, Frankfurt a. M. (jährlich)

Informationsanbieter zur Abfrage von Finanzmarktdaten und Devisenkursen, zum Beispiel:

www.aktiencheck.de

www.bloomberg.com

www.boerse-online.de

www.comdirect.de

www.deutsche-boerse.com

www.handelsblatt.com

www.westlb.de

http://finance.yahoo.com

Portal zum Thema Geld und Vorsorge: www.infos-finanzen.de

Portal zur Abfrage von Länderdaten: https://www.cia.gov/the-world-factbook/

Berühmte Werke

Eucken, W.: Grundsätze der Wirtschaftspolitik, 7. Aufl., Tübingen 2004

Erhard, L.: Wohlstand für alle, Berlin 2020

Erhard, L; Müller-Armack, A.: Soziale Marktwirtschaft. Manifest '72, Frankfurt a. M. 1990

Friedman, M.: Kapitalismus und Freiheit, München 2004

Friedman, M.: Die optimale Geldmenge und andere Essays, München 1976

Haberler, G. v.: Prosperität und Depression, 2. Aufl., Tübingen 1955

Hayek, F.A. v.: Der Weg zur Knechtschaft, 1. Neuaufl., Tübingen 2014

Hicks, J.R.: Einführung in die Volkswirtschaftslehre, 8. Aufl., Hamburg 1973

Keynes, J.M.: Allgemeine Theorie der Beschäftigung, des Zinses und des Geldes, 12. Aufl., Berlin 2017

Schumpeter, J.A.: Kapitalismus, Sozialismus und Demokratie, 10. Aufl., Tübingen 2020

Schumpeter, J.A.: Theorie der wirtschaftlichen Entwicklung. Eine Untersuchung über Unternehmensgewinn, Kapital, Kredit, Zins und den Konjunkturzyklus, 9. Aufl., Berlin 2013

Smith, A.: Der Wohlstand der Nationen. Eine Untersuchung seiner Natur und seiner Ursachen, Neuaufl., München 2018

Stichwortverzeichnis

T

Die Autoren

Prof. Dr. Herbert Sperber lehrt Finanzmanagement, Volkswirtschaft und Bankwirtschaft an der Hochschule für Wirtschaft und Umwelt Nürtingen-Geislingen (HfWU).

Prof. Dr. Markus Mändle ist Professor für Volkswirtschaftslehre, insbesondere Kooperationswesen sowie Prorektor für Karriere und Kooperation an der Hochschule für Wirtschaft und Umwelt Nürtingen-Geislingen (HfWU).

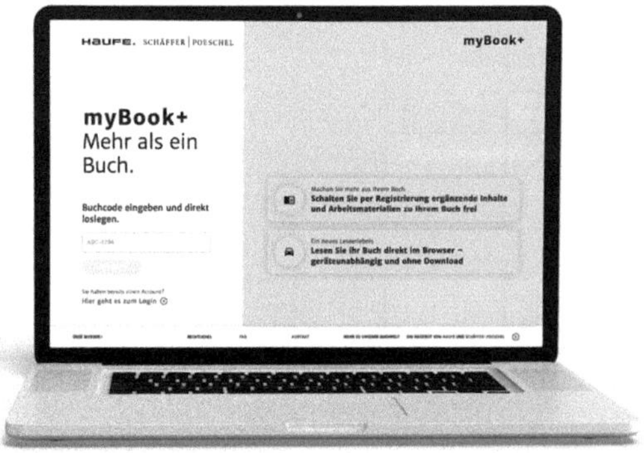

Ihre Online-Inhalte zum Buch: Exklusiv für Buchkäuferinnen und Buchkäufer!

- https://mybookplus.de
- Buchcode: QLC-43931